DAS BESONDERE TASCHENBUCH

Henry Troyat

Puschkin

Eine Biographie

WILHELM
HEYNE VERLAG
MÜNCHEN

Genehmigte Taschenbuchausgabe

Die französische Originalausgabe des vorliegenden Werkes erschien unter dem Titel
POUCHKINE

Aus dem Französischen übersetzt von Gertrud Bertsch
Umschlagfoto: Keystone, Hamburg
Umschlaggestaltung: Christian Diener, München
Printed in Germany 1979
Gesamtherstellung: Ebner Ulm

ISBN 3-453-43049-2

Düsterklingende Namen
von Kaisern und Feldherrn,
Namen von Erfindern
todbringender Maschinen,
von Folterknechten
und Märtyrern,
und daneben dieser helle,
schwebende Klang: *Puschkin.*

Alexander Block

Inhalt

DRITTER TEIL

VIERTER TEIL

FÜNFTER TEIL

SECHSTER TEIL

SIEBENTER TEIL

ACHTER TEIL

Vorbemerkung

Die besten Biographien haben keinen Biographen. In Sowjetrußland gibt es zahlreiche Werke, die in Briefauszügen und Bruchstücken aus Memoiren das Leben großer Schriftsteller schildern. Bei Puschkin ist ein solches Unternehmen besonders schwierig, weil die Zeugnisse, die man zusammengetragen hat, sich oft als widersprüchlich erwiesen, so daß es notwendig wurde, eines durch das andere zu berichtigen.

Wenige Autoren sind mehr untersucht und weniger verstanden worden als Puschkin. Das Geheimnis, das ihn umgibt, hat sich der Nachforschung entzogen. Sein widerspruchsvoller Charakter hat die Professoren irregeführt. Und die seiner Größe gewidmeten Essays haben ihn uns hinter einen Wust pedantischer Kommentare entrückt. Es genügt, daß ein Philologe einen Papierfetzen entdeckt, der mit seinen Schriftzügen bedeckt ist, und schon wird das als nationales Ereignis gefeiert. Mit ausführlichen Erklärungen bedenkt man kleinste Einzelheiten aus seinem Leben, das geringfügigste Erinnerungsstück. Man dreht es um, man wägt es ab, man preßt, wie bei einer Frucht, den letzten Tropfen aus ihm.

Bei soviel anspruchsvollen Nachforschungen ist es wohl unnötig zu bemerken, daß neue Einzelheiten aus Puschkins Leben äußerst selten sind. Das vorliegende Werk verdankt alles Tatsächliche fast ganz seinen russischen Vorgängern. Immerhin war es möglich, im letzten Teil dieser Arbeit einige bis heute unbekannt gebliebene und wesentliche Dokumente zu veröffentlichen, die dazu beitragen werden, das Dunkel um das Duell und den Tod des Dichters aufzuhellen.

H. T.

Erster Teil

MOSKAU

Das ist keine Stadt, sondern eine Ansammlung ungleichartiger Dörfer. Alte Landhäuser, von Bäumen und wildwucherndem Grün fast verdeckt, liegen neben ganz neuen herrschaftlichen Palästen mit griechischen Tempelfassaden. Kirchen mit vielfarbigen Kuppeln überragen schindelgedeckte alte Hütten, deren Ziegel mit Kalk beworfen sind. In den Straßen liegt der Staub fußhoch, und die Plätze sind kaum als solche zu erkennen. Zahllose wunderbare Ikone leuchten aus dämmerigen Bogengängen, als ob sie über allem wachten. Die Luft ist vom Dröhnen der Glocken erfüllt. Ein Taubenschwarm verfinstert die Sonne und verschwindet in einem Mauerloch oder drängt sich unter das grasgrüne Vordach irgendeines Klosters.

Im Herzen der Stadt, die Krümmung der Moskwa beherrschend, erhebt der Kreml seine massigen roten Mauern mit den schwalbenschwanzartig ausgeschnittenen Zinnen. Hinter dem befestigten Mauerwall staffelt sich ein feierliches Durcheinander von goldschimmernden Zwiebeltürmen, deren Hauben eingeschnürten Turbanen gleichen, von Wachttürmchen mit smaragdgrünem Porzellanschmuck, von luftigen Bogengängen, von Zukkertortenkathedralen, Doppeladlern und durchbrochenen, kettenbeladenen orthodoxen Kreuzen. Im Umkreis des Kreml wird Markt abgehalten; neben kuppelbehelmten Kapellen findet man ausladende Buden. Ständig herrscht ein buntes Treiben. Vor den Auslagen mit Äpfeln und Melonen stehen Leute. Die Männer in Bluse und Schaftstiefeln oder Borkensandalen, die Frauen in weiten, grellfarbigen Gewändern, die im Staub schleifen. Die blauen oder roten Kopftücher tragen sie unter dem Kinn gebunden, was ihre Gesichter rund und puppenhaft erscheinen läßt. All dies Volk schreit und gestikuliert, knabbert Sonnenblumenkerne und räkelt sich nachlässig über den Rand der Auslagekästen.

Aber die lebhafte Bewegtheit hört auf, je weiter man sich vom Zentrum entfernt. Die Fußgänger werden seltener, und die Häuser liegen da in verträumter, majestätischer Ruhe.

Patriarchalisch, prunkvoll und barbarisch, so nimmt die zweite Hauptstadt Rußlands am Ende des 18. Jahrhunderts die Adelsfamilien auf, die vor den Fastgeboten und den Gefahren von St. Petersburg geflohen sind. Petersburg, das bedeutet Verwaltung, Hofzwang, den Zaren Paul I. Nun, je weiter fort von Paul I., desto mehr wird man in Ruhe gelassen. Einwohner von Petersburg leben unter der Knute des Terrors. Die abgeschmacktesten Verordnungen prasseln von einem Tag zum anderen auf ihre Köpfe nieder. Ein Ukas untersagt das Tragen von Frack und Hose. Ein anderer verbietet den Professoren, das Wort »Revolution« in den Mund zu nehmen, wenn sie von der Bewegung der Sterne sprechen. Ein Polizeierlaß zwingt die Fußgänger, die Kopfbedeckung abzunehmen, und die Reiter, vom Pferd zu steigen, wenn der Zar vorüberfährt. Nach dem Abendläuten, um neun Uhr abends, riegelt man die Hauptstraßen mit Barrikaden und Eisenketten ab; nur Ärzten und Hebammen tun sie sich auf. Die Offiziere, zur Truppenparade gerufen, stecken Geld zu sich, denn sie fürchten ständig, wegen irgendeines Dienstverstoßes festgenommen und stehenden Fußes nach Sibirien verschickt zu werden.

Fern von den blitzartig niederfahrenden Zornesausbrüchen des Zaren führt dagegen die Moskauer Oberschicht ein glückhaft geruhsames Leben; die Freigeistigkeit des französischen 18. Jahrhunderts gesellt sich zu den bäuerlichen freien Sitten des alten Rußland. Jedes angesehene Haus beherbergt einen emigrierten französischen Hauslehrer in gepuderter Perücke, der sich auf die feine Lebensart versteht. Es gilt als rückständig, keinen Franzosen zum Haushalt zu zählen. Die Nachfrage nach ausländischen Erziehern ist so dringlich, daß man »Hofmeister« unter freiem Himmel dingt, an der Tür der katholischen Kirche. Sieben Lakaien aus Paris, die beim Grafen Schuwalov Dienst genommen hatten, verlassen die Wohnung ihres Wohltäters und gehen als Erzieher in die Häuser der vornehmen Gesellschaft. Während der Regierung Alexanders I. veröffentlichte eine Moskauer Zeitung folgende Anzeige: »Ein Hundepfleger aus Deutschland sucht eine Stelle als solcher oder auch als Hauslehrer.« In jedem Haus, das von sich reden machte, bilden die Werke von Voltaire, Jean-Baptiste Rousseau und Montesquieu den Grundstock der Hausbibliothek. Doch all diese jungen Mädchen, die Französisch besser sprechen als ihre Muttersprache, und all diese jungen Leute, die Verse im Stil des göttlichen Parny schreiben, sind nicht imstande, auf russisch ein einfaches Höflichkeitsschreiben abzufassen; sie gehören derselben Kirche an wie die Budenbesitzer und Handwerker der großen Stadt. Ihr Glaube, ihre Geschmacksrichtungen, ihre Befürchtungen und Hoffnungen sind, ohne daß sie es ahnen, dieselben wie die des Volkes, dessen Unwissenheit sie verhöhnen. Oft hält in der Morgendämmerung eine sechsspännige Kutsche mit vergoldetem Wappen, die Pferde mit Blumen in den geflochtenen Mähnen, vor dem Bogenportal einer alten, schläfrig verschwiegenen Kapelle Moskaus. Auf dem Rücksitz der Kutsche thronen drei seltsame Gestalten: ein Heiduck in scharlachrotem Kaftan, ein Lakai in weißen Strümpfen und schneeweißer Perücke und ein Negerjunge mit pistaziengrünem Turban. Der Heiduck springt ab, läßt einen samtbelegten Fußsteg herunter, und eine junge Frau in einer mit Diamanten und Perlen bestickten und reich mit Federn verzierten »Pariser Robe« eilt flüchtigen Fußes in die Kirche. Sie kommt vom Ball. Aber, ihrer Kindergewohnheiten eingedenk, wird sie die Morgenmesse anhören, ehe sie zu Bett geht*. Die Zerstreuungen dieser Jugend, die in der Verehrung westlicher Gedanken aufgewachsen ist, ähneln nur wenig denen der Jugend Frankreichs, Englands und Deutschlands. Trotz der unablässigen Bemühungen der Zarinnen Elisabeth und Katharina ist das Theater in Moskau nur eine kostspielige Abwechslung, die sich einige reiche Müßiggänger bei sich zu Hause leisten. Hahnen- und Gänsekämpfe sind weit beliebter, auch die damit verbundenen Spazierfahrten in die Umgebung der Stadt. Die Gänse werden durch die Hetzrufe der Zuschauer soweit gebracht, sich gegenseitig die Flügel zu zerraufen; dabei stoßen sie eigentümliche Schreie aus, und darüber lacht man. Die Hähne dagegen reißen sich zunächst die Federn aus, bis Hals und Steiß kahl sind, krallen die Sporen gegeneinander, dann fallen sie übereinander her und zerfleischen sich. Der Sieger wird um zwei- bis dreihundert Rubel verkauft. An den kirchlichen Feiertagen errichten zahlreiche Kaufleute Verkaufsstände und Losbuden auf den Wiesen vor Moskaus Toren. Diener breiten Teppiche aus und schlagen den Vorhang prunkvoller Zelte zurück, in die sich Gastgeber und Gäste zurückziehen. Die Menge drängt sich um die Buden. Wagen aller Gattungen fahren im Schritt durch das dichte Gewühl der Gaffer; von der schäbigen Kalesche des Kleinbürgers bis zur Adelskarosse mit vergoldeten Türen und federgeschmückten Trabern

* Blagov: Die Geschichten meiner Großmutter

und einem kleinen Schreihals auf dem Vorspannpferd ist alles anzutreffen. Ein Zeitgenosse, der Beamte Jikharew, beschreibt einen Spaziergang am 1. Mai 1805:

»Was für ein Menschengewimmel! Wieviel unbekümmerte, muntere Fröhlichkeit, wieviel Lärm und Geschrei, Musik, Gesang und Tanz! Da gibt es reichgeschmückte türkische und chinesische Zelte mit einladenden Tischen und wundervollen Orchestern, daneben stehen einfache, notdürftig mit Lappen verkleidete Laubhütten, die als einzigen Schmuck einen dampfenden Samowar aufzuweisen haben. Eine Hirtenflöte gibt den tanzenden und singenden Bacchusjüngern den Ton an.«

Wundersame Zeit, so reich, wild und ungekünstelt, da die Häuser noch weiträumig sind, mit Ställen und Schuppen und Wirtschaftsgebäuden, mit Zimmern voll alter, kostbarer Möbel der Vorfahren. Da sind die Familien noch umfangreich und geräuschvoll, da sind Gäste zu jeder Zeit willkommen. Da ist man selten krank, da unternimmt man siebentägige Reisen in einer schlechtgefederten Kutsche, um eine Freundin zu begrüßen und seine Landgüter aufzusuchen. Da rollt das Blut noch lebhaft durch die Adern, da ist der Appetit gewaltig, und die Schränke sind mit herzerfreuenden Vorräten gefüllt wie ein zur Abfahrt bereites Schiff. Ein gastronomisches Sprichwort jener Zeit lautet: Die Gans ist ein komischer Vogel: sie reicht nicht hin, um zwei sattzumachen, doch schämt man sich, sie allein aufzuessen.

Die Hausfrau befehligt einen Stab von Dienern, Kutschern, Wäscherinnen, Köchen, Küchenmägden und Zimmermädchen. Ihr gastfreundliches Haus ist eine Zufluchtstätte für verschrobene, kleine alte Frauen, die aus dem Bedürfnis zur Wohltätigkeit oder um der Merkwürdigkeit willen aufgenommen wurden; da ist ein fast tauber Großonkel, ein eben aus Kiew angekommener Freund des Sohnes, einige Hauslehrer, die Klatsch verbreiten. Niemals sind weniger als fünfzehn Personen bei Tisch. »Bei einem Empfang beim Grafen Scheremetiew waren«, schreibt Jikharew, »nur sechzehn Gäste anwesend, doch hatte man dreißig Gedecke aufgelegt, um für alle Fälle gerüstet zu sein.« Madame de Staël schrieb, »daß Graf Orlov nicht die Hälfte der bei ihm speisenden Leute kannte«. »Das Haus von Monsieur Naryshkin«, sagt sie weiter, »ist immer offen, und wenn sich auf seinem Landsitz nicht mehr als zwanzig Leute zusammenfinden, so ärgert er sich über eine solche philosophische Zurückgezogenheit.« Und schließlich erzählt sie von einem Kaufmann, der »die Gastfreundschaft auf russische Manier pflegte, indem er auf dem Dach seines Hauses eine Fahne hißte, um anzuzeigen, daß er zu Hause speise, und diese Einladung nahmen alle seine Freunde an«. Nach den Begriffen der damaligen Zeit steht die vorbildliche Hausherrin um 7 Uhr auf, dann verrichtet sie ihr Gebet und nimmt anschließend eine Tasse Tee in ihrem Salon*. Bald meldet sich dann der Hausverwalter bei ihr und legt ihr seine Rechnungen vor. Die Herrin ist bitter enttäuscht. Die Einkünfte aus den Gütern erweisen sich als nicht ausreichend, um die ungeheuer großen Ausgaben zu decken. Ende Januar ist der Buchweizen noch nicht gedroschen, und der Roggen wartet auf Käufer. Man wird einen Aufpasser ins Dorf schicken müssen. Nach dem Verwalter erscheint der Kutscher, um seine Befehle entgegenzunehmen, dann der Koch und schließlich das Zimmermädchen, das die Garderobe der jungen Damen betreut. Die Hausfrau rechnet angestrengt, um unnachgiebig die Kosten zu senken. Sie ist immer verschuldet, trotz ihres beträchtlichen Vermögens; sie besitzt nämlich mehr als zweitausendfünfhundert Seelen in den Bezirken Riazan, Tambov und Pensa. Es erscheint ihr ebenso unmöglich, ihre Haushaltführung einzuschränken wie die Einkünfte aus ihren Landgütern zu erhöhen. Im übrigen lebt jedermann in Moskau über seine Verhältnisse.

Nach dem reichhaltigen und schweren Mittagessen fährt die Herrin aus, um Besuche zu machen. Die Abende sind Tanzvergnügungen vorbehalten, Maskenbällen und Liebhaberaufführungen. Die Bälle beginnen zwischen neun und zehn Uhr, nur die »Salonlöwen« erscheinen erst um elf Uhr abends.

Donnerstags ist Empfangstag beim Grafen Razumowskij, freitags bei den Apraxin, sonntags bei den Arkharov. Die »Dandys« bringen es fertig, in einer Nacht an zwei Bällen teilzunehmen. Bei diesen Tanzereien ist die Beleuchtung so spärlich, daß man an einem Ende des Saals die Gesichter der Leute am anderen Ende nicht unterscheiden kann. Dafür sind die Toiletten von höchster Eleganz, die Frisuren kühn; und der Wunsch zu lachen, zu tanzen und zu trinken befeuert jung und alt. Man tanzt Walzer, Quadrillen und feurige Mazurkas; Sporen klirren, duftige Röcke wirbeln durch die Luft, und der Kavalier läßt sich auf ein Knie nieder, um seiner Dame die Hand zu küssen, während sie ihn mit Trippelschritten umkreist. Der Ball endet mit einem sogenannten »grie-

* Der Tageslauf dieser idealen Hausfrau ist Herschensohns Buch »Das Moskau des Gribojedov« entnommen

chischen« Tanz, mit mannigfaltigen Figuren, die das erste Paar anführt, und einem tollen Galopp durch sämtliche Räume des Hauses. »Am Samstag«, schreibt eine Tochter von Madame Rimskij-Korsakov, »haben wir bei den Oblomowskijs bis fünf Uhr früh getanzt, am Montag bis drei Uhr bei Golitzin, am Donnerstag erwartet uns ein Kostümball bei Madame Riabinin, am Samstag ein Gesellschaftsabend bei den Obolenskij; am Sonntag sind wir beim Grafen Tolstoi zum Essen eingeladen, danach soll getanzt werden, und am Abend desselben Sonntags werden wir bei F. Golitzin wieder tanzen. Und so wird es den ganzen Winter ohne Unterbrechnung weitergehen. Dabei herrscht solch ein Leben auf diesen Bällen, man tanzt bis zur Erschöpfung ... und hinterher muß man, gerädert vor Müdigkeit, halbe Tage im Bett verbringen.«

Wenn die großen Herren jedoch Moskaus Salons hinter sich lassen und sich, einige dreißig oder vierzig Werst von der großen Stadt entfernt, auf ihre Landgüter zurückziehen, so erleben sie eine neue Welt. Eine Welt dunkler, undurchdringlicher Wälder, in denen es von hungrigen Wölfen, wilden Bären und echten Räubern wimmelt. Dieser Ortswechsel der hohen Herrschaften entzieht Moskau gut die Hälfte seiner Bevölkerung. Denn bei der Abreise nehmen die Gutsbesitzer ihre Dienerschaft mit; diese Leibeigenen haben dann in der Gutswirtschaft die verschiedenartigsten Pflichten zu erfüllen, die des Kochs, Tischlers oder Schmieds, des Musikers oder Schauspielers.

Im Jahre 1825 war die Bevölkerung Rußlands auf neunundvierzig Millionen angestiegen, davon waren sechsunddreißig Millionen leibeigene Bauern. Als man daran dachte, diese Bauern in eine Tracht zu stecken, die ihren Stand kennzeichnen sollte, wies der Senat die geplante Maßnahme ab, »aus Furcht, sie könnten einander erkennen und bemerken, wie zahlreich sie sind«.

Als die Leibeigenschaft in Europa im Lauf der Zeit immer mehr verschwand, breitete sie sich in Rußland, mit dem Fortschreiten der nationalen Zivilisation, immer weiter aus. Im Mittelalter hatte der russische Leibeigene mehr Freiheit als ums Jahr 1800. Das rührt daher, daß der Staat im 18. Jahrhundert immer stärker auf die Adligen angewiesen war und ihnen als Gegenleistung für ihre Dienste weit ausgedehnte Ländereien übereignet hatte, deren Bebauung durch Bauern gesichert war. Katharina II. verschenkte während ihrer Regierung achthunderttausend Seelen, Paul I. fünfhunderttausend.

Nach und nach gehörten die Bauern gewissermaßen zum Boden, später auch zur Person des Eigentümers. Man verkaufte sie samt dem Land, manchmal auch ohne Land. Die Zeitungen brachten es durch folgende Anzeigen ans Tageslicht: »Zu verkaufen: einen Friseur, dazu vier Betten, Deckbetten und anderen Hausrat.« Oder: »Zu verkaufen ein sechzehnjähriges Mädchen von einwandfreiem Benehmen und eine wenig gebrauchte Kutsche.«

Der Preis für einen Leibeigenen war überdies verhältnismäßig niedrig. Für einen Rassehund bezahlten die großen Herren bis zu zweitausend Rubel, für einen Bauern dreihundert bis vierhundert Rubel, für eine Bäuerin hundert bis hundertfünfzig Rubel. Natürlich galten diese Preise nur für die Hauptstadt. Auf dem Land konnte man ums Jahr 1800 eine Dienstmagd um fünf Rubel kaufen und eine Amme um einige Kopeken. Die qualifizierten Leibeigenen waren dagegen ziemlich kostspielig: ein Koch oder ein Musiker war mindestens achthundert Rubel wert.

Diese menschlichen Haustiere waren völlig der Willkür ihres Herrn ausgeliefert. Er schlichtete die privaten Streitigkeiten, er verschickte oder verheiratete sie nach Gutdünken. In Fällen von Widersetzlichkeit ließ er ihnen den Kopf scheren und steckte sie für fünfundzwanzig Jahre unter die Soldaten. Der russische Leibeigene hatte keinerlei Eigenbesitz, und das Gesetz verbot, ihm mehr als fünf Rubel Kredit zu gewähren.

Bei den großen Familien waren die Leibeigenen so zahlreich, daß der Grundherr die Namen seiner Sklaven nicht kannte. Zum Haushalt der Scheremetiew gehörten dreihundert Dienstboten, zu dem der Stroganow sechshundert und neunhundert zu dem der Razumofskij. Eine überwältigende Anzahl von Kammerdienern und Lakaien gehorchte den Anordnungen eines Haushofmeisters, der zum Zeichen seiner Würde ein feines Leinentaschentuch in der Hand hielt. Der Koch hatte einen Stab von Küchenmägden, Küchenjungen und Spülmädchen unter sich. Die Kutscher befehligten eine Schar Stallknechte und Vorreiter. Die Wäscheverwalterin hatte mehrere junge Mädchen zur Hilfe. Ein besonderer Diener war mit der Beschaffung der im Haushalt benötigten Arzneimittel betraut; er ließ auch zur Ader und pflegte kranke Pferde. Andere hatten lediglich die Aufgabe, für die Instandhaltung der Parkettböden zu sorgen. Wieder andere hatten die Uhren aufzuziehen oder die Öfen anzuheizen, ehe die Herrschaft aufstand. In jedem Zimmer saß ein Bursche, der als Bote diente, denn die Korridore waren lang, und die Klingeln konnten in diesen weiträumigen Wohnhäusern in entfernten Zimmern nicht gehört werden.

Selbst die kleinen Beamten hielten eine mannigfaltige Dienerschaft, sie hätten sich entehrt gefühlt, wenn sie bei Besuchen nicht in Begleitung eines schläfrig dreinblickenden Lakaien in verschossener Livree aufgetreten wären.

Berauscht von ihrer Allmacht, behandelten zahllose Herren ihre Leibeigenen sehr schlecht. Stockschläge waren an der Tagesordnung, ebenso sexueller Mißbrauch. Der General Ismailow besaß einen ganzen Harem und bot seinen Gästen an, sich seiner zu bedienen. Dabei erlebten junge Mädchen von dreizehn bis sechzehn Jahren, die man den Eltern weggenommen hatte, ihre Schande gemeinsam. Die Gräfin Saltykov habe, so sagt man, ihren Friseur in einen Käfig gesperrt, damit er in ihrer Abwesenheit für niemand anders arbeiten konnte. Es bedurfte eines kaiserlichen Erlasses vom 9. Februar 1827, um den Gebrauch des Halseisens zu verbieten.

Es handelt sich hier gewiß um Ausnahmefälle, und es wäre naiv, sich alle Edelleute der damaligen Zeit als geile und degenerierte Ungeheuer vorzustellen.

Wie die Neger vor dem Sezessionskrieg, so wurden auch die russischen Leibeigenen je nach Veranlagung ihres Eigentümers gut oder schlecht behandelt. Oft wiesen sie sogar die ihnen angebotene Freiheit zurück. »So wie wir dastehen, Väterchen, gehören wir Euch, aber das Land gehört uns. Es soll so bleiben, wie es ist«, antworteten sie dem Liberalen Iakuschkin, der sie freilassen wollte.

Die Mehrzahl der Leibeigenen wußte, daß ihre Hörigkeit auch ihre positive Seite hatte; der Herr mußte für ihren Lebensunterhalt sorgen. Sie zogen die Sicherheit der Dienstbarkeit einer unsicheren Unabhängigkeit vor.

Die meisten Grundbesitzer sind tatsächlich gutmütig, aber gleichgültig und gelangweilt; sie kennen ihre Bauern kaum und nehmen keinerlei Anteil an deren Los; sie übertragen ihre Machtbefugnisse auf einen mit allen Wassern gewaschenen Verwalter. Natürlich gibt es auch einige empfindsame Gemüter darunter. Diese träumen von einer gesetzlichen Verfassung und einer lichten Zukunft Rußlands. Aber dieses riesige, weite Rußland mit seinen Wäldern, seinen Flüssen und all seinen ungehobelten und unglücklichen Muschiks ist eine zu träge Masse und nicht leicht zu erneuern. So liest man eben Voltaire, Montesquieu oder La Harpe, man beschwört zur Entspannung die Freuden einer idealen Republik herauf, man denkt daran, ein paar Burschen freizulassen, man beschenkt seinen Kammerdiener, man plant sogar, Freimaurer zu werden, und am Ende bittet man den Verwalter, die Ernten besser zu überwachen.

So wünschte unter der Regierung Pauls I. dessen Sohn, Großfürst Alexander, im gegebenen Augenblick die freiheitlichen Gedanken seines Lehrers La Harpe in die Tat umzusetzen. Alexander sagte von La Harpe: »Alles, was ich weiß, und alles, was ich wert bin, verdanke ich Monsieur La Harpe.« Und La Harpe schrieb über Alexander: »Die größten Zweifler mußten anerkennen, daß er eine jener seltenen Persönlichkeiten war, die nur alle tausend Jahre einmal auftauchen.« Czartoryskij erzählt in seinen Memoiren von einer Unterhaltung, die er im Jahre 1796 mit dem Zarewitsch Alexander geführt hat: »Der Großfürst gestand mir, daß er den Despotismus verabscheue, wo immer und in welcher Gestalt er sich zeige, daß er die Freiheit liebe, die allen Menschen gleichermaßen zustehe, daß er lebhaftesten Anteil an der Französischen Revolution genommen habe, deren furchtbare Auswüchse er zwar verurteile, der Republik jedoch allen Erfolg wünsche ... Außer mir und zutiefst bewegt, ich gestehe es, ging ich weg und wußte nicht, ob dies ein Traum war oder Wirklichkeit. Ein russischer Fürst verdammte die hassenswerte Politik Rußlands, er schwärmte für Gerechtigkeit und Freiheit, er bedauerte Polen, er hätte gewünscht, es glücklich zu sehen ... Grenzte das nicht an ein Wunder?«

Die so brennend ersehnte Herrschaft des »mystischen«, des »liberalen« Alexander I. sollte endlich Wirklichkeit werden. In der Nacht des 11. März 1801 wurde Paul I. in seinem Schlafgemach ermordet von einer Verschwörergruppe, die Graf von Pahlen und General von Benigsen befehligten. Großfürst Alexander hatte es abgelehnt, sich an dem Komplott zu beteiligen, aber er hatte die Garderegimenter bezeichnet, auf welche die Verschwörer sicher zählen konnten. Als Graf von Pahlen nach dem Mord in die Gemächer Alexanders eindrang, fand er ihn, völlig angekleidet, mit Stiefeln an den Füßen, auf einem Feldbett ausgestreckt, tiefen Schlaf heuchelnd. Als Alexander die schreckliche und doch glückhafte Neuigkeit erfuhr, weinte er. »Jetzt haben Sie lange genug den Harmlosen gespielt«, sagte Graf Pahlen zu ihm, »kommen Sie, Sie müssen sich jetzt den Soldaten zeigen. Das Glück von Millionen hängt von Ihrem Verhalten und Ihrer Festigkeit ab.« Er schob ihn vor sich her in den Hof des Palastes, wo die Gardetruppen schon versammelt waren. Bei ihrem Anblick nahm sich Alexander zusammen und sagte mit lauter Stimme: »Mein Vater ist an den Folgen eines Schlaganfalles verstorben. Unter meiner Regierung soll alles so werden, wie es unter der Regierung meiner geliebten Großmutter, der Zarin Katharina, gewesen ist.«

Donnernde Hurrarufe erstickten seine Worte. Ganz Rußland befand sich in einem Rauschzustand. Die Liebe des Volkes für Alexander grenzte an Gottesverehrung. Man jubelte ihm zu, wo er sich nur blicken ließ. Man folgte ihm auf der Straße, man suchte im Staub nach seinen Spuren, um inbrünstige Küsse darauf zu drücken. Schon hatte der neue Zar den Passanten erlaubt, bei Regen oder Schnee vor dem Winterpalais den Hut auf dem Kopf zu behalten. Die auf den öffentlichen Plätzen errichteten Galgen ließ er niederreißen, die Kleidervorschriften seines Vaters hob er kurzerhand auf, und am siebenten Tag seiner Regierung gestattete er die Einfuhr ausländischer Bücher und die Gründung privater Druckereien.

Diese ersten Maßnahmen ließen auf tiefgreifende liberale Reformen hoffen. Man sprach sogar von der Freilassung der Leibeigenen, von Pressefreiheit und von einer Revision aller in Kraft befindlichen Gesetze.

Alexander war jedoch Philosoph nur aus Liebhaberei, Despot dagegen aus Veranlagung. La Ferronays schrieb über ihn (30. März 1820): »Er spricht von Menschenrechten, von der gerechten Sache des Volkes und den Pflichten des Herrschers, wie es sich für den Schüler eines Philosophen ziemt, gleichzeitig aber läßt er seine willkürlichsten Wünsche mit größerer Strenge und härterem Despotismus ausführen, als es der verewigte Peter der Große getan hat.«

Durch ständige Versprechungen und ihre Widerrufung, durch Aufschieben und Zugeständnisse, die wieder zurückgenommen wurden, gelang es Alexander I., die sozialen Zustände genauso zu belassen, wie sie vor seiner Thronbesteigung gewesen waren. Wieder träumte man von fernliegenden Freiheiten, wieder las man französische Schrifsteller, und im Taumel der Vergnügungen suchte man zu vergessen, daß es besser wäre, auf sie zu verzichten.

Im Jahre 1798 sagte Serge Lwowitsch Puschkin, ein junger Gardeoffizier, den Dienst auf und verließ St. Petersburg, um sich in Moskau niederzulassen. Zwei Jahre früher hatte er eine weitläufig verwandte Kusine, Nadedja Ossipowna Hannibal, eine Enkelin des berühmten Negers von Peter dem Großen, geheiratet.

In Moskau richtete sich der junge Haushalt in einer Wohnung in der Rue Allemande ein, zog bald darauf um, ohne die Straße zu wechseln, und ließ sich endgültig in einem bescheiden aussehenden Holzhaus nieder, das im Hintergrund eines Hofes lag. Alle diese Gebäude gingen 1812 beim großen Brand von Moskau in Flammen auf. Von dem Haus ist nichts übriggeblieben. Aber das Stadtviertel trägt noch heute das Gepräge der zaristischen Zeit. Da gibt es noch Herrenhäuser, deren Fassaden mit Löwenköpfen, mit umgekehrten Fackeln oder Steingirlanden geschmückt sind. Einer dieser Paläste ist jetzt der Sitz der Akademie für Militärchemie. Es wird nicht lange dauern, so werden auch die übrigen dem stetig fortschreitenden Wiederaufbau von Moskau zum Opfer fallen. Schon haben die Sowjets die Rue Allemande in Rue Baumann umgetauft, nach dem Namen eines 1905 getöteten Revolutionärs. Nummer 10 der Rue Baumann ist heute eine neu aufgebaute Schule. An ihrer Vorderfront brachte man im Jahre 1927 eine Gedächtnistafel an mit folgender Inschrift, in der Schreibweise des 18. Jahrhunderts: »Hier stand einst das Haus, in dem am 26. Mai 1799 Alexander Sergejewitsch Puschkin geboren wurde.«

Die Vorfahren

Alexander Puschkin wurde in dem kleinen Holzhaus der Rue Allemande geboren und 1799 »am achten Tag des Monats Juni« getauft. Um dieses Kind sollte sich dereinst ein üppiger Kranz von Legenden winden. In ihm vereinigte und vermischte sich das Blut der adligen Begründer des russischen Reiches mit dem Blut gefeierter afrikanischer Helden. Durch das väterliche Erbteil ist er der letzte Abkömmling der heißblütigen, edlen Rasse der Puschkins, durch die Mutter stammt er von dem »abessinischen Neger« Abraham Hannibal ab, der ein Günstling des Zaren Peter des Großen war.

Ein wieder aufgefundenes Porträt stellt Abraham Hannibal in ordengeschmückter Hoftracht dar. Er wirkt auf den Betrachter wie ein fremdartiger Teufelskerl, der, über einem schokoladefarbenen Gesicht mit plattgedrückter Unterlippe und runden Augen mit gelblicher Hornhaut, die leicht gekräuselten Haare straff nach hinten gebürstet trägt.

Abraham, der in Wirklichkeit Ibrahim hieß, war der Sohn eines kleinen abessinischen Fürsten, dessen Residenz am Ufer des Marebflusses lag, im Gebiet des heutigen Erythrea. Einige Jahre nach der Geburt des Kindes führte der Fürst seine Truppen gegen die Türken, die ins Land eingefallen waren. In einer heißen Schlacht wurde er geschlagen, und Ibrahim kam nach einer Palastverschwörung als Geisel nach Konstantinopel. Eine seiner Schwestern stürzte sich tollkühn ins Meer, um dem Schiff nachzuschwimmen; sie ertrank. Ibrahim wurde, wie es einem Kind von vornehmer Abkunft zukam, sogleich in das Serail des Sultans eingereiht.

Unterdessen hatte Zar Peter seinen Gesandten in der Türkei beauftragt, ihm einige putzige, aufgeweckte Negerjungen zu verschaffen. Kleine Neger waren damals die große Mode. An allen Höfen Europas hielt man sich welche, und Peter der Große wollte nicht länger darauf verzichten. Der Gesandte mußte einem Wesir des Sultans ein Handgeld geben, und der achtjährige Ibrahim wurde aus dem Serail gestohlen und in größter Hast nach Rußland verfrachtet. Peter der Große war hochentzückt über seine Erwerbung.

Das Kind wurde in Wilna getauft. Der Zar von Rußland war sein Taufpate, die Königin von Polen seine Patin. Man gab ihm den Namen Peter, nach seinem erlauchten Beschützer. Aber der Afrikaner weigerte sich hartnäckig, diesen Vornamen zu tragen, und ließ sich bis zu seinem Tod Abraham Petrowitsch nennen. Um 1730 legte er sich den Familiennamen Hannibal zu.

Das erste Auftreten Abrahams am Hof des Zaren war äußerst bescheiden. Er war ein Diener unter Dienern. Nichts weiter. Aber allmählich wurde Peter auf die Fähigkeiten des Negerjungen aufmerksam und zog ihn in seine Nähe. Abraham wurde sein Kammerdiener, sein Stallmeister und schließlich sein Privatsekretär. Im Jahre 1717 reiste Peter der Große zum zweitenmal ins Ausland. Er nahm sein Patenkind mit und ließ ihn in Paris zurück mit dem Befehl, sich dort die Kenntnisse eines Heeresingenieurs anzueignen. Abraham trat zunächst in die Militärschule ein, dann entschloß er sich, als Freiwilliger am Krieg gegen Spanien teilzunehmen. Am Kopf verwundet, fiel er dem Feind in die Hände; nach seiner Freilassung kehrte er nach Frankreich zurück, um sich in der von Vauban neubegründeten Artillerieschule in Metz einschreiben zu lassen. Seine Leistungen trugen ihm eine Beförderung nach der anderen ein, bis zum Hauptmannsrang der französischen Armee. Der junge Mann fühlte sich jedoch verloren in einer ihm völlig fremden Welt, der er dazu ohne Mittel gegenüberstand, und überschüttete den Zaren mit Klagen und Bittgesuchen.

Zu Anfang des Jahres 1723 kehrte der rührselige Heißsporn Abraham, nach einer Abwesenheit von fünf oder sechs Jahren, nach Petersburg zurück. Er brachte eine Bibliothek von vierhundert Bänden mit, in der neben Bossuets Reden die *Liebesbriefe einer portugiesischen Nonne* zu finden waren, dazu vollwertige technische Kenntnisse, die beim Zaren in hohem Ansehen standen. Seine so glänzend begonnene Laufbahn wurde durch den Tod Peters des Großen jäh unterbrochen. Hofintrigen führten dazu, daß er zunächst nach Kasan abgeschoben wurde, später, wegen angeblicher Befestigungsarbeiten, an die chinesische Mauer. Man ließ ihn in hartem Exil schmachten. Er schrieb allen seinen Freunden endlose Briefe, flehte, drohte, zettelte Verschwörungen an, die ihn nur Zeit kosteten, und zeichnete, wuterfüllt, Festungspläne. Erst bei der Thronbesteigung der Zarin Anna Iwanowna wurde er aus der Verbannung zurückgerufen und erhielt in der Festung Pernau einen »seinem Rang entsprechenden« Posten. Gegen Ende dieses Jahres schloß Abraham mit dem Griechen Dioper Freundschaft; dieser war Schiffskapitän und Vater einer reizenden, heiratsfähigen Tochter. Abraham beschloß, die schöne Eudoxia zu heiraten; er erlangte die Zustimmung ihres Vaters und kümmerte sich wenig um den Protest der jungen Dame.

Eudoxia warf ihrem zukünftigen Gatten vor, daß er »geborener Araber sei und einer fremden Rasse angehöre«. Die Wahrheit sah allerdings anders aus: das junge Mädchen liebte einen Seeoffizier. Dem Willen des Vaters gehorsam, heiratete sie Abraham, gab sich jedoch vorher, vielleicht um sich zu rächen, dem Geliebten hin. Später mußte ein anderer sie wegen des Widerwillens, den sie gegen ihren Mann empfand, trösten. Als Abraham davon erfuhr, geriet er in maßlosen Zorn und wollte die Gelegenheit benützen, sogleich die Scheidung einzureichen. Er hatte nämlich selbst eine Geliebte, Christine Scheberg, Tochter eines deutschen Hauptmanns. War erst die Scheidung vollzogen, wollte Abraham seine Freundin heiraten. Aber es war praktisch unmöglich, zwei durch das Sakrament der Kirche Vereinigte zu trennen.

Daher kam Abraham auf den Gedanken, eine zweifache Klage gegen seine Frau vorzubringen. In seiner Erklärung vor dem Amtsgericht zu Pernau klagte er Eudoxia nicht nur des Bruchs ihres vor dem Altar gegebenen Versprechens an, sondern auch eines Giftmordversuchs an ihrem Ehemann, zu dem ihr Geliebter Beihilfe geleistet habe. Während er auf den Urteilsspruch wartete und um zu erreichen, daß seine Frau seine Aussagen bestätigte, schloß er sie ein und unterwarf sie einer täglichen Folter. In die Wände ihres Zimmers hatte er eiserne Ringe einmauern lassen, durch die die Hände der Unglücklichen gezogen wurden. Diese Ringe waren so hoch angebracht, daß ihre Füße den Boden nicht berühren konnten. So verharrte sie schwebend, während er sie mit einer Peitsche oder mit Ruten schlug, in der Hoffnung, daß sie, am Ende ihrer Kräfte, verspräche, vor den Richtern nach seinem Willen auszusagen. Gehorchte sie, so wollte er ihr das Leben schenken; im Falle des Verrats drohte er ihr mit dem Tod. Die Geständnisse von Eudoxia stimmten schließlich mit den Forderungen ihres Gatten überein. Die junge Frau wurde ins Gefängnis gesteckt und litt unter Hunger und Kälte, während man die Angelegenheit untersuchte, und das dauerte fast fünf Jahre. Unterdessen beschloß Abraham, ohne das Gerichtsurteil abzuwarten, seine Geliebte, Christine Scheberg, zu heiraten. Mehrere Priester, die er nacheinander aufgesucht hatte, weigerten sich, den Bund zu segnen. Zuletzt fand er einen, der einwilligte, diese Scheintrauung zu vollziehen.

Aus dieser Verbindung mit Christine Scheberg hatte Abraham elf Kinder. Die fruchtbare Christine war eine herrische Frau, bei häuslichen Zwistigkeiten bot sie ihrem Mann die Stirn.

In der Zwischenzeit hatte Eudoxia bei der Heiligen Synode Berufung eingelegt und wurde vorläufig in Freiheit gesetzt. Sie nahm sich unverzüglich einen Geliebten, und einige Monate später war sie schwanger. Es durfte keine Zeit verloren werden. Auf Anraten ihres Beichtvaters brachte sie eine Gegenklage ein, die Abraham der Bigamie beschuldigte. Der Prozeß zog sich einige Jahre hin, Abraham verteidigte sich wie ein Berserker, führte seine früheren Verdienste ins Feld und flehte alle einflußreichen Persönlichkeiten seiner Bekanntschaft um Hilfe an. Die Akten wanderten von der Synode zum Bistum, vom Bistum zum Konsistorium und von da zurück zur Synode und schwollen zu dicken Bündeln an. Das Scheidungsbegehren wurde von Abraham am 28. Februar 1732 eingereicht, doch erst am 9. September 1753 fällte das Konsistorium sein endgültiges Urteil. Die zweite Ehe Abrahams wurde feierlich anerkannt, er mußte eine Geldstrafe bezahlen und sich selbst eine Buße auferlegen. Die arme Eudoxia dagegen, des zweifachen Ehebruchs angeklagt, wurde dazu verurteilt, den Rest ihrer Tage »in lebenslänglicher Zwangsarbeit« im Kloster Staraja-Ladoga zu verbringen.

Die ehelichen Unannehmlichkeiten hatten Abraham nicht daran gehindert, seine Laufbahn erfolgreich fortzusetzen. Am 25. April 1752 wurde er mit dem Rang eines Generalmajors an die Spitze eines russischen Ingenieurkorps berufen. Bei seinen Kollegen war er wegen seines aufbrausenden Temperaments gefürchtet, auch kannten sie ihn als streitsüchtig, nörglerisch, unaufrichtig und starrköpfig. Aber die technischen Kenntnisse des Äthiopiers fanden allgemeine Hochachtung. Seine Vorgesetzten bemühten sich daher, ihn nur zu bestimmten Arbeiten einzusetzen, wobei sie vermieden, ihn mit Untergebenen in Berührung kommen zu lassen.

1762 nahm Abraham seinen Abschied und zog sich auf sein Gut Suida zurück, wo er, zum erstenmal müßig in seinem Leben, keine andere Zerstreuung fand, als seine Angehörigen durch seinen Geiz und Altersegoismus zu quälen. Er starb mit 84 Jahren am 13. Mai 1781. Im Jahre 1746 hatte ihm die Zarin Elisabeth Petrowna eine große Besitzung in der Provinz Pskow geschenkt. Das Gut Mikhailowskoje bildete einen Teil dieser Ländereien.

Abraham hinterließ elf Kinder, von denen zum mindesten zwei ein beachtenswertes Schicksal hatten. Sein ältester Sohn, Iwan Abramowitsch, wurde Inspektor der Marineartillerie, war tapferer Kommandant bei Navarin, tat sich in der Schlacht bei Tschesme hervor und baute die Festung Cherson; dort errichtete man zu seinem Gedächtnis ein Denkmal.

Sein Bruder Ossip Abramowitsch, auch Januarius genannt, hatte eine bescheidenere Laufbahn, aber ein viel bewegteres Gefühlsleben. Zum Major der Marineartillerie befördert, wurde er 1773 in die Kanonengießerei zu Lipetsk abgeordnet. Zweiundzwanzig Werst von der Gießerei entfernt wohnte ein Landedelmann, namens Puschkin, mit seiner Tochter Marie Alexewna. Ossip Abramowitsch war ein hübscher Bursche, redselig, geistreich, unstet und feurig. Es war ihm bald gelungen, die junge Provinzlerin zu verführen. Er heiratete sie 1773, zeugte ein Kind, Nadedja, und verließ sie drei Jahre später, nachdem er sie gelegentlich mit Bauernmägden betrogen hatte.

Am 18. Mai 1776 schrieb ihm Marie Alexewna: »Da Ihre Gleichgültigkeit mir gegenüber so groß geworden ist, daß Sie mein Leben nicht mehr teilen wollen, habe ich beschlossen, Ihnen nicht länger zur Last zu fallen und mich für immer von Ihnen zu trennen. Ich verzichte auf alle meine Ansprüche unter der einzigen Bedingung, daß Sie mir meine Tochter zurückgeben.« Ossip antwortete: »Ich wünsche Ihnen, daß Sie Ihre goldene Freiheit gut nützen, und unterzeichne zum letztenmal: Ihr Gatte . . .«

Nachdem er die Angelegenheit brieflich und kavaliersmäßig geregelt hatte, begab sich Ossip Abramowitsch nach Pskow, ohne an eine Scheidungsforderung zu denken. Dort erhielt er die Stelle eines Assessors und entdeckte ein junges Mädchen nach seinem Geschmack: Justine Tolstoi, die Tochter eines kleinen Gutsbesitzers. Sogleich faßte er den Entschluß, sie zu heiraten. Sein Vater, der Querkopf Abraham, hatte in Bigamie gelebt und im großen ganzen nicht sehr unter dieser ungesetzlichen Lage gelitten. Dieses Vorbild genügte, die Gewissensbisse des Sohnes einzuschläfern. Mit unglaublicher Leichtfertigkeit bat Ossip um die Hand des Fräuleins. Er gab an, aus sicherer Quelle zu wissen, daß seine erste Frau tot und er somit frei sei. Ein Priester des Dorfes glaubte seiner ehrenwörtlichen Versicherung. Die Hochzeit fand statt. Unterdessen hatte Ossip auf Drängen seiner Braut schriftlich bescheinigt, daß er von ihr, außer der Mitgift, eine Zahlung von siebenundzwanzigtausend Rubel erhalten habe.

Auf eine Anzeige seiner ersten Frau hin erklärte der Erzbischof von Pskow einige Monate später die zweite Ehe Ossips für ungültig. Ossip legte Berufung ein, zuerst bei der Heiligen Synode, dann bei der Zarin Katharina II. Er klagte seine erste Frau des böswilligen Verlassens an, beschwor, daß nicht er der Vter des Kindes sei, das in ihrer Obhut lebe, und legte zum Beweis Dokumente vor, die von der ersten bis zur letzten Zeile gefälscht waren.

Am 17. Januar 1784 verfügte Katharina II. die Ungültigkeitserklärung der zweiten Ehe Ossips. Seine erste Frau behielt den Titel und die Vorrechte der legitimen Ehefrau. Ossip wurde abkommandiert, »in der Nordsee zu kreuzen und durch seine Dienste und seine Reue das verübte Unrecht wieder gutzumachen«. Der vierte Teil seiner Besitzungen, darunter das Gut Kobrino, wurde für den Unterhalt seiner Tochter unter Vormundschaft gestellt. Ossip, durch sein Mißgeschick niedergeschmettert, verließ das Land und fuhr vier Jahre lang zur See. Aber seine

Heimsuchungen waren noch nicht zu Ende. Einige Jahre nach seiner Rückkehr verlangte seine zweite Frau die Rückgabe der siebenundzwanzigtausend Rubel, die er angeblich von ihr erhalten und ausgegeben habe. Der Prozeß schleppte sich durch viele Instanzen. »Ich gebe zu«, schrieb Ossip, »daß die Quittung wohl von mir augestellt wurde, doch habe ich nicht den kleinsten Teil einer Mitgift als Gegengabe erhalten ...« Der Prozeß schwebte noch, als Ossip Abramowitsch am 12. Oktober 1806 in Mikhailowskoje starb. Er hatte seine erste Frau seit ihrer Trennung im Jahre 1776 nicht wiedergesehen.

Marie Alexewna lebte allein mit ihrer Tochter Nadedja; im Winter in St. Petersburg, im Sommer auf ihrem Gut Kobrino. Sie war klug, sparsam und tatkräftig, eine vorbildliche Hausfrau. Von ihrem Ehemann verlassen, hat sie das Übermaß ihrer Liebeskraft auf Nadedja übertragen. Diese erhielt eine sorgfältige Erziehung und wuchs auf, umhegt von der grenzenlosen Nachsicht einer alle Wünsche erfüllenden Mutter. Sehr bald wurde sie eine eigensinnige, launenhafte und eitle Person. Mit zwanzig Jahren heiratete sie einen Offizier, der ihr seit einiger Zeit den Hof gemacht hatte. Dieser Offizier, ein entfernter Verwandter von Marie Alexewna, hieß Serge Lwowitsch Puschkin, und so geschah das Seltsame, daß Nadedja bei ihrer Heirat den Mädchennamen ihrer Mutter bekam. Die Liebenden paßten ausgezeichnet zusammen. Beide waren sie Weltleute, leichtsinnig, oberflächlich und kultiviert. Beide entstammten sie einer alten Familie der mittleren Adelsschicht.

In der Ehe prägte sich das Leichtfertige und Nichtssagende in Serge Lwowitschs Charakter noch stärker aus. Nach seiner Heirat mit Nadedja Ossipowna Hannibal tat er noch zwei Jahre Dienst in der Garde, dann nahm er seinen Abschied, vielleicht durch die neuerlichen Ausschreitungen des Zaren erschreckt, und ließ sich 1798 in Moskau nieder. Dort warf sich das junge Paar in den Strudel des gesellschaftlichen Lebens.

Serge Lwowitsch Puschkin suchte nicht ein einzigesmal seine Erbgüter auf; er übertrug ihre Leitung einem deutschen Verwalter, den zu überwachen ihm nicht in den Sinn kam. Die Güter verkamen, und der Verwalter bereicherte sich. Dieser fand es genug, wenn er seinem Herrn von Mikhailowskoje einige Hundertrubelscheine schickte und ein paar Körbe mit Geflügel und Butter. Eines Tages erschien eine Abordnung der Bauern, um Klage zu führen über die schlechte Behandlung, die ihnen zuteil wurde. Aber

Serge Lwowitsch wies sie ab, ohne sie auch nur anzuhören. Er haßte Gespräche über Geldangelegenheiten so sehr, daß er seiner Frau die Führung des Haushalts überließ. Die aufreibende Rolle der Hausherrin lag aber Nadedja Ossipowna durchaus nicht. In den Salons galt sie als hübsche, junge Frau mit schmiegsamen Schultern und üppiger Brust. Ihre Lippen waren schmal, aber große, dunkle Augen schauten aus einem blassen Gesicht, und wegen ihrer gelblich getönten Handballen nannten ihre Freunde sie die »schöne Kreolin«. Ihre Heiterkeit und Klugheit und ihr Mutterwitz machten sie allgemein beliebt. Doch kaum zu Hause, war Nadedja Ossipowna nicht wiederzuerkennen. Herrschsüchtig, egoistisch und launenhaft, trug sie nur dazu bei, die ohnehin große Unordnung des Haushalts noch zu vermehren.

Unter ihrer Leitung war das Haus der Puschkins ein wahres Zigeunerlager geworden. »In einem Zimmer«, schrieb ein Augenzeuge, »gab es schöne alte Möbel, in einem andern stieß man auf kahle Wände und fand keinen einzigen Stuhl; die zahlreiche Dienerschaft war zerlumpt und immer betrunken; dürre Klepper wurden vor alte Reisewagen gespannt; während die Damentoiletten reich geschmückt waren, fehlte es am Nötigsten. Wenn zwei oder drei Leute zum Essen geladen waren, schickte man zu uns um Geschirr . . .«

1799 verkaufte Marie Alexewna ihre Besitzung Kobrino und schenkte einer Leibeigenen namens Arina Rodionowna die Freiheit. Arina wies die Freilassung zurück und blieb bei ihrer Herrin. Sie war eine Bäuerin von fünfundvierzig Jahren, sanft und redselig; sie kannte die alten Märchen und Volkslieder und die reizvollen Sprichwörter ihrer Heimat. Sie wurde die Amme des kleinen Alexander, der eben zur Welt gekommen war.

Kindheit

Alexander ist ein plumpes, mißmutiges Kind. In einem runden, dunkelhäutigen Gesicht mit dicken, tiefroten Lippen glänzen ein Paar träumerische Augen. Das kastanienbraune Haar fällt in dichten Locken bis auf die Schultern. Die Nase mit den weit geöffneten Nüstern verschwindet fast zwischen den fettgepolsterten Wangen. Alexander lacht nicht und springt nicht umher; sein Spielzeug läßt er zu Boden fallen. Kaum hebt er die Füße, wenn er unbeteiligt von einem Zimmer ins andere geht. Die Stummheit und die unüberwindliche Trägheit des Jungen reizen seine Mutter zum Zorn. Sie hätte sich einen aufgeweckten, lebhaften, lustigen Sohn gewünscht. Sie bevorzugt ihre um zwei Jahre ältere Tochter Olga. Sie wird ihm auch ihren zweiten Sohn, Leo, vorziehen. Von ihren drei Kindern kann man mit Alexander am wenigsten Ehre einlegen. Nadedja Ossipowna empfindet sogar eine Art übellaunigen Widerwillens gegen ihn; sie wundert sich, einen solchen Tolpatsch in die Welt gesetzt zu haben. Zu allem Unglück sieht er auch noch wie ein nicht richtig weißgewaschener Neger aus. Sie möchte ihn schütteln, ihn aus seiner Starre wecken, ihm Nerven und sehnige Muskeln geben; sie hätte es gern gesehen, wenn er Lust an Spiel und Gesang und Geselligkeit gehabt hätte. Voll Ingrimm zwingt sie ihn, rascher zu laufen, lauert auf sein Lachen, bewacht seine Atemzüge. Oft läuft der Junge angewidert davon, sucht in irgendeinem abseits liegenden Zimmer Zuflucht oder gar im Arbeitskorb der Großmutter. Nadedja Ossipowna spielt ihrem Sohn gegenüber die Beleidigte, spricht oft ganze Tage kein Wort mit ihm. Sie beklagt sich weinend bei Serge Lwowitsch. Er aber wird wütend, schreit, erregt sich und verlangt schließlich, daß man ihn mit den Geschichten über den kleinen Alexander verschone.

Der Junge hatte zwei schlechte Angewohnheiten, die seine Mutter in Harnisch brachten: er rieb immerzu die Handballen gegeneinander und verlor seine Taschentücher. Um das Kind von der einen Untugend zu heilen, »band ihm«, wie die *Erinnerungen* von Palischew berichten, »Nadedja Ossipowna die Hände auf den Rücken und ließ ihn einen ganzen Tag fasten«. Der zweite Fehler sollte dadurch ausgemerzt werden, daß die Mutter ein Taschentuch an der Jacke des Knaben festnähen ließ und anordnete, es nur zweimal in der Woche zu wechseln. Um ihren Sohn zu demütigen, unterließ sie nicht, ihn hereinzurufen, wenn sie Besuch empfing. Ohne Zweifel zeigte sie das angenähte Taschentuch und erzählte dazu die ganze Geschichte. Schamrot senkte das Kind die Augen.

Ihrer Tochter Olga gegenüber gebrauchte sie ähnliche Züchtigungsmittel. Eines Tages wurde sie mit einer Ohrfeige bestraft, sie mußte ein schäbig gewordenes, schmutziges Kleid anziehen, durfte nicht mit am Tisch essen und bekam nur Wasser und Brot vorgesetzt. Das Mädchen seufzte: »Ich werde mich aufhängen, aber um Verzeihung bitten werde ich nicht!« Als der kleine Alexander diese Worte hörte, nahm er einen Nagel und mühte sich, ihn in die Wand zu schlagen. »Was machst du da?« fragte seine

Amme. »Meine Schwester will sich aufhängen, also schlage ich für sie einen Nagel ein«, war seine Antwort.

Von diesem schreienden und tobenden Vater, von dieser kaltherzigen, aufgeregten und immer hastigen Mutter wegstrebend, verschließt sich der Kleine in seine empfindsame Innenwelt. Von dieser Warte aus betrachtet er seine Eltern voll Neugierde. Die wenigen Beweisstücke, die erhalten blieben, erlauben eine Vorstellung dieser kindlichen Schau. Die Mama steht sehr spät auf und schleppt sich gähnend durch die Zimmer; ihre Haut sieht gelb aus, der Kopf steckt voller Lockenwickel. Sie herrscht die Diener an, schlägt die Kinder und kaut verdrießlich an ihren Nägeln. Papa, der sichtlich Angst hat vor ihr, vergräbt sich in seinem Arbeitszimmer hinter Büchern, die er gar nicht liest. Plötzlich aber schaut Mama auf die Uhr, stößt einen Schrei aus und wird lebendig. Gleich wird Besuch eintreffen, und sie ist noch nicht angezogen! Befehle schwirren durchs Haus, Türen schlagen, Mägde mit hochroten Wangen schleppen große Kübel heißen Wassers herbei, das in Schwaden bis zur Decke dampft. In Mutters Zimmer hört man Wasser gluckern, nackte Füße eilig über den Boden tappen und unzählige Glasfläschchen klirren. Manchmal übertönt das scharfe Geräusch einer Ohrfeige diesen ganzen Dienstbotenrummel. Eine Magd mit Tränen in den Augen läuft aus dem Zimmer; sie schnaubt durch die Nase und verschwindet. Sie kehrt zurück mit einem Seidenkleid auf dem Arm, das so farbenprächtig schillert wie ein Märchenvogel. Serge Lwowitsch steht wartend vor der Tür seiner Frau. Er verbreitet Duft um sich wie ein Honigkuchen, und seine pomadeglänzenden Haare kleben auf seinem Schädel; es sieht aus, als seien sie darauf gemalt. Endlich kommt Nadedja Ossipowna herausstolziert, wie ein Schiff, das mit geschwellten Segeln aufs offene Meer hinaussteuert. Sie sieht schön aus, friedfertig und anmutig, und Serge Lwowitsch küßt ihr die Fingerspitzen. Die Kerzen werden angezündet. Dann kommen die Gäste. Mama und Papa scheinen wie ausgewechselt. Papa ist wirklich das Oberhaupt der Familie. Er redet mit wundervoller Bestimmtheit, und Mama widerspricht ihm nicht, sondern lacht girrend über jeden seiner Späße. Sie streichelt sogar die Köpfe ihrer Kinder, nennt sie: »Mein lieber Sascha, mein kleiner Leo«, als hätte sie ihnen nicht einige Stunden zuvor Ohrfeigen verabreicht, als sie vom Tisch aufstand. Wahrlich, das ist eine andere Familie, das sind andere Eltern, auf die Alexander nun blickt, bessere, jüngere und schönere als die wirklichen.

Aber dieses Entzücken währt nicht lange. Kaum sind die Gäste fort, so sind die Eltern wie zuvor: mürrisch, gelangweilt, unzugänglich. Wieder streiten sie sich und werden zornig, wieder stoßen sie heftig die Stühle zurück, und wieder sieht der Sohn nur ihr erschöpftes, liebloses Gesicht. Wie fern sie sind! Wie hinter einem Eiswall verborgen. Und Alexander sehnt sich so danach, verstanden und verhätschelt zu werden, er wünschte, daß man nachsichtig sei und mit ihm spiele, bis er in Schlaf sank.

Manchmal nimmt die alte Amme, Arina Rodionowna, das durch die mütterlichen Nörgeleien ganz betäubte Kind zu sich.

Es hat sie wirklich gegeben, und es gibt sie noch heute in den russischen Familien, diese Arina Rodionowna, diese »nounou«, die er »niania« nennt, diese anhängliche und treuergebene Amme. Niemals könnte man ohne sie auskommen. In den wohlsituierten Familien ist der Vater mit seinen Angelegenheiten beschäftigt; er geht jagen und spielt Karten und glaubt, daß er seiner Pflicht genügt, wenn er seine Nachkommenschaft für teures Geld fremden Erziehern anvertraut. Die Mutter liest Romane und ist darauf versessen, selbst welche zu erleben. Das Kind bleibt sich selbst überlassen. So geht es zur »niania«. Diese ist eine freigelassene Dienstmagd, die sich nichts mehr von der Welt erhofft. Sie weiß, daß ihr Schicksal eng mit dem ihrer Herrschaft verbunden ist, sie wird nie andere Freuden, nie anderen Kummer kennen, sie wird nie andere Kinder wiegen als die des Hauses. Die Kinder des Herrn sind ihre Kinder. Mit völliger Selbstverleugnung ersetzt sie ihnen die Mutter, die keine Zeit hat, sich um sie zu kümmern. Sie erzieht sie im Brauchtum ihrer Heimat und mit den Lauten ihrer Muttersprache. Dann wachsen sie heran, kommen in die Hände der Professoren, verlassen die »nounou«, heiraten und bekommen selbst Kinder. Und dankbar beugt sie sich dann über die Kinder *ihrer* Kinder. Sie gibt ihnen dieselbe Liebe, dieselben Träume, dieselben Liebkosungen. Das tut sie so lange, bis sie verbraucht ist, bis nichts mehr von ihr übrig ist als ein kleines graues Schattenwesen, das sich an den Möbeln stößt und das man aus Mitleid behält in einem Haus voll Männern und Frauen, deren erste Träume sie in Schlaf gewiegt hat.

Die Niania des kleinen Alexanders wird seine treueste und großmütigste Gefährtin. Ihr und der Großmutter Marie Alexewna ist es zu danken, daß er in seiner Kindheit weibliche Zärtlichkeit kennenlernte, daß ihm Verwöhntwerden, Nachsicht und Behaglichkeit nicht fremd blieben. Sein ganzes Leben lang wird er sich an die Nächte erinnern, in denen seine Niania an seinem Bett wachte.

Später sucht Puschkin weit zurückliegende Jugenderinnerungen festzuhalten und notiert in seinen Aufzeichnungen:

»Erste Eindrücke. Der Garten Jussupov. Das Erdbeben. Niania ...«

In St. Petersburg, wo die Puschkins im Jahre 1800 wohnten, gab es einen anderen Garten Jussupov, dessen Andenken sich für den kleinen Alexander mit dem Schreckbild des Zaren Paul I. verband. Seine Amme führte ihn, der damals höchstens ein Jahr und einige Monate zählte, im Park spazieren, als zufällig der Zar vorüberkam. Die Amme blieb stehen, vergaß aber, dem Kind das Mützchen abzuziehen. Der Zar, auf dessen Befehl alle Untertanen bei seinem Nahen die Kopfbedeckung abzunehmen hatten, fuhr die Dienerin barsch an und gebot ihr, auf der Stelle dafür zu sorgen, daß das Kind die gebührende Haltung vor seinem Herrscher einnehme.

Nach diesem Zwischenfall, vielleicht sogar wegen dieses Zwischenfalls, verließen die Puschkins Petersburg und zogen wieder nach Moskau.

Unterdessen hatte die Großmutter Hannibal, um ihrer Tochter gefällig zu sein, ihr Landgut Kobrino in der Nähe von Petersburg verkauft und dafür die Besitzung Zakharov, achtunddreißig Werst vor Moskau gelegen, erworben. Alle angesehenen Leute besaßen ein Gut in der Umgebung Moskaus, und Nadedja Ossipowna fand es nicht standesgemäß, eine weiter entfernte Besitzung zu haben. In Zakharov verbrachten die Puschkins die Sommermonate bis zum Einmarsch der Armeen Napoleons im Jahre 1812.

Alexander Puschkin hing an diesem Landhäuschen, das ganz versteckt in einem kleinen Birkengehölz lag. In einer Lichtung stand ein Holztisch mit einer runden Bank. Hier nahm die Familie Puschkin ihre Mahlzeiten ein und trank, von Bienensummen umschwirrt, an heißen Tagen ihren Tee. Inmitten dunkler, hochaufragender Tannen gab es auch einen Teich. An seinem Ufer stand eine einzelne alte Linde. Dorthin flüchtete sich Puschkin mit seinen Spielsachen und seinen Träumen.

Vielleicht war es in Zakharov, wo er, etwa siebenjährig, seine erste Liebe erlebte. War es ein Mädchen aus dem Volk mit langen Zöpfen oder eine bei seiner Mutter zu Besuch weilende Dame? Wie lange dauerte diese kindliche Leidenschaft? Man liest in Puschkins Aufzeichnungen nur die schlichten Worte: »Tod von

Nikolaus. Erste Liebe.« Sein Bruder Nikolaus ist 1807 gestorben, mit fünf Jahren.

Doch die Zeit verging, das Kind wuchs heran, und unmerklich änderte sich seine innere Verfassung. Aus dem teilnahmslosen, schläfrigen Kleinkind entwickelte sich allmählich ein neues Geschöpf: Er wurde ungestüm und eigensinnig und steckte ständig voller Possen. Als er acht Jahre alt war, zeigte sich sein Charakter endgültig ausgeprägt.

Das Erwachen des kleinen Jungen fiel mit der Zeit seines ersten Unterrichts zusammen. Eine verhaßte Zeit, wie Puschkin später zusammenfassend feststellt: »Erste Verdrießlichkeiten – die Gouvernanten. Trostlose Erinnerungen ... Montfort – Rousseleau – unerträgliche Situation.«

Sobald das Kind das lernfähige Alter erreicht hatte, ergoß sich eine Flut von Hauslehrern und Erzieherinnen aus allen Gegenden Europas über das Haus. Der damaligen Sitte entsprechend, stellten Puschkins Eltern Erzieher und Lehrer aufs Geratewohl ein, mehr auf ihre Anzahl als auf ihre Fähigkeiten bedacht. Der einzige wirkliche Erzieher von Alexander war ein französischer Emigrant, Graf von Montfort, von dem wir lediglich wissen, daß er Maler und Musiker war. Er wurde durch einen gewissen Rousseleau abgelöst, der geschmacklose Verse schrieb und sich über die ersten literarischen Versuche seines Zöglings lustig machte. Als er eines Tages ein französisch abgefaßtes und *La Tolyade* betiteltes Gedicht entdeckte, brach er in ein lautes Gelächter aus. Natürlich war die possenhafte Reimerei, eine Nachahmung von La Henriade, nicht viel wert; sie bestand aus sechs Gesängen und verherrlichte einen Kampf zwischen Zwergen und Zwerginnen aus der Zeit des Königs Dagobert. Das Kind schwamm in Tränen, Rousseleau aber lief erbost zu Nadedja Ossipowna, um sich zu beklagen. Die Mutter gab dem Lehrer recht, erhöhte sein Gehalt und bestrafte den jungen Dichter, weil er seine Zeit damit vergeudete, Verse zu schreiben. Der Nachfolger Rousseleaus war ein gleichgültiger Mensch namens Schedel, dem nichts an seinem Beruf lag und der lieber mit den Dienern Karten spielte. Bei dieser Beschäftigung ertappt, wurde er bald wieder entlassen. Dann gab es Fräulein Lärm, eine Deutsche, die kaum ihre eigene Muttersprache kannte, ferner eine Engländerin, Miß Belly, die ihrem Schüler überhaupt nichts beibringen konnte, den russischen Professor Schiller und den Priester Pater Beliakov. Dieser war ein geschworener Feind der französischen Emigranten – er nannte sie

»Apostel des Teufels« – und Verfasser des Buches *Die Seele von Massillon.* Er übernahm es, den kleinen Puschkins die Biblische Geschichte näherzubringen, und gab Unterricht in Geschichte, Geographie und Rechnen.

Tanzstunden und Anstandsunterricht vervollständigten die weltmännische Erziehung.

Alexander arbeitete schlecht. Er verließ sich auf sein Gedächtnis und konnte seine Lektion aufsagen, wenn seine Schwester als erste gefragt wurde. Begann man aber bei ihm, so wußte er nichts. Er weinte beim Rechnen, dessen Grundbegriffe ihm nur schwer eingingen. Divisionsaufgaben waren sein täglicher Alpdruck.

Fremden, ständig wechselnden Erziehern überlassen, niedergeschlagen durch immer wiederkehrende Bestrafungen oder auch auf sich allein angewiesen, wird Alexander Puschkin immer ungehorsamer, fauler, launischer und zerfahrener. Er lernt nur, was ihm Spaß macht. Seine Belehrungen holt er sich nicht aus Unterrichtsbüchern, sondern im Salon, wo er stundenlang unbeachtet in einer Ecke sitzt und dem in französisch geführten, seichten Gespräch der Erwachsenen lauscht, bei der Amme im Zimmer oder bei der Großmutter, gelegentlich auch in der Vorhalle, in der ein kleiner Kosak kauert und an einem Wollstrumpf strickt, hauptsächlich aber in der väterlichen Bibliothek. Mit acht Jahren kann Puschkin Französisch so gut wie Russisch. In der Bibliothek des Vaters liest er zuerst die französischen Autoren. »Leseleidenschaft«, schreibt er über diese Zeit in den Notizen zu seinen Memoiren. Und das Wort Leidenschaft scheint nicht zu stark; das Kind wirft sich verzweifelt in die Traumwelt der Bücher.

Je mehr er liest, desto mehr bekommt er Lust zu lesen. »Die Bibliothek meines Vaters«, schreibt Leo, der jüngere Bruder, »enthielt ausschließlich französische Werke. Alexander verbrachte dort ganze Nächte; er schlich sich heimlich hin, um ein Buch nach dem anderen zu verschlingen. Er war mit einem außerordentlichen Gedächtnis begabt, und mit elf Jahren wußte er die ganze französische Literatur auswendig.«

Verschwunden sind die bärtigen Zauberer und die Kavaliere mit den bestickten Wämsern, vergessen die jungen Prinzessinnen mit den honigduftenden Haaren. Alexander Puschkin will ironisch und freisinnig sein, gottlos und empfindsam wie die bewunderten französischen Schriftsteller. Eines Tages wird er so wie sie schreiben, das heißt auf französisch. Er verbrennt die *Tolyade* und verfaßt eine Molière nachgeahmte Komödie: *L'Escamoteur*

(Der Taschendieb). Olga, seine um zwei Jahre ältere Schwester, ist seine Vertraute, sein Publikum und zugleich sein Kritiker. Er spielt ihr sein Stück vor. Sie pfeift es aus.

Da Alexander nun alt genug ist, mit seinen Eltern auszugehen, nimmt man ihn zu den großartigen Empfangsabenden bei dem steinreichen Buturlin mit. Dessen Liebhaberei sind Bücher, Gemälde, Blumen und Autogramme. »Bei ihm«, schrieb ein Zeitgenosse, »tanzte ich und machte der bezaubernden blassen Baronin von B . . . den Hof. Zwischen unseren Beinen wirbelte der kleine Puschkin umher, dem weder ich noch die anderen Tänzer die geringste Aufmerksamkeit zollten.«

Er dagegen schenkt jedermann Aufmerksamkeit. Sein Entschluß ist gefaßt: er wird Schriftsteller werden, Dichter. Schon legen ihm einige junge Mädchen ihr Album vor, in das er errötend französische Verse im Stil Parnys oder Voltaires schreibt. Schon lächelt sein Onkel Basil ihm wohlwollend zu.

Basil ist der Dichter in der Familie, ein kleiner, schwabbeliger, dicker Mensch, dessen vorstehender Bauch auf dünnen Beinen ruht. Seine spitze, gekrümmte Nase hängt über einen speichelnden Mund, der nur noch ein paar jämmerliche gelbe Zahnstummel aufzuweisen hat. Er sprüht Feuchtigkeit beim Sprechen, was ihn aber nicht hindert, kokett zu sein wie ein junges Mädchen. Als man 1801 die Ankunft des eleganten Duroc, des Gesandten Bonapartes und künftigen Marschalls des Kaiserreiches, in Petersburg ankündigte, reiste Basil unverzüglich von Moskau nach der Hauptstadt, um die Kleidung des Franzosen zu studieren. Bei seiner Rückkehr erkannten seine Freunde ihn kaum wieder. Er trug ein riesengroßes Jabot, einen zu kurzen, auf Taille gearbeiteten Frack, und seine Haare waren à la Duroc frisiert und sahen aus wie ein geschorenes Lammfell. Im Jahre 1802 unternahm Basil eine längere Reise ins Ausland. Er besuchte Frankreich, Deutschland und England; er bemühte sich um die Ehre, dem Ersten Konsul vorgestellt zu werden, besichtigte das Pantheon und nahm Sprachstunden bei Talma.

Alexander bewunderte seinen Onkel und lernte seine nichtssagenden Verse auswendig. Er las auch sein Gedichtwerk *Le voisin dangereux,* in dem Basil Puschkin von einer Schlägerei in einem Freudenhaus erzählt.

Eines Tages bat Onkel Basil, der dem Dichter Dmitriew selbstverfaßte, schlüpfrige Verse vorlesen wollte, seinen kleinen Neffen, das Zimmer zu verlassen.

»Warum jagen Sie mich hinaus?« rief der Junge. »Ich weiß schon alles, ich habe schon alles gehört . . .«

Durch seine wahllose Lektüre, durch seine ständige Anwesenheit bei Gesprächen der Erwachsenen hat der Kleine bereits alles erfahren. Ob es sich um Politik handelt oder um Liebe, um Theater oder um Religion: er weiß Bescheid. Er ist lange vor der Zeit ein gerissener Weltmann, ein greisenhaft weiser Voltairianer mit roten Wangen und Kinderaugen. Er interessiert sich schon für Frauen, atmet beim Vorübergehen ihren Duft ein und seufzt, wenn er an die wundersamen Liebkosungen denkt, die er nur andeutungsweise kennt. Seine Sinne werden frühzeitig geweckt durch die erotischen Bücher, die er gelesen hat. Doch auch das ständige Kommen und Gehen um ihn herum trägt dazu bei; da sind unzählige Mägde, von Gesundheit strotzende, leichtfertige Mädchen, die von einem Zimmer ins andere schlüpfen, die sich laut lachend nach ihm umdrehen und ihm verstohlene Blicke zuwerfen. Immer bleibt ein wenig von ihrer Körperwärme in den Korridoren zurück. Alexander lauert ihnen auf, begehrt sie und ärgert sich zweifellos, daß er zu jung und zu schüchtern ist, sie zu umarmen.

Er ist zehn Jahre alt und nicht mehr der unbeachtete kleine Junge der früheren Jahre. Man entzieht ihm die kindlichen Zärtlichkeiten der »niania«, um ihn dem Kammerdiener Nikita Kozlov anzuvertrauen.

Dieser Nikita Kozlov ist ein kräftig gebauter Muschik, dessen Gesicht von blonden Bartkoteletten umrahmt ist. Mit ihm geht der kleine Puschkin in Moskau spazieren, mit ihm sucht er die verrufensten Winkel der Stadt auf, steigt auf den Glockenturm Iwans des Großen und sieht, 1809, vom Vorplatz der Kirche Miasnitskaja aus dem feierlichen Hofzug Alexanders I. zu. Nikita führt ihn auch dorthin, wo das Volk sich ergeht, wo Possenreißer unter freiem Himmel die Abenteuer von Petruschka vorspielen. Falsche Nasen, Perücken aus Werg, Fußtritte in den Hintern, Gezeter des Juden, dem man den Bart ausreißt, und über allem das offenherzige, gutmütige Gelächter der Menge. Wird diese russische Harlekinade im Herzen des Kindes die Erinnerung an Molières Schwänke wieder aufleben lassen?

Durch diese Spaziergänge kommt Puschkin in Berührung mit dem russischen Volksleben, mit der russischen Sprache, die er in der Gesellschaft seines Vaters und seines Onkels fast vergessen hat. Die slawische Kultur und die westliche Zivilisation bekämpfen und durchdringen sich in ihm, ohne daß er es inne wird. Wie hätte er, als er zwischen der überfeinerten Welt der Salons und der Welt der geschäftetreibenden Straße hin- und herpendelte, auch ahnen sollen, daß aus diesem Zwiespalt, aus diesem unruhvollen Wechsel einmal eine nie zuvor gehörte Stimme in ihm ertönen würde?

»Früher«, schreibt er in seinen *Reiseerinnerungen,* »war Moskau der Ort, wo sich die russische Aristokratie traf, die in den Wintermonaten die Provinz mit der Stadt vertauschte. Auch die eleganten jungen Gardeoffiziere verließen Petersburg, um sich nach Moskau zu begeben. Überall ertönte Musik, und bis in den letzten Winkel herrschte ein buntes Gewimmel. Zweimal in der Woche versammelten sich im Saal der Adelsgesellschaft mehr als fünftausend Leute. Dort lernten sich die jungen Menschen kennen, dort wurden Heiraten abgesprochen. Moskau war für seine Brautpaare bekannt wie Wiasma für seine Pfefferkuchen; die Diners genossen Weltruf. Die harmlosen Überspanntheiten der Moskauer Gesellschaft galten als Zeichen ihrer Unabhängigkeit. Man lebte auf seine Weise, vergnügte sich, wie es einem Spaß machte, ohne sich um die Meinung des Nächsten zu kümmern. Es kam vor, daß ein extravaganter Glücksritter sich an einer der Hauptstraßen ein chinesisches Haus bauen ließ, mit grünen Drachen und hölzernen Mandarins unter vergoldeten Schirmen. Ein anderer fuhr in einer vierundachtzigkarätigen silbernen Karosse auf der ›Pré Marie‹ spazieren. Ein dritter stellte fünf Negerjungen, als Jäger und Läufer gekleidet, hinten auf seinen Schlitten und kutschierte so mitten im Sommer durch die Stadt.«

Wahrlich, Alexander Puschkin liebte dieses leicht verrückte, trunkene Moskau, das Voltaire ohne Zweifel verurteilt hätte. Er wird es noch mehr lieben, sobald er seine Eltern von den ersten Rückschlägen der russischen Politik erzählen hört.

Im Salon der Puschkins unterbrach man häufig die Gesellschaftsspiele und das Lesen von Epigrammen, um erregte Debatten über die Zukunft des Landes zu führen. Nach verschiedenen Annäherungsveruschen an Bonaparte, in dem Alexander I. »den aufrichtigen und uneigennützigen Sohn der Revolution« zu sehen wünschte, hatte der Zar seinen Irrtum eingesehen und an La Harpe geschrieben: »Der Schleier ist zerrissen. Bonaparte hat sich selbst des höchsten Ruhms beraubt, den ein Sterblicher erlangen kann und den es zu erringen galt: nämlich zu beweisen, daß er, ohne Eigennutz, zur Ehre und zum Wohle seines Vaterlandes handle. Getreu der Verfassung, auf die er seinen Eid abgelegt, hätte er nach Ablauf von zehn Jahren die in seine Hände gelegte Macht zurückgeben müssen. Statt dessen hat er es vorgezogen, die Verfassung seines Landes zu verletzen. Von jetzt an wird er die berüchtigsten Tyrannen der Geschichte in den Schatten stellen.«

1804, nach der Ermordung des Herzogs von Enghien, die in Europa als Herausforderung gegenüber allen Verteidigern der legitimen Macht empfunden wurde, sandte Alexander I. eine Protestnote nach Paris. Kurz darauf berief Frankreich seinen Gesandten aus Rußland ab. Und am Tag, der dieser Rückberufung folgte, wurde der General Bonaparte Kaiser Napoleon I.

Kopfscheu geworden, schloß sich Alexander der Koalition an. Dieses Parteiergreifen in einem Streit, der Rußland nichts anging, konnte ihm nur Unglück bringen. Der Krieg war nicht national, das Volk wollte ihn nicht und brachte ihm keine Sympathie entgegen. Man kehrte sich, Gott weiß warum, gegen Leute, in deren Sprache man zu reden gewohnt war und deren Kultur man bewunderte. Der Mißerfolg bei Austerlitz nach eineinhalbstündigem Kampf im Jahre 1805, die Niederlagen bei Eylau und Friedland 1807 zwangen Alexander I. zu dem schmählichen Frieden von Tilsit.

Den Friedensbedingungen entsprechend, schloß sich Alexander I. der von Napoleon gewünschten Blockade gegen England an. Diese Maßnahme traf die russische Wirtschaft schwer. Die kultivierten Kreise empörten sich gegen ein Bündnis, das Rußland seiner vormaligen Einfuhrquelle für die Schlemmergerichte beraubte. Die religiösen Kreise entsetzten sich darüber, den »äußerst frommen Herrscher Rußlands« in den Fängen des Antichrist zu sehen, dieser »niedrigen, verachtungswürdigen Kreatur«, wie Napoleon von der Heiligen Synode bezeichnet wurde. Selbst am Hof war Alexander von stummer Feindseligkeit umgeben. Die Zarinmutter stand an der Spitze der Gegenpartei. Graf Steding schrieb an König Gustav IV.: »Die Unzufriedenheit mit dem Zaren ist ständig im Wachsen; man hört erschreckende Dinge darüber.«

Auch die Familie Puschkin hatte unter den wirtschaftlichen Folgen der Niederlage zu leiden. Nach Tilsit war der Wert des russischen Rubels auf sechzehn Kopeken gefallen, und die Einkünfte des Hauses gingen dadurch empfindlich zurück. Zum großen Leidwesen des jungen Puschkin mußte Marie Alexewna ihr Gut Zakharov verkaufen.

Die nationale Schmach und der Haß gegen den Kaiser der Franzosen hinderten die russische Adelsschicht jedoch nicht, die Sprache des Siegers der eigenen Muttersprache vorzuziehen. »Rußland«, schrieb 1805 der Kanzler Graf Worontzov, »ist das einzige Land, wo man die Muttersprache vernachlässigt und wo die Belange des Vaterlandes der jungen Generation fremd sind.«

Als der kleine Alexander Puschkin zwölf Jahre alt wurde, dachten seine Eltern zuerst daran, ihn im Jesuitenkolleg in St. Petersburg unterzubringen. Als aber ein kaiserlicher Erlaß die Gründung eines Gymnasiums in Zarskoje-Selo anordnete, änderten die Puschkins ihre Absicht und beschlossen, ihren Sohn in diese neuartige Schule zu schicken. Das Gymnasium sollte im Schloß von Zarskoje-Selo selbst untergebracht werden und »junge Leute aufnehmen, die zu den höchsten Würden des Staates berufen und aus den begabtesten Söhnen der großen Familien ausgewählt sind«. Der Zar machte der Schule seine eigene Bibliothek zum Geschenk. Die Lehrerschaft bestand aus anerkannt befähigten Professoren. Der Unterricht war unentgeltlich. Der kaiserliche Erlaß sah eine Anzahl von zwanzig bis fünfzig Schülern vor, zu denen die Großfürsten Nikolaus und Michael gehören sollten. Die Zarinmutter weigerte sich jedoch, ihre Enkelsöhne zusammen mit anderen jungen Leuten ihres Alters erziehen zu lassen.

Es war nicht leicht, in dieser bevorrechteten Anstalt Aufnahme zu finden; man brauchte Empfehlungen, Zeugnisse, diplomatische Unterhandlungen. Die Puschkins konnten auf ihren Freund A. I. Turgenjew* zählen, der ein einflußreicher Beamter im Kultministerium war. Am 1. März 1811 reichte Serge Lwowitsch ein Gesuch um Zulassung seines Sohnes Alexanders Puschkin ein, »der«, so hieß es in dem Schreiben, »zu Hause die Anfangsgründe der russischen und französischen Grammatik erlernt, sich auch in Rechnen, Geographie, Geschichte und Zeichnen versucht hatte«. Am 2. Juni 1811 wurde Malinowskij durch kaiserliche Order zum künftigen Direktor des Gymnasiums ernannt. Nun, auch dieser Malinowskij war ein alter Freund der Puschkins, so daß eine Zurückweisung der Bewerbung Alexanders nicht mehr zu befürchten war. Serge Lwowitsch bemühte sich um Geburtsurkunde und Taufzeugnis seines Sohnes, die ihm am 15. Juli

* Nicht zu verwechseln mit dem Schriftsteller I. S. Turgenjew (1818–1883)

1811 ausgehändigt wurden. Alle Papiere waren beschafft, und man bereitete die Abreise vor. Es wurde beschlossen, daß Onkel Basil den kleinen Alexander nach Zarskoje-Selo begleiten und bis zum Schuleintritt in Obhut nehmen sollte. Die Schwester der Großmutter übergab dem Kind eine kleine Barschaft von hundert Rubeln. Onkel Basil versenkte das Geld zur Sicherheit in seine Tasche; er vergaß jedoch, es seinem Neffen zurückzugeben.

Alexander Puschkin war glücklich, seiner Familie zu entrinnen. Sein Urteil über seine Eltern stand fest. Ihre Oberflächlichkeit und geistige Leere sowie ihre Herzenskälte waren ihm genau bekannt. Und der Gedanke, fern von den Seinen, in einem Flügel des Zarenschlosses von Zarskoje-Selo zu wohnen und eine Uniform zu tragen, hatte etwas höchst Verführerisches für ihn.

In Petersburg mieteten Alexander und Onkel Basil Zimmer am Moikakanal, wahrscheinlich im berühmten Hotel Demuth, wo sowohl »deutsche Schneider und englische Reitknechte abstiegen, als auch Gesandte und anspruchsvolle große Herren«. Es gab Zimmer in allen Preislagen. Onkel Basil hatte sich auf der Reise einer sehr hübschen, sanften jungen Frauensperson angeschlossen; Annette Worojeikin war eine freigelassene Leibeigene. Basil, der von seiner Frau getrennt lebte, ließ sich von Annette über sein eheliches Unglück trösten. Das alles wußte der kleine Alexander, und die Bemühungen seines Onkels, sein Treiben zu verheimlichen, belustigten ihn sicherlich. Aber was waren schon die Verführungskünste einer Annette Worojeikin gegenüber dem überwältigenden Zauber von St. Petersburg!

Alles war hier ganz anders als in Moskau, die Straßen, die Paläste, die Menschen, der Himmel, selbst die Luft. Da sah man keine friedlichen, provinziellen Boulevards, keine in staubigem Grün versteckten ländlichen Häuser, keine Sackgassen, die vor einem grauen Holzzaun endeten, hinter dem der Flieder blühte und Vögel sangen. Hier gab es keine winzigen Kirchen, die unter ihren Zwiebeltürmen ein verschlafenes Dasein führten. Hier waren die Häuserfronten neu, die Gehsteige aus Stein, und überall Kanäle, Brücken, weite Plätze. Alles wirkte riesig, kalt, unpersönlich, befohlen. Eine Stadt in Uniform mit schnurgeraden Straßen. Stein und Wasser. Zielbewußt gingen die Menschen ihres Wegs, unbekümmert um die Sonne, deren senkrechte Strahlen ihre Köpfe traf. Es schien, als habe niemand Zeit, vor den Läden herumzulungern; selbst die Bettler trugen eine ernsthaft amtliche Miene zur Schau, was in Moskau nie geschehen konnte. Im Hintergrund gleißte der Uhrzeiger am Palast der Admiralität. Wachsoldaten, mit spiegelblanken Beilen bewaffnet, gingen auf dem Newsky-Prospekt auf und ab. An jeder Straßenbiegung erwartete man, dem Zaren zu begegnen.

Die Aufnahmeprüfung ins Gymnasium von Zarskoje-Selo fand bei dem Unterrichtsminister Razumofskij statt. In einer weiten Säulenhalle warteten Eltern und Kinder auf die Empfangszeit. Die Väter trugen ordengeschmückte Uniformen oder Frack. Die Kinder tauschten neugierige Blicke und Zeichen geheimen Einverständnisses untereinander aus. Alexander Puschkin befand sich in Begleitung seines Onkels, über dessen schwarzen Anzug ein duftiges, wohlriechendes Jabot fiel; sein kleines, fettes Gesicht strahlte Wichtigkeit und Befriedigung aus. Er grüßte nach rechts und links. Einer der Kandidaten, der kleine Puschin*, erzählt von dem Eindruck dieses Tages: »Ich wußte nicht mehr, wohin ich blicken sollte; ich glaube, nicht gerade ein schüchterner Junge gewesen zu sein, aber dort fühlte ich mich verloren; ich schaute alle an und sah niemand. Dann trat ein Beamter ein mit einem Papier in der Hand und begann, die Namen abzulesen. Ich hörte: Alexander Puschkin. Und ich sehe einen wohlfrisierten, lebhaften Knaben vortreten, der trotz seiner blitzenden Augen einen verstörten Eindruck macht. War es die Ähnlichkeit seines Familiennamens mit dem meinen oder ein anderer Grund, der mich ihm unbewußt näherbrachte? Jedenfalls fiel er mir zuerst auf. Ich bemerkte auch Gortschakov, der damals ein sehr hübscher Junge war. Diese erste Bewegung machte uns ein wenig kühner, und wir begannen auf und ab zu gehen, während wir auf die Vorstellung beim Minister und auf den Beginn des Examens warteten. Jemand, sehr wahrscheinlich Basil Puschkin, der Alexander hergebracht hatte, rief mich an und machte mich mit seinem Neffen bekannt. Der erzählte mir, daß er mit seinem Onkel zusammen wohne, auf der Moika, nicht weit von uns. Wir beschlossen, uns öfters zu treffen ... Bald rief man uns der Reihe nach in einen anderen Raum, wo in Gegenwart des Ministers endlich die Prüfung begann ...«

Was für Fragen man dem jungen Alexander Puschkin in dem Kabinett des Ministers stellte, wissen wir nicht, nur daß er das folgende Zeugnis erhält:

Russische Grammatik – sehr gut; französische Grammatik –

* Puschin: Erinnerungen an Puschkin

gut; deutsche Grammatik – nicht gelernt; Rechnen – bis zum Dreisatz vorgedrungen; Leibesübungen – gut; Grundbegriffe in Geographie und Geschichte – einige Kenntnisse.

Am 22. September 1811 bestätigte Zar Alexander I. die Liste der ins Gymnasium aufgenommenen Schüler. Von achtunddreißig Anwärtern hatten dreißig das Examen erfolgreich bestanden; Puschkin und Puschin gehörten dazu.

Die Instandsetzungsarbeiten in dem zum Gymnasium gehörigen Gebäude waren noch nicht beendet. Während Puschin und Puschkin auf den Schulbeginn warteten, versäumten sie keinen Tag, um zusammenzusein. Puschin war ein pausbäckiger Junge mit ruhigen, grauen, fröhlichen Augen. Auch er fühlte sich in seiner Familie nicht wohl. Sein Vater, ein Flottenintendant, war ein jähzorniger und sinnlicher Mensch, der mit einem Mädchen aus dem Volk zusammenlebte. Seine Mutter hatte man wegen Geisteskrankheit eingesperrt; den Haushalt führten seine Schwestern. Puschin hatte denselben literarischen Geschmack wie sein Freund, er konnte ausgezeichnet Französisch und nahm regen Anteil an den derzeitigen literarischen Streitgesprächen. Er war gutmütig, verständig und hilfsbereit; der ungestüme Puschkin bestürzte und entzückte ihn zu gleicher Zeit.

Die Schule und die Lehrer

Die feierliche Einweihung des Gymnasiums von Zarskoje-Selo war auf den 19. Oktober 1811 festgesetzt. Der Zar, die beiden Zarinnen, Angehörige der kaiserlichen Familie, hohe Würdenträger des Hofes, Minister und Ratsmitglieder in großer Zahl kamen in die Schulsäle. Die Feierlichkeiten begannen mit einer Messe und einem Tedeum, die in der Schloßkirche in Anwesenheit des Herrschers zelebriert wurden. Dabei saßen die Schüler dichtgedrängt auf den Galerien. Nach dem Hochamt machten die Geistlichen die Runde und besprengten die dreißig Schüler und die Wände des Hauses mit Weihwasser. Dann versammelten sich alle Anwesenden im Festsaal des Gymnasiums, einem riesengroßen, in Weiß und Gold gehaltenen Raum. Dort wurden die Knaben dem Zaren vorgestellt.

Puschin hat uns eine genaue Beschreibung des Schullebens in Zarskoje-Selo hinterlassen: »Um das Gymnasium unterzubringen«, schrieb er, »setzte man einen vierstöckigen Flügel des kaiserlichen Schlosses samt allen anschließenden Gebäuden instand. Während der Regierung von Katharina II. bewohnten die Großfürstinnen diesen Teil des Schlosses; 1811 waren alle verheiratet, mit Ausnahme von Anna Pawlowna. Im Erdgeschoß befanden sich die Verwaltung, die Wohnungen des Inspektors, der Lehrer und einiger anderer Schulbeamten; im ersten Stock hatte man den Speisesaal, die Krankenstation, die Apotheke, das Konferenzzimmer und die Büroräume, im zweiten einen Pausenraum, drei Klassenzimmer, einen Physiksaal und ein Lesezimmer mit Zeitungen und Zeitschriften untergebracht; eine Bibliothek befand sich in dem überwölbten Durchgang, der Schule und Palast durch die Empore der Schloßkapelle verband; im Stock darüber lagen die Schlafräume.«

Der Schlafsaal umfaßte fünfzig Einzelzellen, zweistöckig angeordnet und durch einen Gang getrennt. In jeder Kammer gab es eine eiserne Bettstelle, eine Kommode, einen Schreibtisch mit Stuhl, einen Waschtisch mit Spiegel; auf jedem Schreibtisch standen ein Tintenfaß und ein Leuchter mit Lichtputzschere. Puschkins Zimmer, Nummer 14, war das letzte in der Reihe, so daß er nur einen einzigen Nachbarn hatte, seinen Freund Puschin von Nummer 13. Mit dem unterhielt er sich oft bei Nacht, leise flüsternd, das Gesicht an die Trennwand gepreßt. Alle Stockwerke waren von Lampen erhellt, im ersten und zweiten Stock gab es Parkettfußböden, im großen Saal Wandspiegel und damastbezogene Stühle. Das Schulgebäude lag inmitten der Gärten von Zarskoje-Selo, die eine Fülle frostiger Statuen, allzu neuer Denkmäler, winziger Grotten und kümmerlicher Wasserspiele bargen. In diesem pompösen, in Rußland, ja wahrscheinlich in der ganzen Welt, einzig dastehenden Gymnasium schien man, wie Puschin es ausdrückte, »den Versuch gemacht zu haben, alle Annehmlichkeiten einer familiären Häuslichkeit mit den für eine öffentliche Schule unerläßlichen Forderungen zu vereinen«.

Die Schüler standen beim Glockenton um sechs Uhr auf, wuschen sich hastig, streiften ihre Schuluniform über, blaue Hose und blaue Jacke mit rotem Kragen, und gingen zum gemeinschaftlichen Gebet in den großen Saal hinunter. Der Unterricht begann um sieben und dauerte bis neun Uhr. Von neun bis zehn Uhr trank man Tee und ging gemeinsam ins Freie. Um zehn Uhr wurde der Unterricht fortgesetzt, daran schloß sich um zwölf Uhr ein zweiter Spaziergang. Um ein Uhr gab es Mittagessen, und von zwei bis drei Uhr Schönschreiben oder Zeichnen, von drei bis fünf

Uhr weitere Unterrichtsstunden. Von fünf bis sechs Uhr Tee und Spaziergang. Schließlich Schulaufgaben oder zusätzliche Lehrstunden. Mittwoch und Samstag waren Tanz- und Fechtübungen gewidmet, außerdem mußten die Schüler jeden Samstag ein Bad nehmen. Um einhalbneun Uhr rief die Glocke zum Abendessen. Danach durften die Knaben bis zum Löschen des Lichts um zehn Uhr im Saal des zweiten Stocks Ball oder Nachlaufen spielen.

In dieser vorbildlichen Anstalt brauchten die Schüler nicht einmal ihre Kleider auszubürsten oder ihre Schuhe zu putzen, geschweige denn ihre Zimmer aufzuräumen. Eine Dienerschar sorgte dafür, diese junge Elite von allen materiellen Verpflichtungen zu entlasten. Einer dieser Diener, Leonti Kemerskij, hatte einen verschwiegenen Winkel ausfindig gemacht, wo er zu Wucherpreisen Schokolade, Bonbons, heißen Kaffee und selbst Liköre, deren Genuß verboten war, verkaufte.

Einige Tage nach Schulbeginn traf eine Hiobsbotschaft für Puschkin und seine jungen Freunde ein. Zur Teestunde erschien der Direktor und gab kurz und bündig bekannt, daß eine Verordnung des Ministeriums den Schülern das Verlassen des Schulbezirks verbiete, doch dürften sie an Festtagen den Besuch ihrer nächsten Verwandten empfangen. Puschin schrieb: »Diese kategorische Forderung, die man zweifellos schon vorher aufgestellt, uns aber wohlweislich nicht bekanntgegeben hatte, kam dermaßen unerwartet, daß wir alle schwer davon betroffen wurden.« Als der Direktor den Speisesaal verlassen hatte, lief ein drohendes Gemurmel von Tisch zu Tisch. Die Schüler empörten sich und sprachen von Zwang; sie stellten die Gesetzlichkeit dieser Maßnahme, die man ihnen vor ihrem Schuleintritt verschwiegen hatte, in Abrede. Sie sahen sich plötzlich von der Außenwelt abgeschnitten, in dem Internat wie in einen Käfig eingesperrt, um eines fragwürdigen, künstlichen und schreckerregenden Reifeprozeses willen. »Während der sechs Jahre unserer Schulzeit«, schrieb ein anderer Schüler, der Baron Korf, »durften wir Zarskoje-Selo nicht verlassen, nicht einmal wegen einer Reise nach Petersburg ... Und selbst in Zarskoje-Selo war es während der drei oder vier ersten Schuljahre verboten, sich außerhalb des Schulgeländes zu ergehen; unsere Eltern und Verwandten mußten daher bei ihren Besuchen mit uns im Gemeinschaftssaal sitzen bleiben oder hinter unseren Vorgesetzten im Garten umhergehen.«

Der Unterricht begann am 23. Oktober 1811. Die kaiserliche Verfügung setzte die Dauer der Schulzeit auf sechs Jahre fest und teilte sie in eine Unter- und Oberstufe. Der Lehrplan der Unterstufe umfaßte folgende Fächer:

1. Sprachunterricht in Russisch, Lateinisch, Französisch, Deutsch. 2. Ethik: Grundbegriffe in Religion und ethischer und logischer Philosophie. 3. Mathematik und Physik: Arithmetik, beim Dreisatz beginnend, Anfangsgründe in Algebra, Physik und Trigonometrie. 4. Geschichtswissenschaft: Geschichte Rußlands und der fremden Länder, Geographie und Zeittafel. 5. Schöngeistige Literatur: Auszüge aus den Werken der besten Autoren, Analysen, Anleitungen in Rhetorik. 6. Schöne Künste und Körperschulung: Schönschreiben, Zeichnen, Tanz, Fechten, Reiten und Schwimmen.

Daran schlossen sich noch Studien in Psychologie, Militärstrategie, Wirtschaftspolitik, Ästhetik, Strafrecht sowie Stunden in »Französisch- und Deutschsprechen, und, wenn möglich, in Architektur«.

Der Lehrplan war so umfangreich und unübersichtlich, daß ein Menschenleben nicht ausgereicht hätte, ihn zu erfüllen. Daher zogen die Professoren es in weiser Einsicht vor, diese unmögliche Fülle von Wissensstoff zu übersehen und die Kinder nach ihrer eigenen Vorstellung und ihrem eigenen Wissen gemäß zu erziehen.

Diese Methode hätte sich unheilvoll auswirken können. Sie bewährte sich jedoch ausgezeichnet, weil man bei der Wahl der Lehrer eine glückliche Hand gehabt hatte.

Zu jener Zeit, da die russische Nation noch von Grund aus ungebildet war, bedeutete diese Auswahl ein schwieriges Unterfangen. Es gab fast keine Gymnasien, und die einzelnen Fakultäten waren nichts als Debattierklubs. Im Jahre 1822 zählte man an der Universität zu Kasan vierzig Studierende, an der Universität in Petersburg kamen auf achtunddreißig Professoren etwa fünfzig Studenten.

Puschkin hatte in seiner Schulzeit zwei Lehrer für russische Literatur. Der erste, Kochanskij, war ein junger, dandyhafter Mann, der die Frauen hofierte, gern Französisch sprach und schauderhafte, schwermütige Elegien verbrach. Er war ein Anhänger der Schriftsteller der alten Schule und Verfasser eines Traktats über Rhetorik sowie einer Sammlung ausgewählter Stücke, der *Blüten der griechischen Poesie.* Kochanskij förderte die literarischen Fähigkeiten seiner Schüler und anerkannte Puschkins Talent, warf ihm jedoch vor, nur ein Schäker zu sein. Nach seinem Dafürhalten flossen die Verse des jungen Mannes zu leicht, verrieten seine Reime zuviel Fantasie und seine Wortwahl einen prosaischen Geschmack. Beim Anhören der jungenhaften Versuche werde nicht das Kunstbedürfnis befriedigt, sondern man empfinde nur alltägliches Vergnügen. Auf diese kritischen Bemerkungen antwortete Puschkins mit einem *An meinen Aristarch* überschriebenen Gedicht, worin er die Reimereien seines Lehrers verspottete und das Geheimnis seiner eigenen Inspiration aufdeckte: »Ich denke nach, hebe den Arm hoch, und plötzlich entstehen Verse.«

1814 wurde der unglückselige Kochanskij, der unmäßig zu trinken pflegte, krank und durch den Philosophen Galitsch ersetzt.

Galitsch, ein glühender Bewunderer von Kant und Schelling, Verfasser einer *Geschichte der philosophischen Systeme* und eines *Essay über die Wissenschaft vom Schönen,* war ein junger Idealist, feurig, rechtschaffen, sympathisch und gebildet, sogar zu gebildet für seine junge Zuhörerschaft. Er hätte das Zeug zum Universitätsprofessor gehabt, und es fiel ihm schwer, auf das primitive Niveau von Zarskoje-Selo herabzusteigen.

Viel später, am 17. März 1834, schreibt Puschkin folgende einfache Worte in sein Tagebuch: »Ich habe den guten Galitsch getroffen und mich sehr darüber gefreut. Er war früher mein Lehrer und hat mich ermutigt, den eingeschlagenen Weg weiterzuverfolgen. Er hat mich veranlaßt, für das Examen im Jahre 1814 meine *Erinnerungen an Zarskoje-Selo* zu schreiben.«

Galitsch war kein Dichter, aber er liebte sie und behauptete, sie zu verstehen. Puschkin widmete ihm Gedichte warmer Zuneigung, in denen er ihn als »treuen Gefährten bei der Flasche« bezeichnete, als »Faulheitsapostel«, als »Liebhaber sinnlicher Genüsse« und als »Oberhaupt beim Schülerbankett«.

Diese Schülerbankette, diese Becher und Flaschen, diese Kränze und zahlreichen Weine waren jedoch nur poetisches Beiwerk. Die Ausschweifungen, auf die Puschkin anspielt, trugen sich bei einem Glas Tee zu, im Pausenraum der Schule oder im Zimmer von Galitsch. Aber sie übten auf Puschkin einen gewissen Einfluß aus. Der junge Galitsch erschien seinen Schülern als das Ideal eines Epikureers, das ihrer Einbildungskraft schmeichelte.

Unter den übrigen Pädagogen des Gymnasiums ist noch der Französischlehrer, Monsieur de Boudry, zu erwähnen, der kein anderer war als der jüngere Bruder von Marat. Nach Beendigung seines Studiums an der Genfer Akademie wurde der junge David Marat Hauslehrer bei einer russischen Familie. Als sein Bruder Jean-Paul eine zu schreckliche Berühmtheit erlangt hatte, suchte David Marat bei Katharina II. um die Erlaubnis nach, seinen Namen umzuändern, und nannte sich fortan de Boudry. Er war in Boudry, gelegen im Department Neufchâtel, geboren. Später eröffnete de Boudry ein kleines Geschäft, wo er gold- und silberdurchwirkte Stoffe wob, nach denen in der Umgebung Katharinas starke Nachfrage herrschte. Als diese Mode mit der Thronbesteigung des Zaren Paul I. vorüber war, machte de Boudry Bankrott; er löste seine Werkstatt auf und gab wieder Privatstunden. Als er dann Professor für Französisch am Gymnasium von Zarskoje-Selo geworden war, erwies er sich als tätiger und strenger Pädagoge. Boudry war ein drolliger, verhutzelter, kleiner Greis mit dickem Bauch und einer schmierigen, schlecht gepuderten Perücke. Er wusch sich selten und wechselte nur einmal im Monat die Wäsche. Aber er hatte eine Leidenschaft für die Sprechkunst, besonders für die Theatersprache. Seine Schüler ließ er französische Stücke aufsagen und spielen, wobei er die weiblichen Rollen strich und Liebende durch Freunde ersetzte. Puschkin erzählt, daß Boudry das Andenken seines Bruders hochhielt. Eines Tages, als er von Robespierre sprach, soll er seinen Schülern erklärt haben:

»Er war es, der Charlotte Corday heimlich die Waffe in die Hand gedrückt und aus diesem jungen Mädchen einen zweiten Ravaillac gemacht hat.«

»Im übrigen«, fügte Puschkin hinzu, »war Boudry trotz seiner Verwandtschaft, trotz seiner demokratischen Ideen und trotz seiner schmierigen Weste und seinem ganzen Gehabe, das an einen Jakobiner gemahnte, ein sehr gewandter Höfling auf seinen kurzen Beinen.« Puschkin war einer der besten Schüler Boudrys, weshalb ihm seine Kameraden den Spitznamen »Der Franzose« gaben.

Alle diese Professoren, so verschieden durch ihr Wissen, ihr Temperament, durch ihre Klugheit und ihren Erfolg, spielten ihre Rolle bei der geistigen Heranbildung Puschkins. Über ihnen stand der Direktor des Gymnasiums, der zartsinnige, grüblerische Malinowskij. Verfasser eines Buches über *Krieg und Frie-*

den, befürwortete er, mehr als ein Jahrhundert vor Wilson, die Schaffung eines Völkerbundes, dessen Aufgabe es sein sollte, die Streitigkeiten zwischen den verschiedenen europäischen Ländern beizulegen. Er schrieb auch einen Aufruf zur *Sklavenbefreiung,* übersetzte die Bibel aus dem Hebräischen ins Russische und gab die Zeitschrift *Herbstabende* heraus. Er rief die Lehrer des Gymnasiums zusammen, stellte eine Schulordnung auf und bestimmte von Anfang an das geistige Niveau des Unterrichts. Malinowskij war ein Feind allen Zwangs, er haßte Strafen und übertriebene Anforderungen an die Arbeitskraft der Jugend. Er meinte, daß die Kinder im Geist der Freude erzogen werden müßten. Er ermunterte die Professoren, sich mit den Schülern zu unterhalten, ihnen durch Lektüre Abwechslung zu bieten und ihren literarischen Wetteifer anzuspornen. Er selbst scheute sich nicht, sie in seiner Wohnung zu empfangen. Sein Tod, nach kaum drei Jahren wirkungsvoller Leitung, bestürzte die Jungen, die sich daran gewöhnt hatten, ihn wie einen älteren Bruder zu betrachten, der nachsichtig, ein wenig schwach und gutmütig war.

Nach Malinowskijs Tod gab es in der Schule ein »unheilvolles Interregnum«, wie Puschkin es ausdrückt. Die Leitung des Gymnasiums wurde nacheinander von Professoren übernommen, die keine richtige Autorität besaßen, so von Kochanskij, dem Österreicher Hauenschild und schließlich von dem Oberstleutnant a. D. Frolov. Der letzte entpuppte sich als unwissender und steifer Rohling. Er hielt Rousseau für eine Frau mit dem Vornamen Emilie; die Schüler zwang er, beim Gebet in Reih und Glied zu stehen, teilte sie im Speisesaal nach der Reihenfolge ihrer Noten ein und züchtigte sie, wobei er sie auf die Steinfliesen niederknien ließ. Zu Anfang des Jahres 1816 wurde Frolov endlich durch einen neuen Direktor ersetzt, durch den sanften und tugendhaften Engelhardt, der in sein Tagebuch schrieb: »Die Zuneigung der Schüler kann man nur gewinnen, wenn man von ganzem Herzen an ihren Freuden und Leiden teilnimmt. Man erwirbt nur durch Handeln das Vertrauen der jungen Leute. Erziehung ohne jede Strafmaßnahme ist ein Hirngespinst; bestraft man aber ein Kind zu oft und ohne ausreichenden Grund, so wird es schließlich seinen Erzieher als Peiniger betrachten, der sich an ihm zu rächen sucht.«

Engelhardt gelang es ohne Mühe, in freundschaftlicher Weise die Disziplin unter den Schülern wiederherzustellen. Nach der wirren Unordnung des »Interregnums« fühlten sie nun, daß sie gelenkt, überwacht und geliebt wurden wie zu Malinowskijs Zeiten. Gleich seinem Vorgänger trank er mit ihnen Tee, unterhielt sich mit ihnen über Dichtkunst und Moral und lud sie zu sich ein, damit sie lernen konnten, sich in Damengesellschaft manierlich zu benehmen.

Zu guter Letzt hob Engelhardt 1816 eine zu strenge Verfügung auf und erlaubte seinen Internatsschülern, außerhalb des Gymnasiums in Zarskoje-Selo Besuche zu machen. Die Jungen waren für seine Güte und sein Verständnis so dankbar, daß einige von ihnen, wie Puschin und Wolkhowskij, ihr Leben lang mit ihm in Fühlung blieben.

Einzig Puschkin verhielt sich dem einnehmenden Wesen Engelhardts gegenüber feindselig. Engelhardt konnte Puschkin nicht leiden, und Puschkin mochte den Direktor nicht. Der Anlaß zu dieser Feindschaft bleibt dunkel. »Was mich angeht«, schrieb Puschin, »ich habe niemals begreifen können, warum Puschkin alle Aufmerksamkeiten Engelhardts und seiner Frau zurückwies. Er wollte sich die Wahrheit nicht eingestehen und vermied jede Annäherung an ihn. Hinter diesem Benehmen verbarg sich etwas, das er mir um keinen Preis offenbaren wollte.«

Eines Tages trat Engelhardt an Puschkins Pult, setzte sich neben ihn und fragte behutsam: »Warum sind Sie böse auf mich?« Puschkin antwortete verwirrt, daß er keine Klage gegen seinen Direktor vorzubringen habe. »Dann ist also Ihre Abneigung gegen mich der Grund?« erwiderte der sanftmütige Engelhardt. Bei diesen Worten brach der Junge in Tränen aus und rief: »Es ist meine Schuld, daß ich Sie nicht richtig zu schätzen wußte!« Auch Engelhardt vergoß Tränen, tätschelte Puschkins Schulter und ging freudig bewegt davon. Er hatte den letzten Rebellen besiegt. Einige Minuten nachher kam er wieder an Puschkins Tisch vorüber und sah, wie dieser errötete und rasch ein Papier in seinem Pult verbarg.

»Sicher wieder Verse?« fragte Engelhardt mit gütigem Lächeln. Er hob den Pultdeckel und angelte mit den Fingerspitzen das Blatt heraus. Aber es war kein lyrisches Gedicht, was sich seinen Augen bot, es war eine abscheuliche Karikatur seiner selbst, von ein paar unflätigen Versen begleitet. Engelhardt legte das Papier auf den Tisch zurück und murmelte traurig: »Jetzt weiß ich, warum Sie sich weigern, meinen Einladungen zu folgen. Aber ich verstehe noch immer nicht, wie ich mir Ihr Mißfallen zugezogen haben.«

Engelhardt, der sich die Gunst aller Schüler erworben hatte, war ernstlich verstört über den hartnäckigen Widerstand Puschkins. Dieser brave Mann wurde nur dann böse, wenn man an seine Güte nicht glauben wollte. Und da es ihm nicht gelungen war, Puschkins Zuneigung zu gewinnen, so gab er ein schlechthin rachsüchtiges Urteil über dessen Schulleistungen ab: »Es ist das Ziel von Puschkins Ehrgeiz«, schreibt er am 22. März 1816, »sich auf dem Gebiet der Dichtkunst hervorzutun; es erscheint aber zweifelhaft, ob dieser Ehrgeiz jemals eine solide Grundlage finden wird, denn er weicht jedem ernsthaften Studium aus, und seine Intelligenz, ohne Tiefe und Eindringungsvermögen, ist oberflächlich, französisch. Das ist noch das nachsichtigste Urteil, das man über Puschkin fällen kann. Sein Herz ist gefühllos und leer, er kennt weder Liebe noch hat er eine religiöse Überzeugung. Vielleicht war noch nie das Herz eines jungen Menschen so bar jeden Gefühls wie das seine. Zärtliche Empfindungen, wie sie dem Jünglingsalter eigen, werden von ihm in den Schmutz gezogen und verächtlich gemacht. Seine Fantasie hat sich vollgesogen an den erotischen Werken der französischen Literatur, die er schon bei seinem Eintritt ins Gymnasium fast auswendig wußte.«

Noch andere Werturteile über den Schüler Puschkin sind erhalten geblieben. Einige Zeugnisse aus dem Jahr 1812 sind der Mühe wert, angeführt zu werden:

In Russisch: »Alexander Puschkin hat mehr Einfühlungsgabe als Gedächtnis, mehr Neigung als Fleiß ... Daher genügt der geringfügigste Zwischenfall, ihn abzulenken.«

In Philosophie: »Puschkin begreift gut, er ist vielseitig interessiert und geistreich. Aber sein Fleiß ist gleich Null, und Fortschritte sind nicht vorhanden.«

In Zeichnen: »Große Fähigkeiten, aber hastige Arbeitsweise und mangelnde Aufmerksamkeit. Unerhebliche Leistungen.«

In deutscher Literatur: »Keinerlei Fortschritt, Mangel an Befähigung, Fleiß und gutem Willen. Durch falsche Erziehung verdorben.«

In Mathematik: »Intelligent, aber leichtsinnig und sehr faul, schlechtes Benehmen im Unterricht. Mittelmäßige Leistungen.«

Schließlich die Charakterbeurteilung: »Wenig Ausdauer und Beharrungsvermögen, schwatzhaft, gutherzig, aber zerfahren und in hohem Maß jähzornig.«

Auch der Inspektor Piletskij fällt 1812 folgendes Urteil: »Puschkin (Alexander), dreizehn Jahre alt. Besitzt mehr in die

Augen springende als solide Fähigkeiten, einen eher scharfen und feurigen als tiefschürfenden Geist. Im Unterricht ist sein Fleiß mittelmäßig, denn Arbeitseifer gehört nicht gerade zu seinen hervorstechenden Tugenden. Da er viele französische Bücher gelesen hat, die seinem Alter nicht angemessen sind, hat er sein Gedächtnis mit zahllosen schönen Zitaten berühmter Autoren überladen. In russischer Literatur ist er ebenso beschlagen und kennt viele Fabeln und Gedichte. Obwohl er sich müht, bedächtiger zu überlegen, sind seine Kenntnisse im allgemeinen nur oberflächlich. Charakterzüge: Reizbarkeit und Stolz, die ihn manchmal schüchtern machen; gutherzig, empfindsam, aber die Beute jähzorniger Ausbrüche; leichtfertig, schwatzhaft, geistreich. Andererseits stellt man aber auch viel guten Willen bei ihm fest: Wenn er seine Schwächen erkennt, nimmt er gern Ratschläge an und befolgt sie nicht ohne Erfolg . . .«

»Leichtfertig«, »reizbar«, »schwatzhaft«, »oberflächlich«, »jähzornig«, dieselben Ausdrücke kehren in allen Zeugnissen wieder, um über Puschkins Haltung in Zarskoje-Selo auszusagen.

Alle Professoren sind einer Meinung. Aus diesem nüchternen, kraushaarigen Burschen mit den feurigen Augen und den Negerlippen wird niemals etwas Rechtes werden. Gewiß, er hat eine große Zahl russischer und französischer Werke, alte und moderne, gelesen, er schreibt mit überraschender Leichtigkeit Verse, er braucht sich nur einer Aufgabe zu widmen, so überflügelt er schon seine Mitschüler. Aber in ihm lebt etwas Flüchtiges, Unstetes, Gefährliches, das nicht erlaubt, ihm den kleinsten Wechsel auf die Zukunft auszustellen. Sein Talent selbst wird ihn verderben. Da er sich auf seine außergewöhnlichen Gaben, auf Inspiration und Glück verläßt, wird er nicht die Energie aufbringen, an die Vollendung eines großen Werkes heranzugehen. Er wird sich weiterhin in reizvollen Gelegenheitsgedichten verlieren, er wird ein guter Unterhalter werden wie sein Onkel Basil, ein Genießer, ein rastlos Umgetriebener, ein Lebemann, ein »Franzose«.

Als man den Lehrer für Schönschrift nach Erinnerungen an seinen Schüler fragte, rief er aus: »Was habt ihr bloß mit Puschkin? Der war ein nichtsnutziger Bengel und sonst nichts!«

Freundschaft und Berufung

Die Türen des Gymnasiums haben sich hinter einem wilden und scheuen Kind geschlossen. Kaum ist er seiner Familie entronnen, so betrachtet Puschkin auch schon die neue Umwelt, die ihm der

Wille der Eltern aufzwingt, voll Mißtrauen. Er sieht ein Schloß und Gärten, wohlwollende Professoren und ringsumher Knaben, die ihn frech anstarren und einander alle ähnlich sehen. Ihre Gesichter, ihre Stimmen verschwimmen zu einem einzigen Gesicht, zu einer einzigen, gleichbleibenden Stimme. Sie sind die anderen. Er ist allein. Allein mit dem geliebten Puschin, seinem Zimmernachbarn und Vertrauten. Scheu entzieht er sich jeder neuen Bekanntschaft. Er will sich mit sich selbst begnügen und sechs Jahre lang von den eigenen Reserven an Hoffnung, Wissen und Fröhlichkeit zehren. Aber nach und nach, von einer Schulstunde zur anderen, nach immer neuen Nächten bricht das Massengesicht auseinander und löst sich in einzelne auf. Besondere Gesichter und Charaktere treten aus der Gleichförmigkeit hervor, rätselhafte, anziehende und lächerliche. Manche reizen zum Lachen, andere zur Bewunderung. Zunächst undeutlich gebliebene Namen heften sich an eine Nase, an eine struppige Mähne oder an ein rauhes, im Stimmbruch befindliches Organ. Da ist der träge Delwig, immer in nebelhafte Träume versunken, mit Lügen schnell bei der Hand und ständig mit Gedichten beschäftigt (er ist kurzsichtig, und weil das Tragen einer Brille in der Schule verboten ist, kommen ihm alle Frauen, die seinen Weg kreuzen, bezaubernd vor). Weiter Danzas, schwerfällig und querköpfig; Baron Korf, ängstlich, frömmlerisch und ewig sich beklagend; Kornilov, welcher der Zarin: »Ja, mein Herr!« zur Antwort gab, und nicht so dumm ist, wie er aussieht; der Schlingel Broglio, der sich immer Strafen zuzieht und immer zum Lachen aufgelegt ist; Guriew, der sich befremdend zärtlich gegenüber den andern Jungen beträgt (er wird zwei Jahre später ausgewiesen, weil er »griechische Veranlagung« gezeigt habe). Zum Schluß sei noch der magere, lange, ungeschickte, unmögliche Küchelbecker erwähnt, der nur auf einem Ohr hört. Ein schiefer Mund sitzt in seinem unregelmäßigen Gesicht mit den vorquellenden Fischaugen. Er scheint so sehr in höheren Sphären zu schweben, daß er beim Gehen stolpert und beim Sprechen stottert. Er ist nervös, gefühlvoll und gutmütig. Alle hänseln ihn, und er ärgert sich.

Es sind ihrer so viele, und sie sind so verschiedenartig, die Kinder, unter denen Alexander Puschkin sich behaupten muß. Vorsichtig tritt er aus seiner Zurückhaltung heraus, nähert sich diesen unbekannten Wesen, die er im stillen beobachtet und beurteilt. Er fürchtet sich vor dem Spott der Kameraden, hat Angst, sie könnten »Affe« zu ihm sagen. Er weiß, daß er wie ein kleiner

Affe aussieht. Außerdem ist er nicht so kräftig wie Danzas und Broglio, nicht so liebenswürdig wie Korsakov und weder Baron noch Fürst wie manche seiner Mitschüler. Daher muß er um jeden Preis ihren Angriffen zuvorkommen. Überall entdeckt der überempfindliche Puschkin heftige Abneigung, versteckten Hohn, böse Absichten, Anspielungen, geheime Machenschaften. Die bloße Vorstellung, man könnte über ihn lachen, ist ihm so fürchterlich, daß er ein harmloses Scherzwort mit beißendem Spott und beleidigenden Äußerungen beantwortet. Er versteht es, seinen Gegner mit ein paar hingeworfenen Worten zu verletzen, und schießt bewußt über das Ziel hinaus. Hat er sein Opfer mundtot gemacht und dem allgemeinen Gelächter ausgeliefert, so geht er weg, bebend vor Zorn, doch voll Genugtuung. Am Abend aber, im Bett, quälen ihn Gewissensbisse. Es wird ihm klar, daß er sich unrichtig und böse benommen hat und daß niemand ihn leiden mag. Er möchte sich reinwaschen in den Augen dessen, den er vor den Kameraden lächerlich gemacht hat. Aber wie kann man sich reinwaschen, ohne um Verzeihung zu bitten? Und dazu will er sich nicht herablassen. So wächst die Ablehnung seiner Person von Tag zu Tag, man fürchtet seinen beißenden Spott und meidet seine Gesellschaft. Diese Feindseligkeit peinigt ihn. Gequält, unglücklich und einsam, weint er in sein Kopfkissen, dann dreht er sich zur Wand und ruft halblaut seinen Freund, seinen einzigen Freund, Puschin. Ihm vertraut er sich an und bittet um seinen Rat. Und der andere antwortet ihm, so gut er kann, er spricht ihm Mut zu, tröstet ihn und schilt ihn aus, wobei er die Stimme dämpft, wenn der gleichmäßige Schritt der Wache näherkommt.

Einige Mitschüler halten unversöhnlich an ihrem Groll gegen den Spötter Puschkin fest. Scheinheilig schreibt Baron Korf über ihn: »Er hatte weder äußere noch innere Religion, keine erhabenen, tugendhaften Empfindungen, ja, er bekundete ihnen gegenüber einen gewissen prahlerischen Zynismus: er erging sich in bösartigen, oft unflätigen Hohnreden gegen die Gebote und Riten der Kirche, gegen die den Eltern zu zollende Achtung, gegen Familienbande und gesellschaftliche Beziehungen. All das galt ihm als abgegriffene Münze, und ich glaube sicher, daß er oft sein wahres Gefühl und seine wahren Gedanken verriet, um das Vergnügen eines witzigen Einfalls zu genießen.«

Baron Korf ist nicht der einzige, der Puschkin in den ersten Monaten seines Aufenthaltes in Zarskoje-Selo verabscheut.

Aber er ist der einzige, der sich noch nach beendeter Schulzeit abfällig über ihn äußert. Ganz allmählich, so wie sich eine Blüte entfaltet, hat sich das Wunder vollzogen. Die Masken sind gefallen, man ist sich nähergekommen, in der kleinen, abgeschlossenen Welt der Schule haben die Herzen sich einander zugeneigt. Eines schönen Tages, wahrscheinlich schon sehr bald, erfährt Puschkin, daß der Schüler Illitschewskij in seinen Mußestunden Verse schreibt. Er liest sie sogar einigen Kameraden vor, die ihm Beifall spenden. Puschkin ist entzückt über seine Entdeckung, und noch mehr, als er hört, daß Illitschewskij nicht der einzige Dichter in der Schule ist. Es wird allmählich offenbar, daß noch mehr diese Berufung in sich fühlen. Delwig, Jakowlew, Korsakov, Rjewskij, ja sogar der unmögliche Küchelbecker, der kaum Russisch sprechen kann, werden begeisterte Reimeschmiede, und es kommt zu einer Verbrüderung der jungen Dichter von Zarskoje-Selo, die sich durch ihre literarischen Neigungen verbunden fühlen. Sie lesen einander ihre Werke vor, ermutigen sich gegenseitig und suchen einander zu übertreffen. Professor Kochanskij fördert diesen Wetteifer, gibt ihnen Themen, die sich in Verse setzen lassen, und liest die besten Arbeiten in der Klasse vor. Inspektor Piletskij schlägt auf Anraten des Direktors sogar die Bildung einer Art Akademie vor, der »alle jungen Leute angehören sollten, die von der Gesamtheit für fähig befunden wurden, den Beruf eines Schriftstellers auszuüben«.

Die Dichter wissen vor Freude nicht, wohin. Sie weichen nicht mehr aus der Bibliothek, vernachlässigen die Unterrichtsstunden und reimen Tag und Nacht. Sie mühen sich ab und überschwemmen die Schule mit Epigrammen, Fabeln, Idyllen und vaterländischen Gesängen. Erschreckt über diese kollektive Dichtergabe, welche die Schüler vom Lernen abhält, sieht sich der Direktor gezwungen, die anfänglich gebilligte Akademie aufzulösen und das Versemachen in der Schule zu verbieten. Doch läßt sich die dichterische Berufung unterdrücken? Die Kinder schreiben im geheimen und lesen einander, hinter dem Rücken der Aufsichtslehrer, mit leiser Stimme ihre Erzeugnisse vor.

Einmal beschlossen Puschkin, Puschin und Malinowskij, der Sohn des früheren Direktors, ein Getränk zu mixen, das Gogel-Mogel genannt wurde und aus Rum, Zucker und geschlagenen Eiern bestand. »Wir, Puschkin, Malinowskij und ich«, schrieb Puschin, »hatten vereinbart, Gogel-Mogel zu trinken. Ich konnte eine Flasche Rum beschaffen, wir trieben Eier und Puderzucker auf und begannen unser Werk vor einem dampfenden Samowar. Natürlich waren wir nicht die einzigen Zechgenossen bei diesen nächtlichen Gelagen, aber die andern blieben irgendwie hinter den Kulissen. Einer von ihnen, Tyrkov, wurde unabsichtlich zum Verräter, denn der Rum verfehlte seine Wirkung bei ihm nicht, so daß der aufsichtführende Lehrer bald Unruhe, geräuschvolles Hantieren und ungewohntes Hin- und Herlaufen in unserer Ecke bemerkte und den Inspektor benachrichtigte. Dieser beobachtete seine Schüler nach dem Essen und nahm ihre ungewöhnliche Erregtheit zur Kenntnis. Sofort begannen Verhöre und Untersuchungen. Wir traten alle drei vor und erklärten, daß die Sache uns angehe und wir die allein Schuldigen seien.«

Damit war die Angelegenheit aber nicht abgetan. Zu jener Zeit war der Österreicher Hauenschild Direktor, und der verfaßte einen Bericht ans Ministerium. Der Minister, Graf Razumofskij, ließ sich die Schuldigen vorführen, rügte sie streng und übergab die Akten der Lehrerversammlung der Schule.

»Diese Konferenz«, schrieb Puschin, »faßte folgende Beschlüsse:

1. *Zwei Wochen lang mußten wir beim Morgen- und Abendgebet niederknien.*
2. *Wir wurden auf die letzten Plätze des Speisesaals verwiesen, dort richtete sich die Sitzordnung nach den Betragensnoten.*
3. *Unsere Namen wurden mit Erwähnung unserer Vergehen und ihrer Sühne ins schwarze Buch des Gymnasiums eingeschrieben, was sich auf das Abschlußexamen auswirken konnte.*

Die erste Maßnahme wurde wortgetreu durchgeführt, die zweite wurde gemildert: nach einer gewissen Zeit rückten wir Platz um Platz vor.«

Die dritte Strafe wurde drei Jahre später, dank dem Eingreifen von Direktor Engelhardt, aufgehoben.

Auch dieses Ereignis wurde, wie so manches andere, durch Gelegenheitsgedichte unsterblich gemacht. Alle Schulerlebnisse lieferten Stoff für Gedichte, Epigramme und Lieder.

Diese Schwärmerei einer Schülergruppe für die Dichtkunst läßt sich aus dem Aufschwung erklären, den die russische Literatur erst vor kurzem genommen hatte. Die russische Dichtung, die seit Anfang des 18. Jahrhunderts bei den Hexametern von Kantemir und Trediakowskij stehengeblieben war, bildet rasch neue Formen, löst sich aus dem starren Gefüge und wirft die Schwergewichte ab. Die Gymnasiasten nehmen regen Anteil an dem triumphalen Aufstieg ihrer Muttersprache. Sie haben keine Fülle großer Namen und gewichtiger Werke hinter sich wie die jungen Franzosen ihrer Zeit, sie kennen nicht das sichere Gefühl, eine jahrhundertalte Überlieferung weiterzuführen, sie fühlen sich nicht aufgenommen in einem Strom, dessen erstes Gefälle weit zurückliegt.

Nein. Sie stehen am Ursprung. Sie erleben den Durchbruch eines lange unterirdisch gebliebenen Gewässers und atmen als erste seinen erfrischenden Hauch. Für sie verschwistert sich die Literatur nicht mit der Geschichte der Vergangenheit, sondern mit der unmittelbar erlebten Gegenwart. Sie sehen sie vor ihren Augen entstehen. Sie entdeckt sich selbst, und staunend wird sie von ihnen entdeckt. Jedes neue Gedicht ist wichtig. Man schwelgt in der Freiheit der Wortwahl, in unerwarteten Rhythmen, in rauhen und einfachen Sprachmelodien. Man bekommt Lust, sich so schnell wie möglich in den Sturzbach zu werfen und mit diesen klangvollen Reimen wie mit Wassertropfen zu spielen. Was gelten die anderen Wissenschaften neben dieser erhabenen Begierde? Die Schüler von Zarskoje-Selo treten in die Fußstapfen der ersten russischen Dichter.

Komowskij bemerkt über Puschkin: »Die dichterischen Ideen überfielen ihn nicht nur in den Mußestunden oder beim Spaziergang, sondern auch mitten im Unterricht und sogar in der Kirche. Dann zog sich sein Gesicht sonderbar zusammen oder entspannte sich in einem Lächeln, je nachdem, was für ein Gegenstand seine Aufmerksamkeit gefangennahm. Um seine Gedanken niederzuschreiben, zog er sich in eine entfernte Ecke des Zimmers zurück, nagte nervös an seinen Nägeln, runzelte die Brauen, warf die Lippen auf, um dann mit blitzenden Augen leise die Verse vor sich hinzusagen, die er geschrieben hatte.«

Die Dichtergabe der Schüler bemächtigt sich des kleinsten lokalen Zwischenfalls und der kargsten Landschaft. Sie besingen ihre Bubenstreiche, die Ungeschicklichkeit ihrer Mitschüler, die Fehler ihrer Professoren und die Reize der ausgedehnten Gärten, die ihre Schule umschließen. Da sie nie ausgehen dürfen oder je Ferien haben, sehen sie nur das prunkvolle, amtliche und historische Antlitz der Außenwelt: den riesigen Park mit seinen Rasenflächen und Alleen, seinen Grotten und Blumenrabatten und marmornen Brücken, seinen beiden Schlössern und dem »Rosengarten«, in dem seit der Zeit Katharinas II. keine Rosen mehr gepflanzt wurden, und schließlich einen blauen See, in dem sich eine weiße Säule spiegelt. Nicht weit davon schlagen Trommler den Weckruf und wehen Fahnen. Am Abend hört man die Militärkapelle, die mit gewaltigem Getöse im Gebäude des Gardekorps spielt. Und manchmal sehen die Schüler den Schatten der hochgewachsenen Gestalt des Zaren auf die sauber geharkten Wege fallen.

Der Krieg

Die Schüler von Zarskoje-Selo, die so nahe am Hof lebten, waren über die Eröffnung der Feindseligkeiten zwischen Frankreich und Rußland bestürzt. Seit der Zusammenkunft in Erfurt wurde beim russischen Volk das Bündnis mit den Franzosen immer unbeliebter. Die Klagen gegen Napoleon häuften sich, und mit Recht. Die für den Handel Rußlands so verhängnisvolle Kontinentalsperre, die Gründung des Großherzogtums Warschau, dazu die Furcht vor neuen Feldzügen Napoleons in Europa und das Doppelspiel der diplomatischen Vertreter Frankreichs in Konstantinopel, der brüske Abbruch der Unterhandlungen wegen einer Heirat zwischen Napleon und der Großfürstin Anna und nicht zuletzt die drängenden Geldforderungen der Engländer bestimmten Alexander I., zum andernmal mit dem Kaiser der Franzosen zu brechen. Wie ein Diplomat ging er vor, als er dem Kabinett der Tuilerien sagen ließ, daß er bereit sei, sich an die Abmachungen des Tilsiter Vertrages zu halten, unter der Bedingung, daß die Armeen Napoleons aus Preußen zurückgezogen und jenseits der Oder ins Quartier gelegt würden. Alexander wußte genau, daß diese Forderung keinerlei Aussicht hatte, von Napoleon angenommen zu werden; er wollte jedoch als Pazifist gelten und die weltweite Verantwortung eines zweiten Angriffskriegs auf Bonaparte abwälzen. Wie vorausgesehen, erklärte Napoleon, die russischen Forderungen seien mit seiner Ehre nicht zu vereinbaren; und im Juni 1812 überschritten die französischen Armeen den Njemen. Sogleich schrieb Alexander an Napoleon folgenden Brief: »Wenn Euer Majestät nicht beabsichtigt, das Blut ihres Volkes wegen eines derartigen Mißverständnisses zu vergießen, und wenn sie willens ist, ihre Streitkräfte vom Boden Rußlands abzuziehen, so werde ich das Vorgefallene als nicht geschehen und ein Übereinkommen zwischen uns noch immer als möglich betrachten. Im anderen Falle sähe ich mich gezwungen, in Euer Majestät nur noch einen Feind zu erblicken, einen Feind, den ich nicht herausgefordert habe.« Damit war der Krieg Wirklichkeit geworden.

Seit Anfang des Jahres hatten die Schüler von Zarskoje-Selo Truppen, die sich auf die Grenze zu bewegten, vorbeimarschieren sehen. Auf den mit schmutzigem Schnee bedeckten Landstraßen zogen Kavallerieschwadronen in feldmarschmäßiger Uniform vorüber. Die Offiziere trugen kurze Pelzröcke, die Soldaten Mantel und Mütze. Zwischen ihnen befanden sich auch bärtige Kosaken mit gewichstem Schnurrbart, die mit ihren dampfenden Pferden verwachsen schienen und mit Lanzen bewaffnet waren. Sie sangen beim Dahinreiten. Später folgten die frisch ausgehobenen Rekruten in grauen Uniformen; ihre Gesichter sahen schmutzig, erschöpft und stumpfsinnig aus. Die Schlösser lagen verödet und stumm. Das Essen im Speisesaal war schlecht. Durch Verwandte oder Lehrer erfuhren die Schüler, daß die russischen Streitkräfte zersprengt worden waren und dem eindringenden Feind keinerlei Widerstand entgegensetzen konnten. Franzosen, Badenser, Preußen, Sachsen, Bayern, westfälische und württembergische Soldaten, Österreicher und Polen wälzten sich unter Napoleons Befehl wie ein Strom über Rußlands Straßen. Sie rückten mit erschreckender Schnelligkeit vor. Schon waren sie in Wilna. Der General Barclay de Tolly wurde entlassen und Kutusov zum Generalfeldmarschall ernannt. Bagration stellte sich vor den ehrwürdigen Mauern von Smolensk zur Schlacht, dann gab er die Festung auf und zog sich auf Mojaisk zurück.

Die Nachrichten vom Kriegsschauplatz erhitzten die Gemüter der Schüler. Die durch Zarskoje-Selo marschierenden Truppen hörten hinter den Gittertoren ihr Beifallsgebrüll. Jeder von ihnen hatte seinen Lieblingshelden. Wolkowskij hielt das Andenken Suworovs hoch, und Gortschakov trug die Haare wie der Zar frisiert und kniff, wie er, beim Sprechen die Augen zu. Der kleine Malinowskij schwor nur auf den Kosakenhetman Platov. Küchelbecker dagegen versteifte sich darauf, den Ruhm des eben abgesetzten Barclay de Tolly zu verteidigen. Seine Mutter hatte ihm am 24. August 1812 geschrieben: »Barclay beweist uns deutlich, daß er sein Vaterland liebt, da er freiwillig eine zweitrangige Rolle übernimmt, während er doch vorher Oberkommandierender war. Ich schreibe dir das zur Beherzigung: lerne daraus, nicht vorschnell zu urteilen und dich nicht denen anzuschließen, die hohe Staatsbeamte kritisieren.«

In der Bibliothek des Gymnasiums rissen sich die Schüler die Zeitungen aus den Händen, lasen einander laut die Heeresberichte vor und schnitten die Bilder der kommandierenden Generäle aus. Sie verfolgten auf der Karte das Vorrücken des »Antichrist« und seiner Armee. Die Professoren erklärten ihnen im Unterricht die Entwicklung der Truppenbewegungen.

»Anfangs«, schrieb Puschin, »begrüßten wir alle durch Zarskoje-Selo ziehenden Garderegimenter. Sobald sie auftauchten, standen wir schon da; wir liefen sogar vom Unterricht weg, um sie zu sehen. Wir begleiteten ihren Weg mit inbrünstigen Gebeten und umarmten Verwandte und Freunde. Bärtige Grenadiere machten das Kreuzeszeichen über uns, ohne aus der Reihe zu treten. Wieviel Tränen haben wir vergossen! ... Als die militärischen Operationen begannen, überbrachten uns Verwandte von Mitschülern jeden Sonntag die neuesten Nachrichten. Kochanskij las sie uns im Saal laut vor. In den Erholungsstunden war die Bibliothek immer übervoll: wir durchblätterten nacheinander russische und ausländische Zeitungen, wir debattierten und stritten unaufhörlich. Das geringfügigste Ereignis fand bei uns außergewöhnlichen Widerhall: Furcht verkehrte sich in Hoffnung bei der kleinsten Besserung der militärischen Lage. Die Professoren kamen herein, um uns zu lehren, die Truppenbewegungen zu verfolgen, und uns manche Einzelheiten zu erklären, die ohne ihre Hilfe unverständlich geblieben wären.«

Ein anderer Schüler, Miassojedov, schrieb: »Nachdem die Jungen eines Tages eine vorbeiziehende Kompanie begrüßt hatten, waren sie vor lauter Patriotismus so außer Rand und Band, daß sie, anstatt dem Französischunterricht zuzuhören, ihre Lehrbücher unter Tische und Bänke warfen.«

Die französische Kolonie in Rußland wurde jedoch kaum belästigt. Monsieur de Boudry setzte seine Lehrtätigkeit in Zarskoje-Selo fort. Die französischen Schauspieler in Petersburg wurden verpflichtet, sich dem Willen der Regierung zu fügen, und spielten ins Französische übertragene vaterländische russische Stücke. Mademoiselle George trat als Prinzessin Xenia auf, die lebende Verkörperung slawischen Heldentums. Madame de Staël, die geschworene Feindin Napoleons, schrieb: »Ich kam in einem Augenblick nach Rußland, da die französische Armee schon sehr weit in russisches Gebiet vorgedrungen war, doch keine Verfolgung oder auch nur Belästigung hielt den fremden Reisenden auf: weder ich noch meine Gefährten konnten ein Wort Russisch, wir sprachen nur Französisch, die Sprache des Feindes, der das Land verwüstete ...«

Die unbequeme, naive Frau, die »Verschwörerin aus Nächstenliebe«, wie man sie nannte, fiel den Moskowitern recht lästig »mit ihren zu langen Ergüssen und ihren zu kurzen Ärmeln« sowie mit ihrer Besessenheit, alle Anteilnahme an dem europäischen Drama auf ihre Person zu lenken, »als hätte Napoleon bei seinem Einfall in Rußland kein anderes Ziel gehabt, als sie zu verfolgen«. Baron de Montet äußerte, sie wollte »als eines der letzten Bollwerke der Unabhängigkeit, die Europa noch verblieben, behandelt werden«. Und wenn ihr auch bei Alexander I. nicht der erhoffte begeisterte Empfang zuteil wurde, so war sie doch keinen Belästigungen ausgesetzt. Diese seltsam anmutende Nachricht kennzeichnet die Sitten der damaligen Zeit. Sie allein beweist schon, daß der Krieg von 1812 in seiner ersten Phase kein Krieg der Völker, sondern ein Krieg der Regierenden war. Müßte es sonst nicht ebenso wundernehmen, daß mitten im »Nationalkrieg« Mérope mit Mademoiselle Mars im November in Petersburg aufgetreten ist? 1814 spielte man schon wieder die *Fourberies de Scapin,* und 1816 waren zwei französische Theatergruppen in die Hauptstadt zurückgekehrt.

Im Gymnasium wartete man unterdessen angstvoll auf den Ausgang der Schlacht bei Borodino. Kutusov, der alte, ruhmreiche, narbenbedeckte, fett gewordene Kutusov mit einem ausgeschlagenen Auge, lieferte vor Moskau den Entscheidungskampf. »Als ich ihn anschaute«, schrieb Madame de Staël, »fürchtete ich, daß es ihm an Kraft gebräche, gegen all die beutelüsternen starken Männer zu kämpfen, die aus allen Winkeln Europas nach Rußland hereinströmten.« Der erste Heeresbericht ließ einen Sieg erhoffen: »Die Schlacht dauerte die ganze Nacht hindurch; die Verluste sind groß auf beiden Seiten; nach den wiederholten Angriffen des Feines auf unsere befestigten Stellungen zu schließen, müssen seine Verluste die unsrigen übersteigen ...«

Im Palast wurde nach Verlesung dieses Bulletins ein feierliches Tedeum zelebriert, darauf wurden Böllerschüsse abgefeuert und die Stadt festlich erleuchtet.

Und dann mußten plötzlich die Einwohner Moskaus die Stadt verlassen, und französische Truppen rückten ein.

Seit Beginn des Krieges hatte sich Gouverneur Rostoptschin

bemüht, Vaterlandsliebe und Opfergeist bei der Moskauer Bevölkerung zu wecken. Dieser heißblütige, halbgebildete Wirrkopf ließ Zettel in den Straßen ankleben: »Napoleon wird unterwegs an der Kälte zugrunde gehen« oder »Vorwärts, christliche Armee . . . steh auf, ein unzählbares Heer, daß es das Tageslicht verdunkle . . .« Er verbot jeden Lynchversuch und ließ selbst einen gewissen Wereschagin lynchen, weil er den Sieg Napoleons innerhalb sechs Monaten voraussagte. Er riet davon ab, die Stadt zu evakuieren, und verfügte, daß »nur Frauen und weibische Männer« ausziehen sollten. Dann ordnete er die Überführung der Staatskanzlei an, öffnete die Gefängnistore und verteilte Waffen an den Pöbel. Er ließ Heiligenbilder durch die Stadt tragen, suchte den Metropoliten Platon auf, der sterbenskrank in einem Vorstadtkloster lag, und ließ ihn auf den Kremlplatz vor einen von Fahnen umgebenen Altar bringen. Der Metropolit stieg, von Diakonen gestützt, aus dem Wagen, totenblaß unter der weißen Kapuze seines violetten Erzbischofornats. Er konnte nicht mehr sprechen. Er weinte. Von Schluchzen geschüttelt, heulte die Menge auf. Dann sprach der Archidiakon: »Der Metropolit wünscht ein Zeichen seiner Überzeugungskraft zu sehen. Wer ihm Gehorsam gelobt, soll sich auf die Knie werfen.« Die ganze Menschenmenge warf sich nieder. Und mit weithin vernehmbarer Stimme erklärte der Stadtkommandant: »Die Einwohner Moskaus werden dem Feind nicht unbewaffnet ausgeliefert werden. Teilt die Waffen aus dem Zeughaus unter euch. Die Verteidigung Moskaus liegt in eueren Händen.«

Nach dieser Ansprache forderte er »alle Tapferen« auf, »sich zu einer letzten Schlacht auf den Drei Bergen zu sammeln«. Aber es kam zu keiner letzten Schlacht. Borodino war die letzte Schlacht gewesen. Es begann ein allgemeines »Rette-sich-werkann«. Der hohe und niedere Adel, die Kaufleute, die Beamten, alle, die über Wagen und Pferde verfügten, hatten die Stadt verlassen. Lange Reihen von Bauernkarren, Handwagen und Landauern rollten über die Straßen. Puschkins Eltern und Onkel Basil hatten sich nach Nishnij-Nowgorod geflüchtet. Die Polizeitruppe hatte Moskau verlassen, und die Feuerwehrgerätschaften waren weggeschafft worden.

Als der Brand in Moskau ausbrach, rührte sich keine Hand, ihn zu bekämpfen. Ein wütender Wind gab den Flammen immer neue Nahrung, und bald brannte die ganze Stadt hellauf wie eine Fackel.

Von Schrecken gepackt, muß Puschkin an das zerstörte Vaterhaus gedacht haben, an die vom Feuer verzehrten Gärten, an die vertrauten, mit schwelenden Balken übersäten Straßen, an die schöne Bibliothek Onkel Basils, die jetzt nur noch ein Häufchen Asche unter Aschenresten war, an die Bibliothek von Karamzin, an alle Zufluchtsstätten seiner Kindheit.

Nishnij-Nowgorod, wo sich der Adel, die Großhändler und die literarische und künstlerische Elite Moskaus zusammengedrängt hatte, schien, vollgestopft, aus den Fugen zu gehen, überschwemmt vom Zustrom der Männer, Frauen und Kinder samt all ihrem Gepäck. Die Flüchtlinge hausten in wenigen engen und notdürftig möblierten Zimmern. So mußten die Murawiews mit ihren drei Kindern, mit Batiuschkov, Drujinin, einem Engländer, zwei Gouvernanten und sechs Hunden sich mit drei Räumen begnügen. Onkel Basil wohnte in einer Isba; er suchte einen Pelzrock für den Winter; seine Barschaft belief sich auf einige Kopeken. Die jungen Leute und jungen Mädchen trafen sich auf den Plätzen von Nishnij-Nowgorod, spazierten zwischen primitiven Fahrzeuen, Bauernkarren und altmodischen Kutschen umher und dachten wehmütig an die eleganten Spazierwege des Boulevard Twerskoj. Doch bald luden ein paar Moskowiter, die etwas Geld hatten retten können, zu üppigen Diners ein und veranstalteten Bälle. Dort tanzten die jungen Damen bis zum Umsinken in französischen Kleidern französische Quadrillen und verwünschten auf französisch den Feind des Vaterlandes. Basil Puschkin, zuerst gebrochen beim Gedanken an seine Bibliothek und seine verlorene Garderobe, schöpfte wieder Mut und versuchte sich tapfer an neuen Kalauern.

»Vor lauter Traurigkeit hat Puschkin das Gedächtnis verloren«, schrieb der Dichter Batiuschkov, »so daß er gestern bei den Arkharov kaum die Fabel von der Nachtigall rezitieren konnte ... Ganz Moskau trifft sich bei den Arkharov oder besser: alle Unglücklichen aus Moskau; die einen haben ihr Haus verloren, andere ihre Landgüter, wieder andere besitzen keinen Kanten Brot mehr ... Alle beklagen sich und verwünschen die Franzosen in französischer Sprache; und ihre Vaterlandsliebe gipfelt in dem Wort: ›Ja keinen Frieden‹.«

Im Gymnasium befürchtete man den Vormarsch Napoleons auf St. Petersburg, und die Direktion befaßte sich schon mit dem Gedanken, die Schüler in irgendeine nördlich gelegene Stadt zu schicken. Die Inspektoren und Professoren bereiteten fieberhaft alles zur Abreise vor. Malgin, der Schneider des Zaren, kam, um den Kindern kurze, mit Schaffell gefütterte Pelzröcke nach chinesischer Art anzumessen. Dieser romantische Auszug nach der Polarregion erregte die Fantasie der Schüler, die von einem neuen Leben in Eis und Schnee, mitten zwischen Eisbären, träumten. Sie mußten ihre Schule jedoch nicht verlassen. Im Oktober gab Napoleon das verbrannte, geplünderte, geschändete Moskau auf, und das bedeutete den Rückzug.

Die ersten Moskowiter, die in die Stadt zurückkehrten, entsetzten sich über das Ausmaß der Verheerungen. Eine Tochter von Madame Rimskij-Korsakov schrieb am 9. November an ihren Bruder:

»Nun bin ich seit fünf Tagen wieder in unserem armen Moskau. Ach, Grischa, lieber Freund, du kannst dir nicht vorstellen, was aus Moskau geworden ist. Man kennt die Stadt nicht wieder, und man kann die Trümmer nicht betrachten, ohne zu weinen. Von den Steinhäusern stehen nur noch die Umfassungsmauern, und man heizt die Kamine mit den Überresten der Holzhäuser . . .«

Und Madame Rimskij-Korsakov selbst schrieb ihrem Sohn am 12. November:

»In Moskau gibt es nur noch Ruinen und Leichen. Von neuntausend Häusern stehen noch siebenhundertzwanzig, darunter meines. Die Umzäunungen wurden weggerissen, und die Fensterscheiben zersprangen, als man den Turm Iwan des Großen in die Luft sprengte. Das Haus war derart verschmutzt, daß man zwei Wochen brauchte, es zu säubern: es beherbergte hundertundachtzig Hunde und einen Hauptmann des ersten Garderegiments, der im Bett unserer lieben Warenka schlief. Alle Vorhänge sind zerissen, Leder- und Stoffbezüge der Möbel zerfetzt . . . Den Menschen haben sie jedoch nichts zuleide getan; sie haben ihnen nur die Pelze genommen . . .«

Während die Einwohner von Moskau in die Trümmer ihrer Häuser zurückkehrten, verließ die französische Armee, ausgehungert, zerlumpt, immer wieder von Partisanengruppen belästigt, die trostlose, geheimnisvolle Öde des riesigen Landes. Das russische Volk und Alexander I. selbst waren erstaunt, Sieger geblieben zu sein. Noch am Vortag versetzte der Feind die Welt in Schrecken, und plötzlich, von einem Tag zum andern, neigte sich das Glück ganz sacht auf die Seite des Heiligen Rußland, als ob die Gewichte in den Waagschalen des Schicksals sich verschoben hätten. Die unheilschwangere Niederlage der französischen Armee grenzte an ein Wunder. Die russischen Soldaten wurden oft zurückgeschlagen, manchmal sogar von ihren Gegnern besiegt. Trotzdem löste sich die Ordnung unter den Truppen Napoleons auf, sie zogen dahin, so wie sie zufällig zusammentrafen. Es war noch nicht sehr kalt, aber ein dicker, milchiger Nebel hüllte die Marschkolonnen ein. Sie bewegten sich vorwärts, verirrten sich in den verschneiten Wäldern, wo bleiche Nebelfetzen das Gelände unsichtig machten und Weg und Steg verhext zu sein schienen. Sie liefen geradeswegs sensenschwingenden Bäuerinnen, bärtigen Muschiks, lautlos sich nähernden Kosaken, die plötzlich aus dieser kalten, eisglitzernden, endlosen Weite auftauchten, in die Arme.

Trotz der großen Verluste an der Beresina konnten die Franzosen über den Fluß setzen und sich auf Wilna zurückziehen. Die Straße von Smolensk nach Wilna war gesäumt von hunderttausend Toten, die man hatte liegen lassen müssen, und die Pferde scheuten schnaubend bei ihrem Anblick. Man stieß auf Gruppen von Gefangenen mit blaugefrorenen Gesichtern, die von Muschiks mit Knüppeln und Mistgabeln vorwärtsgetrieben wurden. Steifgefrorene Leichen lehnten an Baumstämmen, als müßten sie Wache halten. Rudel grauer Wölfe fielen über die in der weiten Ebene liegengebliebenen Verwundeten her.

Am Weihnachtstag feierte Rußland die Auferstehung eines Reiches, das zu verwüsten »zwanzig Nationen« herbeigekommen waren. Kutusov sprach dafür, die Waffen niederzulegen, da der Feind wieder über die Grenze zurückgegangen sei. Aber Alexander I. wünschte die Rolle des Befreiers zu spielen, nicht nur seines Volkes, sondern aller Völker Europas. Sein Stolz, sein mystischer Glaube, sein Haß gegen Napoleon trieben ihn dazu, das Abenteuer fortzusetzen. Und der Krieg begann von neuem, in einem anderen Land, mit den gleichen Menschen. Es kamen die Schlachten bei Lützen, bei Bautzen, Dresden, Kulm und Leipzig. Bis endlich, am 31. März 1814, Zar Alexander und der König von Preußen, Schlag zwölf Uhr, in Paris einzogen.

Die Begeisterung des russischen Volkes kannte keine Grenzen mehr. Alexander I., dessen Verhalten zuerst so bitter getadelt worden war, galt nun als der geniale Kaiser, der Befreier, der Engel der Gerechtigkeit. Man nannte ihn »Agamemnon«, »Gottbegnadeter«, »Russische Gottheit« und »Zar aller Zaren«.

Am 13. April verkündete ein Kurier aus Petersburg den Einwohnern von Moskau die endgültige Kapitulation von Paris. Und nun begannen die Festlichkeiten. Am 23. April wurde ein Hochamt im Kreml zelebriert, und drei Tage lang läuteten die Glocken vom Morgen bis zum Abend. Die Stadt strahlte im Lichterglanz, und man veranstaltete Maskeraden. Eine Augenzeugin schrieb:

»Der Allerhöchste hat das Flehen seiner Kinder erhört, der freche Räuber ist gestürzt. Obwohl Moskau bis in die letzten Winkel versengt ist, herrscht allgemeiner Jubel, und wir geben unsere letzten Kopeken aus, um den Triumph zu feiern.«

Um die Rückkehr Alexanders I. zu feiern, veranstaltete die Zarinmutter am 27. Juli 1814 in Petersburg ein prächtiges Fest, zu dem die Schüler von Zarskoje-Selo eingeladen wurden. Dabei bildete ein Freiluftballett den Höhepunkt der Darbietungen. Die Kulissen stellten »die Umgebung von Paris« dar und »Montmartre mit seinen Windmühlen«. Von einer mit Rosengirladen geschmückten Galerie herab schauten die Knaben dem Schauspiel zu. »Unser Agamemnon, der Friedensbringer, der Besieger Napoleons«, schrieb Baron Korf, »erstrahlte im Glanz der allerhöchsten Majestät.«

Vom Schloß zum Pavillon gelangte man durch einen Triumphbogen, den folgende Inschrift überragte:

O Du, der aus dem Krieg Du kehrest,
Zu klein für Dich ist des Triumphes Pforte.

Puschkin zeichnete sogleich eine Karikatur. Sie stellte Alexander I. dar, der, durch gute Mahlzeiten dick geworden, sich einem Triumphbogen nähert, der sichtlich zu eng für ihn ist. Die Generäle seines Gefolges stürmen, von Schrecken gepackt, vorwärts, um mit dem Säbel die Öffnung zu erweitern. Die Karikatur fand bei seinen Mitschülern großen Beifall.

»Nach dem Fest«, schrieb Baron Korf, »führte man uns zu Fuß ins Gymnasium zurück, ohne daß man uns eine Tasse Tee oder einen Apfel oder wenigstens ein Glas Wasser gegeben hätte.«

Puschkin schaute mit gemischten Gefühlen auf Alexander I. Den Zeitgenossen erschien der Zar voller menschlicher Widersprüche. Napoleon behandelte ihn als den »echten Byzantiner«. Chateaubriand meinte, daß er »gerissen sei wie ein Grieche«. Er war der »Talma des Nordens«, »die Sphinx«, »der Brandungsschaum der Wogen«.

Alexander vergötterte die Wahrheit, aber es gelang ihm nicht, selbst aufrichtig zu sein. Er verabscheute die Gewalt – und gelangte nur durch die Ermordung seines Vaters auf den Thron. Er gab vor, Pazifist zu sein, und zog doch zehn Jahre lang kriegführend durch Europa. Er hielt sich für freiheitsliebend und war ein Tyrann größten Formats.

Während der Schulzeit verehrte Puschkin ihn wie alle seine Kameraden. Später wird er von ihm sagen: Sein Gesicht und seine Gebärden waren die eines Hampelmanns.

Erste Erfolge

Das triumphale Erwachen Rußlands fiel zeitlich mit den ersten literarischen Erfolgen Puschkins zusammen. Er wuchs in einer unruhigen Zeit heran. Er zweifelte an sich selbst, als Rußland sich verloren glaubte, und blühte auf bei Rußlands Sieg. Einige Tage vor dem Empfang des Zaren in Petersburg sah sich Puschkin zum erstenmal gedruckt. Er war vierzehn Jahre alt. Auf Drängen seiner Kameraden hatte er eines seiner Gedichte an den »Europaboten« eingesandt, und am 4. Juli 1814 konnte er seine eigenen Verse in einer allgemein anerkannten und hochgeachteten Zeitschrift lesen. Von den handgeschriebenen Seiten des »Schülerphilosophen« wechselte er zu den berühmten Blättern des »Europaboten«. Aus der abgeschlossenen Welt der Knaben geriet er plötzlich in die Welt der Erwachsenen. Er wurde selbst ein Erwachsener, mehr noch: er wurde ein Dichter und hatte denselben Anspruch auf diesen Titel wie Jukowskij, wie Onkel Basil. Stolz und Eitelkeit verdrehten ihm den Kopf. Er glaubte zu träumen. Daß er sich vor seinen Mitschülern nicht brüstete, ist ihm hoch anzurechnen.

Das gedruckte Gedicht hatte den Titel *An einen Dichterfreund* und war mit den Buchstaben N. k. ch. p. unterzeichnet. Während des Jahres 1814 erschienen weitere Gedichte von ihm in derselben Zeitschrift, diesmal mit den Zahlen 1 – 14 – 16 unterschrieben. Am 8. Januar 1815, beim Aufnahmeexamen in die Oberstufe des Gymnasiums, fand jedoch erst die eigentliche Dichterweihe Puschkins statt. Ein zahlreiches Publikum war zur mündlichen Prüfung eingeladen. Der Innenminister führte den Vorsitz der Jury. Die Schüler munkelten, daß der uralte, hochberühmte Dichter Derjawin zugesagt habe, dem feierlichen Akt beizuwohnen.

Auf Anraten von Professor Galitsch schrieb Puschkin ein Gedicht mit dem Titel *Erinnerungen an Zarskoje-Selo,* das zur Ausschmückung der Schlußsitzung vorgelesen werden sollte. Endlich, am festgesetzten Tag, trafen die Gäste gruppenweise in dem großen, weiß-rot-goldenen Saal ein. Es kamen der Minister, der

Metropolit, Graf Uwarov, der stellvertretende Direktor des Gymnasiums, der Oberst des Husarenregiments Leschakov, der Feldmarschall Saltijkov, die Eltern der Schüler, ihre Freunde, Damen mit hochgetürmten Frisuren; man sah viele Uniformen, Fracks, Spitzenkrausen, Ordenssterne. Auch Puschkins Vater und Onkel Basil waren anwesend.

Puschkin hat uns ein genaues Bild der Szene hinterlassen: »Ich habe Derjawin ein einzigesmal in meinem Leben gesehen«, schrieb er, »aber ich werde ihn niemals vergessen. Das war 1815 im Gymnasium, anläßlich der öffentlichen Prüfungen. Als wir von Derjawins Versprechen, zu uns zu kommen, erfuhren, waren wir alle sehr erregt. Delwig ging auf die Treppe hinaus, um ihn zu erwarten und ihm die Hand zu küssen, die Hand, die den *Wasserfall* geschrieben hatte. Endlich nahte Derjawin. Er betrat den Vorraum, und Delwig hörte ihn den Schweizer fragen: ›Mein Guter, wo finde ich die Toilette?‹ Diese prosaische Frage ernüchterte Delwig so, daß er auf sein Vorhaben verzichtete und in den Saal zurückkehrte. Er erzählte mir den Vorfall, überraschend heiter und verständnisvoll. Derjawin war schon sehr alt; er trug eine Uniform und weiche Lederschuhe. Unser Examen ermüdete ihn sehr. Er saß mit völlig ausdruckslosem Gesicht da und stützte den Kopf in die Hand. Seine Augen blickten trüb, und seine Lippen hingen schlaff herunter; er sah seinem Porträt, das ihn in Hausrock und Mütze darstellt, sehr ähnlich. Er döste vor sich hin bis zu dem Augenblick, da die Prüfung in russischer Literatur begann. Da wachte er auf: seine Augen bekamen Glanz, er war buchstäblich verwandelt. Natürlich: man las seine Verse, sprach über seine Verse und lobte sie. Er hörte mit gespannter Aufmerksamkeit zu. Schließlich wurde ich aufgerufen. Ich deklamierte, zwei Schritte von Derjawin entfernt, meine *Erinnerungen an Zarskoje-Selo* . . .«

Schon bei den ersten Zeilen richtete sich der alte Mann auf und hielt die Hand ans Ohr, um besser hören zu können. Er schaute erstaunt auf diesen fremdartigen, dunkelhäutigen Kerl mit dem wolligen Kraushaar, dessen Augen wahre Blitze schossen. Der Knabe stak in einem eng anliegenden blauen Rock mit rotem Kragen, weiße Hosen schlotterten um seine Beine, und seine kleinen schwarzen Lackschuhe spiegelten sich in den Steinfliesen des Saales. Er hielt sich sehr gerade. Er war erregt und ganz ernst. Seine klangvolle, laut erhobene Stimme gab den Versen einen heftigen Nachdruck. Derjawin hatte niemals eine solche Stimme gehört. Auch nie solche Verse, die ein wenig seinen eigenen glichen. Alle Verse, die in Rußland geschrieben wurden, ähnelten seinen. Aber diese da strömten so ungekünstelt, so leicht dahin, daß man Angst bekommen konnte. War das noch Poesie? Man bekam Lust, mit dem Kopf den Takt dazu zu schlagen. Und wie alt war der kleine Kerl? Vierzehn, höchstens fünfzehn Jahre? Der junge Dichter erzählte von den großen Gärten von Zarskoje-Selo, die sich im Mondschein ausbreiteten, von ihren langen Alleen, ihren spiegelnden Teichen, ihren Wasserspielen. Er beschwor auch die Helden der Zeit Katharinas der Großen, deren Ruhm Derjawin selbst verherrlicht hatte.

Bei den letzten Worten des Gedichtes steht der alte Derjawin, in seiner schweren, roten, goldverzierten Senatorenuniform, fassungslos auf. Seine Perücke ist ein wenig zerzaust, greisenhafte Tränen rollen über sein runzliges Clownsgesicht mit der hängenden Unterlippe. Er winkt, er will Puschkin umarmen. Er murmelt: »Ich bin nicht tot.« Aber der Junge läuft davon, so schnell ihn seine Beine tragen. Man kann ihn lange suchen, man findet ihn nicht. Puschkin notiert über dieses denkwürdige Ereignis:

»Ich fühle mich außerstande, meine innere Verfassung zu beschreiben. Als ich an die Stelle kam, wo ich Derjawins Namen anrufe, bebte meine jugendliche Stimme, und mein Herz begann in rauschhaftem Jubel zu schlagen. Ich erinnere mich nicht mehr, wie ich meine Deklamation zu Ende brachte, noch weiß ich, wie ich entfloh. Derjawin war hell begeistert. Er rief nach mir, er wollte mich umarmen . . . Man suchte mich überall, aber ich blieb unauffindbar.«

Am selben Abend gab Graf Rasumowskij nach dem Abschluß der Prüfungen ein Diner, zu dem Puschkins Vater eingeladen wurde. Der Minister sagte im Brustton der Überzeugung zu ihm: »Ich möchte Ihren Sohn auch in Prosa unterweisen.« Derjawin, der diese Worte hörte, wurde rot und rief in prophetischem Ton: »Lassen Sie ihn Dichter bleiben!«, und nachdem er Puschkins Verse gelesen hatte, fügte er hinzu: »Da ist der, der Derjawins Platz einnehmen wird.«

Der Vater Puschkins und Onkel Basil wußten sich vor Freude und Stolz nicht zu fassen. Der Ruhm des kleinen Alexander hatte die Wände des Gymnasiums durchbrochen. In den Salons sprach man voll neugierigen Wohlwollens von ihm. Jukowskij selbst liebte es, die *Erinnerungen an Zarskoje-Selo* vorzutragen. Das Gedicht wurde an die Zeitung *Der russische Musentempel* gesandt und, mit dem vollen Namen des Verfassers unterzeichnet, in der Aprilnummer abgedruckt. Die Redaktion hatte mit großem Taktgefühl den Versen Puschkins einen Nachsatz zugefügt, der ihn in freudige Verwirrung stürzen mußte:

»Für die Übersendung dieser Gabe sagen wir den Eltern des jungen Dichters, dessen Talent zu den schönsten Hoffnungen berechtigt, aufrichtigen Dank.«

Im Jahre 1815 schenkte der allgemein beliebte und verehrte, mit zweiunddreißig Jahren schon berühmte Dichter Jukowskij Puschkin seine Werke; er legte ihm ans Herz, den »reinen Ruhm« zu suchen, fern von leichtfertigen Kompromissen.

1816 stattete der bekannte Historiker Karamzin dem Gymnasium einen Besuch ab, um die Verse des Wunderkindes zu hören. »N. M. Karamzin«, schrieb Onkel Basil seinem Neffen, »wird Anfang Mai nach Zarskoje-Selo kommen. Sei freundlich zu ihm, höre ihn an und bezeige ihm Achtung. Die Ratschläge eines solchen Mannes werden deinen Erfolg sichern und vielleicht den unserer ganzen Literatur. Wir erwarten viel von dir.«

Karamzin traf mit Puschkin zusammen, stellte ihm Fragen und ermutigte ihn. Nach dem Bericht des Schülers Malinowskij soll er gesagt haben: »Steige in die Höhe wie ein Adler, aber halte nicht inne in deinem Flug.« »Und er«, erzählte Malinowskij weiter, »blähte die Nüstern, wie er es in Augenblicken großer Erregung zu tun pflegte, und ging, unter der beifälligen Anteilnahme aller Mitschüler, an seinen Platz zurück.«

Nach dem Erfolg der *Erinnerungen an Zarskoje-Selo* stellte der Unterrichtsminister persönlich Puschkin die Aufgabe, ein Gedicht zu verfassen, das »die Rückkehr des Zaren aus Paris im Jahre 1815« verherrlichen sollte. Puschkin schrieb dieses Gedicht im selben hochtrabenden Stil wie die *Erinnerungen an Zarskoje-Selo*.

Dieses plötzliche Aufsehen, das bis zur Verehrung gehende, ernsthafte Interesse, das diesem fünfzehnjährigen Knaben zuteil wurde, darf uns nicht erstaunen. Zu jener Zeit gingen der körperliche und geistige Reifeprozeß sehr rasch vor sich. Damals verheirateten sich junge Mädchen mit vierzehn Jahren, und fünfzehnjährige Jünglinge erhielten einen Rang in der Armee und befehligten ergraute Soldaten. Die beiden Söhne Rajewskij nahmen im Juli 1812 an der Seite ihres Vaters an der Schlacht bei Saltanowka teil. Sie waren sechzehn und elf Jahre alt.

Berauscht durch all diese Beweise der Wertschätzung und Anteilnahme, arbeitet Puschkin, jedenfalls in den Jahren 1815 und 1816, mit einer beschwingten Stetigkeit. Im Jahre 1814 hat er sechsundzwanzig Gedichte geschrieben, 1815 sind es siebenundzwanzig und 1816 rund fünfzig. Er greift nach den großen literarischen Stoffen, nascht an philosophischen Werken, versteigt sich in moralische Stücke und schlägt sich mit Heldengedichten herum.

Die literarische Arbeit Puschkins, seine Erfolge und sein Ehrgeiz auf diesem Gebiet gehen seltsamerweise Hand in Hand mit dem Bedürfnis, sich in Wettläufen und Ringkämpfen und bei Schülerstreichen hervorzutun. Trotz der Besuche großer Dichter, trotz Derjawins prophetischer Worte und Jukowskijs Ermutigung und trotz der kaiserlichen Aufträge bleibt Puschkin ein dauernd zu Possen aufgelegter Junge, dessen Talent die Schulleitung wohl anerkennt, dessen Betragen sie jedoch im Auge behält. Er schreibt in sein Tagebuch: »Gestern habe ich das dritte Kapitel von *Fatam oder die menschliche Vernunft* vollendet, es trägt den Titel *Das natürliche Recht.* Ich las es S. S. vor, und am Abend habe ich mir den Spaß gemacht, die Lampen und Lichter im Saal auszulöschen. Eine schöne Beschäftigung für einen Philosophen. Am Morgen habe ich Voltaires Leben gelesen . . .«

Dasselbe Tagebuch, von dem nur wenige Seiten, nur wenige lückenhafte Aufzeichnungen erhalten sind, gibt uns auch Aufschluß über die ersten Liebesqualen des jungen Puschkin.

Liebensabenteuer und Politik

Sehr früh, sogar schon vor seiner Anmeldung ins Gymnasium, fühlt sich Alexander Puschkin von der Frau angezogen. Diese schwachen, lieblichen Geschöpfe, die an ihm vorbeigleiten und von den Dichtern ohne Unterlaß gepriesen werden, erwecken eine quälende Neugierde in ihm. Er berichtet von einer ersten ungenannten Liebe, die er mit sieben Jahren gehabt habe. *(Tod von Nikolaus. Erste Liebe.)* Wir wissen aus Puschins Erzählung, daß er, Puschkin, Spaß daran fand, mit der Geliebten seines Onkels, der Leibeigenen Worojeikin, zu spielen. Das war schon im Jahre 1811.

Die Lektüre der erotischen französischen Schriftsteller erweckt in ihm ein heftiges Verlangen nach heimlichen Zärtlichkeiten, geraubten Küssen und gestillten Erregungen. Dieses zufällig aus Büchern und bei Unterhaltungen aufgefangene neue Wissen wühlt ihn auf. Er weiß alles, was man von den Frauen wissen kann, ohne je eine besessen zu haben. Die Liebe erschien ihm als Beschäftigung, als Lebensanrecht, als Kunst, als ein Beruf mit dem gleichen Anspruch wie die Dichtkunst. Liebe und Dichtkunst waren für ihn zwei verschiedenartige Ausdrucksmittel ein und desselben Genies. Frühreifer und besser unterrichtet als seine Mitschüler, bestürzt er sie durch die Äußerungen einer »ganz afrikanischen« Sinnlichkeit. Schon 1812 verliebt er sich, nach Aussagen von Gajewskij, in die kleine Gräfin Kotschubeij, die häufig ins Gymnasium zu Besuch kam, und verfaßte ihr zu Ehren das mit *Treulosigkeit* überschriebene Gedicht. »Zweifellos«, schreibt Baron Korf, »war N. V. Kotschubeij Puschkins erste Liebe.« Die erste Liebe? Ein längeres Verweilen des Blicks. Ein paar höfliche Worte. Fräulein Kotschubeij lächelt. Und das ist alles. Als den Schülern erlaubt wurde, das Gymnasium zu verlassen und Einladungen in die vornehmen Häuser von Zarskoje-Selo anzunehmen, benützt Puschkin die Gelegenheit, allen Frauen, bei denen er auf Erfolg hoffte, den Hof zu machen. »Einer der Einwohner von Zarskoje-Selo, Graf V. V. Tolstoi«, schreibt Gajewskij, »hatte ein privates Theater eingerichtet, in dem eine Truppe leibeigener Schauspieler auftrat. Die Gymnasiasten besuchten die Aufführungen und bewunderten, wie fast alle anderen Zuschauer auch, die erste Liebhaberin der Truppe. Sie hieß Natalie und war eine sehr schlechte Schauspielerin. Puschkin widmete ihr 1814 die Gedichte *Natalie* und *An eine junge Schauspielerin*.«

Es ist wenig wahrscheinlich, daß der vierzehnjährige Schüler Puschkin wirklich, wie er es in diesem Gedicht ausdrückt, »in den Kulissen beglückt wurde«. Ein paar flüchtige Küsse, ein paar verstohlene Liebkosungen – mehr bedurfte es nicht, um den Jungen zu entflammen. Der gewissenhafte Schüler Komowskij erzählt uns, daß Puschkin vor den jungen Damen, den Schwestern und Kusinen der Gymnasiasten, die zu den Schulbällen eingeladen wurden, jede Haltung verlor. »Puschkin«, schrieb er, »war schon mit fünfzehn oder sechzehn Jahren so sinnlich, daß sein Blick bei der bloßen Berührung der Hand seiner Tänzerin aufflammte und sein Atem sich beschleunigte wie der eines feurigen Pferdes inmitten einer Herde Jungtiere.«

Im Verlauf eines Balles erlebte Puschkin, nach seinem eigenen Geständnis, seine erste »Leidenschaft«. Es handelte sich nicht mehr um Fräulein Kotschubeij, sondern um Fräulein Bakunin, Hofdame der Zarin und Schwester eines Mitschülers. Sie war übrigens ein sehr hübsches junges Mädchen; das ganze Gymnasium war in sie verliebt. In seinem Tagebuch hielt Puschkin den herzergreifenden Eindruck fest, den eine zufällige Begegnung mit ihr bei ihm hinterließ:

»Ich war glücklich! Nein, ich war gestern nicht glücklich: morgens peinigte mich das Warten. Unbeschreiblich aufgeregt stand ich am Fenster und ließ den schmalen, schneebedeckten Weg nicht aus den Augen: sie war nicht zu sehen. Schon hatte ich alle Hoffnung aufgegeben, da begegnete ich ihr auf der Treppe, o köstlicher Augenblick! Wie schön sie war! Wie gut ihr das schwarze Kleid stand, der geliebten Bakunin. Aber seit achtzehn Stunden habe ich sie nicht mehr gesehen! Ach, was für eine qualvolle Situation. Und doch war ich fünf Minuten lang glücklich!«

In Wirklichkeit war Puschkin mehr in die Liebe verliebt; er liebte dieses Gefühl. Und die Frauen waren nur ein Vorwand für seine leidenschaftlichen lyrischen Ergüsse. Selbst in dem Jahr, wo er in Versen und Prosa die gleichgültige Kälte der jungen Bakunin beklagte, gab er sich häufig mit den Kammerjungfern der Hofdamen der Zarin ab. Eines Abends schlenderte Puschkin durch die dunklen Gänge des Schlosses, um beim Gardekorps das Militärorchester anzuhören. Die Türen der Zimmer, in denen die Hofdamen untergebracht waren, öffneten sich auf den Gang. Eine dieser Hofdamen, die Fürstin Wolkonskij, hatte zur Bedienung eine junge, frische Kammerjungfer, die Natascha hieß und ein ziemlich loses Vögelchen war. Puschkin vergnügte sich oft damit, sie im Dunkeln zu küssen und zu kneifen, wobei sie, erschreckt, leise aufschrie. Als er nun an den Gemächern der Fürstin vorüberkam, verlangsamte er den Schritt und lauschte. Ganz nahe hörte er atmen und Kleider rascheln. Gewiß hatte Natascha auf ihn gewartet. Im Finstern tastend, streckte er die Hände nach dem schwach vor ihm aufschimmernden Körper aus. Er riß ihn in seine Arme und drückte ihn an seine Brust, seine Lippen suchten einen widerstrebenden Mund. In diesem Augenblick öffnete sich eine Tür, ein unbarmherziger Lichtstrahl fiel in das Gewölbe des Ganges. Und Puschkin sah mit Entsetzen, daß er eine runzelige, gepuderte, aufgetakelte alte Vogelscheuche an sich preßte: die Fürstin Wolkonskij selbst. Er glaubte vor Schrecken ohnmächtig zu werden, er stieß einen Schrei aus, ließ seine Beute fahren und lief davon, so schnell ihn seine Beine trugen. Die Hofdame stampfte mit den Füßen auf den Boden und fluchte auf französisch und russisch. Noch am selben Abend beschwerte sich die

Prinzessin bei ihrem Bruder, und dieser berichtete dem Zaren von den Kränkungen, denen die Hofdamen ihrer kaiserlichen Majestät ausgesetzt seien. Am nächsten Morgen berief der Zar Direktor Engelhardt zu sich, um ihm einen Verweis zu erteilen.

»Was soll das heißen?« sagte der Zar. »Deine Schüler begnügen sich nicht mehr damit, durch den Zaun zu schlüpfen und meine Äpfel zu mausen und die Wachen des Gärtners Liamin zu verprügeln ... nein, sie gehen so weit, den Hofdamen meiner Gemahlin nachzustellen!«

Ein Skandal schien unvermeidlich. Alexander I. sprach davon, den tollkühnen Puschkin auspeitschen zu lassen. Aber Engelhardt trat für seinen Schüler ein, und der Zar besänftigte sich. In Wirklichkeit hatte ihn dieser Vorfall mehr belustigt als erzürnt, denn die Fürstin Wolkonskij war alt und häßlich und grauenerregend.

Schließlich meinte er: »Gut. Er soll einen Entschuldigungsbrief schreiben, ich werde selbst sein Verteidiger sein. Sag ihm aber, daß sich solche Vorkommnisse nicht wiederholen dürfen.« Dabei murmelte er, boshaft lächelnd: »Unter uns gesagt: die Alte ist wahrscheinlich entzückt über die Verwechslung des jungen Mannes.« Darauf drückte er dem Direktor die Hand und begab sich zur Zarin, die sich im Garten erging.

Direktor Engelhardt konnte nicht ahnen, daß der junge Mann ihm seine Fürsprache übel vergelten würde: er beschwor in seinem eigenen Haus einen Skandal herauf. Gajewskij schrieb darüber:

»Bei der Familie Engelhardt, zu der die Ehefrau und fünf Kinder gehörten, lebte noch eine junge Frau, die vor kurzem ihren Gatten verloren hatte; sie hieß Marie Smith, geborene Charon la Rose. Da sie hübsch, liebenswürdig und geistreich war, verstand sie es, die kleine Gesellschaft, die sich bei Engelhardt versammelte, zu beleben und zusammenzuhalten. Puschkin machte ihr den Hof und übersandte ihr ein unpassendes Gedicht mit dem Titel *An eine junge Witwe*. Aber die junge Witwe, die ihren Mann noch nicht vergessen hatte und Mutterfreuden entgegensah, fühlte sich beleidigt und zeigte Engelhardt das Gedicht ihres schmachtenden Anbeters. Damit begann die gereizte Stimmung, die bis zum Ende der Schulzeit zwischen Direktor und Schüler herrschte.«

Wies eine Frau ihn ab, so wandte sich Puschkin einer anderen zu. Er war unersättlich und besaß große Anziehungskraft. Bei seinen Liebesabenteuern kümmerte er sich weder um das Alter noch um die gesellschaftliche Stellung oder den Ruf seiner Opfer. Kaum hatte die Familie des Historikers Karamzin sich in Zarskoje-Selo niedergelassen, so verliebte er sich auch schon in Karamzins Frau, die neunzehn Jahre älter als er selber war. Viegel nannte sie »weiß und kalt und schön wie eine antike Statue ...«. Puschkin schickte ihr einen Liebesbrief »in Prosa« und wartete herzklopfend auf die Antwort der Fünfunddreißigjährigen. »Katharina Andrejewna«, schrieb der Puschkinanhänger Barteniew, »zeigte den Brief selbstverständlich ihrem Mann. Alle beide brachen in Gelächter aus; sie ließen Puschkin kommen und machten ihm ernsthafte Vorhaltungen. Dies hatte zur Folge, daß Puschkin die Karamzins besser kennenlernte. Von diesem Tag an faßte er Zuneigung zu ihnen und kam ihnen näher.«

Seit dem Jahr 1816 werden die Venusgöttinnen, die Kupidos und sonstige Gottheiten in den Gedichten des jungen Mannes durch Frauen aus Fleisch und Blut aus dem Feld geschlagen, durch Frauen, die angenehme Formen zeigen, fordernde Lippen, Hände, Atem und Duft haben und Erfahrung besitzen. Der Name der ersten Verführerin ist uns unbekannt geblieben. Aber Puschkins Werk enthüllt uns den ungefähren Zeitpunkt ihres Auftretens.

Ließ Puschkins Äußeres seine Liebeserfolge verständlich erscheinen? Seine Kameraden nannten ihn »eine Mischung aus Tiger und Affe«. Er war klein, mager, sehnig, von dunkelbrauner Hautfarbe; zwischen dicken Lippen glänzten feste, schneeweiße, raubtierscharfe Zähne. Seine Augen jedoch, seine freudefunkelnden Augen waren es, die die leichten Mädchen von Zarskoje-Selo verführten.

1817, während des letzten Jahres seiner Schulzeit, führte Puschkin ein ausschweifendes Leben. In Zarskoje-Selo lag ein Husarenregiment der Leibgarde in Garnison. Die meisten Offiziere dieses Regiments waren junge Adlige, die den Feldzug im Ausland von 1812 bis 1814 mitgemacht hatten und sich nun von ihren Strapazen erholten. Sie waren gebildet und kühn, kritisierten die Regierung und hofierten die Schauspielerinnen des Grafen Tolstoi und die Töchter aus gutem Hause. Puschkin schloß mit den Militärs Freundschaft und vernachlässigte seine Studien noch ein wenig mehr, um an ihren Veranstaltungen teilzunehmen. Von der Erlaubnis, nach dem Unterricht das Gymnasium verlassen zu dürfen, machte der junge Mann reichlich Gebrauch und blieb ganze Nächte weg. »Mit den Husaren«, schrieb der prüde Komowskij, »pflegte er, ohne Wissen der Direktion, Bacchus und Venus zu opfern ...« Der nicht weniger prüde Baron Korf notierte in seinen »Memoiren«:

»In letzter Zeit ist alles anders geworden, und in unseren freien Stunden gingen wir nicht nur zu Tepper und in andere angesehene Häuser, sondern auch in die Konditorei Ambiel und sogar zu den Husaren. Anfangs nur an Festtagen und mit einem Passierschein, später an jedem beliebigen Wochentag, ohne Erlaubnis und ohne Wissen der Aufsichtslehrer, und oft kamen wir erst spät in der Nacht zurück. Ich glaube sogar, daß manche von uns die ganze Nacht wegblieben, aber ich gehörte nie dazu. Ein kleines Trinkgeld für den Pförtner regelte die Angelegenheit, weil der Inspektor und der aufsichtführende Lehrer schon längst schliefen. Der Kreis, in dem Puschkin seine Zeit verbrachte, bestand aus Offizieren des Husarenregiments. Abends nach dem Unterricht, wenn die Mitschüler beim Direktor oder bei einer befreundeten Familie Besuche machten, feierte Puschkin, der jede Einengung verabscheute, ungezwungen mit diesen Herren.«

»Diese Herren« waren Molostwov, Salomirskij, Saburov, Tschaadaew und Kawerin.

Kawerin scheint der Abgott der kleinen Gesellschaft gewesen zu sein. Fünf Jahre älter als Puschkin, hatte er, nach einem Studium in Göttingen, 1813 am Nationalkrieg gegen Napoleon teilgenommen und wurde 1816 dem in Zarskoje-Selo stationierten Husarenregiment zugeteilt. Er war ein Trinker, Schläger und Weiberheld großen Formats. Zur Zeit der Besetzung von Paris durch die russischen Truppen betrat Kawerin einmal ein beliebtes Restaurant und sah eine Gruppe junger Leute, die eine Flasche Champagner und vier Gläser bestellten. Sogleich bestellte Kawerin mit weithin schallender Stimme ein Glas und vier Flaschen Champagner. Er trank die vier Flaschen zu seiner Mahlzeit, kippte zum Nachtisch noch ein paar Gläschen Likör und verließ in aufrechter Haltung das Restaurant, während die anderen Zecher seiner Heldentat Beifall klatschten. Man erzählt auch, daß er sich von einer schimpflichen Krankheit kurierte, indem er eisgekühlten Champagner hinunterstürzte, den Tee durch Rum ersetzte und nach dem Essen anstelle von Kaffee eine Flasche Kognak austrank. Er hatte einige aufsehenerregende Duelle, hofierte und besaß unzählige Frauen, geriet dann ins Elend und entdeckte mit zunehmendem Alter den milden Trost der Religion.

Am Ende seines Lebens gab er sein Geld für Erbauungsschriften aus, verkaufte Kerzen und sang im Kirchenchor. Doch 1817 war Kawerin weit davon entfernt, ein solches Ende seines Lebens auch nur zu ahnen.

1819 schrieb Kawerin über eine Festlichkeit, an der Puschkin teilgenommen hatte, in sein Tagebuch: »Schon am Abend vorher hatte man Champagner kalt gestellt. Zufällig kam mein augenblickliches Liebchen des Wegs (ich hielt sie nur zur Befriedigung der Sinne). Wir riefen sie her. Es war unerträglich heiß. Wir baten Puschkin, diesen Abend durch ein paar Gelegenheitsverse zu verewigen. Sein Gedicht endigte:

Wann werden wir vier uns wiedersehen,
mit Dirnen, Alkohol und mit Tabak?«

Dirnen, Alkohol und Tabak hätten jedoch nicht genügt, Puschkin an die Gesellschaft seiner neuen Freunde zu fesseln. Die Gardehusaren, Kawerin und Tschaadaew voran, waren nicht nur lustige Kumpane, die Frauen, Kartenspiel und Wein liebten, sie hatten auch eine umfassende Allgemeinbildung. Durch ihre Teilnahme am Frankreichfeldzug hatten sie die Annehmlichkeiten der französischen Staatsverwaltung kennengelernt. In Paris hatte sich ihre leidenschaftliche Neigung zum Soldatenhandwerk nach dem Sturz Napleons in ein nicht weniger starkes Interesse für Politik verwandelt. Die Vorlesungen von Benjamin Constant über Verfassung, Menschen- und Staatsbürgerrechte, über Freiheit, Gleichheit und Brüderlichkeit erregten die Verwunderung und das Entzücken dieser in orientalischem Despotismus aufgewachsenen Kinder. Sie verglichen in Gedanken das Wohltuende des wirtschaftlichen und politischen Liberalismus der Franzosen mit den Härten der zaristischen Herrschaft. Nachdem sie sich mit preußischen Offizieren, Mitgliedern des »Tugendbunds«, befreundet hatten, planten sie sogar, einen Geheimbund zu gründen, um gegen die Auswüchse der zaristischen Gewaltherrschaft zu kämpfen. Nach dieser Kur in Unabhängigkeit und einem gesitteten Leben erschien ihnen ihre Rückkehr nach Rußland wie ein Abstieg. Überall herschten Sklaverei, Betrug, Aberglaube, öffentlich geduldete Spionage und belohnte Faulheit. Sie fühlten sich, wie Iakuschkin es ausdrückte, ihren Zeitgenossen »um hundert Jahre voraus«. Selbst die sieghafte Persönlichkeit Alexanders I. war ihnen unerträglich geworden, seitdem der Herrscher die Heilige Allianz beschlossen und die von Napoleon gestürzten Throne wieder aufgerichtet hatte.

Einige dieser Offiziere, unter ihnen Kawerin, traten dem in Petersburg 1816 von den jungen Militärs der Hauptstadt gegründeten Geheimbund »Vereinigung zum Wohle des Staates« bei. Zwar scheint es, als habe der elegante und geistreiche Pierre Tschaadaew, der bedeutendste Kopf der Husarengruppe, keiner politischen Organisation angehört, doch hat er, mindestens vor seinen Kameraden, umstürzlerische Gedanken von außerordentlicher Originalität vertreten. Tschaadaew war ein schöner, schlanker Mann mit nachdenklichem Blick und einer hohen Stirn im weißen, rosigen Gesicht. Er kleidete sich gewählt und verkehrte spöttisch höflich mit seinen Gefährten. Puschkin wurde durch diesen Dandy in Uniform buchstäblich verführt, und Tschaadaew nahm den jungen Dichter, den er als »Peripatetiker« bezeichnete, zum Freund.

Tschaadaew war fünf Jahre älter als Puschkin und beherrschte vier Sprachen; er interessierte sich für englische Literatur und Philosophie und nannte sich einen Schüler John Lockes. Er verstand es, Puschkin die Nachteile des französischen Skeptizismus und die Vorzüge der Experimentalwissenschaften darzulegen. Er zeigte dem Gymnasiasten, der sich eine Zeitlang von den Reizen der neoklassischen, leichten und konventionellen Poesie hatte begeistern lassen, das Vorhandensein einer anderen Dichtkunst, einer bedeutenderen, menschlicheren und wahreren Gedankenwelt. Manchmal holte er einen Band Gedichte, las Puschkin daraus vor und beleuchtete dann kritisch die vom Autor verwendeten Worte. Puschkin, der zunächst von dem musikalischen Klang des Gedichtes hingerissen war, entdeckte, dank Tschaadaew, verwundert eine Menge Widersprüche und Klangunreinheiten. Mit diesem Freund als Führer wurde er sich selbst und andern gegenüber strenger. Er begriff, daß Dichten kein Zeitvertreib ist, sondern ernsthafte Arbeit, und daß es notwendig ist, einen sicheren, genau überlegten und darum unangreifbaren Stil zu schreiben. Eines Tages trug Tschaadaew *Die Reise* von Derjawin vor, und Puschkin gestand, daß ihm folgende Stelle wegen ihrer Sprachmelodie bewundernswürdig erscheine:

> Der Mond erglänzt. Im Dunklen steuert
> ein Wanderer sein kleines Boot.

Sein Freund machte ihn nun darauf aufmerksam, daß es nicht dunkel sein könne, wenn der Mond leuchte. Puschkin lernte aus solchen Beobachtungen, die gesunden Menschenverstand und künstlerische Gewissenhaftigkeit verrieten.

Auch Tschaadaew war, wie die anderen Offiziere, durch das Elend des russischen Volkes tief niedergeschlagen und träumte davon, sein Vaterland nach dem Beispiel der westlichen Länder umzugestalten.

Manche Schüler des Gymnasiums, so Puschin, Küchelbecker und Delwig, ließen sich von den Gedanken der philosophierenden Husaren anstecken. Die nächtlichen Unterhaltungen zwischen Puschkin und Puschin durch die dünne Trennwand ihrer Schlafkammern ließen Beunruhigung erkennen, neuartige Interessen und soziale Unzufriedenheit, die ihrem Alter nicht entsprachen. Puschin schrieb darüber: »Puschkin war immer mit mir einig, was die allgemeine Sache, die ›res publica‹ betraf.«

Puschin, Küchelbecker und Delwig brannten darauf, eine Verschwörung zu bilden und bei dem späteren Umsturz des Kaiserreiches den Brutus zu spielen. Einer der Offiziere, Burtsew, Mitglied der »Vereinigung zum Wohle des Staates«, sagte über Puschin: »Nach den Gedanken und Überzeugungen zu schließen, die sich Puschin während seines Aufenthalts im Gymnasium angeeignet hat, glaube ich an seine Bereitschaft zum Handeln.«

Puschkin dagegen war nicht bereit zu handeln. Er fühlte sich angezogen von den Plänen seiner Kameraden, aber andere Leidenschaften machten ihnen den Rang streitig: die Dichtkunst und die Frauen. Vor allem die Dichtkunst. Er besang die ungewisse, nah bevorstehende Revolution, aber er hatte keine Zeit, sich an den Vorbereitungen zu beteiligen. Die Offiziere, die seinen unsteten Charakter kannten, bewunderten wohl seine Verse, hüteten sich jedoch, ihn in ihre Gemeinschaft aufzunehmen. Er lebte wie ein Wildling unter ihnen: leidenschaftlich, lachlustig, großmütig, geistsprühend, aber unbrauchbar für ihre Ziele. Als im Juni 1816 bestimmt wurde, für die Schüler, welche die Soldatenlaufbahn einschlagen wollten, militärischen Unterricht im Gymnasium zu erteilen, beschloß Puschkin, sich daran zu beteiligen, damit man ihn später den Gardehusaren zuweise. Als glühender Bewunderer der jungen Offiziere von Zarskoje-Selo sieht er sich schon selbst in ihren Reihen: »sein wahres Wesen bergend unter einem Helm«.

Puschkins Vater verweigerte jedoch die Zustimmung, denn der Dienst in der Gardekavallerie war viel zu kostspielig, und der Krieg hatte die Mittel der Familie erheblich geschmälert. Serge Lwowitsch schlug seinem Sohn vor, sich mit einem Infanterieregiment zu begnügen, bei dem Kosten, Ausrüstung und Repräsentationspflichten wesentlich geringer waren. Aber Puschkin hielt diesen Vorschlag für unter seiner Würde und zog es vor, endgültig auf seinen kriegerischen Ehrgeiz zu verzichten. Er tat es allem Anschein nach ohne großen Kummer, denn trotz seiner Bewunderung für die Husarenfreunde scheute er die strenge Zucht, die sie »an die Verordnungen des Zaren kettete«.

So kam es, daß seine Mitschüler sich vorbereiteten, Soldaten in blinkenden Uniformen zu werden, hohe Staatsbeamte mit ordengeschmückter Brust oder glatte, gerissene Diplomaten. Nur er allein wußte nicht, was für einen Weg er einschlagen sollte.

Schon lange vor den Prüfungen ist es seine feste Überzeugung, daß er, will er unabhängig bleiben, auf alle Staatsstellungen verzichten und Dichter werden muß.

Es dauert jedoch noch lange, bis die Zeit der Prüfungen herankommt. Das letzte Schuljahr erscheint den jungen Leuten leer und endlos. Am 27. März 1816 schreibt Puschkin dem Fürsten Wiasemskij, dem russischen Dichter und Freund Onkel Basils: »Was soll ich Ihnen von unserer Weltabgeschiedenheit sagen? Noch nie ist mir das Gymnasium so unerträglich vorgekommen ... Ich versichere Sie, die Einsamkeit ist in Wirklichkeit ein Unding, trotz aller Philosophen und aller Dichter, die vorgeben, von der stillen Friedlichkeit des Landlebens begeistert zu sein. Es ist wahr, der Augenblick unseres Schulaustritts kommt näher. Noch ein Jahr ist übrig. Ein ganzes Jahr genau festgelegter Regeln, voll Berechnung, was vorteilhaft sein könnte, was erhaben und bewundernswert zu sein hat ... Noch ein Jahr Dösen vor dem Lehrerpult.... Es ist grauenhaft und wider das Naturgesetz, einen jungen Menschen einzuriegeln. Da ich nur Langeweile empfinde, schreibe ich auch langweilige Verse ...«

Puschkins Aufenthalt in Zarskoje-Selo scheint diese Klagen kaum zu rechtfertigen. Seine Verse waren nichts weniger als »langweilig«, und die »Riegel« des Schulhauses öffneten sich nur allzu leicht für die jungen Leute. Puschkin teilte seine Freizeit zwischen den Gardehusaren und den gastfreundlichen Salons von Zarskoje-Selo. Er und seine Kameraden wurden bei Engelhardt empfangen, bei Madame de Veglio, bei Graf V. V. Tolstoi, dem Besitzer des Privattheaters, und bei Baron Tepper de Fergusson, der Gesangslehrer am Gymnasium war. »Obwohl er keine Stimme hatte«, schrieb Baron Korf, »war er ein ausgezeichneter Lehrer.« Er setzte Lieder der Schüler in Musik. Bei ihm tranken sie Tee, plauderten, sangen und tauschten Epigramme über gestellte Themen. Aber am liebsten ging Puschkin zu den Karamzins.

In den Augen der russischen Gesellschaft war Karamzin der untadelige, vorbildlich maßvolle Mensch. Sein genau geregeltes Leben rief Bewunderung hervor. Er stand sehr früh auf, machte, noch nüchtern, einen Spaziergang, trank dann zwei Tassen Kaffee, rauchte eine Pfeife und setzte sich an die Arbeit. Nach dem bescheidenen, sorgfältig ausgesuchten Mittagessen trank er ein kleines Glas Portwein und einen Krug Bier. Jeden Abend vor dem Schlafengehen aß er zwei gebratene Äpfel. Kein von außen kommendes Ereignis hätte diese Zeiteinteilung ändern können. Sein Werk und sein Leben waren mit voller Überlegung in Einklang gebracht. Nach dem Erfolg seines gefühlvollen Romans *Die arme Lisa* nahm er 1803 den Posten eines festangestellten Geschichtsschreibers mit einem Jahresgehalt von zweitausend Rubel an und begann, an einer *Geschichte des Russischen Reiches* zu arbeiten. 1816 hatte er die ersten acht Bände des Werkes vollendet. Der Zar und die Zarinnen bezeugten Karamzin Achtung und Wohlwollen; sie nannten ihn den »Engel«. Puschkin bekennt, daß er »eine wunderbare Seele« hatte. Seine Erfolge als Schriftsteller kamen denen des Geschichtsschreibers gleich. Er galt als Reformator der russischen Sprache, denn er wandte als erster in seinen Werken einen freien, flüssigen, »sprechbaren« Stil an, während seine Zeitgenossen, allen voran Admiral Schischkov, die Vollkommenheit der gehobenen Sprache predigten. »Karamzin«, schrieb Puschkin, »befreite die Sprache vom Joch der Fremdwörter, löste sie aus den starren Bindungen und führte sie zu den lebendigen Quellen des volkstümlichen Wortes zurück.« Alle jungen Literaten waren für Karamzin und Jukowskij und gegen Schischkov. Von Achtung, Zuneigung und dem Nimbus des Besonderen umgeben, empfing der große Karamzin die Größen der russischen Wissenschaft und Kunst bei sich zu Hause. Seine Frau und seine älteste Tochter standen ihm bei dieser Gastgeberrolle zur Seite, wenn in seinem Salon in Zarskoje-Selo literarische und politische Fragen diskutiert wurden. Karamzin war ein glühender Bewunderer der russischen Autokratie, er hielt die Leibeigenschaft für eine patriarchalische Einrichtung, und wenn irgendeine Schwierigkeit in der Verwaltung des Reiches auftauchte, so waren die an der Macht befindlichen Männer anzuklagen, nicht das Regime, das sie zu vertreten hatten. Puschkin, den der

Umgang mit den Husaren Freiheitsliebe und Abscheu vor körperlichem und moralischem Zwang gelehrt hatte, mußte über solch einen rückständigen Blickpunkt überrascht sein. Er fühlte sich jedoch wohl in der Gesellschaft dieses Mannes, dessen politische Gedankengänge seinen eigenen Überzeugungen zuwiderliefen. Diese Anpassungsfähigkeit läßt erkennen, wie tief die sozialen Gefühle des jungen Puschkin wirklich gingen. Er verehrte vor allem die Intelligenz. Und Karamzin war intelligent. Aber auch die Husaren. Für Puschkin war es eine nützliche Lehre, sie abwechselnd ihre unvereinbaren Theorien verteidigen zu hören. Und alle liebten ihn, weil er ein wenig verrückt, unverantwortlich und amüsant war, und weil nichts, was er sagte, ernst genommen zu werden brauchte.

Endlich, im Mai 1817, begannen die Abschlußprüfungen. Das Gymnasium befand sich in fieberhafter Aufregung. Die Schüler wußten genau, daß sie sich nun, nach sechs gemeinsam verbrachten Jahren, trennen mußten, daß ihrer ganz verschiedene Lebensumstände harrten und sie sich vielleicht aus den Augen verlieren würden. Trotz der Freude, den Schulaufgaben und der Beaufsichtigung zu entrinnen, waren ihre Herzen traurig über die bevorstehende Trennung. Die jungen Leute umarmten sich, schworen sich ewige Treue, weinten heimlich und schrieben einander Abschiedsverse in die Alben. Die Kinder, die einige Jahre zuvor als einzelne die Schwelle des Gymnasiums überschritten hatten, waren nun durch die lange Dauer der Schulzeit zu einem einheitlichen Ganzen verschmolzen. Ein kollektiver Gemütszustand hatte sich in dieser Abgeschlossenheit entwickelt, und der Geist der Schule war nicht nur eine liebenswerte Erfindung. Die Zöglinge von Zarskoje-Selo dachten, sprachen und schrieben in diesem Geist. Ihr ganzes Leben lang bildete die Erinnerung an das Gymnasium ein festes und geheimnisvolles Band.

Am 9. Juni 1817 fand der offizielle Abschluß der Studienjahre statt. Puschin schrieb: »Die Feierlichkeit trug eine ganz besondere Note. So prunkvoll die Einweihung des Gymnasiums gewesen war, so still und bescheiden ging unser Austritt vor sich. Zar Alexander kam, und nur der Unterrichtsminister, Fürst Golitzin, folgte ihm. Der Herrscher ließ sich nicht einmal von Fürst Wolkonskij begleiten, der, wie jedermann wußte, den Wunsch geäußert hatte, dem Festakt beizuwohnen.

Im Saal waren der Inspektor und der Gouverneur, Lehrer und Schüler versammelt. Engelhardt las einen kurzen Rechenschaftsbericht vor über die vergangenen sechs Schuljahre, danach verlas der Sekretär des pädagogischen Rats, Kunitzin, die vom Zaren gebilligte Entscheidung des Ratskollegiums. Dann wurden wir alle dem Zaren vorgestellt, in der Reihenfolge der erzielten Leistungen, mit Erwähnung unserer Rangordnung und der erhaltenen Preise.

Der Herrscher beschloß die Feier mit einer kurzen väterlichen Ansprache an die Schüler und drückte dem Direktor und der ganzen Lehrerschaft des Gymnasiums seine Zufriedenheit aus.«

Nach der Rede des Zaren trug Puschkin ein ziemlich mittelmäßiges Gedicht vor, das er auf Engelhardts Anregung verfaßt hatte, *Der Athemismus* betitelt. Dann stimmte der Schülerchor ein Abschiedslied an, dessen Text vom Schüler Delwig stammte, und das Professor Tepper in Musik gesetzt hatte: *Sechs Jahre vergingen wie ein Traum.*

»Der Zar«, fuhr Puschin fort, »war gerührt über Text und Musik; er verstand die Tränen, die Lehrern und Schülern in den Augen standen. Er verabschiedete sich von uns in seiner gewohnten leutseligen Art, nahm den Arm des Fürsten Golitzin und suchte noch die Schülerzimmer auf. Engelhardt sagte ihm, daß er dort wegen der Abreisevorbereitungen voraussichtlich große Unordnung vorfinden werde. ›Das macht nichts‹, versetzte der Zar, ›heute bin ich bei dir zu Besuch.‹ Wirklich herrschte ein tolles Durcheinander in den Schlafräumen, überall lagen zwischen Kisten und Koffern die Habseligkeiten der Schüler umher: es roch nach Aufbruch . . .«

Endlich verließ der Zar das Gymnasium. Engelhardt verteilte gußeiserne Ringe, die er auf Wunsch der Jungen als Andenken und Talisman hatte anfertigen lassen. Und nun sagten sich die jungen Leute zum letztenmal Lebewohl.

Nach den beim Examen erhaltenen Noten war Puschkin Neunzehnter seines Jahrgangs geworden. Dieses sehr mittelmäßige Ergebnis trug ihm nach der russischen Verwaltungshierarchie den Rang eines Kollegiensekretärs ein. Was Ehren und Sonderrechte anlangt, entsprach dieser Rang im Zivildienst dem eines Leutnants in der Armee oder dem eines Fähnrichs zur See. Mit seinen Kameraden Küchelbecker, Lomonossov und Iudin wurde Puschkin beim Auswärtigen Amt angestellt.

Das Zeugnis, das ziemlich mittelmäßig ausfiel, war für Puschkin nichts als ein Fetzen Papier. Die Verwaltungslaufbahn, die sich vor ihm auftat, interessierte ihn nicht. Sein Privatdiplom, das war ein Heft, in das er, beraten von seinen Kameraden, sechsunddreißig seiner schönsten Gedichte eingetragen hatte. Auf den Heftumschlag hatte er mit fester Hand geeschrieben:

GEDICHTE VON ALEXANDER PUSCHKIN. JAHR 1817.

Für diese Sammlung hatte Puschkin eine strenge Auswahl getroffen, denn die Gedichte aus der Schulzeit beliefen sich auf über hundertzwanzig. Die meisten wurden erst nach dem Tod des Dichters hervorgesucht und veröffentlicht. Als ein Verleger sie zum erstenmal in der Gesamtausgabe von Puschkins Werken erscheinen ließ, erhob sich ein Geschrei, daß dies eine Herabwürdigung Puschkins sei. Die Zeitungsschreiber behaupteten, daß man Puschkins Andenken entweihe, wenn man der Öffentlichkeit diese kindlichen Verse vorsetze, die der Dichter selbst ausgeschieden habe.

Der russische Essayist Belinskij aber schrieb: »Die Schülergedichte Puschkins sind nicht nur darum wichtig, weil sie durch Vergleiche mit den späteren Werken beweisen, mit welcher Schnelligkeit sein poetisches Genie wuchs und reifte, sondern vor allem auch deshalb, weil sie das historische Bindeglied zwischen Puschkin und seinen Vorgängern darstellen.«

Im Gymnasium erwirbt Puschkin die handwerklichen Fähigkeiten für seinen Dichterberuf: die sichere Hand gewinnt er bei der Nachahmung von Jukowskij, Batiuschkov und Derjawin. Bei diesen Übungen erreicht er eine überraschende Bestimmtheit der Schreibweise. Was er sagt, ist gut gesagt. Aber kein tieferes Gefühl scheint ihn zu einer Aussage zu zwingen. Nur manchmal, wenn er von dem brennenden Moskau spricht, von einer Liebesenttäuschung oder von seiner Freundschaft für einen Mitschüler, taucht ein rührend aufrichter Ton in seinem Entwurf auf. Der Rest ist nichts als bewunderswerter Wohlklang, feurige Allegorie, Wortgefunkel und Anklang an andere.

In seinen lyrischen Gedichten weicht Puschkin von Jukowskij etwas ab und versucht, den zarten und nachlässigen Batiuschkov nachzuahmen. Er übernimmt sogar die Namen der Inspiratorinnen Cloë und Delia sowie mythologische Anspielungen und allgemeingültige Vergleiche. Kupido, Mars, Apollo, Phoebus, Venus, Morpheus und ihre entsprechenden Attribute geistern durch seine ersten Verse. Handelt es sich um ein Festmahl, so tauchen auch schon die Pokale auf, die Rosen, frischen Kränze und Myrten. Ist ein Dichter zu besingen, so kommen die Musen, die Leier, Flöte, Zither und die goldene Harfe. Für eine Frau beschwört er nur »sanfte Gefühle«, »verschwiegene Leidenschaften«, »Träumereien«, »kalte, süße und herrliche Brüste«, weiß wie »Lilien« oder »Marmor« oder »Schnee«. Wird eine Landschaft beschrieben, so geraten wir in eine künstliche Welt, in der »die Nacht ihre Schleier breitet«, wo der Mond »wie ein weißer Schwan dahinzieht«, wo sich »das grüne Gewölbe von Alleen« öffnet, wo Bäche »leise plätschern« oder »der Wind einschläft«, wo »Myrten ihren Wohlgeruch verströmen« und die »vertrauten Dryaden« aufgestört werden. Selbst wenn er eine ihm bekannte Umgebung beschreibt, wie die von Zarskoje-Selo oder das Gut Zakhorov, versperrt ihm das angelesene Wissen die Sicht auf die Wirklichkeit. Er hat so viel gelesen, daß er nichts mehr aus dem Blickwinkel eigener Anschauung sieht. Auch in seinen Epigrammen bemüht er sich, einen anderen nachzuahmen: Voltaire.

In Wirklichkeit liebt Puschkin das Leben leidenschaftlich. Aber er besingt es wie einer, der nie gelebt hat, der sich Gefühle und Schau von anderen borgt, der die Welt nur durch die trügerische Brille der Mitmenschen sieht. Und gerade die Vollkommenheit seiner Nachahmungsgabe bewundern seine Zeitgenossen an ihm am meisten. Sie finden sich in ihm wieder, sie hören in seinen Liedern den Widerhall ihrer eigenen Stimme. Sie schätzen an seinen Gedanken die Widerspiegelung ihrer eigenen Gedanken. »Ich bin nicht tot«, sagte Derjawin, als er Puschkin die *Erinnerungen an Zarskoje-Selo* vortragen hört. Doch schon ist der Schüler bereit, die Lehren seiner Lehrmeister von sich zu werfen. Und seine Arbeiten, die sich zunächst der russischen und westlichen Tradition angliederten, tragen schon die Züge der späteren Befreiung. Es sind nur geringfügige Einzelheiten, vielleicht beim Reimen entstandene Zufälligkeiten, die man auch Nachlässigkeiten nennen könnte. Aber es sieht doch so aus, als ob der junge Mann manchmal den Kopf hebe, sein Bücherwissen vergesse und eine neue Sprache spreche, die einen Augenblick lang aufleuchtet. Dann taucht in den zahmen und melodiösen Gedichten plötzlich ein treffendes Adjektiv auf, ein belebendes Verb, eine kräftige, selbst gewählte Farbe. Warum dieses derbe Wort, das wie Glimmer in der festgefügten Wortmasse auffunkelt? Warum diese gewöhnliche Anspielung inmitten soviel gewählter Begriffe? Puschkin schreibt:

> Auf den glattpolierten Tisch von Holz
> wirst deine Kanne Bier du stellen
> und deinen Henkelkrug voll Punsch.

Niemals, bemerkt Belinskij, hätte ein Dichter es damals gewagt, eine Kanne Bier in einem Gedicht zu erwähnen oder einen Henkelkrug voll Punsch. Die Zechgenossen aus den zeitgenössischen Gedichten erquicken sich an Nektar und Met, die Getränke werden in Pokalen gereicht. In seiner *Epistel an Galitsch* geht Puschkin sogar so weit, von Pasteten und Forellen zu sprechen. An anderer Stelle von »wein- und rumgetränkten Schnurrbärten«, ein andermal von einem »brennesselüberwucherten Zaun«. In »Bova« erklärt er ohne Umschweife:

Ich will, daß jeder mich verstehe,
der kleinste wie der größte Geist.

In *Die kleine Stadt* besingt er eine gute Alte, die ihm »duftenden Tee« vorsetzt und ihm den Klatsch aus der Nachbarschaft berichtet.

Heute haben die Dichter ein Buch mit dem ganzen Wortschatz zur Verfügung, und derartige Kühnheiten erscheinen kindlich. Damals aber waren sie die ersten Anzeichen einer literarischen Revolution.

Man hat ein Exemplar von Benjamin Constants Roman *Adolf* aufgefunden, das Puschkin mit Randbemerkungen versehen hat. Auf Seite 61 der Ausgabe von 1824 sind einige Zeilen des Textes dick durchgestrichen. Sie lauten: »Ich stürze zur Erde nieder, die mich für immer verschlingen müßte, ich lege mein Haupt auf den kalten Stein, der das verzehrende, glühende Fieber kühlen müßte.« An den Rand dieses Abschnittes hat Puschkin nur das Wort »Lüge!« geschrieben.

Zwischen dem Mann, der, noch ganz jung, sich die Freiheit nahm, in seinen Gedichten von Bier und Brennesseln, von Kohlköpfen und Schnurrbärten zu sprechen, und dem, der, einige Jahre später, den romantischen Erguß Benjamin Constants als lügenhaft bezeichnet, liegt eine weltweite Kluft. Puschkin ist an der Wende zweier Epochen geboren. Er hat das Erbe des weltumfassenden französischen Geistes und der russichen Dichter mit den gepuderten Perücken in sich aufgenommen. Er ist das lebende Bindeglied zwischen Voltaire und Parny und den ersten Romantikern Europas. Er wird niemals ein spätgeborener Klassiker sein, dazu liebt er die sichtbare Wahrheit und den einfachen Ausdruck der Leidenschaft zu sehr, noch auch ein verträumter Romantiker, dazu hat er zuviel Sinn für Maß, Klarheit und Zurückhaltung. Er wird sich von den gefälligen Allegorien Batiuschkovs ebenso entfernen wie von den düsteren Messiasbotschaften Jukowskijs. Schon mit siebzehn Jahren schlägt er in ein paar oberflächlichen Versen seinen eigenen Ton an. Er sieht unbestechlich klar, er schreibt das Richtige nieder, trotz des falschen Perlengeglitzers um ihn herum. Er wird nicht lange brauchen, um diesen herkömmlich gewohnten Schleier zu zerreißen. Dann wird er die von idealen Vorstellungen gezogene Grenze überschreiten und festen Schrittes in eine harte und klare Welt hineingehen, wo es kahle Steppen gibt, kotbespritzte Wagen auf den Landstraßen, ärmliche Häuser, wo wirkliche junge Mädchen aus Fleisch und Blut träumen und Tränen vergießen, wo lichterfunkelnde Ballsäle von Musik erdröhnen, wo Zigeuner unter durchlöcherten Zeltplanen liegen und wo die schäumenden Wogen des Flusses klatschend an die Ufermauern schlagen in dieser großen Stadt aus Granit.

Zweiter Teil

Salons und Freudenhäuser

Am 13. Juni 1817 wurde Alexander Puschkin als Kollegiensekretär beim Auswärtigen Amt angestellt mit einem Anfangsgehalt von siebenhundert Rubel jährlich.

Er war achtzehn Jahre alt und von kleiner Gestalt, doch erstaunlich kräftig und geschmeidig. Als ausgezeichneter Schwimmer, vollendeter Reiter und gefährlicher Fechter überraschte dieser sportliche Dichter seine Umwelt, und bald umgab ihn der Nimbus des Außergewöhnlichen. Ist es verwunderlich, daß er stolz darauf war? Nach sechs Jahren Arbeit und Weltabgeschiedenheit schien ihm nichts seinen Liebeshunger und seine Weltlust sättigen zu können. Er dachte, daß sein ganzes Leben nicht ausreichen werde, seine junge, unbändige Kraft zu verausgaben. Voll Tatendrang, flink, nachlässig, unverschämt, kühn und leichtfertig, wollte er alle berühmten Männer kennenlernen, alle erreichbaren Frauen besitzen, alle bekannten Stimmen hören und sich selbst in die vorderste Reihe der Dichter drängen. Liest man die Briefe und Erinnerungen der Zeitgenossen, so könnte man meinen, Puschkin habe sich vervielfältigt wie eine allgegenwärtige, doch nie zu haschende Frühlingsgottheit. Nicht *ein* Puschkin, nein, zehn, zwanzig Puschkins treiben in Petersburg ihr tolles Spiel. Als ob ein Vexierspiegel sein Bild und seine Gesten in alle Winkel der Hauptstadt geworfen hätte. Er ist überall, nimmt an allem teil, versucht sich an allem. Am 13. Juni 1817 auf seinen Posten berufen, leistet er am 15. desselben Monats seinen Eid und erbittet sich sogleich Urlaub bis zum 15. September. Er will seine Eltern aufsuchen, die den Sommer auf ihrem Erbgut Mikhailowskoje verbringen. 1824 schreibt er in den Notizen zu seinen Memoiren:

»Nach meinem Weggang vom Gymnasium begab ich mich fast unverzüglich auf das Gut Pskov, das meiner Mutter gehörte. Ich erinnere mich gut, wie sehr mich das Landleben, das russische Bad, die Erdbeeren und alles übrige entzückten. Aber all das hielt mich nicht lange. Ich liebte das lärmende Menschengetümmel und liebe es noch . . .«

Die Besitzung Mikhailowskoje lag in einer lieblichen, ruhigen und reizvollen Gegend. Diesseits gab es den Fluß, die Seen, einen blauen Hügelhorizont, jenseits einen Wald voll alter, moosbärtiger Tannen. In dem alten Holzhaus standen noch die Möbel des Großvaters Hannibal, und ein Bruder des berühmten Januarius wohnte in unmittelbarer Nähe. Das war Peter Abramowitsch Hannibal, ein Sohn des Negers von Peter dem Großen, jetzt ein abgedankter General. Siebzig Jahre war er alt, ein Despot und ein Liebhaber von Gesang und volkstümlichen Tänzen. Seine Lieblingsbeschäftigung aber war das Brennen von Schnaps, vor allem von Wodka.

Alexander Puschkin machte bei seinem äthiopischen Ahnherrn Besuch. »Er ließ Wodka bringen«, schrieb er. »Nachdem er sich ein Glas eingegossen hatte, gab er Befehl, mir auch einzuschenken. Ich trank, ohne mit der Wimper zu zucken, was dem alten Araber Spaß zu machen schien. Eine Viertelstunde später verlangte er erneut Wodka und wiederholte dieses kleine Manöver fünf- bis sechsmal vor dem Essen . . .«

Die exzentrischen Gewohnheiten seines Großonkels fesselten den jungen Mann jedoch nicht lange. Dem leeren Gerede und den schweren Zechgelagen Peter Abramowitsch Hannibals zog Puschkin die Gesellschaft seiner Nachbarn, der Wulf-Ossipov, vor, deren Besitzung Trigorskoje – die drei Berge – in nächster Nähe des elterlichen Gutes lag. Die Familie Wulf-Ossipov bestand aus der sechsunddreißigjährigen Gutsherrin, ihrem Mann, ihrem Sohn aus erster Ehe, Alexis, ihren beiden Töchtern Anna und Euphraxia und ihrer Schwiegertochter Alexandra. Gleich zu Beginn schloß Puschkin mit der Mutter Freundschaft. Diese gebieterische, tatkräftige und heitere Frau war hochgebildet und liebte deutsche, französische und englische Literatur über alles; sie versank über Klopstocks und Richardsons Werken in Träume und versah den Rand ihrer Bücher mit allegorischen Zeichnungen, ihr Besitztum und ihre Familie regierte sie jedoch mit strenger Hand. Puschkin bewahrte sein ganzes Leben hindurch für Madame Wulf-Ossipov und ihr Nest voll heiratsfähiger Töchter besondere Zärtlichkeit und Anhänglichkeit. Das Bild von Trigorskoje und seinen Bewohnern wurde für ihn zum Symbol ländlichen Friedens.

Aber während er noch die Freuden des russischen Landlebens genoß, langweilte sich Puschkin und dachte an die seinem Wesen gemäßeren Zerstreuungen Petersburgs. Als er Ende August

1817 in die Hauptstadt zurückkehrte, begann für ihn ein Leben des Müßiggangs, voll zügelloser Festlichkeiten, Raufhändel und ermüdender Ausschweifungen.

Er wohnte bei seinen Eltern, die in der Fontanka in St. Petersburg eine Stadtwohnung gemietet hatten. Die eigenartige Atmosphäre des Hauses war nicht dazu angetan, in dem jungen Mann den Sinn für Abende im Familienkreis, für Sparsamkeit und Lebensklugheit zu wecken.

Nadedja Ossipowna und Serge Lwowitsch Puschkin hatten ihren jüngeren Sohn, den kleinen Leo, im Internat des Pädagogischen Instituts untergebracht. Ihre Tochter Olga wohnte bei ihnen und fühlte sich sehr unglücklich. Die Wohnung war schlecht möbliert und schlecht unterhalten. Wie in Moskau lebten die Puschkins für die Augen des Publikums und opferten ihre Bequemlichkeit dem äußeren Schein. Sie aßen mittelmäßig und hatten nicht genügend Geschirr; ihre Diener ließen sie zerlumpt umherlaufen, stritten sich wegen weniger Pfennige und gaben Riesensummen für Galatoiletten aus.

»Puschkins Eltern«, schreibt später deren Enkel Pawlischew, »befanden sich ständig in Geldverlegenheit, und ihre Kinder erhielten meist nicht einmal das für ihre bescheidenen Ausgaben notwendige Taschengeld. Die Empfangsräume waren von Kandelabern erleuchtet, aber im Zimmer meiner Mutter (der Schwester Alexander Puschkins), die ihre Broschen und Ohrringe verkaufte, um ein neues Kleid zu bezahlen, brannte eine Unschlittkerze, die sie von ihren kleinen Ersparnissen gekauft hatte.«

Mit zunehmendem Alter wurde Alexander Puschkins Vater immer geiziger. Für sich selbst war er verschwenderisch, er weigerte sich jedoch, seinen Kindern, die in großer Bedrängnis lebten, zu helfen. Verlangte Alexander Puschkin Schnallenschuhe, um zum Ball zu gehen: Serge Lwowitsch geriet in zornige Entrüstung, beschwor die Schatten der Ahnen und bot ihm schließlich ein Paar abgelegte Schuhe an, die noch aus Zar Pauls I. Zeit stammten.

»Bei seinem Abgang vom Gymnasium«, erzählt ein Zeitgenosse, »befand sich Puschkin in einer Lage, die er mit vielen jungen Leuten teilte: nach einem Aufenthalt in einer reich und üppig ausgestatteten Lehranstalt mußte er wieder im Elternhaus wohnen. Der kleinliche Geiz des Vaters, der Puschkin nur erbittern konnte, machte ihm diese Rückkehr besonders schwer. Er versagte sich allerdings nicht, boshaft und auf ziemlich originelle Art diese Schwäche zu verspotten. Einmal unternahm er mit Serge Lwowitsch und einigen anderen Leuten eine Bootsfahrt. Es war windstill und das Wasser so durchscheinend klar, daß man den Grund zu sehen glaubte. Puschkin zog ein paar kleine Goldmünzen aus der Tasche, warf sie einzeln ins Wasser und bewunderte mit lauten Worten, wie sie aufblitzend in die Tiefe glitten und versanken.«

Sein Tätigkeitsbereich im Auswärtigen Amt war nicht genau bestimmt und ließ ihm genügend Muße, in Salons und Freudenhäusern ein häufiger Gast zu sein. Sein junger Ruhm und die Beziehungen seiner Eltern verschafften ihm Zugang zu den großen Familien: zum Grafen Buturlin, zu den Familien Worontzov, den Trubetzkoi und den Laval. Er nahm an allen Bällen teil und machte allen Frauen den Hof. Sein Erfolg bei ihnen war unbestreitbar.

»Er war ziemlich häßlich«, schreibt sein Bruder Leo, »hatte aber ein ausdrucksvolles, lebendiges Gesicht. Obwohl klein von Wuchs, besaß sein schlanker, kräftiger Körper ein wundervolles Ebenmaß. Puschkin gefiel den Frauen ... Wenn er einer Frau den Hof machte oder wenn sie auch nur sein Interesse erregte, belebte sich sein Gespräch in höchst anziehender Weise ...«

Puschkin hat ums Jahr 1829 zwei Listen seiner Liebeseroberungen aufgestellt, die er »Don-Juan-Listen« nannte. Auf der ersten findet man die Vornamen der Frauen, die er platonisch geliebt, und auf der zweiten die jener Frauen, die er besessen hat. Diese Namensfolge hat seit fast einem Jahrhundert die Fantasie der russischen Puschkinanhänger gefoltert. Denn wenn manche Angaben des Dokuments auch leicht zu deuten sind, so scheinen andere zu unbestimmt, als daß man dem Vornamen einer Entschwundenen, den Familiennamen oder eine gesellschaftliche Situation, ein Gesicht oder den Schimmer eines Liebesschicksals hinzufügen könnte. Der fünfte Vorname der platonischen Liste läßt jedoch keinen Zweifel, für wen Puschkin im Jahre 1817 »reine Liebe« empfand: Prinzessin Eudoxia Golitzin, die damals siebenunddreißig Jahre zählte und La princesse nocturne genannt wurde. Karamzin schrieb am 24. Dezember 1817: »Puschkin ist kopflos verliebt in die Pythia Golitzin, und er verbringt von jetzt an seine Abende bei ihr. Er lügt aus Liebe, er ärgert sich aus Liebe, aber er schreibt noch nicht aus Liebe. Ich gestehe, daß ich mich nicht in die Pythia verliebt hätte; ihr Dreizack sprüht keine wärmenden Flammen, sondern Kälteschauer.«

Wiasemskij beschreibt dieses rätselhafte Geschöpf: »Ich kenne ihre erste Jugend nicht, aber die zweite und dritte zeigten sie in wunderbar anziehender Frische und Reinheit. Sie besaß ausdrucksvolle schwarze Augen, dichtes schwarzes Haar, das reich gelockt auf die Schultern herabfiel, einen matten südländischen Teint. Denkt man sich zu ihrem anmutvollen Lächeln noch eine sanfte, melodische Stimme und Sprechweise, so bekommt man eine ungefähre Vorstellung von ihrem Zauber. Ihre Schönheit war mehr plastischer Natur und gemahnte an die Formen griechischer Statuen. Es lebte etwas Klares in ihr, etwas Friedvolles, zugleich Träges, Beharrendes. Sie war völlig frei – die Auflösung ihrer Ehe war in gegenseitigem Einverständnis erfolgt. Von Pinsel und Meißel der besten russischen Künstler der damaligen Zeit hatte sie ihr Haus geschmackvoll ausschmücken lassen. Die Hausherrin paßte gut in diesen Rahmen ... Alles atmete Eleganz und strenge Regelmäßigkeit. Am Abend vereinigte sich eine kleine, aber ausgewählte Gesellschaft in ihrem Salon, um nicht zu sagen: in ihrem Tempel, denn man hätte die Gastgeberin für eine Art Priesterin eines reinen und hehren Kultes halten können. Ihre Erscheinung und ihre mehr malerische als modische Toilette verliehen dem kleinen Kreis, der sich um sie scharte, das Gepräge des Exzentrischen, wenn auch nicht des Geheimnisvollen ... Es sah so aus, als befänden sich nicht Eingeladene, sondern Eingeweihte bei ihr ...«

»Die Prinzessin schläft den ganzen Tag«, berichtete eine ihrer Dienerinnen der Polizei, »und die ganze Nacht schreibt sie. Es heißt, daß sie gläubig sei, aber weder in ihrem Schlafzimmer noch in ihrem Arbeitskabinett habe ich ein einziges Heiligenbild entdeckt.«

Als Balzac 1845 nach St. Petersburg kam, schickte ihm die Prinzessin Golitzin, die ihn nur dem Namen nach kannte, Schlag Mitternacht ihre Kutsche, mit einer Aufforderung, sie zu besuchen. Balzac entrüstete sich über solch ein Benehmen und ließ ihr antworten, daß man in Frankreich bei Nacht nur nach den Revierärzten schicke.

Als Puschkin der »Nachtprinzessin« begegnete, war er noch jung und unerfahren, und es ist nicht verwunderlich, daß die große Schönheit dieser Frau, ihr unermüdlich tätiger Geist und die sie umgebende Aura des Geheimnisvollen ihn eine Zeitlang festgehalten und verführt haben. An die kleinen Schauspielerinnen und leichten Mädchen von Zarskoje-Selo und St. Petersburg gewöhnt, ist er von Bewunderung und Hochachtung erfüllt für dieses kaum irdische Geschöpf, das bei Nacht lebendig wird, sich von Zahlen und Buchstaben nährt, das sich Gedanken über die polnische Frage macht und die berühmtesten Männer der Zeit bei sich empfängt. Er wagt nicht, sich ihr zu nähern, sie zu berühren, so sehr beeindruckt ihn ihr düsterer Glanz.

Die Leidenschaft des jungen Puschkin für die »Nachtprinzessin« währte fast zwei Jahre. Er blieb ihr jedoch nur in Gedanken treu. Der Kult, den er mit dieser »strahlenden und höchst anziehenden Dame« trieb, die ihn mit seinem Vaterland ausgesöhnt hatte, hinderte ihn nicht, in Kaschemmen und hinter Theaterkulissen und bei den Vertreterinnen der käuflichen Liebe unmittelbare Befriedigung zu suchen.

Die Briefe von A. I. Turgenjew geben uns Aufschluß über das tolle Treiben des jungen Mannes. Er schreibt:

»Müßiggang und Trägheit schweben wie Würgeengel der Schönheit und Begabung über Puschkins Leben ... Jeden Morgen erzählt er Jukowskij, daß er in der Nacht nicht geschlafen habe. Er verbringt seine Zeit mit Besuchen bei Dirnen, bei mir und bei der Prinzessin Golitzin, abends spielt er Karten ...«

In einem anderen Brief berichtet Turgenjew:

»Puschkin ist sehr krank. Er hat sich erkältet, als er wartend vor der Türe einer H ... stand. Trotz des Regens wollte sie ihn nicht einlassen, da sie fürchtete, ihn mit ihrer Krankheit anzustecken. Welch ein Kampf zwischen edler Gesinnung, zwischen Liebe und Ausschweifung!«

Und schließlich:

»Ich sehe Puschkin, den Bruder Leichtfuß, nur im Theater, wo er in den kurzen Mußestunden auftaucht, die ihm das Betrachten der Tiere übrigläßt. Er verbringt seine ganze Zeit neben der Kasse des Zoologischen Gartens ... Er ist in die Kassiererin verliebt und hat sich zu ihrem ›cavalier servant‹ gemacht. Nebenher kann er die Gewohnheiten der Tiere studieren und Vergleiche anstellen zwischen ihnen und den gewöhnlichen Bestien, die er gratis anschauen kann.«

A. I. Turgenjew ist nicht der einzige, der die Maßlosigkeiten des jungen Mannes beklagt. Jukowskij, Karamzin, Wiasemskij, alle, die ihn lieben und bewundern, flehen ihn an, dieses Luderleben aufzugeben. Sie erinnern ihn an seine dichterische Sendung. Er schreibt einem Freund:

»Alles geht seinen gewohnten Gang. Dem Champagner geht's

gut. Den Schauspielerinnen auch. Der eine betrinkt sich, die anderen h . . . Amen, amen, es muß so sein. Die Kleine von Yuriew ist geheilt. Ich hab' von ihr was gefangen. Aber es ist schon wieder gut. Wsewolojskij spielt Karten. Die Kreide stäubt, und das Geld rollt . . .«

Einige allzu rasch geheilte venerische Krankheiten genügen nicht, seine ungestüme Glut zu dämpfen.

Aber im Januar 1818 bringt ein infektiöses Fieber sein Leben in Gefahr. Eltern und Freunde tauschen besorgte Briefe. Um Puschkin zu heilen, taucht ihn Doktor Leyton in eine mit eiskaltem Wasser gefüllte Badewanne. Nur seine kräftige Konstitution rettet ihn vor dem Tod.

Die ruhige Zeit der Genesung benutzt Puschkin, sein schon im Gymnasium begonnenes großes Gedicht *Ruslan und Ludmilla* für den Druck fertigzumachen. Die Freunde, die ihn besuchen, finden ihn auf seinem Bett ausgestreckt, in einen gestreiften Schlafrock gehüllt, ein Pfaffenmützchen auf dem Kopf. Überall, auf Tischen und Decken und auf dem Boden verstreut, liegen Bücher und Papiere. Das Schreiben geht ihm leicht von der Hand, es glückt, und er ist mit sich zufrieden. Aber kaum wieder auf den Beinen, gibt er seine Arbeit auf und beginnt von neuem sein unregelmäßiges Leben. Mit der Miene eines vom Tode Auferstandenen zeigt er sich wieder in den Salons, im Theater, in den Spielkasinos, in Kaschemmen und bei den leichten Mädchen. Sein Anblick überrascht die mitleidigsten Freunde. Während seiner Krankheit wurden ihm die Haare abrasiert, und er bedeckt seinen kahlen Schädel mit einem runden Käppchen. Er macht sich einen Spaß daraus, den braven Bürger vor den Kopf zu stoßen und läßt sich, zur Vervollständigung seines sonderbaren Aufzugs, einen »amerikanischen« schwarzen Frack mit langen, wehenden Schößen anfertigen und einen Hut mit breiter Krempe. Auch läßt er sich die Fingernägel wachsen.

Die Schauspielerin A. M. Kolossov-Karatygin, bei der Puschkin häufiger Gast war, erzählt von ihm:

»Er konnte nicht eine Minute stillsitzen. Er wirbelte umher, sprang durchs Zimmer, setzte sich bald auf den, bald auf jenen Stuhl, verwirrte die Wollstränge meiner Stickerei und brachte die Karten einer großen Patience, die meine Mutter begonnen hatte, durcheinander. ›Willst du Ruhe geben, du Heuschreck!‹ rief sie. ›Wirst du endlich aufhören, dich wie ein Verrückter zu benehmen?‹ Sascha beruhigte sich für zwei Minuten, dann fing er mit seinen Possen von vorne an. Eines Tages drohte meine Mutter dem unerträglichen Sascha, ihm ›die Krallen zu stutzen‹. So nannte sie seine unmöglich langen Fingernägel.

›Halte seine Hand fest‹, sagte sie zu mir und holte eine Schere, ›ich will ihm die Nägel schneiden!‹

Ich packte Puschkins Hand, aber beinahe hätte er das ganze Haus alarmiert, so führte er sich auf; er schluchzte, stöhnte und stieß Klagelaute aus, daß wir Tränen lachten . . .«

Bald vertauschte Puschkin das Käppchen mit einer reichgelockten kastanienbraunen Perücke, die ihm sogleich als Mittel für allerlei Späße diente. Eines Tages suchte er im Großen Theater die Kolossovs in ihrer Loge auf. »Wir baten ihn, sich zu uns zu setzen«, schreibt A. M. Kolossov, »denn wir bezweifeln nicht, daß unser Tunichtgut sich wenigstens hier ruhig verhalten würde. Weit gefehlt! Während einer hochdramatischen Szene klagte Puschkin über die Hitze, nahm seine Perücke ab und wedelte damit wie mit einem Fächer vor seinem Gesicht herum. Die Zuschauer in den Nachbarlogen bogen sich vor Lachen, und die Leute in den Orchestersesseln schauten zu uns herauf. Wir versuchten, den Schlingel zur Vernunft zu bringen, aber er glitt vom Stuhl und ließ sich, hinter der Logenbrüstung verborgen, auf dem Boden zu unseren Füßen häuslich nieder. Schließlich setzte er die Perücke wie einen Hut auf den Kopf. Man mußte lachen, wenn man ihn nur ansah. Während der ganzen Vorstellung blieb er auf dem Boden sitzen und machte seine Glossen über das Stück und die Schauspieler.«

Puschin traf Puschkin häufig im Theater und sah ihn zu seinem Leidwesen in Gesellschaft einiger geckenhafter Jünglinge im Orchestersitz herumlungern. Es sah ganz so aus, als bilde er sich auf seine Bekanntschaften etwas ein. Gerne erzählt er den Stutzern heitere Geschichten, denen diese mit belustigter Herablassung zuhörten. »Es kam vor«, schrieb Puschin, »daß er schleunigst zu ihnen lief, wenn sie ihm von ihren Plätzen aus zuwinkten. Ich sagte zu ihm: ›Was hast du eigentlich davon, lieber Freund, mit diesen Leuten herumzuziehen? Da ist auch nicht einer darunter, der mit unseren Gedankengängen sympathisiert!‹ Er hörte mich geduldig an, dann herzte und küßte er mich, wie er zu tun pflegte, wenn er nichts zu antworten wußte. Gleich darauf sah man ihn wieder in Gesellschaft der Stutzer . . . Seltsamer Widerspruch in solch einem Menschen!«

Auffallend gekleidet, eine Perücke auf dem Kopf, die Nägel zu langen Krallen zugespitzt (der längste steckte in einer goldenen Hülle), darin gefiel sich der unverschämte Puschkin, und damit erregte er Anstoß in der Hauptstadt. Er ist, wie A. I. Turgenjew sagt, ebenso berühmt »wegen seiner kleinen Gedichte wie wegen seiner großen Lausbubenstreiche«. Sein Bekanntenkreis ist ungeheuer groß. Er geht mit derselben Regelmäßigkeit und demselben Glück bei Fürstinnen wie bei Prostituierten ein und aus. Er gönnt sich keine Ruhe, betrinkt sich, rauft in den Kaschemmen, glänzt in den Salons, spricht mit empfindsamen Damen über Byron, schreibt ein Gedicht auf die Zarin Elisabeth und gemeine Verse über seine venerischen Krankheiten.

Einmal trommelt er einige Gefährten zusammen und unternimmt mit ihnen einen Streifzug durch die verrufensten Spelunken der Stadt. »Sie zogen schmutzige alte Kleider an«, schrieb ein Zeitgenosse, »und gingen in eine Kneipe, um zu saufen, die Gebräuche dieser übel berüchtigten Orte zu studieren und ihre Freuden auszukosten.« Im »Cabaret Rouge« sucht Puschkin, wie er selbst gesteht, Raufhändel, boxt mit ein paar Deutschen und verausgabt seine überschüssige Kraft. Er kommt voll blauer Flecke nach Hause und antwortet den Eltern, die ihn mit Vorwürfen empfangen, niemand könne sich von der Menge abheben, ohne ein wenig Krach zu schlagen.

Die Gefährten seiner Vergnügungen sind Puschin, Delwig und der um ein Jahr jüngere exzentrische Naschokin. Dieser hatte von seinem Vater ein ungeheures Vermögen geerbt und ließ sich angelegen sein, es mit der charmantesten Extravaganz auszugeben. Er trank, verlor beim Kartenspiel, hofierte kostspielige Schauspielerinnen, ließ Kutschen aus Wien kommen, kaufte wahllos Marmorvasen, chinesische Nippes und bizarre Bronzen, die er, wenn er ihrer überdrüssig wurde, an seine Umgebung verschenkte. Um junge Talente zu fördern, gab er allen jungen, ihm bekannten Malern sein Porträt in Auftrag. Auf diese Weise bekam er eine Sammlung von etwa dreißig Bildern seiner eigenen Person zusammen, und da er nicht wußte, was damit anfangen, verteilte er sie als Andenken unter seine vertrauten Freunde. Er wohnte bei seiner Mutter, hatte aber auf der Fontanka eine berühmt gewordene Wohnung gemietet. Puschkin war ständiger Gast in diesem Absteigequartier. »Dorthin«, schrieb ein Zeitgenosse, »kam Naschokin nach einer beim Kartenspiel oder beim Wein verbrachten Nacht; ebenso konnte sich jeder seiner Freunde einfinden, um hier zu nächtigen, durfte seine eigenen Gefährten mitbringen, auch wenn sie Naschokin unbekannt waren. Man kam allein oder paarweise. Das zahlreiche Gesinde, von dem froschgesichtigen Zwerg Charles befehligt, mußte für alle Besucher Matratzen auf dem Fußboden ausbreiten ... Die Paare wurden in kleine Einzelzimmer geführt, die unbeweibten Herren schliefen in buntem Durcheinander in den großen Räumen. Der Hausherr traf immer als letzter ein, fragte, ob viele Schlafgäste da seien, und schlich sich leise wie ein Fuchs in seine eigene Klause. Am Morgen aber fanden sich alle zum Kaffee oder Tee zusammen. Da gab es dann Vorstellungen und oft drollige Zwischenfälle. Mitunter, namentlich am Geburtstag Naschokins, nach üppigem Mahl und zahllosen Flaschen, ließen die galanten Gardeoffiziere und ihre hübschen Begleiterinnen die viersitzige Kutsche Naschokins anspannen, in die sie den Zwerg Charles mit einem ganzen Schwarm junger Mädchen hineinsetzten. Sie selbst legten die Uniform ab und setzten sich, nur mit Reithose und Hemd bekleidet, auf den Platz des Kutschers und Vorreiters oder schwangen sich wie Lakaien auf den Rücksitz, und dann rollte die Kutsche in schnellstem Tempo über den Newskij-Prospekt, über die Morskaja und durch die belebtesten Straßen der Stadt. Ein anderesmal, wieder beim Geburtstag Naschokins, und diesmal auf Betreiben Puschkins, luden ihn seine Freunde in sein eigenes Haus ein und bereiteten ihm bei seinem Eintritt eine solch zynische Überraschung, daß ich sie unmöglich beschreiben kann.«

»Immer ohne eine Kopeke«, schrieb Baron Korf über Puschkin, »immer in Schulden steckend, manchmal ohne anständigen Frack auf dem Leib, in unmögliche Geschichten und zahllose Duelle verwickelt, mit allen Kneipenwirten, Bordellmüttern und Huren von St. Petersburg befreundet – das ist Puschkin, der Typ des schmutzigen Lüstlings.«

Baron Korf, ein ehemaliger Mitschüler Puschkins, hatte besondere Gründe, den Dichter abzulehnen und zu verabscheuen. Sie wohnten beide im selben Haus. Als ihre Diener wegen einer dummen Dienstbotengeschichte in Streit geraten waren, ergriff Korf die Partei seines Bedienten und verprügelte den von Puschkin. Puschkin forderte Korf zum Duell. Aber Korf antwortete mit einem hochfahrenden Brief: »Ich nehme Ihre Forderung nicht an, denn die Sache ist nicht der Mühe wert. Sie sind Puschkin, aber ich bin nicht Küchelbecker.«

Dieser Satz erinnerte Puschkin an das jammervolle Duell, das ihn 1818 seinem Schulfreund, dem guten, hitzköpfigen, harmlosen, ungeschickten Küchelbecker gegenüberstellte. Beide waren beim Abgang vom Gymnasium am Auswärtigen Amt angestellt worden. Wie schon im Gymnasium, schrieb Küchelbecker schlechte Verse und las sie seiner Umgebung vor. Und, wie im Gymnasium, machte sich Puschkin über ihn lustig. Ein satirischer Vierzeiler verletzte Küchelbecker derartig, daß er Genugtuung mit der Waffe forderte. Freunde suchten zu vermitteln. Vergebens. Küchelbecker wollte die Beleidigung mit pulvergeschwärztem Blut abwaschen. Das Duell fand statt. Küchelbecker schoß als erster und verfehlte sein Ziel. Puschkin brach in Gelächter aus, warf die Pistole weg und lief auf seinen Kameraden zu, ihn zu umarmen. Aber der andere fuchtelte mit den Händen in der Luft herum und stotterte mit heiserer Stimme:

»Schieß, so schieß doch!«

Puschkin erklärte schlecht und recht, daß er unmöglich schießen könne, weil der Lauf seiner Waffe mit Schnee verstopft sei. Die Zeugen stimmten dafür, das Treffen zu vertagen. Und die beiden Feinde versöhnten sich vor dem Samowar.

Das war Puschkins Art. Seine Raufhändel und Duelle wurden sprichwörtlich. Madame Karamzin schrieb am 23. März 1820: »Puschkin hat täglich ein Duell; Gott sei Dank sind sie nicht tödlich, und die Gegner kommen mit heiler Haut davon.«

Ein Zeitgenosse, Verfasser eines Berichtes über »den im Gymnasium herrschenden Geist«, hat uns folgende Charakteristik der ehemaligen Zöglinge von Zarskoje-Selo hinterlassen: »Sie sind Hitzköpfe, die hochmütig in die Welt schauen; ihr Ton ist unverschämt und ihre Rede streitsüchtig. Ihre Antworten sind feststehende Meinungen und ihre Fragen – Befehle. Alle bilden sich ein, zu früh geboren und ihrem Jahrhundert weit voraus zu sein, und sie glauben, daß alle Welt sie für Genies, Reformatoren, Kinder der heraufkommenden Epoche halte . . .«

Dieser Hochmut, diese dauernde Überheblichkeit, ist Puschkins stärkster Charakterfehler. Er glaubt, daß ihm alles erlaubt sei, ja, daß er als freigeistiger Dichter dazu verpflichtet sei, sich alles zu gestatten. Die Älteren, Turgenjew, Jukowskij, Batiuschkov, Karamzin und noch viele andere, versuchen vergeblich, ihn zur Vernunft zu bringen. Sie kennen den wahren Wert dieses Großsprechers. Sie wachen mit mütterlicher Besorgnis über ihn. Kaum schließt er sich ein paar Tage zu Hause ein, so schreien sie schon »Sieg«. »Trotz seines ausschweifenden Lebens beendet er den vierten Gesang seines Gedichtes«, schreibt Turgenjew, »seine erste Krankheit war heilsam für sein Werk . . .«

Und der gestrenge Wiegel notiert in seinen Memoiren:

»Als der junge Puschkin das Gymnasium verließ, galt dieses Ereignis den Mitgliedern der ›Arzamas‹ als glückliche Nachricht, als Triumph. Besonders Jukowskij freute sich darüber, als habe ihm Gott ein Kind geschenkt. Mir kam das Kind reichlich frech und ungezogen vor, und es berührte mich peinlich, mitanzusehen, wie die großen Brüder, einer wie der andere, sich Mühe gaben, ihren jüngeren Bruder zu verwöhnen.«

»Arzamas« und die »Grüne Lampe«

Die literarische Gesellschaft »Arzamas« hatte Puschkin in ihre Reihen aufgenommen, noch ehe seine Studien am Gymnasium von Zarskoje-Selo beendet waren. Aber erst nach seiner Bestallung in St. Petersburg konnte er offiziell von seinen Mitbrüdern empfangen werden. Die »Arzamas«, eine etwas absonderliche Vereinigung, war vor kurzem gegründet worden, um der konservativen Bewegung des Admirals Schischkov die Stirn zu bieten. Als ein »Konservativer« in seiner Komödie *Die Wasser von Lipetsk* Jukowskij verspottet hatte, antwortete der Schriftsteller Bludov, ein Bewunderer Jukowskijs, mit einem Pamphlet, das sich *Vision in einer Schenke von Arzamas** nannte . . . Daraufhin scharten sich alle jungen Vorkämpfer der neuen russischen Literatur um Bludov und Jukowskij, und zu Ehren des Gedichtes, das sie vereinigt hatte, gaben sie ihrer Gesellschaft den Namen »Arzamas«. »Dies war«, schrieb ein Zeitgenosse, »ein Kreis junger Leute, die sich durch ihre besondere Liebe zur Heimatsprache, zur Literatur und Geschichte verbunden fühlten. In dieser Gesellschaft oder besser bei diesen freundschaftlichen Plaudereien, bildete die Kritik das Hauptthema.« Ein solch zurückhaltendes Urteil gäbe jedoch eine schlechte Vorstellung von der ungezwungenen, fröhlichen Rührigkeit der »Arzamas«. Gewiß liebten ihre Mitglieder die russische Sprache, die Literatur und Geschichte ihres Landes, gewiß studierten und diskutierten sie die zeitgenössischen Werke. Aber sie glühten dabei vor Eifer und lachten gerne, und aus Reaktion gegen die verstaubte Strenge der Archaisten ging es bei ihren Versammlungen höchst witzig zu.

Der Präsident, der für jede Sitzung durch das Los bestimmt wurde, trug eine rote Mütze, denn er sollte die auf dem Vormarsch

* Arzamas, kleine russische Stadt

befindliche literarische Revolution darstellen. Auch jeder neu Hinzukommende erschien in roter Mütze. Für die Aufnahme von Onkel Basil hatte Jukowskij eine groteske Feierlichkeit im Stil der Freimaurer veranstaltet. Der unglückselige Basil wurde zunächst unter einem Stapel Pelzröcke begraben, und, schwitzend und schnaufend, mußte er die Lesung einer französischen Tragödie über sich ergehen lassen. Nach dieser Prüfung reichte ein Mitglied der »Arzamas« Onkel Basil eine Gans in Gelee, die der Neuling während der langen, feierlichen Aufnahmeansprache Jukowskijs in beiden Händen halten mußte. Diese Gans in Gelee war das Wahrzeichen der »Arzamas«, man aß solch eine Gans bei jeder Versammlung, und die Mitglieder nannten sich selbst »ehrenwerte Gänse«, oder nur kurz: »Gänse«.

Diese Atmosphäre, in der Herzlichkeit und Ulk herrschten, begeisterte Puschkin, und er bewunderte die gegenseitige Anteilnahme der Brüderschaft. Alle freuten sich über den Erfolg eines jeden von ihnen, und gemeinsam zog man Nutzen aus den gesellschaftlichen Verbindungen des einen oder anderen.

Gegen Mitte des Jahres 1817 fingen die Genossen der »Arzamas« an, ihrer eigenen Scherze müde zu werden. »Die Plauderei« des Admirals Schischkov* war verschwunden, die »Arzamas« hatte keine würdigen Gegner mehr, und ihre Ironie verpuffte ins Leere. Einige stimmten dafür, eine Zeitschrift zu gründen. Schließlich nahmen sich zwei neu Eingetretene, Orlov und N. I. Turgenjew, das Recht heraus, die fröhliche Untätigkeit des Vereins zu kritisieren. Die Zeit der literarischen Scherze war nach ihrer Meinung vorüber, nun kam es darauf an, die soziale Erziehung des Landes ins Auge zu fassen und ein politisches Blatt herauszugeben. Man mußte Haltung zeigen, ernsthaft und gewichtig werden. Der Vorschlag wurde diskutiert, abgelehnt und schließlich doch angenommen. Man arbeitete ein ernstes, sauertöpfisches Programm aus, man versprach, sich erwachsen zu betragen. Dann trennte man sich traurig, und die »Arzamas« starb eines natürlichen Todes.

Dieses Ende traf Puschkin nicht unvorbereitet: eine andere Gesellschaft hatte ihn aufgenommen, die »Grüne Lampe«, welche der steinreiche Wsewolojskij mit seinem Freund I. N. Tolstoi 1818 gegründet hatte. Alle zwei Wochen sah das Haus Wsewolojskij einen Kreis junger, leichtsinniger »Lebemänner« bei sich, Husaren, Ulanen und berittene Jäger. Zwischen all diesen Epau-

* »Plauderei der Freunde der russischen Sprache«, archaistische Gesellschaft, deren Präsident Admiral Schiskov war

letten und Fangschnüren verloren sich ein paar auserlesene Zivilisten: Puschkin und Delwig. Höchstens zwanzig Gäste waren es, die sich in einem großen Saal versammelten, den, als Symbol der Hoffnung, eine grüne Lampe erleuchtete. Alle trugen einen Ring am Finger, in den eine Lampe eingraviert war. Die Statuten der Gesellschaft forderten von den Teilnehmern, Tagesfragen in aller Freiheit zu diskutieren, wobei ihnen völlige Verschwiegenheit zugesichert wurde. Bei den Sitzungen lasen Puschkin, Delwig und die dilettierenden Offiziere ihre letzten Gedichte vor. Wsewolojskij hielt Vorträge über russische Geschichte, und Barkov berichtete Theaterneuigkeiten. Man sprach ein wenig über Regiefragen und viel über Schauspielerinnen. Man schmiedete Pläne, wie man sie entführen und für sich mit Beschlag belegen könne. Und weil man jung war und Freiheit, Fortschritt und Spötterei liebte, übte man auch am Zarenregime und an seinen aufgeblasenen, goldstrotzenden Vertretern Kritik.

Wenn sie dann den himmlischen und irdischen König ausgiebig kritisiert hatten, speisten die Freunde der »Grünen Lampe« in Gesellschaft leichter Mädchen. Sobald aber einem der Zechgenossen ein grobes Wort entschlüpfte, mußte der kalmückische Diener von Wsewolojskij befehlsgemäß »Ich wünsche Ihnen gute Gesundheit« rufen und dem Missetäter eine Opferschale reichen. Da niemand auf seine Ausdrucksweise achtgab, hatte der Kalmücke viel zu tun. Die Köpfe erhitzten sich, die Worte wurden kühner. Zum Schluß gingen sie alle auf die Straße hinunter und zogen zu aufsehenerregenden Besuchen in die Freudenhäuser.

Als man dem braven Küchelbecker vorschlug, sich den jungen Leuten der »Grünen Lampe« anzuschließen, lehnte er das Angebot mit der Begründung ab, daß »in dieser Gesellschaft Ausschweifung und übertriebener Genuß starker Getränke an der Tagesordnung seien«.

Puschkin war jedoch die Seele dieses Kreises zügelloser Jakobiner und vermögender Offiziere geworden, deren Väter schon liberale Gedanken verfochten hatten. Er besuchte eifrig die Zusammenkünfte der »Grünen Lampe« und versäumte keine Gelegenheit, den »Präsidenten« Wsewolojskij bei seinen Lustpartien zu begleiten und Nächte mit ihm am Spieltisch durchzubringen.

Eines Tages suchten Puschkin, Wsewolojskij, Mansurov und einige andere Freunde eine deutsche Wahrsagerin namens Kirchov auf. Nachdem die Dame ihre Karten gelegt hatte, weissagte sie Puschkin, daß er bald zu Geld käme, daß man ihm binnen kurzem ein vorteilhaftes Angebot machen und daß er zu Ruhm gelangen würde. Zweimal müsse er allerdings ins Exil gehen. Sein Leben aber werde lang sein, wenn er, im Alter von siebenunddreißig Jahren, einer Gefahr auszuweichen wisse, die ihm von einem weißen Kopf, einem weißen Roß oder einem weißen Menschen drohe.

Als Puschkin an diesem Abend heimkam, fand er den Brief seines Schulfreunds Korsakov vor, der ihm den Betrag einer alten Spielschuld schickte. Einige Tage später schlug ihm Orlov vor, in der berittenen Garde Dienst zu nehmen. Auch die anderen Vorhersagen erfüllten sich Punkt für Punkt. Puschkin erinnerte sich zeit seines Lebens an den Besuch bei der deutschen Hexe und sprach mit seltsamer Achtung und Scheu davon. Der Gedanke an den weißen Menschen kam ihm nicht aus dem Sinn. Seinem Freund Sobolewskij antwortete er einmal auf die Frage, warum er sich noch nicht in einer Freimaurerloge oder einem anderen Geheimbund habe einschreiben lassen: »Wegen dieser Weissagung. Weißt du nicht, daß alle diese philantropischen und humanitären Gesellschaften, selbst die Freimaurerlogen, von Adam Weishaupt* Verhaltungsmaßregeln bekommen haben, die in schroffem Gegensatz zu der Politik des augenblicklichen Regimes stehen? Weißkopf, Weishaupt – das ist dasselbe.«

Ode an die Freiheit

Sein triumphaler Erfolg war Zar Alexander I. über den Kopf gewachsen; er war unfähig, ihn zu nützen. Vor dem Einfall Napoleons glaubte er sich für die Rolle des ritterlichen Helden Rußlands, Europas und der ganzen Christenheit ausersehen, und nun hatten der Brand Moskaus, der Abzug des Feindes und die Gebete des russischen Volkes einen Erzengel aus ihm gemacht. Der skeptische junge Mann entdeckte, daß er von Gott inspiriert sei. Seine Frömmigkeit war nicht kirchlich, sondern allgemein christlich: »Die Bibel und ich.«

Auf Anraten der Baronin Krüdener, einer fünfzigjährigen sentimentalen Person, entwarf er 1815 den Plan einer Heiligen Allianz, deren Aufgabe es sein sollte, die Politik der großen europäischen Mächte den unvergänglichen Grundgedanken des Christentums unterzuordnen. Durch den Beitritt zu dieser Allianz verpflichteten sich die Monarchen, ihre Politik nach »den erhabenen, im ewig gültigen Gebot des Heilands enthaltenen Wahrheiten« auszurichten.

* Adam Weishaupt, Gründer des Ordens der Erleuchteten (1748–1822)

Alexanders Verbündete, voran die österreichischen Diplomaten, nützten diese Gründung jedoch zum Besten der monarchischen Interessen aus, und die Heilige Allianz wurde, ohne Wissen des Zaren, zu einer Vereinigung, die sich anschickte, jede Äußerung des Volkswillens in Europa im Keime zu ersticken.

Wirklich war der Liberalismus der erste und einzige Feind der Heiligen Allianz, und Sitte und Religion wurden als ausschließliche Diener des Absolutismus betrachtet; jede Volkserhebung, mochte sie auch von den christlichen Griechen gegen ihre türkischen Unterdrücker gerichtet sein, galt als nicht zu duldende Rebellion von Untertanen gegen ihren Herrscher. Alexander, das Haupt der Heiligen Allianz, sah sich auf einmal, ganz gegen seinen Willen, als Führer der schärfsten Reaktion. Ein merkwürdiges Schicksal zwang ihn, die freiheitlichen Gedanken seiner Jugend zu bekämpfen; es schien unmöglich, ein gerechter Mensch und zugleich ein achtunggebietender Herr zu sein, ein Freund sozialen Fortschritts und dabei ein über die Grenzen hinaus gefürchteter Herrscher. Die Mächtigen dieser Welt schienen nur vor eine Wahl gestellt: entweder mit unnachsichtiger Strenge und Zucht zu regieren und auf rechtmäßiger Thronfolge zu bestehen – oder diese Forderungen aufzugeben, wenn sie sich Sympathien erwerben wollten. Alexander I. unternahm mehrere Versuche, auf die großherzigen Lehren von La Harpe zurückzugreifen, aber die gestaltlose Masse des russischen Reiches ließ sich nicht ohne Gefahr umformen, denn Rußland war zu Reformen nicht bereit. So gewährte er anderen Ländern diese Reformen, das war leichter und vorsichtiger. Er bestand nachdrücklich darauf, daß Ludwig XVIII. Frankreich eine Verfassung gab, bestätigte die Selbstverwaltung Finnlands und setzte im neugegründeten Königreich Polen eine liberale Regierung ein.

Im Jahre 1818 kündigte er, bei der Eröffnung des Landtags von Warschau, in seiner Thronrede an, daß er beabsichtige, die absolute Macht in ganz Rußland zu beschränken. »Der in euerem Land bestehende Brauch«, sagte er zu den Polen, »hat es mir erlaubt, die Verfassung, die ich euch gegeben habe, sofort einzuführen ... Damit habt ihr mir den Weg geebnet, auch meinem Land zu geben, was ich schon lange vorhabe, und was ihm zugute kommen wird, sobald die Sache spruchreif ist ...«

Die intellektuelle Jugend Rußlands war höchst erstaunt über diese Rede und nahm sie voll Hoffnung auf. Die Liberalen glaubten schon, ihre Träume würden, kraft kaiserlichen Gebots, von heute auf morgen Gestalt annehmen. »Die Ansprachen in Warschau«, schrieb Karamzin, »haben einen großen Einfluß auf die Herzen der jungen Leute ausgeübt. Sie sehen die Verfassung im Traum vor sich, sie diskutieren und halten sich für zuständige Richter über alle Dinge ... Es ist traurig und lächerlich zugleich.«

Nach dieser Linksschwenkung des Steuerruders sucht Alexander I., bestürzt über seine eigene Kühnheit, das Staatsschiff wieder auf den alten Kurs zu lenken. Das russische Volk ist nicht reif für die Freiheit, es wird sie nicht begreifen und nicht verstehen, sich ihrer zu bedienen. Erlaubt man ihm, den kleinen Finger zu bewegen, so wird es die kaiserlichen Staatseinrichtungen zerstören, die Adelsschlösser plündern und neue Gesetze beschließen. In Rußland bedeutet eine Beschränkung der Macht die Förderung der Revolution. Seltsames Rußland!

Alexander I. liebt sein Rußland innig, aber nicht die Russen. Die Bewohner seines Reiches scheinen ihm ungebildet, träge, gedankenarm, zuchtlos und geheimnisvoll. Er zieht ihnen die gehorsamen, tugendhaften, empfindsamen Deutschen vor. Die deutschen Lieder klingen ihm lieblich in den Ohren, und die symmetrischen, reinlichen deutschen Städte entsprechen seiner Ordnungsliebe. Selbst die deutsche Landschaft kommt ihm regelmäßiger, heimeliger und menschlicher vor als die unendlichen Ebenen und undurchdringlichen Wälder Rußlands. Er träumt davon, sein Leben in einer heiteren Stadt am Rhein zu beschließen, fern von den fürchterlichen, unbegreiflichen russischen Muschiks, die des Besten wie des Schlimmsten fähig sind.

In dieser Erwartung führt Alexander I. ein der Ordnung, Übersichtlichkeit und Pünktlichkeit gewidmetes Leben. Ein schmaler, sorgfältig gekräuselter Backenbart umrahmt sein rundes, weiches, gut rasiertes Gesicht. Seine Uniformen zeigen einen tadellosen Schnitt. Auf seinem Schreibtisch herrscht peinlich genaue Ordnung, und die ihm zur Unterschrift vorgelegten Papiere haben alle das gleiche Format. In seinen Gemächern stehen die Möbel wie zur Parade ausgerichtet. Und er leidet darunter, daß er Rußland nicht in Ordnung bringen kann wie seinen Schreibtisch. Er möchte ein System erfinden, bei dem jeder Bürger seinen genau bezeichneten Platz im Staat hat, sein genau abgegrenztes Arbeitsgebiet, seine genau berechneten Ruhetage und Erholungsstunden – ein System, bei dem mit der Uniform auch das zulässige Gedankengut geliefert wird.

Im Jahre 1812 las Alexander I. ein französisches Werk von

General Servan, das die Errichtung von Militärkolonien an den Reichsgrenzen empfahl. Diese Gedankengänge begeisterten den Zaren. Die Muschiks zu Soldaten machen. Die Isbas in Kasernen verwandeln. Die Garnisonen durch Kolonien ersetzen. Wieso hatte er nicht früher daran gedacht? Er ließ das Buch von General Servan ins Russische übersetzen und legte es seinem vertrauten Berater, Araktschejew, zur Beurteilung vor. Dieser Mann war der ergebene Diener, der Spiegel, der Schatten seines Herrschers. »Mittelgroß, mit gekrümmtem Rücken, die dichten Haare zur Bürste geschnitten, eine dicke Himmelfahrtsnase, dünne, zusammengepreßte Lippen, die kein Lächeln zu kennen schienen.« Araktschejew betete den Zaren an wie eine Gottheit; er zitterte und bekreuzigte sich, wenn er sein Arbeitskabinett betrat. Was brauchte es mehr, um ihn zum vertrauten Ratgeber zu machen? Überdies gab Araktschejew niemals seine Meinung über allgemeine politische Fragen ab; seine Aufgabe war es nur, den Zaren in Verwaltungsangelegenheiten zu beraten. Meist beschränkte er sich darauf, den Prophezeiungen des Monarchen zu lauschen und ihn in seinen verhängnisvollsten Entschlüssen zu bestärken. Für Araktschejew war Rußland, genau wie für Alexander I., ein Land von Heuchlern, Faulpelzen, Großtuern und Dieben, und es schien ihm eine wichtige Aufgabe, diesem schwerfälligen, gequälten Volk Beine zu machen. Und da man es mit tierisch dummen Kerlen zu tun hatte, mußte man die Knute gebrauchen. Araktschejew war kleinlich genau und bösartig. »Arbeitsam wie eine Ameise«, sagten seine Mitarbeiter, »und giftig wie eine Tarantel.« Besessen von den Einzelheiten, ließ er sich in der Ausarbeitung von Kleinigkeiten nicht beirren. »Wenn man sieht, daß ich mich um das Geringste kümmere«, erklärte er gerne, »so wird man sich hüten, große Dinge zu vernachlässigen.« Er überließ sich fürchterlichen Wutanfällen. Bei den Truppenparaden in Gatschina war er so weit gegangen, daß er den Soldaten die Schnurrbärte ausriß, auch soll er einen seiner Leute ins Ohr gebissen haben. Auf seinem Gut Grusino trugen die eines Vergehens überführten Bauern ein eisernes Stachelhalsband, und die Ruten wurden in einer scharfen Salzlauge aufbewahrt. Aber die Besitzung war schön und gepflegt, alle Wege waren sauber geharkt, und das Haus schmückten dorische Säulen, weiße Türmchen und verschiedene Symbole der kaiserlichen Macht. Alexander I. kam gerne in dieses Paradies europäisch ordentlicher Gepflegtheit zu Besuch.

In Grusino hatte jeder Grashalm, jeder Kieselstein seinen Daseinszweck, und hätte Rußland nicht nur gewinnen können, wenn es sich nach diesem Vorbild gewandelt hätte? Übrigens fehlte es auf diesem Mustergut nicht an Unterhaltung, die jedoch vor den Augen ungebetener Gäste geschickt verborgen war. In einem spiegelgeschmückten Pavillon im Garten verwahrte Araktschejew eine interessante Sammlung obszöner Bilder und pornographischer Bücher.

Er besaß jedoch Geschmack, und so übertrug der Zar diesem Spezialisten der schnurgeraden Ausrichtung, der bewußten Gleichmacherei und der streng geregelten Freizeit die Schaffung der Militärkolonien. 1816 wurde ein kleines Gebiet der Provinz Nowgorod, in dem sich Araktschejews Gut befand, in eine Soldatenunterkunft verwandelt. Die Verwaltungsbezirke Mohilew, Cherson, Jekaterinoslaw und Slobodsko-Ukrainski wurden, den kaiserlichen Anordnungen gemäß, der Reihe nach umgebildet. Das Verfahren war ebenso grausam wie logisch durchdacht. In dem Distrikt, in dem man die Soldaten unterbrachte, wurden automatisch alle Einwohner zu Soldaten. Die militarisierten Muschiks waren in Kompanien, Bataillone und Schwadronen eingeteilt und bildeten die Reserven ihres Regiments. Sie wurden militärisch gedrillt und arbeiteten während ihrer »Freizeit« auf den Feldern, um die Armee zu ernähren. Gab es etwas Einfacheres?

Auf diese Weise zerstörte man die malerischen, verlausten Dörfer und ersetzte die Isbas durch völlig ebenmäßige, gleichförmige Häuschen. Man rasierte den Muschiks den Bart ab und zog ihnen eine Uniform an; ihre neue Rolle wurde ihnen mit Stockschlägen eingebleut. Auch ihre Kinder kleidete man auf Staatskosten und unterzog sie einer vormilitärischen Erziehung. Alle Stunden des Tages waren genau eingeteilt: da gab es die Feldarbeit, den Unterricht in der Waffenhandhabung, Mußestunden und befohlene Kinderzeugung. In Uniform gingen die Bauern beim Trommelwirbel zur Bestellung der Felder und zogen den Pflug nach den Anordnungen eines Korporals. Auf Befehl begannen sie zu singen. Die Anführer hatten genaue Aufzeichnungen über die Anzahl des Viehs, der landwirtschaftlichen Geräte und der heiratsfähigen Mädchen. Die Heiraten wurden durch militärische Vorgesetzte bestimmt und oftmals durch das Los entschieden. Es gab keine Witwen und keine alten Jungfern. Paarung war Pflicht, und jeder vorhandene Körper mußte genutzt werden. Auflehnung des Gefühls war nicht statthaft. Die Fortpflanzung wurde gefördert und amtlich geregelt. Jedes Jahr mußten so und soviel Bälger in die Welt gesetzt werden. Den Frauen, die nicht häufig genug niederkamen, wurde eine Geldbuße auferlegt. Sobald die Knaben zehn Jahre alt waren, wurden sie in die Kindertruppe eingereiht. Sie lernten gleichmäßig lange Schritte zu machen, den Kopf gerade zu halten und ihre Körper in Reih und Glied auszurichten. Araktschejew und Alexander I., beide von preußischen Militärmethoden begeistert, wollten ihre Soldaten so gedrillt haben, daß sie bei den Truppenparaden den Atem anhielten, damit »man ihren Hauch nicht sähe«.

In gleichaussehenden, rosaroten oder blauen Häuschen mit roter oder blauer Vortreppe, zwischen gleichmäßigen kleinen, weißen Grenzsteinen, gleichniedrigen, dünnen, gestutzten Birkenhecken lebten uniformierte Familien. Diese Häuschen waren durch eine Trennwand in zwei Räume geteilt, von denen der erste, »blinkend vor Sauberkeit«, für den Empfang vornehmer Gäste auf Informationsreisen bestimmt war. Die Muschik-Soldaten bewohnten den feuchten, ungelüfteten zweiten Raum. Ein Verzeichnis des Mobiliars hing gerahmt an der Wand, und an festgesetzten Tagen prüften Inspektoren dessen Zustand. Im Sommer, vom 1. Mai bis 15. September, kochte man im Freien. Die Vorgesetzten benützten diesen Zeitraum, um die Herde in den Häusern zu untersuchen und mit rotem Lack zu versiegeln. Am 15. September, weder früher noch später, durften die Muschik-Soldaten die Siegel entfernen und im Haus anheizen. Hof kehren, Zimmer reinigen, Vieh besorgen, Kinder stillen, Putzen der Kupferknöpfe, an alle Handgriffe des täglichen Lebens war gedacht, alle waren in einem Artikel der Dienstordnung aufgeführt. Der geringste Verstoß dagegen zog körperliche Züchtigungen nach sich, von denen Rutenpeitschen und Auf-den-Bock-spannen noch zu den harmlosesten zählten.

Alexander I. und sein Minister waren von ihrem Werk befriedigt, hatten sie es doch im Interesse des Landes errichtet. Die neuen Maßnahmen verbesserten das Los des Soldaten, der in Friedenszeiten bei Frau und Kindern am häuslichen Herd verblieb. Mit ihren Vorratsmagazinen, ihren Schulen und Krankenhäusern wurde die Militärkolonie zu einem Kulturzentrum. Der einer eisernen Zucht unterworfene Muschik erwachte in der Helle europäisch ausgerichteter Schulung aus seiner Dumpfheit. Zu allem kam hinzu, daß die Armee den Staat nichts kostete, denn sie ernährte und unterhielt sich selbst! Hier waren Moral und Nutzen, Wirtschaftlichkeit und Zivilisation miteinander verknüpft. Worüber hätten die militärischen Muschiks sich beklagen sollen?

Sie beklagten sich aber! Sie hatten Bedenken, sich mit Wohltaten ihres Herrschers überschütten zu lassen. Einige von ihnen waren »Altgläubige« und weigerten sich, einem Gebot dieser religiösen Sekte gehorchend, ihren Bart zu opfern, oder verlangten seine Rückgabe, um ihn Gott am Tag des Jüngsten Gerichts vorweisen zu können. Anderen bereitete es Kummer, von heute auf morgen Kleidung und Gebräuche zu wechseln. An Schmutz und Trägheit gewöhnt, verkannten sie die gesunden Freuden militärischen Gehorsams. Wieder andere jammerten darüber, daß man sie gegen ihren Willen verheiratete, daß man ihre Söhne zu Soldaten mache und daß man sie zu doppelter Beschäftigung zwang. Wieder andere behaupteten, daß jedes Eigenleben in diesem Ordnungszuchthaus abgeschafft sei. Sie lehnten sich auf, diese Undankbaren! Man mußte die Widersetzlichkeit dieser Rüpel in Blut ertränken! »Die Militärkolonien werden weiter bestehen«, sagte Alexander I., »und müßte ich dafür die Straße zwischen Petersburg und Tschudow mit Leichen pflastern.«

Am 5. September 1819 verfaßte Araktschejew einen Bericht an seinen Herrscher über den Aufstand von Tschugujew. Der Aufruhr hatte solche Ausmaße angenommen, daß das Militärgericht sich gezwungen sah, zweihundertfünfundsiebzig Todesurteile zu verhängen. Araktschejew schmeichelte sich, dieses Strafmaß abgeschwächt zu haben, »da sein für einen Christen natürliches Empfinden dies von ihm forderte«. Auf seine Veranlassung hin wurden die Schuldigen auch nicht hingerichtet, »sondern sie brauchten nur zwölfmal durch die Reihen eines knüppelbewaffneten Bataillons von tausend Mann zu laufen«. Diese Buße kam der Todesstrafe gleich, war aber letzten Endes raffinierter. Die Leute mit dicker Haut und gesundem Herzen hatten eine geringe Möglichkeit, mit dem Leben davonzukommen; sie wurden bei vollem Bewußtsein gepeinigt und mußten irrsinnige Schmerzen aushalten. Fürs erste hatte Araktschejew die Marter auf vierzig Verurteilte beschränkt. Als die Kameraden der Gefolterten um Gnade baten, »dankte« Araktschejew dem Allerhöchsten von ganzem Herzen und »versprach den Bittstellern, die Milde des Zaren anzurufen«. Die Antwort Alexanders I. mußte sogar Araktschejew in Erstaunen setzen. »Ich habe zwar verstehen können«, schrieb der Zar, »was Dein empfindsames Herz bei dieser Gelegenheit ausgestanden hat. Doch wußte ich auch die weise Voraussicht zu schätzen, die Du bei diesen ernstzunehmenden Vorkommnissen bewiesen hast. Ich danke Dir aufrichtig und herzlich für Deine Mühe . . .«

In dem Brief des Zaren waren das Gnadengesuch der Verurteilten und die Möglichkeit eines Straferlasses mit keinem Wort erwähnt. Um so besser! »Die Sachlage ist zweifellos peinlich«, hieß es in dem Schlußbericht, »da aber diese Taten leider nicht verhindert werden konnten, bleibt kein anderer Weg, der gegenwärtigen Situation Herr zu werden, als strenge, gesetzmäßige Gewaltanwendung.«

Da Alexander I. unerbittlich blieb, ging der Strafvollzug methodisch weiter, und, nach der Berichterstattung des französischen Geschäftsträgers, de Malvirade, fanden hundertsechzig Männer durch diese qualvolle Marter den Tod. Außerdem mußten sechsundzwanzig Frauen Spießruten laufen und wurden nach Orenburg verschickt; sechsundfünfzig Offiziere erhielten Disziplinarstrafen.

Diese Vergeltungsmaßnahmen riefen bei der militärischen und geistigen Elite Rußlands heftige Entrüstung hervor. In den Jahren 1818/19 gewannen die Geheimbünde zahlreiche neue Anhänger. Man sprach in aller Offenheit von diesen »Verschwörergruppen«, aber übertrieb gerne ihre Bedeutung, denn kein gemeinschaftlicher Plan, kein gemeinsames Programm verband die illegalen Vereinigungen. Selbst die Mitglieder einer einzelnen Gruppe vertraten abweichende politische Meinungen; die einen waren revolutionär, die anderen liberal, sie waren aufgeklärte Anarchisten oder gemäßigte Verfassungstreue. Gemeinsam waren ihnen lediglich die Liebe zu Rußland und der Abscheu vor Araktschejew.

In den Kreisen der »Arzamas«, der »Grünen Lampe«, bei der Monarchistin Golitzin und bei den Brüdern Turgenjew wird Puschkin in politische Diskussionen hineingezogen. Überall führt man Klage und plant Verschwörungen, überall baut man mit großen Worten auf die Zukunft. Und Puschkin schließt sich der Bewegung an, allerdings auf seine Weise, die ihn zum Sorgenkind der Gesellschaft macht. Die Verschwörung als solche hatte genügend Anreiz für ihn, wenn sie nur nicht so viel Vorsicht von den Verschwörern gefordert hätte. Er will lachen, will sich verausgaben und drauflosreden, die Revolutionäre aber nehmen ihre Worte und Gebärden in acht, dämpfen die Stimme, wenden den

Blick ab. Das Pläneschmieden, die Vorsichtsmaßnahmen, die Geheimniskrämerei langweilen ihn. Kann man nicht weitherzigen Gedanken Raum geben und doch Mädchen hofieren, Wein trinken, Karten spielen und vor jedem Beliebigen über beliebige Dinge reden?

Im Januar 1819 kam Puschkin, auf dem Rückweg von einem Spaziergang im Sommergarten, auf den Gedanken, seinem Freund N. I. Turgenjew einen Besuch zu machen. Beim Eintritt in den Salon war er überrascht, auf eine Versammlung ernsthafter Leute zu stoßen, unter denen er Puschin, Kunitzin und Maslov erkannte. Die Gesichter, die sich ihm zuwandten, drückten Verlegenheit und Enttäuschung aus. Seine Gegenwart war offensichtlich unerwünscht. Die Herren, Mitglieder der »Union zum Staatswohl«, besprachen die Gründung einer neuen Zeitschrift: »Archiv der politischen Wissenschaft und russischen Literatur«, die nach den Worten des Chefredakteurs, »die Taube des Heils, der Bote zu freien Ufern« sein sollte.

Maslov verlas einen Artikel über Statistik, die anderen saßen mit ernsten Gesichtern um einen runden Tisch, sie machten sich Notizen, rauchten, tranken Tee oder Alkohol. Puschkin berührte Puschins Schulter und flüsterte ihm ins Ohr:

»Was machst du da? Endlich ertappe ich dich auf frischer Tat!«

Dann setzte er sich auf ein Sofa und tat so, als beschäftigten ihn nur die Form der Möbel und die Zierleisten der Zimmerdecke. Es bekümmerte ihn, daß er von dieser hochsinnigen Gemeinsamkeit ausgeschlossen war. Als die Lesung beendet war, packte er Puschin am Arm und fragte weiter:

»Warum hast du mir nicht gesagt, daß du Turgenjew kennst? Sicher ist das der vollzählige Geheimbund? Laß doch diese sinnlose Geheimniskrämerei, ich bitte dich, mein Freund.«

Puschin lachte verlegen, zuckte die Achseln und sprach von anderen Dingen. Er und seine Freunde bewunderten Puschkin, beklagten aber seinen Mangel an Ernst. Er eignete sich nicht zum Verschwörer. Mit einigen leicht hingeworfenen Worten, mit ein paar an einer Tischecke hingekritzelten Versen hätte er die bestvorbereitete Revolution gefährdet. Puschkin war nicht dazu geschaffen, in Reih und Glied zu kämpfen, er mußte allein handeln, als Außenseiter und Freischärler.

Gehorchte Puschkin den Ratschlägen seiner Nächsten oder seinem eigenen Instinkt? Als er von den Verschwörern zurückgewiesen wurde, machte er sich jedenfalls daran, das Regime auf seine Art zu zerstören. Die letzten politischen Nachrichten versetzten ihn in höchste Erregung. Alexander I., Araktschejew, Minister und Beamte, alles, was mit der Regierungsmacht zu tun hatte, verdiente eine tiefgreifende Änderung. Er schrieb seinem Freund Mansurov am 27. Oktober 1819: »Erzähle mir von den Militärkolonien. Ich muß alles darüber wissen. Denn ich liebe dich und hasse den Despotismus.«

Im selben Jahr griff Puschkin den Archimandriten Photius an, einen Mitarbeiter und Freund von Araktschejew, den Liebling der mystisch frommen Damen von St. Petersburg.

Die Gräfin Orlov betete Photius an und überwies dem Schatz des Klosters, dem der hochheilige Mann vorstand, hohe Geldbeträge. Sie hielt es für eine einzigartige Gnade, ihm die Stiefel ausziehen zu dürfen und zum Fußkuß zugelassen zu werden; sie nannte sich die »geistige Tochter« des Photius. Sehr viele Leute, Puschkin voran, behaupteten jedoch, daß ein sehr irdisches Verhältnis sie mit dem Archimandriten verbinde. Puschkin schrieb:

Diese Frau, so fromm und keusch,
hat ihre Seele Gott geweiht,
doch ihr lasterhaftes Fleisch
ist für Photius bereit.

Gegen den Unterrichtsminister Golitzin, einen stadtbekannten Päderasten, soll Puschkin ein Epigramm gerichtet haben, das mit folgenden Zeilen endigt:

Greift ihn nur von hinten an,
dort ist er schwach, der gute Mann . . .

Schließlich wagte es Puschkin, gegen den verabscheuungswürdigen Araktschejew, den Erbauer der Militärkolonien, in einigen berühmt gewordenen Versen den Fluch zu schleudern.

Diese zornmütigen Pamphlete fanden unter der hauptstädtischen Jugend eine rasche Verbreitung. Man schrieb dem Dichter schließlich jedes leicht hingesagte politische Epigramm zu. »Jedes kühne Wort«, schrieb Puschkin, »jedes aufwiegelnde Werk wird mir von der Obrigkeit zugeschrieben*.« Seine witzigen Einfälle wurden von Salon zu Salon weitergegeben, er gewann unzählige Freunde und einige hochgestellte Feinde. Jakuschkin schrieb über ihn: »Alle seine ungedruckten Gedichte, wie *Das Dorf,* der Vierzeiler über Araktschejew, die Zueignung an Tschaadaew und noch viele andere, waren nicht nur allgemein bekannt, es gab in der ganzen Armee keinen einzigen Kornett,

* Puschkin: Erdachtes Gespräch mit Alexander I.

keinen auch nur einigermaßen gebildeten Fähnrich, der sie nicht auswendig aufsagen konnte.«

Der staatliche Zwang war damals so streng, die polizeiliche Überwachung so drückend, daß die russische Gesellschaft Puschkins kleinste Schriftstücke wie bestürzend kühne und neue revolutionäre Offenbarungen aufnahm. Turgenjew wollte seinem Freund Wiasemskij, der sich gerade in Warschau aufhielt, nicht Puschkins *Ode an die Freiheit* schicken. »Ich habe Angst«, schrieb er, »deinetwegen und seinetwegen. Die Wände haben Augen und Ohren.«

Wiasemskij antwortete: »Schick mir nur Puschkins Gedicht. Was bist du doch für ein Angsthase! Ich fürchte niemand und nichts . . .«

Ein Zeitgenosse erzählt einen Vorgang, der sich um 1820 im Studentenheim abspielte:

»Eines Tages taucht in Zimmer 10 des Studentenheims ein sonderbarer Biedermann auf, bucklig, mit fahlem Gesicht und zerzauster Mähne. Heute hielte man ihn ohne weiteres für einen Nihilisten, zu jener Zeit stellte er genau den Typus des Liberalen dar. ›Habt ihr die *Ode an die Freiheit* von Puschkin gelesen?‹ fragte er. ›Nein? Nun, nach meiner Meinung ist das Mist. Für mich muß ein Revolutionär ein wirklicher Revolutionär sein! Her mit der Guillotine, wie bei den Franzosen!‹ Da springt plötzlich der Student Katonov von seinem Bett auf, packt einen Stuhl und schmettert ihn, krach!, mitten ins Zimmer. ›Hört zu, Kanaillen‹, schreit er, ›wer von euch wagt es, Puschkin zu kritisieren?‹«

»Puschkins Verse«, fährt der Verfasser dort, »drangen ins Volk; jeder ein wenig belesene Portier kannte sie, und intellektuelle Leibeigene wie Architekten, Maler und Schauspieler, die von ihren Herrn aus den Landgütern zur Weiterbildung in die Stadt geschickt worden waren, kehrten mit übersteigerten Haßgefühlen in die Sklaverei ihres Gebieters zurück. Auch die Soldaten in den Kasernen lasen seine Verse.«

Was war die anerkannte Berühmtheit eines Karamzin oder eines Jukowskij neben der abgöttischen Verehrung, die Puschkin von den Studenten, den liberalen Offizieren und den kleinen Kaufleuten und Soldaten zuteil wurde?

Seine Leser erhoben ihn in den Rang des ersten Dichters. Er war das erste literarische Idol des Jahrhunderts. Dabei war er zwanzig Jahre alt.

Die Volkstümlichkeit Puschkins beunruhigte seine Angehörigen. Es sah so aus, als suche der Dichter offen den Skandal, als tue er alles, was die Katastrophe herbeiführen könnte. Von Epigramm zu Epigramm, mit jedem neuen Witzwort gefährdete er sich mehr und machte die Behörden auf sich aufmerksam. Seine mächtigen und unnachgiebigen rachsüchtigen Feinde verbündeten sich gegen ihn.

Puschin erzählt von einer Begegnung mit dem Vater des Dichters auf dem Newskij-Prospekt: er sei auf ihn zugegangen und habe ihn nach seinem Sohn gefragt; Serge Lwowitsch schien müde und besorgt, er antwortete schließlich:

»Ich habe nichts anderes zu tun, als mich in Stücke zu reißen, um die verfahrene Lage meines Herrn Sohnes wieder in Ordnung zu bringen. Sicher kennen Sie seine letzte Geschichte noch nicht?«

Puschkin ließ eine Skandalgeschichte auf die andere folgen. Er geriet immer tiefer in den Sumpf. Nach zweieinhalb Jahren seichten Lebens in St. Petersburg brachten ihn Langeweile und Überdruß fast um. Das Weltleben mit seinen Bällen, seinem Ränkespiel, seinen Zechgelagen und seinen Liebesgeschichten verursachten ihm Ekel. Um dieses erstickende Gefühl abzuschütteln, mühte er sich nach Kräften, nach rechts und links Hiebe auszuteilen, die Gefahr herbeizurufen, das Schicksal im Einzelkampf herauszufordern. Seine Verse spiegelten diese verzweiflungsvolle Übersättigung wider:

Ich bin nicht mehr derselbe, dahin die goldnen Stunden,
vorbei das wilde Feuer, Frohsinn und Spottlust schwanden,
die Liebe zu den Versen, Lust auf ein unabhängig Leben
vergehen wie ein nebelhafter Traum.
So wirst du manchesmal mich finden,
still, mit gesenktem Haupt vor meinem Glas beim Fest,
und wirst die Qual, die an mir nagt, verstehen . . .

Im März 1820 schrieb er seinem Freund, dem Grafen Wiasemskij: »St. Petersburg ist erstickend für einen Dichter. Mich hungert nach neuen Horizonten . . . Mein Brief ist langweilig, denn seit ich für die Petersburger Ränkeschmiede eine historische Persönlichkeit geworden bin, wurde ich von Stunde zu Stunde stumpfer und schwungloser.«

Von diesem Zeitpunkt an war der Kampf entbrannt zwischen der vornehmen Petersburger Gesellschaft und dem kleinen Dichter, dem Feuerkopf, der sich nicht scheute, sich über sie lustig zu machen. Rings um ihn her flüsterte man, zettelte man Verschwörungen und gefährliche Verbindungen an. Plötzlich lief das Gerücht durch die Salons und die Vorzimmer, daß Puschkin in die Geheime Staatskanzlei gerufen und wegen seiner politischen Gedichte ausgepeitscht worden sei. Als eine mitfühlende Seele Puschkin diese Behauptung hinterbrachte, raste der Dichter vor Zorn und Scham. Sein Stolz ließ nicht zu, eine solche Beleidigung mit Nichtachtung zu strafen, er wollte sich rächen. Aber gegen wen sollte er sich wenden? Bei wem Gerechtigkeit verlangen? In seiner fiebrigen Wut übertrieb er die Bedeutsamkeit der gegen ihn gerichteten Beschuldigung, er kam sich entehrt und verloren vor. Er, Puschkin, das Gespött der Leute! Er, der stolzeste, tapferste, reinste aller Dichter!

Er sah nur einen Ausweg: dem Zaren schreiben! Unter Puschkins Papieren hat man einen Briefentwurf gefunden, der für Alexander I. bestimmt war, aber nicht abgesandt wurde. Der in Französisch geschriebene Brief lautete:

»Ich war zwanzig Jahre alt im Jahre 1820 ... Unbedachte Äußerungen, satirische Verse ließen mich in der breiten Öffentlichkeit bekannt werden. Das Gerücht verbreitete sich, ich sei in die G.St.K. gebracht und gep. worden. Ich hörte als letzter von dem Gerücht, das schon alle kannten; ich sah mich gebrandmarkt, herabgewürdigt in der Meinung der Leute, ich war mutlos, ich schlug mich, ich war zwanzig Jahre alt. Ich überlegte mir, ob ich nicht gut daran täte, mich umzubringen oder Euer Majestät zu ermorden. Im ersten Falle würde ich nur das mich entehrende Gerücht bestätigen, im zweiten Falle würde ich mich nicht rächen, weil keine Beleidigung vorlag, ich beginge ein Verbrechen und opferte einen Mann, auf dem alles sitzen bliebe und ... für den ich wider Willen Bewunderung empfinde. Diese Überlegungen bestimmten mich. Das waren meine Bedenken. Ich trug sie einem Freund vor, der meine Absicht voll und ganz teilte. Er riet mir, meine Rechtfertigung gegenüber der Obrigkeit zu verlangen. Ich fühlte die Nutzlosigkeit. Ich beschloß, so viel Entrüstung und Großsprecherei in meine Reden und Schriften zu legen, daß die Obrigkeit sich gezwungen sähe, mich als Kriminellen zu behandeln: ich hoffte auf Sibirien oder auf Festungshaft zur Wiederherstellung meines Rufes ...«

Sibirien oder Festungshaft. Er sieht keine andere Rettung als in solchen auf die Spitze getriebenen Lösungen. Er wünscht, daß das

Gewitter sich endlich entlade, dessen Wetterleuchten er rings um sich aufzucken fühlt. Er will sterben, um wieder geboren zu werden. Er ist ein Rasender, der den Zornesblitz der Regierung herausfordert. Und so erklärt er jedem Beliebigen, daß er Karl Sand, den Mörder des Schriftstellers Kotzebue, bewundere.

Im vollbesetzten Theater äußert er laut: »Jetzt ist die ungefährlichste Zeit, weil das Eis auf der Newa geborsten ist.« Das sollte heißen, daß man ohne Furcht vor Einkerkerung handeln könne, weil die Festung St. Peter und Paul, wo man politische Häftlinge gefangensetzte, am anderen Ufer des Flusses lag. Ferner zeigt Puschkin, kurz nach der Ermordung des Herzogs von Berry durch Louvel, seinen Nachbarn im Orchestersessel ein Bild des Mörders, auf das er »Den Königen zur Beherzigung« geschrieben hatte. Als der Zar beinahe von einem in den Gärten von Zarskoje-Selo umherstreifenden jungen Bären angefallen worden wäre, ruft Puschkin in aller Öffentlichkeit aus: »Endlich war einer Manns genug, dabei war es nur ein kleiner Bär!«

Zar Alexander I. war über alle Frechheiten und alle umstürzlerischen Verse Puschkins unterrichtet. Vor allem die *Ode an die Freiheit* mußte den Monarchen empören, denn sie erinnerte ihn an die Ermordung seines Vaters in dem düsteren Palast Michael. Puschkins Angriffe auf Araktschejew und andere Regierungsvertreter verstärkten noch diese Entrüstung, und man erzählt, daß Araktschejew seinen Herrscher um eine exemplarische Bestrafung des Dichters gebeten habe.

Eines Tages kam ein Geheimpolizist, namens Vogel, in die Wohnung Puschkins und bot dem Diener Nikita fünfzig Rubel, wenn er Manuskripte seines Herrn herbeischaffe. Nikita weigerte sich. Als Puschkin davon erfuhr, zögerte er nicht, alle seine Papiere zu verbrennen.

Am nächsten Morgen erhielt Puschkin die Aufforderung, sich bei Miloradowitsch, dem Militärgouverneur von St. Petersburg, einzufinden. Unterwegs traf er den Dichter F. N. Glinka, der zu jener Zeit in der Abteilung des Generals Miloradowitsch beschäftigt war. Puschkin sah bleich aus, schien nervös und bedrückt. Er berichtete Glinka kurz von dem Bestechungsversuch vom Vorabend, und daß er nun zu einer sofortigen Vorstellung beim Militärgouverneur von St. Petersburg bestellt sei. Was sollte er tun?

»Gehen Sie geradewegs zu Miloradowitsch«, sagte Glinka zu ihm, »seien Sie unbesorgt und fürchten Sie nichts. Er ist zwar kein

Dichter, doch leben Romantik und Poesie in seinem Herzen und seiner vornehmen Haltung; er wird nicht verstanden. Gehen Sie, liefern Sie sich völlig diesem edlen Charakter aus. Er wird das Vertrauen, das Sie in ihn setzen, nicht mißbrauchen.«

Puschkin befolgte Glinkas Rat und begab sich unverzüglich zu dem Gouverneur.

»Drei Stunden später«, schreibt Glinka in seinen *Erinnerungen,* »ging ich selbst zu Miloradowitsch, bei dem ich mich eines Auftrags zu entledigen hatte. Warm eingehüllt in kostbare Dekken, lag Miloradowitsch auf seinem grünen Sofa und rief, als er mich hereinkommen sah: ›Weißt du, mein Freund, daß Puschkin eben bei mir war? Ich hatte den Befehl bekommen, ihn festzunehmen und mich seiner sämtlichen Papiere zu bemächtigen; ich habe es aber für anständiger gehalten, ihn zu mir kommen zu lassen und persönlich seine Manuskripte von ihm zu verlangen. Er kam also, sehr ruhig und mit lächelnder Miene; auf die Frage nach seinen Manuskripten hat er mir geantwortet: ›Herr Graf, alle meine Gedichte sind verbrannt, Sie werden also nichts in meiner Wohnung finden. Sollten Sie es jedoch wünschen, ich habe sie alle hier‹, wobei er mit dem Finger auf seine Stirn deutete. ›Lassen Sie Papier bringen, so werde ich alles, was ich gedichtet habe, aufschreiben (bis auf die ungedruckten Sachen natürlich), und ich werde nachweisen, was wirklich von mir ist, und was nur unter meinem Namen läuft.‹ Es wurde Papier gebracht. Puschkin setzte sich und schrieb, schrieb in einem fort ... ein ganzes Heft voll. Dort drüben liegt es (er zeigte auf einen Tisch beim Fenster). Bewundernswert. ...Morgen gebe ich das Heft dem Zaren. Verstehst du, daß Puschkin mich durch die Vornehmheit seiner Sprache und seiner Haltung bezaubert hat?‹«

»Am nächsten Tag«, fährt Glinka fort, »richtete ich es ein, frühzeitig zu Miloradowitsch zu gehen und wartete, bis er von seiner Audienz beim Zaren zurückkam. Sein erstes Wort war: ›Also, alles ist gut, Puschkins Angelegenheit ist in Ordnung gebracht.‹ Als er seine Galauniform abgelegt hatte, fuhr er fort: ›Ich ging mit meinem Schatz zum Zaren hinein, übergab ihm das Heft und sagte: ›Da sind all die Verse, welche die Runde machen; aber es ist besser, wenn Sie sie nicht lesen, Majestät.‹ Der Zar lächelte über meine Besorgtheit. Dann erzählte ich, was sich zugetragen hatte. Er hörte aufmerksam zu und fragte mich schließlich: ›Und was hast du mit dem Verfasser gemacht?‹ – ›Ich? Ich habe ihm die Vergebung Eurer Majestät in Aussicht gestellt.‹ Der Zar schien leicht verärgert; nach kurzem Schweigen sagte er lebhaft: ›Ist das nicht ein wenig voreilig?‹ Er dachte eine Weile nach, dann meinte er: ›Da es nun einmal geschehen ist, muß etwas anderes getan werden. Puschkin soll versetzt werden, er soll im Süden des Landes, unter Wahrung der Standesrücksichten, eine geeignete Stellung bekommen, die Reisekosten werden bezahlt.‹ So ist es also gewesen.«

In den achtundvierzig Stunden, die diesem Beschluß des Zaren vorangingen, hatte eine kopflose Verwirrung unter Puschkins Freunden um sich gegriffen. Ein Gerücht lief um, daß man ihn nach Sibirien verschicken werde. Puschkins Vater vergoß heiße Tränen. Jukowskij ließ alle seine Beziehungen zu Staatsbeamten spielen. Tschaadaew bestürmte General Wassiltschilov, Gneditsch suchte Olenin auf, den Präsidenten der Akademie, und Karamzin übernahm es, trotz des Grolls, den er gegen den Dichter hegte, für ihn bei der Zarin Fürsprache einzulegen.

Karamzin bewunderte Puschkins Talent, empfand aber keinerlei Mitgefühl oder Sympathie für ihn. Er tat das seinige zur Rettung des Dichters, jedoch mit herablassendem Widerwillen, was seine Briefe bezeugen.

»Aus Mitleid mit seinem Talent und seiner Jugend habe ich Schritte für ihn unternommen. Wer weiß, vielleicht wird er sich ändern? Er hat mir versprochen, zwei Jahre lang nichts gegen die Regierung zu schreiben.«

Die letzten Versuche, zu Puschkins Gunsten zu sprechen, machten Engelhardt, der Direktor des Gymnasiums von Zarskoje-Selo, und Capo d'Istria, der unmittelbare Vorgesetzte Puschkins im Ministerium. Bei einer Begegnung im Park von Zarskoje-Selo sagte der Zar zu Engelhardt:

»Engelhardt, man muß Puschkin nach Sibirien schicken, er überschwemmt Rußland mit umstürzlerischen Versen: alle jungen Leute kennen sie auswendig. Ich bewundere seine ritterliche Haltung gegenüber Miloradowitsch, aber damit ist es nicht getan.«

»Ihr Wille wird geschehen, Majestät«, antwortete der Direktor, »doch erlauben Sie mir, ein Wort für meinen ehemaligen Schüler einzulegen: das außerordentliche Talent, das in ihm zur Entfaltung drängt, verdient Nachsicht. Puschkin ist schon jetzt die Blüte unserer zeitgenössischen Literatur, und ungeheure Zukunftshoffnungen tun sich vor ihm auf. Eine Verbannung kann sich verhängnisvoll auf den hitzigen Charakter des jungen Mannes auswirken. Ich glaube, daß ihn ein Akt der Großmut von Eurer Majestät eines Besseren belehren würde*.«

Alexander I. liebte es, sich der Illusion einer Beachtung findenden Großmut hinzugeben. »Gegenüber Puschkin handelte er als Zar«, meinte selbst Turgenjew.

Es war nicht mehr die Rede davon, den Dichter aus St. Petersburg auszuweisen, sondern ein Erlaß des Zaren versetzte den Kollegiensekretär Puschkin nach Südrußland und teilte ihn dem Büro des Generals Insov, des Betreuers der südlichen Kolonien, zu. Puschkins Freunde frohlockten, und Turgenjew schrieb: »Puschkins Sache ist aufs beste geregelt.«

Es scheint, als habe Puschkin diese Verbannung mit einem Gefühl der Befreiung angenommen. Sein innerer Überdruß, seine Verzweiflung, seine Scham nahmen ein Ende mit seinem Abschied von der Hauptstadt. Man jagte ihn nicht weg, er ging. Man tötete ihn nicht, er begann ein neues Leben. Alles war besser als diese nebelverhangene Stadt aus Granit, in der man nichts sah als Uniformen und griesgrämige Gesichter, wo Lügen und platte Schmeicheleien nur so durch die Luft schwirrten. Alles war besser als dieser organisierte Müßiggang, diese nächtelangen Orgien, diese Spielhändel, diese Aufregungen, Besuche, Stelldicheins und diese ewigen Verrätereien.

Am 6. Mai 1820 verließ Puschkin St. Petersburg, versehen mit einer Summe von tausend Rubel für die Reisekosten und einem Brief des Außenministers an General Insov. Dieser von Zar Alexander I. beglaubigte Brief stellte eine Art Empfehlungsschreiben dar, dessen wohlwollende Zurückhaltung dem Verfasser alle Ehre macht. Der Text der »Empfehlung« war in französisch abgefaßt**:

»Monsieur Alexander Puschkin, Schüler von Zarskoje-Selo, seither beim Auswärtigen Amt angestellt, wird die Ehre haben, Euer Exzellenz diesen Brief zu überbringen. Er soll den jungen Mann Ihrer Leitung unterstellen und um wohlwollende Aufnahme für ihn bitten.

Erlauben Sie mir, Ihnen einige Einzelheiten über ihn bekanntzugeben:

Nachdem er während seiner Kindheit nur Kummer und Leid erfahren hatte, verließ der junge Puschkin das Elternhaus ohne

* Puschin: Erinnerungen

** Der Brief ist von Capo d'Istria verfaßt, von Nesselrode unterzeichnet und vom Zaren beglaubigt

Bedauern. Sein Gemüt, bar jeder kindlichen Zuneigung, konnte nur ein leidenschaftliches Unabhängigkeitsbedürfnis empfinden. Schon bei dem Schüler zeigte sich früh eine außerordentliche Begabung. Im Gymnasium machte er rasche Fortschritte, und sein Geist verdiente Bewunderung, doch sein Charakter scheint sich der Wachsamkeit der Lehrer entzogen zu haben.

Voll glühender Fantasie trat er in die Welt ein, doch fehlte ihm jedes Gefühl für das Schickliche, das an die Stelle der Erfahrung tritt, solange sie noch nicht unsere wahre Lehrmeisterin geworden ist.

Es gibt keine Maßlosigkeit, der sich dieser unglückliche junge Mann nicht überlassen hätte, aber auch keine Vervollkommnung, die er kraft seiner hervorragenden Talente nicht erreichen könnte.

Seinen dichterischen Erzeugnissen verdankt er eine Art Berühmtheit, sehr schwerwiegende Verfehlungen und achtbare Freunde, denen es gelingen möge, ihn eines Tages auf den rechten Weg zu bringen, wenn dazu noch Zeit ist und er sich entschließt, ihn einzuschlagen.

Einige Gedichte, vor allem eine *Ode an die Freiheit,* lenkten die Aufmerksamkeit der Regierung auf Monsieur Puschkin.

Neben hoher Schönheit der Gedanken und des Stils bekundet dieses letzte Gedicht gefährliche Anschauungen, die ihn unser Zeitalter oder besser: dieses anarchistische System gelehrt hat, das ein Irrglaube für ein System der Menschenrechte, der Freiheit und der Unabhängigkeit der Völker hält.

Da die Herren Karamzin und Jukowskij die Gefahren erkannten, denen sich der junge Dichter aussetzte, erteilten sie ihm unverzüglich ihre Ratschläge und konnten ihn dahin bringen, seine Fehler einzusehen und sich feierlich zu verpflichten, ihnen für immer abzuschwören.

Monsieur Puschkin scheint gebessert – wenn man seinen Tränen und seinen Beteuerungen Glauben schenken darf.

Seine Beschützer sind jedenfalls der Meinung, daß seine Reue aufrichtig ist und daß die zeitweilige Entfernung aus St. Petersburg, regelmäßige Arbeit und gute Beispiele ihn zu einem hervorragenden Staatsdiener oder mindestens zu einem erstrangigen Schriftsteller machen könnten.

Um diesen Wünschen entgegenzukommen, hat mich der Zar ermächtigt, dem jungen Puschkin ein halbes Jahr Zeit zu geben und ihn Ihnen zu empfehlen. Er wird Ihnen unterstellt, Herr General, und in Ihrer Kanzlei als außerplanmäßiger Beamter arbeiten. Sein ferneres Schicksal wird vom Erfolg Ihrer Ratschläge abhängen.

Belieben Sie, ihm solche zu geben. Helfen Sie seiner Unerfahrenheit und sagen Sie ihm immer wieder, daß geistige Fähigkeiten ohne seelische Empfindung fast immer verhängnisvolle Gaben sind, daß viele Beispiele beweisen, daß Menschen von großem Genie, die nicht in Religion und Sitte ein Gegengewicht gegen gefährliche Verirrungen suchten, ihr eigenes Unglück sowie das ihrer Mitbürger heraufbeschworen haben. Monsieur Puschkin scheint die diplomatische Laufbahn einschlagen zu wollen, er hat in den Büros des Departements einen Anfang dazu gemacht.

Ich wünsche mir nichts Besseres, als ihn in meiner Nähe unterzubringen, aber diese Gunst kann er nur durch Ihre Vermittlung erlangen, sobald Sie sagen, daß er sie verdient.

Sie waren gewiß nicht auf einen solchen Auftrag gefaßt. Wenn er Ihnen peinlich ist, so gedenken Sie der guten Meinung, die man von Ihnen hat und die Sie bisher immer rechtfertigten.«

Ruslan und Ludmilla

Der unbotmäßige, redselige junge Mann, den der Wille des Zaren aus der Hauptstadt verbannte, war nicht nur der Verfasser einiger Epigramme und ungehöriger revolutionärer Gedichte. Am 26. März 1820, eineinhalb Monate vor Puschkins Abreise nach Südrußland, schenkte ihm Jukowskij sein Porträt mit einer Widmung, das im Reichsarchiv aufbewahrt wurde.

Dem siegreichen Schüler vom besiegten Meister, zur Erinnerung an den denkwürdigen Tag, an dem er sein Gedicht »Ruslan und Ludmilla« vollendete. Karfreitag, 26. März 1820.

Puschkin hatte sein Gedicht 1817 begonnen, als er noch Zögling des Gymnasiums von Zarskoje-Selo war. Mitten im ablenkenden Trubel seines ausschweifenden Petersburger Lebens setzte er die Arbeit daran fort. Er schrieb zwischen zwei Orgien, zwischen zwei ermüdenden Strapazen, während seiner Krankheiten. Das Werk wuchs stückweise durch den Zufall erzwungener Muße. Puschkins Freunde erbosten sich über seine Saumseligkeit. A. I. Turgenjew schrieb am 18. Dezember 1818:

»Er hat kaum Zeit, Verse niederzuschreiben. Aber trotz seines unregelmäßigen Lebens vollendet er Gesang 4 seines Werks. Noch zwei oder drei . . . und die Sache wäre geschafft. Puschkins erste Krankheit ist auch die erste Nährmutter seines Gedichtes gewesen.«

Am 12. Februar 1819: »Puschkin ist bettlägerig ... jetzt muß er sich wieder an sein Gedicht machen.«

Am 22. Februar 1819: »Venus hat Puschkin ans Bett und an sein Gedicht gefesselt.«

Am 17. August 1819: »Puschkin ist nicht hier; er hat sich den Sommer über aufs Land zurückgezogen, um sich von seinen parnassischen Heldentaten auszuruhen. Er hat sein Gedicht fast ganz im Kopf. Sicher sind auch einige Stellen aufgeschrieben, aber ich bezweifle, daß er uns Auszüge daraus vorlesen könnte.«

Am 19. August 1819: »Puschkin ist mit kahlgeschorenem Schädel vom Land zurückgekehrt, er ist im Besitz des 6. Gesangs seines Gedichtes.«

Was bleibt für den modernen Leser von diesem Jugendwerk, das soviel Lob und soviel ungerechte Kritik hervorgerufen hat? Ein gut zu Ende geführtes Ränkespiel, ohne Längen, ohne allzu verschlungene Verwicklungen. Eine bezaubernde Heiterkeit in der Erzählung, und eine überraschende, verblüffende Leichtigkeit der Schreibweise.

Was würde man nicht dem Dichter verzeihen, der dieses verlassene Schlachtfeld hervorzauberte, diese Dämmerungen vergangener Zeiten, dieses funkensprühende Waffengetöse unter den Mauern von Kiew? Puschkins Verse fließen in klarer Ungezwungenheit dahin, die Reime fügen sich mühelos aneinander. Die Bilder passen sich der Sprachmelodie an, und die Sprachmelodie ordnet sich den Bildern unter. Für ihn scheint es keine Schwierigkeiten der Versbildung zu geben, als könne er sich gar nicht anders ausdrücken als in rhythmisch gegliederten Sätzen. Der schwerfällige, holperige, mühsam zurechtgefeilte russische Vers wird unter seinen Händen schmiegsam wie Wachs. Er formt es nach seinem Belieben, er rollt es, dehnt und glättet es, er wirft es in die Höhe und fängt es wieder auf. Und ringsumher wundern sich die alten Wortspezialisten mit den tintenbeschmutzten Fingern und runzeln die Stirn. Ein Jongleur mit Worten. Ein Reimvirtuose. Ein Geschicklichkeitsdämon. Nichts sonst.

»Seine Mäßigung«, schrieb Merimée, »sein Fingerspitzengefühl für die großen Linien aller Themen, die er behandelt, dieser Verzicht auf unwesentliche Einzelheiten fände in jedem Land gebührende Beachtung ... Obwohl er alle Mittel, den ganzen erstaunlichen Reichtum seiner Sprache kennt, tritt sein Gedanke immer in so einfachem Gewand hervor, daß man sich eine andere Ausdrucksweise gar nicht vorstellen könnte.«

Puschkin schreibt 1824: »Die Kritik verwechselt Eingebung und Begeisterung. Eingebung ist eine Bereitschaft der Seele, Eindrücke rasch zu erfassen und Gedanken richtig zu begreifen. Sie ist ebenso nötig für die Geometrie wie für die Dichtkunst. Begeisterung schließt die ruhige Überlegung aus, die eine unerläßliche Voraussetzung für die schöpferische Arbeit eines Künstlers ist. Begeisterung ist kurzlebig und unstet, sie kennt nicht die Arbeit der ordnenden Vernunft, welche die Einzelheiten im Interesse des Ganzen verteilt, und kann daher kein wahrhaft großes und vollkommenes Werk hervorbringen. Homer steht unvergleichlich höher als Pindar. Die Ode befindet sich auf der niedrigsten Rangstufe künstlerischen Schöpfertums, sie schließt stetig fortschreitendes Arbeiten aus, ohne das nichts Großes auf der Welt entsteht.«

Mit diesen Zeilen enthüllt uns Puschkin das Geheimnis seiner eigenen Arbeitsweise.

An der Schwelle der düsteren, prophetischen, gequälten russischen Literatur steht dieser Mann, den ein Glorienschein heller Freude umstrahlt. Am Vorabend des grotesken Realismus eines Gogol, des künstlerischen Nihilismus eines Turgenjew, vor Tolstois Haß gegen die Zivilisation und Dostojewskijs Hang zu mystischen Selbstquälereien, vor diesen galligen, blutigen Düsternissen mit all ihren Leiden erscheint Puschkin mit seiner wundersamen Heiterkeit. Doch hat seine Sendung ihren Urheber nicht überlebt. Das Geheimnis seines Frohsinns ist erloschen mit seinem Blick. Seine geistigen Söhne haben sich von ihm entfernt. Sie bewundern und beneiden ihn, aber ahmen ihn nicht nach. Vielleicht ist er unnachahmlich?

Gewiß, auch er hat die Verlogenheit, die sozialen Mißstände, Ungerechtigkeit, Elend und Schande seiner Zeit öffentlich angeprangert. Er hat gelitten und hat seine Schmerzen geäußert. Aber er ist auch glücklich gewesen, und dann hat er von seiner Freude gesprochen. Er ist fröhlich oder traurig, skeptisch oder begeistert – je nach Laune, denn er liebt das Leben in seiner Vielfalt. Sich auf *eine* bestimmte Art festzulegen, bedeutet ihm, einen Teil der Welt zu verleugnen. Nur für *eine* Sache Augen zu haben, heißt Verzicht auf die trunkene Freude, alles kennenzulernen und alles zu erleben. So läuft er von einem Strauch zum anderen, badet in allen Quellen und singt in alle Winde. Er ist herrlich gesund und männlich, ein Urbild vollen Menschentums. Was er gibt, ist Lebensfreude. *Ruslan und Ludmilla* ist ein unbedeutenderes Werk. Aber welcher Frohsinn, welcher Jubelklang durchzieht das Gedicht von Anfang bis zum Ende! Puschkins Freunde nannten ihn »die Grille« oder den »Feuerfunken«.

»Es lebe die Sonne! Es versinke die Nacht!« Das hatte man vor Puschkin niemals sagen hören in Rußland. Und man wird es auch nach seinem Tod nicht mehr sagen hören. Die Sonne wird untergehen, und die Nacht wird sich auf die Schriftsteller des weiten Landes herabsenken. Das Zeitalter der traurigen Menschen wird heraufkommen. Und von Puschkin wird man sprechen wie von einer verlorenen Gottheit.

Dritter Teil

Kaukasus und Krim

Eltern und Freunde nahmen Puschkins Abreise mit Erleichterung auf. Die Katastrophe war vermieden, die Milde des Zaren rettete den Dichter vor sich selbst und seinen Feinden. Und Puschkin war überzeugt, von sich aus mit der gefühllosen und engherzigen Petersburger Gesellschaft gebrochen zu haben. Die Verbannung schien ihm keine Strafe zu sein, sondern ein durch Bitten und Drohungen erreichtes Ziel. *Er* hatte gewünscht wegzugehen, und, hocherhobenen Hauptes, ging er weg. Er bezeichnete sich sogar als »freiwillig in die Verbannung Gehenden« und verkündete laut, daß er »das Netz zerrissen habe, in dem er gefangen schmachtete . . .«

Am 6. Mai 1820, dem Himmelfahrtstag, machte sich Puschkin auf den Weg. Delwig und Jakowlew waren die einzigen aus seinem zahlreichen Freundeskreis, die ihn bis Zarskoje-Selo begleiteten. Sie tauschten ein paar Abschiedsworte, dann entschwand die Postkutsche in einer sonnenflimmernden Staubwolke. Einen breitrandigen Filzhut auf dem Kopf, mit einer eng gegürteten roten Bluse bekleidet, so fuhr Puschkin seinem neuen Bestimmungsort entgegen.

Eine Reise von Petersburg nach Jekaterinoslaw war damals noch ein langwieriges, von mancherlei Zwischenfällen unterbrochenes Unternehmen. Es bedeutete Pferdewechsel in der Steppe, Zank mit den Postmeistern, unruhigen Schlaf in der rüttelnden, nach Leder, Pferdemist und menschlicher Ausdünstung riechenden Kutsche; es bedeutete Dunkelwerden und Tageslicht, und Tageslicht bis zum Wieder-Dunkelwerden während einer Ewigkeit von zehn Tagen. Und am Ende dieser Büßerfahrt erwartete ihn die ganz neue, trostlos stumpfsinnige Kleinstadt Jekaterinoslaw mit ihrer ungepflasterten Hauptstraße, ihren Kolonistenhäuschen und dem baufälligen, unbewohnten Palast Potemkins.

Gleich nach seiner Ankunft meldete sich Puschkin bei General Insov, dem Betreuer der südrussischen Kolonien. Insov empfing ihn mit väterlichem Wohlwollen; er beobachtete ihn heimlich und ließ ihn in Ruhe. Puschkin wohnte im Viertel Mandrikowka in einem elenden Häuschen, das einem Juden gehörte. Da ihm in der Kanzlei des Generals Insov keine bestimmte Tätigkeit zugewiesen war, hielt er es nicht für nötig, mehr als dreimal in achtzehn Tagen dort zu erscheinen. Er war ein Beamter, dessen man nicht bedurfte, und so überließ er sich, träge, seinen Einfällen, verbrachte seine Zeit mit Spaziergängen in den Wäldern, ruderte auf dem Dnjepr und erregte Anstoß bei den neugierigen, steifen Einwohnern der kleinen Stadt. Einige Leute behaupteten, sie hätten gesehen, wie Puschkin in Hosen aus durchsichtigem Voile einherstolziert sei, selbst im Salon des Gouverneurs. Man traute ihm alles zu! Und die Damen kam das Gruseln an. Andere erzählten, ein Seminarprofessor von Jekaterinoslaw, der Puschkin besuchen wollte, sei von diesem mit den Worten abgefertigt worden: »Haben Sie mich jetzt gesehen? Also! Auf Wiedersehen!«

Diese Überspanntheiten waren jedoch von kurzer Dauer. »Schon kurze Zeit nach meiner Ankunft in Jekaterinoslaw«, schrieb Puschkin in einem Brief an seinen Bruder, »langweilte ich mich derartig, daß ich auf dem Dnjepr ruderte; dabei nahm ich ein Bad und holte mir, wie gewöhnlich, ein Fieber.«

Während Puschkin im Schüttelfrost auf seinem Lager fror, erhielt die Stadt den Besuch eines anderen vornehmen Gastes, des Generals Rajewskij, der zu den Heilquellen im Kaukasus unterwegs war. Er wurde von seinem neunzehnjährigen Sohn Nikolaus, von seinen Töchtern Marie und Sophie und von seinem Leibarzt begleitet. Während des Nationalkrieges hatte General Rajewskij durch verschiedene Heldentaten von sich reden gemacht. Seine beiden Söhne, der jüngere noch ein Kind von elf Jahren, waren von ihm aufs Schlachtfeld mitgenommen worden. In Bildern und Gedichten hatte man diese Episode über Gebühr verherrlicht. Puschkin befand sich noch als Schüler im kaiserlichen Gymnasium von Zarskoje-Selo, als Nikolaus, der jüngere Sohn Rajewskijs, dem dort stationierten Husarenregiment zugeteilt wurde. Als sie sich bei Tschaadaew trafen, empfanden der noch bartlose Husar und der Schüler-Dichter sofort Sympathie füreinander. Sobald Nikolaus Rejewskij erfuhr, daß Puschkin in Jekaterinoslaw weilte, machte er sich gleich nach seiner Ankunft auf die Suche nach dem Verbannten. Er fand ihn, im Fieberdelirium in einer elenden Hütte liegend, ohne ärztlichen Beistand, als Arznei nichts als einen Krug eiskalter Limonade. Puschkin, der sich von aller Welt verlassen glaubte, konnte seine Freudentränen nicht zurückhalten, als er den Freund vor sich auftauchen sah. Nikolaus bot ihm an, er könne sich der Familie Rajewskij auf ihrer Weiterreise nach dem Kaukasus anschließen. General Insov, der Vorgesetzte und amtlich bestellte Tugendwächter Puschkins, wollte sich diesem einer Flucht gleichkommenden Ausweichen nicht widersetzen und rechtfertigte sich vor der höheren Dienststelle mit folgendem, nach St. Petersburg geschickten Brief: »Die trotz seines jugendlichen Alters sehr erschütterte Gesundheit Puschkins sowie die schwierige Lage, in der er sich befindet, ließen eine gewisse Hilfe, aber auch eine harmlose Ablenkung geboten scheinen. Ich habe ihn deshalb in Gesellschaft von General Rajewskij, der sich auf der Durchreise in Jekaterinoslaw aufhielt und ihn gerne mitnehmen wollte, ziehen lassen. Ich bitte Sie, bei Gelegenheit dem Grafen Capo d'Istria darüber zu berichten. Ich hoffe, man wird mich wegen der Entscheidung, die ich getroffen habe, nicht schelten, und wird diese Maßnahme nicht als Verwöhnung auffassen. Er ist ein guter Junge, und es ist einfach schade, daß er seine Studien nicht weiter betrieben hat: geistige Halbbildung wird immer Halbbildung bleiben.«

Die Familie Rajewskij verfügte über eine geschlossene und zwei halbüberdeckte kleinere Kutschen. Puschkin, fiebernd und geschwächt, wurde in Nikolaus' Wagen untergebracht. Marie, Sophie, eine englische Gouvernante, eine Gesellschaftsdame, der Doktor und der General zwängten sich in die anderen, mit Gepäck überladenen Gefährte. Unterwegs bemerkte der General, daß Puschkin für eine Weiterreise in der Kutsche von Nikolaus zu krank sei, und befahl, den Dichter in seinen eigenen Wagen zu schaffen. Dann fuhren sie wohl oder übel weiter. In der Nähe von Taganrog entdeckten die Reisenden das Meer, und gleich sprangen die Töchter des Generals vom Wagen und liefen zum Strand. Dort vergnügte sich die kleine Marie damit, hinter den Wellen herzulaufen, wenn sie, ihren Schaum verspritzend, zurückfluteten, und vor ihnen zu fliehen, wenn sie heranbrandeten. Puschkin schaute mit aufrichtigem Entzücken auf das Bild. Der lebhafte kleine Schwarzkopf war nicht hübsch, aber welche Anmut, Jugend und katzenhafte Behendigkeit in ihren Bewegungen! Der Anblick dieses fünfzehnjährigen Kindes, das mit den Wellen spielte, begeisterte Puschkin zu einem gefühlvollen, ihr gewidmeten Gedicht:

. . . Ach, könnt ich, gleich den Wellen,
Ihr Füßchen mit den Lippen streifen.

In Nowotscherkassk machten die Rajewskijs bei dem Kosakenhetman Denissov Halt. Bei der in seinem Haus aufgetischten Mahlzeit stopfte sich Puschkin buchstäblich voll, bis er nicht mehr konnte, und das Fieber kehrte mit voller Heftigkeit zurück.

Trotz seiner Unbedachtheit gewann Puschkin allmählich seine alten Kräfte wieder und genas vollends, als er zu den Mineralquellen von Goriatschewodsk kam.

Der Kaukasus machte einen tiefen, unvergeßlichen Eindruck auf ihn. Nur an die feuchten Nebeltage von St. Petersburg und die friedliche Gras- und Baumlandschaft von Mikhailowskoje gewöhnt, sah er, der Städter, voll staunender Bewunderung auf die großartig gegliederte Bergwelt. Er war erst in geringer Höhe des Gebirges, aber in der Ferne erblickte er die schneebedeckten, schimmernden Gipfel. Schäumende Wildbäche gurgelten in engen Schluchten, Adler und Gemsen hausten auf spitzen Bergkegeln, und überall gab es Gefechtsgeplänkel zwischen Tscherkessenstämmen und Kosaken. Die sonnendurchflutete Weiträumigkeit und die ursprüngliche Wildheit dieser Gegend weckten die Liebe des Dichters für ein ungebundenes Leben, das ehrwürdige Geheimnis der Höhen machte ihm die Städte und ihr Ränkespiel noch verhaßter. Er fühlte sich mit Stein und Schnee, mit Felsenklüften und Wasserfällen verschworen gegen die kleinliche Welt der Menschen in Salons und Vorzimmern. Seinem Bruder schrieb er:

»Ich bedauere es, lieber Freund, daß Du nicht mit mir zusammen diese prächtige Bergkette gesehen hast, deren eisbedeckte Gipfel von ferne im klaren Morgenrot seltsam geformte, vielfarbig schimmernde und an den Platz gebannte Wolken zu sein scheinen; ich bedauere es, daß Du nicht dabei warst, mit mir den spitzen Gipfel des fünfzackigen Beschtau zu erklimmen, den Maschuk, den Eisenberg, Felsenberg und Schlangenberg.«

Während Puschkin die königliche Schönheit des Kaukasus bewunderte und an dem Kleinkrieg zwischen Kosaken und Tscherkessen lebhaftesten Anteil nahm, pflegte er seinen durch Fieber und alle möglichen Ausschweifungen geschwächten Körper.

»Ich habe zwei Monate im Kaukasus verbracht«, schrieb er in demselben Brief vom 24. September 1820, »die Mineralquellen, vor allem die warmen Schwefelquellen haben mir so gut getan, daß sie mir unentbehrlich wurden. Ich nahm warme Schwefel- und Eisenbäder, auch kalte Bäder.«

Damals zeichneten sich die Mineralquellen des Kaukasus noch durch eine wildromantische Ursprünglichkeit aus, die sie seitdem verloren haben. Die Quellen brachen aus den Felswänden, und die Badehäuser bestanden aus einfachen Bretterhütten. Die reichen Sommerfrischler kampierten am Ufer dieser wunderbaren Wasserfälle in ihren eigenen Zelten und mußten bei Einbruch der Dunkelheit auf Überfälle wilder Bergstämme gefaßt sein. Einige Jahre später, auf einer zweiten Reise in den Kaukasus, erinnerte sich Puschkin dieser primitiven Bäder im Freien:

»Zu meiner Zeit«, schreibt er da, »befanden sich die Badegelegenheiten in eilig errichteten Bretterbuden. Die Quellen, meist ungefaßt, sprudelten und rieselten dampfend in allen Richtungen über die Felswände und hinterließen weiße oder rötliche Spuren. Wir schöpften das kochende Wasser mit einer zerbrochenen Flasche ... Ich erkenne zwar an, daß die Quellen des Kaukasus jetzt mehr Bequemlichkeit bieten, aber ich vermisse den Reiz ihres wilden Naturzustandes, ich trauere den steil ansteigenden, steinigen Fußpfaden nach, dem Gestrüpp und den nicht abgeschrankten Schluchten, die ich damals erkletterte.«

Kalmückenzelte, fahlgraue Kamelkarawanen, donnernde Wildbäche, fernes Lawinengrollen und die unsichtbare Gegenwart der Bergbewohner, all dessen wird sich Puschkin in seinen späteren Werken erinnern.

Zunächst schrieb er nichts, er nahm Licht und Farbe und die vielfältigen neuen Töne in sich auf und machte sie sich zu eigen.

In dieser hochgelegenen und strahlend hellen Landschaft schienen ihm sogar die Menschen besser. Die Familie Rajewskij war besonders einnehmend. Der General, ein herber und bescheidener Mensch, machte sich über die Geschichten, die man sich von ihm erzählte, lustig. Er stritt ab, seine Söhne den feindlichen Kugeln ausgesetzt zu haben. »Zu jenem Zeitpunkt waren meine Söhne nicht in meiner Nähe«, sagte er. »Der eine von ihnen pflückte lediglich Beeren im Wald, er war noch ganz klein, und eine Kugel durchlöcherte seine kurze Hose. Ein Kratzer, weiter nichts.«

Puschkin schrieb über ihn: »Dieses Wahrzeichen – aus Katharinas Jahrhundert, dieses lebende Denkmal des Jahres 1812 ist ein Mensch ohne Vorurteil, von empfindsamem, doch festem Charakter. Er zieht unwillkürlich alle an, die seine hohen Tugenden zu begreifen und zu schätzen verstehen.«

Die beiden Söhne und die vier Töchter machten dem rechtschaffenen, vierschrötigen und herzlichen Mann schwer zu schaffen.

Nikolaus, der jüngere, ein Hüne mit muskulösem Hals und mächtigem Brustkasten, brachte es fertig, einen eisernen Schürhaken mit den Fingern zu verbiegen und zum Knoten zu schlingen. Er war träge und täppisch und huldigte einem herausfordernden »Demokratismus«. Sein Vater machte ihm häufig sein flegelhaftes Benehmen zum Vorwurf. 1824 sah er sich veranlaßt, ihm zu schreiben: »Nimm Dich zusammen, lieber Nikolaus, der Ton Deiner Scherze in Gegenwart Deines Vaters, Deine Art, Dich vor mir und den jungen Mädchen auf dem Sofa zu lümmeln und die Hosen über Deine fetten Schenkel zurückzustreifen, sind mir sehr ärgerlich. Ich habe Dir bis jetzt nichts davon gesagt, aber ich leide darunter. Du bist intelligent, hast aber bis heute nicht mehr getan, als jeder beliebige Dummkopf auch tun könnte, und ich weiß nicht, ob Du jemals zu etwas anderem fähig sein wirst.«

Nikolaus war durchaus kein Dummkopf. Er besann sich keinen Augenblick, Puschkins Verse zu kritisieren und ihm Verbesserungen vorzuschlagen. Er machte den Dichter mit den Werken Byrons und André Chéniers bekannt. Und er ist es, dem Puschkin den *Gefangenen im Kaukasus* zu widmen gedachte.

Aber was galt der fröhliche, kraftstrotzende Nikolaus neben seinem älteren Bruder Alexander? Alexander Rajewskij, ehemaliger Oberst des Gardejägerregiments, befand sich zur Kur bei den Heilquellen des Kaukasus, und in Piatigorsk lernte Puschkin ihn kennen. Vom ersten Augenblick an unterlag er dem Zauber dieser spöttisch überlegenen, harten Persönlichkeit. Er war vier Jahre älter als Puschkin. Auf einem langen, hageren, knochigen Körper saß ein kleiner Vogelkopf, in dem kastanienbraune Augen zornig funkelten; der Mund war durch eine Schnittwunde gespalten, durch häufiges Verziehen des Gesichts hatten sich auf Stirn und Wangen Falten gebildet. Sein ganzes Wesen drückte überheblichen Spott und Besserwisserei aus. Für diesen zynischen Skeptiker gab es auf der Welt kein einziges Geschöpf, keinen einzigen Gegenstand, die des Vertrauens oder der Bewunderung wert waren. Gott, Natur, das Gute, Liebe, Freundschaft, Freiheit: nichts als hohle Worte! Unmöglich, beim Anblick einer geliebten Frau in Feuer zu geraten, wenn man anatomische Kenntnisse besaß! Er leugnete alle moralischen, sozialen oder ästhetischen Gesetze und erlaubte sich nicht, die leiseste menschliche Regung zu empfinden. Er war nur auf der Welt, um alle »überkommenen Ideen« in Frage zu stellen. Sein Vater schrieb 1820 über ihn: »Wie kalt er ist! Ich suche nach Zeichen der Zärtlichkeit, der Empfindsamkeit bei ihm, aber ich finde keine. Man kann keine vernünftige Unterhaltung mit ihm führen, er streitet immer, und je mehr er im Unrecht ist, desto aufreizender, ja derber wird seine Sprache. Wir sind mit ihm übereingekommen, uns niemals miteinander in einen Wortstreit einzulassen und ein Zusammensein unter vier Augen zu vermeiden. Er scheint nicht an die Liebe zu glauben, und da er unfähig ist, diese Leidenschaft zu empfinden, so versucht er auch gar nicht erst, sie anderen einzuflößen. Ich tue bei jeder Gelegenheit alles für ihn, verberge aber das Gefühl, das mich treibt, denn er nimmt alle Äußerungen meiner Zuneigung mit Gleichgültigkeit auf. Sein Geist ist verkehrt gerichtet: er philosophiert über Gebiete, die er nicht versteht, und zwar in einer komplizierten Weise, vor der sich alle Logik verflüchtigt.«

Puschkin jedoch fühlte sich gebannt und unterjocht durch diesen düster blickenden, dämonischen Menschen. Der Blick Alexander Rajewskijs beeindruckte den Dichter so sehr, daß er für seine Gespräche mit dem Kameraden das Halbdunkel aufsuchte. Mit Wonne hörte er bei gelöschten Kerzen zu, wie der andere alle seine Illusionen zerstörte. Er glaubte, in der Schule dieses Gedankenpfuschers reifer zu werden und schrieb seinem Bruder, daß Alexander Rajewskij »einst mehr als berühmt sein werde«.

So verwandelten Puschkins romantische Begeisterung und jugendliche Naivität diesen kleinen, egoistischen Offizier, diesen verbitterten, neidischen und zornigen Effekthascher in einen allmächtigen Mephisto. Der Dichter bestaunte offenen Mundes diesen Meister der künstlich hervorgerufenen Abgründe und brannte darauf, ihm zu gleichen, ihm seine Seele zu verkaufen.

Doch was er auch immer gegen sich selbst unternahm, Puschkin blieb Puschkin. Diese häufigen Besuche, die jeden anderen verdorben hätten, waren dem Dichter seltsamerweise von Nutzen. Alexander Rajewskij bereicherte seine Sammlung von Typen, schenkte ihm neue Einfälle und lehrte ihn noch besser, als Tschaadaew es vermocht hatte, schöne, zwecklose, nur literarische Verse zu verabscheuen.

Am 5. August 1820 verließen Puschkin und die Familie Rajewskij den Kaukasus, um sich nach Gursuf auf der Krim zu begeben. Dort befand sich die Besitzung des Generals. Der Süden Rußlands war damals noch ein erst vor kurzem erobertes und darum unvollkommen regiertes Gebiet. Die kauskasischen Mineralquellen lagen an der Grenze des Reiches. Heftige Überfälle veränderten von einem Tag zum andern diese natürliche Grenzlinie. Zu Anfang des Jahres 1820 überschritten die Tscherkessen den zugefrorenen Kuban und griffen die Vorhuten und Dörfer der Kosaken an. Die aufständischen Bergbewohner hatten es auf schöne junge Mädchen abgesehen, die sie gefangennahmen und an die Türken weiterverkauften oder gegen Waffen und Munition austauschten. Eine vornehme Gefangene mußte mit Gold aufgewogen werden. General Rajewskij ließ sich daher von einer bewaffneten Eskorte begleiten.

Puschkin beschrieb den weiteren Verlauf seines Aufenthaltes: »In Gursuf lebte ich ganz zurückgezogen, ich badete im Meer und fütterte mich mit Trauben; das Klima des Südens sagte mir vom ersten Augenblick an zu, und ich genoß es mit der ganzen Lässigkeit und Sorglosigkeit eines neapolitanischen Lazzaroni. Ich liebte es, beim Erwachen in der Nacht, stundenlang dem Rauschen des Meeres zuzuhören. Zwei Schritte vom Haus wuchs eine junge Zypresse; ich besuchte sie jeden Morgen und empfand schließlich eine nachbarlich freundliche Zuneigung für sie. Das sind all meine Erinnerungen an meinen Aufenthalt in Gursuf.«

Alle Erinnerungen? Nein. Denn wenn auch die Landschaft der Krim weitgehend Anteil an Puschkins Entzücken hatte, so trug auch die Anwesenheit der jungen Damen Rajewskij das ihrige dazu bei.

»Diese Mädchen sind alle anbetungswürdig«, schrieb Puschkin im September seinem Bruder, »die älteste ist eine außerordentliche Frau. Urteile selbst, ob ich glücklich war: ein freies, sorgloses Leben im Schoß einer reizenden Familie, genau das Leben, das mir zusagt, und das ich nie genossen habe. Ein heiterer südlicher Himmel, ein wonniger Landsitz, Natur, welche die Fantasie beflügelt, Berge, Gärten, das Meer . . . Mein Freund, meine liebste Hoffnung ist, die südlichen Gestade und die Familie Rajewskij wiederzusehen.«

In Gursuf wohnte Puschkin bei den Rajewskijs in einem Haus, das dem Herzog Richelieu gehört haben soll, einer Art zweigeschossigen Schlosses mit vielen Balkonen, Fenstern und Galerien; es schaute aufs Meer und besaß einen weiträumigen Park. Es gab auch eine alte Bibliothek, in der Puschkin André Chénier entdeckte und mit Begeisterung wieder Voltaires Werke las. Mit Hilfe von Nikolaus Rajewskij bemühte er sich auch, Byrons Gedichte im Urtext zu lesen. Wenn ein unbekanntes Wort die jungen Übersetzer aufhielt, wandten sie sich an Katharina, die älteste Schwester von Nikolaus, die gut Englisch sprach und sie mit viel Geschick belehrte. In dem weiträumigen, allen Winden offenen Wohnhaus war Puschkin von den ihm noch unbekannten Mitgliedern der Familie Rajewskij empfangen worden: der Frau des Generals und ihren beiden älteren Töchtern, der dreiundzwanzigjährigen Katharina und der siebzehnjährigen Helene. Zusammen mit der kleinen Sophie und der kleinen Marie hatte er nun vier junge Mädchen zu hofieren. Was konnte er sich Besseres wünschen? Katharina war ein schönes Geschöpf mit schmalem Gesicht, dünnen Lippen und freimütigen, traurigen, großen Augen. Wegen ihres herrschsüchtigen Charakters nannte man sie »Martha, die Podesta«, nach der Heldin aus einer mittelalterlichen Chronik, die als Befehlshaberin von Nowgorod für die Unabhängigkeit der Stadt kämpfte. Diese »hochgesinnte Jungfrau« wird das Urbild der Marina Mnischek in *Boris Godunow;* er schreibt 1825: »Meine Marina ist ein großartiges Weib, eine wahre Katharina Orlov (Katharina hatte 1821 den General M. F. Orlov geheiratet). Sag es aber niemand.«

Selbstverständlich verliebte sich Puschkin in Katharina, die ihm jedoch nur freundschaftliche Aufmerksamkeit entgegenbrachte und sich voll Herablassung den Hof machen ließ. Puschkin schrieb ihren Namen in seine Don-Juan-Liste. Helene flößte dem Dichter ein innigeres Gefühl ein. Sie war ein reizendes Mädchen, groß, schlank, mit Augen so blau wie der Himmel von Tauris, dabei schüchtern, keusch und so kränklich, daß ihre Eltern für ihr Leben fürchteten. Ohne Wissen der übrigen übersetzte sie Byron und Walter Scott ins Französische und zerriß die beschriebenen Seiten sogleich wieder. Puschkin entdeckte Papierschnitzel unter ihrem Fenster, setzte die Stücke zum Text zusammen und beglückwünschte das junge Mädchen zu seiner Übersetzung.

Seine Zuneigung aber schenkte er der kleinen, lebhaften, braunhaarigen Marie Rajewskij, deren Schalkhaftigkeit und Anmut ihn bestrickten. Manche Autoren behaupteten, sie sei die heimliche Liebe seines Lebens gewesen. Marie, die 1825 den Fürsten Wolkonskij heiratete, leugnete jedoch, daß Puschkin mehr als Freundschaft für sie empfunden habe.

»Als Dichter«, erklärte sie, »fühlte Puschkin sich verpflichtet, sich in alle hübschen Frauen und jungen Mädchen zu verlieben, die ihm über den Weg liefen. In Wirklichkeit war er nur in seine Muse verliebt und übertrug alles, was er erlebte, auf die poetische Ebene.«

Und Puschkin schrieb selbst:

»Mehr oder weniger war ich in alle hübschen Frauen verliebt, die mir begegneten. Alle haben sich über mich lustig gemacht. Alle, mit Ausnahme einer einzigen, haben nur ihre Gefallsucht vor mir spielen lassen.«

Mit Ausnahme einer einzigen. Dachte er an Marie, als er diese Worte niederschrieb? Vielleicht.

Ohne von ausschließlicher Liebe zu sprechen, scheint es immerhin sicher zu sein, daß Puschkin sich angezogen fühlte von diesem Kind, das sich vor seinen Augen entfaltete und zur Frau heranreifte. Aber je mehr er liebte, desto schüchterner wurde er. Wenn er vor leichten Mädchen den Don Juan spielte, so verlor er jede Überlegenheit vor einem Wesen, das er aufrichtig verehrte. Er gestand Marie nichts. Oder sie verstand ihn nicht, wenn er auf seine Gefühle anspielte. Vielleicht war sie zu jung. Ihrer englischen Erzieherin und ihrer Amme ergeben, dachte sie noch an nichts anderes, als steile Pfade zu erklimmen und die Füße in die Wellen zu tauchen. Aber später? Kein Brief, kein biographisches Dokument enthüllen uns das Schicksal dieser unerwiderten Leidenschaft, nur Puschkins Werke lassen uns Stärke und Dauer seiner Liebe erkennen. Aus dieser Zeit datieren jedenfalls die ersten Gedichte, die eine unbekannte, anbetungswürdige, unvergleichliche Frau verherrlichen, von der er sich nicht verstanden fühlt und die er zu vergessen wünscht*. Er hat die kindlichen Streiche von Marie in seinem *Eugen Onegin* unsterblich gemacht, er hat der Heldin des *Brunnen von Bakhtschisaraj* ihren Namen gegeben, und ihre Züge verlieh er der Heldin des *Gefangenen im Kaukasus*.

Das Klima und die Landschaft von Tauris begünstigen die Liebesleidenschaft Puschkins. Er erregt sich, er leidet und ist glücklich, unter diesem blauen Himmel Erregungen und Schmerzen zu haben. Marie, Helene, Katharina, das plätschernde Meer, die spitzen Felsen, die Pappeln, Zypressen und Weingärten, die Myrten, Olivenbäume und Tatarenhütten, alles vereinigt und ergänzt sich wunderbar. Wahrscheinlich liebt Puschkin im Grunde Katharina, Helene und Marie zugleich. Sie bilden ein Wesen mit drei Köpfen, eine Einheit, begabt mit allen gefährlichen weiblichen Verführungskünsten. Doch diese »Einheit« ist dem Dichter feindlich, seine Liebe wird nicht erwidert. Weder Marie noch He-

* Puschkin hatte allerdings dieses Thema schon in einigen Gedichten in Zarskoje-Selo ausgebeutet, aber damals folgte er nur einer literarischen Mode

lene, noch Katharina geben seinen inständigen Bitten nach. Was machte es schon? Sonne, Bäume und Blüten brauchen seine Liebe auch nicht zu erwidern. Und überdies: die Zeit vergeht. Man muß an die Rückkehr denken. Man muß weiterleben.

Anfang September verlassen Puschkin und Nikolaus Rajewskij Gursuf.

»Wir besuchten die Küste von Tauris«, schrieb Puschkin an Baron Delwig, »und die Reise nach Murawiew weckte viele Erinnerungen in mir, aber die schreckenerregende Durchquerung der Schlucht verdrängte sie aus meinen Gedanken. Wir stiegen zu Fuß auf einer in den Fels gehauenen Treppe empor und hielten uns am Schwanz der Tatarenpferde fest. Das machte mir riesigen Spaß. Nach der Überquerung des Gebirges war das erste, worauf mein Blick fiel, eine Birke, eine Birke aus dem Norden! Mein Herz zog sich zusammen: ich fing schon an, Heimweh nach dem Süden zu bekommen, obwohl wir uns noch in Tauris befanden, obwohl ich noch Pappeln und Weingärten vor Augen hatte. Das Kloster St. Georg, mit seiner steil zum Meer hinabführenden Treppe, hinterließ mir einen tiefen Eindruck. Ich sah die Ruinen des Dianatempels, und es scheint, daß mythologische Sagen mich freudiger berühren als historische Überreste ... Ich kam ganz krank in Bakhtschisaraj an. Ich hatte schon von dem wunderlichen Denkmal des verliebten Khan erzählen hören. K ...* hatte es mir poetisch beschrieben, indem sie es den ›Tränenbrunnen‹ nannte. Als ich den Palast betrat, erblickte ich einen zerfallenen Brunnen, dessen Wasser langsam aus einem rostigen Rohr tropfte. Ich ging um den Palast herum, enttäuscht über den verwahrlosten Zustand und über die halb europäische Einrichtung mancher Räume. N. N. (Rajewskij) schleppte mich fast mit Gewalt zum Harem und Friedhof des Khan.

Sag mir jetzt, warum das südliche Gestade und Bakhtschisaraj einen so unbegreiflichen Reiz für mich besitzen? Warum dieser Wunsch, Orte wiederzusehen, die ich ohne Bedauern verlassen habe? Die Erinnerung ist eine Zauberin, die alles verschönt, was sie berührt.«

Puschkins Urlaub neigte sich dem Ende zu. Es hieß, sich wieder in der Kanzlei des Generals Insov einzufinden. Aber das Amt des Generals war in der Zwischenzeit von Jekaterinoslaw nach Kischinew in Bessarabien verlegt worden.

* Ist es Katharina Rajewskij, auf die er anspielt?

Am 21. September 1820 stieg Puschkin in der kleinen Stadt Kischinew aus der Kutsche und fand sich zwischen niedrigen Häusern, in winkeligen Gassen, in denen der Staub fußhoch lag. Gegen Mitte November reiste er mit Genehmigung des Generals Insov wieder ab, um sich nach Kamenka auf die Besitzung der Dawijdov zu begeben. Insov hatte dem Dichter-Beamten zwei Wochen Urlaub gewährt, Puschkin blieb jedoch bis in die zweite Märzhälfte hinein weg. Der nachsichtige General Insov regte sich über diese unentschuldbare Überschreitung der Frist nicht auf. Etwa einen Monat nach Puschins Ankunft in Kamenka, am 15. Dezember 1820, schrieb ihm der ältere Sohn der Dawijdov:

»Durch die Urlaubsgenehmigung Eurer Exzellenz ist Alexander Sergejewitsch Puschkin noch immer unser Gast; er hatte vor, mit General Orlov nach Kischinew zurückzukehren, zog sich aber eine Erkältung zu und ist nicht imstande, die Rückreise anzutreten. Ich halte es für meine Pflicht, Euer Exellenz diese Tatsache zur Kenntnis zu bringen und zu versichern, daß Alexander Sergejewitsch nach Kischinew kommt, sobald eine Besserung seines Krankheitszustandes eingetreten ist.«

Puschkin gefiel es auf dem Besitztum der Dawijdov: außer dem weiträumigen Herrenhaus mit Billardsaal und Bibliothek zog ihn vor allem der sanft zum Fluß abfallende Garten an, der eine künstliche Grotte besaß; es gab ein Orchester mit leibeigenen Sängern, der Tisch war üppig bestellt, die Weine gut, hübsche Frauen und fröhliche Freunde verkürzten die Zeit. Und so schrieb der Dichter am 4. Dezember 1820 an Gneditsch:

»Ich befinde mich zur Zeit im Gebiet des Gouvernements Kiew, auf dem Gut Dawijdov, bei liebenswürdigen und gebildeten Einsiedlern, Verwandten übrigens von General Rajewskij. Meine Zeit vergeht unter demokratischen Gesprächen und aristokratischen Mahlzeiten. Unser Kreis, der sich jetzt zerstreut hat, stellte noch vor kurzem eine Mischung origineller Geister und russischer Berühmtheiten dar, die für den Neuangekommenen höchst sehenswert waren. Wenig Frauen, viel Champagner, viele witzige Reden, viele Bücher und ein paar Verse . . .«

Die Gesellschaft in Kamenka war wirklich anziehend. Die alte Katharina Nikolajewna Dawijdov, eine Nichte von Potemkin, war so reich, daß die Anfangsbuchstaben ihrer verschiedenen Güter aneinandergereiht den Satz ergaben: »Leo liebt Katharina.« Das Haus wimmelte von Kindern, Neffen und wunderlichen

Freunden – ehrenwertenSchmarotzern, die monatelang blieben. An Festtagen ließ die vornehme Dame eine Kanone abfeuern. Während Puschkins Aufenthalt in Kamenka waren die beiden Brüder Dawijdov anwesend, der achtundzwanzigjährige Basil, dessen revolutionäre Gesinnung, und der siebenundvierzigjährige Alexander, dessen Gefräßigkeit und eheliches Mißgeschick bekannt waren. Groß, dick, leichtsinnig und durchtrieben, das war Alexander, der erst vor einer reich besetzten Tafel zum Leben erwachte. Als die russischen Truppen in Frankreich standen, hatte er versucht, sich in eine Stadt versetzen zu lassen, die durch ihre gastronomischen Spezialitäten berühmt war. Puschkin schrieb über ihn: »Alexander Dawijdow war ein zweiter Falstaff: ein gefräßiger, nörglerischer Dickwanst, ein Angsthase und Aufschneider, keineswegs dumm, doch ohne moralische Empfindungen. Eine Abweichung verlieh ihm einen originalen Reiz: er war verheiratet. Shakespeare hat keine Zeit gehabt, seinen Junggesellen zu verheiraten, und Falstaff ist gestorben, ohne Hahnrei oder Familienvater gewesen zu sein.«

Alexander Dawijdov gehörte keinem Geheimbund an; während der politischen Gespräche seiner Gäste döste er vor sich hin. Sein Bruder Basil dagegen, Held aus dem Nationalkrieg und Oberst a.D., war ein einflußreiches Mitglied des Geheimbundes im Süden. In seiner Wohnung kamen alle Revolutionäre aus der Umgebung zusammen. Am 24. November, dem Geburtstag der alten Frau Dawijdov, trafen das erste und zweite Aufgebot der Liberalen in Kamenka ein und gaben vor, der Schloßherrin gratulieren zu wollen. Unter diesen Gästen begegnete Puschin den späteren »Dezembristen« Jakuschkin, Okhotnikov und dem höchst bemerkenswerten General Orlov, einem fanatischen Verschwörer und Verfasser einer Bittschrift an den Zaren wegen Abschaffung der Leibeigenschaft. Bei der seinem Kommando unterstellten Formation war er für »menschenwürdige Behandlung« eingetreten. Als er noch der »Arzamas« angehörte, hatte er dessen Auflösung beschleunigt durch den Versuch, politische Diskussionen einzuführen. Nicht viel später heiratete er die schöne Katharina Rajewskij, deren Familie zu Puschkins größter Freude nach Kamenka übergesiedelt war. Es gab noch eine Unmenge Militärpersonen, aktive oder pensionierte Offiziere, alle beseelt vom gleichen Haß gegen das Regime und von der gleichen Hoffnung auf soziale Erneuerung. Diese Verschwörer in Uniform hatten sich zusammengefunden, um die umfangreiche Geheimversammlung vorzubereiten, die im Januar 1821 in Moskau stattfinden sollte. Die Bauernaufstände und die brutalen Bekämpfungsmethoden des Staates nährten ihre Hoffnungen. Sie dachten nicht daran, eine Volkserhebung zu entfesseln, sondern wollten mit Hilfe der Armee die Zarenmacht stürzen und dann in dem befreiten Land eine von ihnen gewählte konstitutionelle Regierung einsetzen. Der spanischen Revolution, der neapolitanischen vom Juli 1820 und der portugiesischen vom August 1820 waren Militärputschs vorangegangen. An diesen Wegbereitern der Unabhängigkeit mußte man sich ein Beispiel nehmen.

Wie in St. Petersburg, sah sich Puschkin mitten in eine Verschwörung geraten und von den Verschwörern zurückgewiesen. Er mochte revolutionäre Verse schreiben, so lang er wollte, er mochte wegen seiner Freiheitsliebe und seinem Haß gegen Araktschejew und seinen Anhang in der Verbannung schmachten: man mißtraute ihm. In seiner Gesellschaft leerte man sein Glas auf die Unabhängigkeit, deklamierte umstürzlerische Verse und schlug sich freundschaftlich auf den Rücken; das war alles. Zu den entscheidenden Zusammenkünften wurde er nicht zugelassen, er blieb im Vorzimmer der Revolution, ein Zivilist, ein Kind, ein Dichter. So sahen sie ihn. Und er war wütend, auf der Schwelle zu großen geschichtlichen Ereignissen derart auf der Stelle treten zu müssen.

Da die ernsthaften Männer Puschkin zurückwiesen, warf er sich auf leichtfertige Frauen. »Viel Champagner, wenig Frauen ...« Es gab tatsächlich nicht viele Frauen in Kamenka. Doch Madame Dawijdov, die Gattin des sprichwörtlichen Hahnreis, hätte allein einen ganzen Harem aufgewogen. Die schöne Aglaia war Französin, eine geborene de Grammont. Sie war dreißig Jahre alt, hatte ein rundes Gesicht, eine mutwillige Nase, einen weichen, üppigen Mund und eine schwellende Brust. Ihre Anmut, Leichtfertigkeit und Koketterie verdrehten Generalen und Fähnrichen, die auf das Gut zu Besuch kamen, den Kopf. Aglaia fühlte sich nur in einem Kreis von Anbetern glücklich, und einen Anbeter hatte sie immer. Puschkin selbst schloß sich den Gewohnheiten des Hauses an. Aus Mangel an Beschäftigung machte er der hübschen Französin den Hof. Sie aber wollte ein romantisches Liebesspiel, und der Dichter, bestürzt über ihre Forderungen, trat den Rückzug an, noch ehe er von ihr etwas anderes erlangt hatte als ein gelegentliches Lächeln und eine flüchtige Berührung der Lippen. Das Geplänkel mit der Frau des dicken

Alexander verstörte Puschkin, und er suchte Trost in der Niederschrift von Epigrammen:

So manche hielten Aglaia im Arm,
die Bart oder Dolman betörte,
bei anderen machte das Gold sie warm,
Franzosen sie gerne erhörte.
Drum fand auch Leo bei ihr sein Glück,
bei Daphnis war es die Stimme.
Doch sag, Aglaia, mit welchem Geschick
dein Gatte bei dir fand Minne?

Als Puschkin dieses Epigramm seinem Bruder schickte, schrieb er: »Laß es, um Christi willen, nicht bekannt werden. Jedes Wort in diesen Versen ist wahr.«

In einem anderen Epigramm predigte er der heißblütigen Aglaia Zurückhaltung:

Da unser Leben zum Abend sich neigt,
sollten die fiebrigen Gluten, gelassen,
der ältesten Tochter, Geliebte, Sie,
dem jüngeren Bruder ich überlassen.

Es ist kein Zufall, daß Puschkin in seinen Versen auf Aglaias älteste Tochter, Adele, anspielte, denn er verschmähte es nicht, dem zwölfjährigen, sehr hübschen Mädchen seine Zeit zu widmen. »Puschkin«, schrieb Jakuschkin, »lebte in dem Wahn, in sie verliebt zu sein; er warf ihr dauernd verliebte Blicke zu, trat zu ihr und neckte sie ziemlich ungeschickt. Einmal saß er beim Essen neben mir, und, ganz rot vor Erregung, starrte er das junge Mädchen so auffällig an, daß die Unglückliche nicht mehr wußte, was sie tun sollte, und nahe daran war, in Tränen auszubrechen. Mir tat sie leid, und ich sagte leise zu ihm: ›Sehen Sie doch, was Sie tun; Ihre taktlosen Blicke bringen das arme Ding ganz außer Fassung.‹ – ›Ich will die Kokette bestrafen‹, antwortete er, ›früher war sie sehr lieb zu mir, jetzt spielt sie die Grausame und tut so, als bemerke sie mich nicht.‹ Ich hatte große Mühe, die Sache ins Scherzhafte zu ziehen und ihn wieder zum Lächeln zu bringen.«

Zwischen den politischen Diskussionen mit den Gästen, dem Liebesgeplänkel mit Aglaia und dem Augenspiel mit der kleinen Adele fand Puschkin Zeit zum Schreiben. Er schrieb sogar sehr viel, und aus seinem Aufenthalt in Kamenka stammt eine Reihe lyrischer Gedichte.

In Kamenka vollendete er sein erstes großes Gedicht in Byronscher Manier: *Der Gefangene im Kaukasus*. Das Manuskript trägt jedenfalls folgenden Vermerk: »Kamenka, den 20. Februar 1821.«

Wie die Dawijdov erzählten, hatte Puschkin den Billardsaal in ein Arbeitskabinett verwandelt. Er schrieb den *Gefangenen im Kaukasus* bäuchlings auf dem Billardtisch. Sein Arbeitseifer war so groß, daß er sich auch zu den Mahlzeiten nicht von seinen Papieren losreißen konnte.

Der *Gefangene im Kaukasus,* im August 1820 begonnen und am 20. Februar 1821 beendet, wurde erst im September 1822 veröffentlicht. Der Inhalt ist von entwaffnender Einfachheit: ein Russe wird von kaukasischen Bergvölkern gefangen; er entweicht jedoch mit Hilfe einer Zirkassierin, die sich in ihn verliebt hat und sich ins Wasser wirft, nachdem sie ihm zur Freiheit verholfen hat. Dieses alltägliche Idyll war jedoch nur ein Vorwand, um ein Farbenspiel von höchster künstlerischer Vollendung zu entfalten. Eine »romantische Schilderung«. Aber von welchem Rang!

Das neue Gedicht lebt von den Erinnerungen Puschkins an seinen Aufenthalt im Kaukasus in Gesellschaft der Rajewskijs. Es wird also kaukasische und rajewskijsche Züge tragen, es wird also malerisch sein und sich an Byron anlehnen. Denn die Rajewskijs waren begeistert von Byron, und Puschkin unterlag diesem Einfluß.

Wie Byron, benützte er die Geschichte des Europäers, der bei der Begegnung mit einer exotischen Kulturwelt eine Eingeborene verführt. Wie Byron bedient er sich eines durch Fragen, Lieder und unvermittelte Abschweifungen unterbrochenen Erzähltones. Die Person des Gefangenen hätte das empfindliche Genie eines Byron reizen können, aber seltsamerweise erinnerte sie auch an den René von Chateaubriand. Der russische Held und der französische Held sind beide Melancholiker, Kinder ihrer Zeit. Alle beide verlieben sich in eine junge »Wilde«, die bei Nacht zu ihnen kommt. Alle beide erlangen die Freiheit wieder, und hinter ihnen bleibt die tote Geliebte zurück. Chateaubriand hat sein Lokalkolorit im wenig bekannten Amerika gesucht und Puschkin im Kaukasus, den noch niemand besungen hatte. Aber darin erschöpft sich auch die Ähnlichkeit von Puschkins Gedicht mit den Werken von Chateaubriand und Byron. Puschkin ist schwereloser, zurückhaltender, klassischer als seine Vorgänger. Er vermeidet die pathetischen Stellen nach Art von Chateaubriand, er hört seinem Lied zu, er ist auf der Hut. Ebenso weicht er auch von Byron ab, weil er seinen Helden der Landschaft unterordnet. Byrons Helden sind vollendete Teufel, die alles mit ihrer dunklen Größe erdrücken und das Gedicht allein beherrschen. Bei Puschkin dagegen sind die Personen mit raschen Strichen hingeworfen, sie scheinen nur über den Boden zu huschen und sich im Licht des Himmels und im Beben der Blätter zu verflüchtigen. Wo sie versuchen, Byronschen Helden zu gleichen, da hören sie auf, echt zu sein. Im Juli/August 1825, während seiner Schwärmerei für Shakespeare, schrieb Puschkin an N. Rajewskij: »Wie armselig wird der tragische Byron vor ihm! Byron hat seinen Geschöpfen immer nur einen einzigen Charakterzug verliehen; er hat die Einzelzüge seines Charakters auf verschiedene Personen verteilt; der eine bekam seinen Stolz, ein anderer seinen Haß, ein dritter seine Melancholie, und so hat er aus einem tatkräftigen ganzen Bösewicht mehrere unbedeutende Charaktere gemacht. Das heiße ich nicht Tragödie.«

Man könnte diese Bemerkung gegen den Verfasser des *Gefangenen im Kaukasus* kehren, der glaubte, sich selbst in der Person des Helden dargestellt zu haben. »Der Charakter des *Gefangenen im Kaukasus* ist mißglückt«, schrieb er. »Das beweist, daß ich als Held eines romantischen Gedichtes nicht tauge.«

In Wahrheit hatte Puschkin seinem Helden nur einen winzigen Teil seines Wesens verliehen. Sein Herz, sein junges, fröhliches und männliches Herz hatte er ihm nicht mitgegeben, sondern nur seine augenblickliche Stimmung, die durch die Lektüre von Byron beeinflußt war. Er hat ein Geschöpf mit romantisch wirrer Vergangenheit erschaffen, das, von seinen Freunden verraten und verleumdet, von Lebensüberdruß angekränkelt ist. Er hat den Helden verkleinert, als er ihn größer zu machen glaubte. Obwohl nur flüchtig skizziert, erscheint dagegen die Zirkassierin lebenswahrer als ihr Liebhaber. Gewiß, sie ist nur Leidenschaft nach Art der Byronschen Frauen, aber es ist eine ursprüngliche, kraftvolle und stolze Leidenschaft.

Puschkin urteilte streng über dieses Jugendwerk. In einem Briefentwurf an Gneditsch schrieb er am 29. April 1822:

»Die Fehler dieser Erzählung oder dieses Gedichtes (nennen Sie die Sache nach Belieben) sind so offenkundig, daß ich lange gezögert habe, es drucken zu lassen. Die Einfachheit des Vorwurfs grenzt an Gedankenarmut, die Beschreibung der kaukasischen Sitten (die beste Stelle meines Gedichtes) ist nicht mit der Handlung verknüpft und daher nur eine geographische Schilderung oder der Reisebericht eines Touristen. Der Charakter der Hauptperson hätte besser für einen Roman gepaßt als für ein Gedicht. Und was ist das überhaupt für ein Charakter? Wer möchte sich schon für einen jungen Mann erwärmen, der alle Herzensimpulse verloren hat durch ein Mißgeschick, das dem Leser unbekannt bleibt? Seine Untätigkeit, seine Gleichgültigkeit gegenüber den Grausamkeiten der Bergvölker und gegenüber den Reizen der jungen Zirkassierin mögen natürlich sein, aber was ist daran Bewegendes? Es wäre leicht gewesen, die Erzählung durch einige Episoden zu beleben. Der Zirkassier, der meinen Russen gefangennahm, hätte der Liebhaber der Befreierin sein können; ihre Mutter, ihr Vater oder Bruder, alle hätten ihre Rolle und ihren Charakter bekommen können. All das habe ich nicht beachtet; einmal aus Faulheit, und dann weil diese sinnvollen Überlegungen mir erst eingefallen sind, als schon beide Teile des Gedichtes abgeschlossen waren und ich keine Lust mehr hatte, noch einmal von vorne anzufangen ... Sie sehen, daß die Vaterliebe mich nicht blind macht, was den *Gefangenen im Kaukasus* anlangt. Dennoch muß ich gestehen, daß ich ihn liebe, ohne zu wissen, warum. Er enthält Verse, die mir teuer sind.«

1829, bei einer zweiten Reise in den Kaukasus, entdeckt Puschkin in Kars eine »schmutzige Abschrift« seines Gedichtes. »Ich las es mit großem Genuß wieder«, schrieb er in seiner *Reise nach Erzerum*, »es ist schwach, jung, unausgeschöpft, aber viele Dinge sind richtig erfaßt und wiedergegeben.«

Der Gefangene im Kaukasus hatte den gleichen, wenn nicht noch größeren Erfolg wie *Ruslan und Ludmilla*. Mochte die Zensur auch verbieten, Puschkins Porträt der Ausgabe seines neuen Gedichtes beizugeben*, sein Bild, seine Gedanken, seine Stimme lebten im Herzen aller gebildeten jungen Russen.

Selbst die Kritik wagte es nicht mehr, Puschkin allzusehr anzugreifen.

1823 führte das Hoftheater in St. Petersburg ein Ballett auf, dessen Szenen dem *Gefangenen im Kaukasus* entnommen waren; die berühmte Tänzerin Istomina tanzte die Rolle der Zirkassierin.

* Die der Zensur vorgelegte Seite 49 der Ausgabe trug folgenden, von der Feder des Beamten dick durchstrichenen »Vermerk«: »Die Herausgeber fügen diesem Werk ein Jugendporträt des Verfassers bei. Sie glauben, daß der Leser gerne die jugendlichen Züge des Dichters bewahren wird, dessen ersten Werke Anzeichen eines außerordentlichen Talentes verraten.«

Puschkin jedoch, fern von der Hauptstadt, erfuhr von seinem Erfolg nur durch die Briefe seiner Freunde und die Berichte einiger Reisender.

KISCHINEW

Im März 1821 verließ Puschkin seine Freunde, um wieder in die »verwünschte Stadt« Kischinew zurückzukehren, wo General Insow seine Amtsräume eingerichtet hatte.

Kischinew war ein verlauster, winkeliger, trübseliger Ort. »Die Stadt ist groß«, schrieb Luginin, ein Zeitgenosse Puschkins, »aber schlecht gebaut. In engen Straßen und unzähligen Gassen gibt es mehr Hütten als Häuser aus Stein und Holz ... Am Abend erging ich mich im Stadtgarten und sah ein paar Offiziere, Leute aus Moldau mit hohen, runden Hüten (das sind die reichsten und bekanntesten), andere hatten weniger hohe Hüte, aber alle trugen eine Art Kaftan in verschiedenen Farben. Unter dem Kaftan tragen sie noch einen zweiten, engeren, darunter Rock und Hosen. Die Damen sind europäisch gekleidet. Hier leben viele Griechen, Serben, Arnauten, deren Trachten sehr schön sind, und auch einige Türken.«

Dieses bunt zusammengewürfelte Völkergemisch traf sich auf der Straße, lungerte vor den Cafés herum. Neben runden Mützen sah man den Fez, neben Turbanen den Zylinder der städtischen Beamten und den Helmbusch stolzer Militärs. Von Moldauisch bis Russisch, von Griechisch bis Jiddisch, von Türkisch bis Armenisch waren alle Sprachen in Kischinew zu vernehmen. Geigen wimmerten in den niedrigen Räumen der Spelunken, in denen vornehme alte Männer mit gekreuzten Beinen saßen und mit weltentrücktem Blick Pfeife rauchten. Ochsengespanne versperrten eleganten Wiener Kutschen den Weg. Im »Casino«-Saal übte die Militärkapelle mit großem Getöse der Blechinstrumente die Walzer, Quadrillen, Mazurkas für den nächsten Ball.

Gleich nach seiner Rückkehr begab sich Puschkin zu General Insov, der ihn wie seinen eigenen Sohn aufnahm. Da der Dichter ohne Geldmittel war, brachte er ihn in seinem Haus unter. Hier war es schön, sauber und geräumig, ein Garten mit Weinstöcken und einem Vogelhaus machte es noch angenehmer. Insov liebte die Pflanzenwelt so sehr, daß er die Außenwände des Gebäudes mit Motiven seltener Exemplare hatte bemalen lassen. Puschkin bewohnte zwei Zimmer im Erdgeschoß, eines für sich selbst, das andere, ein kleiner Vorraum, war für seinen treuen Nikita Kozlov bestimmt. Die durch Eisengitter geschützten Fenster gingen auf den Park, weiter unten erblickte man das Flüßchen Byk. »Ein Tisch am Fenster«, schrieb der Puschkinanhänger Barteniew, »ein Diwan, ein paar Stühle, überall herumliegend Papier und Bücher, blau gestrichene Wände, die Kugeleinschüsse im weichen Verputz aufweisen – Spuren irgendwelcher Schießübungen mit der Pistole, so sah Puschkins Zimmer aus.« Puschkin nahm seine Mahlzeiten bei Insov ein, wohnte bei Insov und war als Angestellter von ihm abhängig. Jedenfalls fügte er sich den Anordnungen des Generals weniger als dieser sich seinen Fantastereien. Der wackere Mann mit dem Bulldoggesicht betrachtete Puschkin als ein Wesen besonderer Art, mit dem man schonend umgehen mußte. Er bewunderte und liebte den genialen Taugenichts und lächelte im stillen über seine Überspanntheiten.

Am 13. April 1821 schrieb Graf d'Istria an Insov: »Vor einiger Zeit schickte ich Eurer Exzellenz den jungen Puschkin. Es wäre mir unter den gegebenen Umständen wertvoll, Ihre Meinung über den jungen Mann zu erfahren. Hört er jetzt auf die Stimme seines Herzens, das von Natur aus gut ist, oder unterliegt er den verworrenen Einflüsterungen seiner zerstörerisch und ungesunden Einbildungskraft?«

General Insov antwortete darauf am 28. April 1821: »Puschkin, der im gleichen Haus wohnt wie ich, führt sich gut und nimmt, trotz der wirren Ereignisse, die die Volkserhebung in Griechenland heraufbeschwor, keinerlei Anteil an den Unruhen. Ich habe ihm aufgetragen, in französisch abgefaßte moldauische Gesetze ins Russische zu übersetzen und beschäftige ihn überdies mit anderen Büroarbeiten, wodurch ihm der Müßiggang verwehrt ist. Wie alle Bewohner des Parnaß versucht auch er, gewisse Schriftsteller, die von sich reden machen*, nachzuahmen, und so entwickelt er manchmal bei unserer Unterhaltung Gedanken aus der Sphäre der Dichter. Ich bin jedoch sicher, daß er mit den Jahren ruhiger darüber denken wird . . . Während seines Aufenthaltes in der Hauptstadt bekam er ein Jahresgehalt von siebenhundert Rubel; augenblicklich ist er ohne diese Einkünfte, erhält auch keine finanzielle Unterstützung von seinen Eltern, so daß er, trotz meiner Hilfe, kein anständiges Kleidungsstück anzuziehen hat. Ich halte es für meine Pflicht, Sie um die Anordnung zu bitten, daß man ihm hier dasselbe Gehalt auszahle wie in St. Petersburg.«

* Ohne Zweifel spielt Insow auf Byron an.

Insov bat nicht vergeblich. Puschkins Eltern hatten ihren Sohn vergessen, aber der alte General nahm die Stelle der säumigen Familie ein. Dank ihm konnte Puschkin wieder über die siebenhundert Rubel verfügen. Es war wenig genug, wenn man seine Stellung in der Gesellschaft halten wollte.

In der Tat: eine sonderbare Gesellschaft. Zwei Cliquen: die Moldauer und die Russen. Letztere waren alle, oder doch fast alle, revolutionär gesinnte Offiziere. Unter ihnen Orlov und Okhotnikov, die Puschkin in Kamenka kennengelernt hatte, Pestel, das Oberhaupt der »Südunion« und Mitglied der »Vereinigung zum Staatswohl«, sowie der überzeugteste, eigensinnigste, röteste Verschwörer ganz Rußlands: Weltman, der schlechte Verse schrieb; ferner Gortschakov, der nichts weiter als ein liebenswürdiger Kerl war, Alexejew, Bogolowskij und schließlich Liprandi, der 1820 um die Genehmigung nachgesucht hatte, in die italienische Volksarmee einzutreten, worauf man ihm schlicht den Abschied gegeben hatte. Dieser Liprandi war ein von Geheimnis umwitterter Mensch. Er hatte keine festen Einkünfte, lebte aber auf großem Fuße und veranstaltete sogar kostspielige Empfänge. Er liebte Festlichkeiten, gefiel sich jedoch in der Öffentlichkeit in einer mürrisch düsteren Pose. Er war ein Freund heftiger Worte, bemühte sich aber, seine Kameraden, die der Zorn übermannte, zu versöhnen. »Es war unumgänglich, daß Puschkin sich von diesem eigenartigen Mann angezogen fühlte«, schrieb Gortschakov. In seinem ganzen Gehabe, in seinen Worten und Taten lag irgend etwas Poetisches, von seinem spöttisch scharfen Geist und seinem Wissen ganz zu schweigen.« Puschkin sagte selbst: »Er ist mir ein lieber Freund und – ein ganz sicherer Beweis für seine Vornehmheit und seine Intelligenz – wird von unserer Regierung nicht geliebt und liebt sie seinerseits nicht*.«

Von St. Petersburg ging's nach Kamenka, von Kamenka nach Kischinew, und hier wie dort fand Puschkin immer wieder dieselbe Atmosphäre aufwieglerischer Gespräche und Verschwörungen vor. Am 9. April notierte er in seinem Tagebuch: »Ich habe den Vormittag mit Pestel verbracht; ein Mann von Geist im vollen Sinn des Wortes. ›Mein Gefühl ist materialistisch‹, sagte er, ›aber meine Vernunft widersetzt sich ihm.‹ Wir sprachen über metaphysische, politische, moralische Probleme usw. Er ist einer der originellsten Geister, die ich kenne ...«

* Brief an Wiasemskij vom 2. Jan. 1822. Zu bemerken ist, daß derselbe Liprandi, der »die Regierung nicht liebte«, seine Laufbahn als Agent der Geheimpolizei endigte

Puschkins Eintreffen in Kischinew fiel mit dem Beginn der griechischen Volkserhebung zusammen. Im März 1821 überschritt Alexander Ipsilanti den Pruth und erließ von Iassa aus einen Aufruf zur Erhebung gegen die türkische Unterdrückung: »Hellenen, eure Stunde ist gekommen. Es ist Zeit, unseren Glauben und unser Vaterland zu rächen ...« Bewaffnete Banden kamen von den Bergen herunter und bekämpften die ottomanischen Truppen mit langen Feuersteingewehren und Säbeln. Das Ganze war tollkühn, unüberlegt und knabenhaft. In Kischinew gerieten Russen und Moldauer durch die Nachrichten über den Aufstand im Süden in leidenschaftliche Erregung. Der Feuerherd war so nahe! Und das Anliegen so edel! Die Erinnerung an die Vorzeit umgab die Helden mit den hängenden Schnurrbärten und den pulvergeschwärzten Händen mit dem Nimbus des Außergewöhnlichen!

»Auf Schritt und Tritt«, schrieb Weltman, »hörte man von den Ereignissen in Griechenland sprechen: die Anteilnahme, die man dieser Sache entgegenbrachte, war ungeheuer groß. Die Nachrichten liefen wie elektrische Funken durch die ganze griechische Einwohnerschaft von Kischinew. Beturbante Prinzen und bemützte Bojaren fuhren in ihren Wiener Kutschen von einem Haus zum anderen, um die Briefe zu zeigen, die sie aus dem Ausland bekommen hatten.«

Serben, Russen, Albanier, Bulgaren, Griechen strömten in die Stadt und brachten ihre Schatztruhen und ihre Dirnen, ihren ganzen tragbaren Patriotismus mit. Puschkin wurde völlig kopflos vor lauter Begeisterung und Ungeduld. Der Kampf um die Freiheit, über den er mit den Verschwörer-Offizieren in St. Petersburg und Kamenka so oft gesprochen hatte, nahm plötzlich Gestalt an vor den Grenzen des Reiches. Es war also Wahrheit, daß ein Volk zu den Waffen eilen konnte, um seine Unabhängigkeit zurückzuerobern? Es war Wahrheit, daß Verschwörungen, Aufrufe und Vereinigungen aller Art einen wirklichen Aufruhr entfesseln konnten? Aber was würde Rußland tun? War es denkbar, daß der allerchristlichste Zar seine Glaubensbrüder in Griechenland zum höheren Ruhme der mohammedanischen Türken in Stücke schneiden ließ? Puschkin schrieb an Alexander Rajewskij:

»Ich berichte Dir über ein Ereignis, das nicht nur für die Zukunft des betreffenden Landes, sondern auch für ganz Europa schwerwiegende Folgen haben wird. (Besonders aber für Rußland.) Griechenland hat sich erhoben und seine Unabhängigkeit verkündet ... Am 21. Februar traf Fürst Alexander Ipsilanti mit seinen beiden Brüdern und dem Fürsten Georges Cantacuzène in Iassa ein; er kam von Kischinew, wo er seine Mutter, seine Frau und zwei Brüder zurückgelassen hat ... Dort veröffentlichte er einen Aufruf, der rasch im ganzen Land bekannt wurde. Er erklärte darin, daß der griechische Phönix aus der Asche auferstehen werde, daß die letzte Stunde des türkischen Reiches geschlagen habe und daß eine große Nation diese Erhebung unterstütze. Die Griechen strömten in Scharen zu seinen drei Bannern ... Die Begeisterung der Gemüter ist außerordentlich groß. Alle Gedanken der Griechen sind auf dasselbe Ziel gerichtet: die Unabhängigkeit des alten Vaterlandes. In den Läden, auf der Straße, in den Wirtshäusern, überall versammeln sich Griechen. Sie verkaufen ihre Habe um ein Spottgeld und kaufen Säbel, Gewehre und Pistolen; sie sprechen von Leonidas, von Themistokles und schicken sich an, zu den Regimentern des erfolgreichen Ipsilanti zu stoßen ... Seltsame Schauspiele! Zwei Nationen, die seit langem in verächtliche Mittelmäßigkeit abgesunken waren (Italien und Griechenland), erheben sich zur selben Stunde aus dem Staub und erscheinen verjüngt auf der politischen Weltbühne. Der erste Schritt von Ipsilanti ist erhaben, groß und kühn. Er ist gerade achtundzwanzig Jahre alt und hat in einem Ehrenhandel einen Arm eingebüßt. Er gehört bereits der Geschichte an. Beneidenswertes Schicksal ... Was aber wird Rußland tun? Werden wir das Moldaugebiet und die Walachei besetzen, unter dem Vorwand, Friedensvermittler zu sein, oder werden wir die Donau überschreiten in unserer Eigenschaft als Verbündete der Griechen und Feinde ihrer Feinde?«

Am 2. April schrieb Puschkin über die Zeit in Kischinew in sein Tagebuch: »Abend bei N. S. verbracht. Reizende Griechin. Wir sprachen von Ipsilanti. Von den anwesenden Griechen war ich der einzige, der wie ein Grieche redete: alle waren untröstlich über die Erfolge des Hetärenlandes. Ich bin völlig gewiß, daß Griechenland triumphieren wird.«

Am 7. Mai verließ ein junger Franzose Kischinew, um sich in die griechische Armee einzureihen, und Puschkin gab ihm einen an Ipsilanti gerichteten Brief mit. So stark war seine Begeisterung, daß er erwog, aus Rußland zu fliehen und ins griechische Heer einzutreten. Er schrieb an Gneditsch: »Ich werde Sie so bald nicht wiedersehen. Die gegenwärtigen Ereignisse lassen mich eine lange, lange Trennung ahnen.« Er verfaßte sogar ein Gedicht *Der Krieg,* in dem er seine eigene Kampflust verherrlichte:

Warum verzögert man die schreckensvollen Kämpfe,
was wartet man, die erste Schlacht zu schlagen?

Im August 1821 schrieb er an Turgenjew, voll Hoffnung, daß Rußland an der Seite Griechenlands in den Kampf eintreten werde: »Wenn irgendeine Aussicht auf Krieg besteht, so laßt mich um Gottes willen in Bessarabien.«

Seine Hingabebereitschaft war so groß, daß er im selben Jahr der Freimaurerloge »Ovid Nr. 25« beitrat. Dort nahm er freudig an politischen Diskussionen und Plänen zum Umsturz in Europa teil. Er glaubte zu handeln, schlug jedoch nur die Zeit tot.

»Ich wurde Freimaurer«, schreibt er 1826, »Mitglied der Loge in Kischinew, deren Tätigkeit die Auflösung aller Logen in Rußland verursachte.«

Eines Tages bekam General Insov folgenden Brief aus St. Petersburg, mit dem Datum des 19. September 1821:

»Seine Kaiserliche Majestät hat erfahren, daß sich in Bessarabien Freimaurerlogen gebildet haben oder sich jetzt bilden, die in Kischinew unter der Leitung eines gewissen Fürsten Sutzo stehen . . . Bei ihm soll sich Puschkin befinden, der Eurer Exzellenz zugeteilt ist und dessen Verhalten streng zu überwachen Sie beauftragt worden sind . . . Seine Majestät wünscht benachrichtigt zu werden, wie sich Puschkin verhalten hat und warum Sie es für ratsam hielten, seine Beschäftigung in den Freimaurerlogen nicht zu bemerken . . .«

Insov antwortete am 1. Dezember: »Monsieur Puschkin, der meinem Amt zugeteilt ist, verhält sich einwandfrei . . . Die Information über seinen Beitritt zu einer Freimaurerloge ist unzutreffend; hier gibt es gar keine Freimaurerloge, so daß er gar nicht hätte beitreten können, selbst wenn er den Wunsch gehabt hätte.«

Die Polizei überwacht Puschkin. In St. Petersburg weiß man schon, daß »Puschkin öffentlich, sogar in Kaffeehäusern, Militärverwaltung und Regierung beschimpft«.

Es ist wahr, Puschkin beschimpft die ganze Welt; er ist unzufrieden mit aller Welt. Er verübelt Rußland, daß es die Griechen nicht unterstützt, und den Griechen, daß sie eine Unterstützung nicht verdienen. Ja, die Griechen selbst enttäuschen ihn. Ihr Abenteuer war zu schön für die Menschen des 19. Jahrhunderts.

Sehr bald kommt es zu häßlichen Bloßstellungen, zu Eifersüchteleien, zu Verrat und unnötigen Grausamkeiten. Zwischen den beiden Führern des Aufstands, Wladimiresco und Ipsilanti, entstehen Meinungsverschiedenheiten. Wladimiresco vertritt die demokratische rumänische Richtung, und Ipsilanti denkt nur daran, die Türken zu überwältigen, um eine nationalbürgerliche Regierung einzusetzen. Der edle Gedanke an Unabhängigkeit kommt erst in zweiter Linie. Der Krieg bietet nur den Vorwand zu Plünderungen, Erstürmung von Städten, Folterung von Gefangenen. Die Türken verstümmeln die Männer, verkaufen die Mädchen, braten die kleinen Kinder am Spieß und stecken Frauen in Säcke, zusammen mit ausgehungerten Ratten, Katzen und Schlangen. Die Griechen metzeln die ottomanische Bevölkerung nieder und verschonen nur die Reichen, von denen ein Lösegeld zu erhoffen ist. Puschkin fühlt mit wachsender Bestürzung und voll Ekel, daß diese Barbaren die Sache entehren, zu deren Vorkämpfer er sich gemacht hatte.

Welche Kluft zwischen liberalen Gedanken und ihrer Verwirklichung! Welches Zerrbild eines Kampfes um die Freiheit bei diesen Banditenraufereien unter dem blauen Himmel Griechenlands! Was soll man glauben? Wem soll man glauben?

Tief enttäuscht von der Politik, hofiert Puschkin die Frauen und verausgabt seine überschüssige Kraft, indem er Skandale heraufbeschwört und in allen Ecken der Stadt Duelle herausfordert. Wie in St. Petersburg äußert sich auch hier seine seelische Verwirrung in immer schlimmeren dummen Streichen.

Das Leben in Kischinew ist sterbenslangweilig, und der Dienst bei General Insov unbedeutend. Petersburg aber ist weit, und die Post so langsam. All das reizt und ärgert den Dichter. Wiederholt fleht er seine Freunde an, ihm die Rückberufung nach St. Petersburg zu erwirken. Von Brief zu Brief werden seine Hoffnungen schwächer: »Wenn ich die Erlaubnis zur Rückkehr bekomme, so erzähle niemand davon, ich will über euch hereinbrechen wie eine Schneelast über ein Haupt.«

Wenn es nur die Abgeschiedenheit wäre! Aber auch das Geld fehlt!

Puschkins Eltern schicken ihm nichts oder fast nichts. »Mein Vater hat einen glorreichen Einfall gehabt«, schreibt er seinem Bruder Leo, »nämlich den, mir Kleidungsstücke zu schicken; mahnt ihn wieder mal daran, in meinem Namen.« (Brief vom 4. September 1822.)

Sein Gehalt von siebenhundert Rubel reicht nicht aus. Und der *Gefangene im Kaukasus* hat nur fünfhundert eingebracht. Er »birst vor Elend« (Brief vom 8. November 1823). Um seine Bedürftigkeit zu verschleiern, befleißigt er sich einer »übermütigen Überspanntheit«. Die Aufzeichnungen aus jener Zeit lassen die eigenartige Gestalt des Dichters vor uns erstehen, wie er sich als Bewohner der Moldau kostümiert, als Jude, als Türke, als Zigeuner, mit einem achtzehn Pfund schweren Knüppel in der Faust und mit Pistolen im Gürtel. »Oft«, so erzählte eine Augenzeugin, »ging Puschkin im Stadtgarten spazieren, und jedesmal erschien er in einer anderen Aufmachung. Bald sah man ihn als Serben, bald als Moldaubewohner; die Kleider liehen ihm die Damen seiner Bekanntschaft. Die Moldauer trugen zu jener Zeit Soutanen. Ein anderesmal kam er als Türke oder als Jude, und dann sprach er in jüdischem Tonfall. Selbst wenn er nicht verkleidet war, machte er sich immer so zurecht, daß er einen Zipfel seines Mantels an einer Schulter befestigte und den anderen auf dem Boden schleifen ließ. Das nannte er, sich als »General« herausstaffieren. Oft begab er sich mit Insov in die Metropolitankirche. Insov nahm vorne Platz, in der Nähe des Chores, und Puschkin hinter ihm, damit ihn der General nicht sähe. Und während er niederkniete und sich verneigte, schnitt er den ihm bekannten Damen Grimassen, lächelte ihnen zu und erhob den Zeigefinger, als ob er sie schelte oder ihnen etwas mitzuteilen habe.«

Jeden Morgen bleibt Puschkin in seinem Zimmer im Haus des Generals lange auf seinem Bett liegen und schießt Brot- oder Wachskügelchen aus der Pistole. Die Zimmerdecke trägt die Spuren solcher Heldentaten. Wenn ein Freund ihn besuchen kommt, drückt Puschkin ihm ein Florett in die Hand und zwingt ihn, sich gegen seine Ausfälle zu verteidigen. Im Sommer geht er splitternackt in seinem Zimmer auf und ab, schreibt oder sagt Verse auf, bis ihm der Atem ausgeht. Weh dem, der ihn stört! Bei Nacht spielt er Karten, trinkt und streitet sich mit irgendwelchen Offizieren aus seinem Bekanntenkreis. Eines Abends soll er, als er in einem Kaufladen ein hübsches Mädchen bemerkte, hoch zu Roß in das Geschäft hineingeritten sein. Er habe sich auch damit vergnügt, den Lieblingspapagei General Insovs moldauische Schimpfworte zu lehren, die der Vogel dann nachsprach. Während eines Streites mit einem Einheimischen aus Kischinew soll er kurz entschlossen seinen Stiefel ausgezogen und den Unglücklichen damit ins Gesicht geschlagen haben. Ein anderesmal hat er sich, in angeheitertem Zustand, mit einem gewissen Lanov, einem städtischen Beamten, herumgebalgt.

»Du bist ein Wickelkind«, sagte Lanov zu ihm, »du hast ja noch Milchtropfen auf den Lippen.«

»Und Sie Weintropfen«, erwiderte Puschkin.

Ein Duell wurde mit knapper Not vermieden.

Duell und Kartenspiel, das sind zwei Mittel, das Leben auf eine Karte zu setzen, und Puschkin läßt sich nicht entgehen, »sein Glück zu versuchen«.

Im Oktober 1820 gerät Puschkin mit dem Bruder des Generals M. F. Orlov, dem Oberst F.-F. Orlov, in Streit; dieser ist ein furchteinflößender Koloß, dem als Folge einer Kriegsverwundung ein Bein amputiert worden ist. Alexejew, Orlov, Puschkin und Liprandi spielten Billard in einer Kneipe und tranken unzählige Gläser »Djonka«. Der Alkohol erhitzte Puschkin, und er konnte sich nicht mehr ruhig verhalten. Er lachte vor sich hin, stieß die Spieler an und hinderte sie, ihre Stöße vorzubereiten. Schließlich vergnügte er sich damit, die Kugeln auf dem Tisch durcheinander zu bringen. Aufgebracht nannte Orlov ihn einen »Schulbuben«, und Alexejew fügte hinzu, daß »Schüler gerügt werden müßten«. Bei diesen Worten wurde Puschkin blaß vor Zorn, er stieß eine Reihe weit vernehmbarer Beleidigungen aus, warf alle Kugeln auf dem grünen Tisch durcheinander und forderte Orlov und Alexejew zum Duell. Die Begegnung sollte am anderen Morgen um zehn Uhr stattfinden. »Ich werde Ihnen beweisen, daß ich kein Schulbub bin«, grollte Puschkin. Liprandi kostete es große Mühe, die Gegner zu versöhnen. Das Duell wurde gestrichen und durch ein Brudermahl ersetzt.

Einige Monate später, im Juni 1821, neuer Zusammenstoß mit einem gewissen Deguilly, einem »ehemaligen französischen Offizier«. Da Deguilly einer bewaffneten Auseinandersetzung aus dem Weg gegangen war, schrieb ihm Puschkin folgenden französischen Brief:

»Mitteilung an Monsieur Deguilly, französischen Ex-Offizier. Es genügt nicht, ein Drückeberger zu sein, man muß es auch offen sein. Am Abend vor einem Säbelduell auf Leben und Tod schreibt man keine Jammerbriefe und ein Testament vor den Augen seiner Frau, man erfindet für die Stadtobrigkeit nicht sterbenslangweilige Geschichten, nur um einem Kratzer aus dem Weg zu gehen, man stellt nicht zweimal seine Sekundanten bloß, auch nicht einen General, der geruhte, einen Hasenfuß in seinem

Haus zu empfangen. Ich habe es kommen sehen und ärgere mich nun, keine Wette darüber abgeschlossen zu haben. Jetzt ist es vorbei, aber seien Sie auf der Hut!

Nehmen Sie die Versicherung der Gefühle entgegen, die Sie verdienen. Puschkin. 6. Juni 1821.

Merken Sie sich noch, daß ich jetzt bei Bedarf meine Rechte als russischer Edelmann geltend machen werde, da Sie nichts vom Waffenrecht verstehen.«

Dieser Brief genügte jedoch nicht, Puschkins Wut zu besänftigen. Er kochte. Um ruhiger zu werden, nahm er sein Notizheft, und, mitten zwischen Entwürfen zu wunderbaren Gedichten, zeichnete er einen Mann im Hemd, ohne Hose, und schrieb darunter: »Frau! ... meine Hose! ... ich muß doch zu meinem Duell! ... Ach, soll sie sehen, wie sie sich aus der Affäre zieht, sie hat ja die Hosen an ...«

Später, im gleichen Jahr, sollte ein anderer Zwischenfall Puschkin auf den Kampfplatz bringen. Er spielt mit einem Offizier, namens Zubov, Baccarat; da er, wie gewöhnlich, verlor, vermutete er eine Mogelei, stand vom Tisch auf und erklärte, er halte es für ungerecht, eine unter solchen Umständen zustande gekommene Spielschuld zu bezahlen. Zubov forderte Puschkin zum Duell, und die beiden Männer trafen sich auf dem Kampfplatz der Malina. Puschkin erschien mit einer Tüte Kirschen in der Hand. Im Angesicht seines Gegners, der schon auf ihn anlegte, aß er seelenruhig seine Kirschen und spuckte die Kerne in die Richtung, wo der Offizier stand. Zubov gab Feuer und verfehlte sein Ziel. Puschkin hatte nicht mit der Wimper gezuckt. Anstatt nun seinerseits zu schießen, fragte er:

»Sind Sie jetzt zufriedengestellt?«

Bei diesen Worten stürzte Zubov auf den Dichter zu und wollte ihn umarmen, doch Puschkin gebot ihm mit einer Handbewegung Einhalt.

»Das wäre zuviel«, sagte er und entfernte sich würdevoll, seine Tüte Kirschen in der Hand.

An diese Begegnung erinnert sich Puschkin, als er 1830 seine Erzählung *Der Schuß* schreibt. Wie er, so ißt auch der Held der Novelle Kirschen, während ihn die Pistolenmündung bedroht, und weigert sich zu schießen, nachdem der Gegner Genugtuung erhalten hat.

Im Januar 1822 neuer Streit und neues Duell mit einem anderen Offizier, dem Obersten Starov. Die Sache nahm im »Casino«

von Kischinew ihren Anfang. Dort versammelte sich die ganze weltmännisch vornehme Gesellschaft des Ortes. Die Damen trugen reichgeschmückte Toiletten aus Wien, die Männer hatten Turbane oder hohe moldauische Mützen auf. Man tanzte. Und Puschkin tanzte gerne. Als er schon recht in Stimmung war, bat er das Orchester, eine Mazurka zu spielen. Ein neu angekommener junger Garnisonsoffizier bestellte jedoch einen Walzer. Das Orchester folgte der zuerst erhaltenen Weisung und stimmte eine feurige Mazurka an. Das hieß, einem Zivilisten den Vorrang vor einer Militärperson geben. Entrüstet rief Oberst Starov den jungen Offizier zu sich und befahl ihm, von Puschkin eine Entschuldigung zu fordern.

»Aber wie könnte ich mich an ihn wenden, Herr Oberst«, stammelte der junge Mann, »ich kenne ihn überhaupt nicht.«

»Was, Sie kennen ihn nicht?« sagte Starov. »Schön! Bleiben Sie da, ich werde an Ihrer Stelle gehen.«

Als der Tanz zu Ende war, ging er schnell zu Puschkin hin.

»Sie sind unverschämt gewesen gegen einen meiner Offiziere«, sagte er. »Entschuldigen Sie sich bei ihm, oder Sie werden es mit mir selbst zu tun bekommen.«

»Entschuldigen? Wofür?« antwortete Puschkin heftig. »Ich weiß nicht, was Sie meinen. Aber verfügen Sie über mich.«

»Gut, bis morgen, Alexander Sergejewitsch.«

»Sehr wohl, Herr Oberst.«

Das Duell wurde auf den folgenden Tag um neun Uhr festgesetzt. Man kannte den meisterlichen Schützen Starov als tapferen Mann, der darauf bedacht war, seiner Ehre nichts zu vergeben. Stolz über diesen Gegner, brannte Puschkin darauf, sich mit ihm zu messen. Voll nervöser Heiterkeit wartete er auf den Zeitpunkt des Treffens, als handle es sich um ein Fest, das man ihm zu Ehren gab. Er drängte Alexejew, seinen Sekundanten, sich mit den Vorbereitungen zur Abfahrt zu beeilen, denn er wollte als erster auf dem Platz sein. Als die beiden Gegner an Ort und Stelle eintrafen, fegte ein ungewöhnlich heftiger Schneesturm über die Felder. Den Abstand hatte man auf sechzehn Schritte festgesetzt und begrenzt. Puschkin schoß zuerst und verfehlte sein Ziel, danach kam Starov an die Reihe, auch er hatte nicht mehr Glück. Da befahl der Oberst den Sekundanten, den Abstand auf zwölf Schritte zu verringern.

»So ist's besser«, meinte Puschkin. »Es ist nämlich kalt.«

Mit frostklammen Fingern und vom Wind tränenden Augen

mühten sich die Sekundanten ab, die Waffen frisch zu laden. Endlich hoben Starov und Puschkin von neuem die Pistolen. Zwei Schüsse hallten. Keiner der beiden Gegner war getroffen, und Starov wie Puschkin forderten, den Abstand abermals zu verringern. Doch die Sekundanten weigerten sich in aller Form, und das Duell wurde vertagt.

Am selben Tag machten Liprandi, Alexejew und andere Freunde eine Reihe Besuche, um die beiden Gegner zu versöhnen. So fand im Restaurant Nicoletti eine Begegnung zwischen dem Dichter und dem Oberst statt.

»Ich habe immer Hochachtung für Sie empfunden, Herr Oberst«, sagte Puschkin, »darum habe ich auch Ihre Forderung angenommen.«

»Und Sie haben gut daran getan, Alexander Sergejewitsch«, antwortete Starov. »Dadurch haben Sie die gute Meinung, die ich von Ihnen hatte, bestätigt, und ich muß Ihnen sagen: Sie zeigen beim Kugelwechsel dieselbe gute Haltung wie vor dem Schreibtisch.«

Man ließ die Sache auf sich beruhen. Aber die ganze Stadt war in Aufregung geraten; man bewunderte des jungen Puschkin Kaltblütigkeit, einem so zähen Gegner wie dem alten Starov die Stirn zu bieten. »Ich habe Alexander Sergejewitsch (Puschkin) in Wut gesehen, manchmal bis zum Wahnsinn gereizt«, schreibt Liprandi, »aber im Augenblick der Gefahr, wenn er sich dem Tod gegenübersah und sein tiefstes Wesen sich offenbarte, wurde er ruhig und gelassen . . . Führte die Angelegenheit zum Duell, sah man ihn am Kampfplatz erscheinen, kalt wie ein Eisblock . . .«

Zwei Tage nach diesem Treffen befand sich Puschkin im Billardsaal von Nicoletti, als er ein paar junge Moldauer leise über sein Duell mit Starov sprechen hörte. Er lauschte. Die jungen Leute lobten einmütig Puschkins Mut und verurteilten die Haltung des Obersten. Puschkin warf auf der Stelle seinen Billardstock in eine Ecke, ging auf die Gruppe zu und erklärte vernehmlich:

»Meine Herren, in welcher Weise wir uns mit Starov geeinigt haben, geht uns allein an. Ich möchte Ihnen nur sagen: wenn Sie sich erlauben, an Starov, für den ich nur Hochachtung empfinde, Kritik zu üben, so fasse ich diese Reden als persönliche Beleidigung auf und jeder von Ihnen wird sich vor mir zu verantworten haben.«

Verdutzt entschuldigten sich die jungen Leute bei dem Dichter, der wie ein Triumphator den Raum verließ.

Die großen Moldauer Herren haben Frauen, die nach europäischer Mode gekleidet sind, sie halten Hauslehrer und Erzieherinnen, empfangen an bestimmten Tagen, doch ihre Dienerschaft besteht nur aus einer Horde zerlumpter Zigeuner. In ihren Häusern herrscht neben äußerem Prunk eine malerische Unsauberkeit.

»Betreten Sie eines dieser schönen Wohnhäuser, die man ohne weiteres auf dem Hauptplatz irgendeiner europäischen Stadt aufstellen könnte«, schrieb Weltmann. »Sie werden eine Diele voll Arnauten durchqueren, und man wird ein Stück Tuch vor Ihnen zurückschlagen, das als Vorhang dient; Sie werden durch einen Saal gehen, der geräumig genug für eine ganze Truppenformation wäre, links oder rechts wird man einen roten Vorhang zur Seite schieben, und Sie werden in das Diwanzimmer gelangen, wo Sie die Hausherrin finden. Sie trägt über ihrer europäischen Toilette eine ärmellose, hochgeschlossene und mit Goldstickereien überladene Jacke. Vielleicht wird Sie auch der Hausherr empfangen.

Man wird Sie auffordern, auf einem Diwan Platz zu nehmen; darauf tritt ein Arnaut ein, der über einer violetten Samttunika einen vergoldeten Brustpanzer anhat, auf dem Kopf einen türkischen Kaschmirturban trägt und um den Leib einen türkischen Schal, in dem an der Seite ein Yatagan steckt. Er hat ein goldbesticktes Muselintuch über dem Arm, mit dem er die kostbaren Pfeifenrohre auswischt... Er bietet Ihnen eine Pfeife an und stellt einen Kupferteller auf den Boden unter den Rauchtisch. Gleichzeitig reicht Ihnen eine schlampige Zigeunerin mit strubbeligen Haaren und nackten Füßen auf einer Platte den ›Dultschez‹ und ein Glas Wasser.«

Puschkin hat in Versen ein Bild dieser fetten Moldauer Weibchen gezeichnet, die in den dämmerigen »Diwanzimmern« ihre Reize entfalten:

> Die Beine unter den Hintern gezogen,
> stumm wie Ägyptens Götter, so sitzen
> vor eingezuckerten, kühlenden Früchten
> in ihrem Gemach die Damen und schwitzen.

Doch einige dieser molligen, schweigsamen Mädchen haben es dem Dichter angetan, und nur wenige haben seinen Annäherungsversuchen widerstanden.

»Puschkin«, schrieb Gortschakov in seinen Erinnerungen, »ging gerne zu Festlichkeiten oder Abendgesellschaften, und alle luden ihn mit Freuden ein. Er nahm an den Bällen und den dazu gehörenden Vergnügungen teil: er liebte Kartenspiel und Tanz. Bei jeder Gesellschaft geriet Puschkin von neuem in bewunderndes Entzücken und wurde der neue Anbeter von neuen Idolen. Oft hörte ich ihn sagen: ›Was für ein wunderbares Geschöpf! Ich kann ohne sie nicht leben!‹ Und am nächsten Tag war dieses Wunderwesen durch ein anderes verdrängt.«

Puschkin schrieb 1821 an Naschokin: »Hier haben alle hübschen Frauen einen Mann und einen Hausfreund, und dazu noch einen, der ihnen die Langeweile vertreibt.«

Er verliebt sich in die hübsche und schüchterne siebzehnjährige Schreiber, die geistreiche, nicht gerade scheue, kurzbeinige Madame Vakar, in die kleine Sandulaki, eine lebhafte, heitere Brünette, in die Frau des Kommandanten Solowkin, die Frau des hohen Beamten Eyfeldt, die anmutige Moldauerin Rossetti, deren schmale Elfenfüße oft durch seine Träume huschten; in eine gewisse Prunkul, eine Zigeunerin aus der Umgebung, eine Jüdin und viele andere Frauen. Doch wenn sie ihn auch alle locken, keine vermag ihn zu halten. Auf der Don-Juan-Liste stehen nur zwei weibliche Vornamen aus der Bessarabienzeit: Pulcherie und Calypso.

Pulcherie Bartholomä war die Tochter eines aufgeschwemmten reichen Moldauers, eines Träumers mit langem Schnurrbart. Er hatte einen weiträumigen Ballsaal an sein Haus anbauen lassen; er liebte es, wie ein Türke auf dem Diwan zu hocken und, an der Pfeife saugend, den Figuren der Tänzer zuzusehen. Pulcherie hatte von ihrem Vater eine Art pflanzenhaften Gleichmuts geerbt, ihre Schönheit war unbewegt und kalt, ihre Unterhaltung nichtssagend, jede tiefere Empfindung ging ihr ab. Weltman, der sie gut gekannt hat, beschreibt sie so:

»Pulcherie war ein frisches junges Mädchen von vollen, runden Formen; ihre bevorzugte Sprache war ein Lächeln, das aber nicht etwa der Koketterie entsprang, sondern aus einem unbekümmerten, gesunden Herzen kam. Niemand von denen, die sie im Lauf dieser Jahre kennengelernt haben, erinnert sich, daß sie jemandem einen besonderen Blick gewährt habe; jeder Mann, wer immer er sein mochte, bedeutete ihr nichts anderes als ein Wesen mit Kopf, Armen und Beinen ... Wenn ich sie betrachtete, die wie eine Achtzehnjährige aussah, fragte ich mich oft, ob sie nicht eher ein Meisterwerk der Kunst als eines der Natur sei. Alle ihre Bewegungen hätte ein Automat mechanisch ausführen können. Ich beobachtete ihren Gang, und es schien mir, als liege in diesem

Gang etwas Fremdartiges, Unerklärliches. Ich forschte in ihren Augen: ihr wunderbar heiterer Blick richtete sich auf ein anderes Ziel, sobald sie den Kopf wandte. Ihr Gesicht, ihre Hände waren so fein, daß sie wie aus Schwedenleder angefertigt schienen.«

Puschkin bewunderte diese Puppe, deren stumpfsinnige Dummheit etwas Überwältigendes, ja Göttliches hatte. Er tanzte mit ihr und machte ihr den Hof. Als er ihr ein Kompliment sagte, antwortete sie in französisch mit fürchterlichem Moldauer Akzent.

»Ah, was sind Sie doch für einer, Monsieur Puschkin! Was scherzen Sie da!«

Nach den Aussagen von Zeitgenossen stellten diese beiden Sätze Pulcheries ganzes Liebesvokabular dar. Doch Puschkin war so versessen auf schöne Formen und lebhafte Farben, daß er dem armen Ding seine Dummheit und die Unfähigkeit, diese zu verbergen, verzieh. Er liebte sie wegen der Frische ihrer Haut, wegen der Farbe ihrer Augen und der Form ihrer Lippen. Man glaubt, daß er für sie das Gedicht *Eine Jungfrau* schrieb.

Calypso Polichroni hatte vor Pulcherie voraus, intelligenter und ansprechbarer zu sein. Sie war die Tochter einer Griechin, die 1821 aus Konstantinopel geflohen war und sich in Kischinew als Wahrsagerin niedergelassen hatte. Die alte Hexe empfing ihre Kunden in einer schwarzen, mit kabbalistischen Zeichen geschmückten Mütze; wenn sie in Trance fiel, sträubten sich ihre Haare und hoben den Zauberhut in die Höhe. Dieses seltsame Schauspiel erfreute sich großer Beliebtheit bei der Jugend von Kischinew. Aber Puschkin interessierte sich mehr für die Tochter als für die Zauberin-Mutter. Calypso Polichroni war klein, mager und flachbrüstig und hatte ein langes, doch reizvolles Gesicht, das sie nach türkischer Mode rosig schminkte und das von schwarzen, dichten, duftenden Haaren umrahmt war. Die weit auseinanderstehenden, länglichen Augen drückten große Sinnlichkeit und Erfahrung aus. Dieser schöne Gesamteindruck wurde leider durch eine Adlernase entstellt, die das ganze Gesicht von oben bis unten in zwei Hälften teilte. Calypso sprach Griechisch, Türkisch, Arabisch, Moldauisch, Französisch und Italienisch. Puschkin hörte ihre melodiöse Stimme gerne orientalische Klagelieder singen, die bald getragen und verzweifelt klangen, bald heiser und keuchend wie Liebesröcheln. Aber Calypso verfügte noch über andere Mittel als ihre Stimme, um den Dichter ihre lange Nase und ihre flache Brust vergessen zu lassen. Man erzählte in Kischinew, daß sie die Geliebte Byrons gewesen sei, und der Gedanke, eine Frau zu besitzen, die Byron ein paar Jahre zuvor besessen hatte, erregte Puschkin. Es schien ihm, als trete er mit dem englischen Dichter in Verbindung, wenn er diesen Körper liebkoste.

Puschkin hatte auch eine ernsthafte Liebschaft mit der Frau eines reichen Gutsbesitzers aus Kischinew, namens Inglesi, der schrecklich eifersüchtig wegen seiner schönen, wenig tugendhaften Frau war. Es heißt, daß er die Ungetreue beinahe mit Puschkin zusammen überrascht hätte, doch fanden die Liebenden noch Zeit, sich in ein nahe gelegenes kleines Haus zu flüchten. Der Ehemann forderte Puschkin zum Duell. Aber General Insov schloß Puschkin ein und riet Inglesi, mit seiner Frau die Stadt zu verlassen. Man behauptet, daß die Liebende, untröstlich über diese Trennung, in der Fremde aus Kummer starb.

In Puschkins Notizbüchern finden sich Spuren einer weiteren heftigen Leidenschaft, die schwer zu enträtseln sind. Ein in französisch geschriebener Briefentwurf ist an eine Unbekannte gerichtet: »Ich schreibe nicht, um Ihnen ungehorsam zu sein, sondern weil ich so dumm und schwach bin, Ihnen eine lächerliche Leidenschaft zu gestehen, und ich will mich freimütig erklären. Machen Sie mir nichts vor, das wäre Ihrer unwürdig; Koketterie wäre eine leichtfertige, vor allem recht unnötige Grausamkeit, auch an Ihren Zorn würde ich nicht mehr glauben. Womit könnte ich Sie beleidigen? Ich liebe Sie mit so viel Sehnsucht und Zärtlichkeit und so geringem Selbstbewußtsein, daß es auch Ihren Stolz nicht verwunden kann ... Schreiben Sie mein Geständnis einer übergroßen Spannung (sic) zu, einer Verwirrung, die ich nicht mehr meistern konnte, die bis zu ohnmächtiger Schwäche ging. Ich verlange nichts, ich weiß selbst nicht, was ich will, ich ...«

Ovid

Trotz Liebelei, Kartenspiel, Tanz und Duell wirkte das eintönige Leben in Kischinew lähmend auf den Dichter. Eine Reise nach Kamenka, eine andere nach Odessa, eine Fahrt mit Liprandi quer durch Bessarabien ließen nur vorübergehend das Gefühl der Unabhängigkeit in ihm aufkommen. Und doch, wenn auch unbewußt, bereicherten ihn die Reiseeindrücke, die Kenntnis der Länder, deren Geschichte und Sagen. Liprandi hat in seinen Memoiren von der Fahrt mit Puschkin durch Bessarabien erzählt.

»Puschkin«, schreibt er über den gemeinsamen Aufenthalt in

Ackerman, »machte sogleich den fünf hausbackenen Töchtern unseres Gastgebers den Hof, obwohl er sie zum erstenmal sah, dann ging er zu den Whisttischen und schloß Wetten ab ... In allen Winkeln erscholl sein Gelächter ... In der Morgendämmerung kamen wir in Tatar-Bunar an, wo wir haltmachten, um auszuruhen und etwas zu essen. Während man uns ein Huhn briet, schrieb Puschkin nach seiner Gewohnheit Papierfetzen voll, versenkte sie dann achtlos in seiner Tasche, holte sie wieder heraus und überlas sie erneut ... Als ich in Ismail gegen Mitternacht nach Hause kam, sah ich Puschkin wie einen Türken auf dem Diwan sitzen, von einer Menge Zettel umgeben, die er rasch zusammenraffte und unter sein Kopfkissen schob ... Wir leerten eine Karaffe Wein und legten uns schlafen ... Als ich die Augen wieder öffnete, sah ich ihn am selben Platz sitzen wie am Abend zuvor, im Nachthemd, in derselben Stellung, und immer noch inmitten seiner Zettel. Er hielt eine Feder in der Hand und schlug den Takt, während er halblaut vor sich hin murmelte. Abwechslungsweise hob und senkte er den Kopf. Als er bemerkte, daß ich aufgewacht war, legte er seine Papiere beiseite und kleidete sich an.«

Puschkins Reise durch Bessarabien dauerte neun Tage, vom 14. bis 23. September 1821. Aber diese neun Tage, fern von der »verwünschten Stadt«, ließen sein Verlangen, zu schreiben, wieder aufleben. Er kam durch Gebiete, die noch nicht unterworfen waren, in denen ganze Banden ehrenhafter Räuber lagen: Überläufer der griechischen Armeen, Aufständische, politische Flüchtlinge und auch Verbrecher. Sie hatten berüchtigte Anführer, wie jenen Ursul, der erklärte, daß die Banditen »berechtigt seien, sich mit den Waffen in der Hand des Vermögens bestimmter Herren zu bemächtigen, die ihrerseits, ohne Mühe und Gefahr, die Besitztümer ihrer Leibeigenen plünderten«.

Aus dem Jahr 1822 stammen einige unvollendete Werke. So die Geschichte eines gewissen *Vadim,* eines Einwohners von Nowgorod aus dem 9. Jahrhundert, der die bürgerliche Freiheit predigte. Auch die *Tauride,* zu der die Landschaft der Krim ihn inspirierte; die Einleitung kündigt einen lyrischen Roman beträchtlichen Umfangs an.

Das einzige große Gedicht, das Puschkin zwischen 1821 und 1822 zu Ende führte, ist die anstößige *Gabrieliade,* ein so teuflisches Werk, daß manche Schriftsteller Puschkins Urheberschaft abzuleugnen versuchten. Konnte er so tief gesunken sein, die

Jungfrau Maria, den Erzengel Gabriel, ja, die ganze christliche Religion in solcher Weise lächerlich zu machen? Vielleicht lag eine Fälschung vor. Der Dichter jedenfalls verwahrte sich sein ganzes Leben lang dagegen, dieses Werk geschrieben zu haben.

In Puschkins Akten aber, zwischen einem Gewirr von hingekritzelten weiblichen Profilen, Körperumrissen und einem Goethe-Kopf tauchen auf Blatt 28 des Notizheftes Nr. 2365 folgende enthüllende Worte auf: »Der Heilige Geist läßt den Erzengel Gabriel zu sich kommen, gesteht ihm seine Liebe und verwandelt ihn in einen Kuppler. (Gabriel ist verliebt.) Satan und Marie*.«

Das ist der Entwurf zur *Gabrieliade*. So hat Puschkin also doch das Gedicht verfaßt! Um die Schändlichkeit voll zu machen, schrieb er es offenbar in der Karwoche, vom 3. bis 9. April 1821.

Wie alle Beamte, sah sich auch Puschkin genötigt, während der Karwoche strenge Fasten einzuhalten und seine religiösen Pflichten genauestens zu erfüllen, wobei General Insov mit gutem Beispiel voranging. Das geweihte Hungern, die liturgischen Gesänge, die Nachrichten über die griechische Revolution, der Haß gegen die Verbannung: Puschkin wehrte sich dagegen, als habe ihn ein Fieber befallen. Jede zwingende Verpflichtung war ihm unerträglich. Weil man ihn zwang, regelmäßig in die Kirche zu gehen, wollte er die Kirche lächerlich machen. Weil man ihn zwang, den kleinen Heiligen zu spielen, wollte er ein Teufel sein.

Selbst am Ostersonntag schrieb er:

> Christ ist auferstanden, liebe Rebekka,
> und ich möchte, Jüdin, dir in die Hände legen,
> was einen Juden vom Christen scheidet.

Die Epistel an Dawijdov trägt dasselbe Datum und ist von derselben Art:

> Ich bin ganz ernst und brav geworden,
> ich faste und bete und glaube,
> daß Gott meine Fehler verzeihe,
> wie der Zar mir meine Gedichte . . .
> Doch dem widersetzt sich die Herrin,
> die stolze Vernunft, in mir,
> und auch mein gottloser Magen
> verdaut das Abendmahl schlecht . . .
> Es ging noch, wär Christi Blut
> ein guter Chateau-Lafitte

* Die »Gabrieliade« wurde erst nach der Revolution von 1917 in die Gesamtausgabe von Puschkins Werken aufgenommen

oder ein Clos de Vougeot.
Doch reicht man uns, sind sie doch dumm!
verwässerten Moldauwein.

Die *Gabrieliade,* deren Entwurf in demselben Heft steht wie die Rebekkaverse und die Epistel an Dawijdov, schließt den Kreis dieser Auflehnung gegen die Kirche.

Die *Gabrieliade* stellte eine Parodie auf die Verkündigung dar und ist verwandt mit Parnys *Galanterien der Bibel,* seinem *Götterkrieg* und mit Voltaires *Jungfrau von Orleans.*

Satan, der Erzengel Gabriel und Gott, in Gestalt einer weißen Taube, suchen am gleichen Tag die Jungfrau Maria heim. Dieses dreifache Liebesspiel wird von Puschkin in etwa fünfhundert anmutigen und mutwilligen Versen erzählt, die jedoch nichts Metaphysisches noch Pornographisches enthalten. Puschkin hat nicht den Ehrgeiz, die Dogmen als Philosoph zu kritisieren, und um einfach unsittlich zu sein, dazu ist er zu sehr Dichter. So scherzt er denn. Ist aber Scherzen mit einem solchen Thema nicht schlimmer als eine Verunglimpfung? Wenn ein Autor die Religion mit aller Heftigkeit angreift, so darum, weil es für ihn ein religiöses Problem gibt, das ihn quält. Puschkin dagegen macht sich mit erschreckender Ungeniertheit über die Kirche, die Jungfrau Maria, über Gott und Gottes Sohn lustig, er gesteht Gott nicht einmal die Ehre seines Zornes zu. Er leugnet ihn nicht, er weiß nichts von ihm. Er behandelt ihn wie den Zauberer Tschernomor in *Ruslan und Ludmilla.*

»Puschkin hat mir gerade eine ganz köstliche Lausbüberei zugesandt«, schreibt Wiasemskij am 22. Dezember 1822.

Und Iakuschkin an Tschaadaev: »Eben habe ich seine *Gabrieliade* gelesen, die ich für das schönste seiner epischen Werke halte.«

Es ist wahr, die Verse der *Gabrieliade* sind von seltener Reinheit. Puschkin hat sie sehr sorgfältig ausgefeilt, doch wußte er genau, daß das Gedicht nicht zur Veröffentlichung tauge und daß nur handgeschriebene Abschriften ohne Verfassernamen in Umlauf gesetzt werden konnten. Die *Gabrieliade* wurde also nur zum Spaß und für ein paar Freunde verfaßt.

Der Epilog des Gedichtes, worin der Dichter auf seine eigene Zukunft anspielt, ist von schauriger Ironie, wenn man bedenkt, daß Puschkin mit siebenunddreißig Jahren an den Folgen eines Duells starb, das er um der schönen Augen seiner Frau willen ausfocht, einer Frau, die ihn nicht liebte und nicht verstand und vielleicht betrogen hat. Der Epilog lautet:

Die Tage entfliehen. Unmerklich wird silbern
die Zeit die dunklen Haare mir bleichen.
Dann werde auch ich mich zur Heirat entschließen
und einer lieblichen Gattin für immer mich weihn.
Heiliger Tröster des biblischen Joseph,
ich beuge die Knie, erhör mein Gebet:
Verteidiger, Schützer aller Gehörnten,
ich flehe zu dir, so segne mich denn:
Sei gnädig, gewähre mir Frieden
und Sorglosigkeit, erlahme nimmer,
mir friedlichen Schlummer zu schicken,
Vertrauen zur Gattin, häusliche Eintracht
und gegenseitige Liebe.

Während Puschkin am *Brunnen von Bakhtschisaraj,* an der *Gabrieliade* und an den *Räuberbrüdern* arbeitete, schreibt er noch eine Menge kurzer lyrischer Gedichte, Gelegenheitsverse, Oden, Episteln an die Freunde, historische oder landschaftliche Erinnerungen in Versen. Seine Notizhefte sind gefüllt mit Strophen von einander recht widersprechenden Gedichten. Er arbeitete zu gleicher Zeit an so ungleichen Entwürfen wie der schamlosen *Gabrieliade* und der vornehmen Zuneigung an Tschaadaew.

Der Tod Napoleons gab den Anlaß zu einem neuen Gedicht Puschkins über den ehemlaigen Kaiser der Franzosen. Im Gymnasium nannte er ihn, wie jedermann, einen »blutgierigen Tyrannen« oder den »Antichrist«. Aber die Jahre vergingen. Die Wiedereinsetzung der Bourbonen, die legitimistischen Erpressungen der Heiligen Allianz, die spanische, italienische, portugiesische und griechische Revolution erschütterten das Ansehen der monarchistischen Besieger Napoleons. Von Monat zu Monat wurde deutlicher, daß die Haltung der Herrscher Europas rein egoistisch gewesen war. Während sie Napoleon bekämpften, hatten sie die unumschränkte Herrschaft und ihre eigene Haut verteidigt, nichts sonst. Napoleon war jedenfalls der Erbe der Revolution, *sie* waren nur die Erben ihrer Väter. Ihr Glorienschein verblaßte schon, und ihre Fehler trugen dazu bei, daß die Volkstümlichkeit Napoleons ständig wuchs. Als Gestürzter wurde er bewundert, der Tote ging in die Legende ein, und es gab sogar Leute, die ihm nachtrauerten. Im Jahre 1821 beschimpfte ihn Puschkin nicht mehr, sondern nannte ihn einen »großen Mann«, gestand ihm »göttliche Intelligenz« und »edle Gedanken« zu.

Aus der Nacht der Verbannung
hinterließ er der Welt die Freiheit.

Den oben erwähnten Gedichten sind für die Jahre in Kischinew zahllose weitere hinzuzufügen, so der wundervolle *Ovid,* das witzige Gedicht an ein Tintenfaß, das prächtig geglückte *Lied von Oleg,* das sich durch einen klangvollen Rhythmus auszeichnet, der *Schwarze Schal,* ein moldauisches Lied, und Widmungsgedichte an Frauen und an die Musen. Und schließlich war es in Kischinew, wo Puschkin »in der Nacht des 28. Mai 1823« den *Eugen Onegin* zu schreiben begann, diesen Versroman, an dem er mehr als sieben Jahre arbeitete.

Kischinew mochte noch so weit von der Hauptstadt entfernt sein, die strengen Verfügungen Alexanders I. gelangten bis an die äußersten Grenzen des Reiches. Myriaden von Beamten und Spionen arbeiteten im Verborgenen. Man war wachsam. Man schrieb Berichte. Man denunzierte um die Wette. General Orlow hatte die Auspeitschung für die seinem Kommando unterstellten Truppen verboten. Ein junger Offizier, V. F. Rajewskij, war von ihm beauftragt worden, für die Analphabeten unter den Soldaten Schreibkurse einzurichten. Allen seinen Untergebenen hatte er anbefohlen, die Leute wohlwollend zu behandeln. Diese großmütigen Maßnahmen erregten den Ärger der Geheimagenten. Am 1. Januar 1822 gab Orlov in der Reitbahn ein Fest, bei dem die Tafel für Offiziere und Soldaten gedeckt war. Offiziere und gemeine Soldaten in einem Raum vereinigt! Das war kein Liberalismus mehr, das grenzte an Zuchtlosigkeit! Das war der Anfang der Revolution! Am darauffolgenden 5. Februar besuchte Puschkin um 1 Uhr mittags V. F. Rajewskij.

»Guten Tag, mein Lieber«, sagte Puschkin hastig mit seltsamer Stimme.

»Guten Tag, was gibt's Neues?«

»Sabaneew hat eben Insov verlassen. Sie haben von dir gesprochen. Ich schätze es nicht, an den Türen zu horchen, aber ich hörte wiederholt deinen Namen. Ich lauschte. Sabaneew meinte, man müsse dich auf der Stelle festnehmen. Unser wackerer Insov, du weißt, wie sehr er dich liebt, verteidigte dich warm. Sie haben lange geredet, und vieles ist mir entgangen ...«

V. F. Rajewskij verbrannte seine Papiere. Am nächsten Tag wurde er festgenommen und bekam Festungshaft wegen Teilnahme an einer Verschwörung. Wenig später wurden die revolutionären Vereinigungen im Süden aufgelöst, und ein Ukas vom 1. August 1822 ordnete die Schließung der Freimaurerlogen an.

Dieser Rückschlag traf die literarischen Kreise ebenso wie die militärischen. Eine verschärfte Zensur war erbittert hinter den unschuldigsten Werken her, und der Zensor Birukov wurde zum Schrecken aller Schriftsteller. Er strich aufs Geratewohl in den Texten, entstellte sie und entrüstete sich im Namen einer veralteten Moral. Gegen ihn und seinen Anhang richtete Puschkin seine *Epistel an den Zensor,* die nur in handgeschriebenen Exemplaren in Umlauf gesetzt werden sollte, aber sehr rasch eine ausgedehnte Verbreitung fand:

Bitter wie ein Eunuche wandelst du zwischen den Musen,
nicht schöne Gefühle, noch Geist, noch Anmut ...
nichts kann dein verkalktes Gehirn berühren.
Schielend und falsch schaust du auf alles,
beargwöhnst alles und findest überall Gift ...
Was fürchtest du denn? Wer Spaß daran hat,
auf Macht und Gesetze und Sitten zu spotten,
den, sei gewiß, wirst du nicht fassen,
er bleibt dir unbekannt, wir wissen, warum,
und seine Botschaft, nicht an die Ufer des Lethe gespült,
durcheilt die Welt, ohn' deinen Stempel ...

Puschkin spricht aus Erfahrung. Die meisten seiner Gedichte »durcheilen« auf diese Weise »die Welt«, ohne Verfassernamen und ohne Stempel der Zensur.

Sein Werk spiegelt sein Leben wider. Bald glänzend, bald schalkhaft oder satirisch, bald ernst oder aufwiegelnd, und manchmal traurig wie der Tod. Er schreibt, wie seine Laune es ihm eingibt, und weil er diese Laune ausdrücken will. Er nützt die trüben Tage der Verbannung nach Kräften. Aber diese Verbannung zieht sich in die Länge. Zehnmal, zwanzigmal hat er gehofft, die Gnade des Zaren würde ihm eine Rückkehr nach St. Petersburg gestatten. Er fühlt ein unwiderstehliches Verlangen, wieder in das Leben der Hauptstadt einzutauchen, vor allem auch wegen seiner geschäftlichen Angelegenheiten. Wie soll man mit einem Zensor reden, der zweitausend Werst von der Hauptstadt entfernt wütet? Wie die Veröffentlichung der Gedichte überwachen? Freunde befassen sich damit, sie haben gewiß guten Willen, sind aber oftmals ungeschickt.

»Der *Schwarze Schal* gefällt Dir?« schreibt Puschkin seinem Bruder. »Du hast recht, aber man hat ihn verteufelt schlecht gedruckt. Wer hat es getan? Das riecht nach Glinka!« (27. Juni 1821)

Und an Bestujew:

»Ich sende Ihnen meine Bessarabienträume, und ich hoffe, sie werden Ihnen zusagen. Grüßen Sie meine alte Freundin, die Zensur, von mir. Für die Veröffentlichung meines Gedichtes *An Ovid* sehe ich Schwierigkeiten voraus . . . Man kann die kleine Alte (die Zensur) jedoch hintergehen, sie ist nämlich sehr dumm.« (21. Juni 1822)

Um die kleine Alte hinters Licht zu führen, mußte man *An Ovid* ohne Verfassernamen drucken, am Fuße des Gedichtes befanden sich lediglich zwei Sternchen. Erst im Januar 1823 bekam Puschkin den *Polarstern,* in den sein Gedicht durch Bestujews Bemühungen aufgenommen worden war. Zeitungen reisten nur langsam durch die Steppen Rußlands. Und erst die Honorare! Die zivilisierte Welt war so weit entfernt von der schrecklichen Wüstenei Bessarabiens. So weit, und man mußte doch leben, leiden und schreiben für jene andere Welt!

Noch eine andere Sache quälte den Dichter. Er hatte den Namen dessen erfahren, der ihn damals in St. Petersburg verleumdete. Es handelte sich um den Grafen »Tolstoi, den Amerikaner«, einen übel berüchtigten Spieler und Raufbold. Leutnant Luginin, ein Bekannter Puschkins in Kischinew, schrieb am 15. Juni 1822 in sein Tagebuch:

»Man redet davon, daß er in der Geheimen Staatskanzlei ausgepeitscht worden sei. Er will in diesem Winter nach Moskau fahren, um einen gewissen Grafen Tolstoi, den Amerikaner, der für diese Verleumdung verantwortlich sein soll, zum Duell zu fordern.«

Freunde, Feinde, geschäftliche Angelegenheiten, alles ruft Puschkin nach Norden. Von Brief zu Brief steigert sich sein Wunsch, auszubrechen. Er kann nicht länger warten, er langweilt sich zu sehr. Anfang Oktober 1822 richtete er an seinen Bruder Leo eine Botschaft, die seinen Pessimismus, seinen Stolz und seine Traurigkeit offenbart:

»Du wirst mit Leuten zusammentreffen, die Du noch nicht kennst. Glaube zuerst immer das denkbar Schlechteste von ihnen: Du wirst nicht viel daneben treffen. Beurteile sie nicht nach Deinem Herzen, das ich für gut und edel halte und das überdies noch jung ist; verachte sie in möglichst höflicher Weise. Das ist der Weg, sich vor kleinen Vorurteilen und kleinen Leidenschaften zu bewahren, denen Du bei deinem Eintritt in die Welt ausgesetzt sein wirst. Sei kalt gegen jedermann: Vertraulichkeit schadet immer ... Keine kleinen Aufmerksamkeiten, mißtraue dem Dir natürlichen Wohlwollen, die Menschen verstehen es nicht und nehmen es oft für Unterwürfigkeit, immer bereit, andere nach sich selbst zu beurteilen. Nimm niemals Wohltaten an. Meist verbirgt sich Arglist dahinter. Keine Protektion, denn sie macht kriecherisch und erniedrigt.

Ich hätte Dich gerne gegen die Verführung der Frauen gefeit, habe jedoch nicht den Mut, Dein Herz zu verhärten in einem Alter, da Du Dich noch den süßesten Täuschungen hingibst. Was ich Dir über die Frauen zu sagen hätte, wäre völlig nutzlos. Ich möchte Dir nur aus Erfahrung sagen, daß man eine Frau desto sicherer bekommt, je weniger man sie liebt. Aber dieser Genuß ist eines alten Affen aus dem 18. Jahrhundert würdig. Ich wünsche von ganzem Herzen, daß Du einmal die bekommst, die Du liebst. Vergiß niemals eine absichtlich zugefügte Beleidigung: mach wenig oder gar keine Worte und räche niemals eine Beschimpfung durch eine Beschimpfung.

Wenn Dein Vermögensstand oder die Lebensumstände Dir nicht erlauben, glänzend aufzutreten, so versuche nicht, Deine Bedürftigkeit zu vertuschen, sondern täusche einen gegenteiligen Überfluß vor: der krasseste Zynismus flößt der leichtfertigen Meinung Achtung ein, während die kleinen Täuschungsmanöver (sic) der Eitelkeit dich nur lächerlich und verächtlich machen.

Leihe niemals Geld, erdulde lieber die Armut ...

Diese Gedanken, die ich Dir hier vortrage, sind die Frucht einer schmerzlichen Erfahrung.«

Einige Monate nach Abfassung dieses empfindsamen Testamentes machte Puschkin einen letzten Versuch, aus Kischinew wegzukommen. All der erfolglosen Schritte müde, beschloß er am 13. Januar 1823, an den Außenminister Nesselrode ein offizielles Urlaubsgesuch für einen zwei- bis dreimonatigen Aufenthalt in St. Petersburg zu richten. Das Schreiben war in französisch abgefaßt: »Herr Graf, da ich durch Order Seiner Majestät dem Generalgouverneur von Bessarabien unterstellt wurde, kann ich nicht ohne ausdrückliche Erlaubnis nach St. Petersburg kommen, wohin mich Familienangelegenheiten rufen; seit drei Jahren habe ich meine Familie nicht gesehen. Ich nehme mir die Freiheit, mich an Eure Exzellenz mit der inständigen Bitte zu wenden, mir einen Urlaub von zwei oder drei Monaten zu gewähren.«

Nesselrode legte Alexander I. das Bittgesuch vor, und am 27. März 1823 wurde die Antwort endlich an General Insov weitergeleitet.

»Seine Majestät geruhte, mir aufzutragen, ich möge durch Vermittlung Eurer Exzellenz Monsieur Puschkin von der Unmöglichkeit, ihm unter den gegenwärtigen Verhältnissen den erbetenen Urlaub zu gewähren, in Kenntnis setzen.«

Diese Absage machte Puschkins letzte Hoffnung zunichte. Das Leben in Kischinew erschien ihm noch trübseliger, nachdem er jede Aussicht auf Rückkehr in die Heimat verloren hatte. Er konnte sich nicht mehr gedulden. Er bettelte bei Insov um eine kleine »Luftveränderung«, und sei es auch nur eine Reise nach Odessa. Mürbe geworden durch die Klagen seines Schützlings, erlaubte ihm Insov, Ende Mai oder Anfang Juni 1823, nach Odessa zu fahren. Dorthin sollte Graf M. S. Worontzov, der Generalgouverneur von Südrußland, übersiedeln. Puschkins Freunde in Moskau und Petersburg suchten zu erreichen, daß Worontzov den Dichter in seinem Büro empfing.

Wiasemskij schrieb an Turgenjew: »Haben Sie mit Worontzov über Puschkin gesprochen? Er muß ihn unbedingt mit sich nehmen. Hoffentlich tun die guten Leute die nötigen Schritte. Um so mehr, als Puschkin sich wirklich ruhig verhalten will. Langweile und Trübsinn sind schlechte Ratgeber.« (31. Mai 1823)

Dieser Brief kreuzte sich mit einem Schreiben Turgenjews vom 1. Juni 1823:

»Ich habe mit Nesselrode und Worontzov über Puschkin gesprochen. Er holt ihn bei Insov ab und will versuchen, sein moralisches Verhalten zu retten, indem er seinem Talent die Möglichkeit zu Wachstum und Weiterentwicklung gibt.«

Am 15. Juni 1823 ein neuer Brief Turgenjews:

»Ich habe selbst zweimal mit Worontzov gesprochen, um ihm den Fall Puschkin, und was zu seiner Rettung geschehen müßte, darzulegen. Ich glaube, daß alles klappen wird. Ein Mäzen, das Klima, das Meer, historische Erinnerungsstätten – das wird er alles haben. Und wenn er nicht den Kopf verliert, so vertraue ich auf sein Talent.«

Der zweite Besuch in Odessa betörte Puschkin buchstäblich:

»Ich habe mein Moldauland hinter mir gelassen und bin in Europa gelandet. Die Restaurants, die Italienische Oper gemahnen mich an die gute alte Zeit und lassen mich wieder aufleben. Inzwischen trifft Worontzov ein, empfängt mich sehr herzlich und eröffnet mir, daß ich ihm unterstellt werde und in Odessa bleibe.« So schreibt er seinem Bruder.

Puschkin frohlockte bei der Vorstellung, die »verwünschte Stadt« Kischinew mit ihrer Gesellschaft ungehobelter Menschen aufgeben zu dürfen. Doch der Gedanke, Insov zu verlassen, bedrückte sein Herz. Er fürchtete sich ein wenig vor dem neuen Erlebnis und vor dem neuen Menschen, der ihm in der Person Worontzovs entgegengetreten war. Er kehrte nach Kischinew zurück, um von all denen Abschied zu nehmen, die er hier kennengelernt hatte.

»Alles schien sich aufs beste anzulassen«, schreibt er seinem Bruder, »aber eine neue Angst schnürte mir das Herz zusammen.«

Nachdem er seine Freunde umarmt, seine Schulden bezahlt und seine Koffer gepackt hatte, fuhr Puschkin in den ersten Tagen des Juli wieder nach Odessa. Er ließ ein paar hübsche Frauen, die ihm nachtrauerten, in der Moldaukleinstadt zurück, zwei oder drei Freunde, die ihn ehrlich vermißten, eine beträchtliche Zahl von Feinden, die sich über sein Verschwinden freuten, und den guten General Insov, der bekümmert jedem Daherkommenden wiederholte:

»Das wird nicht gut gehen, ganz allein mit Worontzov! Ach, warum hat er mich verlassen? Ich liebte ihn wie meinen eigenen Sohn!«

Vierter Teil

ODESSA

Im Sommer mußte man die Fenster schließen, um sich vor dem feinkörnigen schwarzen Staub zu schützen, der durch die Straßen wirbelte und sich überall niederließ. Die Fußgänger verdeckten das Gesicht mit einem Zipfel ihres hochgerafften Umhangs. Staubkörnchen knirschten zwischen den Zähnen, verstopften die Nasenlöcher und brannten in den Augen. Und doch zogen Odessas Einwohner den Staub dem zähen Schlamm des Herbstes vor. Schon nach den ersten Regengüssen versank die Stadt im dickflüssigen Schmutz, der die Überquerung der Straßen zu einem gefährlichen Unternehmen machte, denn man lief immer Gefahr, einen Schuh zu verlieren. Die Pferdegespanne, mitten in der Stadt steckengeblieben, waren zur Unbeweglichkeit verdammt, und Damen in großer Toilette mußten über Planken in die Häuser steigen. Nicht selten löste ein Ochsengespann ein paar Fußgänger ab, die sich keuchend mühten, eine Kutsche an der Deichsel zu ziehen. Die Poststraße hatte man wegen der Gefahr des Einsinkens mit Ketten abgesperrt, und auch in der Ribasstraße war es nicht viel besser. Zu allem Unglück fehlte es in Odessa auch an Trinkwasser, so daß ein Faß Wasser damals einen Rubel kostete. Während der Trockenzeit verteilten die Hotel- oder Hausbesitzer jeweils nur einen Eimer Wasser täglich an eine Familie. Trotz all dieser Unbequemlichkeiten, die man in Kauf nehmen mußte, wuchs die Stadt: Bevölkerung und Baulichkeiten vermehrten sich zusehends.

Die Stadt, die durch ihren Handelshafen ein Sammelbecken für Waren, Menschen und Gedankengut aller Nationen wurde, war 1793 von Herzog Richelieu angelegt worden. Graf von Langeron, ein französischer Emigrant, setzte Richelieurs Werk fort, und dank dieser beiden Franzosen nahm Odessa in den ersten Jahren des 19. Jahrhunderts einen blühenden Aufstieg. Als Puschkin im Juli 1823 dort eintraf, bot die Stadt den Anblick einer hastig aufgebauten, eng zusammengedrängten Ansiedlung. Neben zweistöckigen »europäischen« Häusern sah man Holz-

und Lehmhütten, verfallene Judenkaten und moldauische Schuppen; hinter langen grauen Bretterzäunen erstreckte sich unbebautes Gelände; dort hörte man die Hunde des Stadtviertels heulen. Es gab noch keine gepflasterten Straßen. Doch schon riß man die alte türkische Festung ab und stutzte das wilde Gestrüpp, um einen Boulevard anzulegen. Hier wuchs eine Kirche empor, dort ein Amtsgebäude oder ein Krankenhaus, hier legte man einen Garten an, dort wurden Kasernen, ein Zollamt, eine Quarantänestation gebaut. Überalll kreischten Sägen, ächzten Seilwinden, klopften Hämmer im Takt und reckten sich Brettergerüste gen Himmel, deren Silhouetten den künftigen Anblick des Stadtbildes ahnen ließen.

Da die Leibeigenschaft in diesem Bezirk abgeschafft worden war, strömten seit einigen Jahren Siedler in großer Zahl nach Odessa. Die Regierung verteilte Land, und Land bedeutete Freiheit, und Freiheit Reichtum. In einem Handelshafen hat man ja immer die Möglichkeit, reich zu werden. Weizen, Roggen, Gerste, Talg, Kupfer und Leinsamen kommen herein und werden weiterverschifft. Man braucht nur dazustehen, und schon kann man im Handumdrehen ein paar Münzen ergattern. Zu den Russen gesellen sich Ausländer. Griechen, Franzosen, Engländer und Juden häufen durch Wechselgeschäfte und den Ausschank von Wein ganze Vermögen an. Odessa zählt schon mehr als 30000 Einwohner. Wer aber Geld verdient, will es auch ausgeben. Und dafür ist die Italienische Oper da. In den Pausen stehen die Zuschauer auf den Quadersteinen, die rings um das Gebäude führen, und lutschen Eis, das man ihnen vom Café nebenan herüberbringt. Man findet auch schon Restaurants, geheime Spielsalons, Freudenhäuser und Hotels nach »europäischem Geschmack«, kurz alle Verführungen der großen Stadt für die staunenden Provinzler. Puschkin, der in Kischinew auf solche Abwechslung hatte verzichten müssen, glaubte sich daher nach Europa versetzt. Er bedankt sich bei seinen Freunden, daß sie ihn aus dem moldauischen Drecknest herausgeholt haben. »Man muß wie ich drei Jahre in dem erstickend engen, asiatischen Zwinger zugebracht haben«, schreibt er an Turgenjew, »um es schätzen zu können, wieder europäische Luft zu atmen, selbst wenn es nicht die Luft der Freiheit ist.«

Von Schaumspritzern durchnäßt und vom Wind durchblasen, begibt er sich nach einem Morgenspaziergang am Meer in ein Gasthaus, um eine Tasse dicken, schwarzen türkischen Kaffee hinunterzustürzen. Vor ihm, auf dem Theaterplatz, wimmelt es von erregt schreienden Händlern. Trotz seines bedeutenden Seeschiffverkehrs besitzt Odessa noch keine Handelsbörse, und so versammeln sich die Geschäftsleute vor dem Theater. Als Kennzeichen ihres Berufes kauen sie Zigarren.

Während die Kaufleute die Schiffsladungen begutachten, stürmen die jungen Nichtstuer ein Restaurant, das gerade Austern bekommen hat. Am Abend treffen dieselben jungen Leute wieder im Theater zusammen. In der ersten Zeit seines Aufenthaltes in Odessa schwärmt Puschkin für die Oper und für die Musik Rossinis, des »europäischen Orpheus«.

Das lebhafte Sprachengewirr im Hafen, die stille Schönheit der Nächte, die kulinarischen Besonderheiten der griechischen und französischen Restaurants und die Schauspiele im Opernhaus können jedoch nicht lange seine melancholische Stimmung vertreiben. Nachdem die Stadt den Reiz der Neuheit verloren hat, wird sie ihm schnell verhaßt. Er langweilt sich hier wie in Kischinew, wie sonst überall.

Anfang Juli ist er angekommen, und schon am 19. August schreibt er an Wiasemskij: »Ich langweile mich, mein lieber Asmodeus. Ich bin krank, ich möchte schreiben, kann mich aber nicht aufraffen.« Und am 25. desselben Monats an seinen Bruder: »Ich bin voll Lebensüberdruß ... und dieser Brief hat mich nicht aufgeheitert.«

Seine Klagen wiederholen sich mit eintöniger Regelmäßigkeit: »Bei uns herrschen Langeweile und Kälte. Ich erstarre zu Eis unter dem südlichen Himmel ...« (Brief an Wiasemskij vom 14. Oktober)

»Ich langweile mich, das ist der Kehrreim meines Daseins.« (Brief an Delwig vom 16. November)

»Ich bin langweilig ... und vernünftig geworden.« (Brief an Turgenjew vom 1. Dezember)

Puschkin fühlt sich nur in einem Kreis verständnisvoller, hilfsbereiter Menschen glücklich, die ihn um seiner selbst willen lieben, nicht wegen seiner Verse. Die Gegenwart eines aufrichtigen Freundes erhellt sein Leben. Die schönsten Naturschauspiele fesseln ihn nicht lange, wenn er seine Freude nicht mit einem gleichgesinnten Gefährten teilen kann. Diese Atmosphäre warmherzigen Gedankenaustausches, männlichen Vertrauens und jugendlicher Fröhlichkeit sucht er in Odessa so vergeblich wie in Kischinew. Im Hotel Renaud bewohnt er ein Eckzimmer mit Balkon, der den Blick auf das Schwarze Meer freigibt. Im Nachbarzimmer haust Wiegel, mit dem Puschkin gerne plaudert. Liprandi, der in Worontzovs Dienste getreten ist, gesellt sich zu ihnen. Freunde? Nein, Kameraden. Und die Vorgesetzten bedeuten kaum mehr. In Kischinew ersetzte ihm der gute »Papa Insov« die Eltern. In Odessa ist Puschkin dem Amt des Grafen Worontzov zugeteilt, und Worontzov hat wirklich nichts von einem Familienvater, auch nichts von einem einsichtsvollen Mäzen.

Übrigens ein schöner Mann, dieser Worontzov. Groß, mager und elegant, ein gutgeschnittenes Gesicht mit dünnen Lippen und hart blickenden Augen. In England erzogen, bemüht er sich, in dem gequetschten, zischenden Tonfall der Engländer zu sprechen. Er hält einen englischen Leibarzt, Mr. Lee, einen englischen Sekretär, Mr. Jackson, und einen englischen Reitknecht zur Wartung seiner Pferde. Auch sein Phlegma, seine liberale Gesinnung, seine unantastbare Korrektheit sind britischen Vorbildern abgelauscht. So nennt man ihn den »Lord«. Er residiert wie ein Vizekönig in Odessa, seiner Hauptstadt. Er unterhält hier einen Hofstaat kriecherischer Schmeichler, junger Karrieremacher und gestrauchelter Intellektueller. Er fördert die Künste und nimmt Anteil an sozialen Bestrebungen. Er regiert mit Wonne. Sein Amtsbereich verteilt sich über drei Häuser. Das eine, am Meeresufer gelegen, ist intimen Soupers vorbehalten, das andere, in der Stadt, riesengroß und ganz neu, beherbergt seine Familie und bietet für Worontzovs offizielle Bälle Platz, während das dritte, im Städtischen Garten, dem Empfang von Bittstellern dient. Sie sind Legion, diese Bittsteller, und demütig vertreten sie sich die Füße vor der Tür des Duodezfürsten. Worontzov behandelt sie alle mit derselben kalten Zuvorkommenheit und zeigt allen dasselbe englische Lächeln. Je mehr Leute sich einfinden, desto zufriedener ist er. Doch je liebenswürdiger er sich gibt, desto mehr ist er zu fürchten, denn aus Berechnung oder Höflichkeit verbirgt er seine Gefühle, wie es einem Gentleman zusteht. Und schließlich bleibt er immer der Gewinnende. Wer ihm Widerstand leistet, ist von Anfang an besiegt. Doch Puschkin will ihm Trotz bieten. Worontzov hat ihn mit der nachsichtigen Freundlichkeit des Herrn für einen talentierten Untergebenen empfangen. Er war willens, ihn zu fördern, ihn für sich einzunehmen. Aber Puschkin begehrte weder Förderung noch Sympathie. Er ist nicht Kollegiensekretär, er ist Schriftsteller, und er gehört dem russischen Adel an, ist Worontzov also ebenbürtig. Das will dieser aber nicht einsehen. »Worontzov ist ein Vandale, ein unvornehmer Höfling und ein egoistischer Kleinlichkeitskrämer«, schreibt Puschkin am 14. Juli 1824 an A. I. Turgenjew. »Er wollte in mir den Kollegiensekretär sehen, während ich mich, offengestanden, für etwas ganz anderes halte.«

Und weiter in seinem Brief an Bestujew vom Juni 1825:

»Bei uns gehören die Schriftsteller dem Hochadel an, der aristokratische Stolz verbindet sich bei ihnen mit der Reizbarkeit des Dichters, wir wollen keine Förderung von unseresgleichen. Und das begreift diese Kanaille Worontzov nicht. Er stellt sich vor, daß ein russischer Dichter mit einer Epistel oder Ode sich in seinem Vorzimmer anstellt, und nun kommt einer daher und verlangt Ehrerbietung als Edelmann, dessen Adel sechsmal so alt ist wie seiner. Das erzeugt eine diabolische Verschiedenheit des Blickpunktes.«

Diese »Verschiedenheit des Blickpunktes« verschärft sich von Tag zu Tag. Puschkin wird immer wütender über die herablassende Behandlung seitens eines Mannes, den er nicht schätzt und nicht achten kann. Die Augustus-Posen Worontzovs bringen ihn auf, und er sehnt sich nach der einfachen Gutmütigkeit von Insov. »Insov schätzte mich sehr«, schreibt er nieder. »Wegen meiner Händel mit den Moldauern gab er mir Stubenarrest und schickte mir französische Zeitungen, um mir die Langeweile zu vertreiben. Seine Exzellenz Graf Worontzov sperrte mich nicht ein, schickte mir keine Zeitungen, aber da er die russische Literatur so gut kennt wie etwa der Herzog von Wellington, so war er für mich maßlos . . .« Weiter unten in demselben Abschnitt: »General Insov ist ein guter, verehrungswürdiger alter Mann, sein Herz ist russisch gesinnt, und er gibt nicht dem ersten besten englischen Schnapphahn den Vorzug vor all seinen berühmten oder unberühmten Mitbürgern; auch machte er den Frauen nicht mehr den Hof, da er nicht mehr achtzehn Jahre alt ist. Er glaubte an edle Gefühle, weil er selbst einen edlen Charakter hat, und er fürchtet sich nicht vor Spott, weil er darüber steht; er ist nicht unbesonnen und hört nicht auf Verleumdungen . . .«

All das denkt Puschkin, aber läßt kein Wort davon verlauten. Worontzov errät indessen des Dichters feindselige Empfindungen gegen ihn. Er hat damit gerechnet, ihn an sich zu fesseln, einen schmeichelhaften Satelliten aus ihm zu machen, einen Hofdichter. Und der Hofdichter ist widerspenstig. Dieser kleine Beamte, der keinerlei feste Tätigkeit hat, dieser Hungerleider, dieser Grünschnabel wagt es, sich als große Persönlichkeit aufzuspielen. Eine schöne Zugabe! Insov hätte besser daran getan, seinen Schützling in dem verlausten, stinkenden Nest Kischinow zu behalten. Worontzov ist jedoch zu sehr Weltmann, um seinen Ärger offen zu zeigen. Er lädt Puschkin weiterhin zu den offiziellen Festlichkeiten ein. Und Puschkin geht weiterhin zu Diners, zu Bällen und bemüht sich seinerseits, seine Mißstimmung zu verbergen.

Worontzovs Empfänge sind prunkvoll und steif. »Puschkin«, schreibt Liprandi, »gab sich dort sehr zurückhaltend und finster. Einmal, als er vom Tisch aufstand, stieß ich ihn an und fragte, als ich ihn seinen Hut suchen sah: ›Wo gehst du hin?‹ – ›Mich ausruhen‹, antwortete er und fügte hinzu: ›Das da sind nicht die Diners von Bologowskij, von Orlov und selbst von . . .‹ Er sprach den Satz nicht zu Ende und verließ den Raum.«

Die schwermütige Reizbarkeit Puschkins wird durch seine Armut noch verschärft. In Kischinew wohnte und aß er bei Insov. In Odessa kann er nur mit seinen eigenen Mitteln rechnen: und das sind siebenhundert Rubel im Jahr, die ihm überdies mit unentschuldbarer Verzögerung gezahlt werden. Das Gehalt der letzten vier Arbeitsmonate, das er im September 1823 bekommen sollte, wird ihm erst im Februar 1824 ausbezahlt: »Zweihundertfünfundzwanzig Rubel Papiergeld und ein Rubel in Silber.«

Hotel, Restaurant, Kartenspiel und Theater sind jedoch teuer. Er hat zwar Eltern, aber sobald es sich um Geld handelt, ist er ein Fremder für sie. Am 25. August 1823, kaum einen Monat nach seiner Ankunft in Odessa, schreibt er seinem Bruder Leo:

»Bring meinem Vater bei, daß ich ohne Geld nicht existieren kann. Dank der jetzigen Zensur ist es mir unmöglich, von meiner Feder zu leben; das Handwerk eines Tischlers hat man mich nicht gelehrt, und Professor kann ich nicht werden, obwohl ich die Biblische Geschichte und auch die vier Grundrechnungsarten kenne. Es ist nicht meine Schuld, daß ich Beamter bin und mein Amt nicht aufgeben kann. Alle Hoffnungen haben getrogen, und alle hintergehen mich. Auf wen kann ich zählen, wenn nicht auf meine Angehörigen und meine Eltern? Ich will nicht auf Kosten Worontzovs leben. Die Not kann zur Verzweiflung treiben. Meines Vaters Briefe klingen zwar sehr liebennwürdig, wenn ich jedoch seine Gleichgültigkeit gegen meine Lage bedenke, so tut mir das Herz weh.«

Er steckt bis über die Ohren in Schulden. Sobald er nur über ein wenig Geld verfügt, muß er seine zahllosen Gläubiger befriedigen. Ein Kutscher aus Odessa erzählt, daß Puschkin ihn für verschiedene Fahrten in die Umgebung der Stadt in Dienst genommen, daß er ihm aber niemals den Fahrpreis bezahlt habe. Des Herumstreitens müde, macht der Kutscher seine Wohnung ausfindig. »Ich trete in sein Zimmer, er ist gerade beim Rasieren. Ich gehe auf ihn zu und sage: ›Euer Gnaden, bitte, ich möchte mein Geld.‹ Da wirft er mir Schimpfwörter an den Kopf und stürzt mit dem Rasiermesser in der Hand auf mich los. Ich machte mich eilends aus dem Staub. Mein Gott, viel fehlte nicht, so hätte er mir die Kehle durchschnitten ... Eines schönen Morgens stehe ich auf dem Platz, wo die Börse abgehalten wird, und ich sehe Puschkin am geöffneten Fenster alle seine Gläubiger herbeirufen. Ich gehe auch wieder hin. ›Da sind sechs Rubel für jede Fahrt‹, sagte er zu mir, ›und jetzt laß dich nicht mehr vor mir blicken.‹«

In den ersten Tagen des Dezember 1823 richtete Puschkin folgenden in französisch geschriebenen Brief an General Insov:

»Ich übersende Ihnen, Herr General, die dreihundertsechzig Rubel, die ich Ihnen seit langem schulde; empfangen Sie meinen aufrichtigsten Dank. Ich habe nicht den Mut, eine Entschuldigung vorzubringen. Ich fühle mich beschämt und gedemütigt, daß ich diese Schuld bis jetzt nicht habe bezahlen können, doch bin ich beinahe zugrunde gegangen, so arm war ich.«

Er geht fast zugrunde vor Armut und kann hier nicht, wie in Kischinew, im Gewand eines Griechen, Juden oder Moldaubewohners einhergehen. Die große Stadt erfordert vornehme Zurückhaltung in der Kleidung, und diese zurückhaltende Vornehmheit kostet Geld. Die Einwohner von Odessa sehen Puschkin als kleinen, mageren lebhaften Menschen mit bronzefarbenem Gesicht und wulstigen Negerlippen. Er trägt einen ziemlich gut erhaltenen schwarzen Gehrock, der so hoch zugeknöpft ist, daß nur die Krawatte zu sehen ist, einen grünlich schimmernden schwarzen Hut und einen schweren, eisenbeschlagenen Stock. (Er behauptet, daß er ihn für den Fall eines Duells zur Kräftigung seiner Hand trage.) Sein Haar ist schlecht gekämmt, seine Augen glänzen fieberhaft. Er ist unverschämt in seiner Armut, und er ist sehr allein.

Im März 1824 tritt jedoch eine merkliche Besserung seiner finanziellen Verhältnisse ein, und er schöpft wieder Hoffnung.

Bis zu diesem Tag hatten die literarischen Arbeiten Puschkin kaum mehr als Ruhm und viele Scherereien eingebracht. Für die Gedichte, die in Zeitschriften erschienen, bekam er nichts, nur einer freundlichen Geste von Gneditsch war es zu verdanken, daß er für seinen *Gefangenen im Kaukasus* fünfhundert Rubel erhielt. Alle russischen Schriftsteller waren übrigens damals in der gleichen Lage. Für sie war die Literatur ein angenehmer Zeitvertreib, kein einträglicher Beruf, und sie hätten sich für entehrt gehalten, wenn sie die musischen Äußerungen ihres Geistes um gemeines Geld hätten verschachern müssen. Da ihre Werke nicht honoriert wurden, waren sie auch nicht geschützt, und man konnte sie nachdrucken, sie entstellen, ohne daß sie die geringste Handhabe gegen einen unfairen Herausgeber gehabt hätten. So veröffentlichte 1824 ein Beamter aus der dritten Sektion eine deutsche Ausgabe des *Gefangenen im Kaukasus*, mit dem russischen Text auf der gegenüberliegenden Seite. Puschkin war nicht um Erlaubnis gefragt worden und mußte sich diesem Diebstahl fügen, für den er nicht einen Pfennig Honorar erhielt. »Das war«, schrieb er, »das erste Beispiel eines Betrugsmanövers.«

Puschkin war der erste Schriftsteller in Rußland, der seine Rechte zu verteidigen wagte und den Anspruch erhob, mit seiner Feder Geld zu verdienen. Er machte die Literatur zum Beruf. Die Kühnheit seiner Sprache verdutzte seine Briefpartner: »Wollen Sie mein Gedicht *Der Gefangene im Kaukasus* ganz abkaufen? Länge: achthundert Verse, Umfang des Verses: achtfüßig. Das Ganze ist in zwei Gesänge geteilt. Ich biete es billig an, denn ich möchte nicht, daß die Ware veraltet.« (Brief an Gretsch vom 21. September 1821)

»Ich betrachte mein fertiges Gedicht, wie ein Schuhmacher ein Paar Stiefel betrachtet; ich verkaufe es mit Gewinn.« (Brief an Wiasemskij von 1823)

»Ich bin glücklich zu hören, daß *Der Brunnen* Aufsehen erregt. Ich habe ihn für mich geschrieben, und ich veröffentliche ihn jetzt, weil ich Geld brauche.« (Brief an Bestujew vom 8. Februar 1824)

Nachdem Puschkin den *Brunnen von Bakhtschisaraj* an Wiasemskij geschickt hatte, schrieb er seinem Bruder:

»Du weißt, daß ich Iwan Iwanowitsch* schon zweimal über seine Minister gebeten habe, mir eine Beurlaubung zu gewähren, und daß meine Bitte zweimal sehr liebenswürdig abgelehnt worden ist. Es bleibt mir nur übrig, ohne Umweg an ihn zu schreiben:

* So nennt Puschkin den Zaren Alexander I.

an Den und Den, im Winterpalast, gegenüber der Festung Petropawlowsk; oder ich müßte einfach stillschweigend Stock und Hut nehmen und nachsehen, was sich in Konstantinopel tut . . . Wenn ich nur Geld hätte! Aber wo soll ich welches finden? In Rußland ist es schwer, sich mit dem Ruhm zu begnügen, und der russische Ruhm lächelt vielleicht einem Kozlov, den alle seine Bekannten in St. Petersburg umschmeicheln, aber ein Mann, der auch nur ein wenig auf sich hält, kann darauf nur mit Verachtung blicken. ›Aber warum hast du denn gesungen?‹ Auf diese Frage Lamartines antworte ich: Ich sang, wie der Bäcker sein Brot backt, wie der Schneider Kleider näht, wie der Arzt sich um seine Kranken kümmert . . . für Geld, Geld, nochmals Geld. Hier hast du mich in der ganzen Nacktheit meines Zynismus.«

Weiter unten eifert Puschkin gegen einige Freunde, die, unter dem Vorwand, seinem Ruhm zu dienen, vor der Drucklegung handgeschriebene Exemplare des Gedichtes in Umlauf setzten. Wer solch ein Manuskript gelesen hat, wird das Buch nicht mehr kaufen, das bedeutet eine Anzahl Käufer weniger.

»Pletnew schreibt mir, daß *Der Brunnen von Bakhtschisaraj* in allen Händen ist. Ich danke euch, Freunde, daß ihr solchen Anteil an meinem Ruhm nehmt. Bleibt zu erfahren, ob die Besitzer des vollständigen Manuskriptes noch ein einziges gedrucktes Exemplar des Werkes zu kaufen wünschen. Aber das spielt ja keine Rolle. Der Dichter braucht nicht an seinen Lebensunterhalt zu denken, er muß, wie Kornilowitsch, einzig in der Hoffnung schreiben, auf die Lippen der reizenden Damen ein Lächeln zu zaubern. Liebes Herz, mir ist elend vor Abscheu. Wohin ich die Augen schweifen lasse, ich sehe nichts als schmutzige Niedrigkeit und Dummheit. Wird das noch lange dauern?«

Nun, der *Brunnen von Bakhtschisaraj*, von dem Puschkin sich kaum einen großen Gewinn versprach, brachte einen finanziellen Erfolg, der ihn und alle russischen Dichter der damaligen Zeit in Erstaunen setzte. Wiasemskij, der sich mit dem Verleger in Verbindung setzen sollte, hatte für den Dichter ein fürstliches Honorar erhalten. Dreitausend Rubel für sechshundert Verse, das bedeutete fünf Rubel für den Vers*. Der Herausgeber mußte dazu noch dem Zwischenhändler fünfhundert Rubel zahlen, und die Auflage selbst kostete ihn mindestens auch fünfhundert Rubel. Also viertausend Rubel Ausgaben vor Erscheinen des Buches. Der Verkauf des Werkes deckte in wenigen Tagen all diese Ko-

* Vor 1914 mehr als 15 Mark

sten, und der Verleger erzielte sogar einen beträchtlichen Gewinn. Dank Puschkin gab es von jetzt an den Grundsatz eines Urheberrechtes in der russischen Literatur. Er erhielt diese wundervollen dreitausend Rubel am 8. März 1824 in Odessa. Am gleichen Tag schrieb er an Wiasemskij:

»Ich danke Dir von ganzem Herzen, mein lieber Europäer, für Deinen überraschenden Brief und die Sendung. Ich fange an, unsere Verleger zu schätzen und zu glauben, daß unser Handwerk nicht schlechter ist als ein anderes ... Das ist ein Glück für mich; ich gehöre nicht der Schriftstellergarde des 18. Jahrhunderts an; ich schreibe für mich selbst und veröffentliche, um Geld zu verdienen, und nicht um das schöne Geschlecht zum Lächeln zu bringen.«

Der finanzielle Erfolg dieses Buches bedeutete ein so denkwürdiges Ereignis in der Geschichte der Buchdruckerkunst, daß Wiasemskij ihm einen Artikel in den *Literarischen Nachrichten* widmete.

»Das Manuskript des kleinen Gedichtes von Puschkin«, schrieb er, »ist um dreitausend Rubel gekauft worden. Somit hat der einzelne Vers (und was für ein Vers, schreiben wir's für die Börsianer auf, ein kleiner achtfüßiger Vers!) etwa fünf Rubel eingebracht ... Das Beispiel, das Ponomarew gab, als er das Manuskript des Dichters erwarb, verdient, daß der Name dieses Verlegers berühmt werde. Da er den Wert eines Kunstwerkes zu schätzen wußte, ohne Umfang und Gewicht des Werkes zu berechnen, hat er sich die Achtung und Dankbarkeit aller Kulturfreunde erworben. Zu unserer großen Befriedigung können wir hinzufügen, daß er sich in seinen Berechnungen nicht täuschte, daß er durch einen gerechtfertigten Gewinn belohnt wurde für die Kühnheit, mit der er die handelsüblichen Gesetze umgestoßen hat.«

Dreitausend Rubel! »Ich werde meine alten Schulden bezahlen und ein neues Gedicht beginnen«, schrieb Puschkin.

Gewiß, die alten Schulden hätten fast die ganze Summe verschlungen, aber nachdem das Geld verteilt und die Freuden zerronnen waren, trug Puschkin eine kostbare Gewißheit in sich: er wußte, daß er von jetzt an von seinen Werken leben konnte und daß sein Handwerk ein ernsthafter Beruf war.

Das Leben – Ein Mummenschanz

Puschkin hatte in Odessa kein festes Amt und keine Verwaltungspflichten bei dem Grafen Worontzov, der wie ein Vizekönig residierte. Puschkin hielt es daher nicht für nötig, im Büro anwesend zu sein. Die siebenhundert Rubel, welche ihm die Regierung aussetzte, betrachtete er mit Fug und Recht als Entschädigung für die Unbequemlichkeiten seiner Verbannung, nicht als Entlohnung von Schreibarbeiten. Niemand nahm ihm übrigens seine Faulheit übel.

Wie in Kischinew verwendete er seine Zeit zum Schreiben, zum Spazierengehen, zum Trinken und Kartenspielen mit Zufallsgefährten.

Mit dem jungen, begeisterungsfähigen Tumanskij und vielen anderen zog Puschkin vom Restaurant zum Theater, vom Theater zum Casino. Bei dem Griechen Dimitraki aß man standesgemäß, und bei dem Franzosen César Automne bemerkenswert gut. Der Keller des »Restaurateurs« César Automne galt als der erlesenste in Odessa.

Nach Puschkins Tod wollte César Automne sich bei den Verehrern des Dichters wichtig machen: »Er zog den Saint-Peray allen anderen Champagnermarken vor, und ich hatte immer einen ausgezeichneten in meinem Keller.«

Aber es war nicht nur Automnes Weinkeller, der die »leichtlebigen Jungen« von Odessa anzog, sondern auch der geheime Spielsalon im Untergeschoß. Eine große Zahl von Beamten, Geschäftsleuten und unbeschäftigten Jünglingen drängte sich um das grüne Tuch. Der Umsatz erreichte mehrere zehntausend Rubel in einer Nacht. Unter den Spielern fand man immer einige Professionelle, die durch ganz Rußland reisten und nur von ihren nächtlichen Gewinnen lebten.

In der Oper sah man dieselben Beamten, dieselben Geschäftsleute und dieselben jungen Nichtstuer. Im Saal fand genauso Vorstellung statt wie auf der Bühne. Alle Zuschauer kannten einander, und in der Pause besuchte man sich in den Logen, plauderte über die Sitze hinweg. Puschkin liebte die Oper, die Sängerinnen, das helle Licht, die hübschen Frauen in den samtverkleideten Parterrelogen, den tosenden Lärm des Orchesters und das Luftschöpfen unter dem weiten, friedlichen gestirnten Himmel. Er hätte zwanzig offizielle Diners für einen einzigen Abend in der Oper gegeben. Doch die offiziellen Diners waren nicht zu umgehen, Worontzov verstand in Etikettefragen keinen Spaß.

Zu einem Kostümball kam Puschkin in einen weiten schwarzen Domino gehüllt und mit einer Maske vor dem Gesicht. Er bewunderte die Kostüme. Er tanzte und hofierte wie gewöhnlich jedes frische, von Wärme und Licht belebte Gesicht. Ermüdet ging er heim, traurig gestimmt über soviel leeres Gerede und soviel sinnlose Gebärden. Sein ganzes Leben war nicht mehr als ein Mummenschanz, alle Menschen in seiner Umgebung trugen Masken und verhüllten ihr Herz wie ihren Körper. Er fühlte sich nicht wohl in dieser reichen, lauten, umherwirbelnden Menge.

Da er weder wie ein Einsiedler leben noch die vornehme Gesellschaft Odessas ertragen konnte, ärgerte er sich ebenso über sich selbst wie über die, welche ihn immer noch empfingen.

Wie es seine Gewohnheit war, verliebte sich Puschkin auch in Odessa in unzählige junge Frauen und Mädchen. Seine nächsten Freunde sagten von ihm: »Der Gegenstand seiner Leidenschaft mochte wechseln, die Leidenschaft selbst blieb immer dieselbe.« Er hielt mehr von seinen Erfolgen bei den Frauen als von seinen dichterischen. Jemand den Hof machen, das war ein kurzweiliger, unentbehrlicher und gesunder Sport für ihn. Die Damen wußten ihm Dank für die Mühe, die er sich gab, sie zu unterhalten. Seine Don-Juan-Liste trägt zwei Vornamen aus der Odessaer Zeit: Amalia und Elisa.

Amalia Riznitsch war die Frau eines reichen Kaufmanns aus Odessa. Sie soll deutsch-italienischer Abstammung gewesen sein, war jung, groß und schlank, ihr Gesicht war von schimmernder Blässe, der lange Hals schmiegsam, und die übergroßen schwarzen Augen strahlten wie von innerem Feuer. Löste sie ihr kohlrabenschwarzes Haar, so fiel es wie ein Schleier bis über die Knie herab. Da sie große Füße hatte, trug sie ein lang herabfallendes Reitkleid, dazu einen Männerhut, dessen Schleier auf der Erde schleifte. Diese Tracht erhöhte noch ihren Reiz. Mehr oder weniger ware alle jungen Leute von Odessa in sie verliebt. Doch hatten dieses ungewöhnliche Gewand und ihr zweifelhafter Ruf ihr die Salons der Worontzovs und deren Freunde verschlossen. So empfing sie bei sich zu Hause, und die Junggesellen rissen sich darum, bei ihren Tanzabenden, ihren Diners und ihren Whistpartien erscheinen zu dürfen. Amalias Mann schaute bestürzt auf diese Flut von Anbetern, die seine Frau umringte. Er wurde neben ihr gar nicht beachtet, war jedoch glücklich über ihre Erfolge und fühlte sich ihrer Treue sicher.

Puschkin war ständiger Gast im Hause Riznitsch. Wie die anderen, ja noch mehr als sie, nahm ihn die schöne Amalia gefangen. Seine Liebe machte ihn kopflos, höhlte ihn buchstäblich aus. Gerne hätte er Amalia entführt, um sich allein an ihren blitzenden Augen, an der schimmernden Geschmeidigkeit ihrer Haut und an den freigebigen Liebkosungen ihrer Lippen weiden zu können. Immer hatte sie jedoch eine ganze Schar von oftmals reichen und höchst gewandten Verehrern um sich versammelt; es gefiel ihr, umschwärmt zu werden.

Sie blieb indessen nicht gleichgültig gegen Puschkins Leidenschaft; gerne ließ sie sich von ihm küssen und liebkosen, versagte sich aber nicht, dasselbe Vergnügen in den Armen anderer zu kosten.

Gegen das Ende des Jahres 1823 hatte sich Puschkin in seine Liebe zu Amalia Riznitsch so hineingesteigert, daß er sie einer »Krankheit« verglich, ähnlich »der Pest«, oder »düsterem Lebensüberdruß«, einem »Fieber« oder gar dem »Wahnsinn«. Er erschrak selbst darüber. Anfang 1824 brachte Amalia einen Sohn zur Welt, wurde dann krank, hustete Blut und mußte nach Italien fahren. Dort starb sie an Tuberkulose. Ihr Mann hatte Verdacht geschöpft und sie verlassen, ebenso ihr Geliebter. Einsam und sehr elend löschte sie aus wie eine Kerze.

Die Abreise von Amalia betrübte Puschkin weniger als die Nachricht von ihrem Tod. Als sie die Stadt verließ, hatte er sich schon daran gewöhnt, sie zu entbehren. Eine andere Frau beschleunigte obendrein den Genesunsgprozeß. Diese andere war ausgerechnet die Gattin des Vizekönigs, des englandfreundlichen Herrschgewaltigen: Worontzov.

Elisa Worontzov traf erst am 6. September 1823 in Odessa ein. Das Abklingen seiner Leidenschaft für Amalia Riznitsch ließ die Leidenschaft für Elisa hell auflodern. Eine löste die andere ab, das war ein ehrlicher Handel.

Die Gräfin Worontzov war zu jener Zeit etwas über dreißig Jahre alt. Als Tochter eines polnischen Grafen war sie so streng erzogen worden, daß sie sich nach ihrer Heirat fieberhaft in Festlichkeiten stürzte, Flirts begann und mit vollen Händen Geld ausgab. Ihre lang unterdrückte Jugend blühte auf in einem Alter, in dem andere darauf verzichten zu gefallen. Sie bestrickte jedermann, angefangen bei Worontzov, über Alexander Rajewskij bis zu Puschkin. Elisas Zeitgenossen rühmten einmütig ihre Schönheit und Anmut.

Puschkin mußte schon beim ersten Zusammentreffen die Gräfin der Liebe wert finden; sie war schön, klug, sinnlich, gut erzogen und überdies die Frau des abscheulichen Worontzov. Diese Tatsache vermehrte noch den Reiz des Abenteuers. Elisas Neugierde auf den schlecht gekleideten Dichter war schon geweckt durch das Gerücht, er sei der Geliebte der Amalia Riznitsch. Sie sah ihn in der Oper, bei den Diners und Empfängen ihres Mannes, bei denen sich die Gesellschaft in zwei Gruppen auflöste. Die eine scharte sich im Billardsaal um den Grafen, die andere, kleinere, sorgfältig ausgewählte Gruppe folgte der Gräfin in den Salon. Natürlich gehörte Puschkin zu der kleinen Gesellschaft. Die Gräfin plauderte gerne mit ihm, sie lachte über seine Wortspiele und versuchte aus reiner Neugierde, Einzelheiten über seine letzte Liebe in Erfahrung zu bringen. Das war aber auch alles. Puschkin mußte sich lange Zeit mit der Rolle des Hausfreundes zufriedengeben.

Im Mai 1824 kam Wera Wiasemskij, die Frau eines Freundes von Puschkin, mit ihren zwei Kindern nach Odessa, um eine Badekur am Meer zu machen. Wera war eine vertraute Freundin von Elisa, und durch sie kam Puschkin der Geliebten näher. Der Dichter und seine beiden Freundinnen gingen am Meeresufer spazieren, sie mieteten ein Boot, ruderten und stiegen irgendwo an einer wellenumspülten felsigen Klippe an Land. Dort schauten sie zu, wie die mächtigen Wogen schäumend und sonneglitzernd heranbrandeten. Manchmal spritzte eine stärkere Welle bis zu ihnen hinauf und durchnäßte sie bis auf die Haut. Dann mußte man ans Ufer zurück, um die Haare wieder in Ordnung zu bringen und die Kleider zu wechseln. Geschah es in Wera Wiasemskijs Haus oder am Meeresufer oder auf einem von der Brandung umtosten Riff, daß Puschkin und Elisa ihren ersten Kuß tauschten? Wir wissen nichts Näheres über dieses Liebesabenteuer des Dichters. Nur seine Verse und die Zeugnisse einiger Zeitgenossen erlauben die Annahme, daß seine Liebe erwidert wurde.

Die Episode mit dem Talisman beweist, mehr als alle brieflichen Anspielungen, die Wirklichkeit dieser Liebe zwischen dem Dichter und der Frau des »Lords«.

Gegen Ende von Puschkins Aufenthalt in Odessa schenkte ihm die Gräfin Worontzov einen goldenen Ring, in den hebräische Schriftzeichen eingraviert waren. Puschkin trennte sich niemals von diesem Ring. Nach seiner Abreise aus der Stadt erhielt er lange Zeit hindurch Briefe, mit einem seinem Siegelring gleichenden Siegelabdruck. Die Schwester des Dichters berichtete sogar, daß er sich, wenn er solche Botschaften erhielt, in seinem Zimmer einschloß, auf kein Klopfen antwortete und sich weigerte, herauszukommen. Diesen Ring, diesen Talisman hätte die

Gräfin Worontzov niemals einem ihr Fremdgebliebenen geschenkt, selbst nicht einem Dichter. Sie gab ihn dem Geliebten. Puschkin bekennt es in seinem Gedicht *Der Talisman*.

Als er seine lyrische *Unterhaltung zwischen Buchhändler und Dichter* geschrieben hatte, fürchtete er, in seinen Versen die Identität der Geliebten preisgegeben zu haben; er wendet sich höchst naiv an seinen Bruder: »Wäre es nicht möglich, die *Unterhaltung* auf 1823 zurückzudatieren?« Ohne Zweifel hoffte er, durch diese Abänderung des Datums die Neugierde seiner Leser auf eine falsche Fährte zu lenken. *Der Engel, Proserpina* und einige Stellen in *Eugen Onegin* sind derselben Frau gewidmet. In diesem letzten Werk leuchten in dem sanften Gesicht der Heldin Tatjana der unvergessene Blick, das unvergessene Lächeln von Elisa Worontzov auf. Nachdem Puschkin Odessa verlassen hatte, schrieb ihm Alexander Rajewskij, der sich damals mit den Worontzovs in Alexandria aufhielt, folgenden Brief: »Ich verschiebe auf einen anderen Brief, Ihnen mit Vergnügen von dem Tun und Lassen unserer schönen Mitbürgerinnen zu berichten, heute will ich Ihnen von Tatjana sprechen. Sie nahm bewegten Anteil an Ihrem Mißgeschick und hat mir aufgetragen, es Ihnen zu sagen. Ich schreibe Ihnen also auf ihren ausdrücklichen Wunsch. Ihr mildes und gutes Herz hat in jenem Augenblick nur die Ungerechtigkeit empfunden, deren Opfer Sie wurden. Mit der Empfindsamkeit und Anmut, welche sie auszeichnen, hat sie das mir gegenüber ausgesprochen.«

David, Goliath und die Heuschrecken

Schon ehe Graf Worontzov erfahren hatte, daß Puschkin seine Frau umwarb, zählte er ihn zu seinen Feinden. Das spöttische Wesen und der Unabhängigkeitsdrang dieses Kollegiensekretärs, der sich für ein Genie hielt, hatten den »Lord« schon immer höchlich aufgebracht. Als er durch Alexander Rajewskij erfuhr, daß sich die Gräfin gegen Puschkins Huldigungen nicht gleichgültig zeigte, verkehrte seine Abneigung sich in Haß. Er fühlte sich entehrt durch diesen kleinen Menschen mit dem Affengesicht und dem berühmten Namen. Er sprach ihm jedes Talent ab und traute ihm jedes Laster zu. Wie gewohnt, ließ er sich jedoch Zorn und Wut nicht anmerken und empfing Puschkin bei seinen Diners mit der üblichen eisigen Zuvorkommenheit. Ein versteckter Krieg entspann sich zwischen dem Regierungsgoliath und dem

Literatendavid. Worontzovs Hofstaat nahm Partei für ihn, gegen Puschkin, der sich von Tag zu Tag unerwünschter vorkam in jener Gesellschaft geistloser Militärs und regierungstreuer hoher Beamter. Am 17. Januar 1824 sandte ein gewisser General Skobelew folgenden Bericht an die Zentralregierung:

»Wäre es nicht ratsam, wenn ein gewisser Puschkin, der sein außerordentliches Talent zu verabscheuungswürdigen Zwecken mißbraucht, durch ein Verbot, seine umstürzlerischen Verse zu veröffentlichen, mundtot gemacht würde? . . . Wenn der Verfasser dieser schändlichen Verse zur Vergeltung einige Fleischfetzen drangeben müßte, so wäre das ein gutes Werk. Wozu sollte es gut sein, Nachsicht zu zeigen gegenüber einem Menschen, den alle gutmeinenden Bürger streng verdammen?«

Aufgehetzt durch seine Mitarbeiter, getrieben durch Alexander Rajewskij und durch das kokette Benehmen seiner Frau gegenüber dem Dichter aus seiner Ruhe aufgestört, beschloß der phlegmatische Worontzov, sich Puschkins um jeden Preis zu entledigen. Am 27. März 1824 richtete er an den Außenminister Nesselrode einen diplomatischen Brief, in dem er ihm auseinandersetzte, von welch großem Vorteil Puschkins Entfernung aus Odessa sein könnte. Hier, äußerte er , begegne Puschkin allzuvielen Schmeichlern, die seine Werke lobten und in ihm die Illusion seiner literarischen Allmacht nährten, »während er doch noch nichts weiter ist als ein schwächlicher Nachbeter eines sehr wenig empfehlenswerten Urbilds: des Lord Byron«. Man müßte den jungen Menschen zwingen, sich zu mäßigen und ihn zu diesem Zweck in ein anderes Gouvernement abschieben.

»Es führte zu nichts«, schrieb Worontzov wörtlich, »ihn einfach zu General Insov zurückzuschicken, denn einmal entfernte ihn das kaum von Odessa, und zum anderen könnte ich ihn nicht mehr unter Kontrolle halten. Kischinew liegt so nahe, daß dieselben Leute ihn dort aufsuchen würden, und in der Stadt selbst fände er unter den jungen Bojaren und Griechen schlechte Gesellschaft zur Genüge.«

Von rachsüchtiger Eifersucht gequält, wartet Worontzov Nesselrodes Antwort nicht ab und schickte ihm am 2. Mai 1924 einen neuen Brief, der noch heftiger ausfiel als der erste:

»Auf mein Anliegen zurückkommend, wiederhole ich meine Bitte: Befreien Sie mich von Puschkin. Er ist vielleicht ein prächtiger Junge und ein guter Dichter, aber ich möchte ihn nicht länger hier haben, weder in Odessa noch in Kischinew.«

Am 16. Mai antwortete Nesselrode endlich auf die inständigen Bitten Worontzovs: Der Zar teile die Meinung des Generalgouverneurs von Südrußland über Puschkin. »Was jedoch den endgültigen Beschluß über ihn betrifft«, schrieb Nesselrode, »so hat er sich damit begnügt, mir aufzutragen, daß ihm ein anderes Arbeitsgebiet zugewiesen werde.«

Puschkin, der zweifellos von Worontzovs Machenschaften unterrichtet war, rächte sich, indem er ihn mit bissigen Epigrammen überhäufte:

David war nur ein kleiner Mann,
doch schlug er Goliath nieder,
der war ein großer General
und nicht nur Graf, ganz bieder.

Und:

Ein halber Mylord und ein halber Lump,
ein halber Gent und halber Bauer,
ein halber Hundsfott, der auch könnt,
man ahnt es schon, ein ganzer sein.

Die beiden Männer trafen sich in den Salons und plauderten höflich miteinander an den großen, reich beschickten Tafeln, aber in ihren Herzen brannte der gleiche Haß. Der eine ließ seine Galle in Epigramme fließen, die unverzüglich in der Stadt die Runde machten, der andere in schwerwiegende amtliche Briefe und in Amtsstubenverschwörungen. Die äußeren Umstände kamen Worontzov zu Hilfe. Eine Heuschreckenplage verwüstete damals den Süden Rußlands. Worontzov erteilte Puschkin folgenden Befehl, datiert vom 22. Mai 1824:

»Ich gebe Ihnen den Auftrag, sich in die Distrikte Cherson, Elisawetgrad und Alexandrien zu begeben und nach Ihrer Ankunft folgende Erkundigungen in diesen Städten einzuziehen: an welchen Orten sind die Heuschrecken eingefallen, wie groß sind die einzelnen Schwärme, welche Weisungen wurden zu ihrer Vernichtung ausgegeben und welche Mittel angewandt, diese Ausrottung zu erreichen. Das heißt, Sie haben die Orte in Augenschein zu nehmen, in denen die Heuschreckenplage am meisten fühlbar ist, die Wirksamkeit der gegenwärtigen Vernichtungsmethoden abzuschätzen und zu untersuchen, ob die von den Provinzkomitees unternommenen Maßnahmen ausreichend sind. Über alle Ihre Feststellungen haben Sie an mich persönlich einen Bericht abzufassen.«

Puschkin war nicht der einzige Beamte in Odessa, der mit einer solchen Aufgabe betraut wurde. Aber für ihn war diese Anordnung schimpflicher als für irgendeinen beliebigen seiner Kollegen. Er glaubte, ein berühmter Dichter zu sein, eine Persönlichkeit in der literarischen Welt Rußlands, und Worontzov nützte seine Überlegenheit als Vorgesetzter aus und schickte ihn weg, um die Gewohnheiten von Heuschrecken zu studieren und wie weit man mit ihrer Vernichtung gekommen sei. Diese Maßnahme wog alle Epigramme auf. Sie erinnerte Puschkin daran, daß er in den Augen der Obrigkeit nur ein Kollegiensekretär war wie jeder andere auch. Sie stieß ihn wieder ins Elend zurück und setzte ihn dem Hohngelächter seiner Feinde aus. Worontzov triumphierte, haßerfüllt und vornehm, in eisiger Ruhe hinter seinem goldverzierten Schreibtisch thronend. Mit einem Federstrich rächte er seine Ehre als verhöhnter Vorgesetzter und betrogener Ehemann. Puschkin raste vor Wut über diese Demütigung und verlor den Kopf; er wollte alles tun, den Lord zur Strecke zu bringen, ihn ohrfeigen, ihm den Bauch aufschlitzen, dem Schweinehund mit dem aalglatten Gesicht und den aalglatten Manieren.

»Ein paar Tage nach meiner Ankunft in Odessa«, schrieb Wiegel, »fegte Puschkin wie ein Wirbelwind hochgradig erregt in mein Zimmer, um mir zu sagen, daß er ernstliche Unannehmlichkeiten zu erwarten habe. Zu jenem Zeitpunkt waren mehrere untergeordnete Angestellte aus der Kanzlei des Generalgouverneurs und anderer Provinzämter abgeordnet worden, den Kampf gegen die durch die Steppe ziehenden Heuschrecken zu organisieren. Zu ihnen gehörte auch Puschkin. Nichts konnte demütigender für ihn sein . . . Um ihn davor zu bewahren, verzögerte der gute Kaznatschejew, der Kanzleivorstand, die Ausführung des Befehls und versuchte sogar, dessen Aufhebung zu erwirken. Ich wollte dasselbe tun. Verlorene Liebesmühe. Worontzov erbleichte bei den ersten Worten, seine Lippen begannen zu beben, und er erklärte: ›Mein Lieber, wenn Ihnen daran liegt, unsere früheren guten Beziehungen aufrechtzuerhalten, dann sprechen Sie nie mehr von dieser Kanaille.‹ Und nach einigen Augenblikken fügte er hinzu: ›Ebenso wenig von seinem ehrenwerten Freund Rajewskij.‹ Die letzten Worte setzten mich in Erstaunen und erregten in mir einen bestimmten Verdacht.«

Außer sich über die Unversöhnlichkeit Worontzovs setzte Puschkin noch am selben Tag einen Brief an den Kanzleivorstand

Kaznatschejew auf, der aber erst drei Tage später, am 25. Mai 1824, abgesandt wurde.

»Da ich völlig unerfahren in Verwaltungsgeschäften bin, weiß ich nicht, ob ich der Anordnung Seiner Exzellenz Folge leisten darf. Ich nehme mir die Freiheit, mich offen über meine Lage auszusprechen. Sieben Jahre lang habe ich in meinem Amt keinerlei Tätigkeit ausgeübt, ich habe keinen einzigen Bericht geschrieben und stand zu keinem einzigen Vorgesetzten in irgendeiner amtlichen Beziehung. Wie Sie wissen, sind diese sieben Jahre also für meine Beförderung verloren. Darüber zu klagen, wäre verfehlt. Mein Beruf ist es, Verse zu schreiben, er gibt mir Brot und schenkt mir Unabhängigkeit. Ich denke doch, daß Graf Worontzov mich weder um das eine noch um das andere bringen will. Man kann mir vorhalten, daß ich verpflichtet sei, Dienst zu tun, weil ich siebenhundert Rubel erhalte ... Ich nehme diese siebenhundert Rubel an, nicht als Beamtengehalt, sondern als Entschädigung für einen in die Verbannung geschickten Sklaven. Ich bin bereit, von dem Augenblick an darauf zu verzichten, wo ich nicht mehr frei über meine Zeit und meine Beschäftigungsart verfügen kann. Wenn ich hätte Dienst tun wollen, so hätte ich niemals einen anderen Vorgesetzten gewählt als Seine Exzellenz. Da ich aber meine völlige Unfähigkeit fühlte, habe ich schon im voraus auf alle Vorteile des Dienstes verzichtet. Ich weiß, daß dieser Brief hinreicht, mich abzuschieben, wie man sagt. Wenn der Graf mir befiehlt, meine Entlassung zu erbitten, so bin ich dazu bereit, aber ich glaube, daß ich bei einem Wechsel des Abhängigkeitsverhältnisses viel verliere, ohne die Hoffnung zu haben, etwas zu gewinnen ...

Noch etwas: Sie wissen vielleicht nicht, daß ich an einer Pulsadergeschwulst leide? Seit acht Jahren trage ich den Tod in mir. Ich kann von jedem beliebigen Arzt ein Zeugnis vorlegen. Ist es wirklich unmöglich, mich für die kurze Spanne, die mir noch zu leben bleibt, in Ruhe zu lassen?«

Die erwähnte Pulsadergeschwulst war eine vorgetäuschte Krankheit. Puschkin hatte eine Krampfader am Bein, die ihm nicht übermäßig zu schaffen machte. Er wollte jedoch alle Argumente ins Feld führen, um den Grafen umzustimmen. Es bedurfte des hartnäckigen Zuredens von Rajewskij und einiger anderer Freunde, um ihn dazu zu bringen, Worontzovs Anordnung zu befolgen. Tödlich verletzt, reiste er ab, um bei der Ausrottung der verfluchten Heuschrecken zu helfen. Nachdem er ihr Vordringen durch die Steppen studiert und die Arbeit der Hilfsmannschaften beobachtet hatte, bis in halbe Schenkelhöhe in dem lebenden, gelben Brei watend, kehrte er nach Odessa zurück und legte Graf Worontzov seinen Bericht vor, der nach Aussagen einiger Zeitgenossen in Versen abgefaßt war:

Die Heuschrecken flogen und flogen,
um dann sich niederzusetzen
und, kriechend, alles kahl zu fressen,
worauf sie von neuem zu fliegen begannen.

Man hat in der Tat keinen offiziellen Bericht Puschkins über die Heuschrecken aufgefunden. Vielleicht weigerte er sich, einen solchen zu schreiben. Sein Entschluß war gefaßt. Auf den ihm angetanen Schimpf gab es nur eine Antwort: die Amtsniederlegung. Der Kanzleivorstand Kaznatschejew sah dieses vom 8. Juni datierte Gesuch um Amtsenthebung als einen Mißgriff an.

Einige Tage darauf schrieb Puschkin an Wiasemskij:

»Ich bin mit Worontzov in Streit geraten und habe ein Duell mit der Feder mit ihm ausgefochten, das ich schließlich durch die Bitte um meine Entlassung beendigt habe. Was aber werden die obersten Stellen tun? Ich weiß es nicht . . . Erzähl niemandem davon. Mir schwirrt der Kopf.«

Puschkins Entlassungsgesuch war inzwischen mit einem »erklärenden« Schreiben Worontzovs nach St. Petersburg abgesandt worden. Die Monate Juni und Juli bedeuteten für Puschkin Wochen übersteigerter Liebe und wahnwitziger Befürchtungen. Würde man ihn höheren Orts begreifen? Würde man ihn aus der Verbannung zurückrufen und ihm die Freiheit schenken, die er durch soviel Leiden verdient hatte?

In St. Petersburg nahm die »Angelegenheit Puschkins« mit vorschriftsmäßiger Langsamkeit ihren Lauf. Die Polizei Alexanders I. hatte unterdessen einen Brief des Dichters an Wiasemskij aufgefangen, worin er sich über den Atheismus ausließ: »Ich nehme Unterricht in unverfälschtem Atheismus. Hier lebt ein Engländer, ein ernsthafter Philosoph, der einzige intelligente Atheist, den ich je getroffen habe. Er hat tausend Seiten vollgeschmiert, um zu beweisen, daß es kein Wesen geben kann, das einem denkenden, alles regelnden Schöpfer gleich käme. Bei der Gelegenheit hat er mit einem Federstrich die schwächlichen Beweise für die Unsterblichkeit der Seele beiseite gefegt. Eine wenig tröstliche Theorie, was man auch sagen möge, aber leider eine sehr wahrscheinliche.«

Puschkins Entlassungsgesuch, der von Worontzov beigefügte »Empfehlungs«brief, dazu dieses fatale Schreiben über den Atheismus: alles verschwor sich gegen den Dichter, und die Partie war von vornherein für ihn verloren.

Am 27. Juni schrieb Graf Nesselrode an Worontzov: »Der Zar hat auch die Sache Puschkin entschieden. Er wird nicht bei Ihnen bleiben, doch hat Seine Kaiserliche Majestät gewünscht, die Ihnen in dieser Angelegenheit zugehende Order vorher zu sehen, was erst in der nächsten Woche wird geschehen können.« Puschkins Freunde waren wütend über ihn, der ewig Ärger verursachte. Sie klagten ihn um die Wette an:

»Puschkin ist allein schuld«, schrieb Turgenjew am 1. Juli an Wiasemskij. »Er beschwört sein eigenes Unheil herauf. Wohin soll man ihn jetzt stecken?«

»Er hat gerade wieder neue dumme Streiche gemacht«, schrieb Wera Wiasemskij ihrem Mann, »alles Unrecht ist auf seiner Seite. Er hat nach einem Weg gesucht, eine für ihn wichtige Persönlichkeit lächerlich zu machen, und er hat ihn gefunden. Es wurde bekannt, und mit Recht ist er nicht mehr gern gesehen.«

»Ach, was für ein Lausbub!« antwortete Wiasemskij. »Ich habe meine liebe Not mit ihm ... Wer jedoch das Talent nicht zu achten weiß, und sei es selbst in der Person eines Narren, der ist im Unrecht.«

Ein »Lausbub«, ein »Unbesonnener«, ein »Narr«. Niemand will ihn begreifen, und bestürzt sieht Puschkin sich im Unglück allein gelassen.

»Warum schiltst Du mich in Deinen Briefen an Deine Frau«, schreibt er am 15. Juli an Wiasemskij. »Wegen meines Entlassungsgesuches? Soll heißen: wegen meines Unabhängigkeitsdranges?«

Während Turgenjew versuchte, »die Angelegenheit ins Lot zu bringen«, indem er seine amtlichen Beziehungen spielen ließ, während Gräfin Elisa Worontzov sich vergeblich bemühte, aus ihrem Mann herauszulocken, was man mit Puschkin vorhabe, während Puschkin Wera Wiasemskij um Geld anging, um einen Platz auf einem nach dem Ausland abgehenden Schiff zu belegen, verfaßte Graf Nesselrode seinen endgültigen Bericht und legte ihn dem Zaren vor. Nesselrodes Brief ging am 11. Juli 1824 in St. Petersburg ab und gelangte am 24. desselben Monats nach Odessa.

»Leider beweist alles«, schrieb Nesselrode, »daß Puschkin sich weiterhin in schädliche Gedankengänge verbohrt hat, die sich schon zu Beginn seiner Laufbahn in so verhängnisvoller Weise geoffenbart hatten. Sie können sich durch den beigefügten Brief (über den Atheismus) von dieser Tatsache überzeugen. Der Zar hat befohlen, ihn Ihnen zu übersenden. Die Polizei hat ihn abgefangen, weil er von Hand zu Hand ging und jedermann bekannt ist. Ferner hat Seine Majestät mir aufgetragen, als sichtbares Zeichen einer gesetzlichen Strafe Puschkin wegen schlechter Führung von der Liste der Beamten des Auswärtigen Amtes zu streichen. Doch will ihn Seine Majestät nicht ohne Überwachung lassen, denn sicher nützt er sonst seine unabhängige Lage aus und verbreitet die umstürzlerischen Gedanken, auf die er schwört, immer weiter. Das zwänge die Obrigkeit, die schärfsten Maßnahmen zu ergreifen. Um nach Möglichkeit solche Folgen zu vermeiden, soll man sich, nach Meinung des Zaren, nicht darauf beschränken, ihm den Abschied zu geben, sondern ihn auf das Gut seiner Eltern im Gouvernement Pskov schicken und ihn dort unter die Aufsicht der Ortsbehörden stellen. Euer Exzellenz möge Puschkin diese Entschließung unverzüglich mitteilen und ihn ohne Verzögerung nach Pskov schicken; das Geld für die Postpferde ist ihm auszuhändigen.«

Als der Brief beim Amt in Odessa eintraf, hatte Worontzov bereits mit seiner Frau, seiner kleinen Tochter und seinem unmittelbaren Hofstaat die Stadt verlassen, um einige Zeit auf der Krim zu verbringen. So war es Gouverneur Guriew, der Puschkin am 29. Juli zu sich rufen ließ, um ihm offiziell die Nachricht mitzuteilen. Puschkin war durch den kaiserlichen Beschluß völlig niedergeschmettert; er hatte gehofft, daß seine Bitte um Entlassung ihn vor der Dienstsklaverei und der Verbannung bewahren würde. Aber anstatt ihn freizugeben, überführte ihn der Zar von einem Gefängnis ins andere. In Odessa gab es wenigstens ein Theater, Restaurants, Läden, Frauen und einen Hauch geistigen und weltmännischen Lebens. Nun nahm man ihm auch diese bescheidene Freude. Man verstieß ihn in eine abgelegene, unkultivierte Provinz, in ein Land, wo nur der Wind durch die Bäume brauste, wo nur das Echo seiner Stimme antworten würde. Man wollte ihn lebendig begraben, ihn töten in der freien Natur.

Sich aufs Land zurückzuziehen, das mochte für alte Leute gut sein. Er war doch aber jung und hatte Talent, seine Freunde liebten ihn zärtlich, und die Frauen verschlossen ihr Herz nicht gegen ihn. Mit welchem Recht raubte man ihm alles, was sein Leben ausmachte?

Bleich und zitternd hörte er die verworrenen Trostworte des dicken Guriew. Man reichte ihm ein Papier, und er las mechanisch:

»Der Unterzeichnete verpflichtet sich hiermit, Odessa ohne Verzug zu verlassen und sich auf dem Reiseweg, dessen Plan ihm von dem Gouverneur von Odessa vorgelegt worden ist, in die Stadt Pskov zu begeben. Unterwegs wird er nicht nach seinem Belieben haltmachen, und in Pskov hat er sich sofort nach seiner Ankunft persönlich bei dem dortigen Ortsgouverneur zu melden.«

Puschkin dreht das Blatt um:

»Der Weg von Odessa nach Pskov beträgt, genau berechnet, 1621 Werst. Zu dieser Reise hat der Kollegiensekretär Puschkin für den Unterhalt von drei Pferden dreihundertneunundachtzig Rubel und vier Kopeken erhalten.«

Guriew sagte zu ihm: »Unterzeichnen Sie.« Er setzte seinen Namen unter das Schriftstück und verließ das Büro, keines Gedankens mehr fähig, so daß er Hut und Handschuhe auf dem Tisch vergaß. Barhaupt stürzte er zu Prinzessin Wiasemskij und flehte sie von neuem an, seine Flucht in die Wege zu leiten. So viele Schiffe schaukelten verankert im Hafen, und der Horizont war so weit und die Erde so groß! Warum sollte er in diesem verfluchten Rußland bleiben?

Als Fürst Wiasemskij von dem Straferlaß der Regierung gegen Puschkin erfuhr, verkehrte sich sein Ärger über den Dichter in ehrliche Entrüstung gegen die Obrigkeit. Nicht Puschkin war der »Narr«, sondern diejenigen, die so darauf erpicht waren, seine Laufbahn zu zerstören.

»Wie kann man«, schrieb Wiasemskij, »einen Menschen durch so brutale Verfügungen in Wut versetzen und zur Verzweiflung treiben? Wer ist der Urheber dieses unmenschlichen Mordes? Denn kommt es nicht einem Mord gleich, einen vor Lebendigkeit glühenden jungen Mann in der Einsamkeit eines russischen Dorfes zu begraben? Die Regierung ist zweifellos auf Lügenmärchen hereingefallen. Man opfert doch nicht einen Menschen wegen eines unüberlegten Wortes, wegen eines anstößigen Verses ... Ob sich die, welche eine solche Regelung getroffen haben, auch klar darüber sind, was die Verbannung in ein russisches Dorf bedeutet? Man muß schon übermenschlich moralisch gefestigt sein, um eine solche Marter auszuhalten. Ich habe Angst um Puschkin! Bei seinem Alter, mit seiner Seele, die einem brodelnden Hexenkessel gleicht (wie Kozlov sich ausdrückt, wenn er von Lord Byron spricht), darf man sich nicht der Hoffnung hingeben, daß seine Arbeiten, seine literarische Tätigkeit ihn völlig befriedigen könnten ... Ich gestehe Ihnen, daß die Verbannung für Puschkin nach meiner Ansicht der Gnadenstoß ist. Ich sehe keinen Ausweg aus seinem Unglück. Warum will man ihm nicht erlauben, ins Ausland zu gehen? Die Auflage seiner Werke sicherte seine Zukunft für ein paar Jahre. Sagen Sie mir, um Gottes willen, wie könnte der Knüppel Peters des Großen, der seinem Herrn nicht ins Grab gefolgt ist, vor der Prosa oder den Versen irgendeines jungen Bengels Angst haben? Dieser wackere, rechtgläubige Zweig grünt und blüht aufs allerschönste. Wenn Orpheus selbst auftritt und umstürzlerische Verse anstimmt, so wird sich niemand rühren. Wie kommt es, daß die Regierung ihn nicht begreift? Fühlt sie denn seine Stärke nicht? Alle Dichter der Welt könnten sich die Kehle heiser schreien, niemand hörte auf ihr Gekläff ... Die Titanen haben die Götter nicht besungen, als jene sie aus dem Himmel verjagen wollten.«

Onkel Basils Grabrede auf seinen Neffen Puschkin war kürzer. »Die Grashüpfer haben ihn zum Hüpfen gebracht«, pflegte er zu sagen, ein befriedigtes Lächeln um die Lippen und eine kleine Greisenträne im Augenwinkel.

Puschkin blieb ein Tag, um seine Koffer zu packen und Abschied zu nehmen. Am 29. Juli war er zu Guriew gerufen worden, und am 30. reiste er ab. Schweren Herzens verließ er eine Stadt, in der er, wie in mancher anderen, geglaubt hatte, glücklich zu sein. Er verließ seine sanfte Freundin Wera Wiasemskij und seine Geliebte Elisa Worontzov. Der Diener Nikita Kozlov, sein stummer Leidensgefährte, folgte seinem Herrn.

Die Kutsche fuhr flott davon; es ging zunächst durch sandiges Gelände, die Luft schmeckte noch nach Salz, und der Staub wirbelte um das Gespann. Hin und wieder brachten ausgefahrene Wagenspuren den ganzen Aufbau der Koffer und Pakete ins Wanken. Dann tauchten die ersten Büschel gelben Grases auf, und endlich dehnte sich die Steppe vor ihnen, deren grüne, unergründliche Weite endlos zu sein schien wie die blaue luftige Unendlichkeit über ihr. Die Sonne brannte heiß. Vögel flogen mit schwerem Flügelschlag, und lästige Bremsen umschwirrten die mageren, schweißbedeckten Pferde. Der Kutscher fluchte aus vollem Halse. In Nikolajew machten die Reisenden in einer verlausten Poststation halt. Doch die Flöhe betrugen sich dort so unverschämt und blutgierig, daß Puschkin die Nacht lieber im Wagen verbrachte. In der Morgenfrühe brach man wieder auf. Unterwegs wollte Puschkin einen seiner Freunde besuchen, Rodzianko. Die Kutsche fuhr durch das Rodzianko gehörende Dorf und hielt vor dem Herrenhaus. Puschkin sprang aus dem Wagen und trat raschen Schrittes in den Vorraum.

»Puschkin«, schrieb ein Augenzeuge, »war mit einem roten Umhang bekleidet, wie ihn die Moldauer tragen, und mit weiten, bauschigen Hosen von derselben Farbe, an den Füßen trug er gelbe Pantoffel, und auf dem Kopf saß ein türkischer Fez mit langer Quaste. Die Haare fielen ihm bis auf die Schultern. In der Hand hielt er einen dicken, eisenbeschlagenen Stock, wie ihn die Hirten in der Steppe gebrauchen ...«

Mit jeder Poststation und jeder neuen Landschaft kam Puschkin Pskov näher. Am 6. August befand er sich in Mohilew. Der Himmel wölbte sich blau über der Reitbahn, die Militärmusik spielte mit lautem Getöse. Die Straßen wimmelten von buntscheckig gekleideten, langsam dahinschlendernden Menschen. Die Kutsche konnte nur mühselig vorankommen, vor ihr marschierte ein kleiner, magerer Mann einher, staubbedeckt und von der Sonne verbrannt. Er trug ein »Russenhemd« aus roter Seide und Schaftstiefel, auf seinen dicht gelockten Haaren saß ein Fez mit schwarzer Troddel. Seine Schultern bedeckte ein Mantel von militärischem Schnitt, in der Hand hielt er einen Stock. Die Vorübergehenden wichen vor ihm zur Seite. Raspopov, ein junger Offizier, ein Neffe von Engelhardt, dem diese Erscheinung rätselhaft vorkam und der in seiner Kindheit Puschkin im Gymnasium von Zarskoje-Selo besucht hatte, lief zur Poststation und ließ sich das Verzeichnis der Reisenden vorlegen. Staunend las er, daß der Mann im roten Hemd der Kollegiensekretär Puschkin war. Ohne auf die Ratschläge des Postmeisters zu hören, stürzte er in den Warteraum, entdeckte dort Puschkin und rief, ihn bei den Händen fassend:

»Sie sind Alexander Sergejewitsch. Sicher erkennen Sie mich nicht. Ich bin der Neffe des ehemaligen Direktors vom Gymnasium, Engelhardt; an den Festtagen machte ich mich vom Kadettenkorps nach Zarskoje-Selo auf, und Sie und Delwig brachten mich dazu, Verse aufzusagen.«

Puschkin umarmte Raspopov und erwiderte:

»Ich erinnere mich, ich erinnere mich gut ... Sascha, du warst ein großer Kadett!«

»Ich war so glücklich über diese unverhoffte Begegnung«, schreibt Raspopov in seinen Erinnerungen, »daß ich wie ein Verrückter davonstürzte, um meinen Offizierskameraden, mit denen ich kurz vorher spazierengegangen war, zu berichten, daß Puschkin auf der Durchreise in der Stadt sei. Alle machten wir uns eilends zur Poststation auf. Unsere Begeisterung läßt sich nicht beschreiben. Puschkin ließ ein paar Flaschen Champagner kommen, und wir tranken auf alles, was uns durch den Kopf schwirrte. Damit noch nicht genug, hoben wir Puschkin auf die Arme und trugen ihn in meine nahe gelegene Wohnung . . . Puschkin schien entzückt über unsere Freude, er war fröhlich und in bezaubernder Laune. Plötzlich sprang er auf den Tisch und begann, Verse vorzutragen . . . Danach zogen wir ihn vom Tisch herunter und schwangen ihn in unseren Armen hin und her. Da rief Fürst Obolenskij: ›Meine Herren, dieser unvergleichliche Abend geht weit über den üblichen Rahmen unserer fröhlichen Feste hinaus, man muß ihn durch eine außerordentliche Tat feiern. Meine Herren, wir wollen unserem Gast ein Champagnerbad bereiten!‹ Alle waren einverstanden, doch Puschkin sagte lächelnd: ›Meine Freunde, ich danke euch aus tiefstem Herzen, das wäre wirklich eine ausgezeichnete Idee gewesen. Ich hätte mir selbst nicht Besseres wünschen können, als in einem Champagnerbad zu plätschern. Aber ich habe es sehr eilig. Ich muß mich wieder auf den Weg machen.‹ Es war 4 Uhr morgens. Die ganze Schar begleitete ihn zur Poststation, wo wir noch einmal Champagner tranken, dann sagten wir ihm Lebewohl.«

In der Morgendämmerung fuhr die Kutsche wieder ab, holterdiepolter, über die unebenen Straßen Weißrußlands. Von all diesem Champagner, den vielen neuen Gesichtern und dem lauten Jubelgeschrei hatte Puschkin einen schweren, benommenen Kopf. Wie die »Jungen« ihn liebten! So wie die »Alten« ihn zweifellos verabscheuten! Zu ihm bekannten sich die Jünglinge, die unbekannten Offiziere, die belesenen Kaufleute, die einsamen Frauen auf dem Land und in den Städten, alle die Männer und Frauen, für die nur das Gesetz des Herzens galt. Aber gegen ihn stand das Heer der uniformierten, stramm stehenden Beamten, die Gouverneure und Minister, die Höflinge und der Zar in eigener Person. Er befand sich in der Mitte dieses Kampfplatzes, auf ihn brandeten Haßausbrüche und leidenschaftliche Verehrung zu. Auf ihn. Auf diesen armseligen schwarzen Punkt. Auf diesen armen Männerkopf, der geschaffen war, zu träumen, nicht zu kämpfen. Würde er sich gegen diesen Ansturm halten können? Oder würde er zerspringen, von soviel einander widersprechenden Gefühlen in Stücke gerissen?

Nikita Kozlov schnarchte, auf seinen Sitz hingesunken. Bäume glitten vorüber, dunkel und gleichgültig. Stein um Stein wuchs ihm die Straße im Licht des Morgens entgegen. Er rechnete aus, daß ihn nur noch zwei Tage vom Ziel seiner Reise trennten. Dann begänne in dem ganz in staubigem Grün verborgenen, bescheidenen Haus von Mikhailowskoje eine neue Zeit der Verbannung, die vielleicht bis zu seinem Tode währen konnte.

Fünfter Teil

Im Kreis der Familie

Nach zehn Reisetagen erreichte Puschkin endlich das arme, ausgedörrte Land der Provinz Pskov. Die von tiefen, verkrusteten Wagenspuren durchfurchte Straße führte mitten durch die unendliche Weite von Feldern, die mit Roggen, Weizen, Buchweizen, Flachs und Hanf bestellt waren. Birkengruppen in vermoostem Sumpfgelände kündigten von weitem die Nähe eines Dorfes an. Und dann tauchte schließlich das Dorf auf mit seinen buckligen Isbas, mit Bienenstöcken im ausgehöhlten Stamm eines gefällten Baumes und seiner kleinen Kirche mit der grünen Kuppel; überall lagen Haufen grober Kiesel, die Überbleibsel von Gletschermoränen, und zerlumpte Gassenstrolche hüteten die Gänseherden.

Puschkin beschloß, sich nicht bei von Aderkas, dem Gouverneur von Pskov, zu melden, wie es die empfangenen Weisungen ihm vorschrieben, sondern sich ohne Aufenthalt nach Mikhailowskoje zu begeben, wo seine Familie ihn erwartete. In Gedanken sah er schon das kleine Erbgut der Puschkins vor sich; da war die »Terrasse« neben der Schlucht, hoch über dem Flüßchen Sorote gelegen, dessen gewundener Lauf das stille Gewässer zweier Seen miteinander vereinigte; da war das niedrige, langgestreckte alte Herrenhaus mit den wurmstichigen Holzwänden über einem Sockel aus grünlichem Mauerwerk, dessen zwanzig Fenster den Himmel widerspiegelten; er sah die beiden Eingangshallen vor sich, die ausgetretene Vortreppe, die Wirtschaftsgebäude, den schmalen Garten, den ein Bretterzaun vom Leibeigenendorf trennte. Das war die bezaubernde Welt seiner Kindheit mit ihren heimlichen Verstecken und Erinnerungsstätten! Seine Eltern waren da. Wie würden sie ihn aufnehmen? Als Paria oder als Wunderkind? Sicher wird der pathetische Serge Lwowitsch nicht darauf verzichten, ihm eine Rede zu halten. Sicher wird seine Mutter einen nervösen Anfall bekommen. Sicher weint die alte Amme ein wenig? Er hoffte es, er wollte es glauben. Schon ließ die Straße den dichten Tannenwald hinter sich, schon bog die Kutsche in die schnurgerade Allee ein, die nach Mikhailowskoje führte. Schon konnte er von ferne den Gitterzaun des elterlichen Hauses sehen und den Garten voll Sträucher und wildwucherndem Gras. Er war angekommen, zu Hause; die Kutsche hielt vor seinem einstigen Zufluchtsort, vor seinem neuen Gefängnis.

Die ganze Familie Puschkin, Serge Lwowitsch, Nadedja Ossipowna, Leo und Olga, war in Mikhailowskoje zusammengekommen; sie empfingen Puschkin mit einer Freude, die ihn erstaunte. Er hatte seine Eltern schlecht beurteilt. Serge Lwowitsch war egoistisch, geizig, weinerlich und großsprecherisch, aber er schätzte seinen Sohn und freute sich aufrichtig, ihn wiederzusehen. Nadedja Ossipowna war eine etwas nervöse, aufgeregte Mutter, jedoch reizend, intelligent und empfindsam. Beide waren in den vier Jahren gealtert, aber das machte sie ihm noch liebenswerter. Und seine Nounou Arina Rodionowna! Die Zeit hatte Runzeln in ihr geliebtes Gesicht gegraben und es einschrumpfen lassen, wegen Nichtigkeiten kamen ihr die Tränen. Und da ist Olga, die sanfte, treue Olga! Nun schon ein großes junges Mädchen, das, die Stirn ans Fenster gelehnt, vom Heiraten träumte. Und hier Leo! Ein kraftvoller Bursche von neunzehn Jahren, ein Trinker, Spieler und Läufer, wie es sich gehört. Dazu ein leidenschaftlicher Bewunderer seines Bruders, ein Verbündeter. Ach, und die alten Möbel, die alten Bäume, die ganze unveränderte Landschaft von einst! Puschkin schmiegte sich in dieses Nest voll Erinnerungen und lieber Gewohnheiten. Voll Staunen entdeckte er die wohligen Empfindungen gegenseitiger Zuneigung in der Familie. Er war glücklich . . . So glücklich, daß er es hinauszögerte, den Grund seiner Rückkehr nach Mikhailowskoje einzugestehen. Noch hatte niemand im Hause etwas über sein Abenteuer erfahren. Serge Lwowitsch wußte nichts von dem Zerwürfnis seines Sohnes mit Worontzov und von seiner Ausweisung aus Odessa. Mit überraschender Naivität glaubte er, daß Alexander die Verzeihung des Zaren erlangt habe und, reingewaschen von der Schmach und jeder Sorge ledig, aus der Verbannung zurückgekehrt sei. Der patriarchalische Honigmond war jedoch von kurzer Dauer. Sehr schnell öffneten die Reden der Nachbarn und die amtlichen Schreiben des Gouverneurs von Pskov dem unglücklichen Vater die Augen. Sein Sohn hatte sich nicht verändert. Er war ein Abtrünniger, ein Atheist, ein Elender, ein Revolutionär! Und wieder begannen die Familienszenen: Serge Lwowitsch spielte großes Theater: mit Tränen in den Augen hob er die Blicke gen Himmel, händeringend und mit zitternder Stimme sprach er Drohungen aus, stieß zeternd Verwünschungen hervor. Vom Morgen bis zum Abend mahnte er: »Denk an deine Schwester«, »denk an deine Mutter«, »denk an deinen Vater!«

Der Gouverneur von Pskov, von Aderkas, war wütend auf Puschkin, der es nicht für nötig gehalten hatte, sich bei ihm zu melden, ehe er sich nach Mikhailowskoje begab. Einige Tage nach Puschkins Ankunft ließ er ihn zu sich rufen, machte ihm ernste Vorhaltungen und ließ ihn eine Erklärung unterschreiben, mit der der verbannte Dichter versprach, in Mikhailowskoje zu bleiben, sich »gesittet« zu betragen, seinen Umgang sorgfältig auszuwählen, kein anstößiges Werk zu schreiben und sich aller umstürzlerischer Reden zu enthalten. Puschkin wurde der Aufsicht eines seiner nächsten Nachbarn, des Sohnes des Adelsmarschalls von Pskov, Rokotov, unterstellt. Aber bald nahm der kleinmütige Rokotov, der die auferlegte Verantwortung unbequem fand, eine Krankheit zum Vorwand, sich seines Amtes zu entledigen, und man mußte einen Aufpasser suchen, der sich besserer Gesundheit erfreute. Man wandte sich an Puschkins Vater: »Wenn der Staatsrat S. L. Puschkin sich verpflichten wollte, über Tun und Lassen seines Sohnes zu wachen, so könnte dieser unter seiner Bevormundung bleiben und wäre von der Beaufsichtigung durch einen fremden Edelmann befreit; dies wäre um so wünschenswerter, als Puschkins Vater zu den Gesinnungstreuesten und Ehrenhaftesten gehört.«

Um zu vermeiden, daß ein Dritter sich in Familienangelegenheiten mische, unterschrieb Serge Lwowitsch das von Aderkas vorgeschlagene Angebot und machte sich zum Hüter von Sitte und Gesetz. Aus Furcht vor der Obrigkeit sowie aus Veranlagung, die unbedeutendsten Ereignisse seines Lebens zu dramatisieren, fühlte er sich an sein Wort gebunden und überschüttete seinen Sohn mit Ermahnungen, Vorwürfen und Verboten. Er ging völlig in seiner neuen Rolle auf, belauerte jede Bewegung seines Sohnes, unterwarf ihn demütigenden Verhören, hielt es für seine Pflicht, dessen Post zu öffnen und behauptete, des anderen Gedanken zu erraten. Er hegte die Befürchtung, daß Alexander seinen Bruder vom rechten Weg abbringe, ebenso seine Schwester, die Nachbarn und die ganze russische Nation. Er zitterte bei der Vorstellung, man könnte ihn vielleicht der Nachsicht zeihen gegen einen Menschen, der seinen Namen trug. Er gab sich als Heldenvater und war doch nur lächerlich und unausstehlich.

Zorn, Scham und Langeweile drohten Puschkin zu ersticken zwischen diesem unheilverkündenden, tränenseligen Vater und dieser steif zurückhaltenden Mutter.

»Es ist so gekommen, wie ich vorausgesehen hatte«, schrieb er im Oktober 1824 in einem Brief an die Prinzessin Wiasemskij. »Daß ich in den Schoß der Familie zurückgekehrt bin, hat meine allzu echten Kümmernisse nur verdoppelt. (Die Regierung hat die Schändlichkeit begangen, meinem Vater die Betätigung als Überwachungsbeamter vorzuschlagen.) Man macht mir meine Verbannung zum Vorwurf und glaubt sich in mein Verderben mit hineingerissen; man behauptet, ich predigte meiner Schwester und meinem Bruder Atheismus; sie ist ein himmlisches Wesen und er sehr drollig und sehr jung. Er bewunderte schon immer meine Verse, und ich bin ihm sicher höchst langweilig. Mein Vater hatte die Schwäche, ein Amt anzunehmen, das ihn mir gegenüber in ein schiefes Licht setzt. Daher verbringe ich meine Tage auf den Feldern oder auf dem Pferderücken, soweit ich nicht im Bett liege. Alles, was mich ans Meer erinnert, stimmt mich traurig, das Geplätscher eines Brunnens erregt mir buchstäblich Übelkeit; ich glaube, ein blauer Himmel ließe mich Tränen der Wut vergießen, aber unser Himmel hier ist zum Glück ganz grau, und der Mond sieht aus wie eine Steckrübe.«

Die Erinnerung an den südlichen Himmel, an das Meer und an die liebevolle Elisa Worontzov folgte Puschkin auf die trostlos ebenen Felder seiner Provinzheimat. Die aus der Unverträglichkeit Serge Lwowitschs erwachsenden Streitigkeiten vergrößerten nur den Kummer seines Sohnes, und allmählich führten die Trotzstimmung, die ewigen Ermahnungen und Zänkereien einen richtigen Skandal herbei. Puschkin hat Einzelheiten darüber in seinem Brief an Jukowskij vom 31. Oktober 1824 berichtet:

»Mein Lieber, ich rufe Dich zum Richter meiner Lage an. Als ich hier ankam, empfingen mich alle, wie ich es mir nicht besser hätte wünschen können. Das hat sich aber bald geändert: mein Vater, den meine Verbannung schreckte, wiederholte unaufhörlich, daß ihn dasselbe Los erwarte. Petschurov (Adelsmarschall von Opotschez), den man für meine Überwachung ausersehen hat, ging so weit, meinen Vater mit der Öffnung meiner Korrespondenz zu betrauen, mit anderen Worten: mein Spitzel zu werden. Meines Vaters Jähzorn und krankhafte Empfindlichkeit haben mich gehindert, mich mit ihm auszusprechen. Ich nahm mir vor, zu schweigen. Dann fing mein Vater an, meinem Bruder vorzuwerfen, daß er auf meine atheistischen Lehren höre. Ich schwieg immer noch. Da trifft ein Brief ein, der für mich bestimmt ist, und ich gehe zu meinem Vater, um dieser peinlichen Lage ein Ende zu bereiten, und bitte um die Erlaubnis, offen mit ihm zu reden . . . Er gerät in Zorn, ich grüße ihn, steige aufs Pferd und reite davon. Mein Vater ruft nach meinem Bruder und befiehlt ihm, jede Beziehung zu diesem Ungeheuer, diesem entarteten Sohn abzubrechen. (Jukowskij, stell Dir meine Verfassung vor und urteile.) Schäumend vor Zorn kehre ich um, finde den Vater in Gesellschaft der Mutter und sage ihm alles, was ich seit drei Monaten auf dem Herzen habe. Schließlich erklärte ich ihm, daß diese Unterredung die letzte sein werde. Mein Vater macht sich zu Nutzen, daß keine Zeugen da sind, läuft durchs Haus und schreit, daß ich ihn geschlagen habe, daß ich ihn schlagen wollte, daß ich die Hand gegen ihn erhoben und ihn beinahe geprügelt hätte . . . Ich rechtfertige mich nicht vor Dir. Was will er denn mit seiner ungeheuerlichen Anklage? Bezweckt er Zwangsarbeit in Sibirien und Degradierung? Rette mich, und wäre es dadurch, daß man mich in einer Festung oder im Kloster Solowetzk einschlösse. Ich rede nicht davon, was Bruder und Schwester meinetwegen erdulden. Noch einmal: rette mich.

A. P. 31. Okt.

Beeile Dich: das ganze Haus kennt die Anschuldigung meines Vaters. Niemand glaubt daran, aber man sagt seine Worte weiter. Schon sind die Nachbarn unterrichtet. Bedenke, was mit mir geschehen wird, wenn diese Gerüchte der Regierung zu Ohren kommen. Es wäre mir schrecklich, vor Gericht beweisen zu müssen, daß das Geschwätz meines Vaters eine Verleumdung ist. Und für mich gibt es überhaupt keinen Richterspruch. Ich stehe außerhalb des Gesetzes.«

Außer sich durch die Drohungen seines Vaters, wollte Puschkin sich eine Kugel durch den Kopf jagen. Doch dann besann er sich eines anderen und schrieb einen Brief an von Aderkas:

»Seine Majestät, der Zar, geruhte, mich auf das Gut meiner Eltern zu schicken, in der Meinung, dadurch den Kummer meiner Eltern zu lindern und das Los ihres Sohnes zu erleichtern. Die schwerden Beschuldigungen der Regierung haben jedoch das Herz meines Vaters tief erschüttert und einen Argwohn in ihm erregt, den ich nur mit seinem Alter entschuldigen kann und mit der zärtlichen Liebe, die er für seine anderen Kinder hegt. Um ihn und mich selbst zu beruhigen, entschließe ich mich zu der Bitte an Seine Kaiserliche Majestät, mich in eine Festung überführen zu lassen. Ich hoffe, durch Vermittlung Eurer Exzellenz diese Gunst zu erlangen . . .«

Glücklicherweise traf der Bote, der diesen Brief überbringen sollte, von Aderkas nicht in Pskov an und brachte Puschkin das Schreiben zurück. Jukowskij, den er beauftragt hatte, um die Inhaftierung des Dichters in einer Festung nachzusuchen, hatte keine Zeit, die nötigen Schritte zu tun, die den Skandal obendrein zu einer öffentlichen Sache gemacht und Puschkins Lage gegenüber der Regierung für immer verdorben hätten.

Puschkins Bruder reiste nach St. Petersburg und beruhigte Jukowskij damit, daß es sich um einen häuslichen Zwist handle, der ohne Folgen bliebe und an dem Vater und Sohn gleich viel Schuld trügen. Jukowskij schrieb Puschkin um die Mitte des November:

»Ich will nichts antworten auf Deinen Brief, in dem Du mir von Deinen Zwistigkeiten mit Deinem Vater geschrieben hast, denn ich weiß nicht, wer von Euch beiden schuldig oder unschuldig ist. Dein Brief und Leos Bericht beweisen, daß Du Dir ebensoviel vorzuwerfen hast wie Deinem Vater. Auf alles, was Dir zustößt, auf alle Unannehmlichkeiten, die Du heraufbeschworen hast, gibt es nur eine Antwort: die Poesie. Du hast nicht Talent, sondern Genie . . . Du bist dazu geboren, ein großer Dichter zu sein. Sei dessen würdig. Dieser Satz enthält meine ganze Mahnrede. Ich stehe am einsamen Ufer und sehe einen Athleten mit den Wellen kämpfen; wenn er seine ganze Kraft einsetzt, wird er nicht ertrinken . . . Schwimme also, Athlet!«

Als Puschkin ein wenig ruhiger geworden war, schrieb er an Jukowskij, seinen »Schutzengel«:

»Es tut mir leid, lieber, aufrichtiger Freund, Dir all diese Verdrießlichkeiten mitgeteilt zu haben. Ich werde verbannt wegen einer Zeile, die man einem blödsinnigen Brief entnommen hat; was wäre erst geschehen, wenn die Regierung von der Anklage meines Vaters erfahren hätte? Das roch stark nach Henker und Zwangsarbeit. Bald danach meinte mein Vater: ›Was für ein Dummkopf! Wofür will er sich rechtfertigen? Wenn er nur gewagt hätte, mich zu schlagen, hätte ich ihn auf der Stelle in Fesseln legen lassen!‹ Weshalb hat er aber das Bedürfnis gehabt, seinem Sohn ein erfundenes Vergehen aufzubürden? ›Warum? Er hat es doch gewagt, während eines Gespräches mit seinem Vater ungehörige Armbewegungen zu machen!‹ Das ist eine Frage von untergeordneter Bedeutung. ›Er hat seinen Vater durch Worte getötet.‹ Du siehst: ein schlechter Witz, nichts weiter ... Denke, was Du willst, aber bei dieser Geschichte kann mir die Poesie nicht helfen ...«

Während dieser Wochen häuslicher Spannung mied Puschkin das Vaterhaus und verbrachte all seine Tage in der ländlichen Umgebung oder in Trigorskoje, dem Gut von Madame Ossipov, seiner alten Freundin. Dort hofierte er die Töchter seiner Gastgeberin und schmiedete Fluchtpläne ins Ausland.

Anfang November hatte Puschkins Bruder Mikhailowskoje verlassen, und nach wenigen Tagen folgte ihm seine Schwester Olga. Schließlich verzichtete Serge Lwowitsch feierlich auf jede Überwachung und reiste am 19. November mit seiner Frau nach St. Petersburg ab.

Die Verbindung zwischen Puschkin und seinen Eltern war gerissen. Er blieb allein in dem großen, verfallenen Haus von Mikhailowskoje; der Winter stand vor der Türe; ohne vertraute Freunde, ohne literarische Gespräche, ohne Bücher und Zerstreuung schien er verloren in völliger Einsamkeit. Er richtete sich in einem auf der Hofseite gelegenen Zimmer ein, einer elenden Bude mit zerfetzten Tapeten, unebenem Holzboden und rauchgeschwärzter Decke. Ein Tisch, zwei Stühle, ein Diwan, eine hölzerne Bettstelle, bei der ein Holzklötzchen einen abgebrochenen Fuß ersetzte, und ein Bücherschrank bildeten das ganze Mobiliar. Auf dem Fußboden lagen Manuskriptseiten, zerbissene Gänsefedern, Zeitungen und alte Schmöker mitten zwischen dickem Staubgewöll. Auf der anderen Seite des Ganges befand sich das Zimmer der Amme, wo die leibeigenen Näherinnen arbeiteten. Alle anderen Räume waren zugesperrt. Und aus Sparsamkeit unterließ es Arina Rodionowna, die Wohnung zu heizen.

Was sollte er tun? Der Herbst, die Einsamkeit fordern den Dichter zur Arbeit auf. Er bevölkert sein entlegenes Haus mit Personen aus seiner Fantasiewelt. Von all seinen Freunden getrennt, ruft er die Helden und Heldinnen seiner Gedichte herbei. Mit ihnen lebt er und zehrt von ihrer Gegenwart. Er lauscht ihren Stimmen, antwortet auf ihre Reden, verausgabt sich in ihren Leidenschaften, in ihren Tränen und ihrem Lachen. Am 5. September vollendet er die achtunddreißigste Strophe des dritten Kapitels von *Eugen Onegin,* am 28. verfaßt er seine *Unterhaltung des*

Buchhändlers mit einem Dichter, am 10. Oktober schließt er die *Zigeuner* ab. Gegen Mitte November schreibt er seinem Bruder:

»Weißt Du, womit ich mich beschäftige? Vor dem Essen mache ich mir Notizen. Ich esse spät, danach reite ich aus. Abends lausche ich den Erzählungen meiner Nounou und mache so die Versäumnisse meiner verdammten Erziehung wieder gut! Wie wunderbar sind diese Märchen! Jedes einzelne ist ein Gedicht . . .«

Arina Ridionowna erzählt dem Dichter die Legenden ihrer Heimat. Die Nacht verriegelt Türen und Fenster, ein leichter Regen schlägt gegen die Scheiben, und rings um das Haus dehnt sich die ungeheure Weite, raunen Blätter im Wind und rieselt Wasser. Aus dem Nebenzimmer dringen die Geräusche der mit Näharbeiten beschäftigten Dienerinnen herüber. Eine Ratte huscht über das staubige Parkett. Das Nachtlicht wirft einen schwachen Schein auf das runzelige Gesicht der Alten, auf ihren bebenden, mümmelnden Mund, aus dem die Stimme einer anderen Zeit erklingt. Puschkin hat wiederholt die einsamen Abende gepriesen, die er mit seiner guten Gefährtin verbrachte:

Wie düster ist doch unsre Hütte,
Wie traurig knistert's im Gebälk!
Was bleibst du, liebe Alte,
stumm ans Fenster dort geschmieget?
Ermüdet dich des Windes
eintönig Klagelied?
Hat deines Spinnrads Schnurren
Schlaf auf die Lider dir gesenkt?
Komm, laß uns trinken,
liebste Freundin meiner Jugend!
Weg mit dem Kummer! Her mit dem Krug!
Daß unsre Herzen wieder fröhlich werden!

Es sind nicht mehr die galanten Rittergeschichten, wie die von *Ruslan und Ludmilla,* die Puschkin an diesen Abenden ergötzen. Es sind Volksmärchen, von unbekannten Erzählern mit wetterharten Gesichtern und verarbeiteten Händen von Generation zu Generation weitergegeben, welche die alte Frau wortgetreu nacherzählt, in einer Nacht, die vielen anderen Nächten gleicht. Puschkin lacht nicht mehr über die weit zurückliegenden Abenteuer des Zauberers, des Paladins, der Prinzessin, des goldenen Fisches und des Zaren Saltan. Er vergißt, daß er Voltaire und Parny gelesen hat, daß er in einer aufgeklärten, ironischen Zeit lebt. Er empfindet für diese Gestalten die gebührende fromme

Ehrfurcht, er glaubt an sie. Er fürchtet sich vor ihnen und liebt sie mit der Reinheit eines Kindes. Wenn er später selbst von ihnen spricht, so tut er es andächtig, mit den derben Worten der guten Nounou, mit ihren Seufzern, ihrem Atem. Seine Erziehung hat ihn dem Volk entfremdet, nun kehrt er zu ihm zurück, doch ohne darum seine Kultur zu vergessen. Wie ein Notschrei klingt der Brief, in dem er Leo um Bücher bittet:

»Verse, Verse, Verse! *Plaudereien von Byron!* Walter Scott! Das ist Nahrung für die Seele . . . Und ein Auftrag für Dich: *Historische Aufzeichnungen über Stenka Rasin,* diese in der russischen Geschichte so einzigartige poetische Persönlichkeit.«

»Schicke mir die Werke von Lebrun, Oden, Elegien, usw . . . *Das Leben von Emelka Pugatschew;* die *Reise nach Muraview in Tauris.*«

»Die Bibel, die Bibel! aber ganz und gar in Französisch!«

Anfang November wurde Puschkin vom Stadtgouverneur nach Pskov gerufen. Pskov, die historische Zitadelle, von Mauern mit altehrwürdigen Türmen umschlossen, voll von Palästen, Kirchen und wundertätigen Klöstern, schien ganz in alte Erinnerungen versunken. Es hatte zu heftig gelebt, als daß es hoffen konnte, weiterzuleben, nur die große Vergangenheit verlieh ihm doch noch Glanz und Schimmer. Seine Stimme, seine Erde, seine Gräber und selbst der Himmel darüber beschworen finstere und ruhmvolle Zeiten herauf. »Du lebst in der Nähe von Pskov«, schrieb Ryliew dem Dichter, »dort sind die letzten Funken russischer Freiheit ausgetreten worden. Das ist ein Land, das die Fantasie beflügelt. Wäre es möglich, daß Puschkin diese Gegend verließe, ohne sie in einem Gedicht besungen zu haben?« Puschkin verherrlichte diese Landschaft nicht in einem Gedicht, sondern in einem Schauspiel. Schon geisterten die Gestalten des Boris Godunow und des Falschen Demetrius durch sein Leben und nahmen in seinem Werk feste Form an. Seit Ende des Jahres 1824 schrieb Puschkin die ersten Szenen des *Boris Godunov,* verfaßte aber während der Arbeit an seiner Tragödie verschiedene Gedichte, so die *Nachbildung des Koran,* seinen *Eugen Onegin* und andere Stücke von geringerer Bedeutung. Diese weitgespannte, beglückende Arbeit milderte ein wenig die Härten der Verbannung.

Sobald Puschkin jedoch die Feder aus der Hand legte und den Kopf zum Fenster wandte, in dessen Rahmen sich unverändert das gleichbleibende Bild der Landschaft mit Buschwerk und dunklen Bäumen zeigte, packte ihn die trübselige Stimmung von neuem. Mit den ersten Frösten, den ersten weich herabwirbelnden Schneeflocken wurde die Einsamkeit in Mikhailowskoje grauenvoll. Das Haus schrumpfte zusammen und wurde ein winziger, in allen Fugen krachender dunkler Punkt inmitten einer eisigen Wüstenei, eine verlassene Arche im Unwetter. Es führte ein heimliches, pflanzenhaftes Dasein in seinem Innern, das Schnurren von Spinnrädern wiegte es ein, während die Schritte von Mägden widerhallten und Küchendünste es durchzogen. Fern von menschlicher Hilfe, lebte es von seinen eigenen Kraftreserven. Puschkin träumte davon, aus dieser feindlichen Umwelt zu entfliehen. Sein Bruder Leo und seine Nachbarin, Madame Ossipov, wußten von seinen Plänen. Am 22. November 1824 schrieb Madame Ossipov an Jukowskij:

»Wenn Sie der Meinung sind, daß Luft und Sonne Frankreichs oder benachbarter Länder jenseits der Alpen für russische Adler bekömmlich sind, so soll es ein ewiges Geheimnis bleiben. Denken Sie aber anders darüber, so suchen Sie dem Davonfliegen zuvorzukommen.«

Puschkin selbst schrieb seinem Bruder Leo im Dezember 1824:

»Wulf ist hier. Ich habe ihm noch nichts gesagt. Ich erwarte Dich. Komm von St. Petersburg herüber und bring zum Beispiel Delwig mit. Wir müssen uns dringend verständigen.«

Und in der Absicht, den Argwohn der Polizei zu zerstreuen, fügte er mit köstlicher Naivität hinzu:

»Die Petersburger Klatschgeschichten über meine Flucht mißfallen mir höllisch. Warum sollte ich fliehen? Hier lebt sich's so gut. Wenn Du erst hier bist, so wollen wir über den Bankier plaudern, über den Briefwechsel, über den Aufenthaltsort von Tschaadaew (der sich im Ausland befand), über diese Punkte kannst Du inzwischen Erkundigungen einziehen.«

Aber Leo konnte nicht zur gewünschten Zeit nach Mikhailowskoje fahren. So arbeitete Puschkin mit dem Studenten Wulf, dem Sohn von Madame Ossipov, die Einzelheiten seiner Flucht aus. Wulf beabsichtigte, zu Anfang des Sommers 1825 ins Ausland zu reisen. Er bot sich an, den Dichter mitzunehmen und ihn als seinen Kammerdiener auszugeben. Dieser fantastische Vorschlag ängstigte Puschkin. Anstatt darauf einzugehen, beschloß er erneut, seine Pulsadergeschwulst ins Treffen zu führen, die nichts weiter war als eine krampfartige Erweiterung der Adern am Bein. Professor Mojer, Chirurg in Dorpat, sollte bei der Regierung erreichen, daß man »dem Kranken« erlaube, sich in dieser Stadt einer richtigen Kur zu unterziehen. Von Dorpat aus hoffte Puschkin ins Ausland zu entkommen. Und dann wäre er frei. Die Verschwörer erfanden eine Geheimsprache für ihren Briefwechsel. Als Jukowskij von Puschkins Erkrankung erfuhr, geriet er in Aufregung und wollte für ihn die Erlaubnis erwirken, Mikhailowskoje zu verlassen. Puschkin versuchte, ihm in verschlüsselten Worten zu erklären, daß die Pulsadergeschwulst nur ein Vorwand sei:

»Meine Pulsadergeschwulst trage ich schon seit zehn Jahren mit mir herum«, schrieb er, » und mit Gottes Hilfe werde ich sie wohl noch weitere drei Jahre ertragen. Folglich eilt es nicht damit, aber ich ersticke in Mikhailowskoje. Wenn der Zar mich zur Behandlung ins Ausland schickte, so würde ich ihm und meinen Freunden für diese Wohltat ewig Dank wissen ... Ich stelle es freimütig deiner Entscheidung anheim, beiliegenden Briefwechsel an den Zaren weiterzuleiten; ich glaube nicht, daß die geringste Niedertracht von meiner Seite in dieser Bitte liegt, noch darin, daß ich sie ausspreche.«

Jukowskij und Karamzin wagten jedoch nicht, dieses Bittgesuch dem Zaren zu überreichen und zogen es vor, ihm eine pathetische Botschaft von Puschkins Mutter zukommen zu lassen. Nadedja Ossipowna flehte den Herrscher an, ihrem Sohn eine Behandlung zu gewähren, »in Riga oder in irgendeiner anderen Stadt, welche Euer Majestät gütigst bezeichnen möge«.

Das Ergebnis dieser Bemühung setzte jedermann in Erstaunen. Nach des Zaren Willen sollte sich Puschkin weder nach Frankreich begeben noch nach Italien oder Deutschland, auch nicht nach Riga, sondern nach Pskov, das heißt in eine nahe bei Mikhailowskoje gelegene Stadt, wo es gar keinen Arzt gab.

Als Antwort auf diese Vergünstigung sandte Puschkin einen ironischen Brief an Jukowskij, der es wert ist, ganz angeführt zu werden:

»Die unerwartete Gnade Seiner Majestät hat mich tief gerührt, um so mehr als unser Gouverneur mir schon vorher angeboten hatte, Pskov zum Wohnsitz zu wählen, ich hielt mich jedoch genau an die Vorschriften der Obrigkeit. Ich habe mich nach den Chirurgen von Pskov erkundigt; man hat mir einen gewissen Wsewolojskij genannt, einen sehr geschickten Tierarzt, der in Fachkreisen hohes Ansehen genießt wegen seiner Kunst, mit kranken Pferden umzugehen. Trotzdem habe ich beschlossen, in Mikhailowskoje zu bleiben, ganz durchdrungen von Dankbarkeit für die väterliche Herablassung Seiner Majestät.

Ich fürchte, daß mein Zögern, mir die kaiserliche Großherzigkeit zunutze zu machen, als Saumseligkeit ausgelegt werden könnte oder als widersetzliche Dickköpfigkeit. Aber könnte man in einem Menschenherzen so schwarzen Undank vermuten?

Tatsache ist, daß ich zehn Jahre lang nicht an meine Pulsadergeschwulst gedacht habe und auch jetzt keinerlei Notwendigkeit sehe, mich plötzlich damit zu beschäftigen. Ich warte immer darauf, daß der Zar schließlich in einer menschlichen Anwandlung mir erlauben wird, einen Aufenthaltsort nach meinem Belieben zu wählen und einen Arzt, der mein volles Vertrauen besitzt und mir nicht durch Beschlüsse vorgesetzter Behörden zudiktiert wird.«

Die Erregung Puschkins betrübte seine Freunde in den beiden Hauptstädten. Was wollte er denn noch? Er sprach von einer Pulsadergeschwulst. Man nannte ihm einen Spezialisten und erlaubte ihm, sich nach Pskov zu begeben. Und er wies diese Gunst zurück und spielte den Märtyrer, wider jede Vernunft! Wirklich, Puschkin war ein ewig unzufriedener, verbitterter Narr!

»Bis jetzt«, schrieb Jukowskij in seinem Brief vom 9. August 1825, »hast Du Dein Leben vergeudet, mit einer verschwenderischen Unbedenklichkeit, die Deiner unwürdig ist und uns beleidigt. Du hast Dich körperlich und geistig verschleudert. Es ist Zeit, vernünftig zu werden. Dein Dasein ist ein vergnügliches Epigramm gewesen, aber es muß ein erhabenes Gedicht werden.«

Wiasemskij dagegen sandte dem Dichter am 28. August 1825 einen endlos langen Brief, in dem er unter anderem schreibt:

»Wenn Du darauf verzichtest (auf die Reise nach Pskov), so lenkst Du den Verdacht der Obrigkeit auf Deine Mutter, die den Eindruck erweckte, sie habe sich das Vertrauen des Zaren erschleichen wollen. Du verschlechterst Deine Lage für die Zukunft, denn durch Deine Weigerung erregst Du neue Vermutungen über Deine Absichten, Pläne und Hoffnungen. Bist Du der einzige, der hier auf Erden zu leiden hat, hast nur Du allein ein Mißgeschick zu ertragen, das nicht nur aus der gegenwärtigen Lage unseres Landes zu erklären ist, sondern aus der Lage ganz Europas? Wenn Du etwas mehr betroffen bist als die anderen, so, weil das Fundament, auf dem Du stehst, höher ist als das anderer.

Seien wir doch unparteiisch: Bist Du nicht selbst für Dein Los verantwortlich? Du hast Blumen gesät, ohne dem Klima Rechnung zu tragen, und der Frost hat sein Werk getan, das ist alles. Ich sage nicht, daß Dein Schicksal beneidenswert ist, aber ich behaupte, daß es schlimmer sein könnte, und daß es sich verschlimmern wird, wenn Du nicht versuchst, es zu verbessern, und wenn Du weiter hartnäckig den Bemühungen Deiner Freunde zuwiderhandelst. Du machst ihre Unternehmungen zunichte und wirst sie schließlich völlig lahmlegen. Du bist stolz auf Deine Verbannung! Aber der Schriftstellerberuf ist ebenso wie die Verbannung bei uns kein Ruhmestitel, sie ist nicht einmal ein anerkannter Zustand. Bei uns verleiht das In-Ungnade-Fallen keine Volkstümlichkeit.«

Dieser Brief mußte Puschkin niederschmetternd treffen. Seine nächsten Freunde verurteilten also sein Aufbegehren als widersinnig. Sie nahmen es hin, daß es in Rußland eine alles erdrükkende Obrigkeit gab, gegen die man nicht kämpfen konnte, mit der man um jeden Preis einig gehen mußte. Sie empfahlen ihm die Unterwerfung, aus Sorge um seine Beliebtheit beim Volk, sie predigten ihm Gehorsam und Geduld um ihrer eigenen Ruhe willen. Sie verdammten ihn seelenruhig zur Sklaverei: »Du bist lange genug gegen den Strom geschwommen, schwimme jetzt mit ihm.«

Puschkin antwortete Wiasemskij am 13. September:

»Im Hochgefühl Ihrer Freiheit ist es für Sie ein Leichtes, mich der Undankbarkeit zu zeihen; wären Sie jedoch an meiner Stelle (Gott möge Sie davor bewahren!), empfänden Sie zweifellos größere Wut als ich. Meine Freunde machen Bittgänge, und mir geht es zusehens schlechter. Zuerst packt mich der Zorn, und ich stoße Verwünschungen aus; komme ich aber zur Besinnung, so danke ich Ihnen für ihren guten Willen wie ein Jesuit, doch mein Los wird dadurch nicht leichter. Seit fünf Jahren spiele ich mit dem Gedanken, meine Pulsadergeschwulst als ultima ratio libertatis ins Treffen zu führen, und plötzlich wird meine letzte Hoffnung zunichte durch diese verdammte Anordnung, mich in der Verbannung behandeln zu lassen. Ach, Freund, mir wird ganz schwindlig davon. Sie beschäftigen sich also mit meiner Gesundheit. Danke. Der Teufel hole ein solches Leben. Es wäre besser, in Milhailowskoje zu sterben und jede Pflege zurückzuweisen. Wahrlich, die Freundschaft verbündet sich mit der Tyrannei, bemüht sich, sie zu entschuldigen und vor meinem Haß in Schutz zu nehmen. Man empfiehlt mir Mojer, der gewiß eine Operation ausführen könnte, und wäre es in den Bergwerken Sibiriens; man verbietet mir, mich zu beklagen (nicht nur in Versen, sondern auch in Prosa, und das ist ein verteufelter Unterschied!), man schlägt mir sogar vor, mich nicht länger zu ärgern . . .«

Nachdem er sich seinen Zorn von der Seele geredet hat, wendet er sich wieder dem eintönigen Dasein in seinem Dorfnest zu.

Seit Monaten schreibt und liest er, gähnt und schläft und setzt sich zu den Mahlzeiten nieder; mitunter badet er oder reitet aus, stößt Kugeln auf dem alten Billard und bleibt am Abend bei der alten Nounou, die glückstrahlend ihre Märchen erzählt. Jeder andere hätte sich aufgehängt oder sich dem Trunk ergeben, doch eine überraschende Vitalität bewahrt ihn vor geistiger und körperlicher Trägheit. Er ist noch immer jung, flink, neugierig, bereit zu Kampf und Begeisterung. Er kann sogar froh sein. Um nichts. Weil das Wetter schön ist oder weil er eine jugendfrische Bäuerin sieht, die im Fluß ihre armseligen Kleider wäscht. Weil er einen Brief aus Odessa bekommt oder weil die eingelegten Früchte ihm gut geschmeckt haben. Sein Unglück macht ihn nicht egoistisch. Weit gefehlt. Als er im Dezember 1824 Näheres über die Überschwemmung in St. Petersburg erfährt, schreibt er seinem Bruder:

»Diese Million (unter die Geschädigten verteilt) ist eine gute Sache, aber wie steht's mit Salz, Brot, Hafer, Wein? Es wäre gut, wenn einzelne oder Komitees daran dächten für den Winter. Der Gedanke an diese Überschwemmung läßt mich nicht los . . . Wenn Du ein paar Unglücklichen helfen willst, so tue es, ich bitte Dich inständig, aber rede oder schreibe nicht darüber.«

Das Jahr 1825 beginnt für ihn mit einer großen Freude. Während weder Jukowskij noch Wiasemskij es wagen, den Dichter zu besuchen, während Turgenjew Wiasemskij rät, seinen Briefwechsel mit dem so verdächtigen Puschkin abzubrechen, während alle seine Freunde ihn fast wie einen Pestkranken behandeln, beschließt der wackere Puschin, der fröhliche Gefährte aus Zarskoje-Selo, sich auf den Weg zu machen, um den Einsiedler von Mikhailowskoje in die Arme zu schließen.

Als Turgenjew von dieser Absicht erfährt, versucht er vergeblich, Puschin zurückzuhalten:

– »Wie? Sie wollen dorthin? Sie wissen wohl nicht, daß er unter der doppelten Überwachung von Polizei und Geistlichkeit steht?«

– »Das weiß ich«, antwortet Puschin. »Aber ich weiß auch, daß man sich nicht weigern kann, einen Freund zu besuchen, den man fünf Jahre nicht gesehen hat und der sich überdies in einer solch traurigen Lage befindet. Übrigens trennen uns kaum hundert Werst. Sollte man mich hindern, ihn zu sehen, so werde ich es von neuem versuchen.«

– »Ich rate Ihnen nicht dazu. Aber tun Sie schließlich, was Sie für gut halten.«

Und Puschin fährt nach Mikhailowskoje, wo er am 11. Januar eintrifft. Er bleibt nur vierundzwanzig Stunden. Aber diese vierundzwanzig Stunden sind die schönsten, gehaltvollsten und tröstlichsten, welche die beiden Freunde je erlebt haben. Puschin erzählt in seinen Memoiren von dem Wiedersehen. Sein lebendiger, warmherziger Bericht ist es wert, ausführlich wiedergegeben zu werden:

»In Ostrov, wo ich bei Nacht ankam«, schreibt er, »kaufte ich drei Flaschen Veuve Cliquot, und am nächsten Morgen näherten wir uns schon dem heißersehnten Ziel meiner Reise. Der Schlitten verließ die Straße und glitt auf einer holperigen Fahrbahn mitten durch die Wälder. Als wir, schon ganz in der Nähe des Gutes, das ein Tannendickicht vor unserem Blick verbarg, den Hügel hinabfuhren, neigte sich der Schlitten in einer Wagenspur so sehr auf die Seite, daß der Kutscher vom Sitz rollte ... Wir ergreifen die Zügel wieder, und die Pferde traben zwischen den Schneemassen dahin. Es besteht keine Gefahr, sie können den Weg nicht verfehlen, den das Wäldchen ihnen weist, denn beiderseits der Straße reicht ihnen der Schnee bis zur Brust ... Plötzlich eine jähe Wendung, und wir brausen durch eine halb offene Torhalle unter ohrenbetäubendem Gebimmel der Schlittenglocken! Man kann die Pferde unmöglich vor der Freitreppe zum Stehen bringen, sie stürmen vorbei und halten endlich im tiefen Schnee des Hofes. Ich drehe mich um und sehe Puschkin auf der Treppe stehen, barfuß, in Hemdsärmeln, die Hände ausgestreckt. Unnötig zu sagen, was in diesem Augenblick in mir vorging. Ich springe aus dem Schlitten, fasse ihn um den Leib und ziehe ihn ins Zimmer. Draußen herrscht grimmige Kälte, aber es gibt Augenblicke, wo keine Gefahr einer Erkältung besteht. Wir schauen uns in die Augen und umarmen uns wortlos. Er hat vergessen, sich anzuziehen, und ich denke nicht an meinen reifbepuderten Hut und Mantel ... Es war fast acht Uhr morgens. Ich vergaß alles um mich. Eine alte Frau lief herbei (Puschkins Nounou) und fand uns noch im selben Aufzug, in dem wir das Haus betreten hatten, einen im Arm des anderen. Er war halbnackt und ich voll Schnee. Eine Träne verdunkelte schließlich meinen Blick (dieselbe Träne trübt noch nach dreiunddreißig Jahren meine Brille und hindert mich am Schreiben), wir kamen zu uns ... Alexanders Zimmer lag in der Nähe der Vortreppe, das Fenster ging auf den Hof, und von hier aus hatte er mich gesehen, als er die Schlittenglocken hörte. In diesem kleinen Raum stand hinter Vorhängen sein Bett, befanden sich ein Schreibtisch, ein Diwan, eine Bibliothek ... Eine poetische Unordnung herrschte darin: überall lag vollgekritzeltes Papier umher und Stummel zerbissener und versengter Federn (schon im Gymnasium schrieb er mit so kleinen Federstummeln, die man kaum noch in der Hand halten konnte). Man kam unmittelbar vom Gang herein; die gegenüberliegende Türe führte ins Zimmer der Nounou, in dem eine Menge Stickrahmen aufgestellt waren. Ich schaute mich nach einer Waschgelegenheit um, nach einem Ort, wo ich meine Kleidung in Ordnung bringen könnte. Die Türen der übrigen Gemächer waren verschlossen, das Haus war nicht geheizt. Wir machten es uns bequem, so gut es ging, wobei wir unaufhörlich ›Wo?‹ ›Wie?‹ Wann?‹ fragten, ohne auf Antwort zu warten. Endlich brachte man uns Kaffee. Wir setzten uns und zündeten unsere Pfeifen an, und die Unterhaltung kam in einen ruhigen Gang. Puschkin erschien mir ernster, hatte jedoch seine Fröhlichkeit bewahrt, und vielleicht rief auch nur seine augenblickliche Lage diesen Eindruck in mir hervor. Er freute sich wie ein Kind über unser Wiedersehen und wiederholte immer wieder, daß er noch nicht glauben könne, daß wir wirklich zusammen seien. Seine frühere Lebhaftigkeit brach bei jedem Wort, bei jeder Erinnerung hervor ... Äußerlich war er wenig verändert, er hatte lediglich seine Bartkoteletten wachsen lassen. Er sagte mir, daß er sich in den letzten vier Monaten ein wenig mit seinem neuen Leben abgefunden habe, das ihm anfänglich so große Pein verursacht hätte. Mit den Musen lebe er in gutem Einvernehmen und arbeite stetig und guten Mutes. Es tat ihm nur leid, daß seine Schwester nicht da war, aber er hätte niemals gewollt, daß sie nur ihm zuliebe sich einen ganzen Winter lang auf dem Land langweile. Er sprach gut über seine Nachbarn in Trigorskoje und wollte mich sogar zu ihnen mitnehmen, aber ich wollte lieber die kurze Zeit, die mir blieb, mit ihm verplaudern. Wir erzählten uns zahllose Scherze und Anekdoten, und wir lachten vergnügt.

Dann gingen wir ins Zimmer der Nounou hinüber, wo sich schon die Stickerinnen versammelten. Mir fiel gleich ein kleines Wesen auf, das sich deutlich von den anderen unterschied, doch behielt ich meine Gedanken für mich ... Er verstand mich übrigens auch so und lächelte mir bedeutungsvoll zu. Darauf hatte ich nur gewartet, ich kniff ein Auge zu, und alles war zwischen uns gesagt, ohne daß es der Worte bedurft hätte. Die alte Nounou ging gewichtig zwischen dem jungen Volk hin und her und strickte an einem Strumpf. Wir bewunderten die Arbeiten der jungen Mädchen, scherzten ein wenig mit ihnen und kehrten in unser Zimmer zurück. Es war Zeit zum Abendessen. Alexis (Puschins Diener, der ihn begleitet hatte) ließ den Korken der ersten Flasche springen, und wir brachten Toasts aus auf Rußland, auf das Gymnasium, auf die abwesenden Freunde, auf die Freiheit. Ein zweiter Korken flog plötzlich zur Decke; man goß der Nounou Champagner ein und bot den anderen Dienstboten hausgemachte Liköre an. Die ganze Dienerschaft ließ sich's wohl sein; sie wurde immer lärmender und feierte freimütig unser Wiedersehen.

Ich hatte Puschkin *Das Unglück, zuviel Geist zu haben,* von Gribojedov mitgebracht. Er freute sich sehr, diese Komödie in Händen zu haben, die damals nur in Originalabschriften in Umlauf war und die er zum größten Teil noch nicht kannte. Nach dem Essen begann er, während er seinen Kaffee schlürfte, laut vorzulesen.

Plötzlich hörten wir Schritte auf der Vortreppe. Puschkin warf einen Blick durchs Fenster, schien in Verwirrung zu geraten und schlug unvermittelt ein Brevier auf, das auf dem Tisch lag. Ich sah, daß er sich unbehaglich fühlte und fragte ahnungslos: ›Was ist denn los?‹ Es blieb ihm keine Zeit, zu antworten, denn schon kam ein kleiner, rothaariger Mönch herein, der sich als Abt des benachbarten Klosters vorstellte. Ich bat ihn um seinen Segen, ebenso Puschkin, der ihn aufforderte, sich zu setzen. Natürlich hatte man dem Abt bereits meine Ankunft gemeldet, und nun wollte er mich überlisten ... Man brachte Tee, und Puschkin verlangte Rum, den der Abt gern zu trinken schien. Der Mönch trank zwei Gläser Tee, ohne den Rum zu vergessen, dann verabschiedete er sich unter allerlei Entschuldigungen, unsere freundschaftliche Unterhaltung gestört zu haben.

Ich war froh, daß wir den Eindringling wieder los waren, aber ich fühlte mich verlegen wegen Puschkin, der in Gegenwart des Abtes sich artig wie ein Schüler benommen hatte. Ich sagte ihm, wie leid es mir tue, diesen Besuch verursacht zu haben. ›Laß nur, lieber Freund, er wäre sowieso hergekommen. Ich bin seiner Überwachung anvertraut. Was hilft es, von diesem Blödsinn zu reden?‹

Und als wäre nichts geschehen, nahm er die Komödie wieder zur Hand und las weiter . . .

Danach rezitierte er ein paar eigene Gedichte, meist Bruchstücke, die später in seine wichtigsten Werke aufgenommen werden sollten. Er diktierte mir auch den Anfang seines Gedichtes *Die Zigeuner,* das er für den *Polarstern* ausersehen hatte . . .

Mitternacht war vorüber. Man tischte uns ein kleines Nachtmahl auf. Ein dritter Korken knallte als Abschiedsgruß. Wir umarmten uns mit dem Wunsch, uns bald in Moskau wiederzusehen. Dieser Hoffnungsschimmer milderte den Trennungsschmerz nach diesem einen Tag, der uns in unserer Freude nur allzu rasch vergangen war. Der Kutscher hatte die Pferde schon angeschirrt, die Schlittenglocke ertönte vor der Treppe, die Uhr schlug drei. Wir tranken uns noch einmal zu, und unsere Herzen waren voll Trauer. Ein Vorgefühl sagte uns, daß wir zum letztenmal miteinander tranken, daß auf diesen Abend eine Trennung für immer folgen werde. Keines Wortes mächtig, warf ich mir den Pelzrock über die Schultern und ging rasch zum Schlitten hinaus. Puschkin sagte noch etwas, doch ich hörte ihm nicht zu, ich schaute ihn an, wie er dastand auf der Treppe, eine Kerze in der Hand. Die Pferde setzten sich auf den Hügel zu in Bewegung. Ich hörte: ›Leb wohl, mein Freund.‹ Dann hörte ich nur noch das Hoftor hinter mir knarren.«

Zweifellos blieb Puschkin noch lange auf der Treppe stehen. Die flackernde Kerzenflamme warf ihr ungewisses Licht auf die blauen Schatten des schneeverwehten Hofes, die Landschaft in der Ferne schien auf und ab zu tanzen in der frostklaren, leeren Nacht. Aus dem sternüberfunkelten Tannenwald erklang ununterbrochenes Schellengeläute, dann brandete wieder das Schweigen in langsamen Wellen gegen das Haus. Es war zu Ende. Puschkin kehrte ins Zimmer zurück. Er schaute die leeren Flaschen an und sog den Duft des Kaffees und des Tabaks ein. Das war alles, was von diesem lieben Besuch zurückblieb. Arina Rodionowna machte sich im Gang zu schaffen. Birkenscheite krachten im Ofen. Puschkin war wieder allein. Wie lange noch?

Im April 1825 kam Delwig zu Besuch. Puschkin erwartete ihn seit Februar: »Ich erwarte Delwig voll Ungeduld.« »Ich kann nicht mehr, ich möchte Delwig sehen.« »Delwig, was ist los mit Dir?« »Delwig ist noch nicht hier.« »Meine Arme sind ausgebreitet, um Delwig zu empfangen.« »Baron Delwig ist immer noch nicht da.«

Diese Sätze kehrten hartnäckig in seinen Briefen wieder. Endlich, am 22. April, schrieb er seinem Bruder: »Wie glücklich war ich, als der Baron ankam. Er ist reizend. Unsere jungen Damen sind alle verliebt in ihn, und er ist unempfindlich wie ein Holzklotz.«

Delwig verbrachte vierzehn Tage in Mikhailowskoje. Die beiden Freunde lasen sich gegenseitig ihre Werke vor, erteilten einander Rat und lobten sich; sie tauschten ihre Meinungen aus über Literatur, über die Zarenherrschaft, über Frauen und die verschiedenen Weinsorten; sie spielten Billard, ließen sich von den Töchtern von Madame Ossipov verehren und verfaßten sogar gemeinschaftlich ein Gedicht. Dann ging Delwig wieder weg.

Und wieder hörte Puschkin von der Treppe aus das traurige Läuten eines Glöckchens schwächer werden und die Stimme eines Freundes, der ihm »Lebewohl« zurief.

Als Puschin, der in die Sache der Dezembristen verstrickt war, nach Sibirien verschickt wurde, sandte ihm Puschkin eine Botschaft treuer Freundschaft:

Mein erster und mein bester Freund,
wie hab' ich einst den Tag gesegnet,
als fröhlich mir das Glöckchen klang,
in meinem schneebedeckten, stillen Hof
mir Einsamem Dein Kommen meldend.
So fleh ich jetzt den Himmel an,
daß meine Stimme Deiner Seele
gleich trost- und hilfreich klingen möge.

Er sollte seinen Jugendfreund niemals wiedersehen.

Trigorskoje

Wer Puschkins Aufenthalt in Mikhailowskoje miterlebt hat, bekundet, daß er sich kaum um das Gut kümmerte, dessen Verwaltung dem Dorfstarosten anvertraut ist, während die alte Nounou das Haus betreut. Die Bauern lieben ihren Herrn, den sie für einen harmlosen, freundlichen Springinsfeld halten, über den sie lachen, weil er im roten Russenhemd und in Pluderhosen auf den Feldern umherstreift, mit einem Strohhut auf dem Kopf und einem dicken, eisenbeschlagenen Stock in der Hand. »Er war gutmütig und liebenswürdig«, berichte einer von ihnen, »aber offenbar ein wenig verrückt. Einmal sehe ich ihn auf mich zukommen, als ich mich auf dem Weg nach Mikhailowskoje befand, da bleibt er plötzlich stehen, als habe er einen Schlag mit einem Holzscheit bekommen. Erschreckt verberge ich mich in einem Roggenfeld, spähe vorsichtig hervor und höre ihn mit veränderter Stimme ganz laut mit sich selbst sprechen, wobei er mit den Armen fuchtelt, ganz wie einer, der nicht richtig im Kopf ist . . . Oft sahen wir ihn bei Festen auf den Dörfern. In seinem roten Hemd und derben Stiefeln ging er zu den jungen Chorsängerinnen und hörte hingegeben ihren Liedern zu . . .«

Durch seine Lehrmeisterin, die alte Nounou, und durch diese schwerfälligen, ungehobelten Bauern mit den schlau zwinkernden Augen lernt Puschkin das Volk kennen. Er versäumt keine Gelegenheit, an den dörflichen Festen teilzunehmen. Am liebsten mag er die Jahrmärkte, die vor den Pforten des Klosters »Heiliger Berg« abgehalten werden. Da geht er in seiner roten Bluse und in Stiefeln, den Strohhut schief aufs Ohr gedrückt, einen schweren Stock in der Hand, an den Ständen entlang, auf denen Süßigkeiten, Wein, Früchte, Geflügel und Krämerwaren feilgehalten werden; er unterhält sich mit den Händlern und erregt durch seinen Aufzug Anstoß bei den vornehmen Herren und Damen aus der Nachbarschaft. Dann mischt er sich unter die Menge der Kauflustigen, hört den Drehorgelmännern zu und schlägt mit dem dicken Stock den Takt zum Refrain ihrer Lieder. Oder er hockt sich neben einen blinden Geschichtenerzähler und schließt die Augen, um die Legenden besser zu verstehen. Das Volk um ihn herum hat sich seit den Zeiten von Boris Godunov nicht verändert.

Das sind dieselben einfältig frommen Propheten, dieselben blinden Märchenerzähler, dasselbe fügsame Lumpengesindel dieselben Marktschreier, dieselben kraftvollen und sanftmütigen Leibeigenen. Er braucht sie nur anzuschauen, so formt sich in dichter Fülle, wimmelnd und durcheinander lärmend, die namenlose Volksmenge seiner Tragödie in seiner Seele. Er schreibt sich ihre Reden, ihre Sprichwörter auf, er lernt Einfachheit bei ihnen.

Es beglückt den Dichter, die russische Sage und die Volkssprache an ihren Quellen zu studieren.

Puschkin fühlte sich auf den Jahrmärkten ebenso in seinem Element wie in den Salons; er paßte in jedes Milieu, in jedes Land, in jedes Zeitalter. Nach seinen Gesprächen mit den Bauern besuchte er die Schloßherrin von Trigorskoje, wo er die jungen Mädchen betörte, Tee trank und harmlose Späße erzählte. Er hatte ein unstillbares Bedürfnis nach galanten Abenteuern, und sein Wunsch zu gefallen ließ ihn fast schön erscheinen.

Trigorskoje war ein paradiesischer Ort, wo lange Haare über flatternde Gewänder fielen, wo unterdrückte Schreie und mädchenhaftes Schmollen mit Liebkosungen und Liebesschwüren wechselten, ein niedliches Königreich, in dem selbst Bäume, Steine und Blumen weiblich waren wie die Gesichter der Bewohnerinnen.

»Mein einziger Trost«, schrieb Puschkin an die Fürstin Wiasemskij, »ist eine gute, alte Nachbarin, die ich häufig sehe, um ihren patriarchalischen Gesprächen zuzuhören. Ihre Töchter, die in jeder Hinsicht ziemlich minderwertig sind, spielen mir Rossini vor, den ich habe kommen lassen.«

Und an seine Schwester schrieb er:

»Deine Freundinnen in Trigorskoje sind unerträgliche Dummköpfe, die Mutter ausgenommen.«

Trigorskoje war voll von jungen Mädchen. Und nichts ist veränderlicher, lästiger, blöder, unverständlicher, aufregender, außerordentlicher und nutzloser als ein junges Mädchen. Heute machen sie sich über einen lustig, und man nennt sie »unerträgliche Dummköpfe«, und morgen sehen sie ihre Fehler ein, so daß man nicht umhin kann, von ihrer geheimnisvollen Anmut gerührt zu sein.

Diese zahlreiche Weiblichkeit war sehr verschiedenartig. Madame P. A. Wulf-Ossipov, die Gutsbesitzerin, hatte mit ihrem ersten Mann Nikolaus Wulf drei Kinder gehabt: der zwanzigjährige Alexis Wulf, der in Dorpat studierte und ein Freund Puschkins war, Annette, die sechsundzwanzig, und Euphrasie, Sissi genannt, die sechzehn Jahre alt war. Von ihrem zweiten Mann, Iwan Ossipov, stammten noch zwei junge Mädchen, Marie und Katharina.

Madame Ossipov war eine rundliche Dame von bestimmtem und einnehmendem Wesen. Gefühlvoll und praktisch, schwärmerisch und gebieterisch zugleich, war sie gerührt beim Lesen eines romantischen deutschen Gedichtes, versah die Werke von Young mit französischen Randbemerkungen: »Dieser Gedanke ist tröstlich! . . . Ach, glückliche Herzen!«, kam jedoch bald wieder zu sich, um eine ungeschickte Dienerin zu ohrfeigen oder ihre Töchter auszuschelten, die sich zu lange unten im Park aufgehalten hatten. Träumerisch, wie es die Mode verlangte, aber klug, besonnen und wirtschaftlich aus Veranlagung, führte Madame Ossipov ein strammes Regiment über ihr Gut und ihre Familie. Puschkins Anwesenheit in diesem Haus voll flügger Mädchen beunruhigte sie ein wenig. Die Kleinen waren überspannt und ohne jede Erfahrung, ihre unschuldige Gefallsucht konnte sie leicht anderen Versuchungen zugänglich machen. Sie selbst war nicht unempfindlich gegen den Zauber des Dichters; sie bewunderte seine Verse, liebte sein Lachen, das wie das eines wilden Kindes klang, und hörte gerne seine Scherze und Komplimente. Aber sie war vierundvierzig Jahre alt, eine Witwe, die das Leben kannte. Doch Annette oder Sissi dienten diesem dunkelhäutigen Verführer mit den Teufelsaugen und den langen Nägeln als willkommene Beute. Annette war ein großes, träumerisches Mädchen mit vollen Körperformen und traurigen Augen in einem runden Gesicht; sie lebte von hochtrabenden Worten und erhebenden Gefühlen. Sie liebte Puschkin inbrünstig und hartnäckig und war bereit, ihm alles zu opfern. Doch er machte sich über ihre romantische Überschwenglichkeit lustig.

Sissi dagegen, ganz zart, blond, lebensprühend, flatterhaft und lachlustig, reizte Puschkin. Es gefiel ihm, daß sie weder grillenhaft noch intelligent war, daß sie dagegen laufen und laut auflachen konnte, daß sie es verstand, schelmische Blicke zu werfen und in einem kleinen silbernen Krug »Djonka« zu fabrizieren. Sissi wies die wiederholten Annäherungsversuche des Dichters ab, er jedoch ereiferte sich, gab nicht nach, regte sich auf, tanzte um diesen sechzehnjährigen Backfisch herum und geriet beim leisesten Entgegenkommen in Feuer. Er verglich sie einer gläsernen Flöte und behauptete, »trunken von ihrer Gegenwart« zu sein. »Euphrasie schmollt mit mir. Sie ist anbetungswürdig«, schrieb er seinem Bruder, und ihren Vornamen setzte er auf seine Don-Juan-Liste.

Puschkin machte auch einer gewissen Aline den Hof, der Schwiegertochter von Madame Ossipov, und Netty Wulf, einer Kusine der jungen Damen Wulf-Ossipov. Im März 1825 schrieb er seinem Bruder:

»Ich habe mich verliebt ... Kennst Du Annettes Kusine – Anna Iwanowna Wulf (Netty)? Ecce femina.«

Annette ist eifersüchtig auf Netty und Aline, Netty auf Sissi,

Madame Ossipov auf Annette, Sissi, Netty und Aline. In allen Ecken spinnen sich Romane an und lösen sich wieder. Intrigen entstehen von einem Tag zum anderen, wegen eines Blickes oder dem flüchtigen Streifen eines Fußes. Die Luft, die man atmet, wirkt wie ein gefährliches Liebeselixier. Die Haare der Frauen knistern vor elektrischer Spannung, und ihre Hände sind feucht. Und inmitten all dieser Verwirrung thronen Puschkin und der junge Alex Wulf, sein zwanzigjähriger Freund. Zwei Männer für all diese Frauen.

Alex Wulf, Student in Dorpat, war ein großer Kenner auf erotischem Gebiet. Er behauptete, die Geheimnisse unwiderstehlicher Verführungskunst von Puschkin zu haben und nannte sich seinen Schüler, den Faust des allmächtigen Mephisto. In Wirklichkeit hatte er seinen Lehrmeister weit übertroffen. Während Puschkin sich immer von Liebesgefühlen übermannen ließ, hatte Alexis Wulf alle Probleme der Leidenschaft auf den Nenner kalter, gemeiner Berechnung gebracht. Zynisch, wollüstig und schlau berechnend, behandelte er die Frauen wie niederzukämpfende Feinde, für die es keines Gefühles bedurfte, bei denen es nur auf die Methode ankam.

Er notierte in seinem Tagebuch:

»Gestern habe ich damit begonnen, (meiner Schönen) die technischen Ausdrücke der Liebe beizubringen. Danach werde ich, getreu Mephistos Methode, ihre Fantasie durch wollüstige Bilder anregen. Frauen, welche einmal diese Art Wonne gekostet haben, werden jedem Mann hörig, der in der Lage ist, ihnen neue zu verschaffen; sie haben kein Interesse mehr an anderen Vergnügungen; alles scheint ihnen wertlos und fade neben der Sprache der Liebe. Ich will die Probe aufs Exempel machen und sehen, ob ich sie aufklären kann. Ich werde damit beginnen müssen, ihr von meinen Liebeserfolgen zu erzählen.« Mit ungemeinem Glück erprobt er seine Macht an seinen Kusinen. »Ich habe sie durch alle erdenklichen Stadien sinnlicher Wonnen geführt, doch ohne ihre Jungfräulichkeit anzutasten«, schreibt er über eine von ihnen. Auch seine Schwägerin Aline dient ihm als willfähriges Versuchskaninchen.

Die älteren und jüngeren Damen von Trigorskoje werden von den beiden Gesinnungsgenossen heftig angegriffen. Jeder eröffnet den Kampf auf eigene Rechnung. Und die arme Madame Ossipov schaut nach rechts und links und wacht über das Durcheinanderschwirren ihrer jungen Mädchen, die, so schnell verwundet und bald wieder geheilt, immerzu in Anspruch genommen sind und hingebend vor Liebe girren.

Doch seit Beginn des Jahres 1825 zeigte Puschkin weniger Interesse für die jungen Mädchen in Trigorskoje. Eine Abwesende fesselte sein ganzes Denken, eine Nichte von Madame Ossipov: Anna Petrowna Kern. Sie hatte versprochen, nach Trigorskoje zu kommen. Und sie war schön!

Puschkin war ihr 1819 in einem Petersburger Salon begegnet und hatte vergeblich versucht, ihr den Hof zu machen. Er erfuhr eine schroffe Zurückweisung, und nur die Erinnerung an ihre zornfunkelnden Augen und weißen Schultern war ihm geblieben. Das wunderbare Geschöpf war die Frau eines altersschwachen Generals, der sie nicht zufriedenstellen konnte und ihr rundheraus empfohlen hatte, sich anderweitig umzusehen. Er schleppte sie sogar in das Zimmer eines jungen Neffen, der im Haus wohnte, und, auf den Besuch vorbereitet, halb ausgezogen auf dem Bett lag. Angewidert verließ Madame Kern schließlich ihren Gatten und kehrte zu ihrer Familie im Gouvernement Poltawa zurück. Dort begann sie eine ernsthafte Liebschaft mit einem Gutsbesitzer aus der Gegend, dem pornographischen Dichter Rodzianko. Dieser stand in Briefwechsel mit Puschkin und Anna Petrowna Kern mit ihrer Kusine Annette.

Von Brief zu Brief kam Puschkin der jungen Frau näher, die so ungut verheiratet war und schlechten Trost gefunden hatte. Und sie lernte den von ihr bewunderten Dichter besser kennen. Von derselben Sehnsucht gepackt, suchten sich diese beiden Menschen über alle Entfernung hinweg. Puschkin, der von den »intimen Beziehungen« der Madame Kern zu Rodzianko wußte, schrieb seinem Freund am 8. Dezember 1824:

»Erkläre mir, was ist A. P. K. für eine Person, die ihrer Kusine allerlei zärtliche Worte für mich schreibt. Man behauptet, sie sei ein bezauberndes kleines Ding, aber aus der Ferne kann man leicht lügen. Da ich Dein Temperament in Liebesangelegenheiten kenne und Deine in jeder Hinsicht außerordentlichen Talente, so nehme ich an, daß Du die Sache ganz oder wenigstens halb geregelt hast. Ich beglückwünsche Dich dazu, mein Lieber.«

Er bat seinen Freund, Madame Kern diesen Brief zu zeigen. Sie fühlte sich nicht beleidigt, sie fand die Neckerei elegant und ging sogar auf einen leicht schlüpfrigen Briefwechsel mit dem Dichter ein. Sie war sinnlich, leidenschaftlich, freizügig; sie schätzte Puschkins Werk hoch und hatte wirklich Lust, ihm zu begegnen.

Im Juni 1825 kam sie endlich für drei oder vier Wochen nach Trigorskoje. Das erste Zusammentreffen mit Puschkin mußte sie befremden.

»Wir saßen alle bei Tisch«, schreibt sie, »als Puschkin wie ein Wirbelwind hereinfegte, einen dicken Stock in der Hand. Meine Tante, neben der ich saß, stellte mich vor, und er verbeugte sich tief, ohne ein Wort herauszubringen: seine Schüchternheit zeigte sich in jeder Gebärde. Und auch ich fand nichts zu sagen ...«

Wie schön sie war, wie vornehm und welterfahren! Obwohl er ihr zweifelhaftes Vorleben ganz genau kannte, verglich er sie mit einem Engel an Reinheit und Zartsinn. Der Ton der vorher gewechselten Briefe hatte ihn einige angenehme Wochen erwarten lassen, Liebkosungen ohne Folgerungen, ein galantes Geplänkel nach Art der Franzosen. Und nun überfiel ihn Schüchternheit, zitternd vor furchtsamem Verlangen begann er zu stammeln wie ein Verliebter. Er wußte nicht, wie er sich ihr gegenüber benehmen sollte. Einmal gab er sich fröhlich, dann wieder spöttisch, ein andermal todtraurig, bald war er von unterwürfiger Artigkeit, bald quälte ihn blödsinnige Eifersucht. Er verbrachte seine ganze Zeit in Trigorskoje. Er hörte zu, wenn Madame Kern venezianische Barcarolen sang, und las seinen Freundinnen das kaum vollendete Manuskript *Die Zigeuner* vor. Zornig funkelte er den unverbesserlichen Alexis Wulf an, der seine Kusine zu bezaubern suchte.

Madame Kern nahm die mehr oder weniger verhüllten Erklärungen des Dichters günstig auf. Ihre Neugierde war geweckt, auch sie fühlte sich von ihm angezogen, ihre Sicherheit schwand dahin, und voll Wonne war sie bereit, sich in seinen Armen zu vergessen. Zweifellos stand der Vereinigung der beiden jungen Leute nichts im Wege. Doch Madame Ossipov fürchtete den Skandal und traf eiligst Vorbereitungen zur Abreise ihrer Nichte nach Riga, wo ein harmloser Gemahl ohne Sehnsucht auf sie wartete.

Am Abend vor der Trennung begaben sich alle Bewohnerinnen von Trigorskoje unter Puschkins Führung nach Mikhailowskoje.

»Das Wetter war prächtig«, schreibt Madame Kern, »und die mondhelle Juninacht ganz durchtränkt vom frischen Duft der Felder. Wir hatten uns in zwei Kutschen verteilt: in der einen saßen meine Tante und ihr Sohn, in der anderen Annette, Puschkin und ich. Weder vorher noch nachher sah ich ihn so ungekünstelt fröhlich und liebenswürdig. Er scherzte ohne Bosheit, ohne sarkastischen Spott, er bewunderte den Mond und sagte: ›Ich liebe den Mond, wenn er ein schönes Gesicht erhellt.‹ In Mikhailowskoje angekommen, gingen wir nicht etwa ins Haus, sondern gleich in den alten, verwahrlosten Garten mit den langen Reihen altehrwürdiger Bäume, deren verschlungene Wurzeln mich mehrmals zum Stolpern brachten, worüber mein Begleiter erschrak. Meine Tante, die uns folgte, sagte: ›Mein lieber Puschkin, machen Sie Madame die Honneurs Ihres Gartens.‹ Da nahm er meine Hand und begann so schnell zu laufen wie ein Schüler, der Ausgeherlaubnis bekommen hat. Ich erinnere mich nicht mehr im einzelnen an unser Gespräch. Er sprach voll überschwenglicher Leidenschaft von unserer ersten Begegnung bei den Olenin und erklärte schließlich: ›Sie sahen so jungfräulich aus, trugen Sie nicht ein Kreuz?‹

Am nächsten Tag mußte ich nach Riga abreisen. Der Morgen kam herauf und er brachte mir als Abschiedsgeschenk das 2. Kapitel von *Eugen Onegin* in unaufgeschnittenen Bogen. Zwischen den Seiten fand ich ein vierfach gefaltetes Papier, das die Verse trug:

Vor meinen Augen steht die wundersame Stunde . . .«

Kaum hat Madame Kern Trigorskoje verlassen, so fühlt Puschkin seine Widerstandskraft erlahmen. Er schreibt an Annette Wulf, die Madame Kern nach Riga begleitet hatte:

»Ich schreibe Ihnen, nachdem ich mich vor Schmerz betrunken habe . . . Ganz Trigorskoje singt . . . und das zerreißt mir das Herz.«

Bald wandte er sich jedoch selbst an Madame Kern. Er schreibt ihr am 25. Juli 1825:

»In meiner Schwäche habe ich Sie gebeten, Ihnen schreiben zu dürfen, und Sie waren so unbesonnen oder kokett, es mir zu erlauben. Ein Briefwechsel führt zu nichts, ich weiß, aber ich vermag meinem Verlangen nicht zu widerstehen, ein Wort von Ihrer hübschen Hand zu bekommen . . . Ich nehme die Feder wieder zur Hand, denn ich sterbe vor Sehnsucht und kann mich nur mit Ihnen beschäftigen. Ich hoffe, daß Sie diesen Brief im geheimen lesen. Werden Sie ihn auch an Ihrem Busen verbergen? Werden Sie mir recht ausführlich antworten? Schreiben Sie mir alles, was Ihnen durch den Kopf geht, ich beschwöre Sie. Wenn Sie fürchten, daß ich etwas ausplaudere oder daß Sie sich bloßstellen, so verstellen Sie Ihre Schrift, unterzeichnen Sie mit einem Fantasienamen, mein Herz wird Sie immer erkennen . . .«

Mit jedem weiteren Brief wird Puschkins Leidenschaft irdischer:

»Ich lese Ihren Brief immer wieder und wieder, und ich sage vor mich hin: Liebste, wunderbare Göttin! . . . doch dann: Oh, die Elende! . . . Sie meinen, daß ich Ihren Charakter nicht kenne? Was kümmert mich Ihr Charakter? Zum Lachen! Wozu braucht eine hübsche Frau Charakter? Wesentlich sind nur Augen und Zähne, Hände und Füße – (ich hätte noch das Herz beigefügt, doch hat Ihre Kusine das Wort zu oft im Munde geführt). Sie sagen, es sei leicht, Sie zu kennen. Sie meinen wohl, Sie zu lieben? Daß ich dasselbe denke, dafür bin ich der lebende Beweis: ich habe mich Ihnen gegenüber aufgeführt wie ein vierzehnjähriges Kind . . . Wie geht es der Gicht des Herrn Gemahls? Hoffentlich hat er bald nach Ihrer Ankunft einen heftigen Anfall gehabt. Das ist eine gediegene Sache. Wenn Sie wüßten, welche mit Hochachtung gemischte Abneigung ich gegen diesen Mann fühle! Himmlische, veranlassen Sie, daß er spielt und von der Gicht geplagt wird, das ist meine einzige Hoffnung.«

Unterdessen hatte Faust, Alexis Wulf, Trigorskoje verlassen, um sich nach Dorpat zu begeben, doch die Reize von Madame Kern lockten ihn, in Riga haltzumachen, und bald nahm er bei der leidenschaftlichen jungen Frau Puschkins Stelle ein.

Die ersten Eifersuchtsregungen machen Puschkin lebendig:

»Was tun Sie mit Ihrem Vetter (Alexis Wulf)?« schreibt er an Madame Kern. »Gestehen Sie es offen. Schicken Sie ihn schleunigst zu seiner Universität . . .«

Ferner: »Sehen Sie, ich spreche offenherzig zu Ihnen. Über vierhundert Werst Entfernung hinweg ist es Ihnen gelungen, mich eifersüchtig zu machen; wie ist es möglich, daß es mir nur vier Schritte scheinen? Ich möchte gern wissen, warum der Herr Vetter erst am 15. des Monats aus Riga abreiste und warum Ihre Feder seinen Namen dreimal in Ihrem Brief an mich hingeschrieben hat?«

Später: »Sie schwören bei den Göttern, daß Sie mit niemand kokettieren, und dabei duzen Sie Ihren Vetter . . . Ich rate Ihnen, ganz ohne Eifersucht und als Freund, der Ihnen aufrichtig und uneigennützig ergeben ist, diese Verbindung abzubrechen. Ich verstehe nicht, welches Ziel Sie damit verfolgen, mich bei so beträchtlicher Entfernung eifersüchtig zu machen durch Ihr Spiel mit einem jungen Studenten (der kein Dichter ist).«

Je mehr er fühlt, daß das Herz der jungen Frau ihm zu entgleiten droht, desto mehr erregt es ihn, fern von ihr zu sein und seine Glückshoffnung nur in schmachtenden Briefen verteidigen zu können. Seine Liebe wird zur Besessenheit, zur Raserei.

»Es ist Nacht«, schreibt er ihr, »und ich sehe Sie vor mir, Ihren Blick, Ihren leicht geöffneten Mund. Adieu! Ich glaube, zu Ihren Füßen zu liegen, ich drücke Sie an mich und fühle Ihre Knie; ich gäbe all mein Blut für eine Minute Wirklichkeit. Adieu, und glauben Sie meinem irren Geschwätz; es ist lächerlich, aber wahr.«

Er schmiedet sogar Fluchtpläne, Pläne für ein Wiedersehen und für ein gemeinsames Leben.

»Wenn der Herr Gemahl Sie zu sehr langweilt, so verlassen Sie ihn, und wissen Sie, wie? Lassen Sie die ganze Familie dort, nehmen Sie die Postkutsche nach Ostrof und kommen Sie nach ... wohin? Nach Trigorskoje? Aber nein ... nach Mikhailowskoje. Seit einer Viertelstunde will mir dieser schöne Plan nicht aus dem Kopf. Können Sie sich vorstellen, wie groß mein Glück wäre? ›Und das Aufsehen, der Skandal?‹ werden Sie sagen. Zum Teufel damit – wenn man einen Mann verläßt, so ist der Skandal schon da, alles übrige ist nichts oder belanglos. Gestehen Sie, daß mein Plan romantisch ist ... Doch sprechen wir ernsthaft, d.h. nüchtern: Werde ich Sie wiedersehen? Der Gedanke an ein Nein läßt mich schaudern. Sie werden sagen: Trösten Sie sich. Sehr gut! Aber wie? Soll ich mich verlieben? Unmöglich. Erst muß ich mein zuckendes Herz beruhigen. Soll ich außer Landes gehen? Mich umbringen? Mich verheiraten? All das stößt auf große Schwierigkeiten, vor denen mir graust ... Wenn Sie kommen, so verspreche ich, ganz artig zu sein, montags heiter, dienstags ausgelassen, mittwochs zärtlich, donnerstags leichtsinnig, freitags, samstags und sonntags alles, was Sie wollen, und die ganze Woche zu Ihren Füßen.«

Madame Kern kam im Oktober wieder nach Trigorskoje, und Puschkin dachte nicht mehr daran, den Gegenstand seiner Neigung zu besingen, sondern sich seiner zu erfreuen. Die Befriedigung dämpfte seine Liebe, und als der Engel abreiste, hatte er seine Flügel verloren.

Dichterische Arbeiten

Während Puschkin mit Sissi schäkert und Annette schroff behandelt und zu Füßen Anna Kerns schmachtet, findet er Zeit zu schreiben, gewissenhaft zu bearbeiten, was ihm so leicht aus der Feder fließt. Sein Geist war niemals so rege wie während der Verbannung auf dem Lande. Die jungen Mädchen von Trigorskoje huschen wie Schatten über sein Werk. Für kurze Augenblicke sucht er ihre Gesellschaft, dann kehrt er zu seinem arbeitsamen Einsiedlerleben zurück. Er führt ein Doppelleben, wie er es immer geführt hat. Ein fauler Taugenichts, der hübsche Frauen liebt und an Zechgelagen und Raufereien Freude hat, der gerne spielt und Liebesbriefe schreibt, und dabei ein ernsthaft arbeitender, fruchtbarer Dichter. Abwechselnd werden beide sichtbar, und immer sind beide echt. Manche seiner Freunde werden niemals die beiden Gesichter dieses Mannes kennenlernen, und sie werden ihn nur nach dem einen beurteilen, das ihnen zugekehrt war, und sie werden Unrecht haben.

In Mikhailowskoje vollendete Puschkin sein Gedicht *Die Zigeuner,* das er im Dezember 1823 begonnen hatte. Während seiner Verbannung in Bessarabien suchte er einige Zigeunerlager auf, besonders auf seinen Reisen nach Akkerman und Ismail lernte er diese stolzen Geschäpfe näher kennen, die, verlaust und verdreckt, ihre Unabhängigkeit bewahrten und unbegreiflich blieben. Er plaudert mit den Bärentreibern, mit schönen, geschmeidigen braunhäutigen Mädchen, welche den Leuten aus der Hand die Zukunft weissagen und ihnen dabei mit unschuldigem Lächeln die Uhr aus der Tasche stehlen. Er hatte sich zu ihnen hingezogen gefühlt, und er ließ sie nun wahrheitsgetreu in seinem Gedicht Gestalt annehmen.

Die Zigeuner wurden ein guter Presseerfolg, aber Puschkins nächstes Gedicht, mit dem Titel *Graf Nulin,* wurde von der Kritik schlecht beurteilt.

»Im Jahre 1825«, schreibt Puschkin, »las ich, während meines Aufenthaltes auf dem Lande, *Lukretia* wieder, ein ziemlich schwaches Gedicht von Shakespeare, und ich fragte mich, was geschehen wäre, wenn *Lukretia* sich hätte einfallen lassen, Tarquinius zu ohrfeigen? Vielleicht hätte diese Geste sein Ungestüm gemildert und ihn gezwungen, klein beizugeben. Lukretia hätte sich nicht erdolcht, Publicola wäre nicht in Wut geraten, und die Welt und die Weltgeschichte wären ganz anders geworden. Mir kam der Einfall, das Thema von Shakespeare zu parodieren. Ich konnte der doppelten Versuchung nicht widerstehen, und in zwei Tagen schrieb ich mein Gedicht.«

Zwei Arbeitsvormittage: 12. und 13. Dezember 1825, und das Gedicht ist da, ganz zu Ende geführt und überquellend von Lebendigkeit. Graf Nulin, der von einer langen Europareise zurückkehrt, muß wegen einer Beschädigung seines Wagens in einem Schloß in der Nähe Unterkunft suchen. Dort empfängt ihn die Herrin, eine junge Frau von einnehmendem, melancholischem Wesen. Ihr Gemahl ist abwesend; als leidenschaftlicher Jäger läßt er sie oft tagelang allein, und voll Freude nimmt sie den unerwarteten Gast auf. Der zeigt sich von seiner besten Seite, ist beredt und gewandt, der Himmel scheint ihn zu schicken, um ihr die Langeweile zu vertreiben. Doch Graf Nulin versucht, sich mehr Vergnügen zu verschaffen, als die Gesetze der Gastfreundschaft zulassen, und schleicht sich bei Nacht in das Gemach seiner Gastgeberin. Eine kräftige Ohrfeige ist der Lohn für seine Kühnheit, und schamerfüllt kehrt er in seine Gemächer zurück und fährt zeitig am Morgen zur Stadt weiter. Nach der Flucht des Grafen gesteht die junge Frau alles ihrem Jäger-Gemahl, und die Geschichte macht auf den Schlössern die Runde. »Wer hatte den größten Spaß dabei?« fragt der Dichter.

Das ist die Fabel. Dünn, alltäglich, unbedeutend. Aber auf diesen billigen Stramin stickt Puschkin ein Gemälde in reizvollen, leuchtenden Farben. Nie war sein Stil geschmeidiger; er überschreitet die Verslänge, fügt unerwartete Rhythmen ein, macht Anleihen bei der Alltagssprache und bildet drollige Reime. Wie leicht erscheint sein Plauderton, und wie nahe steht er uns durch seine Sprache und sein Denken, dieser Mensch der Jahre um 1825! Mit ein paar Worten stellt er seine Personen und ihre Umwelt vor uns hin. Da wird der Aufbruch zur Jagd lebendig im Gewimmel der ungeduldigen Hunde, die bellend an ihren Leinen zerren. Da wird der schlammige, regnerische russische Herbst geschildert, der schon den Schnee in der Luft ahnen läßt. Und hier der Abend der Schloßherrin mit dem Grafen Nulin, der ihr Pariser Liedchen vorsingt, während der Nachtwächter im dunklen Hof ins Horn stößt. Die einleitenden Verse des Gedichtes sind von erstaunlicher Kühnheit, so unmittelbar, als seien sie gestern geschrieben.

Die Journalisten fühlen sich peinlich berührt durch die »fast pornographische« Dreistigkeit des von Puschkin behandelten Themas. Sie nehmen die alte Streitfrage wieder auf, die ihnen am Herzen lag. Sie wiesen auf den Rangunterschied hin zwischen den Wörtern der gehobenen Sprache und den derben Wörtern der Volkssprache und auf den Gegensatz zwischen poetischen und prosaischen Dingen. Wie konnte Puschkin es wagen, von Schlammpfützen zu sprechen, von Kapaunen und Zigarren, von silbernen Leuchtern und von Haarbürsten? War dies das Schatzhaus, aus dem ein Jünger des Apoll sein Rüstzeug holte? Nein, Puschkin entwertete sein Talent und entehrte die nationale Dichtkunst mit der Veröffentlichung des *Grafen Nulin.*

Aus diesem gleichen Jahr 1825 stammt eine große Zahl lyrischer Arbeiten Puschkins, von denen die bedeutendsten *Der 19. Oktober* und *André Chénier* sind.

Puschkin wendet sich *André Chénier* zu, dem Verkünder und Märtyrer der Revolution, in ihm verherrlicht er den Helden der *reinen Unabhängigkeit,* das heißt sich selbst. Wie Chénier ist auch er ein Freund der Freiheit und ein Feind alles monarchischen Zwanges, doch genau wie Chénier haßt er Blutvergießen und Bürgerkrieg, alles, was einen weitherzigen Gedanken entstellt. Die Hoffnung steht so hoch, und ihre Verwirklichung erniedrigt alles. Vom Ideal zur Karikatur ist nur ein Schritt. Und ein Schritt nur von der Revolution der Dichter bis zur Revolution der Robespierre und der Collot d'Herbois:

Wir schlugen unsern König tot
und setzten auf den leeren Thron
den Mörder und die Henker rot!
O Schmach, entsetzensvoller Hohn!
O heil'ge Freiheit, Göttin, reine,
die Schuld ist unser, nicht die deine.

»Hast Du meinen *André Chénier im Gefängnis* gelesen?« schrieb Puschkin an Wiasemskij. »Beurteile ihn wie ein Jesuit: das heißt nach seinem Zweck.«

Die Zensur strich in dem Gedicht alles, was sich auf die Französische Revolution bezog, etwa vierundvierzig Verse. Aber die verdächtige Stelle machte in handgeschriebenen Exemplaren die Runde in den Salons und den Kasernen von ganz Rußland.

Neben diesen kleinen Arbeiten schrieb Puschkin an einem großen bedeutenden Werk, das er 1823 in Kischinew begonnen hatte und erst »sieben Jahre vier Monate und siebzehn Tage später« vollendete: *Eugen Onegin.*

Am 4. November 1823 schrieb er an Wiasemskij:

»Was mich im Augenblick beschäftigt, ist nicht ein Prosaroman, sondern ein Versroman, das ist ein verteufelter Unterschied; es soll eine Art *Don Juan* werden. Ich denke dabei nicht einmal an den Druck, ich schreibe so drauflos. Unsere Zensur ist so kleinlich, daß es unmöglich ist, unser Betätigungsfeld nach ihren Anschauungen abzustecken. Es ist besser, gar nicht an sie zu denken. Wenn sie nicht will, so soll sie es bleiben lassen.«

Am 16. November an Delwig:

»Ich schreibe ein neues Gedicht, worin ich in unverzeihlicher Weise drauflos fabuliere.«

Am 1. Dezember an Turgenjew:

»Ich schreibe ein neues Gedicht und genieße meine eigene Galle. Zwei Gesänge sind schon fertig.«

Im Januar 1824 an seinen Bruder:

»Das ist mein schönstes Werk . . .«

Von Kischinew geht's nach Odessa, von Odessa nach Mikhailowskoje, und das Gedicht macht rasche Fortschritte. Das erste Kapitel ist am 22. Oktober 1823 beendet, das zweite Kapitel, unmittelbar danach begonnen, wird in der Nacht zum 8. Dezember 1823 fertig. Puschkin macht sich an das nächste Kapitel, das er am 2. Oktober 1824 in Mikhailowskoje abschließt. Das vierte, fünfte und sechste Kapitel werden in Mikhailowskoje geschrieben und beschäftigen den Dichter bis zum 10. August 1826.

Eugen Onegin ist ein vermögender, gut aussehender Jüngling, ein blasierter Müßiggänger, der in St. Petersburg ein leeres Weltleben führt und sich langweilt wie alle »Dandys« seiner Generation. Er ist gebildet, gut erzogen und gut gekleidet. Er spricht französisch und versteht es, die Damen zum Lachen zu bringen. Seine Tage sind bis zur Erschöpfung ausgefüllt von Festen, Schauspielen, Diners, Soupers und galanten Abenteuern. Man denkt an Tschaadaew, Kaverin, Wiasemskij, Rajewskij und an Puschkin selbst bei diesem Helden, der die Züge aller jungen Nichtstuer der damaligen Zeit in sich vereinigte.

Nachdem Eugen Onegin alle Vergnügungen der Hauptstadt kennengelernt, alle Bücher seiner Bibliothek gelesen und alle Frauen seiner Bekanntschaft geliebt hat, verlor er die Freude am Leben und am Lachen. Zum Glück für ihn stirbt mittlerweile ein Onkel von ihm, der ein Gut besessen hat, das Onegin nun erbt. Er zieht aufs Land und hofft, daß dieser Wechsel der Umgebung ihn von seiner Melancholie heilen wird. Er nimmt Wohnung im Schloß, wo sein Onkel

> vierzig Jahre lang die Dienstmagd schalt,
> durchs Fenster nur den Hof erblickte
> und wichtigtuend Fliegen schlug.

Aber auch dort langweilt sich Onegin. Um sich abzulenken, versucht er, sein Gut nach europäischem Muster zu verwalten und das Los der Bauern zu erleichtern. Das empörte seine Nachbarn mit gutem Grund. Doch einer von ihnen, der junge Lenskij, ein Dichter und Philosoph, schließt mit Onegin Freundschaft. Seine Reinheit, sein Freimut und seine jugendliche Begeisterung erregen Onegins Spott. Lenskij glaubt an Gott, fürchtet sich vor den Qualen der Liebe und verherrlicht eine immerwährende Seelenverwandtschaft. Er sieht die Welt durch die blauen Nebelschleier der Dichtkunst und beklagt es, daß Onegin einen so traurigen Begriff von Menschen und Dingen bekommen hat. Die beiden Freunde stellen solche Gegensätze dar, sagt Puschkin, wie »Feuer und Eis, Stein und Wasser, Poesie und Prosa«. Doch ihre endlosen Gespräche bringen sie einander näher. Lenskij ist verliebt in ein Fräulein aus der Nachbarschaft, Olga Larin, und er nimmt Onegin zur Familie seiner Braut mit, damit er seine Freude besser versteht und sie teilen kann. Die Familie Larin hat zwei heiratsfähige Tächter: die hübsche, rundliche Olga, die nett, lachlustig, sauber und nichtssagend ist, und Tatjana:

Wild, mürrisch und stumm,
scheu wie die Hinde im Wald,
schien sie ein Fremdling
inmitten ihrer Familie.

Tatjana liebt Richardsons Romane, die frostklaren Morgendämmerungen über den erstarrten Bäumen und endlose Träumereien beim flackernden Schein der Kerzen. Sie ist heißblütig und naiv, intelligent und gläubig, träumerisch und bestimmt, stolz und schüchtern. Sie ist ganz Geheimnis und Widerspruch, unfaßlich und in sich selbst befangen wie ein echtes junges Mädchen. Noch nie hatte Puschkin eine so lebenswahre Gestalt geschaffen wie diese kleine Provinzlerin. Es liegt ein weiter Abstand zwischen ihr und der schablonenhaft gebildeten Zirkassierin des *Gefangenen im Kaukasus,* der Polin im Harem und der Zemfira der *Zigeuner.* All diese Heldinnen aus Tinte und Papier wirken leblos gegenüber diesem neuen Geschöpf, das zu unserer Freude aus Fleisch und Blut zu bestehen scheint. Wer ist Tatjana? Puschkin hat es selbst gesagt. In Tatjana findet man die Wesenszüge zahlloser Frauen, die er geliebt hat, angefangen bei der kleinen Bakunin bis zu Marie Rajewskij und Elisa Worontzov. Ihr hat er alles Geheimnisvolle und unbegreiflich Schamhafte, dem er in seinem Leben begegnete, mitgeben. Sie spiegelt die Erkenntnis wider, die ihm aus seinen Liebeserlebnissen erwuchs, das Beste aus all seinen Erinnerungen.

Doch Onegin läßt dieses scheue Naturkind kalt; er hat zu lange ein gekünsteltes Leben geführt, um in Tatjana die Echtheit eines reichen Gemütes entdecken zu können. Er findet sie lediglich interessanter als Olga und sagt es Lenskij ohne Umschweife.

Tatjana dagegen hat eine heftige Zuneigung zu dem schönen Fremden gefaßt, der so lässig elegant und eiskalt spöttisch ist. Er ist so ganz anders als alle Nachbarn und ähnelt so sehr den Helden aus englischen Romanen. Er scheint so wenig »wirklich«, so wenig »glaubhauft«! Und Tatjana spinnt Träume bis zum Krankwerden, so daß ihre alte Amme, das lebendige Abbild von Arina Rodionowna, sich liebevoll sorgt, daß sie daran zugrunde gehen könnte. Doch endlich rafft sich das stolze, eigenwillige Mädchen zu einer Verzweiflungstat auf. Sie schreibt Onegin einen Brief, aus dem Puschkin eine Meisterleistung macht. Seine unverfälschte Reinheit und einfache Würde schuf ein Kenner des menschlichen Herzens, ein musikalisches Genie gab ihm den Wohlklang. Seit Generationen lebt er im Gedächtnis aller russischen Männer und Frauen:

> Daß ich zur Feder greife, sagt genug,
> sagt mehr, als Worte es vermöchten.
> Und leicht, ich weiß es, fall ich so anheim
> verächtlichem Gelächter, meiner Strafe . . .

Als Onegin das junge Mädchen wieder trifft, erklärt er ihr freundlich, daß er sie gewählt hätte, wenn es in seiner Absicht läge, einen eigenen Hausstand zu gründen. Aber eine Heirat widerstrebt ihm, sie möge daher nicht länger vergebliche Hoffnungen nähren. Eines Tages wird sie einen anderen lieben und ihn vergessen, es wird alles gut werden. Stolz über seine väterliche Rede ging Onegin weg, im sicheren Gefühl, ritterlich gehandelt zu haben. In Wirklichkeit hat er ein äußerst liebenswertes Geschöpf verletzt. Tatjana leidet schweigend.

Im Winter nimmt Onegin an einem Ball teil, den die Eltern Larin zum Namenstag von Tatjana veranstalten. Die scheue Tatjana meidet die Nähe Onegins, und dieser macht sich einen Spaß daraus, Olga, der Braut seines Freundes Lenskij, den Hof zu machen. Lenskij glaubt sich verraten und fordert Onegin zum Duell, bei dem Lenskij tödlich getroffen wird.

Verzweifelt über seine Tat, flieht Onegin vom Kampfplatz, verläßt sein Haus und begibt sich auf eine lange Reise durch Rußland. Mit dem Tod Lenskijs schließt der 6. Gesang von *Eugen Onegin*.

Puschkin war mit seinem Werk zu frieden, das er erst vier Jahre später vollendete. Er hatte gute Arbeit geleistet und noch mehr als seither es verstanden, die angemessene Sprache zu wählen. Die Hirtinnen, Haine und Springbrunnen überließ er nun den Archaisten und Jukowskij die Friedhöfe im Mondschein und die umhergeisternden Zauberinnen, er hatte eine echte Ästhetik geschaffen mit den Bildern und Gedanken des wirklichen Lebens. Er hatte bewiesen, daß auch in einem rötlich schimmernden Samowar Poesie stecken kann, in einem räudigen alten Hund, im Gesicht eines unhübschen Mädchens, in tränenverschwollenen Augen und rissigen Lippen. Er hatte bewiesen, daß das Poetische nicht in den dargestellten Dingen lebte, sondern im Herzen dessen, der sie beschrieb. Dabei war er noch nicht sechsundzwanzig Jahre alt. Er mußte gegen den Geschmack seiner Leser ankämpfen, er mußte sie zu einer neuen Betrachtungsweise ermuntern und erziehen, er mußte sie auf sich selbst vorbereiten.

Publikum und Kritik schworen auf die englische und deutsche Romantik.

In einem Brief vom 9. März 1825 tadelt Bestujew, daß Puschkin ein zu alltägliches Thema gewählt habe: »Das Talent ist wie ein Gewehr, und das Thema der Vogel. Warum willst Du mit Kanonen nach Spatzen schießen? . . . Je größer der Gedanke eines Themas ist, desto mehr Kraft mußt Du aufwenden, es von allen Seiten anzupacken und lebendig zu gestalten. Im entgegengesetzten Fall gleichst Du der Mücke auf der Pyramide, einer Ameise, die sich bemüht, ein Adlerei aufzuheben . . . In der Person Deines Onegin sehe ich einen Gecken, der sich in Leben und Denken der Mode anpaßt, einen Menschen, dem ich tausendfältig im Alltag begegne . . .«

Alle warfen dem Dichter vor, sich sattsam bekannter Typen und ihrer Umwelt zu bedienen. Man hatte sie in der Verehrung hervorragender Menschen erzogen, daher verstanden sie den Eigensinn nicht, mit dem Puschkin einen Durchschnittsmenschen in Reimen verherrlichte, ein Mädchen, dem sie oft genug begegnet zu sein glaubten, ein Landhaus, das ihren eigenen glich, ein Abenteuer, dessen Helden sie selbst hätten sein können. Sie vergten es ihm, seine Personen aus ihrem Kreis zu wählen und sie dadurch zu Helden zu stempeln. Früher brauchte man sich nicht zu beunruhigen, da waren die Helden irgendwelche Banditen, Zigeuner, düster blickende junge Leute, die etwas Englisches an sich hatten. Ein Familienvater, ein braves Mädchen, ein gut erzogener, weltgewandter junger Mann waren bewahrt davor, Stoff zu einem Buch zu liefern. Das alles war durch Puschkin anders geworden, wohl schmeichelhaft, aber doch lästig. Für die Kunst mußte dies doch einen unbestreitbaren Niedergang bedeuten. Das Buch verkaufte sich jedoch gut. Das »breite Publikum« ließ sich leichter betören als die »Kenner«. Allein im Laden von Slenin wurden in zwei Wochen siebenhundert Exemplare gekauft. Der Verfasser war seiner Sache sicher und stolz über die erfüllte Aufgabe.

Ehe Puschkin die erste Szene von *Boris Godunow* in Angriff nimmt, betreibt er umfangreiche Vorstudien. Er will ein unangreifbares Werk schaffen, mit dem er das russische Theater neu zu beleben hofft. Er fühlt sich berufen, wie in der Dichtkunst so auch in der dramatischen Kunst ein Vorkämpfer zu werden. Die alten Zaubersprüche, die Urkundensammlungen aus dem 16. und 17. Jahrhundert und Karamzins historische Studien liefern ihm genaue Angaben über das Zeitalter, das er lebendig machen will. Aus Shakespeares Tragödien holt er sich Anregungen.

Im Frühjahr 1825 kündigt er Nikolaus Rajewskij an, daß er eine Tragödie zu schreiben vorhabe. Rajewskij antwortet am 10. Mai 1825:

»Danke für Ihren Plan einer Tragödie. Was könnte ich Ihnen darüber sagen? Nicht die glänzenden Einfälle fehlen Ihnen, sondern Geduld und Ausdauer bei der Ausführung. Ihnen ist es vorbehalten, auch dem nationalen Theater zum Start zu verhelfen. Was die Geduld betrifft, so hätten Sie lieber die Quellen befragen sollen, aus denen Karamzin geschöpft hat, als sich an seinen Bericht zu halten. Vergessen Sie nicht, daß Schiller sich mit Astrologie beschäftigte, ehe er seinen *Wallenstein* schrieb . . . Auf jeden Fall sehe ich wichtige Ergebnisse für unsere Literatur voraus, mag Ihre Tragödie nun gut oder schlecht sein. Sie werden unserem bis jetzt so schwerfälligen, unbeseelten Hexameter Leben einhauchen; Sie werden dem Dialog Beweglichkeit verleihen, daß er einer Unterhaltung gleicht und nicht gedrechselten Phrasen wie seither. Es wird Ihnen gelingen, bei uns eine einfache Sprache einzubürgern, die das Publikum trotz des schönen Vorbildes der *Zigeuner* und der *Räuberbrüder* vorerst noch nicht versteht. Sie werden schließlich die Dichtkunst von ihrem Kothurn herunterholen.«

Die Dichtkunst vom Kothurn herunterholen, dem Dialog die

Lebendigkeit einer natürlichen Unterhaltung geben, nach der inneren Wahrscheinlichkeit forschen, das schwebte Puschkin zweifellos vor bei der Arbeit an seinem Stück. Seine Antwort an Rajewskij zeigt uns genau des Autors Gedanken über die Schauspielkunst, über frühere Irrtümer und neue Möglichkeiten.

»Ich habe buchstäblich keine andere Gesellschaft als meine alte Amme und meine Tragödie«, schreibt er Anfang August 1825. »Die Arbeit macht gute Fortschritte, und ich bin zufrieden damit. Beim Schreiben habe ich über die Tragödie im allgemeinen nachgedacht. Klassiker und Romantiker, alle haben ihre Gesetze auf der Wahrscheinlichkeit aufgebaut, was das Drama geradezu ausschließt.

Lassen wir zunächst einmal die Zeit usw. beiseite ... Was gilt schon als wahrscheinlich in einem aufgeteilten Saal, der auf der einen Seite von zweitausend Personen besetzt ist, die von den anderen, die auf den Brettern stehen, als nicht vorhanden betrachtet werden.

Die Sprache. Der Philoktet von La Harpe sagt in gutem Französisch, nachdem er eine Rede von Pyrrhus angehört hat: ›Ach! Ich höre die süßen Klänge der griechischen Sprache usw.‹ Schauen Sie sich die Alten an: ihre tragischen Masken, ihre Doppelspieler, stellt das alles nicht eine überlieferte Unwahrscheinlichkeit dar?

Zeit, Ort usw. usw. Die wahren Genies der Tragödie haben sich niemals um die Wahrscheinlichkeit gekümmert. Sehen Sie, wie gehorsam Corneille seinen Cid durchgeführt hat! Ah, Sie bestehen auf der Regel der vierundzwanzig Stunden? Gut, und da hinein häuft er Ereignisse von vier Monaten. Nach meiner Meinung gibt es nichts Überflüssigeres als die kleinen Abänderungen bestehender Regeln: Alfieri hat sich durch das Beiseite-Sprechen höchst lächerlich gemacht, er schafft ab, was nur den Monolog verlängert, und glaubt, eine Revolution im Aufbau der Tragödie herbeigeführt zu haben. O kindliche Einfalt!

Die Wahrscheinlichkeit der Situationen und die Wahrscheinlichkeit des Dialogs, das ist die wahre Richtschnur der Tragödie. Ich habe weder Calderon noch Vega gelesen, aber was für ein Mensch ist dieser Shakespeare! Ich komme nicht von ihn los! Wie kümmerlich wirkt der tragische Byron gegen ihn! ...

Man hat noch eine andere Sucht: wenn man einen Charakter entworfen hat, so wird allem, was man ihn sagen läßt, selbst den ausgefallensten Bemerkungen, der Stempel dieses Charakters aufgedrückt (wie bei den Schulmeistern und Seeleuten in Fieldings alten Romanen). Ein Verschwörer sagt: ›Gebt mir zu trinken‹, im Ton eines Verschwörers, wie lächerlich wirkt das! Schauen Sie sich den Unversöhnlichen von Byron an (hapagato!); diese eintönige, gekünstelte Einsilbigkeit und fortgesetzte Wut, ist das Natur? Daraus entspringt der gezwungene, zaghafte Dialog. Lesen Sie dagegen Shakespeare: er fürchtet niemals, seinen Helden zu entstellen, er läßt die ganze Zwanglosigkeit wirklichen Lebens in seine Reden einströmen und weiß genau, daß er ihn zur rechten Zeit und am rechten Ort die seinem Charakter gemäße Sprache finden läßt.«

Puschkin folgt Shakespeares Beispiel und setzt sich in seinem Drama über die Regel der Einheit von Ort, Zeit und Handlung hinweg.

Boris Godunow besteht aus vierundzwanzig kurzen, dramatisch bewegten Szenen. Die Handlung erstreckt sich über mehrere Jahre, eine große Zahl verschiedener Kulissenaufbauten wird benötigt. Das ganze russische Volk, durch die Stimme des Dichters zum Leben erweckt, erscheint auf der Bühne und gruppiert sich um den Helden des Dramas, den Zaren. Bojaren, Mönche und die feindlichen Polen runden das Bild ab. Das Schicksal des Helden ist mit dem des Volkes eng verknüpft. Puschkin hebt die Einzelpersonen nicht künstlich von der Masse ab, er läßt sie auftreten – allein oder von der Menge umgeben –, wie es die Handlung verlangt. Manchmal befindet sich sogar nur Volk auf der Bühne. Der Sprechton wechselt von einer Szene zur anderen zwischen gehobener Sprache und Alltagssprache. Jamben gehen in Prosa über, und aus hell erleuchteten Palästen tritt man in die Dunkelheit einfacher Mönchszellen, in denen nur das Gold einer Ikone schimmert. So unharmonisch dieses buntschillernde Werk sich auch ansehen mag, so einheitlich ist es in seinem Aufbau. Da ist nichts Überflüssiges, nichts Ungefähres, jeder Stein in der Mauer, jedes Gesicht, jedes Wort hat seine Bedeutung. Läßt man dieses Wort weg, nimmt man jenes Gesicht oder jenen Stein in der Mauer heraus, so wird das ganze Gebäude wanken und zusammenstürzen.

Nach Puschkins eigenen Worten ist sein Werk eine Charakter- und Zeittragödie. Sie ist klassisch und romantisch zugleich. Shakespearisch und racinisch ... Shakespeare mit den Augen von Racine gesehen. Die szenischen Freiheiten, die Massenaufgebote stammen von einem Jünger Shakespeares. Doch die Charaktere der Helden hat ein Bewunderer von Racine entworfen; wie bei diesem sind die Leidenschaften abgewogen, einander gegenübergestellt und auf den Höhepunkt am Schluß hingeführt. Nach dem Inhalt: Racine, nach der Form: Shakespeare, jedenfalls ist Puschkins Tragödie ein Meisterwerk der Weltliteratur und verdient, mehr bekannt zu werden.

Wir sind im Jahre 1598. Zar Fedor ist eben gestorben. Während seiner Regierungszeit stand er völlig unter dem beherrschenden Einfluß seines Schwagers Boris Godunow, dem er blind vertraute. Godunow hat die Bojaren, die seine Pläne durchkreuzten, töten lassen oder in die Verbannung geschickt, er soll sogar Fedors eigenen Bruder, Demetrius, durch Mörderhand beseitigt haben. So stirbt Fedor, ohne direkte Nachkommen zu hinterlassen. Rußlands Thron ist verwaist und das russische Volk ohne Herrscher. Es bietet Boris Godunow, dem vertrauten Ratgeber des verstorbenen Zaren, die Krone an, der erklärt jedoch, nicht berechtigt zu sein, sie anzunehmen. Er will seine Umgebung durch seine Weigerung in Schrecken versetzen, er will unentbehrlich erscheinen. Erst als Bojaren und Geistlichkeit sich ins Mittel legen, willigt er ein, den Thron zu besteigen.

Fünf Jahre später. Der Dichter versetzt uns in ein ärmliches Kloster von Moskau. Beim flackernden Schein eines Nachtlämpchens sitzt ein alter Mönch und schreibt die Geschichte seiner Zeit. Neben ihm liegt schlummernd der junge Novize Gregor. Der Mönch spricht beim Schreiben vor sich hin:

> Vielleicht daß später ein gelehrter Priester
> entdeckt, was treu ein Unbekannter schrieb ...

Bei diesen Worten erwacht Gregor aus einem quälenden Alptraum. Er stand auf der Höhe eines Turmes, während eine lärmende Volksmenge zu seinen Füßen ihn mit Schimpfreden überschüttete. Was hat dieser Traum zu bedeuten? Der Greis beruhigt seinen Gefährten; er erzählt ihm von vergangenen Zeiten, von Iwan dem Schrecklichen, von Fedor und dem Mord an dem jungen Demetrius, der mit sieben Jahren unter den Schwertstreichen der Verräter fiel. Er wäre jetzt neunzehn Jahre alt. Neunzehn Jahre. Das ist genau das Alter des Novizen.

Gregor ist betroffen über diese Übereinstimmung, und in seinem Gehirn entsteht ein toller Plan. Er entweicht aus dem Kloster, führt die ausgesandten Verfolger auf eine falsche Fährte und überschreitet die Grenze. Er stellt sich am polnischen Hof vor und läßt sich als Zarewitsch Demetrius ausrufen, als der rechtmäßige Erbe von Rußlands Thron. Den Ungläubigen erklärt er, daß er seinen Mördern entwischen konnte und daß ein anderes Kind an seiner Stelle getötet wurde. Die Nachricht gelangt zum Kreml, wo Boris Godunow, den seit langem Gewissensbisse peinigen, in Nächten der Schlaflosigkeit von Visionen heimgesucht wird. Seine Schwester, Fedors Witwe, ist tot. Tot auch der Bräutigam seiner Tochter. Er hat das Volk mit Wohltaten überhäuft, aber das Volk liebt ihn nicht.

> Dahin sind Mut und Selbstvertrauen,
> ein Reigen blutbefleckter Kinder
> umschwebt mich immerdar . . .

Nur wenn er mit Sohn und Tochter zusammen ist, findet er Ruhe. Voll Sanftmut und zartsinniger Klugheit bereitet er seinen Sohn auf das schwere Amt eines Herrschers vor. Wenn er mit seinen Kindern spricht, ist er kein verbrecherischer Staatsmann mehr, nicht mehr der Mörder des Demetrius, sondern ein guter, etwas langweiliger Familienvater.

Bei der Kunde, daß in Polen ein Mann aufgetaucht sei, der sich Demetrius nenne und Anspruch auf die russische Zarenkrone erhebe, fühlt sich Boris Godunow niedergeschmettert und erleichtert zugleich. Dieser Demetrius ist ein Betrüger, man muß ihn festnehmen und aufhängen! Aber wenn es sich durch ein Wunder um den wahren Demetrius handelte, der vom Tod verschont geblieben ist? Dann wäre er, Boris Godunow, von jeder Schuld reingewaschen. Was soll er wünschen? Den Thron? Oder den Frieden seiner Seele? Ruhm durch Blutvergießen? Oder ein Schattendasein als Ehrenmann? Den Thron. Der Zar ist allmächtig in ihm und erstickt den Menschen. Lieber von Reue und Zweifel gepeinigt regieren, Angst erdulden und zum Himmel flehen, als für sich und die Seinen auf die Macht zu verzichten. Er befiehlt, die Grenzen abzuriegeln und das Bekanntwerden dieser Wiederkunft zu unterbinden. Er handelt als Herrscher. Aber eine schreckliche Furcht martert ihn: ein Vergehen fordert Sühne. Er hat das Volk betrogen, um an die Macht zu gelangen. Auf seine Täuschung antwortet der Betrüger.

Zwei Lügen, von denen die eine die andere zunichte macht. Godunows Lüge und die Lüge des falschen Demetrius. Welch seltsamer Kampf! Und scheint es nicht, als wünsche Gott den Zweikampf der beiden Falschspieler? Diesen abscheulichen Zank um den Leichnam eines Kindes! Boris Godunow tritt gegen sein Schicksal an.

Aber nicht nur der Zar zweifelte an seiner Kraft, auch sein Gegner, der falsche Demetrius, fühlt sich schwach werden vor der entscheidenden Schlacht. Er hat sich in die Tochter des Paladins Mnischek verliebt, in die schöne, stolze Marina, die den Demetrius verachtet, aber den Thron Rußlands begehrt. Sie wäre bereit, dem Zarewitsch zu folgen, um Zarin zu werden, aus Berechnung und Ehrgeiz würde sie sich mit ihm verbinden. Demetrius weigert sich, das einzusehen, er will um seiner selbst willen geliebt werden, auch wenn er nur ein armer entlaufener Mönch von geringer Herkunft ist. Er hat verstanden, das Volk, das Heer, die Könige, ja die ganze Welt zu täuschen, jetzt beugt er sich vor dieser Frau und will sich ihr erklären.

Marina ist über die Enthüllung bitter enttäuscht, sie stößt den Anbeter zurück, nun sie seinen wahren Wert kennt, sie fühlt sich sogar beschmutzt durch seine Gegenwart. Schließlich gelingt es ihm jedoch, sie an seinen Reden zweifeln zu lassen und ihr erneut das Eheversprechen abzuringen.

Neubelebt durch dieses Versprechen übernimmt der Betrüger den Oberbefehl über die polnischen und abtrünnigen russischen Truppen und überschreitet die Grenze. Beim ersten Zusammenstoß zersprengt die Armee von Boris Godunow die Truppen des Eindringlings. Aber dieser Sieg entscheidet nichts. Wohl sind die Soldaten des falschen Demetrius geschlagen, aber er selbst triumphiert. Das russische Volk ist bewegt von dem Gedanken an diesen jungen Prinzen, den man ermordet glaubte und der nun, durch ein Wunder, zurückkehrt, um die Verbrecher zu strafen und den angestammten Thron einzunehmen. Sein geschwungener Säbel gibt das Zeichen zum Aufstand, und wie durch Zaubermacht gezogen, laufen sie in Massen zu ihm über. Weit öffnen ihm die Städte ihre Tore, und die Straßen schmiegen sich wie durch Hexerei unter seine Füße, um ihn bis zum Kreml zu führen. Gequält und erschöpft, bricht Boris Godunow während einer Audienz im Kreml zusammen, während Blut ihm aus Mund und Ohren strömt. Kaum aus seiner Ohnmacht erwacht, läßt er seinen Sohn zu sich rufen. Der Tod ist nahe, und er will sich ihm anvertrauen, ihm, seinem Nachfolger auf dem Thron Rußlands.

Er gibt seinem Sohn die Erkenntnisse seiner Erfahrung weiter, mahnt ihn zur Nachsicht, zu Besonnenheit, Ehrfurcht und Würde, heißt ihn die Lehren der Kirche und die Gebote der Kindesliebe beachten, dann schlummert er langsam hinüber in den Armen des Patriarchen, inmitten schwarzgekleideter Priester. Nach seinem

Tod kann der falsche Demetrius, durch den Verrat der besten Offiziere, triumphierend in Moskau einziehen. Er wird vom Volk als der neue Zar bejubelt, als der allein echte Zar Rußlands. Im letzten Bild sehen wir das Haus von Godunow vor uns. Gardesoldaten stehen als Wache vor dem Tor. Am Fenster erscheinen Sohn und Tochter von Boris. Eine lärmende Menge starrt sie an; manche beklagen sie, andere verlangen ihre sofortige Hinrichtung. Bojaren, von Bogenschützen gefolgt, betreten das Haus. Man hört Waffenklirren. Schreie. Dann Sille. Der Bojar Mossalskij tritt auf die Freitreppe:

Mossalskij

»Volk! Marie Godunow und ihr Sohn haben sich vergiftet. Wir haben ihre Leichen gesehen. (Das Volk schweigt entsetzt) Warum bleibt ihr stumm? Ruft laut: Es lebe der Zar Demetrius Iwanowitsch! (Das Volk verharrt in Schweigen)

Mit dieser knappen Prosaszene endigt die Tragödie *Boris Godunow.*

Der Verfasser, ein lyrischer Dichter von hohen Graden, ist niemals objektiver gewesen als in diesem Stück. Die Worte des Boris, des falschen Demetrius, der Marina Mnischek tragen alle einen verschiedenen Tonfall, ebenso die Reden des Mönchs, der Erleuchteten, der Bauern und Bojaren. Puschkin tritt hinter seine Personen zurück, verbirgt sich hinter seinen Kulissen. Und der Zuschauer im Theater oder der Leser des Buches wird empfinden, daß »alles seine Richtigkeit hat«. Mögen auch ein paar oberflächliche historische Irrtümer vorliegen, die tiefschürfende geschichtliche Wahrheit ist zweifellos in diesen wenigen Szenen festgehalten. Das Rußland des 16. und 17. Jahrhunderts wird in *Boris Godunow* deutlicher sichtbar als in irgendeinem gelehrten Werk. Das ist das Volk, wie es leibt und lebt, sein Atem, seine geheimnisvolle Seele, das ist seine Stimme, seine Sprache.

Puschkin war mit seinem Werk zufrieden. Im Oktober 1825 schrieb er an Wiasemskij:

»Hier übersende ich Dir, lieber Frend, eine romantische Tragödie, deren Hauptperson Boris Godunow ist. Als die Tragödie fertig war, habe ich sie, für mich allein, laut gelesen, ich habe in die Hände geklatscht und ausgerufen: ›Bravo, Puschkin! Bravo, verdammter Kerl.‹ Mein Einfältiger ist ein höchst amüsanter Typ; Marina hättest Du . . ., denn sie ist Polin und sehr gut getroffen (so die Art von Madame Orlov, hatte ich es Dir gesagt?). Die anderen sind ebenfalls sehr artig, mit Ausnahme des Hauptmanns

Margeret, der unanständig flucht. Die Zensur wird ihn nicht durchgehen lassen. Jukowskij meint, daß der Zar mir wegen dieser Tragödie verzeihen wird. Das bezweifle ich jedoch. Obwohl sie in gesinnungstreuem Geist geschrieben ist, konnte ich meine Ohren nicht völlig unter der Kappe der Unschuld verbergen, sie schauen doch heraus!«

Puschkin fürchtete mit Recht für die Zukunft seines Stückes. Es kam zu früh in eine Welt, die noch nicht zum Verständnis reif war. Es gelang ihm nicht, es zu seinen Lebzeiten aufführen zu lassen. Das Werk wurde erst im Dezember 1830 gedruckt, und die Kritik tobte, wie Puschkin es vorausgesehen hatte.

Spätere Generationen waren anderer Meinung. Schon um die Mitte des Jahrhunderts äußerte der Kritiker Belinskij: »Puschkins *Boris Godunow* ragt noch heute einsam aus der Menge pseudorussischer Tragödien empor, die großartige Reinheit des Stils und die klassische Einfachheit machen das Werk zu einem Riesen unter lauter Pygmäen.«

Für die zeitgenössischen russischen Kritiker ist *Boris Godunow* noch immer ein Höhepunkt der dichterischen Schauspielkunst aller Länder und aller Zeiten.

Die Dezembristen

Am 7. November 1825 beendete Puschkin die letzte Szene von *Boris Godunow.*

Am 19. November starb plötzlich Zar Alexander I. in Taganrog.

Diese Nachricht kam in den allerletzten Tagen des Monats nach Mikhailowskoje und löste bei Puschkin eine pietätlose Freude aus. Mit Alexander I. verschwand sein heimlicher Feind, sein freisinniger Tyrann, der für seine Verbannung, seine verpfuschte Jugend verantwortlich war. Endlich hatte der zu Unrecht groß genannte Mann zu leben aufgehört. Endlich durfte man hoffen.

Alexander I. hatte keinen Sohn, seine beiden Töchter waren im Kindesalter gestorben, so mußte also der älteste seiner Brüder, Konstantin, der rechtmäßige Nachfolger werden. Puschkin freute sich über diese Aussicht. »Als treuer Untertan«, schrieb er am 4. Dezember 1825 an Katenin, »müßte ich Trauer fühlen über den Tod des Zaren, aber der Dichter in mir frohlockt über die Thronbesteigung Konstantins I. In ihm lebt noch Romantik; seine stürmische Jugend, seine Feldzüge mit Suworov, sein Haß gegen den

Deutschen Barclay lassen an Heinrich V. denken. Außerdem ist er intelligent, und mit intelligenten Menschen kann man besser umgehen. Kurz: ich setze mein Vertrauen in ihn.«

Puschkin hatte allen Grund, eine umfassende Amnestie zu erhoffen, malte sich jedoch aus, »incognito« nach St. Petersburg zu reisen, ohne darauf zu warten. Er stellte zu diesem Zweck sogar einen »Passierschein« her, der auf den Namen zweier Muschiks aus Trigorskoje lautete. Der eine war ein gewisser »Alexis Kokhlov«, Größe: zwei Arschins vier Werschoks, Haarfarbe: kastanienbraun, Bart: abrasiert, Alter: neunundzwanzig Jahre. Das entsprach ungefähr Puschkins Personalbeschreibung. Doch dann verzichtete er von selbst auf diesen Plan, um seiner Nachbarin, Madame Ossipov, keine Ungelegenheiten zu bereiten. Aber was braute sich dort zusammen? Warum zögerte man, die Thronbesteigung Konstantins I. auszurufen? Warum rief man ihn nicht zu seinen Kameraden zurück? Es dauerte endlos lange, bis Nachrichten in das abgelegene Nest drangen! Und die Petersburger Freunde waren so schreibfaul! Es sah ihnen ähnlich, daß sie keine Schritte bei dem neuen Zaren unternahmen, wenn man sie nicht drängte. »Wenn ihr nicht wollt, so laßt es eben bleiben«, schrieb Puschkin in den ersten Dezembertagen an Pletnew. »Es ist nicht der Mühe wert, sich ein Gewissen daraus zu machen. Bittet aber um Gottes willen den Zaren nicht um die Genehmigung zu meiner Übersiedlung nach Opotschka oder Riga. Was, zum Teufel, sollte ich dort tun? Man muß um meine Rückkehr nach St. Petersburg bitten oder um die Erlaubnis, ins Ausland zu gehen. Euretwegen, meine Freunde, möchte ich in die Hauptstadt zurückkommen und noch ein wenig mit euch scherzen, ehe ich sterbe. Aber das Ausland wäre natürlich vernünftiger. Was habe ich in Rußland verloren?«

Aufs äußerste erregt durch das Ausbleiben aller Nachrichten und von allerlei Vorgefühlen beunruhigt, beschloß Puschkin schließlich am 11. Dezember 1825, Mikhailowskoje zu verlassen und nach St. Petersburg zu reisen. Ohne Genehmigung. Ohne Vorbereitung. Als Verzweiflungstat. Doch seltsame Vorzeichen legten sich ihm hindernd und warnend in den Weg. Man hätte meinen können, daß Bäume, Häuser, Tiere und selbst der Himmel sich verschworen, um ihn zurückzuhalten. Ein Hase lief über die Straße, als Puschkin sich nach Trigorskoje begab, um der Familie Ossipov Lebewohl zu sagen. Auf dem Rückweg sprang ein anderer Hase mit zurückgelegten Ohren und ausgestreckten Pfoten vor ihm in die Höhe. Wieder in Mikhailowskoje, meldete man ihm, daß einer der Diener, der ihn begleiten sollte, krank geworden war. Er befahl sogleich, ihn durch einen anderen zu ersetzen, doch all diese unheilvollen Zeichen beunruhigten sein Herz. Er verlor seine Selbstsicherheit und fühlte wohl, daß er gegen einen höheren Willen ankämpfte. Doch der Wagen stand bereit. Man mußte abfahren, und er fuhr ab. Als jedoch ein schwarz gekleideter Priester ihm auf der verschneiten Straße entgegenkam, ließ er den Kutscher wenden. Das war zuviel für sein abergläubisches Gemüt. Zitternd vor zorniger Unruhe kehrte er nach Hause zurück. Er schlug ein Buch auf und versuchte zu lesen. Aber seine Gedanken schweiften ab. Nach St. Petersburg zu den Freunden. Was taten sie wohl jetzt? Entsprachen sie seiner Bitte und wandten sich für ihn an Konstantin I.? Dachten sie auch nur an ihn?

Um sich abzulenken, schrieb er am 12. und 13. Dezember 1825 *Graf Nulin*. Und während er in seiner verräucherten Bude in Mikhailowskoje arbeitete, versammelten sich dort in der nebligen steinernen Stadt seine Kameraden zum großen Aufstand.

Der Augenblick war gut gewählt, da Rußland keinen Zaren mehr hatte. Bei der Nachricht vom Tod Alexanders I. leistete Großfürst Nikolaus seinem Bruder Konstantin, Vizekönig von Polen und rechtmäßiger Nachfolger des verstorbenen Zaren, den Eid. Konstantin, in zweiter Ehe mit einer Polin verheiratet, hatte jedoch schon 1823 dem Zaren schriftlich seinen Verzicht auf die Krone mitgeteilt. Alexander I. nahm diese Abdankung an und machte sie rechtsgültig durch eine Erklärung, die seinen jungen Bruder Nikolaus zum Thronerben Rußlands ernannte, die er aber geheimzuhalten wünschte. Die Erklärung, vom 16. August 1823 datiert, wurde dem Erzbischof von Moskau zur Aufbewahrung übergeben, Abschriften wurden beim Kronrat, beim Senat und bei der Synode hinterlegt. Die Umschläge dieser Abschriften trugen die Aufschrift: »Zu bewahren, bis ich sie zurückverlange, andernfalls bis zu meinem Tod. Nach meinem Hinscheiden sofort öffnen, ehe irgend etwas unternommen wird.«

Im Vertrauen auf sein Recht ließ Konstantin beim Tod von Alexander I. seinen Bruder Nikolaus zum Zaren ausrufen. Doch in Moskau und Petersburg legten die Würdenträger des Reiches, denen die geheime Verfügung Alexanders I. unbekannt war, den Eid auf Konstantin ab. Und Nikolaus, der ebenfalls auf Konstantin geschworen hatte, fühlte sich nicht berechtigt, den Thron zu besteigen. Konstantin dagegen hatte den Eid auf Nikolaus abgelegt und weigerte sich, die Zarenwürde Rußlands anzunehmen. Nikolaus wollte mit seinem Bruder zu einer Aussprache zusammentreffen, doch Konstantin hielt das nicht für nötig. Mit verhängtem Zügel flogen Eilkuriere zwischen Petersburg und Warschau hin und her. Das Volk begann unruhig zu werden, es fühlte sich nicht mehr gelenkt und wußte nicht mehr, wem es glauben sollte. Am Abend des 12. Dezember erfuhr man offiziell, daß Großfürst Konstantin bei seiner Absage bleibe und nicht nach St. Petersburg kommen werde. Nikolaus mußte Armee und Volk auffordern, den ersten Eid abzuschwören, eine heikle Sache bei diesem tief religiösen, an Zucht und Ordnung gewöhnten Volk. Außerdem war Nikolaus nicht beliebt bei der Truppe, die ihn als herrschsüchtig, grob und grausam kannte. Nun waren die Verschwörer bereit zu handeln.

Die Vereidigung wurde auf den 14. Dezember 1825 festgesetzt. Am 12. Dezember schrieb Nikolaus: »Übermorgen bin ich Zar aller Reußen oder nur noch ein Leichnam.« Am 14. Dezember um 8 Uhr erklärte er vor hohen Palastbeamten: »Und sollte ich auch nur eine einzige Stunde lang Zar sein, so wüßte ich zu beweisen, daß ich dessen würdig bin.« Nikolaus fühlte sich vereinsamt und bedroht. Der Gouverneur von St. Petersburg, Graf Miloradowitsch, trug einen gleichgültigen Optimismus zur Schau. Die Generale gehorchten dem Ruf ihres Herrschers nicht. Der Zar hatte kein Reich, keine Untertanen, keine Minister und keine Armee; das Erbe, das ihm zugefallen war, mußte er sich in Wirklichkeit erst erobern.

Unterdessen bereiteten die Verschwörer der Nord- und Südunion für den 14. Dezember eine bewaffnete Erhebung vor. In der Nacht vom 13. auf den 14. fand eine Generalversammlung statt bei jenem Ryliew, den Puschkin hatte aufsuchen wollen. Viele seiner Freunde nahmen an der Sitzung teil: die Bestujews, Fürst Obolenskij, Puschin, Iakubowitsch, Küchelbecker, Pestel, Fürst Wolkonskij, Odojewskij ... Zivilisten, Offiziere, Dichter, vornehme Nichtstuer. Man rauchte, aß, schrie durcheinander, zankte sich und umarmte sich von Zeit zu Zeit. Jeder hatte seinen persönlichen Angriffsplan und eine fix und fertige Verfassung in der Tasche und wollte von der seines Nachbarn nichts wissen. Nur über einen Punkt herrschte Einigkeit unter den Revolutionären: über die Notwendigkeit, Nikolaus I. zu stürzen und im Falle des Scheiterns mit der Aufgabe zugrunde zu gehen. Doch auf welche

Bataillone konnte man zählen? Und wen sollte man als Zaren einsetzen? Ryliew erklärte: »Die Aussichten auf Erfolg sind gering, doch der Staatsstreich muß versucht werden, er wird als Beispiel dienen und Früchte zeitigen. Überdies: ›Es ist besser, auf dem Kampfplatz gefangen genommen zu werden als in seinem Bett zu sterben . . .‹«

Von todesmütiger Begeisterung beseelt, trennten sich die Verschwörer um zwei Uhr morgens.

Am folgenden Tag, dem 14. Dezember 1825, vereidigte Nikolaus die Mitglieder des Senats und der Synode. Doch schon drangen alarmierende Nachrichten bis zum Winterpalast. Die Offiziere des Moskauer Regiments hatten den Soldaten verboten, den Eid auf Nikolaus I. abzulegen, mit der Begründung, daß Konstantin ins Gefängnis geworfen worden sei. Geführt von seinen Offizieren, nahm das Regiment auf dem Senatsplatz Aufstellung, und andere aufständische Regimenter schlossen sich ihm an. Die Männer schrien: »Es lebe Konstantin und die Konstitution!« Sie dachten, die Konstitution sei die Frau Konstantins. Eine ungeheure Menschenmenge ballte sich auf dem Platz zusammen, hoch überragt von der Reiterstatue Peters des Großen. Graf Miloradowitsch begab sich zu den Aufrührern, um sie zur Besinnung zu bringen. Da riß der Verschwörer Kakhowskij seine Pistole heraus und schoß auf Miloradowitsch, der tödlich getroffen vom Pferd sank. Inzwischen war es Großfürst Michael gelungen, einige regierungstreue Einheiten zusammenzubringen und sie gegen die Truppen der Dezembristen zu führen. Die Aufständischen hielten unentwegt dieselben Stellungen besetzt und wußten nicht, was sie tun sollten. Fürst Trubetzkoj, der die Bewegung hätte anführen sollen, war nicht erschienen. Die Soldaten wurden hungrig, man ließ Brot und Wodka holen. Es reichte aber nicht für alle. Die Männer froren, traten von einem Fuß auf den anderen, murrten und ließen sich in planlose Geplänkel mit den gegnerischen Streitkräften ein. Um drei Uhr nachmittags schickte Nikolaus I. die Kavallerie des Generals Orlov gegen sie. Doch die Pferde glitten auf dem vereisten Pflaster aus, und die Meuterer schleuderten Steine und Holzscheite, um sich zu verteidigen. Der Angriff scheiterte, und es gab zahlreiche Verwundete. Da befahl Nikolaus I., das Kartätschenfeuer auf die Rebellen zu eröffnen. Die erste Salve schlug in der Senatsstraße ein, doch die zweite traf mitten in das Karree der Revolutionäre. Ein wirres Durcheinander entstand, die Mitte des Platzes färbte sich blutig rot. Die Soldaten flohen, ohne auf ihre Führer zu hören. Sie liefen zum Kai des Anglais hinab und aufs Eis der Newa, um das jenseitige Ufer zu erreichen. Aber das Eis brach unter dem Gewicht der Menschen, und die meisten ertranken. Der Abend brach an. Feuerbrände lohten rings um den Winterpalast auf, in ihrem Schein sah man haufenweise Tote liegen. Der Zar hatte die Schlacht endgültig gewonnen.

Nikolaus I. kehrte in den Palast zurück und schrieb an seinen Bruder: »Lieber, teurer Konstantin! Ihr Wille ist geschehen, ich bin Zar, aber großer Gott!, um welchen Preis! Um den Preis des Blutes meiner Untertanen! Miloradowitsch tödlich verwundet. Schenschin, Friedrichs, Sturler schwer verletzt. Ich hoffe, daß diese gräßliche Maßnahme uns über die schändliche Verschwörung Aufschluß geben wird ...«

Noch in der Nacht vom 14. auf den 15. Dezember verhörte Nikolaus I. die Rebellenführer, die er einzeln antreten ließ. Abwechslungsweise versuchte er es mit List oder Milde, gab sich heftig oder würdig zurückhaltend, wie ein Schauspieler in seiner Lieblingsrolle. Er erlangte Ryliews Geständnisse durch das Versprechen, seiner Familie zweitausend Rubel auszusetzen. Mit Kakhowskij weinte er über Rußlands Elend. Er machte Obolenskj mürbe mit dem Angebot, seinem Vater Nachricht zukommen zu lassen. Er versprach Bestujew Begnadigung, wenn er einwillige, fortan ein treuer Untertan zu sein. Aber Bestujew gab zur Antwort: »Halt, Majestät! Das ist der Punkt, über den wir uns beklagen. Deshalb haben wir uns verschworen, weil es untragbar ist, daß der Zar alles tun kann, was er will ... Lassen Sie der Gerechtigkeit ihren Lauf.«

Die Verhöre und Ermittlungen wurden durch einen Monsterprozeß abgeschlossen: Hunderteinundzwanzig Angeklagte, fast alle dem Adel angehörend, darunter dreizehn im Rang eines Oberst.

Fünf Todesurteile: Pestel, Ryliew, Michael Bestujew-Riumin, Kakhowskij, Murawiew-Apostol. Die Hinrichtung des Obersten Pestel und des Dichters Ryliew erregte ganz Rußland. Bei beiden Verurteilten riß der Strick, als die Henker die Fußstütze wegzogen; sie stürzten in die Tiefe und brachen sich die Glieder. Man knüpfte einen neuen Strick um ihren Hals und erhängte sie, blutend und verstümmelt.

Die anderen Verurteilten wurden nach Sibirien verschickt.

Einige Tage nach dem Aufstand befand sich Puschkin in Trigorskoje. Es war Abend. Madame Ossipov und ihre Töchter tranken Tee und plauderten vergnügt mit ihrem Gast. Plötzlich kommt die Magd herein und meldet, daß der Koch Arsen, der in Petersburg Äpfel verkaufen und Zucker einkaufen sollte, eben zurückgekommen sei und die Herrin dringend zu sprechen wünsche. Atemlos und hochrot im Gesicht kommt Arsen in den Salon und erzählt, daß es in Petersburg Aufstände gegeben habe, Schießereien, Tote und Verhaftete. Puschkin wird bleich, beißt die Zähne zusammen, wendet sich ab. Auf die Fragen der jungen Mädchen antwortet er ausweichend, sagt etwas von Verschwörungen, von Kameraden, die in die Sache verwickelt seien, und verläßt sie bald, um nach Mikhailowskoje zurückzukehren. Sicher sind alle seine Freunde festgenommen und verurteilt worden. Puschin, Küchelbecker, Ryliew und die anderen. Hätten nicht die beiden Hasen seinen Weg gekreuzt und der Pope, den die Vorsehung schickte, so wäre er am 13. Dezember in St. Petersburg eingetroffen, und auch ihn hätte man am nächsten Tag auf dem Senatsplatz aufgegriffen. Aber nein, er ist hier geblieben. Und die Kameraden bezahlen für ihn, bezahlen für ganz Rußland. Was ist zu tun? Er verbrennt seine privaten Notizen, die Namen und verdächtige Angaben enthalten. Dann plant er, nach St. Petersburg abzureisen, verwirft den Plan aber wieder. Was soll dabei herauskommen? Man wird ihn verhaften. Und was ist damit gewonnen? Der Staatsstreich ist mißlungen, nichts kann die Märtyrer der Freiheit mehr retten. Man muß das unheilvolle Schicksal hinnehmen. Ihm den Rücken kehren. Abwarten. Leben. Trotz allem leben. Vielleicht ist es wirklich unmöglich, gegen die Macht anzukämpfen? Vielleicht muß man sich wirklich mit der Autokratie vertragen? Aber was wird dann aus der Freiheit? Ein leeres Wort? Ein Vorwand zu Blutvergießem und sinnlosem Kampf?

Schnee liegt vor den Türen. Der Rauhreif zeichnet seine Spitzenmuster auf die Fensterscheiben. Der Ofen summt. Die Tage schleppen sich hin in dieser Einöde, in der man von aller Welt abgeschnitten ist, in die keine Nachricht mehr dringt. Puschkin kommt sich wie lebendig begraben vor. Schließlich schüttelt er seine Betäubung ab, wirft Hemmungen und Scham von sich und entschließt sich, ein Gesuch um Rückkehr in die Hauptstadt einzureichen. Im Januar 1826 schreibt er an Jukowskij:

»Ich habe Dir noch nicht geschrieben, einmal weil mich das Schicksal der anderen mehr bekümmerte als mein eigenes, und dann, weil ich eine sichere Gelegenheit zur Beförderung meines Briefes abwartete. Es handelt sich um folgendes: die Regierung hat sich überzeugen müssen, daß ich nicht an der Verschwörung beteiligt war und nicht in politischen Beziehungen zu den Aufrührern des 14. Dezember stand. In den Zeitungen wurde jedoch veröffentlicht, daß alle in Ungnade fallen, die im Besitz irgendwelchen Beweismaterials über die Verschwörung sind und es nicht sogleich der Polizei übergeben haben. Aber wer, außer Regierung und Polizei, wußte denn nichts vom Vorhandensein einer solchen Verschwörung? Man sprach an allen Straßenecken davon, und das ist einer der Gründe für meine Unschuld. Ich stehe jedoch noch immer unter polizeilicher Überwachung: es wäre leicht nachzuweisen, daß ich politische Gespräche mit manchem der Verschwörer geführt habe. Auch gehören viele von ihnen zu meinen Freunden. Setzen wir nun den Fall, daß die Regierung meine Verbannung aufheben will, so bin ich zur Verständigung bereit, doch warne ich euch entschieden, für mich zu bürgen. Mein künftiges Verhalten hängt von den Umständen ab, von der Einstellung der Regierung mir gegenüber. Es wäre doch möglich, daß man zum Zaren sagte: ›Euer Majestät, wenn Puschkin nicht das mindeste mit dieser Angelegenheit zu tun hat, könnte man ihm nicht die Rückkehr gestatten?‹«

Fast zur selben Zeit schrieb Puschkin an Pletnew:

»Könnte Jukowskij nicht schon wissen, ob ich auf Begnadigung und Rückkehr in die Nähe des Herrschers hoffen darf? Nun lebe ich sechs Jahre in der Verbannung und bin kaum sechsundzwanzig Jahre alt. Der verstorbene Zar hatte mich wegen zwei Zeilen religionsfeindlicher Äußerungen aufs Land verbannt. Sonst weiß ich nichts, das mir vorzuwerfen wäre. Warum sollte der jetzige Zar mir verbieten, in wärmere Länder zu gehen? Und wenn das nicht möglich ist, so muß es doch irgendeinen Weg geben, daß ich nach St. Petersburg zurückkommen darf. Verzeih mir, mein Freund, ich sehne mich so danach. Ich kann nicht mehr.«

Endlich, am 27. Februar 1826 antwortet Pletnew auf die flehentlichen Bitten Puschkins, der mehr als je unter der Vereinsamung leidet: »Jukowskij bittet, daß Du ihm einen ernstgemeinten Brief schreibst, in dem Du aussprichst, daß Du Deine innersten Überzeugungen, die niemand etwas angehen, für Dich behältst; daß Du nicht mehr daran denkst, mit Worten zu spielen, die sich gegen die allgemein anerkannte Regierung richten. Nach einem solchen Brief hofft er Dich bald bei sich zu empfangen.«

Von neuem hat Puschkin Bedenken. Um Gnade bitten für sich, das bedeutet die Freunde verleugnen. Weist er aber die sich bietende Gelegenheit zurück, so verurteilt er sich auf Jahre hinaus zur Verbannung. Er kann jedoch nicht länger allein leben, er wird wahnsinnig in dieser ländlichen Eintönigkeit.

Und so schreibt er am 7. März 1826 an Jukowskij einen Brief, von dem er selbst sagt, »daß er einen Dreispitz trage und Lackschuhe«:

»Im Vertrauen auf Ihre treusorgende Freundschaft berichte ich hier, wie ich mir die Ungnade zuzog. 1824 hat mich die übelwollende Erklärung von Graf Worontzov gezwungen, meine Entlassung einzureichen. Meine seit langem zerrüttete Gesundheit und eine Art Pulsadergeschwulst, die eine sofortige Behandlung erforderte, boten Anlaß genug für meine Rückkehr. Die verewigte Majestät hat jedoch nicht geruht, diese Umstände in Erwägung zu ziehen und befahl meine Dienstenthebung und meine Verbannung aufs Land – wegen eines vor drei Jahren geschriebenen Briefes, der eine Äußerung über den Atheismus enthielt, ein oberflächliches Urteil, das sicher Tadel verdiente. Die Thronbesteigung des Zaren Nikolaus Pawlowitsch läßt mich Hoffnung schöpfen. Vielleicht wird Seine Majestät die Gnade haben, meine Lage zu ändern. Welcher Art auch meine politischen und religiösen Überzeugungen sein mögen, ich werde sie für mich behalten, da ich nicht begehre, wie ein Narr die bestehende und notwendige Ordnung zu bekämpfen.«

Es hatte Puschkin große Überwindung gekostet, diesen Brief zu schreiben. Sein Stolz und sein Gefühl für Freundschaft wehrten sich dagegen, und er machte sich beinahe Vorwürfe, ihn geschrieben zu haben. Dieses Empfinden verstärkte sich noch, als er die befremdende Antwort Jukowskijs vom 12. April 1826 erhielt:

»Sei mir nicht böse, daß meine Antwort auf Deine beiden Briefe so lange auf sich warten ließ; ich bin krank und habe keine Lust zu schreiben . . . Was soll ich Dir sagen wegen Deines Verlangens, die ländliche Umgebung zu verlassen? Augenblicklich gibt es keine Möglichkeit, irgend etwas für Dich zu tun. Das Klügste ist, in der Provinz zu bleiben, Dich ganz ruhig zu verhalten und nicht an Dein Dasein zu erinnern und zu schreiben, zu schreiben für Ruhm und Ehre. Laß diese belanglosen Stunden vorübergehen. Ich kann mir die Gründe nicht erklären, die Dich zu Deinem letzten Brief veranlaßt haben. Wenn er nur mich angeht, so mutet er höchst sonderbar an. Wenn Du aber wünschst, daß ich ihn vorlege, so ist er sinnlos. Du bist zwar nicht mit im Spiel, das ist wahr, aber in den Papieren aller Angeklagten findet man Deine Verse. Das ist ein schlechter Weg, sich mit der Regierung zu versöhnen. Du weißt, wie sehr ich Deine Muse liebe und wie sehr ich an Deinen künftigen Ruhm glaube. Ich liebe die Poesie über alles, und ich weiß genau, daß Du dazu geboren bist, ein großer Dichter zu werden, der Stolz und die Zierde Rußlands. Aber vom Gesichtspunkt der Ordnung und der Moral hasse ich alles Aufrührerische, das Du geschrieben hast. Das Talent ist nichts: wichtig ist die Gesinnung. Ich komme zum Schluß noch einmal auf das anfangs Gesagte zurück: verlange nicht, nach St. Petersburg kommen zu dürfen. Der Augenblick ist noch nicht da. Schreibe *Godunow* und ähnliche Werke; sie werden Dir das Tor zur Freiheit aufstoßen.«

Und Pletnew meinte in einem Brief vom 14. April:

»Mein Rat und der Rat all derer, die Dich lieben, lautet: den kommenden Sommer auf dem Lande zu verbringen.«

Auch Wiasemskij mischte seine Stimme in den wohlgemeinten Chor:

»Bleib, wo Du bist. Sei vernünftig und schreibe, schreibe Verse und lasse sie drucken.«

Wiasemskijs Brief, am 10. Mai geschrieben, kam zu spät. Am 11. Mai richtete Puschkin, durch Vermittlung des Gouverneurs von Aderkas, ein offizielles Bittgesuch an den Zaren:

»Euer Majestät, da ich das Unglück hatte, mir durch einige in einem Brief gemachte unnötige Bemerkungen über den Atheismus im Jahre 1824 den Unwillen des verstorbenen Zaren zuzuziehen, wurde ich des Dienstes enthoben und unter Aufsicht des Gouverneurs aufs Land verbannt. Ich bereue aufrichtig und bin fest entschlossen, die bestehende Ordnung nicht durch die Äußerung meiner eigenen Gedanken zu zerstören (ich bin bereit, dieses Versprechen schriftlich zu geben und mit meinem Ehrenwort dafür einzustehen). Im Vertrauen auf die Großmut Eurer Majestät lege ich daher heute folgendes Bittgesuch vor: Meine seit der Kindheit zerrüttete Gesundheit und eine Art Pulsadergeschwulst erfordern nach ärztlichem Gutachen eine fortlaufende Behandlung, so daß ich mir die Freiheit nehme, die Genehmigung zu einer Kur in Moskau oder im Ausland zu erbitten.«

Eine Erklärung war der Bittschrift beigefügt:

»Der Unterzeichnete verpflichtet sich, niemals irgendeinem Geheimbund, gleich welcher Art, beizutreten und bezeugt hiermit, daß er weder irgendeinem Geheimbund je angehört hat, noch jetzt einem solchen angehört, auch daß er niemals über das Vorhandensein eines solchen Bundes unterrichtet war.

Beamter 10. Ordnung
Alexander Puschkin.«

Am 13. Juli fand die Hinrichtung der fünf zum Tod Verurteilten statt, und hundertzwanzig andere Kameraden wurden zwangsverschickt. Am Abend vorher träumte Puschkin, daß ihm fünf Zähne ausgefallen seien. Als er von dem schrecklichen Los seiner Freunde erfuhr, überkam ihn zornige Scham. Er schrieb die Anfangsbuchstaben der Namen der Opfer in seine Hefte. Er zeichnete fünf Galgen, an denen fünf magere, lange Körper baumelten und schrieb dazu: »Das hätte auch ich sein können.« oder: »Ich habe im Traum gesehen ...« Schließlich verfaßte er das wunderbare Gedicht *Der Prophet,* das mit den Versen endet:

Auf, russischer Prophet,
leg an dein schmachvoll Sterbgewand
und tritt, den Strick am Hals,
vor den verruchten Mörder hin.

Tag und Nacht sah er seine Freunde vor sich, der Gedanke an sie raubte ihm die Ruhe. Er wehrte sich dagegen, um zu leben. Zu leben trotz der Ungerechtigkeit, Grausamkeit und Dummheit der Welt. Er wehrte sich mit seinem ganzen Optimismus, mit all seinem Verlangen zu lachen und zu lieben, mit seinem ganzen Bedürfnis zu singen, zu trinken und zu schlafen.

Ein Brief an Wiasemskij vom 14. August 1826 bezeugt seinen erregten Zustand:

»Du findest meinen Brief an den Zaren zu kalt und zu nüchtern. Er konnte nicht anders ausfallen. Es ist gut, daß er schon geschrieben ist. Jetzt könnte ich meine Feder nicht mehr festhalten, um es zu tun.«

Ferner:

»Ich hoffe noch immer auf die Krönung. Die Gehängten sind gehängt. Aber Zuchthaus für hundertzwanzig Freunde, Brüder, Kameraden, das ist gräßlich!«

Winter und Frühling waren eine harte Zeit für den Dichter. Immer brennender wird sein Wunsch, nach St. Petersburg zurückzukehren, doch gleichzeitig fürchtet er sich davor, weil er seine am 14. Dezember verhafteten Freunde dort nicht mehr vorfinden wird. So sucht er Entspannnung in wahllosem Liebesgeplänkel im Trigorskojer Taubenschlag. Mutter, Töchter, Kusinen, alle waren ihm recht.

War das Jahr 1825 durch seine große Leidenschaft für Madame Kern gekennzeichnet, so stand das Jahr 1826 im Zeichen seines dämonischen Spiels mit Seele und Leib der sanften Annette. Bei dieser leichten, anschmiegsamen Beute sucht er Zuflucht vor den Stunden der Langeweile. Er macht sich einen Spaß daraus, das junge Mädchen, das ihn wie einen Gott verehrt, den Nervenkitzel erregender Liebkosungen zu lehren, ihr seelisches Gleichgewicht zu stören, sie von sich zu stoßen, um sie leiden zu sehen, und sie danach wieder an sich zu ziehen, ganz wie seine Laune es ihm eingab. Er schreibt in einem Gedicht aus dem Jahr 1826: *Eine Szene aus Faust:*

Warum nur ist mein Herz so schwer,
voll Trauer und voll Überdruß?
Auch nicht die Liebe kann es stillen.
Was gestern meinen Wunsch erregt,
betracht ich heut voll Widerwillen.

Madame Ossipov verfolgt genau das Spiel zwischen Puschkin und ihrer Tochter Annette, die sich wie ein »gefügiges Lamm« beträgt. Sie fürchtet das Schlimmste und weiß nicht, daß »das Schlimmste« schon nicht mehr zu fürchten ist.

Im Februar 1826 fahren Madamme Ossipov und ihre Tochter Annette und Puschkin für ein paar Tage nach Pskov. Dort erscheint ihm Annette viel liebenswerter als in Trigorskoje, und er beweist es der Unglückseligen zu ihrer größten Freude. »Wir haben uns in Pskov völlig versöhnt«, schreibt er, aber diese »Versöhnung« ist nicht nach Madame Ossipovs Geschmack. Die Tochter behauptet, sie sei eifersüchtig, und vielleicht ist sie es wirklich. Aber vielleicht sieht sie auch die Notwendigkeit ein, Annette wegzubringen, um eine Katstrophe zu vermeiden. Sie reist eiligst mit ihrer Tochter nach dem Gut Malinniki im Gouvernement Twer ab. Puschkin kehrt müde und abgespannt nach Mikhailowskoje zurück. Von sehnsüchtigem Verlangen gequält, sendet ihm Annette aus Malinniki endlose, tolle Briefe. Sie versichert, daß ihre Mutter auf sie neidisch sei, sie zählt Puschkins Erfolge auf bei Madame Kern, bei Netty Wulf, bei Alexandra . . . Sie erklärt, daß sie nicht mehr an seine Liebe glaube, daß sie jedoch wünsche, sich in dieser Hinsicht zu täuschen. Sie versucht sogar ziemlich jämmerlich, seine Eifersucht zu erregen. Die Briefe häufen sich auf dem Tisch des Dichters, der sie sicher niemals bis zu Ende liest.

Die arme Annette sollte Puschkin in Trigorskoje nicht mehr wiedersehen. Und vielleicht war es gut so. Was hätte sie gesagt oder getan, wenn sie von den letzten Heldentaten ihres Geliebten erfahren hätte? Während er ihr leidenschaftliche Briefe schrieb, tröstete er sich über ihre Abwesenheit und schlief regelmäßig mit einem Mädchen vom Gut, der rundlichen, frischen Olga Kalaschnikov. Diese gehörte zu der Schar der Stickerinnen, die unter Aufsicht von Arina Rodionowna arbeiteten. Puschkin war sie schon ein Jahr zuvor aufgefallen. Nachdem das friedliche und bequeme Liebesverhältnis fast ein Jahr gedauert hatte, bemerkte Puschkin, daß seine Geliebte schwanger war.

Diese Ungeschicklichkeit beschämte und ärgerte ihn. Olgas Vater sollte als Verwalter nach Boldino, einer anderen Besitzung der Puschkins, gehen und Olga im Mai 1826 ihren Eltern nachkommen. Ihre rundlich gewordene Gestalt verriet ihren Zustand. Schon tuschelten die übrigen Stickerinnen untereinander und zeigten mit dem Finger auf die Mädchen-Mutter. Schon runzelte Arina Rodionowna die Brauen und schalt im geheimen auf ihren Taugenichts von Herrn. Was sollten die alten Bauersleute sagen, wenn sie ihre Tochter empfingen, die der junge Herr von Mikhailowskoje entehrt hatte? Wie sollte man die Kleine in Schutz nehmen? Wie den Skandal vermeiden? Und was sollte mit dem Sprößling geschehen?

Anfang Mai schrieb Puschkin an Wiasemskij:

»Einer Deiner Freunde ist so unvorsichtig gewesen, ein liebes, reizendes Mädchen zu schwängern; sie wird Dir diesen Brief überbringen. Ich vertraue auf Deine Freundschaft und Deine Menschenfreundlichkeit. Bring sie in Moskau unter, gib ihr das nötige Geld und befördere sie nachher nach Boldino (einem Familiengut, wo Hühner, Hähne und Bären zu finden sind). Du siehst, aus diesem Brief könnte man eine ganze Epistel machen im Stil Jukowskijs über den *Popen*. Die Nachwelt braucht jedoch nichts von unseren menschlichen Taten zu wissen. Ich bitte Dich noch mit väterlicher Zärtlichkeit, dich des Neugeborenen anzunehmen, wenn es ein Junge ist. Ich möchte ihn nicht dem ›Findelhaus‹ überlassen. Könnte man nicht inzwischen eine Unterkunft für ihn ausfindig machen, in einem Dorf wie Ostaphiewo zum Beispiel? Mein Lieber, ich schäme mich wahrhaftig, aber jetzt ist nicht der Augenblick, Gefühle sprechen zu lassen.«

Wiasemskij antwortete:

»Eben erhalte ich Deinen Brief, aber Deine Botin kam mir nicht vor Augen, einer Deiner Diener hat ihn mir überbracht. Morgen fährt sie mit ihrem Vater und ihrer Familie nach Boldino, wo der Alte den Posten eines Verwalters übernimmt ... Wie könnte ich also das Mädchen hier behalten, und was käme Gutes dabei heraus? ... Ich rate Dir folgendes: schreib Deinem freigebigen Schwiegervater einen Brief, in dem Du Deine Ergebung und Deine Reue erkennen läßt und doch den Herrn herauskehrst. Gestehe alles ein und bitte ihn, auf seine Tochter aufzupassen und auf das Balg, das sie in sich trägt. Appelliere an sein Verantwortungsbewußtsein und lasse durchblicken, daß Du, nach Gottes unerforschlichem Ratschluß, von heute auf morgen sein Herr werden kannst, und daß Du ihm dann vergelten wirst, je nachdem er Deine Wünsche befolgt hat oder nicht.«

Puschkin tat, wie Wiasemskij ihm geraten hatte. Olgas Vater begriff rasch, welchen Vorteil er aus dieser »Schande« ziehen könne. Was er auch tun mochte, Puschkin würde jetzt nicht mehr wagen, ihn zu entlassen. Er war Verwalter auf Lebenszeit. Olga brachte einen Sohn zur Welt, doch dieses uneheliche Kind hinderte sie nicht daran, einige Jahre später einen kleinen Provinzbeamten zu heiraten, der ein Stück Land und dreißig Bauern sein eigen nannte. Olga wurde eine »Dame«. Doch ihr Mann betrank sich mit solch grimmiger Ausdauer, daß die Klitsche und die dreißig Bauern bald genug mit Hypotheken belastet waren.

Man weiß nicht, was später aus der gefügigen Olga geworden ist. Und Puschkins Sohn? Der wurde zweifellos ein kleiner Muschik mit dunkelhäutigem Gesicht und aufgeworfenen Lippen. Er soll Ende des vergangenen Jahrhunderts noch am Leben gewesen sein.

Während Puschkins Gesuch um Begnadigung und Rückkehr mit bürokratischer Langsamkeit von Amt zu Amt wanderte, sammelten sich auf dem Schreibtisch von Nikolaus I. Berichte, die des Dichters Zukunft gefährden konnten. Alle Rebellen des 14. Dezember kannten die freisinnigen Verse Puschkins. Sie sprachen bei den Verhören von ihm, und hartnäckig gelangte sein Name immer wieder zu Ohren des Zaren.

So erklärte Peter Bestujew den Untersuchungsrichtern:

»Die Freiheitsgedanken keimten in mir, als ich einige handgeschriebene Gedichte las, so etwa die *Ode an die Freiheit, Das*

Dorf, Mein Apollo und einige Episteln, deretwegen unser berühmter Dichter Puschkin behelligt wurde.«

Diwov schrieb in seiner Aussage:

»Die Freiheitsgedanken wurden in mir geweckt durch das Lesen von bestimmten Manuskripten, vornehmlich durch die umstürzlerischen Gedichte von Puschkin und Ryliew ...«

Und Bestujew-Riumin gab zur Antwort: »Überall hörte ich, wie man Puschkins Verse mit Begeisterung las. Das verstärkte meine Neigung zu freiheitlichen Gedanken.«

Baron Steingel schrieb aus seiner Gefängniszelle:

»Wer von den gebildeten jungen Leuten hat nicht Puschkins Gedichte gelesen, die er der Freiheit widmete? Wir alle haben sie bewundert.«

Puschkin! Puschkin! Immer wieder Puschkin! Man hätte meinen können, die Dezembristen seien mit seinen schändlichen Dichtungen vollgestopft. Der Agent Locatelli schreibt in seinem Junibericht:

»Alle Leute wundern sich, daß man den berühmten Puschkin, der schon immer durch seinen Rebellengeist von sich reden machte, nicht verhört hat in Zusammenhang mit der Verschwörung.«

Im Juli wird der Agent Boschniak ins Gouvernement Pskov entsandt, um Erkundigungen über die Person des Dichters einzuziehen. Ende Juli fällt der Polizei in Moskau ein Gedicht mit dem Titel: *Der 14. Dezember* in die Hände, das von Beschimpfungen des Zaren und des neuen Polizeioberhauptes Benkendorf nur so strotzt. Die Verse stammen von Puschkin, ein Zweifel ist nicht möglich. Derselbe Puschkin, der um Begnadigung nachsucht, wagt zu schreiben:

Wir schlugen unsern König tot
und setzten auf den leeren Thron
den Mörder und die Henker rot.
O Schmach, entsetzensvoller Hohn!

Nikolaus I. und seine Mitarbeiter wissen nicht, daß das verdächtige Gedicht nur einen von der Zensur gestrichenen Auszug aus Puschkins *André Chénier* darstellt, der sich nicht auf den jüngsten russischen Aufstand bezieht, sondern auf die längst vergangene Französische Revolution. Ein einfallsreicher Schreiber hat diesem Auszug den Titel *Der 14. Dezember* gegeben, und diese Änderung hat genügt, daß der Zar und Benkendorf sich getroffen fühlen durch Vorwürfe, die Robespierre und seinem blutdürstigen Anhang gelten. Benkendorf ordnet an, jede Person aufzuspüren, die Abschriften dieses Dichtwerkes besitzt. Zwei Unglücksraben werden vorgeführt. Man verhört sie und fährt sie barsch an. Sie gestehen, daß die Verse wohl von Puschkin stammen. Benkendorf erklärt seinen Freunden: »Diese Verse sind derartig gemein, daß ihr euren Sohn anzeigen würdet, müßtet ihr erfahren, daß er sich herausnahm, sie zu schreiben.«

Nikolaus I. verstand von Literatur soviel wie eine alte Jungfer aus der Provinz; er hatte keine Ahnung von Puschkins Talent. Aber der Ruhm des Dichters erschien ihm um so gefährlicher, als alle Feinde der Autokratie ihn ohne Einschränkung lobten. Er wollte diesen Menschen sehen, ihn persönlich verhören, aus seinem eigenen Mund seine wesentlichen politischen Gedanken vernehmen.

Ob er ihn verderben oder retten würde, das sollte von seinen Antworten abhängen. Das Gesuch um Begnadigung und die Akten über das Rebellengedicht waren in seinen Händen. Wozu sollte er noch länger zögern?

Am 28. August schrieb General Dibitsch den kaiserlichen Beschluß nieder: »Befehl an Puschkin, sich unverzüglich hierher zu verfügen (nach Moskau, wo die Krönungsfeierlichkeiten stattfanden). Zu seiner Begleitung wird ein Feldjäger abgeordnet. Puschkin hat das Recht, wie ein normaler Reisender in seinem Wagen zu fahren, ohne besondere Vorsichtsmaßnahmen, doch unter Bewachung des Feldjägers. Nach seiner Ankunft ist Puschkin sofort zu mir zu führen. Der Gouverneur in Pskov ist zu verständigen.«

In der Nacht des 3. September traf ein Polizeioffizier, von Pskov herkommend, in Mikhailowskoje ein. Puschkin wärmte sich am Ofen und warf ein Scheit nach dem anderen ins Feuer. Als ihm der Besuch des Gendarmen gemeldet wurde, sprang er auf, raffte auf seinem Tisch einen Packen beschriebener Blätter zusammen und warf sie in die Flammen. Er hatte die Papiere, die es bei drohender Gefahr zu vernichten galt, immer griffbereit. Sicher sollte er wegen irgendeines freiheitlichen Gedichtes verhaftet werden, vielleicht hatte ihn auch jemand angezeigt. Man würde ihn verurteilen, ihn nach Sibirien verbannen. Schon sah die Amme Arina Rodionowna die Epauletten des Offiziers drohend im Gang auftauchen und brach händeringend in lautes Schluchzen aus.

»Weine nicht«, sagte Puschkin zu ihr, »sie werden mich nicht verhungern lassen. Wohin der Zar mich auch verschickt, er wird mir zu essen geben.«

Er knöpfte seinen langen Überrock zu, umarmte die alte Arina Rodionowna, die mehrfach das Kreuzzeichen über ihn schlug, winkte einigen verschlafen auftauchenden Dienern zu und verließ das Haus in Begleitung des stattlichen Gendarmen. Er fühlte sich verloren, aber irgendwie von Schuld gereinigt durch diesen neuen Schicksalsschlag. Er würde leiden wie die anderen, für dieselbe Sache leiden. Das war gut. Doch in Pskov klärten ihn der Gouverneur und der Feldjäger über seinen Irrtum auf. Er war nicht angeklagt. Der Zar wollte ihn sehen, persönlich mit ihm sprechen. Man mußte diese tatkräftige Einladung als Beweis des Wohlwollens auffassen und nicht als Zeichen des Argwohns. Aus Pskov schrieb Puschkin am 4. September an Madame Ossipov:

»Ich vermute, Madame, daß meine plötzliche Abreise mit einem Feldjäger Sie genauso überrascht hat wie mich. Sie wissen, bei uns kann nichts ohne Feldjäger vor sich gehen, und so gibt man mir einen mit zur größeren Sicherheit. Nach einem sehr liebenswürdigen Brief von Baron Dibitsch zu urteilen, muß ich recht stolz darauf sein. Ich gehe geradewegs nach Moskau, wo ich am 8. des Monats einzutreffen gedenke. Sobald ich frei bin, komme ich schnellstens nach Trigorskoje zurück, wo mein Herz nun für immer gefesselt ist.«

Am Abend des 4. September verließen Puschkin und der Feldjäger Walsch Pskov, um sich auf den Weg nach Moskau zu begeben. Puschkin hatte wieder Mut gefaßt; er scherzte mit seinem Begleiter und deklamierte Verse. Der Kutscher trieb die Pferde an. Wie durch Zauberei standen auf den Poststationen schon immer frische Pferde bereit, ohne daß man danach fragen mußte. In den Ortschaften stoben Hühner und Schweine vor dem Wagen davon. An den Straßenrändern winkten kleine Jungen mit erdebeschmutzten Händen den Reisenden zu. Puschkin fuhr in scharfem Trab dem Zusammentreffen mit dem Zaren aller Reußen entgegen. Sie brauchten kaum vier Tage, um die siebenhundert Werst zu bewältigen, die zwischen Pskov und Moskau lagen.

Sechster Teil

Nikolaus I. und Puschkin

»Der Zar«, schrieb der Marquis de Custine, »ist einen halben Kopf größer als gewöhnliche Sterbliche. Seine Gestalt wirkt vornehm, obwohl er ein wenig stark ist; seit seiner Jugendzeit pflegt er den Gürtel so eng zu schnallen, daß der Bauch bis zur Brust hinaufgedrückt wird. Er hat ein griechisches Profil, eine hohe, zurückweichende Stirne, eine gerade, gut geformte Nase und einen sehr schönen Mund. Sein ovales, längliches Gesicht sieht eher deutsch als slawisch aus. Gang und Auftreten sind bewußt eindrucksvoll; er weiß sich beobachtet und vergißt es keine Sekunde ... Der Zar von Rußland ist ein Armeechef, und jeder einzelne Tag ist ein Kampftag.«

Lacroix vermerkte in seinem *Geheimnisvollen Rußland:*

»Es ist die autokratischste Physiognomie, die man sich vorstellen kann, der fleischgewordene Despotismus, die Personifikation des unfehlbarsten Absolutismus ... In der Person dieses Herrschers liegt etwas gekünstelt Steifes, etwas Unaufrichtiges oder vielmehr pedantisch Amtliches. Man sieht, daß er immer eine bewußte Haltung einnimmt, daß er sich selbst beobachtet ... Das dauernde Tragen einer Uniform hat seine Bewegungen steif gemacht und all seine Gesten genau abgezirkelt. Er sieht aus, als sei er immer im Waffenkleid und lege niemals den Brustpanzer ab.«

Tatsächlich liebt Nikolaus I. nur die Paraden und die Mathematik. Er sagt: »Wir Soldaten« und »Wir Ingenieure«. Er trägt immer Uniform und wünschte, daß jeder Russe eine seiner Tätigkeit und seinem Rang entsprechende Uniform bekäme. Sein leidenschaftliches Bedürfnis nach Genauigkeit, Symmetrie und Rangordnung erinnert an Alexander I. Wie dieser hält er es für unerläßlich, Verwaltung, Justiz, Presse und private Belange einer militärischen Ordnung und Zucht zu unterstellen. Auch er träumt davon, das ganze moralische und materielle Leben seines Landes zu einem Schachspiel zu machen, das genau aufgeht, und wie Alexander I. ist er ein bedingungsloser Anhänger eines allgemeinen Wehrdienstes und der krassesten Autokratie. Aber bei Alexander I. entsprang diese Ordnungsliebe einem seltsamen, schmerzlich empfundenen mystischen Komplex, während es sich bei Nikolaus I. lediglich um eine Manie handelt; denn er verabscheut die Mystik, die er nicht versteht, sondern fürchtet; sie erscheint ihm als ein abschüssiges Gelände. Wollte man versuchen, die Taten der Herrscher durch den göttlichen Willen zu rechtfertigen, so käme man in Gefahr, sich selbst zu widersprechen. Gott hat mit Kriegführung, Gesetzesentwürfen oder dem Bau einer Straße nichts zu tun. Dem Zaren ist es aufgegeben, Straßen anzulegen, Gesetze zu erlassen, Kriege zu gewinnen und sich auf seinem Thron zu behaupten. Der Aufstand vom 14. Dezember und ein paar vereinzelte Revolten auf dem Land und unter den militärischen Einheiten haben für einen kurzen Augenblick die Sicherheit der Monarchie gefährdet. Daher ist Nikolaus I. bestrebt, die Dienstvorschriften in der Armee zu verschärfen und die Polizei im Innern des Reiches zu verstärken. Ganz Rußland wird in ein riesiges, von Geheimpolizisten bewachtes Konzentrationslager verwandelt. Benkendorf, dem die 3. Abteilung (Hohe Polizei, Sekten, Ausländer, Briefwechsel) unterstellt wurde, äußert unmißverständlich: »Eines der besten Hilfsmittel für die Geheime Staatspolizei ist das Auffangen von Briefschaften, das wirkt immer und überall. Dazu braucht man nur in ein paar Städten Postdirektoren, die für ihre Ehrenhaftigkeit und ihren Eifer bekannt sind. Damit muß man beginnen, aber das genügt noch nicht, man braucht auch Denunzianten. Auf wen könnte man rechnen?«

Trotz seines staatsmännischen Ehrgeizes ist Nikolaus I. ein normaler, etwas beschränkter Mensch, der ehrlich und gewissenhaft handelt. Er hält auf strenge Moral und geregelte Arbeitszeit, er schätzt Spaziergänge aus Gesundheitsgründen und verbringt seine Abende im Familienkreis, denn er wünscht, ein vorbildlicher Familienvater zu sein. Er verehrt seine Frau; und wenn er sie ein wenig hintergeht, so tut er es mit allen Rücksichten und Vorsichtsmaßnahmen, die einer kaiserlichen Gemahlin zustehen. Ordentlich und praktisch aus Veranlagung, liebt er solche Bücher, die ihn nicht zum Nachdenken über metaphysische oder soziale Probleme zwingen. Sein Lieblingsschriftsteller ist Paul de Kock, bei dem beruhigend das Böse immer bestraft und die Tugend immer belohnt wird. Zwischen gefühlvolle Stellen von echtem Schrot und Korn sind erheiternde Episoden eingestreut, die den Leser erfreuen. Nikolaus I. hat Puschkins lyrische Gedichte nie gelesen, oder wenn er es tat, so hat er es wieder vergessen. Puschkin, das ist für ihn nichts anderes als ein Bittgesuch um die Gnade der Rückkehr und ein umstürzlerisches Gedicht über den 14. Dezember.

Das ist der Mann, dem Puschkin von einer Stunde zur anderen gegenübertreten soll und von dem sein Schicksal abhängen wird. Ein undurchschaubarer, eiskalter, unnahbarer Koloß. Ein Trommelschläger mit unbedeutenden literarischen Kenntnissen und maßlos übersteigertem politischem Ehrgeiz. Was haben diese beiden Menschen gemeinsam? Werden sie sich verstehen?

Puschkin und der Feldjäger kamen am 8. September in Moskau an, und der Dichter wurde ohne Aufenthalt zum Kloster Tschudov geführt, wo Nikolaus I. vorübergehend seine Residenz aufgeschlagen hatte. Puschkin hätte gerne seine Kleider ausgebürstet und sich vom Schmutz befreit, ehe er vor seinen Herrn und Richter trat. Es lagen jedoch genaue Weisungen vor: »Unverzüglich in den Palast. Zu einer Audienz.« Ihm gewährte man eine Audienz, ihm, dem Verbannten, dem Freund der Dezembristen! Wahrhaftig, sein Abenteuer grenzte ans Wunder!

Staubig und verdreckt, mit zerzaustem Backenbart und roter Nase, die Stirn voll Fieberbläschen, so hastete Puschkin hinter dem wohlriechenden und gut frisierten Flügeladjutanten her, der ihn zu den Gemächern des Zaren führte. Lakaien in scharlachroten Uniformen. Wachen, die unbeweglich standen. Eine Tür, die sich öffnete. Puschkin befand sich im Arbeitsraum von Nikolaus I.

Das Zimmer war groß, still und feierlich. Durch das Fenster schien ein grauer Tag herein. Bronzeleuchter ließen die Papiere auf dem Tisch weiß und kalt aufschimmern. Ein Marmorkamin umrahmte ein mächtiges, loderndes Holzfeuer. Und vor diesem Kamin stand ein hochgewachsener Mann, in seine Uniform gezwängt, als müsse sie platzen über den starken Hüften, dem eingezogenen Bauch und der vorgewölbten Brust. Aus dem dicken weißen Gesicht glänzten die Augen befremdend starr. Puschkin stand vor dem Zaren aller Reußen. Er zitterte. Von neuem überfielen ihn die alten Zweifel, die alten Ängste. Warum diese Audienz? Was wollte man von ihm? Würde man ihn retten oder verderben? Er trug sein letztes Gedicht bei sich, den *Propheten*. Und wenn Nikolaus I. ihm die Verschickung nach Sibirien androhte, so würde er ihm kaltblütig sein Gedicht überreichen; er würde in Schönheit untergehen.

Währenddessen betrachtete Nikolaus I. aufmerksam den Dichter. Er fand es spaßig, daß Puschkin sich durch die Reise in so unordentlichem Zustand befand. Schließlich sagte er:

– »Guten Tag, Puschkin, bist du froh über deine Rückkehr?«

Überrascht über diese klare, metallisch klingende Stimme, verneigte sich Puschkin ein wenig tiefer, als ihm lieb war.

– »Mein Bruder, der verstorbene Zar«, fuhr Nikolaus I. fort, »hatte dich aufs Land verbannt. Ich bin willens, dich zu begnadigen, du brauchst dich nur zu verpflichten, nichts mehr gegen die Staatsgewalt zu schreiben.«

– »Euer Majestät«, antwortete Puschkin, »ich habe schon lange nichts mehr gegen die Staatsgewalt geschrieben, seit dem *Dolch* gewissermaßen nichts.«

– »Du warst mit vielen von denen befreundet, die ich nach Sibirien verschickt habe.«

Puschkin straffte sich:

»Ja, Majestät, vielen dieser Männer war ich freundschaftlich zugetan und empfand Achtung für sie; ich habe meine Meinung über sie nicht geändert.«

»Wie kann man eine Kanaille wie Küchelbecker lieben?« fragte der Zar stirnrunzelnd.

»Wir hielten ihn für einen Narren, und es erstaunt mich, daß man ihn zusammen mit soviel klugen und überlegt handelnden Männern nach Sibirien geschickt hat.«

Der Zar lächelte flüchtig. Dieser Puschkin gefiel ihm mit seiner Offenheit und seinem Mut. Er fragte weiter:

– »Was schreibst du jetzt?«

– »So gut wie nichts, Euer Majestät. Die Zensur ist streng.«

– »Warum schreibst du solche Dinge, welche die Zensur nicht durchgehen lassen kann?«

– »Die Zensur beschlagnahmt die harmlosesten Werke«, erwiderte Puschkin. »Sie handelt ohne Urteilsvermögen . . .«

Puschkin hob die Stimme. Der Zar ging auf den Tisch zu, suchte unter den Papieren und hielt ihm eine Abschrift des Gedichtes *Der 14. Dezember* unter die Nase. Puschkin stieß einen Seufzer der Erleichterung aus. Endlich wußte er, was man ihm vorwarf! In einem Zug erzählte er die Geschichte des unglückseligen Gedichtes: die verdächtigen Verse seien ein unveröffentlichtes, von *André Chénier* übernommenes Stück, das sich auf die Terroristen der Französischen Revolution beziehe. Nikolaus I. schien befriedigt von der Erklärung. Sein Gesicht entspannte sich, ein Lächeln verzog seinen großen Mund. Da der Zar sich vom Kamin wegbegeben hatte, setzte sich Puschkin, der vor Kälte schlotterte, vor das Feuer und wärmte seine Füße. Er hatte die Etikette vergessen. Er fühlte sich ganz vertraut, und es kam ihm so vor, als habe er die Partie gewonnen. War es möglich, daß dieser Mann mit dem freundlichen Gesicht und den behutsamen Gesten der gleiche war, der so viel junge, von einem hohen Ideal beseelte Menschen zu Tod und Verbannung verurteilt hatte? Konnte es sein, daß dieser Mann, der drauf und dran war, ihm seine Verfehlungen zu verzeihen, die Grausamkeit besessen hatte, Puschin und Küchelbecker einzukerkern und Ryliew zu töten? Puschkin schnaubte kräftig durch die Nase, denn er hatte sich unterwegs erkältet. Die Stimme des Zaren rief ihn in die Wirklichkeit zurück:

– »Hättest du an der Erhebung vom 14. Dezember teilgenommen, wenn du in St. Petersburg gewesen wärest?«

Puschkins Augen funkelten:

– »Ohne jeden Zweifel, Majestät. Alle meine Freunde waren an der Verschwörung beteiligt, es wäre mir unmöglich gewesen, sie im Stich zu lassen. Einzig meine Abwesenheit hat mich gerettet, und ich danke Gott dafür.«

Diese Antwort schmeichelte dem ritterlichen Sinn Nikolaus I. Der Dichter hielt ihn also für so großherzig, daß er es wagte, ihm die Wahrheit ins Gesicht zu sagen. Ein so außerordentlicher Charakter verdiente ein außergewöhnliches Schicksal. Warum Puschkin nicht in den Dienst der monarchischen Sache stellen? Er hatte Talent, war rühmlichst bekannt und von so reizender Unbefangenheit, die man leicht zu höchstem Ruhm für die Regierung ausnützen könnte. Überdies ließ sich des jungen Mannes Verhalten in St. Petersburg besser überwachen als auf dem Lande.

– »Bist du zu einem Gesinnungswechsel bereit?« sagte Nikolaus I. »Gibst du mir dein Ehrenwort, dein Betragen zu ändern, wenn ich dir deine Freiheit zurückgebe?«

Puschkin betrachtete den Zaren, der vor ihm stand, er sah sein undurchdringliches, wie aus Stein gemeißeltes Gesicht, seine stahlharten Augen, in denen unbeweglich die Pupillen schimmerten. Er fühlte, daß sein ganzes Leben von seiner Antwort abhing. Seinem Glauben abschwören und dafür die Freiheit wieder erlangen oder auf seiner Meinung beharren und wieder auf dem Land versumpfen –? Nikolaus I. faszinierte den Dichter. Wenn er vor der Untersuchungskommission gesprochen hätte, wie er es eben tat, so wäre er, ohne jeden Zweifel, in eine Festung eingeschlossen worden. Aber der Zar begriff, wie edel seine Überzeugungen waren. Konnte man solch eine Großmut bekämpfen, solch ein überraschendes Wohlwollen zurückstoßen?

Die große weiße Hand des Zaren streckte sich Puschkin entgegen, der seine kleine, schmutzige Hand mit den langen Nägeln hineinlegte. Er hatte das Gefühl, in einen Abgrund zu fallen, ermattet schloß er die Augen, während Scham und Freude in seinem Herzen stritten.

– »Du hast genug Dummheiten gemacht«, sagte der Zar. »Ich hoffe, du wirst jetzt vernünftiger sein und wir werden keine Meinungsverschiedenheit mehr haben. Du wirst mir alles schicken, was du schreibst. Von jetzt an bin ich dein Zensor.«

Puschkin fühlte unendliche Dankbarkeit in sich aufsteigen. Frei! Frei! Er war frei! Und hatte doch den Kopf nicht gebeugt und sich nicht gedemütigt vor dem lächelnden Herrscher! Ganz überwältigt und gerührt, ließ er sich vom Zaren in den Nebenraum führen, der von Höflingen in Uniform wimmelte.

Vor all diesen Gesichtern, die zur widerlich achtungsvollen Maske erstarrten, erklärte Nikolaus mit weit vernehmlicher Stimme:

»Meine Herren, hier ist der neue Puschkin. Vergessen Sie den alten.«

Als Puschkin die Gemächer des Zaren verließ, schwindelte ihm, und Tränen verdunkelten seine Augen. Mechanisch steckte er die Hand in die Tasche. Sein Gedicht, *Der Prophet,* war verschwunden. Hatte er es im Kabinett des Zaren fallen lassen? Dann würde der Zar es finden, es lesen und sich mit gutem Grund entrüsten und sein Versprechen rückgängig machen. Puschkin fühlte, wie ihm der Angstschweiß ausbrach. Sein Herz hämmerte wild, sein Mund war trocken. Als er gerade zu Ehren aufsteigen sollte, mußte etwas dazwischenkommen. Plötzlich sah er vor sich auf einer Treppenstufe einen Papierfetzen im Wind flattern. Er erkannte es sogleich: *Der Prophet.* Gerettet!

Kaum hatte er das Haus verlassen, ließ er sich zu Onkel Basil fahren, der ihn zum Essen einlud und ihm die neuesten Klatschgeschichten aus beiden Hauptstädten erzählte. Dann suchte er Wiasemskij, den er in einer Badeanstalt fand. Die Freunde umarmten sich im dichten Dampf des Schwitzbades. Sie hatten sich soviel zu sagen! Wiasemskij war ein überzeugter Monarchist, mißbilligte jedoch die Unterdrückungsmethoden beim Aufstand des 14. Dezember: »Bei der nächsten Gelegenheit werde ich Rußland für lange Zeit verlassen ... Es kommt mir heute ganz blutgetränkt vor, ich kann und will nicht ruhig leben an dem Ort, wo die Hinrichtungen stattgefunden haben ...«

Ohne Zweifel versuchte Wiasemskij, die arglose Begeisterung Puschkins zu dämpfen.

Auf dem Ball des Marschalls de Marmont, des Herzogs von Ragusa und Gesandten Frankreichs, erklärte Zar Nikolaus I. in heiterer Stimmung: »Heute habe ich eingehend mit dem intelligentesten Menschen von Rußland gesprochen, mit Puschkin.«

Die Nachricht von Puschkins Begnadigung und Rückkehr durcheilte die Salons. Am 8. September war er angekommen, am 10. September fand bei Sobolewskij eine Lesung von *Boris Godunow* statt. Am 12. September besuchte Puschkin im Großen Theater von Moskau die Aufführung einer Komödie von Schakhowskoj, *Aristophanes*. Bei seinem Erscheinen im Parterre wurde ihm ein warmherziger Willkomm zuteil. Dem mageren kleinen Mann mit dem dunkelhäutigen Gesicht und dem üppig wuchernden Haar kehrten sich lächelnd alle Gesichter zu. »Da ist er! Der Verfasser von *Ruslan und Ludmilla,* vom *Gefangenen,* vom *Brunnen von Bakhtschisaraj,* von *Eugen Onegin,* der Dichter, der Freund aller einsamen Herzen!« Ein Zeitgenosse erzählt in seinen Erinnerungen: »Im Theater waren Hofleute, Militärpersonen, hohe Zivilbeamte und ausländische Diplomaten, die höchste und glänzendste Gesellschaft aus St. Petersburg und Moskau war versammelt. Als Puschkin in den Saal trat, lief ein Getuschel durch das ganze Theater. Man nannte wiederholt seinen Namen, alle Blicke, alle Aufmerksamkeit wandten sich ihm zu. Beim Ausgang befand er sich mitten im Gedränge, man zeigte ihn sich von weitem, denn sein hellfarbiger Hut machte ihn leicht kenntlich. Damals stand er auf der Höhe seiner Volkstümlichkeit.«

Unter soviel wundervollen Tagen brachte der 12. Oktober dem Dichter eine wahrhaft außerordentliche Freude. Auf die Bitte einiger Freunde hatte er eingewilligt, bei Wenewitinov in Gegenwart einer zahlreichen Zuhörerschaft seinen *Boris Godunow* vorzulesen. Der Journalist Pogodin erzählt von diesem denkwürdigen Ereignis:

»Es ist unmöglich, den Eindruck zu schildern, den die Lesung auf uns machte. Noch heute – vierzig Jahre sind inzwischen vergangen – wird mir warm bei der bloßen Erinnerung. Wir erwarteten, einen majestätischen Priester der Kunst erscheinen zu sehen, und erblickten einen mittelgroßen, eher klein zu nennenden Mann mit langen Haaren, die sich unten einrollten, und lebendigen, flink umherspähenden Augen. Er hatte eine angenehme Stimme, konnte sich jedoch nicht ruhig verhalten, er hatte fast ruckartige Bewegungen. Er trug einen schwarzen Überrock, eine dunkle, hochgeknöpfte Weste und eine nachlässig geschlungene Krawatte ... Die ersten Szenen wurden in völligem Schweigen angehört, oder besser in starrer Verwunderung. Aber je weiter er las, desto stärker wurde der Eindruck. Die Szene mit dem Chronisten-Mönch und mit Gregor rief große Aufregung hervor. Die einen fieberten, die anderen bekamen eine Gänsehaut, und die Haare sträubten sich auf ihrem Kopf. Man konnte sich nicht länger zurückhalten. Einige sprangen vom Platz auf oder stießen einen Schrei aus. Manche hatten Tränen in den Augen, und andere lächelten vor sich hin. Schweigen. Und dann brach der Beifall los. Endlich war die Vorlesung beendet. Wir schauten einander vielsagend an, dann stürzten wir auf Puschkin zu. Man umarmte ihn, man schrie und lachte und weinte und überschüttete ihn mit Komplimenten. Man brachte Champagner. Puschkin schien ganz überwältigt von der Erkenntnis, wie hoch ihn die gebildete Jugend seines Jahrhunderts schätzte ... Ich erinnere mich nicht mehr, wie wir Abschied nahmen und wie wir nach Hause gelangten. Viele von uns schliefen gar nicht in dieser Nacht, so sehr hatte die Vorlesung uns aufgewühlt.«

Die meisten Zuhörer waren Universitätsstudenten, die romantische Literatur und deutsche Philosophie leidenschaftlich verehrten. Sie schlugen Puschkin vor, eine neue Zeitschrift zu gründen: *Der Moskaubote,* die sich von den üblichen Zeitungen unterscheiden sollte. Vor allem von dem *Sohn des Vaterlands,* der sich dem gewöhnlichen Publikumsgeschmack unterwarf. Ebenso vom *Moskautelegraph,* »der alle nur erdenklichen Themen behandelte, von mathematischen Übungen über das unendlich Kleine bis zu Kochrezepten von Hahnenkämmen in Sauce und die neueste Schuhmode, die das Tragen von Schleifen vorschrieb«. Der Chefredakteur des *Moskauboten* sollte Pogodin sein, seine Mitarbeiter Puschkin, der polnische Dichter Adam Mickiewicz, Barantinskij, Obolenskij, Sobolewskij, die beiden Brüder Wenewitinov, die Gebrüder Kireijewskij und noch andere. Puschkin rechnete damit, im Jahr zehntausend Rubel Honorar beziehen zu können. Am 24. Oktober trafen sich alle Mitarbeiter zu einem reichhaltigen Diner. Es ging laut und fröhlich zu während der üppigen Mahlzeit, man trank viel, man redete und schrie, bis die Zunge am Gaumen klebte. Man schmiedete Pläne, entwarf Artikel, hoffte auf eine sofortige literarische Erneuerung, übte Kritik an den anderen Zeitschriften, erzählte persönliche Erlebnisse, brachte Toasts aus und machte sich gegenseitig Komplimente. Puschkin war begeistert von Mickiewicz. Dieser schöne und elegante schwarzhaarige Mann mit dem ebenmäßigen Gesicht, den traurigen Augen und dem verbindlichen Lächeln zog ihn unwiderstehlich an. Mickiewicz besaß eine gut fundierte, umfassende Bildung, während Puschkin sich beim Lesen, wie es gerade kam, und durch den Umgang mit anderen Menschen gebildet hatte. Neben dem würdevollen, ernsthaften und gesitteten Mickiewicz erschien Puschkin wie ein schlecht erzogener Lausbub, der immer zu Faxen aufgelegt war und immer Lust hatte, zu trinken, Karten zu spielen und Frauen zu hofieren. Mickiewicz lebte nur für seine Kunst, und Puschkin lebte aus Lust am Dasein. Die beiden Dichter empfanden jedoch eine herzliche Freundschaft füreinander und bewunderten gegenseitig ihre Werke. »Nichts war seltsamer, als sie beide zusammen zu sehen«, schrieb ein Zeitgenosse. »Der große russische Dichter, der gewöhnlich bei den literarischen Versammlungen das Wort führte, trat in Gegenwart von Mickiewicz bescheiden zurück, zeigte sich weniger bemüht zu sprechen, als den anderen zum Sprechen zu bringen, und schien in allem seine Billigung zu suchen.«

Puschkin und Mickiewicz wurden in allen Moskauer Salons empfangen, sie waren die beiden Wundertiere. »Moskau ist geräuschvoll und laut, auch bei den Festen«, schrieb Puschkin am 15. September 1826 an Madame Ossipov, »so sehr, daß ich schon genug habe und daß ich mich nach Mikhailowskoje, d.h. nach Trigorskoje, zu sehnen beginne.«

Puschkin wohnte in Moskau bei seinem Freund Sobolewskij. Der war ein großer, kräftiger, fröhlicher Bursche mit einem Faunsgesicht, er ging immer gut gekleidet und verehrte das schwache Geschlecht, er liebte schöne Bücher, gute Gerichte, erlesene Weine und schlechte Witze. Er war reich, lasterhaft, zynisch, intelligent und herrisch, und Puschkin, dem das Spaß machte, nannte ihn »Bauch« und »Falstaff«. »Sobolewskij«, schrieb Puschkin im Februar 1827, »flucht und stößt die Leute vor den Kopf wie eh und je, Spitzel, Dragoner, Huren und Betrunkene drängen sich vom Morgen bis zum Abend in unserm Haus.« Sobolewskij empfing jedoch auch die gebildete Jugend Moskaus. Seine Feste und Diners waren berühmt, und selbst der sittsame Mickiewicz nahm mit sichtlichem Vergnügen daran teil. Von den Diners bei Sobolewskij ging Puschkin zu den Maskenbällen bei Madame Rimskij-Korsakov und zu den Liebhaberaufführungen bei der Fürstin Wolkonskij. Überall drängte man sich um ihn und überschüttete ihn verschwenderisch mit Lob, überall bestürmte man ihn, unveröffentlichte Teile aus *Eugen Onegin* aufzusagen oder Gelegenheitsgedichte in die Alben der jungen Mädchen zu schreiben.

Bei Madame Rimskij-Korsakov bemühte sich Puschkin um die Tochter des Hauses, die schöne Alexandrina, deren Füße »kaum die Erde berührten«, deren Brust »sich sorglos hob«, und deren samtweicher Blick »unvergleichlich« war.

Bei der Fürstin Wolkonskij hörte er Musik und spielte bei Scharaden mit. Eines Tages sollte er den Felsen des Moses darstellen; er verhüllte sich mit einem Schal, und als der Darsteller des Moses ihn mit dem Stab berührte, lüpfte er einen Zipfel seiner Vermummung und goß den Inhalt einer Flasche Wasser auf den Boden. Dieser Scherz trug ihm ein schalkhaftes Lächeln der Fürstin ein, die in ihrem singenden Französisch zu ihm sagte:

»Sie sind doch ein schlechter Kerl, Alexander, daß Sie den Felsen auf diese Weise dargestellt haben!«

Puschkins Erfolge bei der Moskauer Damenwelt wurden von der Polizei genau beobachtet. Der Gendarmerieoberst Biblikov schrieb in seinem Bericht an Benkendorf: »Ich überwache den Schriftsteller Puschkin so gut ich kann. Er verkehrt häufig bei der Fürstin Zenaide Wolkonskij, bei dem Dichter Wiasemskij, dem Exminister Dmitriew, dem Staatsanwalt Jikharew. Das Gespräch dreht sich meistens um Literatur. Er hat kürzlich eine Tragödie verfaßt, *Boris Godunow,* in der nichts Liberales enthalten sein soll; man hat versprochen, sie mir vorzulesen. Es stimmt, daß die Frauen den jungen Mann beweihräuchern und verwöhnen; bei einer Gesellschaft äußerte er den Wunsch, in den Staatsdienst zu treten, worauf mehrere Personen gleichzeitig riefen: ›Warum Dienst tun? Bereichern Sie unsere Literatur mit Ihren herrlichen Werken! Dienen Sie nicht schon bei den neun Musen? Gab es je einen schöneren Dienst?‹ Ein anderer meinte: ›Sie tun schon Dienst durch Ihr Genie‹, und so ging es weiter.«

Weit schärfer schrieb der Geheimagent Locatelli im Juni 1826:

»Man ist sehr verwundert darüber, daß der berühmte Puschkin, dessen Denkweise schon lange sattsam bekannt ist, nicht mit in die Sache der Verschwörer hineingezogen worden ist.«

Doch schon nach den ersten Monaten seines Aufenthaltes in Moskau gibt es neuen Verdruß, müssen wieder allerlei Schritte unternommen werden. Es war zu schön. Es ging zu gut. Der Zar hatte ihm eine unwahrscheinliche Unabhängigkeit gewährt. In einem Brief vom 30. September 1826 hatte Benkendorf ihm wörtlich geschrieben:

»Seine Majestät, der Zar, hat Ihnen nicht nur nicht untersagt, in die Hauptstadt zu kommen, er läßt Ihnen auch völlige Freiheit in dieser Hinsicht, unter der Bedingung allerdings, daß Sie vorher brieflich um Erlaubnis fragen . . . Ihre Werke werden keiner Prüfung mehr unterworfen, es gibt keine Zensur mehr für Sie. Der Zar wird persönlich der oberste Richter Ihrer Arbeiten sein und Ihr alleiniger Zensor.«

Soll er der eigenhändigen Unterschrift Benkendorfs vielleicht keinen Glauben schenken? Braucht man an dem Geschenk der Freiheit zu zweifeln, wenn der Polizeichef selbst so freundlich ist, einen davon in Kenntnis zu setzen? Dank Nikolaus I. konnte Puschkin sich für den einzigen freien Menschen in ganz Rußland halten. Lebte er nicht mitten im Märchen? »Der Zar hat mich von der Zensur befreit«, schrieb er am 9. November 1826 an Iasijkov. »Er selbst ist mein Zensor. Ein unschätzbarer Vorteil. So werden wir *Godunow* drucken.«

Doch der Zar und Graf Benkendorf haben sehr verschiedene Auffassungen von der Freiheit. Als Benkendorf erfuhr, daß Puschkin *Boris Godunow* in einem Moskauer Salon vorgelesen hatte, sandte er ihm am 22. November folgenden Brief:

»Heute kommt mir zu Ohren, daß Sie Ihre neue Tragödie in einem bestimmten Kreis vorgelesen haben. Ich muß Sie nachdrücklich ersuchen, mich wissen zu lassen, ob diese Gerüchte wahr sind oder nicht. Ich bin im übrigen überzeugt, daß Ihre gute Gesinnung Sie das außerordentliche Wohlwollen Seiner Majestät richtig einschätzen lassen wird, und daß Sie versuchen werden, sich dessen voll und ganz würdig zu erweisen.«

Puschkin fällt aus allen Wolken. Würde man ihm verbieten, seinen Freunden seine Werke vorzulesen, ehe er sie Nikolaus I. vorlegte? Würde man ihm untersagen, einige Sachverständige um ihre Meinung zu fragen, ehe er seine Gedichte der Zustimmung des Zaren unterwarf? Jeder Schriftsteller braucht diesen Gedankenaustausch über sein zuletzt geschriebenes Werk, jedes Vorlesen, jede Unterhaltung darüber gibt die Möglichkeit, Verbesserungen anzubringen, den Text zu erweitern oder zu kürzen. Wenn er darauf verzichtet, seine Verse vor einer ausgewählten Zuhörerschaft »auszuprobieren«, so läuft er Gefahr, das Vorhandensein eines Publikums zu vergessen und nur für die eigenen vier Wände zu schreiben. Benkendorf spottet natürlich über literarische Gewohnheiten. Er hat nie etwas gelesen und liest nie etwas. Alle Schriftsteller sind ihm von vornherein verdächtig. Die Anweisungen des Zaren bleiben in Kraft, Puschkin braucht sich ihnen nur anzupassen, und so antwortet er dem Polizeichef eine Woche später klug und unterwürfig:

»Ich habe tatsächlich in Moskau vor einigen Leuten eine Tragödie gelesen (gewiß nicht aus Ungehorsam, sondern weil ich den hohen Willen Seiner Majestät falsch auslegte). Ich halte es daher für meine Pflicht, Ihnen diese Tragödie zu übersenden, und zwar das Manuskript, aus dem ich gelesen habe, damit Eure Exzellenz prüfen kann, in welcher Gesinnung sie geschrieben ist. Ich wagte nicht, sie vorher dem Zaren vorzulegen, da ich erst einige anstößige Stellen abändern wollte. Da ich keine Abschrift meines Werkes besitze, nehme ich mir die Freiheit, Euer Exzellenz zu bitten, mir das Manuskript nach dem Lesen wieder zugehen zu lassen. Ich füge hinzu, daß ich Bedenken hatte, eine so vielbeschäftigte amtliche Persönlichkeit mit meinen kleinen literarischen Angelegenheiten zu behelligen. Ich habe auch ein paar Gedichte an verschiedene Zeitungen und Almanachs gegeben, da mich die Herausgeber darum baten. Ich bitte Euer Exzellenz im voraus um Entschuldigung, wenn ich mir unbewußt einen Mißgriff habe zuschulden kommen lassen ...«

Am selben Tag schreibt er an Pogodin, den Chefredakteur des *Moskauboten:* »Um Gottes willen, bemächtigen Sie sich schnell bei der Zensur in Moskau all dessen, was mit meinem Namen unterzeichnet ist. Die hohe Obrigkeit will es so ...«

Nachdem Puschkin das Manuskript von *Boris Godunow* an Benkendorf geschickt hatte, wartete er voll Ungeduld auf das Ergebnis. Es dämmerte ihm allmählich, daß man ihn hintergangen hatte. Doch hegte er im stillen die Hoffnung, dem Zaren Verwunderung abzunötigen und ihn von den poetischen, historischen und moralischen Qualitäten seiner Tragödie zu überzeugen. Benkendorf benachrichtigte Puschkin am 9. Dezember 1826, daß er das Manuskript von *Boris Godunow* in Händen habe und daß er damit rechne, von nun an »selbst die unbeträchtlichsten Erzeugnisse seiner glänzenden Feder zu erhalten«.

Da Nikolaus I. seine Zeit nicht mit dem Lesen nutzloser Dinge verschwenden konnte, wies er Benkendorf an, das Stück durch einen »zuverlässigen Menschen« prüfen zu lassen, »damit die Sache nicht unter die Leute komme«. Dieser »Zuverlässige«, in diesem Fall der Kritiker und Denunziant Bulgarin, überflog die Tragödie flüchtig und fand sie äußerst schlecht: »Das Stück entbehrt jeder festen Grundlage: es besteht aus lose aneinandergereihten Szenen, oder besser gesagt, Auszügen aus den Bänden X und XI der *Geschichte des Russischen Reiches* von Karamzin. Die literarischen Qualitäten des Werkes sind denkbar schwach. Man könnte es eine Zusammenstellung von aus Walter Scott entnommenen Gesprächen nennen. Wenige schöne Monologe, ein paar schöne Verse ... Es kann gar keine Rede davon sein, das Stück aufzuführen, denn noch nie sah man bei uns Patriarchen und Mönche auf der Bühne.«

Nikolaus I. ließ sich an diesem parteiisch einseitigen Urteil genügen, es gelüstete ihn nicht, selbst in dem Manuskript zu blättern. Am 14. Dezember (fünf Tage nach Empfang des Stückes) ließ er dem Dichter durch Benkendorf antworten: »Seine Majestät geruhte, Ihr Werk mit dem lebhaftesten Vergnügen zu lesen und ließ es sich nicht nehmen, eigenhändig an den Rand des ihm von mir vorgelegten Berichtes zu schreiben: ›Ich glaube, daß Monsieur Puschkin seinen Zweck erreichte, wenn er eine weitgehende Kürzung vornähme und seine Tragödie zu einer Novelle oder einer historischen Erzählung im Stil von Walter Scott umarbeitete.‹ Es ist mir eine hohe Ehre, das Echo der äußerst wohlwollenden Aufmerksamkeit zu sein, welche Seine Majestät Ihrem hervorragenden Talent widmet.«

Puschkin war auf alles gefaßt, nur nicht auf eine solche Kritik. Der Zar und Benkendorf, die beide keinen Kunstsinn, keine Bildung und keinerlei literarisches Urteilsvermögen besaßen, empfahlen ihm, seine Tragödie in einen historischen Roman à la Walter Scott umzuwandeln! Die Staatsgewalt hat natürlich das Recht, gegen die Regierung gerichtete Pamphlete zu beschlagnahmen. Aber ein Werk zu verbieten und vorzugeben, daß seine künstlerische Form dem Zaren nicht zusage, das hieß doch, die Grenzen der Autokratie zu weit stecken! So hat das Publikum nichts mehr zu sagen in Rußland, und der Zar macht sich der Öffentlichkeit gegenüber zum Richter über Wert und Unwert einer Dichtung!

Er dehnt seine herrscherliche Unfehlbarkeit auch auf das Reich der Fantasie aus! Er behauptet, nicht nur auf dem Gebiet der Politik und Verwaltung im Besitz der einzig gültigen Anschauung zu sein, sondern auch auf dem Gebiet der Stil- und Verskunst! Was ihm mißfällt, hat kein Recht zu leben! Warum schreibt er dann nicht selbst? Der oberste Soldat, der beste Architekt und Ingenieur, der vorbildlichste Familienvater und auch größte Schriftsteller aller Reußen! *Boris Godunow* umarbeiten! Kommt nicht in Frage. Grollend legt er sein überflüssiges Werk beiseite und antwortet Benkendorf am 3. Januar 1827:

»Mit dem Gefühl tiefer Dankbarkeit habe ich den Brief Eurer Exzellenz erhalten, in dem Sie mich von der wohlwollenden Meinung unterrichten, die Seine Majestät meiner dramatischen Dichtung entgegenzubringen geruht. Ich gebe zu, daß es einem historischen Roman näherkommt als einer Tragödie, wie Seine Kaiserliche Majestät es auszudrücken beliebte. Ich bedauere jedoch, daß mir der Mut fehlt zu einer Neubearbeitung des schon Geschriebenen . . .«

Am 26. Dezember sah Puschkin die kleine Marie Rajewskij wieder, »das Mädchen vom Ganges«, das er damals bei seinem Aufenthalt bei General Rajewskij im Kaukasus auf der Krim leidenschaftlich verehrt hatte. Marie war nicht mehr das schwarzhaarige, herbe kleine Mädchen, das mit den Wellen spielte und der Wachsamkeit seiner Gouvernante ein Schnippchen schlug. Sie hatte auf Drängen ihrer Eltern mit neunzehn Jahren den Fürsten Serge Wolkonskij geheiratet, der doppelt so alt war wie sie und den sie nicht liebte. Als ihr Mann jedoch mit den anderen Dezembristen zusammen festgenommen wurde, entschloß sie sich, freiwillig seine Verbannung in Sibirien zu teilen. Taub für die Verwünschungen ihres Vaters, die Ermahnungen ihres Bruders und die Drohungen der Ihrigen, verließ sie ihr Kind und ihre Familie und begab sich zunächst nach Moskau, wo sie sich einige Tage bei ihrer Schwägerin Zenaide Wolkonskij aufhielt. Bei der Abendgesellschaft am 26. Dezember erschien sie allen wie ein melancholischer, beherzter Engel der Entsagung. Puschkin betrachtete sie voll Verwunderung. Tränen traten ihm in die Augen, als er sie einer Sängerin zuflüstern hörte: »Mehr! Mehr! Denken Sie doch daran, daß ich nun nie mehr Musik hören werde.«

Puschkin drückte Maries kleine, fieberheiße Hand und beteuerte ihr mehrmals, daß er sie für ihre Hingabe bewundere und daß er sie jenseits des Urals aufsuchen werde. Und während er mit ihr sprach, dachte er daran, was hätte sein können, wenn er dieses Kind geheiratet hätte, dessen letzte Stunden in Freiheit er heute teilte. Wieviel mehr war sie wert als all die hübschen Mädchen um sie herum und wieviel mehr als er selbst!

Einige Tage danach reiste die Frau des Dezembristen Murawiew zu ihrem Mann nach Sibirien, und Puschkin gab ihr eine Botschaft in Versen für Marie Wolkonskij und ein Gedicht, das seinem unglücklichen Freund Puschin gewidmet war. Was würde Benkendorf gesagt haben, wenn er von diesen beiden Botschaften an »elende Verbrecher« des 14. Dezember gewußt hätte?

Die Polizeibüros überwachten indessen dauernd Puschkins Briefwechsel mit seinen Freunden und verfaßten insgeheim eine Menge Berichte. Am 13. Januar 1827 wird eine neue »Affaire Puschkin« vor das Militärgericht gebracht. Es handelt sich immer noch um das unglückselige Gedicht *Der 14. Dezember,* ein Stück aus *André Chénier.* Bei seiner Begegnung mit dem Zaren hatte Puschkin ihm alle nötigen Erklärungen über diese Angelegenheit gegeben. Er glaubte sich also vor weiteren Verhören sicher. Die Militärbehörden wollten sich jedoch nicht überzeugen lassen. Nachdem man zwei Leute namens Moltschanov und Alexejew, die man beschuldigte, den Besitz des Gedichtes verheimlicht zu haben, vernommen hatte, beauftragte die Militärkommission den Polizeichef von Moskau, Puschkin vorzuladen, um zu erfahren, »ob die fraglichen Verse von ihm, wann und warum sie geschrieben und wieso sie den Beteiligten überlassen worden seien«.

Am 27. Januar unterschrieb Puschkin folgende Erklärung:

»Die fraglichen Verse sind tatsächlich von mir. Sie sind lange vor den jüngsten Ereignissen geschrieben worden und gehören in meine Elegie *André Chénier,* die, mit einigen Kürzungen, in die Sammlung meiner Gedichte aufgenommen wurde. Sie beziehen sich eindeutig auf die Französische Revolution, deren Opfer André Chénier war ... Diese Verse können nicht ohne in die Augen springende Sinnwidrigkeit auf den 14. Dezember bezogen werden. Ich weiß nicht, wer ihnen diesen irreführenden Titel gab.«

Im Gefühl seines guten Rechtes, meinte Puschkin, daß diese zweite Erklärung über den *14. Dezember* endlich alle zufriedengestellt hätte. Während der ersten Monate des Jahres 1827 führte er ein liederliches, verbummeltes Leben, ohne sich um die erhaltenen Weisungen zu kümmern. Er ging viel aus, besuchte alle

Bälle, spielte um hohen Einsatz, tanzte, umschwärmte die Frauen, ging in Kaschemmen und Salons ein und aus und war häufiger Gast in den Theaterkulissen. Er legte sich spät schlafen, stand spät auf, und schon am frühen Morgen fanden sich Freunde, Bewunderer und Bittsteller in seinem Vorzimmer ein. »Nach allem, was ich gesehen und gehört habe«, schrieb P. L. Iakowlew am 21. März 1827, »ist Puschkin auf Rosen gebettet. Die ganze Stadt kennt ihn. Jedermann interessiert sich für ihn. Die jungen Leute aus gutem Hause scharen sich um ihn, so wie früher alle, die ein wenig gesunden Menschenverstand besaßen, bei dem großen Arouet zusammenkamen ... Puschkin sieht ganz anders aus: ein fürchterlich schwarzer Backenbart verleiht seinem Gesicht einen diabolischen Ausdruck. Doch sonst ist er immer noch der alte: genauso lebhaft und beweglich, und sein ausgelassenes Lachen wechselt von einer Minute zur anderen in ernste Nachdenklichkeit über.«

Die Enttäuschung, die der Dichter mit Sofie Puschkin (einer entfernt Verwandten) erlebt hatte, verleidet ihm die jungen Mädchen nicht. Ganz im Gegenteil. Der Gedanke an eine Heirat wurde immer gebieterischer und ließ ihn nicht mehr los, und die großen Häuser, in denen es von heiratsfähigen jungen Mädchen wimmelte, zogen ihn magisch an. Da ging er umher, wie ein Löwe mit hungrigem Blick und knurrendem Magen, und teilte seine Gunst wahllos nach allen Seiten aus. Fast zu gleicher Zeit verliebte er sich in Sofie Puschkin, in die Schwestern Urussov, in die Schwestern Uschakov und in Alexandrine Rimskij-Korsakov. Die erste und die letzte dieser grausamen Schönen peinigten ihn im Jahre 1826. 1827 wandte er sich schon den Damen Uschakov zu. Die Jüngere, Sechzehnjährige, war in einen gewissen Oberst Kisselew verliebt, der Älteren, der siebzehnjährigen Katharina, hatte es Puschkins Zauber angetan. Sie trug ihre aschblonden Haare in langen Flechten, ihre blauen Augen waren lebhaft, ihr Lächeln sinnlich; ihr schlanker Wuchs verriet verborgene Reize. Sie war fröhlich, spöttisch, lausbübisch, und Puschkin machte es Freude, von ihr zu sagen, sie sei »weder Weib noch Mann«.

Doch trotz aller Hochachtung für das Haus Uschakov und trotz der Zuneigung, die er für Katharina empfand, umschwärmte er auch noch andere, die ihn anzogen wie den Falter das Licht.

Die Uschakov hatten zwei Töchter, die Urussov drei, deren Schönheit nur ihrer Dummheit gleichkam. Doch Puschkin machte selten einer Frau wegen ihrer Intelligenz den Hof. Die junge Sofie Urussov, die vor allem des Dichters Aufmerksamkeit erregt hatte, war bekannt für ihre naiven Äußerungen. Einem Anbeter, der sie fragte, was sie gerade lese, antwortete sie: »Ich lese ein rosafarbenes Büchlein und meine Schwester ein blaues.«

Dieser Mangel an literarischem Geschmack konnte Puschkin nur angenehm sein. Er wollte nicht wegen seines Talentes geliebt werden, sondern wegen seines guten Aussehens, seines scharfen und witzigen Geistes und seiner achtbaren Abstammung. »Er kam fast jeden Abend zur Prinzessin Urussov«, schrieb Semewskij, »er schien sehr heiter und plauderte gern und geistreich; er unterhielt die Anwesenden mit Improvisationen und allerlei Scherzen, und oft erzählte er zur Freude aller alte russische Volksmärchen. Dann versammelten sich alle um einen großen runden Tisch, und Puschkin verwandelte den Raum in ein Zauberland voll Hexen, Kobolden und Werwölfen. Fantasievoll schmückte er die Erzählungen aus, die er bei seinem langen Aufenthalt auf dem Land gesammelt hatte und die er im Ton volkstümlicher Geschichten wiederzugeben wußte.«

Der häufige Besuch bei den Damen Urussov wäre dem Dichter beinahe zum Verhängnis geworden. Ein gewisser Solomirskij, ein argwöhnischer Bewunderer der jungen Urussov, machte sich einen unpassenden Scherz Puschkins zunutze und forderte ihn zum Duell. Am 15. April 1827 antwortete ihm der Dichter in einem französisch abgefaßten Briefchen:

»Jederzeit, wenn Sie es wünschen. Kommen Sie mit einem Zeugen. A. P.«

Die Zeugen hatten große Mühe, das Treffen zu vereiteln und die beiden Gegner zu versöhnen.

Im Frühjahr 1827 hatte Puschkin schon genug von Moskau und seinen heiratsfähigen Töchtern. Die Sache mit *Godunow* und *André Chénier* hatte seinen Nerven zugesetzt. Immer häufiger kam es vor, daß er reizbar und zerstreut war und düster vor sich hinbrütete. Er gähnte während eines Balles. Er wußte nicht mehr, was er mit seiner freien Zeit anfangen sollte. Die jungen Intellektuellen des *Moskauboten,* deren Bewunderung ihm ein großer Trost gewesen war, erschienen ihm jetzt lästig mit ihren kindischen Ansprüchen. Diese Herren waren in Schellings Geist groß geworden. Sie erklärten: »Das erste Merkmal einer Dichtung muß das Geheimnisvolle sein« oder »der Dichter lebt, außerhalb der Wirklichkeit, in der Welt seiner Fantasie«. Nun, Puschkin war ein glühender Realist, der erste und reinste aller russischen

Realisten. Die Mitarbeiter des *Moskauboten* ergingen sich gern in verschwommenen Ausdrücken, sie schätzten Streitgespräche über metaphysische Gedanken, religiöse Dialektik und »die letzten Tiefen des Denkens und Fühlens«. Puschkin, der Schüler Voltaires, belustigte sich über diese stammelnden Versuche, das Unerklärliche zu erklären, das Absolute im Gewebe des Syllogismus einzufangen und auf der Leiter der Worte zu Gott hinaufzusteigen. Am 4. März 1827 schrieb Pogodin, der Chefredakteur des *Moskauboten,* in seinen Aufzeichnungen: »Bei Puschkin gewesen. Er ist gegen die Philosophie zu Feld gezogen, und da ich nichts Stichhaltiges erwidern konnte, habe ich geschwiegen. Ich war jedoch überzeugt, daß sein Gerede sinnlos ist.« Zwei Tage zuvor schrieb Puschkin an Delwig:

»Du machst mir Vorwürfe wegen der Sache mit dem *Moskauboten* und der deutschen Metaphysik. Gott weiß, wie sehr ich sie verabscheue und verächtlich finde! Was kann man machen? Gefühlvolle und querköpfige Burschen haben sich zusammengetan; sie sagen hüh!, und ich sage hott! Ich frage sie: ›Meine Herren, was haben Sie davon, leere Gefäße umzufüllen? Das mögen die Deutschen tun, die schon genug positive Erkenntnisse haben. Aber wir? . . .‹ Der *Moskaubote* liegt in der Grube und fragt: ‹Was ist die innere Natur des Strickes?‹ Was jedoch die Zeit anlangt, so ist ihre innere Natur so beschaffen, daß ich sie nicht mehr mit irgendeinem Boten verlieren kann. Um so schlimmer für sie, wenn sie nicht auf mich hören wollen.«

Da der *Moskaubote* sich in der Atmosphäre verschwommener Metaphysik bewegte, hatte er keinerlei Erfolg. Die Zahl von kaum sechshundert Abnehmern im ersten Jahr sank im folgenden Jahr erheblich. Selbst der Name Puschkin genügte nicht mehr, den Verkauf zu verbürgen. Puschkin wurde durch die Philosophen überflügelt, und die Konkurrenzblätter setzten alles daran, seinem Ruf zu schaden.

Puschkins Ruhm, der im Winter 1826/27 seinen Höhepunkt erreicht hatte, verblaßte rasch bei Frühjahrsbeginn. Das Publikum hatte den Dichter zu gut aufgenommen, als daß er hoffen konnte, sich eine solche Gunst zu erhalten. Sein Erfolg erregte fast überall Neid und Eifersucht. Unbekannte Feinde arbeiteten an seinem Verderben. Sogenannte Liberale warfen ihm vor, er habe seiner republikanischen Gesinnung abgeschworen, um sich wie ein Pfau spreizen zu können. Man tuschelte, er habe seine Freunde vergessen und sein Werk verraten; er habe sich dem Zaren verkauft, er diene sogar Benkendorf als Spitzel. Puschkin hatte ein Gedicht veröffentlicht, *Die Stanzen*, in dem manche eine Verherrlichung von Nikolaus I. sehen wollten. Der Dichter empfahl dem Herrscher, sich Peter den Großen zum Vorbild zu nehmen:

Sei arbeitsam wie er,
im Sattel fest und ohne Falsch.

Diese letzten Worte hätten die Freunde der Dezembristen eines Besseren belehren sollen. Aber die Verleumdung war in die Welt gesetzt. Puschkin mochte noch soviel dagegen sagen, man hörte nicht auf ihn. Epigramme liefen um, die ihm in die Schuhe geschoben wurden. Plötzlich fühlte er sich vereinsamt, den Liberalen und der Polizei gleich verdächtig. Von den einen wie den anderen zurückgestoßen. Zwischen zwei Feuer genommen. Und das war so schnell geschehen, wie ein heiterer Himmel sich unversehens mit Wolken bezieht. Müde und mutlos, beschloß Puschkin, die Stadt zu fliehen, die seinen Triumph bereitet hatte und ihn jetzt anschwärzte. Er erbat von Benkendorf die Genehmigung, sich nach St. Petersburg zu begeben, wo seine Eltern wohnten. Dieser antwortete ihm am 3. Mai 1827:

»Seine Majestät genehmigt Ihren Aufenthalt in St. Petersburg und beliebt zu sagen, daß sie nicht daran zweifle, daß das von einem Edelmann seinem Herrscher gegebene Wort, sich würdig und anständig zu verhalten, streng befolgt werde.«

»Das gebene Wort ... sich würdig und anständig zu betragen ...« Was hatten sie alle an ihm zu zweifeln?

Am 19. Mai 1827 verließ er Moskau mit dem Ziel St. Petersburg. Am Abend seiner Abreise kamen seine Moskauer Freunde und einige Mitarbeiter des *Moskauboten* im Landhaus von Sobolewskij zusammen. Puschkin fand sich erst spät ein. »Man hatte schon die Kerzen gebracht«, schrieb Polewoj, »da erschien er, mürrisch und abwesend, er sprach, ohne zu lächeln (was bei ihm immer ein Zeichen schlechter Laune war). Unmittelbar nach dem Essen brach er auf. Seine Kutsche war vorgefahren, und er ging weg, ohne jemand ein freundliches Wort gesagt zu haben. Ich erinnere mich, daß dieses Verhalten alle Anwesenden peinlich berührte.«

Sankt Petersburg

»Ich fahre morgen nach St. Petersburg«, schrieb Puschkin seinem Bruder, »um meine, wie man sagt, geliebten Eltern wiederzusehen und um Geldangelegenheiten in Ordnung zu bringen.«

Er hatte die lächerlichen Szenen in Mikhailowskoje nicht vergessen, die Bespitzelung durch seinen Vater, sein Geschrei und sein hochtrabendes Geschwätz, er empfand nur Widerwillen gegen Vater und Mutter, in den sich eine Art Rührung mischte.

Seit einigen Monaten posaunte Serge Lwowitsch überall aus, daß er seinen Sohn vergöttere, daß dieser ihn jedoch nicht verstehe. Puschkin ließ sich durch diesen Gefühlsumschwung, der seltsamerweise mit seiner Rückkehr in die Nähe des Zaren zusammenfiel, nicht beirren. Er kannte seinen Vater als eitel und falsch, als pathetischen und feigen Weltmann. Die Mutter war kaum mehr wert. Alle beiden hofften, aus der Bevorzugung Nutzen zu ziehen, die das Wohlwollen des Zaren Puschkin nach ihrer Meinung zuteil werden ließ. Der Dichter war wieder ihr Sohn, da Nikolaus I. ihm seine Jugendsünden vergeben hatte; er verdiente ihre Liebe wieder, da er das Vertrauen des Herrschers erlangt hatte. Doch Puschkin fühlte keine Sehnsucht, seine Eltern wiederzusehen, ihm lag nur an seiner großen Schwester Olga. Sein Bruder Leo war bei der Armee im Kaukasus, und der Militärdienst hatte den prahlerischen, leichtsinnigen Bummler nicht geändert. Seine besten Freunde waren im Gefängnis oder deportiert. Blieb nur Delwig. Doch er war so dumm gewesen, sich eine Frau zu nehmen. Wahrlich, St. Petersburg erwies sich als ebenso leer, geistlos, langweilig und unbekömmlich wie Moskau.

»Was soll ich Ihnen erzählen, Madame, von meinem Aufenthalt in Moskau und meiner Ankunft in St. Petersburg«, schrieb Puschkin an Madame Ossipov in einem Brief Anfang Juni 1827. »Die Schalheit und Geistlosigkeit der beiden Hauptstädte sind gleich groß, wenn auch verschiedenartig, und da ich auf Unparteiischkeit Anspruch mache, so würde ich Trigorskoje wählen, wenn ich zwischen den beiden zu wählen hätte. So antwortete Kasperle auf die Frage, ob er lieber gerädert oder gehängt werden wolle: ich möchte lieber eine Milchsuppe. Ich bin im Begriff, wieder abzureisen und reche bestimmt damit, ein paar Tage in Mikhailowskoje zu verbringen: bis dahin herzliche Grüße Ihnen und allem, was zu Ihnen gehört.«

Und kaum war Puschkin in St. Petersburg eingetroffen, machte er sich schon wieder auf und fuhr aufs Land, in das kleine Holzhaus von Mikhailowskoje und zu den jungen Mädchen von Trigorskoje. Seit Juli hatte er das gewohnte Leben seiner Verbannung wieder aufgenommen. Er arbeitete in Mikhailowskoje bis zu zwölf Stunden am Tag, umgeben von Stößen beschriebenen

Papiers, zwischen Federn und zerbissenen Bleistiften auf seinem Bett liegend. Hier und da riß er sich von seiner Arbeit los, spielte Billard, ritt aus, neckte Rodionowna, hofierte ein Weilchen die Damen von Trigorskoje, verwundete irgendein empfindsames Herz, ließ sich mit einem leicht zugänglichen Weiberrock ein und kehrte wieder zurück, fiebernd vor Arbeitsverlangen. Im Herbst 1827 schrieb er mehrere lyrische Gedichte und begann den ersten großen, historischen russischen Roman: *Der Mohr Peters des Großen.* Dieser handelte von seinem berühmten Vorfahren Hannibal, den die Türken mitgenommen hatten, um ihn in das Serail des Sultans zu stecken, und der dann durch den russischen Gesandten in Konstantinopel nach Rußland geschickt wurde. »Die wesentliche Verwicklung des Romans«, äußerte Puschkin, »wird die Untreue der Frau des Negers bilden, die ein weißes Kind zur Welt brachte und deshalb von ihrem Mann in ein Kloster gesteckt wurde.« Dieses voll Begeisterung begonnene Werk blieb jedoch unvollendet. Die ersten sechs Kapitel sind erstaunlich sicher und kraftvoll geschrieben. Wie in seiner Verstragödie *Boris Godunow* hat Puschkin es auch in diesem Prosaroman verstanden, den historisch bezeugten Gestalten Leben einzuhauchen. Wir glauben Peter den Großen leibhaftig vor uns zu sehen mit den ihm eigenen Gebärden, seinem Gang, seiner leidenschaftlichen Glut und glauben, seine Stimme zu hören. Auch die Personen seiner Umgebung sind scharf gezeichnet. Der Prunk des französischen Hofes unter der Regentschaft des Herzogs von Orleans, die Gesellschaften am Zarenhof, die Gespräche der Bojaren, alles wird heraufbeschworen, als habe es ein gewissenhafter Augenzeuge beobachtet und notiert.

Ende Juli war Puschkin in Mikhailowskoje angekommen, und Anfang Oktober reist er wieder ab. In der Poststation Borowitschi spielt er während seines Aufenthaltes Karten und verliert in kurzer Zeit sechzehnhundert Rubel. Auf der nächsten Poststation tröstet er sich, indem er in einem Schillerband blättert.

»Kaum hatte ich die ersten Seiten gelesen«, schreibt er in seinen Notizen, »als vier Troikas vorfuhren, die ein Feldjäger begleitete. Ich ging hinaus, um mir das anzusehen. Einer der Gefangenen, ein großgewachsener, magerer junger Mann mit bleichem Gesicht und schwarzem Bart stand an einen Pfeiler gelehnt ... Plötzlich warf er mir einen so durchdringenden Blick zu, daß ich mich umwenden mußte. Wir musterten uns genau ..., und ich erkannte Küchelbecker. Wir fallen einander um den Hals. Doch die

Gendarmen trennen uns. Der Feldjäger packt mich am Arm, schreit und droht. Ich höre nicht auf ihn. Küchelbecker wird ohnmächtig. Die Gendarmen geben ihm Wasser, schleppen ihn zum Wagen, und der Wagenzug fährt wieder weiter.«

Die Gendarmen überführten den unglücklichen Küchelbecker, der zu lebenslänglichem Zuchthaus verurteilt war, von der Festung Schlüsselburg in die Festung Dünaburg. Und bei dieser Überführung von einem Gefängnis ins andere hatte der Zufall es gefügt, daß Puschkin seinen alten Schulfreund wieder traf. Raum und Zeit überbrückend, hatten ihre Wagen sich vor der Türe einer russischen Herberge gekreuzt. Puschkin, der freie Mann, und Küchelbecker, der Zuchthäusler, waren sich begegnet. Zwei Freunde, zwei Kindheitsgefährten.

Puschkin fuhr weiter; der Anblick dieses liebenswerten, jämmerlichen Narren, der so bleich, so mitgenommen und schwach aussah, hatte ihn tief traurig gestimmt. Er fuhr wieder zu Salons, zu Frauen und zu Erfolg, er würde Theater und beliebte Restaurants aufsuchen, während Küchelbecker das Opfer seiner Überzeugung geworden war und hinging, um in einem feuchten Kerkerloch zu verkommen. »Dies Los hätte auch mich treffen können . . .« Bei diesem Gedanken überfiel ihn brennende Scham, daß er des Zaren Verzeihen angenommen hatte, doch zugleich ein unstillbares Verlangen, mit Leib und Seele dieses kostbare, so bedrohte Glück zu genießen!

In St. Petersburg hatte Puschkin zwei bescheidene Zimmer im Hotel Demuth bezogen. Seine Eltern sah er selten, und wenn Vater und Sohn sich unterwegs begegneten, tauschten sie einen höflichen Gruß, gingen aber jeder Unterhaltung aus dem Weg.

Puschkin hatte schon immer Glücksspiele geliebt, aber im Jahre 1827 wurde diese Leidenschaft zu verbissener Wut. Der bloße Anblick eines grünbezogenen Tisches und eines Kartenspiels machten ihn schwindlig. Keine vernünftige Überlegung vermochte gegen das Verlangen aufzukommen, alles auf eine Karte zu setzen, das Schicksal herauszufordern, Glück oder Unglück herbeizurufen. Die verhängnisvolle Entscheidung von Rot oder Schwarz entsprach seinem Abenteuergeist. Er hätte gewünscht, daß sein ganzes Leben mit Würfelspiel und Kartenschlagen dahingehe.

Sobolewskij, der Puschkin in St. Petersburg wiedergetroffen hatte, ermunterte ihn noch, dieses unwürdige, jämmerliche Dasein fortzusetzen. Man liest in einem Polizeibericht des von Fock vom Oktober 1827:

»Der Dichter Puschkin ist hier. Er ist selten zu Hause. Ein gewisser Sobolewskij schleppt ihn in Theater und Wirtshäuser und läßt ihn auf seine Kosten essen und trinken. Man nennt Sobolewskij den ›Bauch‹ Puschkins. Abgesehen davon, kann die Polizei nicht über das Betragen des letzteren Klage führen.«

Während Puschkin, ohne verständnisvolle Eltern und wirkliche Freunde, ohne Liebe, die sein Herz erfüllte, sich in den Kaschemmen umhertrieb, seine Zeit mit Kartenspielen totschlug, die jungen Schönen der großen Welt hofierte und sich mit Straßenmädchen abgab, überwachten Benkendorfs Geheimagenten seine geringfügigsten Handlungen, notierten seine unbedeutendsten Aussprüche und übersandten ihrem Chef Berichte, die eher Krankheits- als politischen Berichten glichen. »Puschkin geht es besser. Puschkin verliert beim Spiel. Puschkin redet Gutes vom Zaren. Puschkin liest seine Tragödie vor . . .«

Nikolaus I. ist ein großer Zar. Puschkin achtet in ihm den Menschen, verabscheut jedoch den Autokraten, er bewundert den Mann und tadelt das Amt. Auf die Huld, die ihm der Herrscher gewährte, antwortet er mit seinem *Antschar,* der jeder Monarchie das Urteil spricht.

Der Antschar ist ein Baum, dessen grüne Blätter Gift absondern. Ein Mann schickt einen anderen, daß er das Gift auffange und an der Aufgabe zugrunde gehe. Der erste Mann ist ein Fürst, der zweite ein Nichts, das Abbild der Autokratie.

Nachdem er den Grundgedanken der absoluten Macht gebrandmarkt hat, wendet er sich gegen die stumpfsinnigen Anbeter dieser Macht, gegen die blinde Masse der Höflinge, und widmet ihnen sein Gedicht: *Der Pöbel.*

In unserer Schwäche ungetreu,
sind böse wir und liederlich.
Von Dank ist unser Herze frei.
Stumpfsinn'ge Sklaven und Eunuchen,
dein Ehr wir abzuschneiden suchen.

Der Dichter verschmäht es, dieser verderbten Menge Moral zu predigen. Er nimmt für die Kunst das Recht in Anspruch, keinen Zweck zu verfolgen. Später schreibt er: »Die Posie steht über der Moral. Oder ist zum mindesten eine ganz andere Sache. Herr Jesus, was geht den Dichter die Frage nach Gut und Böse an? Ihn kann höchstens deren poetische Seite fesseln.«

Am 2. Oktober wird er von Graf Tolstoi wegen der *Gabrieliade* vernommen. Ohne sich beeindrucken zu lassen, beginnt er am 3. Oktober sein großes Gedicht *Poltawa.* Puschkin weiß nicht, was für ein Los ihm Nikolaus I. zugedacht hat. Schon morgen oder übermorgen kann seine Laufbahn zerstört sein, und das begonnene Werk wird vielleicht niemals zu Ende geführt werden. Was liegt daran? Er arbeitet. Er arbeitet sogar mit größerer Hingabe als früher, als habe er die ganze Ewigkeit vor sich, um seine Gedanken auszudrücken, als bedrohe ihn nicht plötzliche Festnahme, als gäbe es in Rußland weder Zar noch Benkendorf, weder Polizei noch Höflinge!

Am 3. Oktober 1828 hatte er *Poltawa* begonnen, am 13. desselben Monats schrieb A. N. Wulf in sein Tagebuch: »Ich war bei Puschkin, der mir sein fast beendetes Gedicht vorgelesen hat.« Und Puschkin sagte selbst: »Ich habe *Poltawa* in wenigen Tagen geschrieben; ich hätte mich nicht länger damit beschäftigen können, sonst hätte ich alles wieder aufgegeben.«

Poltawa ist ohne festen Plan entworfen und stellt eher ein Nebeneinander verschiedener Gedichte dar, die ein gemeinsamer Grundgedanke verbindet. Dem Ganzen mangelt der Zusammenhang, doch, einzeln gesehen, bekunden sich die Teile als Meisterwerke.

Puschkin äußerte in seinen Notizen: »Welch gräßliches Thema! Nicht ein gutes oder eldes Gefühl! Nicht ein tröstlicher Zug! Verführung, Mißgunst, Verrat, List, Feigheit, Grausamkeit... Was mich anzog, waren die kraftstrotzenden Charaktere und das tragische tiefe Dunkel, das über allem liegt.«

Trotz seiner vorzüglichen Eigenschaften wurde *Poltawa* scharf verurteilt, wenn auch nicht vom Publikum, so doch von der offiziellen Kritik. Der Berichterstatter des *Sohns des Vaterlandes* schrieb 1829: »Puschkins Mazeppa ist weder ein ehrgeiziger noch ein durchtriebener oder elender Mensch, er ist ganz einfach ein bösartiger Dummkopf.« Maries Liebe zu Mazeppa überstieg jedes Verständnis: »Warum hat sie sich in diesen weißhaarigen Greis verliebt, warum hat sie alle jungen Leute zurückgewiesen? Warum ist sie aus dem Elternhaus geflohen und verschwendet Liebkosungen an diesen altersschwachen, kranken Kosakenhetman, als wäre er ein Adonis? ... Dem Leser scheint das nicht glaubhaft.«

Puschkin erwiderte: »Die Liebe ist die unverständlichste Leidenschaft. Ich spreche nicht von den zahlreichen Fällen, wo

Häßlichkeit und Dummheit der Jugend, Intelligenz und Schönheit vorgezogen werden. Aber erinnern Sie sich an den Mythologieunterricht, an Ovids Metamorphosen, an Leda, Phyllis, Pasiphae und Pygmalion, so werden Sie wie ich erkennen, daß alle diese Gestalten es wert sind, in der Dichtung weiterzuleben. Und Othello, dieser alte Neger, der Desdemona betörte, als er ihr von seinen fernen Abenteuern und Kämpfen erzählte! Mazeppa handelt in meinem Gedicht nach historischen Gegebenheiten, und seine Reden erhellen seinen geschichtlich verbürgten Charakter. Es genügt nicht, daß ein Kritiker feststellt, diese oder jene Person sei ein Dummkopf, er müßte es auch beweisen.«

Der Kopf rauchte ihm noch von der soeben beendigten Arbeit an *Poltawa,* als er sich am 19. Oktober 1828 zu der jährlichen Zusammenkunft der ehemaligen Schüler des Gymnasiums begab. Das Protokoll zählt auf: »Anwesend waren Delwig, Illitschewskij, Iakowlew, Korf, Stephen, Tyrkov, Komowskij und ›Puschkin – der Franzose, Mischung aus Tiger und Affe‹.«

Die Freunde tranken und scherzten, bedauerten Puschin und Küchelbecker, ließen sich von Kindheitserinnerungen rühren, trennten sich sehr spät und wünschten Puschkin gute Reise, der noch in der Nacht nach Malinniki, dem Gut der Wulf, im Gouvernement Twer, abreiste.

Schon fast einen Monat lang dachte Puschkin daran, sich nach Malinniki zu geben. Am 11. September schrieb Alexis Wulf in sein Tagebuch: »Ich habe Puschkin gesehen, der mit meiner Mutter nach Malinniki gehen will. Mir ist das sehr unangenehm, denn es würde dem guten Ruf von Mutter und Schwester schaden; für meine Schwester ist es noch aus einem anderen Grund schlecht.« Diese edle Besorgnis reizt zum Lachen, wenn man bedenkt, daß Alexis Wulf der Schreiber ist, Puschkins Schüler auf dem Gebiet der Liebe, der Faust und Lovelace von Trigorskoje. Wulf war fast zur gleichen Zeit der Liebhaber von Madame Kern, von Lisa Poltoratskij, einer Schwester von Madame Kern, von Alexandrine Ossipov und von Delwigs Frau. Er führte Tagebuch über seine Heldentaten in der Liebe, über seine Erfolge und Mißerfolge. Es war ihm wichtig, junge Mädchen zu umgarnen, sie bis zur »Ekstase« zu bringen, ihre Jungfräulichkeit jedoch nicht anzutasten. Und nun fürchtete dieser Spezialist der Frauenbetörung für seine Schwestern die Auswirkungen einer Wissenschaft, die ihm selbst soviel fröhliche Siege verschafft hatte. Doch seine Befürchtungen waren begründet.

Puschkin übte eine äußerst verführerische Wirkung aus auf die empfindsame Annette, auf die schalkhafte Sissi und auf ihre Mutter, die sparsame, kluge, träumerische, rundliche Madame Wulf-Ossipov. Puschkin hatte Annette, deren Liebesbriefe man kennt, buchstäblich ins Unglück gestürzt und entehrt. Und Sissi brannte darauf, dem Beispiel ihrer älteren Schwester zu folgen. Sie war nun zwanzig Jahre alt. »Verschiedene Anzeichen sprechen dafür«, schrieb Wulf, »daß ihre jugendliche Fantasie durch den unwiderstehlichen Mephistopheles in falsche Bahnen gelenkt wird.«

Die ganze Frauenschar von Trigorskoje war nach Malinniki übergesiedelt, und nun geriet eine wie die andere in Feuer, alle wurden nervös und machten sich auf herzhafte Niederlagen gefaßt. In dem weiträumigen, aus Schiffsholz gebauten Haus mit seinem säulchengeschmückten Vorplatz und den niedrigen, dunklen Zimmern, deren Mahagonimöbel höchst unbequeme Sitze boten, steckte man vor dem Besuch des Dichters fieberhaft erregt die Köpfe zusammen. Man zog sich um, flüsterte sich Geheimnisse zu und gab sich treulose Ratschläge, man seufzte ein wenig und schickte beim Schein der Nachtlampe oder in den Alleen ein gottloses kleines Gebet gen Himmel. Puschkin wird kommen! Dieses Ungeheuer! Dieser Engel! Man hat solche Angst vor ihm, und es tut so gut, Angst zu haben! Endlich kommt er. Zärtliche Gesichter empfangen ihn, anzusehen wie ein Blumenstrauß. Das Gelächter, die bittersüßen Koketterien, die soviel Ablenkung versprechen, löschen rasch die düstere Erinnerung an die Hauptstadt aus. Im Kreis dieser jungen Mädchen und ergebenen, Liebe heischenden Frauen vergißt Puschkin *André Chénier, die Gabrieliade,* Benkendorf und Nikolaus I. Er wird um zehn Jahre jünger. Er ist heiter und lebhaft, verführerisch, spöttisch, verliebt und voll überschäumender Lebenskraft, wie er es nie gewesen ist. Er fliegt von einer Jungfrau zu anderen, neckt sie, liebkost sie, erregt kleine Eifersüchteleien, Palastrevolutionen und Intrigen auf den Gängen. Man ist böse auf ihn, verabscheut ihn, man bewundert und liebt ihn. Er ist glücklich. Am 27. Oktober schreibt er an Alexis Wulf:

»Man hat mich mit aller schuldigen Ergebenheit und Freundlichkeit aufgenommen. Man versichert, daß Sie viel weniger gut seien als ich (vom Standpunkt der Moral). Das erlaubt mir nicht, auf Erfolge zu hoffen, die den Ihrigen gleichkommen. Ich habe aufrichtig und in aller Unschuld Bericht über Ihr Betragen in

St. Petersburg erstattet, wie man es von mir zu hören wünschte. Es hat Tränen gegeben und Ausrufe: ›Was für ein Taugenichts! Welch gemeiner Schuft!‹ Aber ich habe so getan, als hörte ich nichts. Ich benütze die Gelegenheit, um Ihnen mitzuteilen, daß Marie Wassiliewna Borissov eine Blume in der Wüste ist, eine Nachtigall in einem unberührten Wald, eine Perle im Meer, und daß ich die Absicht habe, mich in einigen Tagen in sie zu verlieben.«

Doch während Puschkin die kleine Sissi herzte, der hübschen Marie Borissov schöntat und hinter jedem Weiberrock herlief, der seinen Weg kreuzte, vollendete er in Malinniki den siebten Gesang von *Eugen Onegin,* schrieb die Widmung zu *Poltawa* (für Marie Rajewskij) und verfaßte einige lyrische Gedichte, darunter das wunderbare, düstere *Ertrunken.* Dann, nach erfolgreichen Arbeitstagen, nach Wochen, in denen er geliebt und gelacht hatte, verließ er Malinniki im Dezember und begab sich nach Moskau, um seine neuen Werke ein paar zuverlässigen Freunden vorzulesen.

»Puschkin ist für drei Wochen hierhergekommen«, schrieb Wiasemskij an Turgenjew. »Er hat sich noch nicht verliebt, und seine ehemaligen Liebsten haben sich ein wenig von ihm abgewandt. Gestern sollte er zu den Korsakov gehen. Ich weiß noch nichts über das Zusammensein. Ich schlage ihm vor, mich nach Pensa zu begleiten; er hätte wohl nichts dagegen, mit mir zu gehen, aber ich rechne kaum damit, denn sicher wird er sich inzwischen wieder verlieben.«

Von Moskau kehrte Puschkin zu den Wulfs in den Harem von Malinniki zurück, wo Alexis Wulf, vor kurzem aus St. Petersburg eingetroffen, seine Nachfolge bei den jungen Mädchen und müßigen jungen Frauen angetreten hatte. Und aufs neue begannen die Liebesplänkeleien in der Familie Wulf-Ossipov. Der Kampf wurde nicht mehr von Puschkin allein geführt, sondern von ihm und Alexis Wulf, die sich zu einem »Schutz- und Trutzbündnis« gegen das schöne Geschlecht zusammengetan hatten, und Alexis Wulf schrieb in sein Tagebuch, das ein wertvolles Zeugnis für die galanten Sitten der Epoche bildet:

»Zum Sonntag Epiphanias erschien Puschkin, ›der Ruhm unserer Tage, der Liebling der Götter‹, wie ihn unsere Dichterin von Kostroma, Gotowtsew, nennt. Er brachte Leben in die Familie. Sein glänzender, weltmännischer Geist ist sehr angenehm in Gesellschaft, vor allem in weiblicher. Ich habe mit ihm ein Schutz-

und Trutzbündnis gegen die Schönen geschlossen, darum haben meine Schwestern ihn Mephistopheles getauft und mich Faust. Aber Gretchen (die sechzehnjährige Katharina Weliaschew) blieb kalt trotz der Einflüsterungen Mephistos und der hartnäckigen Courschneiderei von Faust; alle Mühe war vergebens... Ebenso entglitten mir die kleine Marie Borrissov und Nathalie Koznakov ... Beim Essen gaben wir Friederike (einer hübschen Hamburgerin, die mein Onkel von einer seiner Militärexpeditionen mitgebracht und dann geheiratet hat) Lunel zu trinken, auch einer anderen Deutschen aus Riga, halb Gouvernante, halb Dienerin, der Braut des Verwalters, und einem sehr lebhaften kleinen Mädchen, der Tochter des ehemaligen Popen des Ortes ... Ich erwähne diese Kleine, weil ich ein ziemlich komisches Erlebnis mit ihr hatte ...«

Dieses ziemlich komische Erlebnis ähnelte seltsam dem des Grafen Nulin, das Puschkin in seinem Gedicht erzählt hat. Wulf hatte der Popentochter schon den ganzen Tag den Hof gemacht und wollte sie nun bei Nacht in ihrem Zimmer aufsuchen. Das »Opfer« berichtete über den nächtlichen Besuch von Alexis Wulf: »Ich wache auf und sehe einen jungen Mann vor meinem Bett knien, und wie er seinen Kopf dem meinen nähert. ›He! Wer sind Sie?‹ rief ich laut. ›Still, still, ich gehe sofort‹, stammelte er und ging wirklich.«

Als Puschkin von der Sache erfuhr, schien er seinen Spaß daran zu haben und behandelte Alexis Wulf fortan mit viel Freundlichkeit. »Er ist ein Prachtskerl«, sagte er, »er bildet sich ein, daß ihm alle Türen offenstehen und er die Leute nicht von seinem beabsichtigten Besuch zu benachrichtigen brauche, doch die Tatsachen haben ihm das Gegenteil bewiesen.«

Auf dem Gut von Paul Iwanowitsch, dem Onkel von Alexis Wulf, verteilte Puschkin seine Aufmerksamkeiten an Sissi und die Tochter des Popen, was Madame Ossipov im höchsten Grad aufbrachte. »Paul Iwanowitsch«, äußerte sie, »öffnet sein Haus jedem Hergelaufenen. Man verkehrt mit der Tochter eines Popen auf gleichem Fuß wie mit meinen eigenen Töchtern.«

»Als wir in den Speisesaal hinübergingen«, schreibt die Popentochter, »bot Alexander Sergejewitsch Puschkin mir den einen Arm und den anderen Sissi, die so alt ist wie ich. Bei Tisch saß er zwischen uns beiden und bediente uns mit der gleichen Zuvorkommenheit. Als Abends der Tanz begann, tanzte er abwechslungsweise mit uns beiden. Zuerst mit ihr und dann mit mir, und so der Reihe nach. Madame Ossipov ärgerte sich und ging weg. Sissi hatte Tränen in den Augen, ich weiß nicht warum. Vielleicht weil Puschkin uns nach dem Essen das Porträt einer unbekannten Dame zeigte und sagte, das sei eine Schönheit. Alle schauten das Porträt an und bewunderten es wie er. Zweifellos hat das ihre Erregung verursacht. Sie verschlang ihn jedoch mit den Augen.«

Die Popentochter, die kleine Marie Borissov, die kleine Weliaschew, die kleine Sissi. Puschkin tanzt wie ein Falter um diese blumenhaft zarten Opfer. Schließlich betört er Sissi, so daß sie ihm weitgehende Zärtlichkeiten gestattet. Das junge Mädchen wird nervös, ihre bleichen Züge sind gespannt, und sie weint grundlos. Alexis Wulf bemerkt an seiner Schwester »eine bestimmte Mattigkeit in den Bewegungen, die ihre Verehrer sicher reizvoll finden, die mich aber stark an den Zustand von Lisa Poltoratskij gemahnen und an die Leiden einer unglücklichen Liebe, ich glaube kaum, daß ich mich täusche«.

Am 19. Januar 1829 reisen Puschkin und Wulf schließlich wieder nach St. Petersburg ab. »Auf den Poststationen«, schreibt Wulf, »spielten wir während des Pferdewechsels Schach, und unterwegs unterhielten wir uns über die neuesten politischen Ereignisse in Rußland, über Literatur, über Frauen und Liebe. Puschkin spricht gut. Sein lebhafter, scharfer Geist bemächtigt sich sogleich des Gesprächsthemas, doch bedingt gerade diese Fähigkeit den manchmal oberflächlichen und einseitigen Charakter seiner Urteile . . . Er kennt die Frauen besser als irgendwer. Da er nicht jenes vorteilhafte Äußere besitzt, für welches das schöne Geschlecht immer empfänglich bleiben wird, so erobert er die Zuneigung der Frauen einzig durch seine geistsprühende Intelligenz.«

Die Frauen, die Frauen, immer die Frauen! Puschkins Leben ist voll von Frauen, und die große Schar nichtssagender, hohler Geschöpfe läßt die Gestalten derer, die mehr Beachtung verdienten, in den Hintergrund treten. Puschkin gibt sich dem tollen Wirbel von Liebesfreuden und -leiden hin, spricht aber nicht über seine tiefsten Schmerzen. So wissen wir nichts von der großen Trauer, die er im Jahr 1828 erlebte. Arina Rodionowna, seine »Niania«, seine zuverlässigste Vertraute, seine älteste Freundin, war in St. Petersburg gestorben. Das alte Häuschen in Mikhailowskoje hatte keine Seele mehr. Das Band zur Kindheit war zerrissen, und Puschkin rückte unversehens in die nächste Generation auf.

Nach seiner Rückkehr in die Hauptstadt St. Petersburg, in der zweiten Januarhälfte 1829, vergißt Puschkin seine ländlichen Liebeleien und widmet sich nur noch den Karten und neuen Eroberungen.

»Sein Betragen«, schrieb Nikitenko in seinen Aufzeichnungen, »ist unwürdig eines Mannes, der die Sprache der Götter spricht und sich bemüht, das Bild der Wirklichkeit in ideale Schönheit zu verwandeln. Es ist ein Jammer, daß solch ein sittlich widerspruchsvolles Verhalten dem vollendetsten Naturtalent verschwistert ist.«

Unter Puschkins Notizen zu *Pique-Dame* (1832/33) findet sich folgende autobiographische Bemerkung:

»Vor vier Jahren wohnte ich in St. Petersburg und führte ein unregelmäßiges Leben. Ich gehörte zu einer Gruppe freizügiger junger Leute, die der Zufall vor kurzem zusammengeführt hatte und deren Dasein jeder Zucht und Ordnung entbehrte. Man speiste bei Andrié, ohne Hunger zu haben, man trank ohne Fröhlichkeit, man ging zu S. A., der Wirtin einer verrufenen Kaschemme, lustlos und nur zu dem Zweck, die arme Alte durch unsere geheuchelte Gleichgültigkeit in Wut zu versetzen; bei Tag schlug man die Zeit tot, so gut es ging, und am Abend traf man sich bald bei dem, bald bei jenem, um die Nacht beim Kartenspiel hinzubringen.«

An einem dieser Abende schrieb Puschkin auf seinen Ärmel mit Kreide die Verse, die dem 1. Kapitel der *Pique-Dame* als Motto dienen:

Bei Wind und bei Regen
kamen sie oftmals zusammen
und spielten, verzeih's ihnen Gott,
um fünfzig und spielten um hundert ...

Alle Einkünfte aus den literarischen Erzeugnissen des Dichters wanderten zum grünen Tisch. Die Moskauer Polizei hatte ihn in ihre Liste berüchtigter Spieler unter Nr. 36 eingereiht:

»Nr. 1 Graf Fedor Tolstoi – gerissener Spieler; Nr. 22 Naschokin – Spieler und Freund von Skandalen, aus zahllosen Polizeiberichten bekannt; Nr. 36 Puschkin – in Moskau wohlbekannter Spieler.«

»Puschkin, ein wohlbekannter Spieler.« Die Polizei vergaß lediglich, daß er auch ein Dichter war. Wiasemskij schrieb ihm:

»Ich höre von den Karamzin nur Klagen über Dich: Du bist,

ohne Nachricht zu hinterlassen, für sie verschwunden, und ein anonymes Gerücht behauptet, daß Du unmäßig spielst. Ist das wahr?«

Puschkin erwiderte auf diesen Brief:

»Solange Kisselew und Poltoratskij hier waren, habe ich das Leben fortgesetzt, das ich selbst geschildert habe:

Bei Wind und bei Regen
kamen sie oftmals zusammen ...

Jetzt sind wir in alle Winde zerstreut. Ich habe mich ins Weltleben geworfen und bin ohne festen Wohnsitz. Ohne Deine kupferne Venus wäre ich vor Langeweile umgekommen. Sie ist wunderbar tröstlich und liebenswürdig und hat mich zu ihrem Vergnügungsmeister ernannt.«

Die »kupferne Venus«, die Puschkin vom grünen Tuch weglockte, war die Gräfin Agrippina Zakrewskij, ein dunkelhäutiges, blendend schönes Geschöpf, dessen brennende Augen und fieberhaft gerötete Wangen einen ungezügelten Liebeshunger verrieten. Ihr heftiges Liebesverlangen zog Leidenschaft an, führte zu Katastrophen und Eifersuchtsszenen; sie saugte ihre Liebhaber körperlich und seelisch aus und erschöpfte sich selbst. Spott wechselte bei ihr mit trostlosen Stimmungen, bald gab sie sich zynisch, bald kokett, dann wieder gelangweilt müde, ewig schien sie zu suchen, wohin sie eigentlich gehöre.

Einige Monate lang vergeudete Puschkin seine Kraft, diese Mänade zu lieben und zufriedenzustellen. Dann wandte er sich ermattet von ihr ab und suchte sich ein ruhigeres Liebesglück. Er schrieb an Madame Khitrowo während der letzten Tage dieser verzehrenden Liebschaft:

»Die großen Damen und die großen Gefühle fürchte ich am meisten auf der Welt. Es leben die Grisetten ... Wollen Sie, daß ich offen rede? Vielleicht bin ich elegant und ein vornehmer Herr beim Schreiben, aber mein Herz ist ganz gewöhnlich, und meine Neigungen sind alle drittklassig. Ich habe die Nase voll von all den Intrigen, den Gefühlsduseleien und all dem brieflichen Hin und Her. Ich habe das Unglück, eine Liebschaft mit einer Person zu haben, die mich rasend macht, obwohl ich sie von ganzem Herzen liebe.«

Madame Elisa Khitrowo, der Puschkin dieses Geständnis machte, war eine Frau von sechsundvierzig Jahren, die Tochter des Marschalls Kutuzov und Schwiegermutter des österreichischen Gesandten in St. Petersburg, Graf Ficquelmont. In ihrem

Salon, einer Art Intelligenzbörse, wurden die neuesten politischen und literarischen Nachrichten aus St. Petersburg ausgetauscht. Lächelnd und immer geduldig, mit mütterlicher, etwas beschwerlicher Güte führte sie das Regiment über ihre Gäste. Sie lebte in der Einbildung, die schönsten Schultern in ganz Rußland zu haben und stellte sie in anstößig ausgeschnittenen Kleidern zur Schau. Dieses befremdende Bedürfnis einer fast Fünfzigjährigen, ihre Büste allen Blicken auszusetzen, hatte ihr den Beinamen »die nackte Lisa« eingetragen. »Es wird Zeit, einen Schleier über die Vergangenheit zu breiten«, sagte Perowskij beim Anblick ihrer freigebig dargebotenen Reize. Der Schriftsteller Sologub erzählte von ihr, daß sie spät aufstand, die ersten Besuche in ihrem Schlafzimmer empfing, wo sie ihre Gäste Platz zu nehmen bat: »Setzen Sie sich ... nein, nicht in diesen Sessel, das ist Puschkins Sessel ... nein, nicht auf das Sofa, das ist Jukowskijs Platz ... Setzen Sie sich doch auf mein Bett, da sitzt jedermann ...«

Die galanten Abenteuer von Madame Khitrowo waren jedoch weniger zahlreich und weniger aufsehenerregend als die der Gräfin Zakrewskij. Elisa Khitrowo war gutmütig, hilfsbereit, empfindsam und treu. Gleich bei der ersten Begegnung verliebte sie sich kopflos in Puschkin, und die Liebe ergriff völlig von ihr Besitz. Mit Wonne machte sich die große Dame zu seiner Dienerin, sie umhegte ihren Abgott mit tausend mütterlichen, lästigen Ratschlägen, sorgte sich um seine Gesundheit und ließ ihre Koketterie vor ihm spielen. Zweifellos erwiderte Puschkin ein- oder zweimal das Ansinnen dieser ungestümen Leidenschaft, dann aber vernachlässigte er die schöne Matrone mit dem verwegenen Dékolleté. Doch auch ohne erhört zu werden, setze sie ihrem Idol weiterhin mit ihren Liebesbezeigungen zu. Alle Welt wußte Bescheid über diese unerwiderte Anbetung eines alternden Herzens, denn die nackte Lisa konnte ihre Gefühle nicht besser verbergen als ihre Schultern. Die Bekannten des schlecht zusammenpassenden Paares nannten Madame Khitrowo »Hermine«, wobei sie auf die Heldin aus Tasso, die treue und unglückliche Geliebte des Tankred, anspielten. Puschkins Mutter schrieb ihrer Tochter: »Alexander ... geht im Sommergarten mit seiner Hermine spazieren ... Dein Bruder ist wirklich ein schnurriger Kerl.« Puschkin war sich klar, welch sonderbaren Eindruck diese Liebschaft machen mußte, und er hatte eine Heidenangst, lächerlich zu erscheinen. Daher spottete er über seine ihm so geneigte Anbeterin und versuchte mit allen Mitteln, ihr den Mut zu nehmen. Aber es war unmöglich, Elisa verzagt zu machen. Sie wollte alles hinnehmen, wenn man ihr nur erlaubte, ihren Dichter wiederzusehen. »Wenn Du Elisa in Dich verliebt machen kannst«, schrieb Puschkin 1830 an Wiasemskij, »so erweise mir diesen Dienst. Ich habe meine Vernunft behalten, indem ich nicht meinen Mantel, aber mein Hemd in den Händen dieser Frau gelassen habe, und sie überhäuft mich immer noch mit Briefen und Geschenken.« »Er war ihrer unsäglich überdrüssig«, schreibt ein Zeitgenosse, »aber er wollte sie nicht durch grobe Zurückweisung beleidigen, obwohl er ihre täglichen Briefe laut lachend ungelesen ins Feuer warf.«

Es war Madame Khitrowo, die über ihre mit dem österreichischen Gesandten verheiratete Tochter Puschkin Beziehungen zu anderen Ländern vermittelte. Ihr ist es zu verdanken, daß Puschkin ausländische Zeitungen und Bücher erhielt, durch die er die politische und künstlerische Entwicklung Europas verfolgen konnte. Dieser Vorteil allein hätte schon genügt, ihn bei der liebeglühenden Elisa festzuhalten.

Doch weder die Bacchantin Zakrewskij noch Hermine Khitrowo stillten des Dichters Verlangen, dem der Sinn nach neuen Entdeckungen stand. Von Jahr zu Jahr zogen ihn die jungen Mädchen mehr an. In Trigorskoje hatte er sich mit Sissi abgegeben und mit ihren Gespielinnen, die kaum dem Kindesalter entwachsen waren, in Moskau vernarrte er sich in Alexandrine Rimskij-Korsakov, in die Schwestern Urussov, in Sofie Puschkin, die ihn abgewiesen hatte, und in Katharina Uschakov, die er immer noch eines Tages zu der Seinigen zu machen hoffte. In St. Petersburg war die erkorene Jungfrau die zwanzigjährige Anna Olenin, die Tochter des Präsidenten der Akademie der Schönen Künste.

Anna Olenin war seit drei Jahren Hofdame der Zarin. Mit ihrem schlanken Wuchs, der vollen Büste, den schimmernden blonden Haaren und dem süßen kleinen Mund besaß sie die zierliche Anmut der Genrebilder von Greuze. Im Salon ihres Vaters traf sich die Elite der russischen Aristokratie und Künstlerwelt. Im Mai siedelte die Familie Olenin auf das nahe bei St. Petersburg gelegene Gut Priutino über, und die Gäste fanden sich in so großer Zahl dort ein, daß die siebzehn Kühe des Gutes nicht ausreichten, um den Haushalt mit frischer Sahne zu versorgen. In Priutino sprach man wenig von Politik, doch viel über Literatur, man spielte kaum Karten, sondern führte lieber Scharaden auf.

Zu den üblichen Gästen gehörten Mickiewicz, Wiasemskij, Jukowskij, Brüllov und Glinka. Puschkin machte Fräulein Olenin mit beharrlicher Ausdauer den Hof, obwohl er in Wirklichkeit nicht sonderlich in sie verliebt war. Da sie aber ein unberührtes, fröhliches, geistreiches junges Geschöpf war, hielt er es für seine Pflicht, sie dafür zu belohnen. Er widmete ihr Verse, die »den nachdenklichen Sinn«, die »kindliche Einfalt«, den »seelenvoll schmachtenden Blick« verherrlichten, er verglich sie einem »Raphael«.

Selbstredend führte Annette Olenin ein geheimes Tagebuch in französischer Sprache. Puschkin war der Held dieses kindlichen, in der dritten Person geschriebenen Romans. Es heißt darin: »Der Dichter hatte eine eigentümliche Vorliebe für kleine Füße, die er sogar der Schönheit vorzog, wie er in einem seiner Gedichte bekannte. Annette besaß, bei erträglichem Äußeren, zwei Dinge: ihre Augen konnten manchmal hübsch, manchmal blöd aussehen, aber ihr Fuß war außerordentlich klein, und fast keine ihrer Freundinnen konnte in ihre Schuhe schlüpfen.

Puschkin hatte diesen Vorzug gemerkt, und seine begehrlichen Augen folgten den Füßen der kleinen Olenin, wie sie über das Parkett glitten.«

Am 21. Mai 1828 berichtete Wiasemskij seiner Frau:

»In Priutino haben wir Puschkin mit seinen verliebten Mätzchen angetroffen. Das Landgut ist ein ganz angenehmer Aufenthalt, wenn man in Betracht zieht, daß es in der Nähe von St. Petersburg liegt ... Aber die Moskitos machen es zu einer Hölle. Ich habe sie noch nie in solchen Mengen erlebt. Ich hätte nicht einmal einen Tag dort bleiben können. Mieckiewicz meinte, das sei ›ein blutiger Tag‹ gewesen. Puschkin, von Mückenstichen ganz übersät und von Moskitos geplagt, rief in zärtlichem Ton: ›Es ist köstlich!‹«

In einem früheren Brief vom 7. Mai 1828 hieß es:

»Puschkin bildet sich ein, daß er verliebt sei und will es jedermann glauben machen.«

Puschkin wünschte so sehnlich, daß man an seine Verliebtheit in Annette Olenin glaubte und er wollte selbst daran glauben und hielt schließlich um ihre Hand an. Aber es kam zu keiner Heirat. Die einen behaupteten, daß Annettes Vater ihm die Tochter verweigerte, weil er von den Zwistigkeiten wußte, die Puschkin wegen der *Gabrieliade* mit der Polizei auszutragen hatte. Andere erzählten, daß Puschkin selbst Angst bekam, sich zu weit vorgewagt zu haben, so daß er beim Verlobungsmahl gar nicht erschienen sei und die Eltern Olenin gebeten habe, seinen Schritt als ungeschehen zu betrachten.

Wie dem auch sei, die Suche nach einer Braut war für Puschkin noch nicht zu Ende.

Seine Schwester Olga hatte mehr Glück gehabt als er und hatte sich 1828 verheiratet. Allerdings im Alter von dreißig Jahren. Im Januar 1826 hielt ein gewisser Pawlischew, ein in dürftigen Verhältnissen lebender, unbedeutender, aber rechtschaffener junger Mann, um Olga an. Puschkins Eltern lehnten einen so kümmerlichen Bräutigam ab. Serge Lwowitsch hob die Arme gen Himmel, stampfte mit den Füßen und weinte, und Nadedja Ossipowna verbot Pawlischew das Haus. Einige Zeit später begegneten sich die Liebenden auf einem Ball, und beim Kotillon tanzte Pawlischew »zwei Runden« mit Olga Puschkin. Als Nadedja Ossipowna sie im Gedränge der Tanzenden gewahrte, ging sie auf ihre dreißigjährige Tochter zu und schüttelte sie derb vor den Augen der ganzen Gesellschaft. Olga wurde ohnmächtig. In der folgenden Nacht verließ sie das Elternhaus, ließ sich heimlich mit Pawlischew trauen und kehrte zu ihren Eltern zurück, ohne daß jemand sie bemerkt hätte.

»Am Morgen«, schrieb Jukowskij in einem Brief vom 4. Februar 1828, »kam sie ins Hotel Demuth zu ihrem Bruder Alexander und sagte zu ihm: ›Lieber Bruder, geh und sag unseren Eltern, daß ich mich gestern verheiratet habe . . .‹ Der Bruder war höchst verwundert, ärgerte sich ein wenig, war jedoch vernünftig genug einzusehen, daß ein schlechter Frieden besser sei als ein guter Streit. Er begab sich also zu den Eltern, um ihnen die Nachricht zu überbringen. Serge Lwowitsch fiel in Ohnmacht. Man schickte nach einem Arzt, der ihn zur Ader ließ. Puschkin bemerkte, daß der angeblich bewußtlose Vater mit dem Arzt verhandelte und ihm zeigen wollte, wie man zur Ader läßt . . .«

Die Eltern verziehen Olga und beauftragten ihren Sohn und Madame Kern, die Ehegatten willkommen zu heißen und sie zu segnen. Die Feierlichkeit sollte in Delwigs Wohnung stattfinden. Es war kalt, und in dem alten Wagen der Eltern saßen Puschkin und Madame Kern, zum erstenmal allein seit den Liebesstunden in Trigorskoje. Puschkin hatte schon lange jedes Interesse an der jungen Frau verloren, und sie empfand für den Dichter nur noch eine ruhige, aufrichtige Zuneigung. Sie bildeten ein seltsames Paar; aus den Liebenden von einst waren Freunde geworden. Sie waren traurig. Vielleicht dachten sie an alles, was sie versäumt hatten? Vielleicht beneideten sie diesen Mann und diese Frau, die sie für ein gemeinsames Leben segnen sollten? Vielleicht wußten sie sich auch nichts mehr zu sagen?

Die Ereignisse mit Olga und Pawlischew, das Zureden des guten Delwig, der zwar ein betrogener Ehemann, aber ein treuer Freund war, brachten Puschkin seiner Familie näher. Delwig erreichte sogar eine Versöhnung aus Familienrücksichten. Puschkin gab sich redlich Mühe, vermochte jedoch seine Eltern nicht mehr zu lieben. Serge Lwowitsch mit seiner Papageiennase, dem prallen Bäuchlein, mit seinem Gesabber, den ewigen Tränen und dem hochtrabenden Geschwätz und Nadedja Ossipowna mit ihrem altgewordenen Gesicht, den bösen Augen, ihren Zornausbrüchen und ihrem gezierten Getue waren für ihn nur mit Kleie gestopfte Drahtpuppen.

Nicht Serge Lwowitsch und Nadedja Ossipwona waren seine nächsten Verwandten (man küßte sich die Hand, wenn man sich auf der Straße begegnete), das waren Delwig, Wiasemskij, Naschokin, Sobolewskij, Glinka, Mieckiewicz, das waren Madame Kern, Madame Ossipov und Madame Karamzin, die Witwe des Geschichtsschreibers. Diese Männer und Frauen bildeten seine wirkliche Familie, sie halfen ihm, die Widerwärtigkeiten des Daseins zu ertragen.

»Seit einer Woche bin ich wieder in St. Petersburg«, schrieb Puschkin am 25. Januar 1829. »Ich habe die ganze große Gesellschaft in Erregung gefunden. Man amüsiert sich bis zum Tollwerden. Die ›raout‹* sind in Mode. Wieso hatten wir nicht früher daran gedacht? Wir sind für die ›raout‹ geboren; denn um bei ihnen etwas zu gelten, braucht man weder Intelligenz noch heiteres Wesen, man braucht kein Unterhaltungstalent und braucht nichts von Politik oder Literatur zu verstehen. Man tritt den Leuten auf die Füße wie auf einen Teppich, man entschuldigt sich, und das ersetzt ein Gespräch.«

Puschkin hatte Petersburg schon seit langem satt, er hatte genug von den Gesellschaften, den Polizeibeamten, den jungen heiratsfähigen Mädchen und den jungen Frauen, die so leicht zu haben waren. Sein Verlangen nach einer Veränderung, die ihn wieder aufleben ließe, war so groß, daß er bei der Nachricht vom Ausbruch der Feindseligkeiten zwischen Rußland und der Hohen

* Anmerkung des Übersetzers: raout = große, feine Gesellschaft

Pforte Benkendorf um die Genehmigung gebeten hatte, in die aktive Armee einzutreten. Benkendorf hatte ihm den 18. April als Empfangstag genannt, Puschkin wurde aber an diesem Tag nicht empfangen und richtete die Bitte am selben Tag brieflich an Benkendorf. Dieser gab die Antwort, daß »alle Plätze besetzt seien«, und bot dem Dichter an, als Kanzleibeamter der dritten Sektion an dem Feldzug teilzunehmen! Puschkin in der dritten Sektion! Als Kanzleibeamter! Der Hohn war zu dick aufgetragen. Vor Erregung wurde er krank und bat, ihn nach Paris reisen zu lassen. Neue Ablehnung. Aber ein Agent von Benkendorf riet Puschkin, sich der Armee von Paskewitsch anzuschließen, die an der Kaukasusfront stand.

»Das ist eine ausgezeichnete Idee!« rief Puschkin aus. »Ich werde daran denken.«

Er dachte indessen fast ein Jahr lang nicht mehr daran.

Im März 1829 überfiel ihn plötzlich wieder das Verlangen, einen anderen Himmel über sich zu sehen. Ohne bei Benkendorf anzufragen, dessen Ablehnung er befürchtete, ohne jemand etwas von seiner Absicht zu sagen, beschloß er, nach Moskau zu fahren. Von Moskau wollte er sich nach Tiflis begeben. Und von Tiflis konnte er vielleicht über die Granze gelangen ... Für ihn wohnte das Glück immer außerhalb der Stadt, in der er lebte, immer jenseits der Grenzen seines Landes. Auf seiner atemlosen Jagd nach diesem Glück eilte er von Haus zu Haus, von Lächeln zu Lächeln, und Tag um Tag verstrich, während sein eigenes Herz immer schwächer wurde und in sein Gesicht sich neue Falten gruben.

In Moskau wohnte Puschkin bei seinem Freund Naschokin: Naschokin, der großzügige Narr, der Lüstling, der ärmste reiche Mann von ganz Rußland, der sein Geld mit wahrhaft genialer Fantasie ausgab. Wahllos kaufte er Marmorgegenstände, chinesische Porzellanfiguren und Bronzen, für die er keinerlei Bedarf hatte. Um eine riesige Summe erwarb er ein winziges Stümpfchen der Kerze, die der Schauspielerin Aksenov bei ihrer besten Rolle geleuchtet hatte, und ließ ein silbernes Etui dafür anfertigen. Er opferte vierzigtausend Rubel für die Herstellung eines zweistökkigen gläsernen Puppenhauses, dessen Möbel und gebrechlich feine Nippsächelchen, von den Sofas bis zu den Teetassen, den Girandolen und Tischdecken, das Zeichen der besten Künstler von Wien, Paris und London trugen.

Ein Spieler, der bald verlor und bald gewann, der heute erbte und morgen Geld leihen mußte, so ging Naschokin durch alle Höhen und Tiefen des Lebens, daß jedem anderen schwindlig geworden wäre. Er aber lachte nur über sein ungewöhnliches Schicksal. Puschkin schätzte ihn um seiner guten Laune und seiner Intelligenz willen. In diesem extravaganten großen Herrn, diesem Müßiggänger, wohnte eine traurige Seele. Puschkin hörte ihn leidenschaftlich gern erzählen und schlug ihm vor, seine Memoiren zu schreiben. Naschokin war es, der dem Dichter die Geschichte von Dubrowskij berichtete. In seinem Roman *Der russische Pelham* wollte der Dichter Naschokins Leben verherrlichen.

Aber Puschkin war nicht Naschokins wegen nach Moskau gekommen. Immer noch vom Gedanken an eine Heirat besessen, hoffte er, vor seiner Abreise nach Tiflis in der zweiten Hauptstadt die einzigartige Braut zu finden, die er bisher vergeblich gesucht hatte. Er würde sogar auf den Kaukasus und auf die kriegerischen Heldentaten verzichten, wenn er statt dessen eine begehrenswerte, sittsame Braut entdeckte. Von allen jungen Mädchen, die er kennengelernt hatte, war unbestreitbar Katharina Uschakov des größten Vertrauens wert. Er suchte also dieses gastfreundliche Haus wieder auf. Aber auch da erwartete ihn eine Enttäuschung. Als Katharina von seiner Verlobung mit Anna Olenin erfuhr, verlobte sie sich mit Fürst Dolgorukij. Verzweifelt versuchte Puschkin, seine Sache zu führen; er wies auf den Bruch seines Verlöbnisses hin, schilderte die Verführungen des Petersburger Lebens: umsonst. Da erklärte Puschkin den Eltern des jungen Mädchens, daß Dolgorukij einer solchen Heirat nicht würdig sei. Er beschaffte glaubwürdige Unterlagen und blieb Sieger. Katharina weigerte sich, den Fürsten zu heiraten. Nachdem sie jedoch Erkundigungen über Puschkins Treue eingezogen hatte, riet sie auch ihm ab, um ihre Hand anzuhalten. Mit einem Lächeln nahm Puschkin die Entscheidung an. Katharina blieb ledig, das war schon fast ein Sieg für ihn. Er aber ging weiterhin zu den Uschakovs, als guter Freund, als harmloser Verliebter.

Bei Puschkins letztem Aufenthalt in Moskau, im Winter 1828/29, war er Nathalie Gontscharov begegnet. Er hatte ein sechzehnjähriges junges Mädchen in Erinnerung behalten, das von den Lichtern und der Musik der Bälle beeindruckt war. Nathalie trug an jenem Abend ein duftiges, weißes Kleid, und ein schlichter Goldreif schmückte ihr Haar. Sie war schön und wirkte schüchtern und rein. Nach einer Abwesenheit von einigen Monaten fand er sie noch schüchterner und reiner, noch schöner. Es gab kein Zaudern: Nathalie war die erträumte Braut, die ersehnte Gefährtin, ein himmlischer Bote, den Gott auf diesen Planeten gesandt hatte. Beharrlich suchte Puschkin die Häuser auf, in denen die Gontscharovs verkehrten. Er versöhnte sich mit seinem alten Feind Tolstoi, dem »Amerikaner«, und wählte diesen Mann, den er damals durch eine Kugel niederstrecken wollte, als Unterhändler bei der Familie Gontscharov. Puschkin wurde mit Zurückhaltung empfangen: er war arm und hatte einen schlechten Ruf. Er schrieb allerdings Verse, aber ein guter Dichter kann nur ein schlechter Ehemann sein. Kurz, Madame Gontscharov vertrat die Meinung, daß ihre so hübsche und jugendfrische kleine Nathalie etwas Besseres verdiente als einen hergelaufenen Puschkin ohne festes Einkommen und ohne gesicherte Zukunft. Nathalie fühlte in des Dichters Gegenwart nur eine Art geschmeichelter Verblüffung. Dieser Mann interessierte sie, weil er sehr hübsche Gedichte veröffentlichte. Aber er hatte einen putzigen Kopf und sehr lange Fingernägel! Und dann tanzte er schlecht, wie jemand, der Fieber hat. Trotzdem, er war nett, er machte ihr den Hof, und man muß höflich sein gegen die, die einem den Hof machen. Um das übrige kümmert sich die Mama. Die Mama empfing also den Grafen Tolstoi, der für den Dichter sprach, während die Mutter ihre Tochter verteidigte. – »Er hat Talent.« – »Sie ist so schön.« – »Er liebt sie so sehr.« – »Sie ist zu jung.« – »Lassen Sie sich diese glorreiche Partie nicht entgehen.« – »Wir wollen der Liebe auf den ersten Blick mißtrauen.« – »Was raten Sie also?« – »Geduld!« Tolstoi kam zurück, ohne etwas anderes erreicht zu haben als ausweichende Versprechungen unter vielen Seufzern. Aber Puschkin hatte eine völlige Ablehnung befürchtet und war nun hochbefriedigt von Madame Gontscharovs Antwort. Man wies ihn nicht ab. Man verlangte Aufschub. Und Nathalie war wirklich noch ein Kind, die Beunruhigung der Mutter war verständlich. Aber wie sollte er, Puschkin, es ertragen, so lange zu warten? Er hatte es eilig, ihm brannte Feuer im Leib. Er würde schließlich Nathalie entführen und eine Dummheit begehen!

Zunächst mußte er Moskau verlassen, denn er konnte es nicht ertragen, im Bannkreis dieses jungfräulichen Kindes zu leben und die Monate, Wochen und Tage zu zählen, die ihn vom Tag der Hochzeit trennten. Er war jetzt dem Gedanken an diese Eheschließung völlig verfallen, und er hatte den Kaukasus nötig, die frische Luft, die Berge, die Armee, er brauchte Abenteuer und

Gefahr, um das kleine Mädchen in Moskau zu vergessen. Er liebte sie so sehr, daß er sie lieber nicht mehr sehen wollte, wenn er sie schon nicht in den Armen halten durfte. Alles oder nichts. Das war sein Wesen.

Gribojedov, der Verfasser der Komödie *Das Unglück, zuviel Geist zu haben,* war in diesem Jahr in Teheran von mohammedanischen Aufständischen ermordet worden.

Man versuchte, Puschkin zurückzuhalten, aber kein Rat und keine Drohung konnten ihn entmutigen. Am 1. 5. 1829 richtete er folgenden Brief an Madame Gontscharov:

»Ich falle vor Ihnen nieder und vergieße Tränen der Dankbarkeit über die Antwort, die Graf Tolstoi mir überbracht hat. Sie weisen mich nicht ab, Sie erlauben mir zu hoffen. Doch wenn ich noch murre, wenn Trauer und Bitterkeit sich in das Glücksgefühl mischen, so nennen Sie mich nicht undankbar. Ich verstehe die zärtliche, kluge Besorgnis einer Mutter! Verzeihen Sie jedoch der Ungeduld eines kranken, glückstrunkenen Herzens. Ich bin im Begriff abzureisen, das Bild des himmlischen Wesens, das Ihnen sein Dasein verdankt, trage ich tief in meiner Seele. Wenn Sie mir noch etwas zu sagen haben, so bitte ich Sie, sich an Graf Tolstoi zu wenden, der mir Ihre Wünsche übermitteln wird.«

Später, im April 1830, schrieb er noch einmal an Madame Gontscharov, um ihr seine Liebe und seine Flucht zu erklären:

»Als ich sie zum erstenmal sah, ihre Schönheit hatte noch kaum die Augen der Welt auf sich gezogen, da liebte ich sie schon, daß mir der Kopf schwindelte, und ich bat um ihre Hand. So unbestimmt Ihre Antwort auch klang, sie schenkte mir einen Augenblick der Wonne, und ich reiste in derselben Nacht zur Armee ab. Fragen Sie mich nach dem Grund, ich schwöre Ihnen, ich weiß es nicht; eine unerklärliche Bangigkeit trieb mich, wider meinen Willen, von Moskau fort. Ich hätte weder Ihre Gegenwart noch die Ihrer Tochter ertragen können. Ich hatte Ihnen geschrieben, ich hoffte, ich wartete auf eine Antwort. Sie kam nicht. Meine jugendlichen Verfehlungen fielen mir ein. Sie sind nur zu ungestüm gewesen, und die Verleumdung hat sie noch schwerwiegender gemacht. Leider ist das Gerücht stadtbekannt geworden. Der Gedanke, daß Sie ihm Glauben schenken, brachte mich zur Verzweiflung, aber ich wagte nicht, mich zu beklagen.«

Puschkin verließ Moskau am 1. Mai 1829. Ohne Wissen Benkendorfs hatte er einen Passierschein zur Hin- und Rückreise für Tiflis erhalten.

Von Moskau ging die Fahrt zuerst nach Kaluga, dann nach Belew, nach Orel, Nowotscherkask und Stawropol. Man kam nur langsam voran, die Kutsche sank tief im Schmutz ein, und es gab keine andere Abwechslung auf dieser trübseligen Reise als Essen und Trinken, als das Geschwätz des Postmeisters oder das eines schläfrigen, unleidlichen Mitreisenden. Doch »von Stunde zu Stunde merkt man mehr, daß es von Europa nach Asien hineingeht«, schrieb Puschkin. »Die Wälder verschwinden, die Hügel werden niedriger, das Gras steht dichter und sieht saftiger aus . . . In der Nähe der Stationshäuschen haben sich Kalmücken niedergelassen, vor deren Zelten häßliche, zottelhaarige Ziegen weiden. Vor ein paar Tagen stattete ich einem dieser Kalmückenzelte einen Besuch ab. Die ganze Familie war zum Essen versammelt. Auf dem Feuer in der Mitte des Raumes dampfte ein Topf, und der Rauch zog durch ein Loch des Zeltdaches ab. Eine sehr hübsche junge Kalmückin nähte und rauchte dabei aus einer Pfeife. Ich setzte mich zu ihr. – ›Wie heißt du?‹ – .... – ›Wie alt bist du?‹ – ›Achtzehn Jahre.‹ – ›Was nähst du da?‹ – ›Pantoffeln.‹ – ›Für wen?‹ – ›Für mich.‹ – ›Küsse mich.‹ – ›Nein. Das gehört sich nicht.‹ Ihre Stimme klang sehr angenehm. Sie bot mir ihre Pfeife an und machte sich ans Essen. In dem Topf kochte Tee mit Schaffett und Salz. Sie reichte mir ihre Tasse. Ich wollte nicht ablehnen und nahm einen Schluck von der Flüssigkeit, wobei ich mir Mühe gab, den Atem anzuhalten. Ich glaube nicht, daß irgendeine andere Küche jemals etwas so Scheußliches zuwege gebracht hat. Ich bat, mir einen Happen zu essen zu geben und bekam ein Stück gedörrtes Pferdefleisch. Damit ließ ich's bewenden. Durch diese Heldentat glaubte ich ein Anrecht auf Belohnung zu haben, aber meine stolze Schöne schlug mir die Balalaika über den Kopf. Diese kalmückischen Koketterien erschreckten mich; ich verließ schleunigst das Zelt und die Steppencirce.«

In Stawropol sah Puschkin am Horizont die Wolken wieder auftauchen, die ihn vor neun Jahren durch ihre majestätische Unbeweglichkeit in staunende Bewunderung versetzt hatten. »Es waren noch die nämlichen, sie hatten sich nicht vom Platz gerührt, die schneebedeckten Gipfel des Kaukasus.«

Von Georgiewsk aus suchte er die Mineralquellen von Piatigorsk auf. Die Häuser waren wie Pilze aus dem Boden geschossen, und Alleen durchzogen die einst so kahle Landschaft. Doch die Erinnerung an die Familie Rajewskij hatte diese behördlich verfügten Verschönerungen überlebt. Er dachte an den Dämon Alexander Rajewskij, an seinen Bruder, an die stolze kleine Marie, die jetzt die Verbannung eines ungeliebten Mannes teilte. Wie viele Gesichter waren an ihm vorübergeglitten, um nie wieder aufzutauchen! Gab es ein Gesicht auf der Welt, das ihn bis zu seinem eigenen Tod begleiten würde? Nathalie vielleicht? Am 15. Mai schrieb er in Georgiewsk im Gedanken an das junge Mädchen:

Still ist es rings. Die Nacht sinkt auf den Kaukasus hernieder,
und Sterne flimmern hoch am Himmelszelt.
Mein Schmerz macht traurig mich und sanft und rein.
Mein Schmerz kehrt, dein gedenkend, immer wieder.

Der Dichter hütete diese Erinnerung wie ein Heiligtum auf seiner ganzen Reise, Nathalie geisterte durch die Täler, er sah sie in den Bäumen, in den Wildbächen, ihr Bild zeichnete sich am Himmel ab. Überall in der Natur fand er sie wieder. Sie war die Natur selbst.

In Jekaterinograd hatte sich Puschkin ein Tscherkessenkostüm gekauft, dazu einen Säbel, einen Dolch und Pistolen und hatte Pferde gemietet bis Wladikawskas. Die Wege waren unsicher, und die Reisenden mußten das Eintreffen der Post abwarten, um sich dem Wagenzug anzuschließen, der von Kosaken und Infanteristen mit Kanonen begleitet wurde. Das nannte man »die Gelegenheit nutzen«. Am 18. Mai 1829 rief beim Morgengrauen ein Trommelwirbel alle auf dem Hauptplatz zusammen. Die Karawane zählte mindestens fünfhundert Personen. Zivilisten, die auf ihren alten Kleppern einen schlechten Sitz hatten und nagelneue Waffen bei sich trugen, und Militärs, die vor den Damen ihre Pferde tänzeln ließen. Ochsenkarren mit grünen Zeltplanen, dazwischen Uniformen. Schreie ertönten, und Gelächter klang auf. Eine Wolke gelblichen Staubes wirbelte hoch.

»Beim Trommelwirbel«, schrieb Puschkin, »setzten wir uns in Bewegung. Voraus die Kanone, begleitet von der Infanterie, und dahinter die lange Reihe der Kutschen, der Bauernkarren und der Soldatenfuhrwerke, die von einer Festung zur anderen unterwegs waren. Den Beschluß bildeten die zweiräderigen *Arabas**. Neben dem Wagenzug liefen Herden von Pferden und Büffeln einher, von lassoschwingenden Nagaitreibern in Burkas** begleitet. Das buntbewegte Bild gefiel mir sehr, ermüdete mich

* Araba: zweirädriger Karren zur Beförderung von Verwundeten
** Burka: am Hals geschlossener kaukasischer Fellmantel

aber schnell. Die Kanone rumpelte langsam dahin, die Lunte rauchte, und die Soldaten traten von Zeit zu Zeit hinzu, um ihre Pfeife in Brand zu stecken. Die Langsamkeit unserer Reise – am ersten Tag legten wir kaum 15 Werst zurück –, die unerträgliche Hitze, die Knappheit der Lebensmittel, die unruhigen Nächte und nicht zuletzt das unaufhörliche Quietschen der einheimischen *Arabas* zerrten an meinen Nerven ... Am Himmelsrand sah man von Tag zu Tag die Gipfel des Kaukasus höher emporragen ...«

Am 21. Mai fuhr der Wagenzug endlich in Wladikawkas ein, ohne einen Überfall der tscherkessischen Bergbewohner erlebt zu haben. »Die Tscherkessen verabscheuen uns«, notierte Puschkin. »Wir haben sie von ihrem freien Boden vertrieben; ihre Dörfer wurden zerstört und ganze Stämme ausgelöscht. Stündlich ziehen sich die Überlebenden tiefer in die Berge zurück und lenken von da aus ihre Streifzüge.«

Am 23. Mai verließ Puschkin Wladikawkas, um ins Innere des Bergmassivs vorzudringen. Keine Kanone mehr, nur eine einfache Eskorte von bis an die Zähne bewaffneten Kosaken. Die Straße zog sich am linken Ufer des Terek hin. Da und dort stiegen senkrecht Basalt- und Porphyrwände empor, überragt von schwindelerregenden Felszinnen, an denen die Wolken hängen blieben und in Fetzen rissen. »Je weiter wir ins Gebirge vorstießen«, schrieb Puschkin, »desto enger wurde die Schlucht. Der Terek, immer mehr eingezwängt, toste und schäumte über die Felsblöcke, die ihm den Weg versperrten, und sein Wasser benagte das felsige Fundament der Berge. Ich ging zu Fuß, und die düstere Großartigkeit dieser Natur zwang mich, jeden Augenblick stehenzubleiben. Es war neblig, und schwere Wolken hingen um die dunklen Gipfel ... nicht weit von Lars verhielt ich den Schritt und blieb hinter dem Geleitzug zurück, da ich die Augen nicht von den riesigen Felsblöcken abwenden konnte, gegen die der Terek tobend brandte. Plötzlich lief ein Soldat auf mich zu und rief schon von weitem: ›Bleiben Sie nicht dort, Euer Gnaden, man wird Sie töten ...‹ Die ossetischen Wegelagerer, die sich in dieser Schlucht außer Gefahr befinden, pflegen nämlich vom jenseitigen Ufer des Terek auf die Reisenden zu schießen.«

Am nächsten Tag stießen die Reisenden auf eine Gruppe türkischer Gefangener, die den Weg freizuschaufeln hatten. Das erste Anzeichen des Krieges in der Ferne. Der Wagenzug erreichte nun eine Gegend, wo die Welt zu Ende zu sein schien. Die Granitwände, die von nadelspitzen, hoch in die Luft ragenden Türmchen und weiß überstäubten Zinnen starrten, rückten immer näher zusammen, und der Terek, dessen Bett sich immer mehr verengte, spie, zornig würgend, Schaumwolken aus, und sein heiser brüllendes Getöse betäubte die Ohren.

»Ein schmaler Streifen Himmel zieht wie ein blaues Band über dem Kopf dahin. Die Bäche, die von den felsigen Höhen schäumend herunterstürzen, lassen mich an den *Raub des Ganymed* denken, jenes seltsame Gemälde von Rembrandt. Die Schlucht ist in Helldunkel getaucht.... Nicht weit vom Postenstand wölbt sich eine kleine Brücke in kühnem Bogen über den Wildbach. Man meint in einer Mühle zu sein. Die Brücke erzittert, und der Terek vollführt den Lärm der Räder, welche die Mahlsteine drehen... Aber die Empfindung stumpft rasch ab. Kaum vierundzwanzig Stunden waren verstrichen, und schon zogen weder das Tosen des Terek und seine ungebändigten Wasserfälle noch seine Felsen und Schluchten meine Aufmerksamkeit auf sich. Nur die Ungeduld, Tiflis zu erreichen, beherrschte mich noch.«

Nach Kobi, der letzten Station des nördlichen Gebirgsabhanges, ist der Aufstieg von weichem Schnee bedeckt. Lawinen lösen sich von den Gipfeln und stürzen mit donnerähnlichem Getöse in die Tiefe. Überdachte Galerien schützen da und dort den Weg bis zum Kreuzberg, der seinen Namen dem steinernen Kreuz verdankt, das 1824 dort errichtet wurde, um an den Sieg des Generals Ermolov zu erinnern. In der Ferne kündigten die sanften Abhänge und die mildere Luft die Nähe Georgiens an. »Der unvermittelte Übergang vom Kaukasus in das anmutige Georgien ist bezaubernd. Unvermutet trifft der Hauch des Südens die Reisenden. Vom Gipfel des Berges Gut schweift der Blick über das Tal von Kaschaur mit seinen besiedelten Felsen, seinen Gärten und der durchsichtig klaren Aragwa, die sich wie ein silbernes Band dahinschlängelt. Das Ganze wirkt wie Kleinmalerei auf dem Grund einer Schlucht von drei Werst Ausdehnung, die nur auf gefahrvollem Weg zu erreichen ist. Der Neumond stand am klaren Himmel, die Abendluft war mild und warm. Ich verbrachte die Nacht am Ufer der Aragwa, im Hause von T. Am mächsten Tag nahm ich Abschied von meinem liebenswürdigen Gastgeber und setzte meine Reise fort.«

Am 27. Mai, abends um elf Uhr, kam Puschkin endlich in Tiflis an. Er hoffte, dort seinen Bruder Leo und seinen Freund Nikolaus Rajewskij anzutreffen, aber das Regiment war schon abgerückt. Puschkin schrieb also an General Graf Paskewitsch und bat ihn um die Erlaubnis, sich an die Front zu begeben. Während er auf die Antwort wartete, verbrachte er die Zeit damit, durch die Stadt zu schlendern und, nach seiner Gewohnheit, die Einheimischen und die kleinen Beamten des Ortes vor den Kopf zu stoßen. Dies Tiflis war wirklich eine seltsame Stadt. Im Norden herrschte die maßvolle europäische Bauweise vor, für die der Dichter kein Interesse hatte. Ihm waren die staubigen, übel riechenden Gassen des alten Tiflis mit ihren Läden voll Trödelkram und ihrem Menschengewimmel lieber. Hier wurde unter freiem Himmel gekocht, Waffenschmiede fertigten Dolche vor den Augen der Vorübergehenden, Schneider saßen, mit der Nadel in der Hand, zusammengekauert auf der Erde, Sattler boten ihre Waren feil, die einen starken Geruch verströmten, Schmuckwarenverkäufer wurden von weißhäutigen, dunkeläugigen Frauen umlagert, und Teppichhändler standen unter ihren buntfarbigen Geweben wie am Bug einer reichgeschmückten Karavelle. Hier drängten sich Georgier, Armenier, Perser, Tataren, Zirkassier, Osseten, Deutsche, Russen und Franzosen. Alle redeten durcheinander und rempelten sich freundschaftlich an. Alle kauften oder verkauften etwas. Kleine Jungen bahnten zottigen Kamelen oder einer *Araba,* einem zweirädrigen Wagen, der Wein aus Kahetie in ledernen Schläuchen beförderte, den Weg durch die herumlungernde Menge.

Und Puschkin bummelt durch das dichteste Gedränge dieser kosmopolitischen Bevölkerung. Eines Tages sieht man ihn Arm in Arm mit einem Tataren daherkommen, ein andermal findet man ihn beim Knöchelchenspiel mit den Gassenkindern. Im Bazar taucht er in Nachtbekleidung auf, einen Soldatenmantel über die Schultern geworden.

Die harmlosen Vergnügungen halten ihn jedoch nicht ab, auch mit den angesehenen Persönlichkeiten des Ortes Bekanntschaft zu schließen. Er befragt sie über Leben und Treiben der kaukasischen Völkerschaften, er möchte von ihren Gebräuchen hören und ihren Sagenschatz kennenlernen. Er hört sich georgische Lieder an und schreibt sie auf. Er liest viel und versucht, sich alles Wissenswerte anzueignen. Wie groß aber sind Stolz und Freude, als er gewahr wird, daß sein junger Ruhm selbst in diesen abgelegenen Winkel des Reiches vorgedrungen ist! Selbst hier kennen die Beamten und Soldaten seine Werke und bewundern sie, und die Intellektuellen von Tiflis laden ihn ein zu Diners und Soupers und zu großartigen Banketten. Eines dieser für den Dichter unvergeßlichen Feste findet in einem Rebengarten, am Ufer des Flusses Kura, statt.

»Ich hatte alles aufs sorgfältigste vorbereitet«, schreibt der Veranstalter. »Es gab verschiedene Musikkapellen, Sänger, Tänzer, Bajaderen und Troubadours aller in Georgien ansässigen Völkerstämme. Bunte Lampions erleuchteten den Garten, und Wachskerzen schimmerten aus dem Laub der Bäume. In der Mitte war ein Schild aufgestellt, der die Anfangsbuchstaben unseres vornehmen Besuchers trug . . .«

Die Gäste riefen: »Hurra!« Champagner schäumte perlend über den Rand der Gläser. Ein Orchester spielte die Ouvertüre zur *Weißen Dame.* Tief beeindruckt, drückte Puschkin feuchte Hände, kam ganz außer Atem und trank, so viel er nur konnte. Seine Bewunderer zwangen ihn schließlich, auf einem mit Blumen und Zweigen geschmückten kleinen Hügel Platz zu nehmen.

»Wir nahmen unser Glas zur Hand«, schreibt der Gastgeber weiter, »und gingen nacheinander auf ihn zu, um ihm zu sagen, welche Freude es für uns sei, ihn mitten unter uns zu sehen. Puschkin erwiderte nichts auf all diese Komplimente, aber die Tränen, die ihm über die Wangen liefen, zeigten, welche Dankbarkeit ihn in dieser Minute erfüllte.«

Am 8. Juni erhielt Puschkin endlich die Erlaubnis, sich zur Armee zu begeben. Er verließ Tiflis am 10. Juni. Von einem Führer begleitet, setzte er die Reise zu Pferd fort, das er bei den Kosakenposten wechselte, die an seinem Wege aufgestellt waren.

Bei strömendem Regen erreichte man den kleinen Vorposten Gumri. Es war Nacht, und im Zelt schliefen, Seite an Seite, zwölf Kosaken. Ganz erstarrt vor Kälte und fiebernd streckte sich Puschkin neben sie auf die Erde und fiel sogleich in Schlaf. Er erwachte in der Morgendämmerung:

»Die Sonne ging auf. Gegen den klaren Himmel hoben sich weiß die beiden Gipfel eines Berges ab. ›Was ist das für ein Berg?‹ fragte ich, die Glieder reckend, und ich hörte: ›Das ist der Ararat.‹ Wie groß ist doch der Nimbus der Worte! Ich schaute begierig nach dem biblischen Berg, ich sah die Arche an seinem Gipfel anlegen, in der Hoffnung auf neues Leben, ich sah Rabe und Taube zum Flug aufsteigen, das Symbol der Strafe und der Versöhnung.«

Er sattelte sein Pferd und ritt in Begleitung eines Kosaken weiter, der russischen Grenze entgegen, die der Fluß Arpatschaj bildete:

»Vor uns glänzte ein Flußlauf, den wir durchqueren mußten. ›Da haben Sie den Arpatschaj‹, sagte der Kosak zu mir. Der Arpatschaj, die Grenze unseres Landes. Das wog den Ararat auf. Ein unbeschreibliches Gefühl ergriff mich, als ich auf den Fluß zusprengte. Noch nie hatte ich fremdes Land gesehen, und die Grenze bedeutete etwas Geheimnisvolles für mich. Seit meiner Kindheit hatten sich meine Träume am liebsten mit Reisen befaßt. Lange Zeit habe ich ein Nomadenleben geführt, schweifte bald im Süden, bald im Norden umher, aber noch nie hatte ich die Grenze unseres unermeßlichen Landes hinter mir gelassen. Vergnügt stieß ich mein Pferd in den geheimnisumwitterten Fluß, und brav trug es mich an das türkische Ufer. Leider war dieses Ufer schon erobert, ich befand mich noch immer in Rußland.«

Endlich, am 12. Juni, erreichte Puschkin die vor kurzem eingenommene Festung Kars, doch die Armee hatte ihre Stellungen schon weiter nach vorn verlegt. Mit einem jungen armenischen Führer machte er sich wieder auf den Weg, um zu den Russen zu gelangen, die fünfundzwanzig Werst von der Stadt entfernt am Ufer des Flusses Kartschaj in Stellung lagen. Am 13. Juni fand er seinen Bruder Leo wieder, der ihm gebräunt und kraftstrotzend entgegenkam. Er traf auch seinen Freund Nikolaus Rajewskij, der kurz zuvor zum General ernannt worden war.

Noch am selben Tag zog Puschkin mit dem Dragonerregiment von Nischni-Nowgorod, das Rajewskij befehligte, ins Feld. Die Nähe der Gefahr erregte ihn fieberhaft. Gab es sie wirklich, diese Türken, von denen man im Biwak sprach, und die nur er noch nie erblickt hatte? Würde es ihm vergönnt sein, sein Leben aufs Spiel zu setzen, im Pulverrauch zu niesen wie die anderen Männer und rechts und links Säbelhiebe auszuteilen, mitten in einer ruhmvollen Reiterschlacht gegen den Orient? Puschkin fiel den Offizieren recht lästig mit seiner knabenhaften Ungeduld:

»Wo sind die Türken? Werde ich sie endlich sehen?« fragte er. »Ich meine jene Türken, die sich mit den Waffen in der Hand schreiend auf uns werfen. Gib mir doch die Gelegenheit, auf sie zu stoßen, deretwegen ich trotz aller Schwierigkeiten hierher gereist bin!«

Puschkins Verlangen wurde eher gestillt, als er selbst hoffte.

»Wir saßen noch bei Rajewskij zu Tisch, Puschkin, sein Bruder

Leo, Semitschew und ich«, schrieb ein Offizier des Regiments, »da meldete man uns, daß der Feind schon bei den Vorhuten signalisiert sei. Wir stürzten alle zu unseren Pferden, die seit dem Morgen gesattelt dastanden. Mir blieb keine Zeit mehr, wegzureiten, ich befand mich schon mitten im Gefecht zwischen Kosaken und Türken. Ich bemerkte Semitschew, der mich fragte, ob ich Puschkin nicht gesehen hätte. Wir sprengten alle beide davon, um ihn zu suchen. Wir entdeckten ihn, als er, von der Dragonerbedeckung getrennt, mit gezogenem Säbel die heranstürmenden Türken bedrohte. Als die Türken uns und die zu Hilfe eilenden Ulanen von Yusefowitsch herankommen sahen, schwenkten sie ab, und Puschkin hatte keine Gelegenheit, seinen Säbel an einem muselmanischen Querschädel zu erproben. Trotz seines Ärgers blieb er jedoch bei uns, denn der Angriff der Türken war an der ganzen Front zurückgeschlagen worden, und die Kavallerie zog sich vor Einbruch der Nacht in ihre Ausgangsstellungen zurück, nachdem sie die Türken bis vor ihr befestigtes Feldlager verfolgt hatte.«

Dieser Zivilist in der zirkassischen »Burka« und dem hohen, runden Hut kam den Soldaten rätselhaft vor; sie hielten ihn für einen »deutschen Popen«. Der deutsche Pope lebte im Feldlager, nahm leidenschaftlich Anteil an allen militärischen Fragen und erklärte jedem, der des Weges kam, daß er noch nie so gut geschlafen habe wie im Zelt, und daß ihm noch nichts so gut geschmeckt habe wie das Essen aus der Soldatenküche.

»Das Lagerleben hat mir sehr gefallen«, schreibt er in seiner *Reise nach Erzerum*. »Beim Morgengrauen weckte uns der Trompeter. Das Schlafen im Zelt ist äußerst gesund. Beim Essen begossen wir den asiatischen Schaschlik mit englischem Bier oder mit Champagner, der mit Schnee aus Tauris gekühlt war.«

Aber Puschkin litt darunter, seine überschüssige Kraft nicht anbringen zu können. Ihn gelüstete nach Kampfgetümmel, und die Türken vermieden es, sich eine Blöße zu geben. Endlich stieß eines Tages eine Kosakenpatrouille auf die Hauptmacht der türkischen Armee des Seraskir. »Als Puschkin diese Nachricht hörte«, berichtet ein Zeitgenosse, »geriet sein afrikanisches Blut in Wallung. Er fing an, herumzuspringen und in die Hände zu klatschen und rief aus, daß er diesmal sicher mit den Türken handgemein würde.«

General Paskewitsch hielt jedoch ein wachsames Auge auf ihn. Er hielt nichts von diesem herumreisenden Soldaten, diesem kriegerischen Dichter. Er zerbrach sich den Kopf, wie er Puschkin vor seinem eigenen Wagemut beschützen und ihn in seiner Nähe behalten könne. Er überhäufte ihn mit Amtsgeschäften, denen sich Puschkin nicht entziehen konnte, obwohl ihn die Wut verzehrte, währenddessen nicht am Kampf teilnehmen zu können. Da er nicht wagte, Paskewitsch im Stich zu lassen, blieb er bei ihm und folgte von ferne dem Aufmarsch der blauen Truppen, die gegen die ungeordneten Horden der Türken eingesetzt wurden. Nicht auf dem Kampfgelände erlebte er die Schlacht mit, sondern auf den Karten. Er lebte nicht mehr bei den Jungen, sondern bei den Alten. Paskewitsch verleidete ihm den Krieg.

In Wirklichkeit war das Ganze nicht mehr als ein strategischer Streifzug durch das von den Türken verlassene Land. Der Feind hatte jeden Widerstand aufgegeben und floh in völliger Auflösung auf Erzerum zu.

Erzerum kapitulierte am 27. Juni, und als Sieger zog Puschkin mit den russischen Truppen in der asiatischen Stadt ein. Die türkischen Einwohner standen auf den flachen Dächern ihrer Häuser und schauten voll Bestürzung zu, wie die Soldaten durch die Straßen marschierten. Die Armenier liefen in Scharen herbei, gestikulierten, schrien und stießen sich fast vor die Stiefel der Infanteristen. Kleine Jungen rannten vor den Pferden her, machten wiederholt das Kreuzeszeichen und kreischten: »Christen! Christen!« Im russischen Lager fand Puschkin den General im Gespräch mit einem zahnlosen alten Pascha, der sehr zungenfertig schien. Der Alte wollte wissen, wer dieser Mann mit dem bürgerlichen Rock und dem runden Hut sei. »Ein Dichter«, antwortete man ihm.

Der Pascha kreuzte seine Arme über der Brust, verbeugte sich tief vor Puschkin und sagte:

»Gesegnet sei die Stunde, da uns ein Dichter begegnet.«

Puschkin besichtigte gründlich die Stadt Erzerum, besuchte die Moscheen, die Friedhöfe und den Harem des Seraskir. Er hoffte insgeheim immer noch, daß die Russen ihre Angriffshandlungen fortsetzen würden und daß es ihm doch noch vergönnt sei, einige Ungläubige zu töten. Aber Paskewitsch, der von seinen Absichten gehört hatte, rief ihn zu sich und sagte:

– »Monsieur Puschkin, Sie tun mir leid; aber Ihr Leben ist kostbar für Rußland. Sie haben hier nichts verloren. Ich rate Ihnen daher, die Armee unverzüglich zu verlassen.«

Puschkin verneigte sich wortlos und eilte davon, schamrot und wütend. Man wies ihn ab. Man jagte ihn weg wie irgendeinen beliebigen Zivilisten! Wie einen, dem man nichts zutraut! Niemand nahm ihn also ernst: weder die Revolutionäre, die ihn von ihren Geheimsitzungen ausschlossen, noch die Offiziere, die ihn von der Schlacht fernhielten. Taugte er nur, Verse zu schreiben?

In der Zwischenzeit war die Pest in Erzerum ausgebrochen, und Puschkin dachte schon, daß Paskewitsch ihn nicht zu Unrecht weggeschickt habe.

»Der Gedanke an die Pest ist sehr unbehaglich«, schreibt er, »besonders wenn man nicht an sie gewöhnt ist. Um mich von den quälenden Vorstellungen zu befreien, beschloß ich, in den Bazar zu gehen. Ich blieb vor der Auslage eines Waffenhändlers stehen und prüfte gründlich einen Dolch, da schlug mir jemand auf die Schulter. Ich wandte mich um: hinter mir stand ein grauenerregender Bettler. Er war totenbleich, aus seinen rotgeränderten, eiterigen Augen rannen Tränen. Der Gedanke an die Pest durchzuckte mich von neuem. Voll Abscheu schob ich den Bettler beiseite und ging nach Hause zurück, sehr unzufrieden mit diesem Spaziergang. Aber die Neugierde besiegte alles: am nächsten Tag suchte ich zusammen mit einem Arzt das Lager der Pestkranken auf. Ich stieg vom Pferd und stellte mich vorsichtig in die Windrichtung. Aus dem Gemeinschaftszelt führte man einen Kranken heraus: er war bleich wie der Tod und schwankte wie ein Betrunkener auf den Beinen. Ein anderer lag bewußtlos da. Ich beobachtete zwei Türken, die einen Pestkranken unter den Armen stützten, wie sie ihn auszogen und betasteten, als sei die Pest nichts anderes als eine harmlose Erkältung. Ich gestehe, daß ich mich meiner europäischen Ängste schämte angesichts einer solchen Todesverachtung. Ohne mich weiter aufzuhalten, kehrte ich in die Stadt zurück.«

Puschkin verließ Erzerum am 21. Juli, ohne einen Türken getötet zu haben. Nicht einmal eine Kanone hatte er erbeutet und keinem Pestkranken die Hände aufgelegt.

In Piatigorsk wie in Kislowodsk nahm er seine Kurbäder und vertrieb sich die Zeit am grünen Tisch. Als er das wenige ihm noch verbliebene Geld verloren hatte, verließ er am 8. September Kislowodsk. Sein Reiseziel war Moskau. Er hatte eine große Summe geliehen, um die Fahrtkosten zu bezahlen. Doch unterwegs wanderte der größte Teil dieses Kapitals in die Tasche seines Reisegefährten, eines gewissen Durov, der ein leidenschaftlicher Spieler und unersättlicher Säufer war.

Aber Puschkin dachte schon nicht mehr an das Geld, auch nicht an die Kritiker oder an die Türken. Er hatte die Bankette vergessen, die Kämpfe und die schneeigen Gipfel des Kaukasus. Mit jeder Poststation, die ihn seinem Ziel näherbrachte, kehrte der Gedanke an Nathalie Gontscharov mit unverminderter Heftigkeit zurück. Er war auf dem Weg zu ihr, endlich. Er würde sie heiraten. Vielleicht. Kein Mißbehagen konnte vor einer solchen Hoffnung standhalten.

Siebenter Teil

Die Familie Gontscharov

Nathalie Gontscharov, ihre drei Brüder und ihre beiden Schwestern wohnten mit den Eltern in Moskau in einem geräumigen, langgestreckten, niedrigen Holzhaus, das mit Innenhof und Wirtschaftsgebäuden an der Großen Nikiskaja lag. Vater Gontscharov, Beamter beim Auswärtigen Amt, hatte 1807 ein junges Mädchen von so bestrickender Schönheit geheiratet, daß der Liebhaber der Zarin Elisabeth Alexejewna sich in sie verliebt und seine kaiserliche Geliebte bedenkenlos aufgegeben hatte. Auf diesen Zweischenfall hin mußte die junge Frau Gontscharov den Hof verlassen. Ihr Mann legte sein Amt beim Ministerium nieder und widmete sich der Bewirtschaftung des väterlichen Gutes. Die Gontscharovs lebten gut, verdienten Geld, setzten Kinder in die Welt und schauten sorgenlos in die Zukunft. Aber ein schrecklicher Schicksalsschlag traf dieses glückliche Familienleben. Im Jahre 1814 stürzte der Vater Gontscharov vom Pferd und erlitt einen Schädelbruch, von dem er sich nie mehr erholte. Seine anfängliche »Melancholie« artete bald in geistige Umnachtung aus, er lebte wie in Traum versunken, entfremdete sich Menschen und Dingen und erwachte nur manchmal aus seiner Lethargie, um unflätige Beschimpfungen hinauszuheulen und seine Frau mit einem Messer in der Hand zu verfolgen. Vergeblich hatte Frau Gontscharov versucht, ihn in einer Anstalt unterzubringen, so blieb er zu Hause und versetzte die Kinder durch seine Wutanfälle in Schrecken. Besonders die kleinen Mädchen fürchteten sich vor ihrem Vater, der zum Tier geworden war. Der Geisteszustand ihres Mannes hatte Frau Gontscharov gezwungen die Leitung des Hauswesens selbst zu übernehmen. Sie war jedoch keine Frau, die von geschäftlichen Dingen etwas verstand, und so verkam das schlecht beaufsichtigte und schlecht bewirtschaftete Gut. Das Land, die bebauten Äcker, die Arbeit der zum Gut gehörenden zweitausend Leibeigenen brachten fast nichts ein. Überall fehlte es an Geld. Die Möbel waren armselig, die Toiletten abgetragen und die Mahlzeiten ungemein asketisch.

Die Erinnerung an ihr früheres Wohlleben machte Frau Gontscharov doppelt unglücklich. Sie war gewöhnt, auf großem Fuße zu leben und litt nun unter der Dürftigkeit und der Furcht, daß man sie »in der Welt« schlecht beurteile. Diese Furcht vor der Meinung der Gesellschaft, ihr übersteigertes Bedürfnis, beachtet zu werden, und ihre eng begrenzten, landläufigen moralischen Anschauungen ließen sie vor der Zeit ängstlich Ausschau halten nach günstigen Gelegenheiten, ihre Töchter zu verheiraten. Dabei war sie keineswegs dumm, aber verbittert und herrschsüchtig; sie sprach barsch, benahm sich ungeschickt und huldigte einer übertriebenen Frömmigkeit. Ein Zimmer des Hauses hatte sie zu einer Privatkapelle umgestaltet, indem sie es mit Ikonen austapezierte; Kerzen und Nachtlämpchen erleuchteten den Raum, und samstags und an den Abenden vor Festtagen kam ein Priester, um die Messe zu lesen. Die übrige Zeit verbrachte Frau Gontscharov untätig im Kreis von Nonnen und schwatzhaften Betschwestern, die ihr schmeichelten und ihr das ewige Heil versprachen, während sie von ihrem Geldbeutel profitierten, Reliquien verkauften und die Dienerschaft und Familienangehörigen anschwärzten. Bei diesen Ratgebern wurde Frau Gontscharov von Jahr zu Jahr abergläubischer, mißtrauischer, engherziger und gegen ihre Umgebung despotischer. Ihre Töchter wurden mit größerer Strenge als Novizen eines Klosters erzogen. Sie mußten beim Morgengrauen aufstehen und um zehn Uhr abends zu Bett gehen. Wenn die Mutter sie zu ungewohnter Stunde rief, so glaubten die Kleinen gleich, sie hätten irgend etwas falsch gemacht und schritten nicht über die Schwelle, ohne sich zu bekreuzigen oder die Psalmen Davids vor sich hin zu beten. Die Kinder durften nicht laut sprechen und sich nicht ernsthaft mit einem Gast unterhalten. Es war ihnen verboten, Bücher zu lesen, »es sei denn, sie enthielten wenig Romantisches«, und bei Tisch durften sie nicht reden. Saftige Ohrfeigen bestraften die geringste Übertretung der Gebote. Im übrigen beschränkte sich der Unterricht der jungen Damen auf Tanzen und französische Konversation. Die Mädchen sind dazu geboren, sich reich zu verheiraten, und dazu müssen sie französisch sprechen und Quadrille tanzen können.

Die beiden älteren Töchter von Frau Gontscharov waren allerdings nicht sehr anziehend: Katharina war groß und plump und hatte ein träumerisches Wesen, und Alexandrine schielte. So hatte Frau Gontscharov alle Hoffnungen auf eine günstige Heirat auf ihre jüngste Tochter Nathalie übertragen, deren Schönheit alle Güter und alle Leibeigenen Rußlands aufwog. Durch sie konnte man erwarten, wieder in die früheren, großzügigen Vermögensverhältnisse zu kommen. Aber man mußte sich beeilen. Im Jahre 1828, als Nathalie erst sechzehn Jahre alt war, führte Frau Gontscharov sie schon im Triumph in die große Welt ein. Und die Welt war geblendet. Alle Verehrer hübscher Frauen begeisterten sich für diese scheue, kühle Nymphe. Die persönlichen Aufzeichnungen und die Briefe der damaligen Zeit bezeugen einmütig diese Bewunderung:

»Ich habe im Lauf meines Lebens viele schöne und vielleicht anziehendere Frauen gesehen«, schrieb Graf Sologub, »aber noch nie bin ich einer Frau begegnet, die so ganz und gar vollkommen war, bei der Gesichtszüge und Körperformen von derselben klassichen Ebenmäßigkeit waren. Ein hoher, wunderbar schlanker Wuchs vereinigte sich mit einer schön geformten Büste, über welcher der feine Kopf sich erhob wie eine Lilie. Noch nie hatte ich Gelegenheit, ein so schönes, regelmäßiges Profil zu betrachten, nie sah ich solchen Teint, solche Augen, Zähne und Ohren! Ja, das war eine vollkommene Schönheit, deren Anwesenheit ganz natürlich alle, selbst die reizvollsten Frauen erblassen ließ. Sie gab sich immer zurückhaltend, ja fast kalt, und sprach wenig.«

»Ein vollkommenes Geschöpf, was Gesicht und Körperformen anlangt«, schrieb die Gräfin Ficquelmont.

»Der Wuchs einer Göttin und ein wunderschönes Gesicht«, schrieb Bulgakov.

»Sie ist blutjung und bildhübsch, der Teint ihres regelmäßigen Gesichtes ist von reiner Weiße, und die Augen blitzen schalkhaft«, schrieb der Dichter Tumanskij.

Alle Zeitgenossen lobten einmütig die Schönheit Nathalies, aber recht wenige äußerten sich über ihren Charakter und ihre Intelligenz. Und Nathalie hatte weder Charakter noch Intelligenz.

Noch ganz verwirrt durch die vielen Lichter und das Stimmengewirr, das sie außerhalb des elterlichen Hauses umfing, verneigte sie sich, tanzte, fächelte sich Luft zu, sprach mit gespitzten Lippen und gab sich alle Mühe, die Ratschläge von Mama Punkt für Punkt zu befolgen. Allmählich fand sie jedoch Gefallen an den Huldigungen der Männerwelt und an den ausgeschnittenen Kleidern. Die Entdeckung, daß sie die Königin des Balles war, betäubte sie, und sie freute sich mit kindlicher Einfalt darüber. Aber sie war nicht zu ihrem Vergnügen da. Man hatte ihr dieses

Kleid, diese Unterwäsche, diese Bänder, diesen Fächer und diese Handtasche nicht bezahlt, damit sie sich amüsierte. Alle diese Wechsel auf die Zukunft mußten bald eingelöst werden. Doch die »Saison« 1828 ging zu Ende, ohne daß sich irgendein Bewerber eingestellt hätte. Höchstens Puschkin, dieser Dichter, der zwar Geld verdienen, aber noch mehr ausgeben sollte, und von dem es hieß, daß die Polizei jeden seiner Schritte überwache. Das war ein mageres Ergebnis. Man durfte ihn aber auf keinen Fall entmutigen. Man könnte immer noch auf ihn zurückkommen, wenn es Nathalie nicht gelang, sich im nächsten Jahr zu verheiraten. Offenbar genügte es nicht, daß man schön war und gut tanzen und Französisch parlieren konnte, um die ernstgemeinte Aufmerksamkeit der Herren auf sich zu lenken! Die Anbeter wollten auch noch eine Mitgift!

Nach Puschkins Abreise nach dem Kaukasus wurde jedoch die »Saison« 1829 mit glanzvollem Erfolg eröffnet. Nathalie fand mehr Anbeter als je, man tuschelte sogar, daß Fürst Mescherskij daran denke, um Nathalie anzuhalten. Frau Gontscharov war im siebten Himmel; nur eine Befürchtung trübte ihr Glück: Puschkin könne vorzeitig zurückkehren.

Doch die Monate vergingen, Puschkin kam nicht zurück, und Frau Gontscharov atmete auf. Sie hatte sich ausgerechnet, daß sie noch eine Saison würde durchhalten können, und Gott, zu dem sie voll Inbrunst betete, würde nicht zulassen, daß ihre kleine Nathalie sitzen blieb, nachdem man soviel Mühe und soviel Kosten aufgewendet ahtte.

Nun, an einem regnerischen Septembermorgen, als Nathalies Brüder im Familienwohnzimmer Tee tranken und Frau Gontscharov noch im Bett lag, trat unerwartet Puschkin ein. Die Kinder erhoben sich sprachlos und starrten in sein zerwühltes Gesicht und auf seine von der Reise zerdrückten Kleider. Er kam geradewegs vom Kaukasus zurück, und sein erster Besuch galt den Gontscharovs. Atemlos fragte er, ob Nathalie zu Hause sei. Die Kinder liefen, um Mutter und Schwester zu benachrichtigen. Das gab ein schlimmes Erwachen für Frau Gontscharow. In ihre Kissen gelehnt, entwarf sie schnell einen neuen Schlachtplan. Man muß diesem Hungerleider seine Werbung verleiden und Nathalie verbieten, ihn ohne ihre Gegenwart wiederzusehen.

Dieser Entschluß tröstete sie, und sie empfing Puschkin düster dreinschauend und ganz schlaftrunken wirkend an ihrem Bett. Seine Fragen beantwortete sie ausweichend, sprach vom Wetter, von Nathalies großer Jugend und von ihren Erfolgen in der Gesellschaft. Nathalie, der die Mutter gehörig die Leviten gelesen hatte, kam dem Dichter kühler und zurückhaltender vor als je. Er begriff, daß er das Spiel verloren hatte.

»Was für Qualen warteten bei meiner Rückkehr auf mich«, schrieb er später an Frau Gontscharov. »Ihr Schweigen, Ihr frostiger Blick und Fräulein Gontscharovs unbeteiligter, nachlässiger Empfang nahmen mir den Mut, mich zu erklären.«

Da man ihn als Ehemann nicht wollte, wurde Puschkin wieder zum Liebhaber, zum Don Juan, dessen Liste der Opfer noch nicht abgeschlossen war.

Drei Wochen lang huldigte er in Moskau Katharina Uschakov, dann begab er sich nach Malinniki, dem unerschöpflichen Fischteich voll junger Mädchen. Er hoffte, dort unter den Schönheiten des Gouvernements Twer noch einige »Zurückgebliebene« zu fischen.

Im November kehrte er nach St. Petersburg zurück, das er seit Monaten nicht wieder aufgesucht hatte. Und eine Woche später fand er es schon wieder langweilig bis zum Überdruß.

Der graue Himmel, der schmutzige Schnee, die unfreundlichen Petersburger Häuser und das Beamtenvolk mit den verschlossenen Gesichtern verletzten seine strahlend hellen Erinnerungen an den Kaukasus. Und außerdem: Petersburg bedeutete Nikolaus I., bedeutete Benkendorf, der wütend auf ihn war, weil er sich erlaubt hatte, nach dem Kaukasus aufzubrechen, ohne vorher um Genehmigung nachzusuchen. Als Puschkin nach Tiflis abgereist war, hatte Benkendorf seine heimliche Überwachung in Georgien angeordnet. Nach des Dichters Rückkehr nach St. Petersburg sandte ihm Benkendorf am 14. Oktober folgenden Brief:

»Da Seiner Majestät, dem Zaren, gerüchtweise zu Ohren gekommen ist, daß Sie in den Kaukasus gefahren sind und Erzerum besucht haben, hat er mich beauftragt, bei Ihnen anzufragen, ob Sie irgend jemand zu dieser weiten Reise ermächtigt hatte. Ich bitte Sie daher inständig, mich wissen zu lassen, was für Gründe Sie bewogen, wortbrüchig zu werden, und sich in die kaukasischen Provinzen zu begeben, ohne mich vorher von Ihrer Absicht zu unterrichten.«

Puschkin war wohl auf Vorhaltungen gefaßt gewesen, aber das war ein schwerer Vorwurf. Man behandelte ihn wie einen ertappten Schulbuben. Man mahnte ihn an sein gegebenes Wort. Er fühlte sich gedemütigt und antwortete unwillig am 10. November 1829:

»Zu meinem größten Bedauern erfahre ich soeben, daß Seine Majestät über meine Reise nach Erzerum erzürnt ist. Die nachsichtige und großzügige Güte Eurer Exzellenz und das Interesse, das Sie mir immer zu zeigen geruhten, machen mir Mut, diese erneut in Anspruch zu nehmen und freimütig zu sprechen.

Als ich im Kaukasus ankam, konnte ich dem Verlangen, meinen Bruder wiederzusehen, nicht widerstehen; er dient im Dragonerregiment von Nischni-Nowgorod, und wir waren fünf Jahre lang getrennt. Ich hielt es für mein gutes Recht, nach Tiflis zu gehen. Dort traf ich jedoch die Armee nicht mehr an. Ich schrieb an Nikolaus Rajewskij, einen Jugendfreund von mir, und bat um Erlaubnis, ins Feldlager zu kommen, wo ich am Tag der Überquerung des Sagan-Lu anlangte.

Nachdem ich einmal da war, schien es mir peinlich, mich von den in Kürze zu erwartenden Kampfhandlungen fernzuhalten, und so nahm ich an dem Feldzug teil, halb als Soldat, halb als Tourist.

Ich bin mir bewußt, daß ich nicht richtig gehandelt habe, daß mein Verhalten unbesonnen war, aber mehr als Unbesonnenheit ist es auch nicht gewesen. Es war mir unerträglich, zu denken, daß man mir andere Beweggründe unterschieben könnte. Lieber möchte ich die schwerste Ungnade auf mich nehmen als für undankbar gelten in den Augen dessen, dem ich alles verdanke, für den mein Leben hinzugeben ich bereit bin. Und das ist kein leeres Geschwätz.«

Die weltlichen Vergnügungen in St. Petersburg lockten Puschkin nicht mehr. Seine Freunde fanden ihn schweigsam, bekümmert und verbittert. Oft machte er sich in der Morgenfrühe auf und ging zu Fuß von St. Petersburg nach Zarskoje-Selo. Auf diesen Spaziergängen wälzte er von neuem Pläne für Abreise und Heirat. Beides hatte ein und dieselbe Bedeutung für ihn, beides befreite ihn von sich selbst. Die eine wie die andere stieß das Tor zu einem unbekannten Reich auf. Er hatte gemeint, er könne die kleine Nathalie vergessen, sie mit anderen Gesichtern verdecken.

Eines Tages schrieb er an Benkendorf:

»Da ich noch nicht verheiratet und an keine Tätigkeit gebunden bin, so würde ich gerne nach Frankreich oder Italien reisen. Sollte mir diese Bitte nicht gewährt werden, so darf ich vielleicht nach China gehen mit einem Auftrag, der sich dort ergeben wird.«

In demselben Brief bat Puschkin auch um die Genehmigung, *Boris Godunow* zu veröffentlichen: »Angesichts meines Geldmangels wäre es sehr unangenehm für mich, auf rund fünfzehntausend Rubel zu verzichten, die meine Tragödie einbringen kann. Ich würde es außerordentlich bedauern, ein Werk nicht veröffentlicht zu sehen, an dem ich lange und sorgfältig gearbeitet habe und mit dem ich höchst zufrieden bin.«

Puschkins Naivität ging ein wenig weit, wenn er annahm, daß Nikolaus I. ihm erlauben würde, Rußland zu verlassen. Die falsche Besorgnis jedoch, die aus Benkendorfs Antwort klang, belustigte ihn höchlich.

»Seine Majestät hat nicht geruht, Ihrer Bitte, ins Ausland zu gehen, zu entsprechen. Sie ist der Meinung, daß dies Ihre geldlichen Mittel zu sehr beanspruchen und Sie auch von Ihrer Arbeit abhalten würde. Auch Ihr Wunsch, unsere Gesandtschaft nach China zu begleiten, kann nicht erfüllt werden, denn alle Beamten sind schon bestimmt und können nicht ohne Mitteilung an den Hof in Peking ausgetauscht werden.«

Einige Tage darauf nahm Puschkin am Ball des französischen Gesandten teil. Er trug Zivilkleidung, während alle Vertreter des Adels die Uniform ihres Gouvernements trugen. Nikolaus I. nahm diese Formlosigkeit in Kleiderfragen übel auf und sandte Benkendorf am 28. Januar folgenden Bescheid:

»Sie könnten Puschkin sagen, daß ich es unpassend gefunden habe, daß er in gewöhnlichem Rock erschien, während wir alle in Uniform waren. Er könnte sich wenigstens eine Adelsuniform beschaffen.«

Benkendorf übermittelte Puschkin am selben Tag den Wortlaut der Ermahnungen des Zaren.

Das war zu viel. Man hinderte ihn nicht nur daran, ins Ausland zu reisen, man öffnete nicht nur seine Briefe und ließ ihn wie einen Übeltäter in jeder Stadt durch die Polizei überwachen, jetzt schrieb man ihm auch noch vor, wie er sich zu kleiden habe. Die kaiserliche Beaufsichtigung erstreckte sich bis auf den Schnitt der Kleidungsstücke, auf die Art der Frisur und die Form der Knöpfe. Nikolaus I. war ein autokratischer Schneider, die persönliche Freiheit begann für ihn erst bei der Leibwäsche. Wie sollte man ein Leben unter solchem Zwang ertragen? Nur schnell nach Moskau, heiraten und Zuflucht in der warmen Geborgenheit einer Familie finden. Von neuem verlor er sich in Träume, die sich bald um Nathalie, bald um Katharina Uschakov rankten. Er schrieb im Februar 1830 an Wiasemskij:

»Ist es wahr, daß meine kleine Gontscharov sich anschickt, den

Fürsten Mescherskij aus dem Archivgebäude zu heiraten? Was macht die kleine Uschakov? Auch sie ist die meine. Ich gedenke, bald nach Moskau zu kommen.«

In Moskau stürmte inzwischen eine neue Welle der Bewunderung auf Nathalie Gontscharov ein. Der kaiserliche Hof war vor kurzem in der alten Zarenstadt eingetroffen, und eine Festlichkeit folgte ohne Pause auf die andere. Der Militärgouverneur, Fürst Golitzin, veranstalte in seinen Salons eine Reihe lebender Bilder, die von den jungen Mädchen der großen Gesellschaft gestellt wurden. Nathalie Gontscharov, in der Rolle der Schwester Didos, zog alle Blicke auf sich und wurde auch von Nikolaus I. bemerkt. Nach dem Schauspiel fand ein Ball statt, und dabei tanzte ein Freund Puschkins lange mit Nathalie, sprach lobend über den Dichter und brachte es fertig, die Geneigtheit von Frau Gontscharov selbst zu erlangen. Diese machte sich tatsächlich Vorwürfe, Puschkin weggeschickt zu haben. Die dritte »Saison« verursachte noch mehr Kosten als die vorhergehenden, und es hatten sich nicht mehr Bewerber eingefunden als zuvor. Es sah ganz so aus, als wolle Fürst Mescherskij sich um seine Versprechungen drücken. Komplimente, verliebte Blicke, Blumen. Und nichts dahinter. Eine vierte »Saison« überstieg jedoch die Mittel, über die Frau Gontscharov verfügte. Sie war daher jetzt der Meinung, daß sie sich Puschkin hätte warmhalten sollen, um ihn gegebenenfalls aus dem Hintergrund holen zu können. Auf die Fragen von des Dichters Freund antwortete sie mit ungewohntem Entgegenkommen und bat, Puschkin Grüße von ihr zu bestellen. Der Freund entledigte sich pünktlich seines Auftrages. Dieses freundliche Wort, dieser Gruß der »Mama von Kars« versetzten Puschkin in große Erregung. So war also nicht alles verloren. Die »hochnäsige Jungfrau« war zu haben. Man durfte keine Zeit mehr verlieren, man mußte nach Moskau. Mit oder ohne Erlaubnis. Was lag schon daran! Puschkin machte sich auf den Weg.

Doch gleich sandte ihm Benkendorf, den die Geheimagenten benachrichtigt hatten, folgenden Brief:

»Zu meinem großen Erstaunen hörte ich, daß Sie nach Moskau zu fahren beabsichtigen, ohne daß Sie mich von Ihrer Reise in Kenntnis gesetzt haben, wie wir abgesprochen hatten. Dieser Schritt zwingt mich zu der Bitte, mir die Gründe mitzuteilen, die Sie veranlassen, wortbrüchig zu werden. Ich wäre sehr froh, wenn Sie zwingende Gründe für Ihre Handlungsweise angeben könnten, die Sie entschuldigen. Ich halte es jedoch für meine Pflicht,

Sie darauf hinzuweisen, daß Sie alle Unannehmlichkeiten, die Sie sich zuziehen könnten, Ihrem eigenen Verhalten zuzuschreiben haben.«

Kurz und bündig antwortete Puschkin von Moskau aus auf diesen Vorwurf:

»Im Jahr 1826 hat mir Seine Majestät, der Zar, die Erlaubnis erteilt, in Moskau zu leben, und im folgenden Jahr gestatteten Sie mir selbst, Euer Exzellenz, mich nach St. Petersburg zu begeben. Von da an habe ich jeden Winter in Moskau verbracht und den Herbst auf dem Land, ohne jemals vorher um Genehmigung zu bitten und ohne je eine Zurechtweisung zu erfahren ... Ich trage mich schon seit Beginn des Winters mit der Absicht, nach Moskau zu gehen. Als ich Sie vor ein paar Tagen beim Spaziergang traf und Eure Exzellenz mich nach meinen Plänen fragte, hatte ich das Vergnügen, Sie von meinem Vorhaben zu unterrichten. Sie waren sogar so gütig, mir zu antworten: ›Sie sind immer auf großer Fahrt‹.«

Puschkin kam am 12. März 1830 nach Moskau und besuchte noch am selben Tag ein Konzert. Die erste Person, die er im Saal erblickte, war Nathalie Gontscharov. Sie lächelte, kühl und schön; er sah nur sie zwischen den roten Samtvorhängen in dem lichterfüllten Saal, wo die perlmutterglänzenden Fächer sich auf und ab bewegten. Und schon bereute er nicht mehr, hierher gekommen zu sein.

Literarische Scharmützel und Liebesgeplänkel

»Tauwetter, Faulheit und Fräulein Gontscharov halten mich in Moskau fest«, schrieb Puschkin einige Tage nach seinem Eintreffen in der Stadt.

Er ging wenig aus und verbrachte ganze Tage bei seinem Freund Naschokin, wo er Pfeife rauchte und las, bis er nichts mehr aufnehmen konnte. Manchmal schleppte ihn sein Gastgeber zu den Zigeunern; dort hörte er den Liedern der Zigeunerin Tania zu und bestellte »Blinys« und Champagner für den ganzen Chor. Der Dichter besuchte auch die Uschakov, aber weniger, um Katharina den Hof zu machen, sondern weil ihn der Weg an Nathalie Gontscharovs Haus und unter ihren Fenstern vorbeiführte. Ein Vorhang, der sich hebt, ein Schatten, der hinter der beschlagenen Fensterscheibe vorübergleitet, und er ist für ein paar Stunden glücklich.

Während seine Freunde für ihn mit der »Mama von Kars« verhandelten, träumte er von rührenden Familienszenen. Er fand immer mehr Geschmack an einem ruhigen Leben, an Bequemlichkeit, an häuslichen Sorgen und an dem Lohn, den Treue findet. Langsam reifte er zum Ehemann und Familienvater, den jeder Mann in sich trägt und der um das dreißigste Jahr sich offenbart. Dieser innere Werdegang freute und beunruhigte ihn ein wenig und hielt ihn von seiner Arbeit auf.

In Wahrheit ließ sich jedoch die literarische Untätigkeit Puschkins nicht allein durch den betörenden Bann erklären, den Nathalie Gontscharov ausübte. Seit einigen Tagen nahm ihn die Presse der beiden Hauptstädte gehörig in die Zange; den Angriff führten die drei Kritiker Nadedjin, Polewoj und Bulgarin an.

Schon 1829 schrieb Nadodjin, daß Puschkin »den Parnaß mit seinem schillernden Dreigroschen-Trödel überschwemme«.

Und ein anderesmal:

»Beklagenswerte Poesie! Wird sie noch lange in den Gefängnissen von Nertschinsk und den Schlupfwinkeln der Banditen umherirren und unter die Zelte der Zigeuner kriechen? Kann sie wirklich nichts anderes mehr behandeln als Szenen voll Wollust und grimmiger Bosheit? Was für eine befremdende Abneigung gegen alles Schöne, Klare, Melodische, Erfreuliche und Erhabene? . . .«

Diese Anklagen brachten den Dichter um so mehr auf, als ihre einzige Triebfeder der Wunsch war, ihn als Menschen von zweifelhaften Sitten und revolutionären künstlerischen Bestrebungen hinzustellen. Nach Nadedjin war Puschkin ein *»Robespierre der Literatur«*. Am 23. April 1830 lud Pogodin die Gegner Nadedjin und Puschkin zu sich ein und versuchte, sie zu versöhnen. Aber vergebens.

Der zweite Feind Puschkins, Polewoj, machte ihm sein Gedicht zum Vorwurf, das er dem Fürsten Yussupov gewidmet hatte, das, wie er sagte, von niedrigen Schmeicheleien strotze. In einer Beilage des *Moskautelegraph* berichtete Polewoj, daß der Fürst den Dichter gebeten habe, jeden Donnerstag an seiner Tafel zu speisen, um sich für die gute Meinung und die hübschen Reime erkenntlich zu zeigen.

Der schärfste Gegner Puschkins war zweifelsohne der Kritiker Bulgarin von der *Biene des Nordens.* Gebürtiger Pole und im Kadettenkorps von St. Petersburg erzogen, trat er in den Dienst der französischen Armee über und kämpfte gegen die Russen. Nach Beendigung der Feindseligkeiten ließ er sich in Rußland nieder.

Seine aufgeschwemmte, massige Gesalt und sein Gesicht mit der hängenden Unterlippe und den Triefaugen stießen bei der ersten Begegnung ebenso sehr ab wie seine barsche Stimme und sein ganzes Wesen. Bulgarin war nämlich kein Journalist wie die anderen. Als Direktor der *Biene des Nordens* hatte er sich unmißverständlich an die dritte Sektion verkauft. Er veröffentlichte Artikel nach den Wünschen Benkendorfs, machte die Behörden auf seine literarischen Feinde aufmerksam, verfaßte Geheimberichte und nahm bezahlte Aufträge an, um den Lesern Läden, Restaurants und andere Handelsunternehmungen zu empfehlen. Dieser beamtete Erpresser und Denunziant im Sold der Polizei wurde wild, sobald man seine künstlerischen Interessen angriff. Als Delwig, Puschkin und Wiasemskij im Jahre 1830 die neue Zeitschrift *Die literarische Gazette* herauszugeben begannen, zog Bulgarin gegen seine Konkurrenten zu Felde, besonders, als ein Artikel der *Literarischen Gazette* es wagte, seinen Roman *Der falsche Demetrius* zu kritisieren. Um diesem Roman zum Erfolg zu verhelfen, hatte Bulgarin sich ganze Szenen aus Puschins *Boris Godunow* angeeignet. Das war einfach, denn Benkendorf hatte den nämlichen Bulgarin vor einigen Jahren beauftragt, den Text von *Boris Godunow* für den Zaren zu beurteilen, und Bulgarin benützte die Gelegenheit, um sich die nötigen Notizen zu machen. Höchst einfach. Als Bulgarin von der Anschuldigung erfuhr, die Puschkin gegen ihn erhob, schrieb er ihm am 18. Febuar 1830:

»Mit dem größten Erstaunen habe ich durch Olin von Ihrer Behauptung erfahren, ich hätte Stellen aus Ihrer Tragödie *Boris Godunow* abgeschrieben, die Verse in Prosa umgewandelt und Szenen aus Ihrem Drama zu Szenen für meinen Roman zurechtgemacht! Alexander Sergejewitsch, seien Sie Ihres eigenen Ruhmes würdig! Kann man mich einer solchen Dummdreistigkeit zeihen? Ich habe Ihre Tragödie nicht gelesen ... Man sagt, daß Sie in der *Literarischen Gazette* bekanntmachen wollen, daß ich Ihr Werk gestohlen hätte! Was wird die Öffentlichkeit dazu sagen? Sie werden Beweise beibringen müssen ... Muß denn die Tatsache, daß jemand dasselbe Thema behandelt, bedeuten, daß man abgeschrieben hat?«

Da Puschkin sich duch Bulgarins Argumente nicht überzeugen lassen wollte, nahm der Zeitungsschreiber seine Zuflucht zu einer genugsam bewährten Taktik. Da er sich nicht rechtfertigen konnte, beschloß er, zum Angriff überzugehen. Er riß zunächst einmal das letzte Werk Puschkins, den siebten Gesang von *Eugen Onegin,* herunter, indem er dem Dichter vorwarf, seinen Aufenthalt im Kaukasus nicht dazu benützt zu haben, eine Hymne zum Ruhm der russischen Waffen zu verfassen. Diese hinterhältige Kritik stellte Puschkin als zweifelhaften Patrioten hin. »Wir dachten«, schrieb Bulgarin, »daß die großen Ereignisse an der Ostfront, welche die Welt aufhorchen ließen und Rußland die einmütige Bewunderung der zivilisierten Nationen eingetragen haben, das Genie unserer Dichter auf den Plan gerufen hätte. Wir haben uns getäuscht. Die berühmten Harfen sind stumm geblieben, und in der Wüstenei unserer Dichtkunst ist wieder *Onegin* aufgetaucht, farblos, schwach ... Das Herz zieht sich zusammen, wenn man auf diese widerliche Schilderei blickt ... Nicht *ein* Gedanke in diesem verwässerten Kapitel VII, nicht *ein* Gefühl, nicht *ein* Bild, welches der Betrachtung lohnte. Ein gänzliches Absinken, ein vollständiger Sturz von der Höhe. Unsere Hoffnungen sind zunichte geworden.«

Bulgarin war zufrieden mit seinem Artikel. Damit aber seine Rache vollständig sei, mußte er auch den Mann beschimpfen, nachdem er sein Werk in den Schmutz gezogen hatte. Puschkin verdächtigte ihn des Plagiats? Warum diese Anschuldigung nicht gegen ihren Urheber kehren? Berauscht von seinem Einfall, veröffentlichte er in der *Biene des Nordens:*

»Für den siebten Gesang von *Eugen Onegin* hat sich der Dichter bei der Niederschrift ausführlich des Stückes *Das Unglück, zuviel Geist zu haben,* bedient, sowie, nehmen Sie es mir nicht übel, eines wohlbekannten Romanes.« (*Iwan Wyjigin,* Roman von Bulgarin.)

Die literarische Gazette antwortete ironisch:

»Man muß Puschkin auch noch eines anderen schwerwiegenderen Plagiats beschuldigen als nur des an *Wyjigin.* Er hat sich einfach des Romans *Der falsche Demetrius* bedient und hat es mit der ihm eigenen Geschicklichkeit verstanden, mit diesen kleinen Diebereien seine historische Tragödie *Boris Godunow* auszuschmücken. Durch ein seltsames Spiel des Zufalls wurde diese jedoch fünf Jahre vor der Entstehung des historischen Romanes von Bulgarin geschrieben.«

Der Widerhall dieses Streites drang rasch über die literarischen Kreise hinaus und erreichte die ranghöhere Stufe der Regierungskreise. Nikolaus I. bekam Wind von der Sache und verschmähte es nicht, Benkendorf folgenden Brief zu schreiben:

»Ich vergaß, Ihnen zu sagen, lieber Freund, daß in der heutigen Nummer der *Biene* wieder ein ganz geschmackloser und höchst ungerechter Artikel steht, der sich gegen Puschkin richtet. Dieser Artikel wird manches nach sich ziehen. Ich gebe Ihnen daher den Auftrag, Bulgarin kommen zu lassen und ihm zu untersagen, von jetzt an derartige Kritiken über literarische Arbeiten aufzunehmen. Wenn es möglich ist, so nehmen Sie seine Zeitung in Schutz.«

Benkendorf ergriff jedoch Partei für Bulgarin, der als Spitzel in seinen Diensten stand. So antwortete er dem Zaren:

»Die Befehle Eurer Majestät sind ausführt; Bulgarin wird seine Kritik an *Onegin* nicht fortsetzen. Ich habe sie gelesen, Majestät, und muß gestehen, daß ich nichts Persönliches gegen Puschkin darin gefunden habe. Die beiden Autoren stehen übrigens seit ein paar Jahren ziemlich gut miteinander. Bulgarins Feder, die der Obrigkeit immer treu ergeben ist, klagt, daß die Reise über das Kaukasusgebirge hinaus und die großen Ereignisse des letzten Jahres Puschkins Genie keinen höheren Aufschwung gegeben haben ... Ich füge einen Artikel gegen den *Falschen Demetrius* bei, damit Eure Majestät sieht, wie man Bulgarin angreift. Wenn Eure Majestät dieses Werk liest, wird sie sehr interessante Dinge finden, z.B. den Triumph der rechtmäßigen Thronfolge. Ich wünschte, daß die Schreiber, die dieses Werk angreifen, im selben Geiste schrieben. Denn die Werke sind das Gewissen der Verfasser.«

Benkendorfs Argumente überzeugten Nikolaus I. nur halb, und er notierte auf den Bericht, der sich auf *Onegin* bezog:

»Ich verteidige durchaus nicht den Verfasser, der besser daran getan hätte, sich nicht ausschließlich mit einem solchen Thema abzugeben, das zwar sehr vergnüglich, aber weit weniger hochherzig ist als das seines *Poltowa.*«

Während Nikolaus I. und Benkendorf sich auf diese Weise bemühten, den Streit zu schlichten, nahmen die beleidigenden Anspielungen Puschkins und Bulgarins in den Spalten ihrer Zeitschriften immer mehr überhand. In Nummer 30 (11. März 1830) der *Biene des Nordens,* als der Kampf am heftigsten tobte, veröffentlichte Bulgarin einen *Anekdote* überschriebenen Schmähartikel, der sich gegen Puschkin richtete, wenn auch sein Name darin nicht genannt wurde. Bulgarin schrieb, der Dichter sei »ein Franzose aus Veranlagung, er diene Bacchus und Pluto treuer als den Musen, in seinen Werken habe er keinen großen Gedanken, kein erhebendes Gefühl zum Ausdruck gebracht, ihnen keine brauchbare Wahrheit mitgegeben, er besitze ein kaltes und seelenloses Herz wie eine Auster; sein Kopf gleiche einem Dudelsack, vollgestopft mit klingenden Reimen, aber ohne Ideen ... Diese Reime richten sich gegen alles, was heilig ist, er rühmt sich seiner liberalen Gesinnung vor dem Pöbel und rutscht kriecherisch auf dem Bauch zu Füßen der Mächtigen dieser Welt ...«

Dieser neue Schimpf schmetterte Puschkin buchstäblich nieder. Was würden Nathalie und ihre Mutter denken, wenn sie diese Zeilen lasen? Und was soll er diesem Plagiator erwidern, diesem Verleumder, diesem Fälscher, den Benkendorf selbst beschützt? »Die Hunde bellen hinter Puschkin drein«, schrieb Schewyrew, und Pogodin: »Ich bin ganz unglücklich zu sehen, wie tief ihn diese schmutzigen Beleidigungen treffen ... *O irritabile genus!*«

Ohne Beistand und besorgt, wie sich Bulgarins *Anekdote* auf seine Liebesbeziehungen, auf seine Stellung in der Familie und in der Öffentlichkeit auswirken würde, verlor Puschkin den Kopf und wandte sich an den einzigen Menschen, der ihn nicht verstehen wollte und gar nicht verstehen konnte: an Benkendorf. Am 24. März 1830 schrieb er dem Polizeioberhaupt folgenden Brief:

»Vier Jahre sind vergangen, in denen ich mir nichts zuschulden kommen ließ, und doch habe ich das Vertrauen der Obrigkeit nicht erlangen können. Ich sehe mit Bedauern, daß meine harmlosesten Schritte Verdacht und Mißfallen erregen ... Daß ich bis jetzt keine Ungnade zu spüren bekam, verdanke ich nicht dem Bewußtsein meiner Rechte und Pflichten, sondern allein Ihrem persönlichen Wohlwollen. Wenn Sie morgen nicht mehr Minister sein sollten, bin ich übermorgen im Gefängnis. Monsieur Bulgarin, der Einfluß auf Sie zu haben behauptet, ist einer meiner erbittertsten Feinde geworden anläßlich einer Kritik, die er mir zugeschrieben hat. Nach dem niederträchtigen Artikel, den er über mich veröffentlichte, halte ich ihn für einen Menschen, der zu allem fähig ist. Es ist mir unmöglich, Sie nicht über meine Beziehungen zu diesem Mann zu unterrichten, denn er könnte mir unendlich schaden.

Ich dachte daran, von Moskau aus in die Umgebung von Pskov zu fahren; wenn jedoch Nikolaus Rajewskij nach Poltawa kommt, so bitte ich Euer Exzellenz inständig um die Erlaubnis, ihn dort treffen zu dürfen.«

Am 3. April antwortete Benkendorf dem Dichter:

»Ich kann nicht einsehen, warum Sie sich darin gefallen, Ihre Lage unsicher zu finden. Dazu liegt gar kein Grund vor, und es dürfte nur von Ihrem eigenen Verhalten abhängen, sie besser ins Gleichgewicht zu bringen. Sie glauben zu Unrecht, daß mich irgendwer zu Ihren Ungunsten beeinflußt, ich kenne Sie selbst viel zu gut. Monsieur Bulgarin hat nie über Sie gesprochen. Ich muß Ihnen aber gestehen, daß Ihre kürzlich erfolgte überstürzte Abreise nach Moskau Verdacht erregen mußte.

Bezüglich Ihrer an mich gerichteten Anfrage, ob Sie Nikolaus Rajewskij in Poltawa treffen dürfen, muß ich Ihnen mitteilen, daß Seine Majestät, der ich diese Frage unterbreitete, die Güte hatte, mir zu antworten, daß sie Ihnen diese Reise ausdrücklich verbiete, weil sie Gründe hat, mit Nikolaus Rajewskijs Verhalten in letzter Zeit unzufrieden zu sein. Dieser Umstand wird Ihnen deutlich machen, daß meine guten Ratschläge Sie unkluge Handlungen vermeiden lassen, die Sie so oft begangen haben, ohne mich um meine Meinung zu fragen.«

Da Benkendorf ihm keine Hilfe gewährte, beschloß Puschkin, den Kampf auf eigene Faust zu führen. Am 6. April erschien in der *Literarischen Gazette* ein Artikel von ihm über den Polizisten Vidocq, dessen Person eigentümlich an Bulgarin erinnerte:

»Stellen Sie sich einen Mann vor, ohne Namen und ohne Vaterland, der von Angebereien lebt und mit einem dieser unglückseligen Geschöpfe verheiratet ist, deren Überwachung zu seinen Dienstobliegenheiten gehört. (Bulgarin hatte eine Prostituierte geheiratet.) Wenn Sie diesen schamlosen, jämmerlichen Strohmann vor sich sehen, so können Sie sich leicht ausmalen, wie die Werke eines solchen Individuums beschaffen sind ... Wer würde es aber glauben? Vidocq ist leicht verletzlich. Er gerät in Wut, wenn er die Kritiken der Journalisten über seinen Stil liest. In solchen Fällen schreibt er Berichte gegen seine Feinde, beschuldigt sie der Liederlichkeit oder des Liberalismus und singt ein Loblied auf ehrbare Gesinnung und Unabhängigkeit der Meinungen.«

Dieser Artikel erregte Aufsehen. Ein Buchhändler in St. Petersburg kündigte dem Publikum an, er könne seiner Kundschaft verbürgt echte Porträts von Vidocq verkaufen. Es war ein Porträt von Bulgarin, mit Vidocq unterschrieben. Bulgarin führte Klage und ließ sein eigenes Bildnis durch die Polizei beschlagnahmen. Die Zensur verbot, weitere Artikel über den »Pariser Polizisten Vidocq« zu veröffentlichen. Puschkin schlug zurück mit einem Epigramm:

»Das Unglück ist nicht groß, du sollst ein Pole sein ...«

Da ließ Bulgarin jede Zurückhaltung fahren und vergriff sich nicht länger an Puschkins Werk oder an seiner Person, sondern an der Ehre seiner Vorfahren. Er schrieb in der *Biene des Nordens:*

»Man sagt, daß die hohe Abkunft Byrons und seine aristokratischen Überspanntheiten, die sich einem beklagenswerten Geisteszustand zugesellten, einer Anzahl von Dichtern und Verseschmierern aus verschiedenen Ländern den Kopf verdreht haben, so daß sie alle anfingen, von ihrem sechs Jahrhunderte alten Adel zu sprechen. Gebe der Himmel, daß dieser Gedanke in ihnen den Wunsch erwecken möge, sich ihrer Vorfahren würdig zu erzeigen, aber das wird ihre Verse und ihre Prosa nicht flüssiger und geistreicher machen ... Es ist ein offenes Geheimnis, daß ein gewisser Dichter aus Lateinamerika, ein eifriger Nachahmer von Byron, der von Mulatten abstammt, behauptete, daß einer seiner Vorfahren ein Negerfürst war. Die Urkunden im Rathaus haben bewiesen, daß es früher einmal einen Prozeß gab zwischen einem Kapitän und seinem Ersten Offizier um einen Neger, den jeder sich aneigenen wollte. Der Kapitän konnte nachweisen, daß er den Neger um eine Flasche Rum gekauft hatte! Dachte er wohl in diesem Augenblick daran, daß später ein gewisser Versemacher stolz darauf sein würde, von diesem Neger abzustammen? *Vanitas Vanitatum ...*«

Auf diese neuerliche Schmähung erwiderte Puschkin mit folgendem Pamphlet:

In seinem Haus sitzt Figlarin*
und schreit in alle Welt es aus,
daß einst ein Kapitän gekauft
mein schwarzen Ahnherrn Hannibal
um eine Buddel voller Rum.
Der Kapitän, der das getan,
hat unser Land einst groß gemacht
und unser Staatsschiff klug gelenkt.
Er schätzte meinen Urahn sehr.
Der Neger, den er einst gekauft,
wuchs auf bei ihm, in seiner Näh,
ein treuer Freund mehr denn ein Sklav.
Das helle Köpfchen Figlarin
hält mich für einen Bürgersmann,
der vorgibt, adelig zu sein.
Wo aber stammt er selbst denn her?
Vom Adel aus der Bürgerstraß'.

* Spitzname von Bulgarin

Die »Bürgerstraße« war das Hurenviertel von St. Petersburg, und in einem öffentlichen Haus dieser Straße hatte Bulgarin seine Frau gefunden.

Dieser Austausch von Artikeln, Epigrammen und persönlichen Beleidigungen war nicht nach Puschkins Geschmack, er verteidigte sich aus bitterer Notwendigkeit. Er hätte lieber auf jede Polemik verzichtet, deren Haßausbrüche die Aufmerksamkeit der Regierungsstellen und die seiner künftigen Schwiegermutter auf sich zogen. Doch trotz des Klatsches in den Salons und der Ratschläge der nörgelnden Betschwestern gestaltete sich seine Herzensangelegenheit von Tag zu Tag vielsprechender. Er wurde regelmäßig und mit allen Ehren bei den Gontscharovs empfangen. Er plauderte mit Nathalie, die lächelte und grundlos errötete, und mit Frau Gontscharov, die sich alle Mühe gab, liebenswürdig zu sein. Aber die Blicke der Mutter lagen forschend auf dem Mann, der vielleicht ihr Schwiegersohn werden sollte, sie schätzten ihn ab, zerlegten ihn und durchbohrten ihn, um seine geheimsten Gedanken zu erraten. Sie entrüstete sich manchmal, wenn Puschkin leichthin über Glaubensfragen sprach oder sich erlaubte, die geheiligte Person des verstorbenen Zaren Alexanders I. zu kritisieren. Sie warf ihm dann seinen Atheismus vor, seine revolutionäre Gesinnung und schlechte Lebensführung. Puschkin grollte, und Nathalie trotzte mit verweinten Augen. Frau Gontscharov suchte ihre Hauskapelle auf. Dann renkte sich alles wieder ein, und er verließ Nathalies Wohnung in der Überzeugung, auch an diesem Tag an Boden gewonnen zu haben. Am 4. oder 5. April faßte Puschkin sich ein Herz und sprach von der Heirat. Frau Gontscharov hörte ihn an, verzog gnädig die Lippen, stellte ihm darauf drei schicksalhafte Fragen und bat ihm, sie nach reiflicher Überlegung aufrichtig zu beantworten:

1. Glaubte er sich imstande, trotz seiner ausschweifenden Vergangenheit, über die ganz Moskau im Bilde war, ein so reines Kind wie Nathalie glücklich zu machen?

2. Erlaubte ihm seine materielle Lage, Nathalies Bedürfnisse zu befriedigen? Sie sei daran gewöhnt, nichts entbehren zu müssen und verdiene, den höchsten Rang in der großen Gesellschaft Rußlands einzunehmen?

3. War seine Stellung gegenüber der Regierung nicht zweideutig, und stand er nicht unter Polizeiaufsicht?

Puschkin bat, diese Fragen schriftlich beantworten zu dürfen.

Zu Hause angelangt, prüfte er seine eigenen Gefühle und war ganz überrascht über die Angst, die ihm das Herz zusammenpreßte. Bis zu diesem Tag hatte er blindlings und fanatisch gekämpft, um eine unzugängliche Jungfrau zu erobern. Jetzt, wo der Sieg nahe war, folterten ihn tausend Zweifel und Ängste. Würde er glücklich sein mit Nathalie? Sie war so schön, so gleichgültig und so jung! Vielleicht beging er eine Dummheit, wenn er sein Geschick an dieses leichtfertige Geschöpf band? In dem edelmütigen Bedürfnis, offen zu sein, schrieb er Frau Gontscharov einen langen Brief, in dem er ihr seine Zweifel darlegte und ihren freundschaftlichen Rat erbat:

»Nun, Madame, da Sie mir die Erlaubnis gewährt haben, Ihnen zu schreiben, fühle ich mich, da ich die Feder zur Hand nehme, ebenso bewegt, wie wenn ich vor Ihnen stünde. Ich habe soviel zu sagen, und je mehr ich nachdenke, desto trauriger und mutloser wird mir ums Herz ... Ich will versuchen, mich näher zu erklären.

Durch bloße Gewöhnung und lange Vertrautheit könnte ich mir die Zuneigung Ihres Fräulein Tochter gewinnen; ich kann hoffen, sie mit der Zeit an mich zu binden, aber ich habe nichts, das ihr gefallen könnte: wenn sie einwilligt, die Meine zu werden, so sehe ich darin nur einen Beweis der fühllosen Gelassenheit ihres Herzens. Wird diese Gelassenheit bleiben, wenn Bewunderung, Huldigungen und Verführungen sie umgeben? Man wird ihr sagen, daß ein unglückliches Geschick sie daran gehindert habe, andere, ebenbürtigere Bande zu schließen, die ihr ein glänzenderes Leben ermöglichten und ihrer würdiger wären – vielleicht werden solche Reden aufrichtig gemeint sein, jedenfalls werden sie ihr so vorkommen. Wird sie nicht Bedauern empfinden? Wird sie mich nicht als Hindernis ansehen, als betrügerischen Räuber? Gott ist mein Zeuge, daß ich bereit bin, für sie zu sterben, aber der Gedanke, daß mein Tod sie zur strahlenden Witwe machen wird, die morgen frei einen anderen Mann wählen kann, ist für mich die Hölle.

Sprechen wir von den Vermögensverhältnissen: ich mache wenig Aufhebens davon. Das meinige hat mir bis jetzt genügt. Wird es reichen, wenn ich verheiratet bin? Ich würde um nichts in der Welt zulassen, daß meine Frau Entbehrungen auf sich nehmen müßte, daß sie nicht dort sein könnte, wo sie glänzen und sich vergnügen kann, wie es ihre Bestimmung ist. Sie hat das Recht, es zu fordern. Ich bin bereit, ihr alle Neigungen und Leidenschaften meines Lebens zu opfern, mein unabhängiges und erlebnisreiches

Dasein aufzugeben, um sie zufriedenzustellen. Wird sie nicht dennoch murren, wenn ihre Stellung in der Welt nicht so glänzend wird, wie sie es verdient und wie ich es gewünscht hätte?

Das ist es, was ich teilweise befürchte; ich zittere davor, Sie könnten es für begründet halten.«

Am nächsten Tag, dem 6. April, läuteten die Glocken in der ganzen Stadt mit wuchtigen Schlägen das Osterfest ein, während Puschkin darauf wartete, welche Antwort er auf sein befremdendes Geständnis erhalten würde.

Noch erwog er das Für und Wider seines Schrittes, als ein Diener der Gontscharov ihm die Antwort brachte. Er öffnete den Brief mit zitternden Händen. Es war ein Ja! Er wollte sofort zu seiner Braut eilen, hatte aber kein geeignetes Kleidungsstück mitgebracht. Er lieh sich eines bei Naschokin. Welche Verzögerung bedeutete es, den Rock überzuziehen, die Krawatte zu schlingen, die Haare zu glätten! Er schrieb in seinen autobiographischen Notizen, in denen er Nathalie Nadenka nennt:

»Meine Werbung ist angenommen! Nadenka! Mein Engel! Sie ist mein. Alle düsteren Zweifel verschwinden vor der strahlenden Helle dieses Gedankens. Ich springe in eine Kutsche und fahre mit höchster Geschwindigkeit zu ihr. Da ist ihr Haus. Ich komme ins Vorzimmer und merke schon an der Erregtheit der Dienerschaft, daß ich der Bräutigam bin. Es trübt meine Freude, zu denken, daß alle diese Leute das Geheimnis meines Herzens kennen und in ihrer Dienstbotensprache über meine Liebe reden. Die Mutter hatte ganz rote Augen. Man rief Nathalie. Sie kam, bleich und verlegen. Man segnete uns. Nathalie reichte mir ihre kühle, weiche Hand. Die Mutter begann von der Aussteuer zu sprechen. Und so haben unsere Herzen keine Heimlichkeit mehr. Heute weiß es die Familie, morgen wird es die Öffentlichkeit wissen.«

Beim Verlassen der Wohnung seiner Braut betrachtete Puschkin voll Seligkeit die sonnenüberflutete Stadt, das erste Gras, das zwischen den Pflastersteinen sproßte, die farbigen Eierschalen, die vor den Häusern umherlagen. Aus den Kellerluken der Bäkkereien steigt der Geruch von frischem Brot, von süßem Quark und Ostergebäck auf. Der Himmel ist blau. Glocken läuten, und Vögel schießen durch die Luft. Er fühlt sich eins mit diesem großen Frühlingsrausch, stolz und voll Kraft wie ein Sieger. Aber auch Unruhe mischt sich in dieses Gefühl. Jetzt wird man sich mit der Aussteuer beschäftigen müssen, mit Einkünften, Ländereien, Modistinnen. Man muß den Eltern schreiben und Benkendorf.

An seine Eltern schrieb er:

»Ich will mich mit einer jungen Person verheiraten, die ich seit einem Jahr liebe, Fräulein Nathalie Gontscharov. Ich habe ihre und ihrer Mutter Einwilligung. Ich bitte um Ihren Segen, nicht etwa als leere Formalität, sondern in der tiefen Überzeugung, daß dieser Segen zu meinem Wohlergehen notwendig ist.«

Und der Vater antwortete, gleichfalls französisch, denn der Anlaß war feierlich:

»Gesegnet sei tausend- und abertausendmal der gestrige Tag, mein lieber Alexander, für den Brief, den wir von Dir erhalten haben. Freude und Dankbarkeit erfüllen mich. Ja, mein Freund, das ist das rechte Wort. Seit langem hatte ich vergessen, wie süß Tränen sein können, wie ich sie beim Lesen Deines Briefes vergossen habe. Möge der Himmel allen Segen über Dich ausgießen und über Deine liebevolle Gefährtin, die Dein Glück sein wird ... Von dem Land, das mir bei der Teilung nach dem Tod meines Vaters zufiel, bleiben mir zweihundert völlig freie Bauern. Ich gebe Dir einstweilen die volle Verfügung darüber. Sie können jährlich viertausend Rubel einbringen, vielleicht mit der Zeit noch mehr ...«

Puschkin wandte sich auch an Benkendorf mit der Bitte, Frau Gontschorov über seine Beziehungen zur Polizei zu beruhigen. Es fiel ihm aber schwer, diesen Brief zu schreiben. War es nicht lächerlich, daß dieses teure Geheimnis von schnurrbärtigen Beamten mit Epauletten und Fangschnüren beschirmt wurde?

»Herr General«, schrieb Puschkin am 17. April 1830 an Benkendorf, »es bringt mich in Verlegenheit, mich in einer rein persönlichen Angelegenheit an die Obrigkeit zu wenden, aber meine Lage und das Interesse, das Sie an mir zu nehmen geruhen, zwingen mich dazu. Ich möchte mich mit Fräulein Gontscharov verheiraten, die Sie gewiß in Moskau schon gesehen haben. Ich habe ihre und ihrer Mutter Einwilligung. Zwei Bedingungen wurden mir gestellt: mein Vermögen und meine Stellung gegenüber der Regierung darzulegen. Die Frage nach meinem Vermögen konnte ich zufriedenstellend beantworten, dank Seiner Majestät, die mir die Möglichkeit gegeben hat, ehrenhaft von meiner Arbeit zu leben. Doch konnte ich nicht verhehlen, daß meine Lage mißlich und zweifelhaft ist. Der Makel, im Jahr 1824 aus dem Staatsdienst entlassen worden zu sein, bleibt auf mir sitzen. Ich habe das Gymnasium 1817 mit dem Rang 10. Ordnung verlassen; ich habe niemals die beiden nächsten Stufen erreicht, die mir von Rechts wegen zustanden, da meine Vorgesetzten es versäumten, mich vorzuschlagen, und ich habe mich nicht darum gekümmert, sie daran zu erinnern. Jetzt wäre es unangenehm für mich, wieder in den Staatsdienst einzutreten, trotz allen guten Willens. Eine ganz untergeordnete Stellung, die ich meinem Rang nach nur bekleiden könnte, würde mich nicht befriedigen. Sie hielte mich von meiner literarischen Betätigung ab, die meinen Lebensunterhalt gewährleistet, und würde mir nur zwecklose Plackerei verursachen. Es hat also keinen Sinn, daran zu denken. Frau Gontscharov schreckt davor zurück, ihre Tochter einem Mann zu geben, der das Unglück hätte, beim Zaren schlecht angeschrieben zu sein. Mein Glück hängt von einem Wort Dessen ab, für den ich aufrichtige und grenzenlose Ergebenheit und Dankbarkeit fühle ...«

Die Antwort Benkendorfs war ein Meisterwerk abgefeimter Verschlagenheit, in dem sich Komplimente, Vorhaltungen, gute Ratschläge und Äußerungen der Sympathie kunstvoll verwoben:

»Seine Kaiserliche Majestät hat mit huldvoller Befriedigung die Nachricht von Ihrer beabsichtigten Eheschließung erhalten und geruhte, bei dieser Gelegenheit zu bemerken, daß sie gerne glaubt, daß Sie sich gewiß genau geprüft haben, ehe Sie diesen Schritt tun, und daß Sie die für das Glück einer Frau unerläßlichen Herzens- und Charaktereigenschaften in sich entdeckt haben, besonders da es sich um eine so liebenswerte und interessante Frau handelt wie Fräulein Gontscharov.

Bezüglich Ihrer persönlichen Lage gegenüber der Regierung kann ich nur wiederholen, was ich schon oft gesagt habe. Sie entspricht nach meinem Dafürhalten völlig Ihren Interessen, und es liegt unmöglich etwas Schiefes oder Zweifelhaftes darin, wenn Sie nicht selbst sie dazu machen. Seine Majestät, der Zar, beliebte, aus rein väterlicher Besorgnis um Sie, Monsieur, mich, General Benkendorf, nicht den Polizeichef, sondern den Menschen, dem er gnädigst sein Vertrauen schenkt, zu beauftragen, Sie zu beobachten und durch Ratschläge zu leiten. Niemals hatte irgendeine Polizeistelle den Befehl, Sie zu überwachen. Die Warnungen, die ich Ihnen von Zeit zu Zeit als Freund habe zugehen lassen, konnten Ihnen nur von Nutzen sein, und ich hoffe, daß Sie sich immer mehr davon überzeugen werden. Was für ein Schatten kann also in dieser Hinsicht über Ihrer Stellung liegen? Ich ermächtige Sie, Monsieur, diesen Brief alle diejenigen sehen zu lassen, denen Sie ihn zu zeigen wünschen.«

Derselbe Brief unterrichtete Puschkin davon, daß der Zar die Veröffentlichung seiner Tragödie *Boris Godunow* genehmigte.

»Sieg, mein Lieber«, schrieb Puschkin Anfang Mai an Pletnew. »Der Zar erlaubt mir, *Godunow* in seinem ursprünglichen Glanz zu veröffentlichen ... Wenn du wüßtest, was für ein Frauchen ich mir erwählt habe!«

Und Benkendorf sandte er einen Brief voll überströmender Dankbezeigungen. Von Rock übermittelte Benkendorf diesen Brief mit folgender Beurteilung: »Ich füge meinem Schreiben einen Brieffetzen Ihres berühmten Puschkin bei. Diese Zeilen kennzeichnen ihn in seiner ganzen unbekümmerten Unbesonnenheit. Das ist leider ein Mann, der an nichts denkt, aber zu allem bereit ist. Er handelt völlig aus dem augenblicklichen Impuls.«

Am 6. Mai 1830 fand die offizielle Verlobung von Alexander Sergejewitsch Puschkin und Nathalie Nikolajewna Gontscharov statt. Man war geteilter Meinung, ob diese Verbindung vorteilhaft sei, und beurteilte die Zukunft verschieden.

»Du der erste unter unseren romantischen Dichtern, warst es Dir schuldig, die erste romantische Schönheit unserer Generation zu heiraten«, schrieb Wiasemskij.

»Man muß unsere erste Moskauer Schönheit beklagen. Sie heiratet Puschkin«, schrieb Mukhanov.

Puschkin wußte selbst nicht genau, ob es eine Dummheit oder ein Meisterstreich war, als er um die Hand von Nathalie anhielt. Gewiß, sie war anbetungswürdig, begehrenswert, einmalig, aber leider keine Waise! Von Tag zu Tag mehrten sich die Scharmützel zwischen Puschkin und Frau Gontscharov. Er wollte die Heirat beschleunigen, aber sie machte Schwierigkeiten. In ihren Augen war es ein schlechter Geschäftsabschluß gewesen, als sie Puschkin ihre Tochter auslieferte, und sie machte ihn für dieses Mißgeschick verantwortlich. So ließ sie keine Gelegenheit vorübergehen, die Verleumdungen, die über ihn im Umlauf waren, weiterzuerzählen, Nathalie zu beklagen und über die Armseligkeit dieser Literatenehe zu stöhnen. Puschkin biß die Zähne zusammen, ging dem Streit aus dem Weg und lief dahin und dorthin, um noch ausstehende Gelder einzutreiben, seine Spielschulden zu bezahlen und für den zukünftigen Haushalt zu sorgen. Frau Gontscharov ließ sich mißtrauisch nichts von dieser kaufmännischen Geschäftigkeit entgehen. Sie gab schließlich zu verstehen, daß sie ihre Tochter nicht ohne Brautgabe verheiraten würde. Das war eine grundsätzliche Frage. Puschkin mußte begreifen, daß die

»arme Nathalie« zum Gespött ihrer Freundinnen würde, wenn die Brautgabe nicht überreiche Geschenke aufwiese. Aber wo sollte er das Geld hernehmen, um genügend schöne Toiletten zu bestellen, die Gnade vor ihren Augen fänden? Frau Gontscharov besaß keine Mittel mehr, und Puschkin fühlte sich kaum noch behaglich. Nach Frau Gontscharovs Meinung mußte man daher diese so unangemessene Verbindung aufschieben; sie hoffte in Wirklichkeit, eine bessere Partie für ihre Tochter ausfindig zu machen, wenn sie nur Zeit gewänne. Aber Puschkin wollte nichts davon hören. Er war von Sinnen, dieser Mensch! Ein richtiger Neger! Er machte ein Theater, nur, weil er die Brautgabe bezahlen sollte! Er belästigte Nathalies Großvater, der in Polotnianij Zawodij wohnte und der versprach, seiner Enkelin eine Mitgift zu geben. Allerdings unter einer Bedingung. Der alte Gontscharov bewahrte in seinem Keller eine riesengroße, häßliche Bronzestatue von Katharina II. auf. Wenn Puschkin von der Regierung die Erlaubnis erhielt, diese Statue einschmelzen zu lassen, so würde der Verkauf des Metalls bequem alle Kosten des Brautgeschenkes decken, da es ungefähr vierzigtausend Rubel einbringen würde. Puschkin schrieb an Benkendorf, und die Erlaubnis wurde erteilt. Als jedoch die Sachverständigen schätzten, daß diese Kupfermasse höchstens siebentausend Rubel wert sei, erklärte der Großvater: »In diesem Fall ist es wahrlich nicht der Mühe wert, sie in ihrem Versteck zu stören.« Anstatt eine Mitgift auszuwerfen, bat er den Dichter, sich für ihn zu verwenden, daß er eine kleine staatliche Unterstützung für seine alten Tage bekomme.

Dieser Mißerfolg hätte Puschkin beinahe allen Mut genommen. Er reiste nach St. Petersburg, um einige unbezahlte Geldforderungen einzutreiben und die Veröffentlichung von *Boris Godunow* sicherzustellen.

Die Hochzeit war zuerst auf Mai festgesetzt worden, dann auf September. Puschkin verließ St. Petersburg am 10. August, nachdem er alle Geschäfte erledigt, alle Liebschaften begraben hatte, und kehrte nach Moskau zurück, wo seine kühle Braut und seine hitzköpfige Schwiegermutter auf ihn warteten. Am 14. war er in Moskau, und am 20. starb sein Onkel Basil. Dieser unglückselige Todesfall zwang Puschkin, die Hochzeit um sechs Wochen zu verschieben.

Noch schwerwiegendere Kümmernisse kamen hinzu. Während Puschkins Abwesenheit hatte sich Frau Gontscharov gegen ihn aufhetzen lassen und forderte nun neuen Aufschub, neue Erklärungen und neue Ausgaben. Eine Szene folgte der anderen. »Mama von Kars« warf die Worte »Ausschweifung«, »Elend«, »Polizei«, »Atheimus« in die Debatte und dazu noch die Namen aller jungen Mädchen und Frauen, die er je geliebt hatte. Sie schrie. Puschkin schrie. Und Nathalie wagte in ihrer Bestürzung weder ihrer Mutter zu widersprechen noch ihren Bräutigam zu betrüben. Mit Tränen in den Augen wohnte sie dem Kampf zwischen der zornroten Matrone und dem kleinen Mann, der vor Wut grün anlief und die Augen eines Wahnsinnigen hatte, völlig passiv bei. Im innersten Herzen warf Puschkin ihr diese gemeine Gleichgültigkeit vor. An ihr hatte er keine Verbündete, sie war nur so etwas wie eine hingereichte Beute, eine Ware, eine Sache. Am 31. August sollte er nach Boldino abreisen, um das Gut und die Leibeigenen, die sein Vater ihm überlassen hatte, in Besitz zu nehmen. Am Abend vorher gab es einen so heftigen Streit mit Frau Gontscharov, daß er aus dem Haus floh, in der festen Überzeugung, sich endgültig mit der ganzen Familie überworfen zu haben.

Als er Moskau verließ, war nichts entschieden. Er hätte einen regelrechten Bruch dieser Ungewißheit vorgezogen, die ihn langsam zugrunde richtete. Für den Augenblick fühlte er sich erleichtert, daß er nicht mehr an das Brautgeschenk zu denken brauchte, nicht mehr an Frau Gontscharov, an die Unterbringung des künftigen Haushaltes und an die Pantoffeln des verheirateten Mannes. Aber gleich darauf packte ihn eine qualvolle Verzweiflung, wenn er daran dachte, daß Nathalie eines Tages irgendeinem pomadeduftenden Ehemann »aus dem Archiv« oder einem ordenübersäten, aufgeschwemmten General gehören würde.

Eintönig zog sich die Landstraße hin. Es war heiß. Beim zweiten Pferdewechsel hinter Moskau erfuhr Puschkin, daß eine Choleraepidemie im Gouvernement Nischni-Nowgorod um sich gegriffen habe und daß die Reisenden und Jahrmarktshändler diese verrufene Gegend mieden. Die Postmeister, die Bauern gaben ihm den Rat, wieder umzukehren. Aber der bloße Gedanke, nach Moskau zurückzukommen, ließ ihn vor Widerwillen erstarren. Er beschloß daher, weiterzufahren, beinahe froh darüber, sein Leben in einem so blödsinnigen Abenteuer aufs Spiel zu setzen. Er wäre sogar gern gestorben, um den Kümmernissen zu entgehen, die ihn seit so vielen Wochen quälten. »Wenn ich nicht so mißmutig gewesen wäre bei meiner Fahrt aufs Land«, schreibt er später seiner Braut, »so hätte ich bei der zweiten Station kehrtgemacht, als ich erfuhr, daß die Cholera in Nischni wüte. Aber dann lag mir nichts mehr daran umzukehren, und ich wünschte mir nichts Besseres als die Pest.«

Ohne aufgehalten zu werden, traf Puschkin am 3. September in Boldino ein.

Boldino

Das Dorf Boldino bestand aus einem regellosen Haufen strohgedeckter, windschiefer Isbas. Auf einer den Weiler überragenden Anhöhe erstreckte sich das aus Balken gebaute Herrenhaus mit einem Dach aus Brettern und einem Zaun aus schlecht zugeschnittenen Pfählen. Kein Garten. Keine Blumen. Ein einfacher Hof, in dessen tiefem Schmutz gackernde, magere Hühner scharrten. Und rings umher dehnte sich die hügelige, nackte Steppe, schon herbstlich gelb. Am Himmel zogen regenschwere Wolken vorüber. Die schwarze Erde verströmte einen starken Geruch nach Ammoniak und vermodertem Gras. Schwerfällige, träge, schmutzige Bauern streiften wie Schatten durch die Felder. Die häßliche Armseligkeit und düstere Trostlosigkeit dieser Landschaft taten Puschkin wohl. Er brauchte diesen Himmel, über den die Wolkenfetzen trieben, diese weiträumige Einsamkeit, um Nathalie zu vergessen. Aber fünf Tage nach seiner Ankunft bekam er einen Brief von dem jungen Mädchen, das ihn nach Moskau zurückrief und ihm versprach, ihn »mit oder ohne Brautgabe« zu heiraten. Wahrlich, dieser Backfisch mit seinem Flitterkram, seiner Mitgift und seiner Mutter verfolgte ihn überallhin. Konnte man ihn nicht ein wenig zu Atem kommen lassen? Glaubte man, er habe nur Toiletten und Rechnungen im Kopf? Puschkin antwortete im Ton zurückhaltender Freundlichkeit:

»Meine sehr liebe und liebenswerte Nathalie Nikolajewna, ich liege Ihnen zu Füßen, um Ihnen zu danken und Sie um Verzeihung zu bitten für die Unruhe, die ich verursacht habe. Ihr Brief ist reizend und hat mich völlig beruhigt. Mein Aufenthalt hier kann durch unvorhergesehene Umstände länger dauern. Ich glaubte, das Land, das mein Vater mir gab, sei ein abgetrenntes Gut, aber es stellt sich heraus, daß es zu einem Dorf von fünfhundert Bauern gehört, und man wird erst die Teilung vornehmen müssen . . .«

Puschkins wahre Gedanken muß man anderswo suchen als in

dieser höflichen Botschaft. Am 9. September kritzelte er an den Rand eines Manuskriptes:

»Brief von Nathalie. Du wirst schon sehen: es wird geschehen, daß gar nichts geschieht.«

Am selben Tag schrieb er in aller Offenheit an Pletnew:

»Jetzt haben meine melancholischen Gedanken sich verzogen, und ich ruhe mich aus. Rings um mich regiert die *cholera morbus.* Kennst du wohl Dieses Tier? Von einem Augenblick zum andern kann es in Boldino einziehen und uns alle verschlingen. Du kannst Dir gar nicht vorstellen, wie vergnüglich es ist, seiner Braut davonzulaufen und Verse zu schreiben . . . Heute habe ich einen sehr netten Brief von ihr bekommen; sie verspricht, mich zu heiraten, sogar ohne Brautgabe. Das Brautgeschenk wird man immer finden. Sie ruft mich nach Moskau zurück. Ah! mein Lieber, wie wunderbar ist dieses Dorf! Denk doch, Steppe, nichts als Steppe! Keine Spur von Nachbarn! Du kannst reiten, solange Du magst, Du kannst zu Hause schreiben, solange Du Lust hast, und niemand kommt, Dich zu stören. Mach Dich auf alles gefaßt, auf Prosa und auf Verse.«

In dieser düsteren Landschaft fand Puschkin einen inneren Frieden, den er niemals wieder finden sollte. Er beschäftigte sich ein wenig mit dem Gut, hörte die Klagen der Bauern an, las ihnen – in der Kirche! – Verhaltensmaßregeln vor, die sie vor der Cholera schützen sollten, unterzeichnete amtliche Papiere, um die Teilung der Ländereien und der Muschiks zu beschleunigen, durchquerte zu Pferd die Ebene, wobei er Vögel aus dem froststarren Gebüsch aufscheuchte, und kehrte, schmutzbespritzt und durchnäßt, in das alte Holzhaus zurück – und freute sich auf die Arbeit, die auf dem Tisch seiner harrte. Hier, zwischen den baufälligen vier Wänden, zog er sich aus Raum und Zeit zurück, während der Regen gegen die Fenster peitschte und nichts zu sehen war als der Himmel über dem aufgeweichten, schlammigen Land voll Regenpfützen. Auf diesem weißen Blatt Papier unter seiner Hand begann die Ewigkeit. Noch nie waren ihm so viele Gedanken, so viele Melodien zugeströmt, er war der Mittelpunkt eines Tummelplatzes ungewöhnlicher Kräfte, er schwang mit im Gleichklang der Welt. Und die Verse, die seine Feder niederschrieb, besaßen eine Vollkommenheit, die ihn selbst berauschte.

Von Zeit zu Zeit kam ein Brief seiner Braut, um ihn an das andere Leben zu erinnern, das er hinter sich gelassen hatte und wohl eines Tages wieder würde aufnehmen müssen.

Am 16. September bestätigte das Grundbuchamt die Schenkung Serge Lwowitschs an seinen Sohn. Puschkin dachte an die Rückkehr, aber ohne Begeisterung. Quarantäneposten sperrten da und dort die aufgeweichten, grundlos gewordenen Straßen. Auch hatten das Schweigen und die Einsamkeit in Boldino den Dichter schlecht vorbereitet auf die zu erwartenden Angriffe von Frau Gontscharov. Er fragte sich selbst, ob es nicht klüger wäre, auf die Heirat zu verzichten. Keine Frau war es wert, daß man ihr diese schöne Unabhängigkeit opferte. Am 29. September schrieb er an Pletnew:

»Nicht ich, sondern meine Schwiegermutter schob die Heirat wegen der Brautgabe auf. Ich war wütend. Die Schwiegermutter empfing mich allmählich immer unfreundlicher und suchte nach Gelegenheiten, mich in blödsinnige Streitereien zu verwickeln, was mich sehr aufbrachte. Traurigkeit ergriff mich, und ich überließ mich düsteren Gedanken. Ich wollte keinen Bruch, ich dachte nicht daran. Aber ich begriff, daß alles zerstört war und tröstete mich, so gut ich konnte. Alles, was Du über die Welt sagst, ist richtig. Ich habe also zu befürchten, daß die Tanten, Großmütter und Schwestern mir ihren belanglosen Ohrenbläsereien meiner jungen Frau den Kopf verdrehen ... Baratinskij meint, daß nur die Dummkölpfe unter den Ehemännern glücklich sind ... Ich habe meine Geschäfte erledigt und fahre mitten durch die Quarantänesperre nach Moskau ...«

Puschkin verließ Boldino am 30. September, ohne viel Hoffnung, durch die Sperre zu gelangen.

»Man hat mir eben gesagt, daß fünf Quarantänestationen zwischen hier und Moskau die Straße sperren«, schrieb er an Nathalie, »und daß ich in jeder vierzehn Tage verbringen muß. Rechnen Sie ein wenig nach, dann können Sie sich vorstellen, was für eine Hundelaune ich habe. Verwünscht sei die Stunde, da ich mich entschloß, Sie zu verlassen, um in dieses schöne Land voll Schlamm und Pestilenz und Feuersbrünste zu gehen; etwas anderes bekommen wir nämlich nicht zu sehen ... Spotten Sie nicht über mich, denn ich vergehe vor Wut. Unsere Heirat scheint immer vor mir her zu fliehen, und diese Seuche mit ihren Quarantänesperren ist doch wohl der schlechteste Scherz, den das Schicksal sich ausdenken konnte.«

Am 29. September schrieb Puschkin an Pletnew, daß »nur die Dummköpfe unter den Ehemännern glücklich seien«, und am 30. September versicherte er seiner Braut, daß ihn die Wut pakke, wenn er den Augenblick ihrer Heirat sich immer weiter hinauszögern sähe. Er war am 29. September gegen Pletnew ebenso aufrichtig wie am 30. September gegenüber Nathalie. Er fürchtete sich vor dieser Verbindung und geriet außer sich bei der Vorstellung, daß sie Tag um Tag hinausgezögert wurde. Er liebte seine Freiheit von ganzem Herzen und sehnte sich danach, sie um anderer Wonnen willen hinzugeben. Er fühlte sich unsäglich glücklich in der Einsamkeit und träumte von der Zweisamkeit.

Nach der Abreise am 30. September begab er sich zunächst zu seiner Nachbarin, der Fürstin Golitzin, die ihm abriet, die Quarantänesperre zu umgehen. Wie die Fürstin sagte, war die Cholera auch nach Moskau gedrungen, die Stadt werde evakuiert, und bis zu neuen Weisungen sei der Zutritt strengstens untersagt. Puschkin kehrte also nach Boldino zurück, ganz untröstlich bei dem Gedanken, daß seine Braut vielleicht krank sei oder sich weit weg irgendwohin aufs Land geflüchtet habe.

»Man darf nicht nach Moskau hinein, und jetzt bin ich in Boldino eingesperrt«, schrieb er am 11. Oktober 1830 an Nathalie. »Um Gottes willen, teure Nathalie Nikolajewna, schreiben Sie mir, auch wenn Sie es nicht gern tun. Sagen Sie mir, wo sind Sie? Haben Sie Moskau verlassen? Gibt es einen abseitigen Feldweg, der mich zu Ihren Füßen führen könnte? Ich bin ganz mutlos und weiß wahrhaftig nicht, was ich tun soll. Natürlich wird nun in diesem – verfluchten – Jahr unsere Hochzeit nicht stattfinden. Aber nicht wahr, Sie haben Moskau verlassen? Es wäre unverzeihlich, sich mitten im Seuchengebiet leichtfertig der Gefahr auszusetzen.«

Am 4. November ein neuer Brief Puschkins:

»Am 9. waren Sie noch in Moskau. Mein Vater schreibt es mir, und daß die Heirat rückgängig gemacht sei. Reicht es jetzt, damit ich mich aufhänge?«

Die Heirat rückgängig gemacht? Nein, das war Unsinn! Puschkin wäre gerne noch länger in Boldino geblieben, wenn er nicht dazu gezwungen gewesen wäre. Es genügte, daß man ihm verbot, nach eigenem Belieben zu handeln, und sofort empfand er das unwiderstehliche Bedürfnis, diesem Verbot zu trotzen. Er mußte unbedingt zu Nathalie, weil Quarantänesperren ihn von ihr trennten. Moskau erschien ihm als ein paradiesischer Ort, weil er nicht hingelangen konnte. Voll Unruhe machte er sich Anfang November erneut auf den Weg. Bei der ersten Quarantänestation weigerte sich der Inspektor, ihn durchzulassen. Man mußte nach

Boldino zurück, an den Provinzgouverneur schreiben, einen neuen Passierschein erbitten, der bestätigte, daß die Bevölkerung von Boldino noch nicht choleraverseucht war.

»Noch in Boldino! Immer noch in Boldino«, schrieb Puschkin am 18. November an Nathalie. »Mein Vater schreibt mir, daß die Heirat rückgängig gemacht wurde. In den nächsten Tagen wird er mir vielleicht mitteilen, daß Sie verheiratet sind! Man könnte den Kopf verlieren.«

Endlich gelangen einige Briefe seiner Braut zu ihm, aber mit welcher Verspätung! Nathalie hatte Moskau nicht verlassen und dachte nicht daran, die Heirat zu widerrufen. Sie erklärte es ihrem Verlobten in langweiligen kleinen Schulmädchenbriefen, die ihre Mutter vor der Absendung kontrollierte. Wie Frau Gontscharov es geraten hatte, empfahl sie ihm, die Fasten einzuhalten, fleißig in die Kirche zu gehen und durch bußfertige Gebete den Weg zu Gott zurückzufinden. Hielt ihn nicht eine schändliche Liebschaft mit seiner Nachbarin, der Fürstin Golitzin, in Boldino fest? »Wie konnten Sie glauben, daß ich in Boldino zurückblieb wegen dieser vermaledeiten Fürstin Golitzin?« antwortete Puschkin. »Kennen Sie die Fürstin? Sie ist allein so dick wie Ihre ganze Familie zusammengenommen, mich einbegriffen ...«

Puschkin wurde ruhiger und faßte sich in Geduld. Die Cholera, die ungewisse Heirat, die zahlreichen Verehrer, die Nathalie während seiner Abwesenheit belagerten, das Geld, die Brautgabe, die Verzögerung der Post, die Gutsgeschäfte ließen gewiß seine Gedanken nicht los. Aber er tröstete sich über all das, indem er arbeitete.

In Boldino wird sich Puschkin endgültig seiner Kunst bewußt, und seine Schaffenskraft verzehnfacht sich. Er vertraut Pletnew in einem Brief vom 9. Dezember 1830 an:

»Ich werde Dir privatim sagen, daß ich in Boldino geschrieben habe wie seit langem nicht. Hör zu, was ich mitbringe: die beiden letzten Kapitel von *Eugen Onegin,* das VIII. und IX., druckreif, eine Novelle in Ottaverrimen (etwa vierhundert Verse), die wir ohne Namensnennung veröffentlichen werden. Mehrere dramatische Szenen oder kurze Tragödien: *Der geizige Ritter, Mozart und Salieri, Der Festschmaus während der Pest* und *Don Juan.* Außerdem habe ich etwa dreißig Gedichte geschrieben. Nicht schlecht, nicht wahr? Das ist aber noch nicht alles. Im Vertrauen, ich habe fünf Erzählungen verfaßt, die Baratinskij zum Wiehern und Aufbäumen bringen werden und die wir ebenfalls ohne Verfassernamen veröffentlichen wollen.«

All das in weniger als drei Monaten!

In Wirklichkeit waren die beiden letzten Kapitel von *Eugen Onegin,* auf die Puschkin anspielt, schon vor seiner Ankunft in Boldino begonnen worden. Dort wurden sie nur verbessert und zu Ende geführt. Weiter vollendete er ein neues Kapitel, Kapitel X, an das er schon seit seiner Reise nach Erzerum dachte und das die Begegnung von Onegin mit den Dezembristen schildern sollte.

Eugen Onegin tritt als der erste »realistische« Romanheld in Erscheinung. In der Schilderung der Umwelt hatte Puschkin schon seit langem den Realismus eingeführt, mit Onegin zeichnet er auch eine realistische Persönlichkeit. Der Gefangene im Kaukasus, Aleko, Mazeppa waren künstliche Geschöpfe, die in einer realen Landschaft lebten. Onegin ist ein wirkliches Wesen in einer wirklich dargestellten Landschaft.

Um sich von diesem umfangreichen Dichtwerk zu erholen, das ihn durch so viele Jahre und Lebenslagen begleitet hatte, schrieb Puschkin in Boldino eine Reihe kleinerer dramatischer Stücke und Prosaerzählungen, von denen jedes für sich ein Meisterwerk ist.

Für jedes seiner vier Kurzdramen wählt er eine andere Epoche und eine andere Umwelt. In den engen Grenzen von Boldino festgehalten, macht es ihm Spaß, seine Gedanken durch Raum und Zeit schweifen zu lassen. So beschwört sein *Geiziger Ritter* das Mittelalter herauf, *Mozart und Salieri* das »moderne« Zeitalter, in *Festschmaus während der Pest* gibt er ein Bild von England, und in *Peters Gast* stellt er Spanien dar. Dieser großen Verschiedenartigkeit des »Bühnenbildes« steht eine einheitliche Gedankenführung gegenüber. Eine einzige beherrschende Idee scheint die Arbeit des Dichters bei diesen vier in Boldino geschriebenen Stücken geleitet zu haben, ohne daß er sich dessen bewußt war. Puschkin ist dreißig Jahre alt. Er steht im Begriff, sich zu verheiraten. Wahrscheinlich. Es ist ein schwerwiegender Augenblick für ihn. Aus den Erfahrungen seiner Vergangenheit versucht er, die Grundgedanken zu einer idealen Lebenshaltung herauszuarbeiten. Soll man leben, wie er es bis zu diesem Tag getan hat, sich allen Zufallsverführungen überlassen, seine Zeit vertrödeln und seine Kräfte und seine Geistesgaben zersplittern? Oder soll man versuchen, gegen den Strom zu schwimmen und sich gegen das Schicksal zu wehren? Erdulden oder kämpfen? Hinnehmen oder selbst wählen? Hier geht Puschkin unwissentlich sogar an das Problem der Vorsehung heran.

Die in Boldino geschriebenen Prosaerzählungen Puschkins sind Umformungen der tragischen Szenen. Dieselbe Herbheit des Stils, dieselbe Sparsamkeit bei der Wahl der Personen. Seine dramatischen Versuche sind »Verdichtungen von fünfaktigen Tragödien« und seine Erzählungen »verdichtete Romane«. Die Werke in Versen und die in Prosa entspringen ein und derselben Eingebung.

Um Liebe, Tod und Zufall ranken sich im allgemeinen die Themen dieser Prosaerzählungen und Verstragödien. Die Erzählungen sind jedoch in gefällig leichtem Ton geschrieben und mit einem glücklichen Ausgang bedacht. Sie behandeln dasselbe Thema auf weniger gewichtige Weise. Puschkin stellt in einer von ihm geschriebenen »Meinung des Herausgebers« diese Novellen als Werk eines gewissen Bielkin hin, eines ländlichen Edelmannes, der sich einst ein Vergnügen daraus gemacht habe, Erlebnisberichte seiner Freunde zu bearbeiten. Diese Erzählungen tragen also zugleich den Stempel des ursprünglich Berichtenden, eines Oberstleutnants oder eines Handlungsgehilfen, der sie Bielkin-Puschkin anvertraut hätte, und den Stempel von Bielkin-Puschkin, der sie zu Papier gebracht hat. Daher rührt eine kaum merkliche Verschiedenheit im Ton, die den Reiz des Ganzen ausmacht.

Während er an *Belkins Erzählungen,* an den Tragödien und an den letzten Gesängen von *Eugen Onegin* arbeitete, verfaßte Puschkin in Boldino »etwa dreißig kleinere Gedichte« und eine »Novelle in Ottaverrimen« mit dem Titel *Das Häuschen in Kolomna.* Eine Witwe und ihre Tochter suchen eine Magd für sämtliche Hausarbeiten. Man stellt schließlich eine große, bäurische, ungeschickte Person ein, die viel guten Willen zeigt und wenig Lohn fordert und in der die Tochter des Hauses eine aufrichtige Freundin findet. Aber eines Tages, als die Mutter unversehens heimkommt, sieht sie die Dienstmagd vor dem Spiegel stehen und sich den Bart rasieren. Das ist der Inhalt des *Häuschen in Kolomna,* ein Widerhall von *Belkins Erzählungen.* Durch die Wahl anspruchsloser und lächerlicher Helden, durch die gewollte Alltäglichkeit des Vorwurfs, durch die Häufung realistischer Einzelheiten erscheint das *Häuschen in Kolomna* wie ein kühner Versuch, den Kreis der dichterischen Fantasie zu erweitern. Dieses Dichtwerk ist eine Kraftprobe und soll beweisen, daß alle Themen eines Kunstwerks würdig sind.

Vor der Heirat mit Nathalie Gontscharov erinnert sich Puschkin der Frauen, die er geliebt hat. Wie reizend sie ihm erscheinen, diese gewichtlosen, zurückhaltenden Geschöpfe! Wieviel inniger er sie liebt, nun sie nicht mehr da sind, um ihn durch eine Gebärde oder ein grobes Wort zu enttäuschen!

Amalia Riznitsch! An sie vor allem denkt der Dichter, an jene hübsche junge Frau, die so schmal und bleich und feurig war, der er in Odessa huldigte und die ein eifersüchtiger Ehemann nach Italien schickte, wo sie ohne Pflege und ohne Freunde an Tuberkulose starb. Während er bald eine Lebende, die mit Händen zu greifende Nathalie, in seinen Armen halten wird, widmet er einer Toten seine schönsten Lieder:

Zu Staub zerfiel dein schönes Bild,
in Asche sanken deine Qualen.
Wo sind die Küsse, ungestillt,
die du versprochen zu bezahlen?

(An den Gestaden deines fernen Heimatlandes)

Kehr zurück, verehrter Schatten . . .
Nicht darum ruf ich dich hierher,
daß du dem Haß, der dich versehrt,
als Rächer, Freundin, nahen solltest.
Nicht Neugier ist's, von »Dort« zu wissen,
nicht Eifersucht, die mich bedrängt,
sollst lindern du. Nein, laß mich sagen,
daß ich noch immer voller Schmerz dich liebe,
und dir gehöre . . . Kehr zurück, o kehre wieder!

(Beschwörung)

All diese Frauen aus der Vergangenheit lassen sich wie ein Bienenschwarm in Boldino nieder, umschweben und umschwirren ihn und ziehen einen Schleier vor Nathalies Bild. Es bedarf eines Briefes aus Moskau, daß Puschkin wieder auf die Erde zurückkehrt und sich des wirklichen Lebens erinnert. Und plötzlich hat er Angst vor diesem Leben.

Nein, Puschkin gibt sich keinen Illusionen hin, wenn er an seine Heirat denkt. Er weiß nicht sicher, ob er Nathalie ausschließlich liebt, und er errät, daß Nathalie kaum Liebe für ihn fühlt. Aber er meint, daß sie fügsam sich an ihn gewöhnen werde, daß sie ihn in Ruhe werde arbeiten lassen und später, wenn »sein Leben zur

Neige gehe«, ihn endlich verstehen werde. Das ist alles, was er erhofft: ein wenig Ruhe, ein wenig Zärtlichkeit in diesem Wust von nichtigen Plackereien, Mühsal, Mißerfolg und Gewissensbissen. Im übrigen wird sein Werk ihn trösten. Die Schaffensfreude ist die einzige verläßliche Freude.

Warum versteift er sich also darauf, eine Verbindung zu wünschen, von der er sich nur so armseligen Lohn erwartet? Die Ehe ist noch lange nicht geschlossen. Man kann noch immer darauf verzichten. Aber Puschkin empfindet in seinem Herzen eine Art finsteren Zwang, er fühlt sich von einem höheren Willen gelenkt, und er muß dem entgegengehen, was er als sein Unglück erkennt. Selbst in der Nacht foltert ihn dieser Gedanke. Er setzt sich im Bett auf, lauscht auf das Knacken des Holzes in dem alten Haus, hört dem Lied des Windes zu und dem vertrauten regelmäßigen Ticken seiner Taschenuhr. Eine schreckliche Vorahnung legt sich schwer auf sein Herz. Er greift zu Papier und Bleistift.

Er sieht sich im Schneegestöber im Schlitten über eine Ebene gleiten und fühlt sich von einer Horde Dämonen angefallen. In einem sausenden Wirbel von häßlichen Gesichtern, Krallenfingern und mißtönenden Stimmen zieht die Vision seines künftigen Lebens an ihm vorüber.

In diesen paar Wochen voll Regen und Schnee hat er in Boldino sein dichterisches Testament verfaßt. Er schrieb diese Verse und diese Prosa in größter Hast, wie ein Mann, der weiß, daß er sterben muß. Er mußte diese Erinnerungsausbeute verarbeiten. Vom Kind, vom Jüngling, vom Liebenden, vom Verbannten, von all denen, die er gewesen war, mußte dieses letzte Zeugnis bleiben; er schrieb an der Schwelle zu einem neuen Leben. Jetzt fühlte er sich erleichtert durch sein Bekenntnis. Jetzt kann er ein anderer werden. Ein verheirateter Mann, ein Familienvater. Er, Puschkin. Mit einer Frau. Mit Kindern. Es ist nicht auszudenken.

Die Heirat

Nachdem Puschkin durch alle Quarantänesperren gelangt war, landete er am 5. Dezember 1830 in Moskau und begab sich unverzüglich zu den Gontscharovs. Aber leider hatten sich weder Frau Gontscharov noch Nathalie in seiner Abwesenheit verändert. Die Mama war noch ebenso mißtrauisch, verleumderisch, habgierig und eigensinnig und Nathalie genauso schön und nichtssagend wie früher. Sogleich geriet er wieder in die vertraute Atmosphäre ewiger Streitereien, heimlichen Getuschels und ungewisser, vom Zufall abhängiger Versöhnungsszenen. Ständig gab es Tränen, und das Haus roch nach Melissengeist und Weihrauch. Frau Gontscharov führte das junge Paar von einer Kirche zur anderen, um den Segen sämtlicher Moskauer Heiligen auf ihre teuren Häupter herabzuflehen. Frau Gontscharov blieb vor den Modehäusern stehen und seufzte herzzerbrechend. Die Augen voll Tränen, rechnete Frau Gontscharov unermüdlich. Und Puschkin verlor die Geduld:

»Meine Schwiegermutter ist immer noch voll Grimm gegen mich und es hat mich viel Mühe gekostet, sie zu besänftigen«, schrieb er am 9. Dezember an Pletnew.

Und an Alexejew am 26. desselben Monats:

»Ich habe mir einen struppigen Backenbart wachsen lassen, ich habe meine Haare kurz geschnitten, ich bin vernünftig und weichmütig geworden, aber all das ist noch nichts: ich habe mich verlobt, mein Lieber, verlobt! Und ich bin im Begriff, mich zu verheiraten!«

Diesem Brief fügte Kisselew, ein Freund Puschkins, im Einverständnis mit dem Dichter, folgendes Postskriptum hinzu: »Puschkin heiratet Fräulein Gontscharov, die, unter uns gesagt, eine Schönheit ohne Seele ist, und mir kommt es so vor, als ob er nicht böse wäre, wenn er den Ehevertrag lösen könnte.«

Der Gedanke an die Heirat hatte tatsächlich immer weniger Reiz für den Dichter.

»Was mich im Augenblick beschäftigt, sind die Ereignisse in Europa«, schrieb er an Frau Khitrowo.

Wahrlich, er zog die Streitigkeiten der Völker dem Gezänk von Frau Gontscharov vor und verfolgte fieberhaft die revolutionären Geschehnisse in Frankreich; er beschuldigte Polignac des Verrats, bewunderte den kühnen Mut der jungen Abgeordneten und wünschte, daß Louis-Philippe, der Demokrat, kein »Scheinkönig« würde. Aber was bedeuteten schon die politischen Zuckungen Frankreichs gegenüber der ganz nahe stattfindenden polnischen Volkserhebung. In der Nacht des 17. November wurde das Zeughaus in Warschau von Aufständischen geplündert, und der Großfürst Konstantin Pawlowitsch verließ in größter Eile die von Barrikaden starrende Hauptstadt. Die polnischen Nationalisten griffen gegen Rußland zu den Waffen. Westeuropa stand auf der Seite der rebellischen Patrioten, und selbst in Rußland wünschten zahlreiche Liberale den Sieg dieses Landes, das auf den Stand einer Kolonie herabgesunken war und dessen Stolz und Mut eines besseren Schicksals würdig waren. Puschkin dagegen hielt den polnischen Aufstand für einen Bürgerkrieg, den so schnell wie möglich niederzukämpfen im Interesse beider Teile lag. Nach seiner Ansicht konnte Polen außerhalb des russischen Reiches nicht existieren. Das polnische Nationalgefühl mußte sich mit dem russischen Nationalgefühl verschmelzen. Puschkin schrieb an Frau Khitrowo:

»Was für ein Jahr! Was für Ereignisse! Die Nachricht über den polnischen Aufstand hat mich ganz aufgewühlt ... Wir können die Polen nur beklagen. Wir sind zu mächtig, um sie zu hassen, und der kommende Krieg würde ein Vernichtungskrieg sein. Die Vaterlandsliebe, wie sie in einem polnischen Herzen entsteht, ist immer eine unheilschwangere Empfindung gewesen.«

»Die polnische Frage ist leicht zu entscheiden. Nur ein Wunder könnte sie retten, und es gibt keine Wunder ... Es ist unnötig, daß die Russen sich wegen der Polen aufregen. Unsere Meinung steht seit achtzehn Jahren fest ... Die Franzosen gewinnen mir fast kein Interesse mehr ab. Die Revolution müßte beendet sein, und jeden Tag streut man neue Saat aus. Ihr König, mit dem Regenschirm unterm Arm, ist doch zu spießbürgerlich ...« (Brief vom 21. Januar 1831)

In den Vorfällen in Polen sah Puschkin den Auftakt zu einem Weltkrieg und freute sich bei dem Gedanken, daß diese Katastrophe seine Heirat aufschieben oder verhindern würde. Er dachte sogar daran, sich auf der Stelle in die Armee einzureihen. Naschokin bat ihn flehentlich, nichts dergleichen zu tun. Puschkin lachte und begnügte sich damit, das Lied vor sich hin zu summen:

Heirate nicht, mein wackerer Held,
kauf dir ein Pferd, das dir gefällt.

Er dachte auch an jene Kartenschlägerin, die ihm vorhergesagt hatte, daß er von der Hand eines *weißen Menschen* sterben werde, und meinte: »Bei den Polen gibt es einen gewissen Weißkopf; er wird mich sicher töten, und so wird die Weissagung der Kartenschlägerin in Erfüllung gehen.«

So sehr hatte er sich schon von Nathalie losgelöst, daß er es ablehnte, mit ihr Neujahr zu feiern und die Neujahrsnacht bei den Zigeunern verbrachte. An ihrem Wein, ihren Liedern, ihrer Freude und ihrer Traurigkeit berauschte er sich. In einem Brief vom Januar 1831 schrieb er ganz ungeniert:

»Um gefällig zu erscheinen, muß ich den heutigen und den morgigen Tag bei meiner Braut verbringen.«

Im gleichen Monat starb Puschkins bester Freund, Delwig. Und dieser Tod kam ihm so außergewöhnlich vor, so ungerecht, so unsinnig, daß er darin einen Wink des Schicksals für sich selbst zu sehen meinte. Der letzte Schimmer seiner Jugend verlosch. Gott wollte, daß er allein dem Unheil gegenüberstand, das seit Jahrhunderten für ihn bestimmt war. Allein, ohne Gefährten, ohne Vertraute, ohne Verbündete.

»Niemand auf der Welt ist mir teurer als Delwig«, schrieb er. »Denn von allen meinen Jugendfreunden ist er allein in meinem Blickfeld geblieben. Er war der Mittelpunkt der kleinen Herde. Da wir ihn verlieren, kommen wir uns wie Waisen vor.«

Und Nathalie konnte Delwig nicht ersetzen. Sie war unfähig, etwas zu ersetzen, etwas zu begreifen, selbst irgend etwas zu sein. Und gerade jetzt brauchte Puschkin mehr als je Beistand und Trost. Der erste Monat des Jahres 1831 hatte ihm nur Verdruß gebracht: Delwigs Tod und den Mißerfolg von *Boris Godunow.* Die ganze Presse tobte hemmungslos gegen seine Tragödie. Er hatte diese Revolte von Dummköpfen und Neidern wohl vorausgesehen, dennoch war es hart, zu lesen, daß sein Werk »altmodisch und kurzsichtig« und das Interesse daran gleich »Null« sei, und daß das Ganze eine »schiefe Auffassung des historischen und romantischen Dramas« beweise. Der *Nordische Merkur* veröffentlichte in seiner Nummer I folgendes Epigramm:

Wir ärgern uns an Puschkin nur
und fühlen gähnend Langeweile;
eintönig ist des Verses Zeile
und von Talent nicht eine Spur.
Er präsentiert dem Publico
sein Werk, den Boris Godunow.
Ein armselig Geschenk, fürwahr,
für unser gutes neues Jahr!

»Hier bedauert man, daß ich nicht den mindesten Anklang gefunden hätte«, schrieb Puschkin an Pletnew am 7. Januar 1831. »Man behauptet, meine Tragödie sei eine Nachahmung von Victor Hugos *Cromwell;* Verse ohne Reime seien keine Verse; mein Betrüger hätte sein Geheimnis nicht so unvorsichtig Marie anvertrauen sollen, das sei dumm und unüberlegt, und was dergleichen tiefschürfende kritische Bemerkungen mehr sind . . .«

Der Krieg kam indessen immer noch nicht, der Himmel stürzte nicht auf die Erde, und Puschkin wagte nicht, die Heirat rückgängig zu machen, wollte es auch gar nicht. Er hatte sich zu weit eingelassen, als daß er jetzt ohne stichhaltigen Grund hätte zurücktreten können. Er hätte die Gefahr der Schlacht gebraucht oder eine tödliche Seuche, eine reinigende Feuersbrunst, um seine Flucht zu rechtfertigen. Er schlug sich aber nur gegen die Zeitungsschreiber, er hatte nur den Tod eines Freundes zu beweinen und konnte nur den Mißerfolg einer Tragödie beklagen.

Frau Gontscharov hatte den 18. Februar als Datum der kirchlichen Trauung festgesetzt. Meinetwegen! Aber das Geld fehlt. Puschkin schreibt an Pletnew, der einmal tausend Rubel schickt und ein andermal zweitausend Rubel. Soviel pro Vers. Soviel pro Gedicht. Puschkin verkauft seine Verse, seine Gedichte, um Bänder für seine Braut zu kaufen.

»Geld! Geld! Das habe ich nötig. Schick mir Geld, und ich werde Dir Dank wissen.« So in einem Brief an Pletnew.

Der Dichter klaubt die Ecken seiner Schübe leer, treibt seine letzten Geldforderungen ein, handelt, bettelt, stellt Rechnungen auf und wirft Zahlen aufs Papier. Nach seiner Berechnung ist er ein reicher Mann, nach denen von Frau Gontscharov und von Nathalies Tanten jedoch ein armer Teufel: »Ich schätze das Leben in Moskau nicht. Hier darf ich nicht nach meinem Wunsch leben, sondern nach den Wünschen der Tanten.« Das Völkchen der Tanten, von Frau Gontscharov angeführt, bestimmt, daß die Brautgabe allermindestens elf- bis zwölftausend Rubel kosten muß. Das geht Puschkin zu weit: elf- bis zwölftausend Rubel, aber das ist ja ein Vermögen! Kann man, darf man für Flitterkram soviel ausgeben? Frau Gontscharov ist sehr verwundert über seine kleinbürgerliche Entrüstung, und Nathalie hat großen Kummer. Man muß sich zufriedengeben. Puschkin belastet das Gut und die zweihundert Leibeigenen, die sein Vater ihm geschenkt hat, mit einer Hypothek von achtunddreißigtausend Rubel. Von dieser Summe wirft er seiner Schwiegermutter elftausend Rubel für das Brautgeschenk hin und zehntausend gibt er seinem Freund Naschokin, der gerade mittellos ist. Bleiben siebzehntausend Rubel, um für den künftigen Haushalt zu sorgen. Frau Gontscharov stürzt sich kopfüber in Einkäufe aller Art. Sie steuert von einer Schneiderin zur anderen, läuft in die Parfümerien und die Schuhgeschäfte, befühlt mit gierigen Händen Stoffe, Spitzen, schmiegsames Leder, feilscht, bestellt, kauft und bezahlt ohne aufzuhören, bezahlt mit den Versen ihres Schwiegersohnes. Die elftausend Rubel sind rasch in alle Winde zerstreut, um so eher, als Frau Gontscharov die Gelegenheit benützte, ihre eigene

Garderobe aufzufrischen. Schon ist die künftige Schwiegermutter wieder knapp bei Kasse, zieht ein schiefes Gesicht, seufzt und betet voll Unruhe in ihrer kleinen Kapelle.

»Begreifst Du jetzt, was eine Brautgabe bedeutet, und warum ich Verdruß habe?« schreibt Puschkin einige Tage vor seiner Hochzeit an Pletnew. »Ich habe die Mittel, eine mittellose Frau zu heiraten; aber ich kann es mir nicht leisten, mich wegen des Kleiderkrams meiner lieben Ehehälfte in Schulden zu stürzen. Ich kann es nicht ändern, man wird meine Novellen veröffentlichen müssen.«

Nur noch eine Woche vor der Hochzeit. Nathalie ist glücklich und heiter und zum Verlieben schön. Und Frau Gontscharov entfaltet eine Tätigkeit, als ob sie sich selbst verheiratete. Sie liefert die letzten Gefechte gegen den Dichter; sie ist bestrebt, soviel wie möglich herauszuschlagen, in moralischer wie in finanzieller Hinsicht, und überhäuft ihn mit frommen Ermahnungen und Geldforderungen.

»Vergessen Sie nicht, daß Sie im Begriff stehen, in meine Familie einzuheiraten!« sagt sie zu ihm.

Und er antwortet:

»Es ist Ihrer Tochter Angelegenheit; ich verheirate mich mit ihr, nicht mit Ihnen.«

Nach dem ersten Aufflammen der Liebe zu der Madonna ist alle Glut erloschen, und traurig erkennt Puschkin seine Fühllosigkeit gegenüber der Frau, die ihm versprochen ist. Er heiratet, »ohne Trunkenheit«, er »handelt wie jedermann«, »in seinen Haushaltsplan zieht der Kummer ein«. Und diese klarsichtige Entzauberung wächst mit jedem Tag. Achtundvierzig Stunden vor der Hochzeit geht er zu den Zigeunern.

»Sing mir was Glückverheißendes«, sagt er zu der Zigeunerin Tania, »ich heirate nämlich.«

Tania nimmt ihre Gitarre und stimmt ein so trauriges Lied an, daß Puschkin plötzlich in Tränen ausbricht und das Gesicht in den Händen verbirgt. Seine Freunde umringen ihn:

»Was hast du, Puschkin?«

»Ach«, sagt er, »dieses Lied hat mich umgeworfen: sie weissagt mir kein Glück, aber großes Leid.«

Am Abend vor der Hochzeit lädt Puschkin seine Freunde ein, damit sie mit ihm sein Junggesellenleben zu Grabe tragen. Etwa zehn Gäste sind um den Tisch versammelt, bereit, zu scherzen, zu lachen und zu trinken, wie es sich in solchem Fall gehört. Aber ihr

Gastgeber ist so finster, daß sie kaum wagen, den Mund aufzutun. Dann spricht Puschkin einige Abschiedsverse an die Jugend, die den Eindruck erwecken, als sage er sich nicht von seinem Junggesellenleben los, sondern vom Leben überhaupt, als stehe er nicht vor der Heirat, sondern vor dem Tod. Er liest seinen letzten Willen. Er spricht seine letzten Worte. Morgen wird er nicht mehr da sein. Verlegen schauen sich die Zuhörer an und schütteln den Kopf. Benommen und keines Wortes mehr mächtig, verläßt er sie schließlich, um Nathalie zum letztenmal zu besuchen.

Am nächsten Tag, dem 18. Februar 1831, fand in der großen Himmelfahrtskirche in Moskau am Nikitskaja-Tor die Hochzeit zwischen Alexander Sergejewitsch Puschkin und Nathalie Nikolajewna Gontscharov statt. Am selben Morgen hatte Frau Gontscharov einen Eilboten zu ihrem künftigen Schwiegersohn geschickt. Sie gab vor, sich zum Aufschub der Hochzeit gezwungen zu sehen, da sie nicht genug Geld habe, um die Mietwagen zu bezahlen. Puschkin sandte ihr die verlangte Summe. Er wollte sich nicht ärgern. Er wollte glücklich sein. Wenigstens an diesem Tag.

Die Gäste wurden streng kontrolliert beim Betreten der Kirche. Polizisten regelten die An- und Abfahrt der Wagen. Eine große, elegant gekleidete Zuhörerschaft füllte das Gotteshaus und tuschelte. Ein Murmeln der Bewunderung empfing Nathalie in dem goldschimmernden, weihrauchgeschwängerten Gewölbe mit den flackernden Lichtern. Laut hallte der Gesang des Chores. Die Braut schritt leicht über den Teppich und sah in ihrem duftigen weißen Kleid so schön aus, daß Puschkin wirklich bewegt war. Er strahlte über das ganze Gesicht und hielt sich sehr aufrecht, denn Nathalie war größer als er. Die Ehrenknaben hielten die Brautkrone über ihren Köpfen, und der bärtige, würdevolle Priester sprach die Worte, die zwei Leben verbinden. Die Gäste unterhielten sich leise über die vermutlichen Preise der Toiletten und die Folgen, die eine so maßlos übertriebene Trauung nach sich ziehe. Während des Ringwechsels rollte plötzlich einer der Ringe auf den Boden. Puschkin bückte sich, um ihn aufzuheben und stieß dabei an das Betpult. Augenzeugen berichteten, daß Kreuz und Evangeliar mit dumpfem Geräusch heruntergefallen seien. Puschkins Kerze war erloschen. Sehr bleich richtete er sich wieder auf und flüsterte nur: »Alle schlechten Vorzeichen.«

In der Arbatstraße in Moskau hatten die Jungvermählten eine Wohnung gemietet, im zweiten Stock des Hauses Khitrowo. Eine ungewöhnliche Tapete, die wie lila Samt aussah, von dem sich

Blüten abhoben, bildete die Wandbespannung des Salons, die Türen zeigten gotisches Schnitzwerk. Große Fayencekachelöfen reichten bis zur Decke. Kostbare Möbel füllten die Zimmer, doch fehlten Ordnung und Sauberkeit in dem Haushalt. »Nathalie Nikolajewna hat keinen Sinn für Ordnung und Sauberkeit«, notierte Tumanskij nach einem Essen in der Wohnung des Dichters. »Die schmutzigen Servietten und Tischtücher beweisen das zur Genüge, ebenso das Geschirr und die wahllos zusammengetragenen Möbel.«

Aber für große Anlässe wurde das Haus einer gründlichen Säuberung unterzogen, und Puschkin empfing seine Gäste als großer Herr. Zehn Tage nach seiner Hochzeit gab er einen Empfang, den der Postdirektor Bulgakow beschrieb:

»Gestern hat Puschkin einen prächtigen Ball gegeben. Er und sie benahmen sich bewundernswert gegen ihre Gäste. Sie ist eine erlesene Schönheit, die beiden sind wie Turteltauben. Gebe Gott, daß es so bleibt! Das Souper war großartig, und jedermann fand es erstaunlich, daß Puschkin, der bis zu diesem Tag im Gasthaus lebte, plötzlich über eine gut ausgestattete Wohnung verfügt.«

Die ersten Wochen des Honigmondes verliefen glücklich, wie es sich gehört. Um seine Unabhängigkeit zu wahren, war Puschkin am Tag nach seiner Hochzeit mit Freunden ausgegangen. Nathalie, allein und ohne Beschäftigung, wartete den ganzen Abend auf ihn und weinte sehr. Aber an den folgenden Tagen hatte Puschkin nicht mehr den Mut, diese zwar notwendige, aber grausame »Erziehung« fortzusetzen. Er verließ seine Frau nicht mehr, ging mit ihr zum Tanz und weidete sich an ihrem Erfolg in der Welt. Man sah sie bei Maskenfesten, bei Diners, im Theater, in den Anlagen. Puschkin hatte eine elegante Kutsche gekauft, und Nathalie in einem nagelneuen, pelzbesetzten blauen Samtumhang thronte neben ihrem Mann.

»Puschkin macht seiner Frau ausgiebig den Hof«, notierte Bulgakov. »Wenn er neben ihr ist, muß ich unwillkürlich an Vulkan bei Venus denken.«

Ein Fräulein Kaschkina schrieb sogar, daß Puschkin neben der schönen Nathalie sie an einen kleinen zahmen Affen erinnere:

»Seit er verheiratet ist, scheint er ein ganz anderer geworden zu sein, gesetzt, vernünftig, und seine Frau betet er an . . . Wenn ich ihm in Begleitung seiner schönen Frau begegne, erinnert er mich unwillkürlich an das Ebenbild jenes witzigen, hochintelligenten kleinen Tieres, das Sie zweifellos erraten, ohne daß ich es nenne.«

Dabei war Nathalie in Wirklichkeit eine bescheidene, fügsame, liebende Gattin, die ohne Zweifel keinerlei Temperament besaß. Ihr hübsches Äußere entschuldigte alles. Und Puschkin, stolz darüber, ein ansehnlicher und geachteter Ehemann zu sein, vergaß seine düsteren Vorahnungen. Er, der einige Tage vor der Hochzeit behauptete, sich »ohne Trunkenheit« zu verheiraten und zu »tun, was jeder tat«, schrieb am 24. 2. 1831 an Pletnew:

»Ich bin verheiratet und glücklich und habe nur den einzigen Wunsch, daß sich nichts an meinem Leben ändern möge: es könnte mir nichts Besseres geschehen. Dieser Zustand ist für mich so neu, daß ich mir wie neugeboren vorkomme. Die Erinnerung an Delwig wirft den einzigen Schatten auf mein Leben.«

Die geldlichen Mittel des Haushaltes erschöpfen sich jedoch rasch, da die Feste in Moskau kein Ende nahmen. Ab März fehlte es an Geld.

»Ich habe nicht die Absicht, in Moskau zu bleiben«, schrieb Puschkin am 26. März 1831 an Pletnew. »Weißt Du, daß ich nicht wenig Lust habe, mich in Zarskoje-Selo niederzulassen? Gesegnet sei der Einfall! So könnte ich Sommer und Herbst in einer dem dichterischen Schaffen günstigen Abgeschiedenheit verbringen, wäre der Stadt nahe, könnte von lieben Erinnerungen zehren und hätte jede erdenkliche Bequemlichkeit ... Dank meinem Vater, der mir ermöglichte, achtunddreißigtausend Rubel in bar zu bekommen, konnte ich mich verheiraten und meinen Haushalt schlecht und recht einrichten, ohne Schulden zu machen. Es hat keinen Zweck, auf meine Schwiegermutter zu rechnen oder auf den Großvater meiner Frau, denn ihre geschäftlichen Angelegenheiten stehen schlecht, und es ist heikel, sie an ihr Wort zu mahnen. Wenigstens habe ich ehrlich und uneigennützig gehandelt. Ich lobe mich nicht und beklage mich nicht, denn mein Frauchen ist reizend, und nicht nur durch ihre körperlichen Vorzüge: ich betrachte es nicht als Opfer, daß ich nicht anders handeln konnte.«

Während Puschkin also Pletnew bat, für ihn in Zarskoje-Selo eine kleine, billige Wohnung ausfindig zu machen, in der das Ehepaar und drei oder vier Dienstboten untergebracht werden konnten, war Frau Gontscharov ständig um Nathalie und lag ihr mit Bitten und feierlichen Geboten in den Ohren. Sie behauptete, Puschkin verpfusche Nathalies Leben mit seinem Geiz und Eigensinn. Er besaß Geld. Das war sicher. Aber er zog es vor, sich in Zarskoje-Selo zu begraben, um Nathalie der Zärtlichkeit ihrer

Mutter zu berauben und sie vor ihren Ratschlägen zu bewahren. Und Nathalie ließ alles mit sich geschehen, als habe sie keinen Verstand. Sie kam nicht darauf, daß ihre bewundernswerte Schönheit ihr Rechte über Puschkin gab. Sie verstand es nicht, Toiletten und andere unerläßliche Aufmerksamkeiten von ihm zu fordern und wußte nicht einmal, daß die Scheidung eine Drohung darstellte, vor der dieser Tölpel von Dichter klein beigeben würde. Im Lauf dieser heimlichen Zusammenkünfte setzte Frau Gontscharov, böse und geduldig, ihrer Tochter die Vorteile auseinander, die sie aus ihrer Lage gewinnen mußte. Aber Nathalie war noch zu jung, um zu begreifen, und weinte. Puschkin hörte sie schluchzen, stürzte ins Zimmer, herrschte seine Schwiegermutter grob an und setzte sie schließlich vor die Türe. Der immer heftiger werdenden Szenen im höchsten Grad überdrüssig, verließ er endlich am 15. Mai mit seiner Frau Moskau. Er schrieb an Frau Gontscharov:

»Ich mußte Moskau verlassen, um Scherereien aus dem Weg zu gehen, die auf die Dauer mehr gefährden könnten als meine Ruhe: man stellte mich meiner Frau als unausstehlichen Geizhals hin, als einen gemeinen Wucherer; man sagte zu ihr: ›Du bist ein dummes Ding, daß du deinem Mann erlaubst‹, usw. . . . Sie werden zugeben, daß das der Scheidung das Wort reden heißt. Eine anständige Frau kann sich nicht sagen lassen, daß ihr Mann ein Schuft sei, und die meine hat sich nach dem zu richten, was ich mir erlaube. Es ist nicht Sache einer Achtzehnjährigen, einen Mann von zweiunddreißig Jahren zu regieren. Ich habe Geduld und taktvolle Zurückhaltung gezeigt, aber es scheint, daß beide schlechte Ratgeber sind. Ich liebe meine Ruhe, und ich werde sie mir zu sichern wissen.«

Von Moskau aus begaben sich die Puschkin zuerst nach St. Petersburg, wo er Nathalie seinen Eltern, seiner Schwester und einigen Freunden vorstellte. Alle waren sich einig, daß Nathalie noch viel bezaubernder sei, als sie sich vorgestellt hatten, und Puschkin ernster, glücklicher und gesetzter, als sie je gewünscht hätten. Nur die junge Gräfin Ficquelmont fand, nachdem sie das Paar gesehen hatte, daß ihm ein tragisches Geschick bevorstehe. Sie schrieb an Fürst Wiasemskij am 25. Mai 1831:

»Ich finde Puschkin noch liebenswerter als früher. Ich glaube, Anzeichen geistiger Ernsthaftigkeit bei ihm zu entdecken, die ihm übrigens wohl ansteht. Seine Frau ist ein wundervolles Geschöpf, aber ihr melancholisches und bescheidenes Wesen scheint ein unglückliches Los vorherzusagen. Beide Gesichter drücken weder Ruhe noch heitere Zuversicht in die Zukunft aus; bei Puschkin sind alle Merkmale der Leidenschaft zu erkennen, bei seiner Frau die eines traurigen Verzichtes auf ein Eigenleben.«

Die Puschkin verbrachten vierzehn Tage im Hotel Demuth, dann verließen sie St. Petersburg, um sich nach Zarskoje-Selo zu begeben.

Zarskoje-Selo

In Zarskoje-Selo richteten sich die Puschkin im Privathaus von Kitajew ein und ließen ihre Möbel von Moskau dahin nachschikken. Das schmucke und ziemlich geräumige Haus war im Empirestil erbaut, und weiße Säulen schmückten die abgerundete Vorderfront. Den Haushalt besorgten etwa sechs Dienstboten*. Es gab einen kleinen Garten, und die benachbarten Straßen waren ruhig. In einiger Entfernung lockte der ausgedehnte Schloßpark von Zarskoje-Selo zu schönen Spaziergängen. Dieses verträumte Städtchen schien Puschkin ein Zufluchtsort, an dem man in Frieden nachdenken konnte. Fern von Weiberklatsch und den Geldausgaben, von St. Petersburg und Moskau, hoffte er, hier gewinnbringende Ferien genießen zu können. Er schrieb an Naschokin im Juni 1831: »Mir scheint, daß ich jetzt alles aufs beste geordnet habe, und daß ich ohne Schwiegermutter, ohne Equipage, ohne übertriebene Geldausgaben, ohne böswilliges Gerede friedlich hier leben werde.«

Wenevtitinov schrieb an Pogodin: »Übrigens Puschkin: er lebt sehr nett mit seiner niedlichen Frau, er liebt und verzärtelt sie und gibt sich keinen Ausschweifungen hin!«

In Zarskoje-Selo suchte Puschkin die Erinnerungsstätten seiner Schulzeit wieder auf. Im Gymnasium ging er mit einer Pennälerschar, die ihn begeistert begrüßt hatte, durch die Gänge, schaute in die Studiensäle, die Empfangssalons, nickte den Wänden zu, den Fresken, die Zeugen seiner ersten Hoffnungen gewesen waren. All die Erinnerungen wurden wach an seine ehemaligen Mitschüler, die zum Teil schon tot oder deportiert oder im Verwaltungsdienst begraben waren. Er besichtigte sein Zimmer, seine Zelle, die ein anderer bewohnte. Und plötzlich fühlte er sich so alt vor der Schattengestalt des kleinen Puschkin mit seinem zerzausten Schwarzkopf, der so voll Leben gewesen war, und vor

* Leute mit jährlichem Einkünften von siebzehntausend Rubel beschäftigten damals etwa vierzig Dienstboten

dem Knochengestell im Staatsrock, dem großen Derjawin, seine Verse gelesen hatte.

Gerne streifte er auch im Schloßpark umher, ging durch die Alleen und suchte die Lauben und Teiche der vergangenen Zeit wieder auf. Die Wachen, die da und dort an den breiten Wegen standen, nahmen Habtachtstellung ein, wenn Puschkin vorüberging.

»Zweifellos, weil ich einen Prügel in der Hand halte«, scherzte er.

Zu Hause warteten sein liebendes, sich immer gleichbleibendes »Frauchen«, seine Arbeiten, seine Bücher auf ihn. Was könnte er sich Besseres ersinnen? In den letzten Julitagen wurde jedoch die Cholera in Petersburg eingeschleppt, und eine Quarantänesperre schloß Zarskoje-Selo ein. Die Lebensmittelversorgung wurde schwierig, und die Preise stiegen.

»Die Cholera kreist uns ein, und das Leben in Zarskoje-Selo wird immer teurer. Ich habe hier keinen Wagen und keinen Kuchen«, schrieb Puschkin am 26. Juni 1831 an Naschokin. »Aber das Geld läuft trotzdem davon. Denk nur, seit meiner Abreise habe ich nur eine einzige Flasche Champagner getrunken und dazu noch auf mehrere Male!«

Nathalie verstand nichts von Haushaltsführung, und die Bedienten gehorchten ihr nur widerwillig. Der Hausverwalter bestahl sie, und die Ausgaben wurden täglich größer. Puschkin mußte sich in sinnlose Streitereien mit der Dienerschaft einlassen, mußte an Stelle seiner unerfahrenen Frau Rechnungen prüfen, Betrügereien aufdecken und in Tränen aufgelöste Diener entlassen. Die neuen, die er einstellte, handelten ebenso gewissenlos wie die alten. Nathalies Verwandte machten keine Miene, dem jungen Hausstand zu Hilfe zu kommen. Seit jenem Versuch, die Bronzestatue von Katharina II. zu Geld zu machen, fühlte sich der Großvater von jeder Verpflichtung gegenüber dem Mann seiner Enkelin entbunden. Und Frau Gontscharov war der Meinung, daß sie ihrer Pflicht Genüge getan habe, als sie bei ihrem Schwiegersohn elftausend Rubel für die Aussteuer entlehnte.

»Ich habe keinerlei Nachricht über die geschäftlichen Angelegenheiten meiner Frau. Großvater und Schwiegermutter hüllen sich in Stillschweigen und sind zufrieden, daß Gott ihrer lieblichen Nathalie einen so sanftmütigen kleinen Mann beschert hat«, schrieb Puschkin gereizt.

In der zweiten Julihälfte traf der Hof des Zaren in Zarskoje-Selo ein, und Puschkin mußte jede Hoffnung auf Sparsamkeit und Abgeschiedenheit fallen lassen. Von heute auf morgen zeigte Zarskoje-Selo vorübergehend das Gesicht einer Großstadt mit elegant gekleideten Menschen und dem Gedränge vieler Wagen. Wie in der Hauptstadt gab es Palastintrigen und vielfältige Vergnügungen. Nathalie freute sich, daß ihre Umwelt sich wieder belebte, aber Puschkin verwünschte die Quarantänesperren, die ihn daran hinderten, nach friedlicheren Orten zu flüchten. »Alexander«, schrieb seine Schwester Olga, »ist launisch wie eine Frau in Kindsnöten.« Jedermann in Zarskoje-Selo kannte Puschkin und seine junge Madonna. Neugierige strömten in Scharen in den Park, standen am Ufer des Teiches, um den kleinen Dichter mit dem Backenbart und seine strahlend schöne, hochgewachsene Frau vorbeigehen zu sehen. Sie trug ein weißes Kleid und einen runden Hut, und ein roter Schal lag auf ihren Schultern. Ein kleiner Hund begleitete kläffend das Paar.

Jeden Morgen nahm Puschkin ein eiskaltes Bad und streckte sich dann in seinem Arbeitszimmer auf dem mit Büchern und Papieren überladenen Sofa aus. Seine feuchten Haare kräuselten sich üppig; trotz der erstickenden Hitze, die in dem Raum herrschte, knöpfte er seinen braunen Überrock nicht auf. Auf einem kleinen Tisch befanden sich in Reichweite eine Wasserkaraffe, Eis und ein Töpfchen Marmelade. Von Zeit zu Zeit unterbrach er seine Arbeit, um einen Löffel Marmelade zu naschen. Dann schob er Papier und Bleistift beiseite und ging im Zimmer auf und ab, wobei er laut Verse aufsagte, oder er trat auf den Balkon, um Luft zu schöpfen, gähnte, überlas ein Manuskript, schnitt eine Feder zurecht. Nathalie saß mit einer Stickerei in dem kleinen Salon im Erdgeschoß und wartete, bis Puschkin seine Arbeit beendet hatte, um mit ihr im Park spazierenzugehen. Der verständige Jukowskij, der vor kurzem mit dem kaiserlichen Hof nach Zarskoje-Selo gekommen war, war ein häufiger Gast in dem jungen Haushalt. Der sanftmütige, gefällige und naive Jukowskij, den der Zar begünstigte und die Zarenfamilie verehrte, wünschte aufrichtig, Puschkin mit der Regierung und ihren Vertretern zu versöhnen. Puschkins Heirat schien ein Hoffnungsschimmer zu sein, er hatte sich gebunden, war vernünftig geworden. Und ein Mann, der Frau und Heim besitzt, ist schon ein wenig monarchistisch.

»Puschkin ist mein Nachbar«, schrieb Jukowskij an A. I. Turgenjew, »und wir sehen uns oft. Seit Du mir gesagt hast, daß mir der Speichel aus dem Mund läuft, wenn ich meine Frau anschaue, sehe ich mich selbst nur noch als alte dänische Dogge. Diese alte Dogge sitzt da und schaut schläfrig auf die köstlichen Speisen, die man vor ihren Augen verzehrt, und der Speichel trieft in langen Fäden von Zeit zu Zeit aus ihrem Maul. Puschkins kleine Frau ist ein anbetungswürdiges Geschöpf. Ich sehe sie gerne miteinander. Immer mehr beglückt es mich, ihn verheiratet zu wissen. Seine Seele, sein Leben, seine Dichtkunst werden von dieser Verbindung Nutzen haben.«

Jukowskij schrieb damals, wie Puschkin, russische Erzählungen in Versen. Die beiden Dichter verglichen ihre Werke, kritisierten, lobten und verbesserten in einer Atmosphäre wetteifernder Herzlichkeit.

Außer Jukowskij empfing Puschkin regelmäßig die reizende und geistvolle Hofdame der Zarin: Fräulein Rossetti. Diese war ein schönes, schlankes Mädchen von zweiundzwanzig Jahren, in dessen feingeschnittenem bräunlichem Gesicht die Augen schalkhaft blitzten. Von verblüffender Intelligenz und Bildung, interessierte sie sich brennend für Dichtkunst und Politik, sie liebte galantes Ränkespiel und brachte Leben in die schläfrigsten Salons. Gecken und reife Männer liefen hinter ihrem volantbesetzten Kleid her. Jukowskij nannte sie einen »himmlischen Schelm«. Wiasemskij, Tumanskij, Sobolewskij, Großfürst Michael Pawlowitsch und der Zar persönlich waren in sie verliebt.

Fräulein Rossetti hatte Puschkin in St. Petersburg im Jahre 1828 kennengelernt. In Zarskoje-Selo wurde aus ihrer Kameradschaft eine offene Freundschaft. Jeden Morgen stattete der »himmlische Schelm« dem Haus Kitajew einen Besuch ab, und Nathalie empfing Fräulein Rossetti in dem kleinen Salon im Erdgeschoß.

»Du kommst nicht meinetwegen, du willst nur meinen Mann sehen«, sagte Nathalie schmollend.

»Natürlich komme ich wegen deinem Mann! Frag ihn, ob er mich empfangen kann.«

Aber schon öffnete Puschkin die Türe seines Arbeitszimmers und rief vergnügt nach seiner Frau und seiner Freundin, die er mit glänzenden Augen empfing, während ihm die Haare noch feucht und ungekämmt in die Stirn hingen. Unordentlich umherliegende Federn und eine Menge Papier zeugten von der morgendlichen Arbeit.

»Ich habe etwas bereitgelegt zum Vorlesen«, sagte er.

»Gut, lesen Sie.«

Puschkin las. Fräulein Rossetti hörte mit gespannter Aufmerksamkeit zu. Und Nathalie begriff nicht, daß dieses bildhübsche, heitere, junge Mädchen behauptete, an einer so abgeschmackten Geschichte wie der vom *Zar Saltan* Gefallen zu finden. Sie hätte gerne, wie Fräulein Rossetti, Anteil genommen an der Begeisterung ihres Mannes, an seinem Suchen und Zweifeln. Sie hätte gerne Kritik geübt wie jene und hätte sich gerne sagen lassen:

»Ihre Kritik ist die beste von allen; Sie sagen einfach: dieser Vers ist schlecht, er gefällt mir nicht!«

Aber sie fühlte sich wirklich unfähig, diese rhythmisch abgemessenen Sätze zu bewundern. Das summte in ihren Ohren und schläferte sie ein, und manchmal langweilte es sie sogar. Sicher brauchte man ein besonderes Organ, um die trügerische Aussage der rhythmischen Worte genießen zu können? Für Nathalie bestand das Wesentliche aus dem Haus, den Komplimenten, den Kleidern und den Briefen von Mama. Für Puschkin lag das Wesentliche außerhalb der sichtbaren Welt. Er lebte in einem Traum, und ihm in diesem Traum zu begegnen, das führte so weit und war so unsicher, daß man es lieber gar nicht erst versuchte. Doch diese Rossetti verstand sich so gut mit Puschkin, daß es eine Schmach war! Sie hatten dieselben Interessen, schwärmten für dieselben Dinge, sprachen dieselbe Sprache. Sie lachten über Sachen, die Nathalie nicht verstand, sie sprachen über Werke, die sie nicht gelesen hatte, redeten von Schriftstellern und Künstlern, deren Namen sie nicht kannte. Sie kamen ihr vor wie Priester desselben Kultes, wie Geschwister, und sie, die rechtmäßige Ehefrau, war der Eindringling. Oftmals gestand Nathalie, weinend, Fräulein Rossetti ihre Eifersucht.

»Du brauchst nicht eifersüchtig zu sein«, sagte die andere zu ihr. »Siehst du nicht, daß Jukowskij, Puschkin, Pletnew in meinen Augen ganz gleich sind? Siehst du nicht, daß ich überhaupt nicht in Puschkin verliebt bin und er nicht in mich?«

»Ich sehe es wohl«, antwortete Nathalie, »aber ich ärgere mich, daß er in deiner Gegenwart so heiter ist, während er gähnt, wenn er mit mir zusammen ist.«

Eines Morgens, als Puschkin den beiden jungen Frauen seine Verse vorlas, wandte Nathalie, am Ende ihrer Nervenkraft, den Kopf ab und rief:

»Gott, was du mich langweilst mit deinen Versen, Puschkin!«

»Ich bitte dich um Verzeihung«, sagte Puschkin, »aber du kennst die hier nicht; ich habe sie dir noch nicht vorgelesen.«

»Diese oder andere, das ist mir gleichgültig. Du langweilst mich mit deinen Versen, das ist alles.«

Puschkin zuckte verlegen die Schultern, versuchte zu lachen.

»Nathalie ist ein Kind«, sagte er. »Sie hat die schreckliche Offenheit dieses Alters.«

Nathalie schämte sich ihres Ausbruches und fügte einige Augenblicke später hinzu:

»Ich bitte euch, fahrt fort zu lesen. Ich sehe euch an, daß ihr vor Verlangen vergeht. Ich muß meine Kleider in Augenschein nehmen. Schaut nachher bei mir herein, um mir zu raten, welches ich für das Schauspiel anziehen soll.«

Mitunter versuchte Nathalie jedoch, Puschkin an sich zu fesseln, und tat so, als habe eine plötzliche literarische Begeisterung sie gepackt:

»Warum willst du mir nichts vorlesen? Kann ich dich nicht verstehen? Hältst du nichts von meiner Meinung?«

»Nein, Nathalie. Sei nicht gekränkt, aber das ist nicht deine Sache; es ist im allgemeinen nicht Sache der Frauen.«

»Fräulein Rossetti ist also keine Frau und nicht ungewöhnlich hübsch?« rief Nathalie, von Röte übergossen und mit tränenfunkelndem Blick.

»Für die andern magst du recht haben«, sagte Puschkin. »Aber für mich ist sie ein Kamerad, ein Freund, ein zuverlässiger Kritiker.«

Dann verließ er Nathalie, um sich zu seinem zuverlässigen Kritiker zu begeben.

»Nathalie liebte ihn nicht«, schrieb Polonskij, »und wertete ihre Erfolge in der Gesellschaft höher als seine literarischen.«

Und Fräulein Rossetti notierte in ihren Memoiren: »Sie ist ein solches Kind! Sie ist so wenig geistig entwickelt, daß sie sich nur für Geschichten aus meiner Schulzeit interessiert, für meine Ausfahrten in der Kutsche des Zaran am Fastnachtsdienstag oder an Jahrmarktsbuden vorbei usw. ... Wie schade, daß sie so wenig gebildet ist!«

Schrieb ihr Puschkin jedoch nicht später, daß »ihre Unerfahrenheit« und ihr »Mangel an Wissen« sie ihm »noch teurer« machten?

Keine geistige Verwandtschaft verband die beiden Menschen. In keinem seiner Briefe berichtete er Nathalie von seinen literarischen Plänen, von seiner Lektüre, von seinen Kämpfen auf dem Gebiet der Kunst. Er vermied es, vor seiner Ehefrau die Themen anzuschneiden, die er gerne vor seinen Freunden entwickelte. Zweifellos wußte er, daß sie nicht nach seinem Geschmack darüber geurteilt hätte. Für sie war Dichtkunst nur ein bequemer Weg, in den Salons empfangen zu werden und Geld zu verdienen. Sie hätte gewünscht, daß ihr Mann ein beamteter Dichter würde, »so wie Jukowskij«. Der Hof befand sich in Zarskoje-Selo. Die Gelegenheit war günstig.

Eines Tages, bei einem Spaziergang im Park, begegneten der Zar und die Zarin dem Dichter und seiner Frau; sie blieben stehen, um mit ihnen zu sprechen. Nikolaus I. kannte Nathalie, da er sie bei Moskauer Festlichkeiten bewundert hatte. Nach zweijähriger Unterbrechung gefiel sie ihm noch besser, und er machte ihr einige artige Komplimente, wobei er seinen langen Schnurrbart zwirbelte. Die Zarin lud die junge Frau ein, sie zu besuchen. Nathalie zerfloß vor Dankbarkeit. Puschkin kam sich wie ein Idiot vor. Da fragte ihn der Zar:

»Warum bist du nicht mehr im Dienst?«

»Ich bin bereit, Dienst zu tun«, erwiderte Puschkin, »aber ich verstehe kein anderes Handwerk als das literarische.«

Nikolaus I. dachte eine Weile nach, dann erklärte er, daß er ihn zum Beamten im Auswärtigen Amt machen werde, mit einem Jahresgehalt von fünftausend Rubel. Seine Arbeit sollte darin bestehen, daß er die Archive durchstöbere und danach eine historisch genaue Geschichte Peters des Großen schreibe. Er fügte in französischer Sprache hinzu:

– »*Da er verheiratet und keineswegs reich ist, muß man seinem Hausstand auf die Beine helfen.*«

Puschkin und seine Freunde wunderten sich über dieses zweifache kaiserliche Wohlwollen. Da er selbst keiner, auch nicht der harmlosesten List fähig war, glaubte Puschkin, alle Menschen seien wie er, und meinte, der Zar habe ihm diese Gnade gewährt, weil er ihn schätzte. Er sah sich schon mit dem Hof und mit Benkendorf versöhnt und träumte davon, frei durch die ganze Welt zu reisen. Er dachte an eine Zukunft als echter Europäer. Nathalie dagegen dachte nur an neue Kleider. Und beide waren voll Zuneigung für das gute Herrscherpaar.

»Der Zar und die Zarin«, schrieb Puschkins Schwester ihrem Mann am 26. Juli 1831, »sind Nathalie und Alexander begegnet; sie sind stehengeblieben, um mit ihnen zu sprechen, und die Zarin sagte zu Nathalie, daß sie sich sehr freue, ihre Bekanntschaft zu machen, und tausend huldvolle und bezaubernde Dinge. Und jetzt *ist sie verpflichtet, obwohl sie nicht will, am Hof zu erscheinen.*«

Wenn Nathalie vorgab, ihre Vorstellung bei Hof als lästigen Zwang zu betrachten, so tat sie das in Wahrheit nur aus Willfährigkeit gegenüber Puschkin, der neue Ausgaben befürchtete. Außerdem hielt sie die Haltung einer jungen Frau, die gegen ihren Willen aus der Dunkelheit ins Blickfeld der Welt gezerrt wird, für äußerst rührend und vornehm.

Am 29. August 1831 schrieb Olga Pawlischew wieder an ihren Mann:

»Meine Schwägerin ist reizend ... Sie ist die gefeierte Schönheit von Zarskoje-Selo, und die Zarin wünscht, daß sie an den Hof kommt; sie ist untröstlich darüber, denn sie ist kein Dummkopf ... sie ist noch ein wenig schüchtern, aber das wird sich geben, und sie wird sich dareinschicken, als schöne, junge und liebenswerte Frau, die sie ist ...

Physisch sind Puschkin und seine Frau zwei vollkommene Gegensätze: Vulkan und Venus ... Übrigens gibt es nach meiner Meinung Frauen, die genauso hübsch sind wie sie ...«

Puschkin schrieb naiverweise seinem Freund Naschokin am 21. Juli:

»Diesen Herbst werde ich mich mit Literatur beschäftigen, ich werde mich in den Archiven vergraben, zu denen mir der Zar voll Huld und Freundlichkeit den Zugang gestattet hat. Noch ein wenig mehr, und ich werde ein Günstling ...«

Puschkin begriff nicht, daß sich der Zar mehr für seinen Hausstand interessierte als für ihn selbst, mehr für seine Frau als für sein Werk. Er wollte die plötzliche Gnade ausnützen, um über den gräßlichen Bulgarin und seinen Anhang zu triumphieren. Da er das Vertrauen von Nikolaus I. wiedererlangt hatte, konnte er um Genehmigung nachsuchen, eine Zeitschrift zu gründen, an Stelle der *Literarischen Gazette* von Delwig, die im Juni 1831 verboten worden war. Nach Puschkins Vorstellung sollte diese neue Zeitschrift konservativ sein in politischen Dingen und revolutionär in literarischen; sie sollte ein volkstümliches Blatt werden, umfassender, lebendiger und freier als die anderen. Kein Spitzel unten den Redakteuren, sondern Dichter. Keine Reklame in den Spalten der Zeitung, aber achtungsvolle und aufrichtige Kritik an Büchern und Ereignissen. Puschkin schrieb also an Benkendorf und fügte seiner Bitte die Nachschrift hinzu, daß der Zar ihn schon zum Geschichtsschreiber Peters des Großen ernannt habe:

»In Rußland sind die Zeitschriften nicht das Echo der verschiedenen politischen Parteien ... Aber nichtsdestoweniger muß die öffentliche Meinung gelenkt werden. Voll Freude würde ich es übernehmen, eine politische und literarische Zeitschrift herauszugeben ... Ich wage es nicht, mich um den Titel eines Geschichtsschreibers zu bewerben, ich will es auch nicht, da unser unvergeßlicher Karamzin ihn trug, aber ich weiß, daß ich mit der Zeit meinen Wunsch verwirklichen werde, das Leben Peters des Großen und seiner Nachfolger bis zu Peter III. zu schreiben.«

Trotz seiner inständigen Bitten mußte der neue »Günstling« Puschkin darauf verzichten, eine Zeitschrift herauszugeben: »Unnötige Unternehmung«, das war der Bescheid der Obrigkeit. Der Augenblick zur Gründung einer Zeitung war allerdings schlecht gewählt. Der Krieg gegen Polen war in vollem Gange. Die russischen Armeen rückten zäh auf Warschau vor. In Frankreich hielten die Abgeordneten flammende Reden zugunsten Polens. Ganz Europa schäumte vor Haß gegen Rußland. Und Puschkin fühlte das wie eine persönliche Beleidigung. Über diesen Punkt herrschte Einigkeit zwischen ihm, dem Liberalen, dem »Freund des 14. Dezember«, und Jukowskij, dem Konservativen. Am 26. August wurde Warschau eingenommen. Die französischen Zeitungen veröffentlichten tränenselige oder racheschnaubende Artikel.

Puschkin antwortete darauf mit zwei Gedichten: *Den Verleumdern Rußlands* und *Jahrestag von Borodino.* Diese beiden Gedichte erschienen, zusammen mit ähnlichen von Jukowskij, in einer Broschüre mit dem Titel: *Über den Fall von Warschau.*

Wiasemskij bemerkte in seinem Notizbuch am 15. September 1831:

»Wenn wir Pressefreiheit gehabt hätten, würden Jukowskij und Puschkin niemals gewagt haben, Paskewitschs Sieg zu verherrlichen. Einmal, weil diese Art Begeisterung überholt ist, zum anderen, weil kein Grund vorliegt, vor Staunen umzufallen, wenn der Löwe seine Tatze auf die Maus legt ... Warum unnötigerweise gegen seine Überzeugung Dummheiten sagen? ...«

A. I. Turgenjew notierte, daß Puschkin in seinen Versen bewiesen habe, daß er »hinsichtlich Polens ein Barbar sei«.

Wiegel erzählte, daß gut unterrichtete Leute in Moskau die

beiden letzten Gedichte Puschkins für »abscheuliche Flecken auf seinem Dichterruhm« hielten.

Melgunov schrieb: »Puschkin stößt mich gegenwärtig als Mensch derartig ab, daß ich ihn als Dichter nicht mehr schätzen kann. In seiner augenblicklichen Phase ist er ein Individuum, das mitten in seinem Werdegang stehengeblieben ist, das, anstatt Apollos Antlitz zu betrachten, nach rechts und links schaut und andere Götter sucht, denen er seine Opfergabe darbringen kann. Puschkin ist tief gefallen.«

Alle liberalen Freunde Puschkins verabscheuten einmütig diese »Kasernenverse«.

Und Puschkin meinte traurig:

»In Moskau gibt es jetzt keine öffentliche Meinung mehr: Niederlage oder Ruhm des Vaterlandes bedeuten den Herzen nichts mehr. Es war traurig, den Gesellschaftsklatsch Moskaus während der jüngsten Erhebung Polens zu hören, und grauenhaft, sich den kalten Zeitungsleser in Frankreich vorzustellen, wie er bei der Nachricht von unserem Unglück freudig lächelt.«

Außer diesen unglücklichen patriotischen Gedichten schrieb Puschkin in Zarskoje-Selo eine unvollendet gebliebene Novelle, *Roslawlew,* die *Geschichte vom Popen und seinem Diener Balda* und die wundervolle *Legende des Zaren Saltan.*

Inzwischen war Nathalie der Zarin vorgestellt worden. Der feierliche Empfang fand am 4. September statt, und die Herrscherin zeigte sich, nach Aussage von Olga Pawlischew, höchlich verwundert über die Schönheit und Artigkeit der jungen Frau. Puschkin dagegen wußte nicht, ob man sich über diese Gunst freuen oder sich über die unnützigen Ausgaben betrüben sollte, mit denen sie das Haushaltbudget belastete.

»Als ich mich verheiratete, rechnete ich damit, das Dreifache gegen früher auszugeben, und jetzt zeigt sich, daß ich zehnmal mehr ausgebe«, schrieb er am 7. Oktober 1831 an Naschokin. »In Moskau behauptet man, daß ich ein Gehalt von zehntausend Rubel beziehe, aber ich habe noch nichts davon zu sehen bekommen. Wenn man mir auch nur viertausend Rubel aussetzte, ich würde Gott danken.«

Nachdem drei Monate in Zarskoje-Selo verstrichen waren, schlug sich Puschkin von neuem mit unbezahlten Rechnungen herum, wieder geriet er in Schulden, teils wegen eigener Bedürfnisse, teils wegen Interessen, die zu bezahlen seine gesellschaftliche Stellung von ihm verlangte. Seine Briefe an die Freunde sind bedeckt mit akrobatischen Berechnungen. Bei seinen Papieren hat man den Text eines französisch geschriebenen Billets gefunden, das an einen Unbekannten gerichtet ist:

»Ich habe buchstäblich keinen roten Heller. Gedulden Sie sich, bitte, einen Tag oder zwei. Der Ihre, A. P.«

Es war Zeit, Zarskoje-Selo zu verlassen und die Verleger der beiden Hauptstädte zu bestürmen. Gegen Mitte Oktober trafen die Puschkins in Petersburg ein.

In St. Petersburg richteten sie sich in einer Wohnung in der Galernaja ein. Nathalie war schwanger. Und Puschkin hatte kein Geld. Dafür regnete es Einladungen, die man unmöglich ablehnen konnte, wollte man niemand verstimmen. Von Nathalies Zustand war noch kaum etwas zu bemerken, und sie wäre untröstlich gewesen, wenn sie eine Gelegenheit, sich zu zeigen und Gefallen zu erregen, versäumt hätte. Eine Tante von ihr, Katharina Zagriajskaja, eine Hofdame der Zarin, wachte eifersüchtig über ihre schöne Nichte. Sie bezahlte ihr Toiletten, führte sie in die Salons ein und posaunte ihre Triumphe aus. Eines Tages nahm Gräfin Nesselrode, die Frau des Außenministers, Nathalie mit zu einer Abendgesellschaft im Palast Anitschkov. Nathalie ging ohne Wissen ihres Mannes zum Hofball. Als Puschkin davon erfuhr, geriet er in heftigen Zorn, beschimpfte seine Frau und die Gräfin Nesselrode und schrie schließlich:

»Ich will nicht, daß meine Frau sich an Orten zeigt, wo ich nicht selbst erscheine!«

Gräfin Nesselrode war entrüstet über die Gewöhnlichkeit dieses negerblütigen Dichterlings, und Puschkin schuf sich einen neuen Feind durch die Beleidigung der Ministersgattin, einen mächtigen Feind, denn die Sippschaft der Nesselrode war weit verzweigt.

Nathalies Erscheinen in den Salons hatte schmeichelhaftes Aufsehen erregt. Man rühmte ihre Schönheit, ihre Bescheidenheit, ihren melancholischen Blick. »Seine Frau ist schön, über die Maßen schön«, schrieb Gräfin Ficquelmont, »aber ihr schmerzlicher Gesichtsausdruck läßt mich für die Zukunft schwarz sehen.«

»Meine Schwägerin ist ganz bezaubernd«, notierte Olga Pawlischew, »hübsch und geistvoll und dabei noch ganz kindlich harmlos.«

Außerdem:

»Meine Schwägerin ist die modischst gekleidete Frau hier. Sie bewegt sich in der ganz großen Welt, und man sagt meistens, daß sie die schönste ist; man hat sie ›Psyche‹ getauft.«

Baron Serdobin sagte in einem Brief vom 17. November 1831 an den Baron Wrewskij:

»Seine Frau ist in der großen Gesellschaft erschienen und sehr gut aufgenommen worden; ihr Benehmen hat allen ebenso gefallen wie ihr Gesicht, in dem man etwas Rührendes findet.«

Sie »glänzt«, sie »funkelt«, sie ist »die Schönste«, sie ist »die Königin«, diese Ausdrücke kehren in den Berichten aller wieder, die in Nathalies Nähe kamen.

Sie selbst wurde sich ihres Erfolges immer nachdrücklicher bewußt und dachte nur daran, ihre so glückhaft begonnene Laufbahn in der Welt weiter zu verfolgen. Eines Abends sagte Puschkin, wie er den Wind im Kamin heulen hörte:

»Gott, wie schön wäre es jetzt in Mikhailowskoje! Nirgends kann ich so gut schreiben wie auf dem Dorf im Herbst. Warum gehen wir nicht dahin?«

Nathalie brach in Tränen aus, und Puschkin mußte ihr versprechen, während der Ballsaison in der Stadt zu bleiben. Der Zar zählte auf sie. Puschkin wurde am 14. November 1831 offiziell beim Auswärtigen Amt angestellt und erhielt am 6. Dezember den Titel eines Titularrates. Aber am selben Tag traf der Titularrat in Moskau ein. Da er in St. Petersburg kein Geld hatte auftreiben können, wollte er sich an andere Stellen wenden. Er dachte daran, die Diamanten seiner Frau zu verpfänden, beim Spiel zu gewinnen oder Freunde um Hilfe zu bitten. Man würde an Ort und Stelle sehen. Wenige Tage vor seiner Abreise schrieb er an Naschokin:

»Ich möchte gerne nach Moskau kommen. Ich habe große Lust, mit Dir zu plaudern und einige Geschäfte zu erledigen, es handelt sich vor allem um die Diamanten meiner Frau, die ich um jeden Preis aus dem Bankerott meiner Schwiegermutter retten muß. Der Großvater Nathalies ist ein Schweinehund: er verheiratet seine dritte Konkubine mit einer Mitgift von zehntausend Rubel; dabei kann er mir meine zwölftausend nicht zurückzahlen, und er gibt nichts für seine Enkelin. Nathalie ist schwanger und wird im Mai niederkommen. All das bringt unser Leben durcheinander. Man muß an alles denken.«

Moskau bedeutet für Puschkin: Naschokin. Bei ihm steigt er ab, und mit ihm verbringt er seine Tage und seine Nächte. Naschokins Haus ist wie ein großer Bazar, in dem Studenten, Spitzbuben,

Militärpersonen und Zigeuner ein und aus gehen, ebenso wie Violinspieler, Wucherer, Spitzel und Dichter. All diese Leute treten ein, reden, spielen, trinken, essen, lachen, räkeln sich schläfrig auf den Sofas und gehen weg, um zwei Stunden später wieder aufzutauchen. An einem Tag ist Naschokin reich, und am anderen hat er nichts mehr. Es kommt vor, daß er in einer Nacht alles Bargeld verliert, seine goldene Taschenuhr, sein Silber, seine Kutsche samt Pferden und sogar die Equipage seiner Geliebten, der Zigeunerin Olga. Zwei Wochen später fährt die Zigeunerin in einer neuen Kutsche spazieren, und Naschokin schaut auf eine schwerere goldene Uhr, die besser gearbeitet ist als die erste. Ein Wunder ist geschehen, und er hat alles wieder gewonnen. Aber er ist ganz darauf eingestellt, in ein paar Augenblicken alles wieder zu verlieren. Wenn Puschkin mit seinem Freund unter vier Augen sprechen will, so suchen alle beide ein Dampfbad auf, mieten eine Kabine, entkleiden sich und führen friedliche Gespräche, von träge auf und ab schwebenden Wolken umhüllt wie Götter.

»Unter uns gesagt«, schrieb Iasijkov seinem Bruder am 22. Dezember: »Puschkin ist nicht wegen literarischer oder irgendwelcher anderer Geschäfte hierhergekommen, sondern um Karten zu spielen. Er befindet sich in der niedrigsten Gesellschaft, die man sich vorstellen kann: Hochstapler, Possenreißer, Diebe. Es ist jedesmal dasselbe, wenn er nach Moskau kommt. In St. Petersburg lebt er anständiger. Das Sprichwort, daß Heiraten von Grund auf verändert, hat nicht recht, lieber Bruder.«

Puschkin fand indessen kaum noch Geschmack an diesem liederlichen Leben. Er hatte gemeint, er könne in Gesellschaft seiner Jugendfreunde Ablenkung finden und seine finanzielle Lage mit Hilfe Naschokins wieder verbessern. Aber mitten in Geschrei und Gelächter dachte er nur an seine Frau und bereute, sie verlassen zu haben.

»Ich langweile mich hier«, schrieb er an Nathalie. »Naschokin ist mit seinen Angelegenheiten beschäftigt. Sein Haus ist eine wahre Lasterhöhle, und mir brummt der Kopf davon. Von Morgen bis zum Abend drängen sich die verschiedensten Typen herein: Spieler, verabschiedete Husaren, Studenten, Advokaten, Zigeuner, Spitzel und in erster Linie Wucherer. Alle haben freien Zutritt, alle haben sie ihn nötig. Jeder lärmt, raucht Pfeife, ißt, trinkt, tanzt, im ganzen Haus gibt es nicht einen freien Winkel. Aber was kann ich tun? Er hat weder Geld noch Kredit; die Zeit vergeht, und meine Geschäfte gehen nicht voran. All das bringt mich natürlich auf ... Gestern hat uns Naschokin eine Abendgesellschaft mit Zigeunern geboten; ich bin es so wenig mehr gewöhnt, daß mir noch jetzt der Kopf weh tut von all dem Lärm und den Zigeunerliedern. Ich langweile mich, mein Engel. Auf Wiedersehen.«

Puschkin war ärgerlich über Naschokins Sorglosigkeit, aber mehr als alles andere beunruhigte ihn Nathalies Verhalten.

Sie war jung und hübsch und ganz unerfahren. Sie konnte zweideutige Einladungen annehmen. Sie lief Gefahr, sich durch ihre Gefallsucht zu weit treiben zu lassen. Dazu war sie schwanger. Achtete sie auf sich, pflegte sie sich wenigstens? Wenn er nicht bei Nathalie war, sah er nichts als Katastrophen rings um sie. Die Briefe, die er ihr sandte, bestanden aus rührenden moralischen und medizinischen Verhaltungsmaßregeln. Am zweiten Tag nach seiner Ankunft in Moskau schrieb er ihr:

»Ich hoffe, Dich in zwei Wochen wiederzusehen. Ich langweile mich ohne Dich. Seit ich Dich verlassen habe, wächst meine Angst um Dich. Du wirst nicht zu Hause bleiben, du wirst zum Palast gehen, Du wirst auf der hundertundfünften Treppenstufe vor der Zeit niederkommen. Mein Herz, mein Frauchen, mein Engel, tu mir die Liebe: gehe täglich zwei Stunden in den Zimmern auf und ab und sei vorsichtig. Sag Deinem Bruder, daß er auf Dich achtgibt und Dir nicht erlaubt zu tun, was Dir gerade einfällt. Wenn Du zum Ball gehst, so tanze um Gottes willen nichts anderes als Quadrille; schreibe mir und sage mir, ob die Dienstboten Dich nicht zu sehr belästigen und ob Du über sie Herr wirst ...«

Zwei Tage später hieß es:

»Moskau tanzt ununterbrochen, aber ich habe noch an keinem Ball teilgenommen. Ich mag Moskau nicht ... Ich bin noch nicht in Deiner alten Wohnung gewesen ... Denn dann müßte ich Nath.-Iw. (der Schwiegermutter) einen Besuch machen und eine unvermeidliche Szene über mich ergehen lassen: sie redet in ganz Moskau von meiner Habgier, aber ich will nichts mehr mit ihr zu tun haben. Ich küsse Dich und flehe Dich an, im Salon hin und her zu gehen. Geh nicht in den Palast und tanze nicht auf den Bällen.«

Unterdessen amüsierte sich Nathalie ohne ihren Mann, bis sie nicht mehr konnte. In ein Korsett gezwängt, war sie noch immer schön. Jeder sagte es ihr. Selbst der Zar flüsterte ihr Komplimente ins Ohr, wenn er mit ihr tanzte. Sie tanzte nämlich mit dem

Zaren. Und der Zar aller Reußen fand Spaß daran, sie leicht an sich zu drücken, und sie drehte sich zu den Tönen der Musik in den Armen dieses Halbgottes mit dem stahlharten Blick und dem wohlriechenden Schnurrbart. Einen Walzer lang war sie die Herrscherin. Was galt schon die literarische Befriedigung Puschkins neben dem rauschhaften Stolz, den sie empfand, wenn Nikolaus I. sie vor allen Frauen auszeichnete?

Als Puschkin zum Weihnachtsfest heimkam, fand er seine Frau trotzdem bei bester Gesundheit. »Sie tanzt auf den Bällen«, schrieb er am 8. Januar 1832 an Naschokin, »kokettiert mit dem Zaren und springt von der Vortreppe. Man muß diese kleine Dame zügeln.«

Es wurde jedoch immer schwieriger, die kleine Dame zu zügeln. Ihr Lächeln, ihr zärtlicher Blick besiegten Puschkin wider alle Vernunft. Wenn er versuchte, sich Geld zu verschaffen, so geschah es, um ihr neue Toiletten zu bezahlen.

Gegen Anfang März ging das Paar seltener aus. Die Schwangerschaft näherte sich ihrem Ende, und Nathalie fühlte sich schwerfällig. Puschkin sorgte sich wegen der geringsten Unpäßlichkeit. »Wenn man dich sieht, könnte man meinen, du erwartest ein Kind und nicht Nathalie«, sagte seine Schwester zu ihm.

Am 19. Mai 1832 fühlte Nathalie die ersten Wehen.

In der neuen Wohnung an der Furschtadskaja ertönte als Echo auf Nathalies Stöhnen das Heulen und Schluchzen ihres Mannes. Puschkin versicherte, daß er den Gedanken an eine solche Marter nicht ertragen könne und daß er bei der Geburt des zweiten Kindes aus dem Haus fliehen werde. Als jedoch die letzten Erregungen überstanden waren, empfand er eine tiefe Freude beim Anblick des schreienden, schwarzbraunen, kleinen Mädchens, das eben zur Welt gekommen war. Seine Tochter, Marie Puschkin. Er schrieb an Fürstin Wiasemskij:

»Stellen Sie sich vor, daß meine Frau die Ungeschicklichkeit begangen hat, mit einer Miniaturausgabe meiner Person niederzukommen. Trotz meiner Überheblichkeit bin ich ganz verzweifelt darüber.«

Kaum war Nathalie wieder bei Kräften, nahm sie ihr aufreibendes und leeres Weltleben wieder auf. Die Mutterschaft hatte sie verschönt. Ihre Tante Zagriajskaja überhäufte sie mit Geschenken. Wie glücklich mußte Puschkin sein, eine Frau zu besitzen, der man so ausgiebig den Hof machte! Warum, Teufel noch mal, vergrub er sich in den Archiven zwischen staubigem

Papierwust, anstatt Tag und Nacht bei ihr zu bleiben, um sie zu bewundern, sie zu zerstreuen und ihr taktvoll seine Eifersucht zu erklären?

Puschkin hatte sich wieder an die Arbeit gemacht. 1832 schrieb er den Entwurf zu *Dubrowskij,* einem umfangreichen sozialen Prosaroman, und ein Versdrama *Die Nixe.* Er setzte auch seine im Jahr 1831 begonnenen Bemühungen zur Gründung einer Zeitung fort.

Er erhielt jedoch die gewünschte Genehmigung diesesmal noch nicht. *Die Biene des Nordens* summte dem Dichter weiterhin in den Ohren. Ja, Benkendorf, den dieser Versuch aufgescheucht hatte, verdoppelte seine Strenge und belästigte Puschkin mit Vorhaltungen und freundschaftlichen Ratschlägen.

Zu Beginn des Herbstes 1832 erhielt Puschkin endlich die fünftausend Rubel, die ihm als Titularrat zustanden. Aber dieses Gehalt reichte nicht, die Ausgaben des Haushaltes zu decken.

Außer sich über den ewigen Ärger mit den Dienstboten, den Wechsel von Köchen und Kammerzofen, über die Szenen wegen Kleiderfragen und weil er keine Möglichkeit sah, unbezahlte Wechsel einzulösen, unternahm er eine neue Reise nach Moskau. Dort stattete er in Begleitung des Unterichtsministers der Universität einen Besuch ab. Der Minister sagte zu den Schülern, auf den Professor deutend:

»Hier steht die Theorie der Kunst.«

Dann wandte er sich zu Puschkin und fügte hinzu:

»Und hier steht die Kunst.«

»Vor mir, nur fünf Schritte entfernt, stand dieses Genie, der Ruhm und der Stolz Rußlands«, schrieb einer der Studenten. »Wir verschlangen ihn mit den Augen.«

Währenddessen überließ sich dieser selbe Puschkin, »dieses Genie«, »dieser Ruhm und Stolz Rußlands« in jenem Augenblick den prosaischsten, quälendsten Gedanken. Was machten die Dienstboten? Hatte Nathalie eine Dienerin entlassen? Mußte man einen neuen Koch einstellen? War es gut, einem Säugling Sahne zu geben? Doch vor allem folterte ihn eine kleinliche Eifersucht, die er nicht beherrschen konnte. Er glaubte nicht im Ernst, daß Nathalie fähig sei, ihn zu betrügen. Wenn sie indessen mit zu offenkundigem Vergnügen die Huldigungen ihrer Tänzer anhörte und, lächelnd, mit gesenkten Augen mit dem Fächer spielend, in seiner Abwesenheit Herrenbesuche empfing, so lief sie Gefahr, ihrem Ruf zu schaden. Ganz in seiner Unruhe befangen, scheute er sich nicht, ihr in seinen Briefen Strafpredigten zu halten, und Nathalie drehte den Spieß um, was ihr auf brieflichem Wege nicht schwerfiel, und beschuldigte ihn tausendfältiger erdachter Verrätereien. Dieser Verdacht, der dem Dichter blutiger Ernst war, galt ihr nur als Vorwand zu einem galanten Geplänkel. Sie bildete sich ein, daß Schmollen gäbe diesen Liebesbriefchen ein romantisches und verteufelt pikantes Ansehen. Sie machte hinterhältige Anspielungen, rührte die Vergangenheit auf und grub die Erinnerung an alte Liebschaften aus. Nathalies Briefe sind uns nicht erhalten geblieben. Aber Puschkins Briefe geben ein genaues Bild dieser häuslichen und verliebten Streitereien:

»Ich bin in Sorge, wenn ich an die Leute denke, bei denen ich Dich zurückgelassen habe. Peter, dieser schlafmützige Trunkenbold, Irina Kusminitschna, die Aufässige, Nenil Anufriewna, der Dich bestiehlt! Und die kleine Marie? Was macht ihre Skrofulose? ... Ach, mein Frauchen! Was soll aus Dir werden?« (22. September 1832.)

»Wie vernünftig Du bist und wie nett! Was für einen ausführlichen, ernsthaften Brief habe ich von Dir bekommen! Danke, kleine Frau ... Du kannst mit dem Koch vereinbaren, was Du willst, wenn ich nur nicht abends im Klub speisen muß. Überfüttere um Gottes willen die kleine Marie nicht mit Sahne, und reibe nicht zuviel Salbe ein ... Was ich sagen wollte: Paß auf, bist Du nicht schwanger? Wenn ja, mußt Du Dich von Anfang an schonen. Reite nicht aus. Es gibt andere Möglichkeiten, seine Reize spielen zu lassen.« (25. September 1832.)

»Ich danke Dir, daß Du früh schlafen gehst. Aber Dein eifriges Kokettieren ist nicht recht. Du brauchtest Puschkin (einen Verwandten) nicht zu empfangen; er war noch nie bei uns eingeladen. Du solltest auch, trotz allen Vertrauens zu Dir, der Welt keinen Grund zu übler Nachrede geben.« (27. September 1832.)

»Ich war auf einen Entrüstungssturm von Dir gefaßt, weil, nach meiner Berechnung, mein letzter Brief nicht vor Sonntag bei Dir sein konnte. Und nun bist Du so sanft, so großmütig, so freundlich, daß ich ganz verwundert bin. Was hat das zu bedeuten? Bin ich vielleicht zum Hahnrei geworden? Nimm Dich in acht! ... Du versündigst Dich, wenn Du mich der Untreue mit den Frauen meiner Freunde verdächtigst. Ich beneide sie höchstens, wenn ihre Frauen nicht von engelgleicher Schönheit und keine Madonnen sind. Kennst Du das russische Volkslied:

Bewahr mich Gott vor allzu schöner Fraue,
die allzu oft man zu den Festen lädt!«

(28. bis 30. September 1832.)

»Du kokettierst mit dem ganzen Diplomatischen Korps und beklagst Dich noch über Deine Lage! ... Kleine Frau! Kleine Frau! Aber lassen wir das. Du schlägst Dich sichtlich ohne mich mit dem Haushalt herum, Du wechselst die Dienstboten, fährst Kutschen kaputt, prüfst Rechnungen nach, fütterst den Säugling... Was für eine tatkräftige Frau!« (1. bis 2. Oktober 1832.)

Am 13. Oktober kam Puschkin nach St. Petersburg zurück, das rechte Bein von schmerzhaftem Rheumatismus ganz verkrümmt. Er stützte sich auf einen Stock und war schlechter Laune. Seine Frau hatte zuviel getanzt und die Diener zuviel gestohlen. Er schalt mit der einen, entließ die anderen und wechselte die Wohnung. Aber in die neue Wohnung an der Gorokhowaja brachte er mit seinen Möbeln und Büchern auch die zornige Verdrießlichkeit mit, die unzertrennlich zu seinem Schicksal gehört. Der äußere Rahmen war ein anderer, das Leben jedoch dasselbe:

»Mein Leben in St. Petersburg ist unbefriedigend«, schrieb er im Februar 1833 an Naschokin. »Die Existenzsorgen hindern mich an der Langeweile. Ich verfüge nicht über die Mußestunden eines unabhängigen Junggesellen, die für den Schriftsteller unerläßlich sind. Ich schwirre in der Welt umher; meine Frau ist sehr beliebt. Für all das braucht man Geld, und Geld fließt mir nur aus meiner Arbeit zu, und die Arbeit fordert Alleinsein.«

Das ist der Brief eines ernüchterten Menschen. Gewiß, Puschkin konnte auf die Zuneigung seiner Frau zählen. Konnte er aber auch auf ihre Liebe bauen?

»Puschkin ist toll verliebt in seine Frau«, schrieb der Beamte und Journalist Schewyrew an Sobolewskij. War auch Nathalie »toll verliebt« in Puschkin? Er glaubte es nicht. Schon während der Brautzeit sagte er:

»Ich kann hoffen, sie mit der Zeit mir geneigt zu machen, aber ich weiß, daß ich nichts habe, um ihren Gefallen zu erregen. Wenn sie einwilligt, mir ihre Hand zu reichen, so sehe ich darin nur einen Beweis der ruhigen Gleichgültigkeit ihres Herzens.«

Als er verheiratet war, sah er ein, daß er richtig geurteilt hatte. Nathalie nahm seine Liebkosungen mit schamhafter Zurückhaltung hin. Sie entsprach seinem Verlangen, bot ihm ihren Körper dar und stöhnte ein wenig, wie es dazu gehörte. Aber er hielt ein zu willfähriges Geschöpf in seinen Manneshänden, sie teilte seine Liebesglut nicht, und er dachte bei sich, daß sie ihm seine vergangenen Ausschweifungen insgeheim zum Vorwurf mache. Er tröstete sich über seinen Mißerfolg mit der Überlegung, daß sie sich aus Stolz verweigere, um nicht den Frauen zu gleichen, die er vor ihr gekannt hatte. Er suchte bei sich selbst die Schuld für diese Gleichgültigkeit.

Weder ihre Seelen noch ihre Körper lebten in Eintracht, und es war normal, daß Puschkin, enttäuscht über die Liebesunfähigkeit seiner Frau, sich nach seinen Geliebten von einst sehnte und in Versuchung geriet, anderswo das Vergnügen zu suchen, das Nathalie ihm nicht verschaffen konnte. In einem Gedicht vom 27. Oktober 1832 rechtfertigte Puschkin die Untreue, die er in Gedanken beging:

Nicht länger wage ich jetzt mehr,
in Liebesglut mich zu betäuben.
Ich muß das Herz bewahren mir
vor schuldbewußten, lock'ren Launen.
Genug der Liebe. Warum dann aber stört ein Traum
aus meiner Ruh' mich manchmal auf,
wenn unterwegs ein Mädchen stolz vorüberschreitet?
Sie kommt und geht. Darf ich nicht länger
an ihrer Schönheit mich erfreuen,
den Blick nur traurig auf die Reise senden
und dankbar für dies Glück sie segnen,
daß sie geleit' ein guter Stern?

Diese Verse waren der hübschen jungen Gräfin Sologub zugedacht, der Puschkin ausgiebig den Hof machte und auf die Nathalie grimmig eifersüchtig war.

»Was hilft es, kleine Frau«, schrieb Puschkin im Oktober 1833, »auf die Gräfin Sologub eifersüchtig zu sein? Du bist eine Schönheit, ein blendendes Geschöpf, und sie ist nur eine einfache Haut.«

Aber Puschkin hatte ein zu freizügiges Temperament, um sich damit zu begnügen, hübsche Mädchen zu segnen und ihnen in Gedanken alle irdische Glückseligkeit zu wünschen. Dann und wann betrog er Nathalie. Im Jahr 1832 verliebte er sich in Dolly Ficquelmont, die Tochter von Frau Khitrowo. Dolly hatte den Gesandten Österreichs beim russischen Hof geheiratet und befand sich in einer unantastbaren gesellchaftlichen Stellung. Sie war schön, intelligent, leidenschaftlich. Betört durch den eigenartigen Reiz Puschkins, erwiderte sie seine Geständnisse und gewährte ihm ein Stelldichein in ihrem Haus. Bei Einbruch der Nacht betrat Puschkin nach einem verabredeten Plan den Palast, schlich sich in den dunklen Salon und legte sich bäuchlings unter ein Sofa. So verharrte er einige Stunden, ohne etwas zu sehen, die Wange an das kalte, nach Staub und Bohnerwachs riechende Parkett gedrückt. Das Kreuz schmerzte ihn, die Glieder schliefen allmählich ein, und sein Kopf wurde ganz benommen. Schon bedauerte er, auf diese Zusammenkunft eingegangen zu sein. Er konnte sich jedoch unmöglich davonmachen, denn er lief Gefahr, in den Gängen des Hauses einem Diener in den Weg zu laufen. Da hörte er endlich Räderrollen. Eine Kutsche hielt vor der Freitreppe. Hinter der Wand hörte er leichtfüßige Schritte. Dann ging die Türe auf, und zwei Lakaien kamen mit Leuchtern herein. Dolly hielt zögernden Schrittes ihren Einzug. Sie war in Begleitung einer Hofdame, die sie auf die natürlichste Weise der Welt verabschiedete. Als sie allein im Zimmer war, rief die junge Frau mit gedämpfter Stimme:

»Sind Sie da?«

Puschkin kroch aus seinem Versteck, sprang auf Dolly zu und umschlang sie, deren Ballkleid und Diadem einer Märchenkönigin zu gehören schienen. Selig taumelnd, gingen sie gemeinsam in das mit Brokat bespannte Schlafzimmer. Hier endlich, und vor allem hier, tröstete sich der Dichter für die Hingabe »ohne Trunkenheit«, die Nathalie für ihn übrig hatte. Er tröstete sich sogar so gut, daß es heller Tag war, als er zum Fenster ging und den Vorhang hob. Die Liebenden schauten sich voll Entsetzen an. Was tun? Puschkin zog sich in nervöser Hast an, und Dolly betupfte ihre tränennassen Augen. Sobald ihr Geliebter angekleidet war, führte sie ihn zu der Glastüre der Diele. Aber durch die Scheiben bemerkte sie den italienischen Portier. Da verlor Dolly jede Beherrschung, sie taumelte in ihren kostbaren Pantöffelchen und gab bekannt, daß sie gleich ohnmächtig würde. Puschkin bat sie, diese Ohnmacht auf später zu verschieben und zuerst ihm aus dem Palast zu helfen. Die Unglückliche meisterte ihren Schrekken, kam wieder zu sich und rief ihre nüchterne französische Kammerfrau. Die Alte besaß Erfahrung im Entfernen von Liebhabern. Sie zog Puschkin mit sich ins untere Stockwerk, wo sich die Gemächer des Ehemannes befanden. Graf Ficquelmont schlief noch hinter einem Wandschirm, der sein Bett verbarg. Mit klopfendem Hrzen betrat Puschkin hinter der Kammerfrau das

Zimmer; er ging auf Zehenspitzen und hielt den Atem an. Plötzlich ließ sich in der Stille eine tiefe Stimme vernehmen:

»Wer ist da?«

»Ich«, antwortete die Alte und stieß Puschkin ins Vorzimmer.

Hätte ihn jemand im Vorzimmer des Grafen angetroffen, so wäre seine Anwesenheit nicht aufgefallen. Auf der Straße atmete er in vollen Zügen die frische Morgenluft ein. Am nächsten Tag bot er dem italienischen Portier tausend Goldrubel an, um sein Schweigen zu erkaufen. Zweifellos versuchte er nicht, dieses kostspielige und schwierige Unternehmen zu wiederholen, das ihm jedoch so närrisch vorkam, daß er es ausführlich Naschokin erzählte.

Eine andere Augenblicksliebe war die bleiche, reizlose, zartbesaitete Baronin Krüdener. Auf einem Ball bei den Ficquelmont ließ sich Puschkin von der Baronin betören und flüsterte ihr Komplimente und Bitten zu. Gekränkt verließ Nathalie den Ball, ohne auf ihren Mann zu warten. Puschkin folge ihr eiligst und fand sie in ihrem Zimmer, wie sie ihr Kleid aufhakte.

»Was hast du? Warum bist du weggegangen?« fragte er.

Nathalie schaute ihm gerade in die Augen und versetzte ihm plötzlich eine kräftige Ohrfeige. Puschkin war zuerst sprachlos, dann aber brach er in Gelächter aus, umarmte seine Frau und lief zu seinen Freunden, um ihnen zu erzählen, daß »die Madonna eine erstaunlich schwere Hand habe«.

»Die Madonna« brauchte jedoch nicht neidisch zu sein. Ihr Erfolg in der Gesellschaft nahm mit jeder Saison zu. Der junge Graf Sologub, der ihr 1833 begegnete, schrieb über sie:

»Was mich betrifft, ich verlor schon beim erstenmal, als ich sie sah, den Kopf, und es gab wohl zu jener Zeit keinen einzigen Jüngling in St. Petersburg, der nicht insgeheim Frau Puschkin anbetete. Ihre leuchtende Schönheit, zusammen mit dem magischen Namen, verdrehte allen die Köpfe. Ich habe blutjunge Leute gekannt, die sich einbildeten, ernsthaft in Frau Puschkin verliebt zu sein, obwohl sie ihr nicht vorgestellt waren, ja, sie sogar manchmal überhaupt nicht gesehen hatten.«

Der Zar folgte dem Beispiel seiner jungen Untertanen und ließ die Lobeshymnen auf Nathalie nicht verstummen. Bei einer Maskerade trat Nathalie als Sonnenpriesterin auf, und Nikolaus I., restlos hingerissen, erklärte sie zur Ballkönigin. Um die Wahrheit zu sagen: die Sonnenpriesterin war schon den fünften Monat schwanger. In der Karwoche bedrohte ein hitziges Fieber ihr Leben, und die Ärzte verordneten Aderlässe. Sie überlebte diese seltsamen Heilmethoden.

Für den Sommer übersiedelten die Puschkins in ein großes Landhaus in Tschernaja-Retschka, in der Umgebung von Petersburg. Nathalie erholte sich, und Puschkin, der weiter in den Archiven arbeitete, ging alle Tage zu Fuß hin und zurück.

Endlich am 6. Juli brachte Nathalie einen Knaben zur Welt: Alexander. Es war eine schwere Geburt, und Geschwüre riefen Schwellungen am Körper der Wöchnerin hervor. Sie genas jedoch dank ihrer kräftigen Körperverfassung, und als sie aufstehen und sich im Spiegel betrachten konnte, erkannte sie voll Freude, daß sie sich nicht verändert hatte. Puschkin war sehr stolz über seine doppelte Vaterschaft. Aber mit dem Anwachsen seiner Familie wuschs auch seine Verantwortlichkeit. Tante Zagriaijskaja, die Nathalie in der Gesellschaft unter ihre Fittiche nahm, bezahlte wohl einen Teil der Toiletten, doch war die materielle Lage der Puschkins darum nicht weniger unsicher. Man mußte um jeden Preis Geld verdienen.

Die Jahre 1831, 1832 und die erste Hälfte des Jahres 1833 sind bemerkenswert durch eine angestrengte literarische Tätigkeit, die sich jedoch wenig bezahlt machte.

In diesem Abschnitt seines Lebens beschäftigte sich Puschkin hauptsächlich mit Prosawerken. Während er an seinem sozialen Roman *Dubrowskij* weiterschrieb und sich zu *Pique-Dame* Notizen machte, nahm ihn die Geschichte *Peters des Großen* fast ausschließlich in Anspruch. In den kaiserlichen Archiven schlug er in verstaubten Geheimdokumenten nach und drang allmählich immer tiefer in die dunkle Vergangenheit seines Landes ein. Da er die Erlaubnis erhalten hatte, die persönliche Bibliothek Voltaires heranzuziehen, die in der Eremitage aufbewahrt wurde, wurde ihm die einzigartige Befriedigung zuteil, über die Gestalten seiner beiden verehrten Vorbilder zu schreiben, Peter den Großen und den alten Arouet. Skizzen von Voltaire, nach der Büste von Houdon gefertigt, schmückten die Seiten seines Manuskriptes. Aber während er den Briefwechsel und die Chroniken des 18. Jahrhunderts abschrieb, zergliederte und Auszüge daraus machte, drängten sich andere, weniger großartige Gestalten vor sein inneres Auge. Von Peter dem Großen gelangte er unmerklich zu Pugatschew, jenem Abenteurer und Betrüger, der die Uralkosaken gegen Katharina II. aufgeputscht hatte und enthauptet wurde, nachdem er ganze Provinzen in Blut getaucht hatte. Er beschloß daher, die *Geschichte Pugatschews* zu schreiben und einen Roman, *Die Hauptmannstochter,* dessen Handlung in derselben Epoche spielen sollte. Um diesen beiden Aufgaben jedoch völlig gerecht werden zu können, der historischen und der romanhaften, schien es ihm unerläßlich, die Orte des Aufstandes aufzusuchen und dort mündlich überlieferte Aussagen zu sammeln. Er wußte auch, daß er in St. Petersburg, der Stadt der Bälle, der Maskenfeste, unter dem Druck von Bespitzelung und Intrigen nicht die zur Arbeit an einem umfangreichen Werk nötige Besinnung fände. Zwei Wochen nach der Geburt seines zweiten Kindes suchte Puschkin um die Erlaubnis nach, sich nach Kasan und Orenburg zu begeben, um die Archive der beiden Gouvernements zu durchforschen. Der Zar forderte eine Erklärung über die Gründe zu dieser weiten Reise. Am 30. Juli richtete Puschkin an den Kanzleivorstand der dritten Sektion, Mordwinov, einen engen Mitarbeiter von Benkendorf, einen ironischen Brief, in dem er seinen Wunsch, die Hauptstadt zu verlassen, rechtfertigte:

»Im Verlauf dieser beiden letzten Jahre habe ich mich nur mit historischen Forschungen beschäftigt und keine einzige Zeile echter Literatur geschrieben. Es ist unbedingt notwendig für mich, zwei Monate in völliger Einsamkeit zu verbringen, um mich von meiner anstrengenden Arbeit zu erholen und ein Buch zu vollenden, das ich schon lange begonnen habe und auf das ich aus bitterer Notwendigkeit finanziell rechne. Ich bin selbst beschämt, meine Zeit mit so belanglosen Beschäftigungen zu vertun, aber was soll ich machen? Diese Beschäftigungen allein gewähren mir Unabhängigkeit und die Mittel, mit meiner Familie in St. Petersburg zu leben, wo meine Tätigkeit, dank dem Zaren, ein ernsthafteres und sinnvolleres Ziel hat.

Seine Majestät wünscht vielleicht zu wissen, was für ein Buch ich auf dem Land zu beenden gedenke: es ist ein Roman, dessen Szenen sich in der Hauptsache in Orenburg und Kasan abspielen*. Aus diesem Grunde möchte ich die beiden Gouvernements aufsuchen. Ich wiederhole, daß ich keine anderen festen Einkünfte habe als das Gehalt, das mir Seine Majestät großmütig ausgesetzt hat. Nun, das Leben in der Hauptstadt ist teuer und vergrößert meine Ausgaben.«

Diese stichhaltigen Gründe bestimmten Nikolaus I., Puschkins Reise zu genehmigen und anzuordnen, daß er in Orenburg unter

* Es handelt sich um *Die Hauptmannstochter*

Polizeiaufsicht gestellt würde. Puschkin erhielt einen Urlaub von vier Monaten und verließ St. Petersburg am 18. August 1833. Er war glücklich, die Verdrießlichkeiten des Weltlebens hinter sich zu bringen, und traurig, seine junge, hübsche Frau zurückzulassen, die sich so schlecht vor den Gefahren der Welt zu schützen wußte und nun allein war mit einem Heer von Dienstboten und Verehrern.

Der eherne Reiter

Puschkin hatte St. Petersburg während eines schweren Unwetters verlassen. »Die Newa führte solches Hochwasser, daß die Brücke abgerissen in der Luft hing«, schrieb er seiner Frau einige Tage nach seiner Abreise. »Quer über die Straße war ein Seil gespannt, und Polizisten hielten die Wagen an. Beinahe wäre ich nach Tschernaja-Retschka zurückgekommen. Es gelang mir jedoch, den Fluß ein Stück weiter oben zu überqueren, und so kam ich aus Petersburg hinaus. Ein schauderhaftes Wetter. Der orkanartige Sturm hatte nacheinander die Bäume des Zarskoje-Selo-Prospektes geknickt; ich zählte an die fünfzig. Die Tümpel waren aufgewühlt, und aus den moorigen Seen stiegen weiße Blasen auf . . .«

Am nächsten Tag klarte der Himmel auf, und Puschkin konnte seine Reise fortsetzen. Er nahm den Weg über Iaropoletz, um das Gut der Wulf aufzusuchen und die Orte wiederzusehen, wo er als sorgloser Junggeselle so viel Erfolg in der Liebe gehabt hatte. Aber diese Stätten hatten sich in wenigen Jahren sehr verändert. Die jungen Damen Wulf-Ossipov waren nicht mehr da, und nur die Möbel empfingen ihn steif und abweisend. Vertraut war allein der Geruch alter Holzdielen und gut gelagerter Äpfel, der zu seinen ländlichen Erinnerungen gehörte.

In Iaropoletz sprach Puschkin bei seiner Schwiegermutter vor, die in einem vornehmen, baufälligen alten Landhaus wohnte und ihn »so gnädig« aufnahm, »wie man sich nur wünschen konnte«. Sie erlaubte ihm sogar, in der Bibliothek zu stöbern und einige dreißig Bücher auszuwählen, die sie zusammen mit eingemachten Früchten und Likör nach St. Petersburg schicken wollte. Von Iaropoletz ging es weiter nach Moskau, wo er Sobolewskij, Naschokin und Sudienko aufsuchte. »Ich speiste bei Sudienko, einem Freund und Kameraden aus meiner Junggesellenzeit«, schrieb er an Nathalie. »Jetzt ist auch er verheiratet, auch er hat zwei Kinder, und auch er hat das Kartenspiel aufgegeben; allerdings hat er

Einkünfte von hundertfünfundzwanzigtausend Rubel, und für uns, mein Engel, ist das immer noch eine Zukunftsfrage. Seine Frau ist sanft und bescheiden, jedoch keine Schönheit. Wir haben zu dreien ohne viel Umstände gespeist, ich habe vorgeschlagen, auf Dein Wohl zu trinken, und wir haben, ohne mit der Wimper zu zucken, eine Schale Champagner geleert. Bei Naschokin eine Abendgesellschaft, und was für eine! Champagner, Lafitte, brennender Punsch und Ananas ... Am folgenden Tag ... Naschokin gab mir ein Abschiedsessen mit Stör und Punsch, er verstaute mich in meiner Kutsche, und ich fuhr der großen Landstraße zu.«

In Kasan befragte Puschkin Zeitgenossen von Pugatschew, besuchte die Festungsanlagen und ließ die Liebenswürdigkeiten einer Provinzdichterin »mit wachsgelben Zähnen und schmutzigen Fingernägeln« über sich ergehen, die ihm zweihundert Verse vorlas. In Simbirsk sah er eine Tanzstunde beim Gouverneur der Stadt mit an. Da die jungen Mädchen ihn gebeten hatten, sie der Reihe nach zu einem Walzer aufzufordern, zog er die Pistole aus der Tasche, legte sie auf ein Fensterbrett und tanzte sehr freundschaftlich mit ihnen, so daß die jungen Damen eine unauslösliche Erinnerung an die Gunst bewahren mußten, die er ihnen gewährt hatte. Nach einer anstrengenden und eintönigen Reise erreichte er endlich am 18. September 1833 Orenburg.

Hier traf er seinen Freund Dahl, einen Heimatschriftsteller und Wörterbuchverfasser, der als Privatsekretär beim Stadtgouverneur angestellt war. Dahl führte Puschkin in das historische Dorf Berda, die alte Hauptstadt Pugatschews.

In Berda machte Puschkin eine uralte Frau ausfindig, die Pugatschew gekannt hatte und sich noch seiner erinnerte. Sie nannte den Besuchern die Stelle, wo der goldene Palast gestanden hatte, und den Ort, an dem der Bandit mehrere feindlich gesinnte Einwohner hinrichtete; sie bezeichnete auch die Bergkämme, wo, der Sage nach, in ein Hemd eingenäht und mit einem Leichnam bedeckt, der ungeheure große Schatz Pugatschews liegen sollte. Der Leichnam sollte die Schatzgräber glauben machen, ihr Wühlen habe sie nur zu einem Grab geführt, und ihnen so die Lust nehmen. Die Uralte summte ihnen auch ein paar alte Lieder vor, und Puschkin ließ ein Goldstück in ihre Hand gleiten, zum Lohn für ihr gutes Gedächtnis. Aber dieses Goldstück versetzte die Bevölkerung von Berda in Unruhe. Als die Reisenden fort waren, beratschlagten die Kosaken und kamen zu dem Ergebnis, daß das

Verhalten dieses Femden verdächtig sei, der sich für das Schicksal eines von der Kirche verdammten Lumpen interessierte und soviel für die erhaltenen Auskünfte bezahlte. Handelte es sich um einen Nachfolger Pugatschews, um einen Gegner der Zarenmacht und der Religion, um einen Sendboten des Teufels? Würden nicht die Ortsbehörden die Alte und ihre Familie bestrafen, weil sie den Namen des Bösewichts heraufbeschworen hatten?

»Am anderen Tag«, schrieb Dahl, »ließen die Kosaken ein Gefährt anspannen und führten die Alte mit ihrem unglückseligen Goldstück nach Orenburg. Dort erklärten sie: »Gestern ist bei uns ein fremder Herr eingetroffen: er ist klein von Gestalt, hat schwarze, gelockte Haare und ein sonnenverbranntes Gesicht. Er wiegelte die Leute auf, sich wieder zu erheben wie zu Pugatschews Zeit und verteilte Gold unter sie. Das muß der Antichrist sein, denn er hatte Krallen an Stelle der Nägel.«

Der Gouverneur hatte große Mühe, die gute Alte und ihre Kosakeneskorte zu beruhigen.

Puschkin verließ Orenburg am 20. September und reiste weiter nach Uralsk, wo die Kosaken ihm zu Ehren maßlos tranken. Von Uralsk aus besuchte er das Gut seines Freundes Lasykov, von wo er nach Boldino aufbrach.

In Boldino, seinem Schriftstellerbollwerk, wollte er all die Eindrücke, die er auf seiner langen Reise gewonnen hatte, sichten, ordnen und auswerten.

Aber als die Hochstimmung sank und das hitzige Schreibverlangen nachließ, überfielen Heimweh, Unruhe und Traurigkeit sein Herz. Auch hier dachte er an Nathalie, und immer mit Besorgnis. Die Briefe, die er ihr sandte, waren nichts als Variationen über ein einziges Thema: die Eifersucht. Er war eifersüchtig auf alle, die seiner Frau nahekamen. Und hauptsächlich auf den Zaren. Zwar pries der Zar laut die Achtung vor den Familienbanden, war jedoch sehr darauf erpicht, den jungen Frauen seiner Umgebung den Hof zu machen.

»Er kokettierte wie eine junge Frau«, notierte Puschkins Freundin, Fräulein Rossetti.

»Unser Herr und Meister (der Zar) hat keinen einzigen Maskenball ausgelassen«, schrieb Frau Nesselrode ihrem Sohn. »Er blieb bis drei Uhr morgens und gab sich mit gewöhnlichen Leuten ab. Eine von diesen, mit der offen zu sprechen er sich nicht scheute, hat zu Deinem Onkel gesagt, daß man sich die Gewagtheit all seiner Anspielungen nicht vorstellen könne.«

Und diese Walzerrunden, diese Anzüglichkeiten, diese Kasernenhofkomplimente fürchtete Puschkin. Obwohl er Nathalie als grundanständig kannte und ihrer Tugendhaftigkeit vertraute, quälte ihn der Gedanke, daß der Zar ihn vielleicht in den Träumen der jungen Frau ausstechen könnte. Er kam sich häßlich, wehrlos und armselig vor gegenüber dem Koloß mit dem frischen römischen Gesicht und dem herrischen Blick, in seiner eng anliegenden Uniform. Er hatte diesem allmächtigen Rivalen nichts entgegenzusetzen als den Wert seines dichterischen Genies. Und Nathalie hatte nicht das mindeste Interesse für Dichtkunst.

»Quäle mich nicht«, schrieb Puschkin am 11. Oktober 1833 an Nathalie, »und erschrecke mich nicht. Bleibe gesund, wache über die Kinder und kokettiere nicht mit dem Zaren, auch nicht mit dem Verlobten der Prinzessin Ljubow. Ich schreibe, ich bin mit Sorgen überlastet, ich sehe niemand ... Weißt Du, was man in den Nachbarbezirken sagt? Man schildert meine Tätigkeit folgendermaßen: ›So schreibt Puschkin seine Verse: vor sich hat er eine Flasche ausgezeichneten Likör stehen, er stürzt ein, zwei, drei Gläser hinunter und beginnt zu schreiben.‹ Das nenne ich Ruhm!«

Zehn Tage später das alte Lied:

»Gestern packte mich eine solche Traurigkeit, wie ich sie meines Wissens noch nie erlebt habe. Ich bin glücklich, zu erfahren, daß Du nicht schwanger bist, und daß nichts Dich abhält, auf den Bällen zu glänzen ... Ich verbiete Dir nicht, zu kokettieren, aber ich verlange einen klaren Kopf und vornehme Zurückhaltung von Dir. Wohlgemerkt, ich spreche nicht von Deinem anständigen Verhalten im allgemeinen, es hat nichts mit dem ›guten Ton‹ zu tun, sondern ist etwas viel Wesentlicheres. Wer macht Dir den Hof außer Ogarew? Schicke mir eine Liste in alphabetischer Reihen folge ... Was mich betrifft, so muß ich Dir sagen, daß ich träge und widerwillig arbeite. All diese Tage litt ich an Kopfschmerzen, und das Heimweh nagte an mir. Jetzt geht es mir besser. Ich habe eine Menge Dinge begonnen, aber nichts lockt mich. Gott weiß, was in mir vorgeht. Ich werde alt, der Geist ermattet. Ich werde mir bei Deiner Jugend wieder Lebendigkeit holen ...«

Der nächste Brief vom 30. Oktober 1833 offenbart denselben Argwohn, dieselbe trostlose Stimmung, doch war der Ton heftiger als in den vorhergehenden. Nathalie hatte es für einen geschickten Schachzug gehalten, ihrem Mann von ihren neuen Eroberungen zu erzählen. Sie meinte, er müsse sich mit ihr freuen und über ihre Erfolge genauso stolz sein wie sie. Sie nannte ihm Namen, berichtete Komplimente, zählte die Walzerrunden auf, die verliebten Blicke, und wie oft sie mit dem Fächer auf die Finger geschlagen habe. Puschkin wurde rasend bei der Vorstellung ihrer Leichtfertigkeit und Schwäche während seiner Abwesenheit. Er kam so weit, sogar die Schönheit Nathalies zu fürchten und zu verabscheuen.

»Mir scheint, Du bist maßlos kokett geworden«, schrieb er. »Hüte Dich: nicht umsonst ist das Kokettieren aus der Mode gekommen und wird als Zeichen von schlechtem Geschmack angesehen. Es ist ein sinnloses Spiel. Du freust Dich, daß die Männer hinter Dir her sind wie Hunde, die mit erhobenem Schwanz einer Hündin nachrennen und ihr den Hintern beschnüffeln. Wahrlich, das ist ein Grund zum Freuen! Du bist nicht die einzige, die das Handwerk versteht. Praskowia Petrowna kann den verliebten Junggesellen auch angewöhnen, ihr auf den Fersen zu sein. Es genügt, das Gerücht zu verbreiten, daß man auf die Sache erpicht ist. Das ist das ganze Geheimnis der Koketterie. Bring einen Trog herbei, und die Schweine werden sich einfinden. Warum empfängst Du die Männer, die Dir den Hof machen? Man weiß niemals, auf wen man hereinfällt. Lies die Fabel von Ismajlov, *Thomas und Kusma.* Thomas hatte Kusma Kaviar und Heringe vorgesetzt. Kusma bat um etwas zu trinken, aber Thomas verweigerte es ihm. Da verprügelte Kusma den Thomas gründlich wie einen gemeinen Schurken. Aus dieser Erzählung zog der Dichter folgende Nutzanwendung: ›Meine Schönen, bietet keine Heringe an, wenn ihr danach nichts zu trinken geben wollt; denn ihr lauft Gefahr, auf einen Kusma zu stoßen.‹ Da hast Du's. Ich bitte Dich, keine solche korrekten Mahlzeiten in meinem Hause zu veranstalten. Und jetzt, mein Engel, umarme ich Dich, als sei nichts geschehen, und danke Dir, daß Du mir so aufrichtig und ausführlich von Deinem losen Leben berichtet hast. Vergnüge Dich nur, mein Frauchen, aber nicht zuviel, und vergiß mich nicht. Ich kann nicht mehr stillsitzen, so packt mich das Verlangen, Dich *à la Ninon* frisiert zu sehen: Du mußt wunderbar aussehen ... Schildere mir Dein Auftreten bei den Bällen, denn die Saison muß nach Deinen Erzählungen schon begonnen haben. Sei jedoch nicht kokett, mein Engel, ich flehe Dich an. Ich bin nicht eifersüchtig und weiß, daß Du die Grenzen nicht überschreiten wirst, aber Du weißt genau, wie sehr ich alles verabscheue, was an die Moskowiter Damen erinnert, alles, was nicht *comme il faut,* alles, was gewöhnlich ist. Wenn ich bei meiner Rückkehr feststelle, daß Dein liebenswürdiges, ungekünsteltes, aristokratisches Benehmen auch nur um eine Spur anders geworden ist, so lasse ich mich scheiden, Christus sei mein Zeuge, und werde Soldat.«

Verlegen über die Härte des Ausdrucks, zu der er sich hatte hinreißen lassen, schrieb Puschkin eine Woche später einen liebevolleren Brief, der um dasselbe Thema kreiste:

»Meine Freundin, mein Frauchen, mit der letzten Post habe ich Dir Dinge gesagt, an die ich mich nicht mehr genau erinnere. Es kommt mir so vor, als sei ich ein wenig ärgerlich gewesen und mein Brief etwas streng. Ich wiederhole Dir in sanftmütigerem Ton, daß das Kokettieren zu keinem guten Ende führen kann. Natürlich ist es eine vergnügliche Sache, aber es raubt den jungen Frauen bald das einzige Gut, ohne das es weder häusliches Glück gibt noch Unbeschwertheit in den Beziehungen der Menschen zueinander. Ich meine die Achtung. Du hast keinen Grund, Dich Deiner Siege zu freuen. Die Frau, der Du Deine Frisur abgeguckt hast (Du mußt bezaubernd sein in dieser Frisur, ich habe heute Nacht daran gedacht), Ninon, sagte: *Es steht über dem Herzen jeden Mannes geschrieben: so leicht wie möglich.* Versuche, danach noch stolz zu sein auf Deine Triumphe über das Herz der Männer. Denk gut darüber nach und quäle mich nicht unnötig ... Frauchen, kleine Frau, ich fahre auf den großen Straßen, ich verbringe drei Monate in der Einöde der Steppe, ich halte mich in dem verleumderischen Moskau auf, das ich verabscheue, und für wen das alles? Für Dich, kleine Frau, damit Du beruhigt sein und glänzen kannst,wie Du es Dir wünschst und wie es Deiner Jugend und Deiner Schönheit zusteht. Nimm also ein wenig Rücksicht auf mich. Füge den üblichen Existenzsorgen eines Mannes nicht noch familiäre Verwicklungen hinzu, gewähre der Eifersucht keinen Zutritt. ... Ganz zu schweigen von der Hahnreischaft, über die ich kürzlich eine ganze Abhandlung in Brantôme gelesen habe ...«

Der zweite Aufenthalt in Boldino wurde für Puschkin ebenso fruchtbar wie der erste: Prosa und Verse, Geschichte und Legende lockten ihn abwechslungsweise und hielten ihn fest.

Er schrieb seinen *Pugatschew* mit einer Sachlichkeit, Klarheit und Gewissenhaftigkeit, die für die damalige Zeit erstaunlich waren. Dieser Dichter war auch ein strenger Geschichtsschreiber. Er stützte sich auf authentische Dokumente, widerstand der Versuchung gefälliger Hypothesen und trat bescheiden hinter seinen

Helden zurück. Als Zeitgenosse der Revolte vom 14. Dezember und anderer Volks- oder Militäraufstände reizte ihn Pugatschews Aufruhr natürlich. Er sah darin den ersten Zusammenstoß zweier unversöhnlicher Mächte: des Imperalismus mit seinem Beamtenstab und der Masse des russischen Volkes, das sich seiner Kraft und seines Rechtes bewußt war.

Als Puschkin sein Werk der Zensur des Zaren unterbreitete, versah Nikolaus I. den Text mit unzähligen Bemerkungen und Berichtigungen. Zunächst einmal konnte es nicht in Frage kommen, die Erzählung *Geschichte Pugatschews* zu nennen, denn ein Betrüger hatte keine »Geschichte«, sie mußte *Geschichte des Pugatschew-Aufstandes* heißen. Und dann war es nicht zu umgehen, einige mißglückte Äußerungen abzuändern.

Puschkin hatte geschrieben, daß »die Soldaten des Generals Wallenschterg die Flucht ergriffen«, als sie sich vom Feuer des Feindes eingekreist sahen. Nikolaus I. verbesserte den Satz ungnädig: »Sein Heer geriet in Unordnung.« An einer anderen Stelle sagte der Verfasser, daß einer der Partisanen von Pugatschew zum Oberst »befördert« wurde. Nikolaus I., der eine Beförderung nur bei regulären Truppen anerkannte, strich das Wort durch und ersetzte es durch das Wort »ernannt«. Ebenso verwandelte sich der »berühmte Aufrührer« unter Nikolaus I. Bleistift in einen einfachen »Aufrührer«. Und so ging es weiter.

Das geziemend abgeänderte Werk wurde im Dezember 1834 veröffentlicht. Das Publikum nahm diese nüchternen und äußerst ernsthaften Seiten kühl auf. Es hatte sich einen neuen *Robin Hood* erwartet, einen romanhaften Bösewicht. Es hoffte auf Lokalkolorit, auf Reiterstückchen, Kanonenschüsse, Blut, Schreie und rauchende Feuer. Statt dessen legte Puschkin eine Arbeit vor, in der ein wirklicher Tatbestand sachlich berichtet wurde.

»Das Publikum«, schrieb Puschkin, »kritisiert meinem *Pugatschew* scharf, und, was schwerwiegender ist, man kauft ihn nicht.«

Das *Poetische* der Auflehnung, das Puschkin absichtlich in seinem *Pugatschew* vermieden hatte, kam zu seinem Recht in dem *Ehernen Reiter,* den er um dieselbe Zeit in Boldino schrieb.

Der eherne Reiter ist ein ausgereiftes Gedicht und gehört zum Reinsten, Vollendetsten, aber auch Tiefsten und Geheimnisvollsten, was Puschkin je geschaffen hat. In ihm treffen die historische und die romanhafte Richtung, die realistische und die fantastische, zusammen und verschlingen sich zu einem Ganzen. Von den drei Hauptpersonen des Gedichtes ist nur eine einzige ein Geschöpf aus

Fleisch und Blut: der kleine Beamte Eugen. Die zweite Person ist das eherne Standbild Peters des Großen, und die dritte die Newa, die über die Ufermauern tritt und die Straßen überflutet. Fleisch, Erz und wogendes Wasser. Den äußeren Anstoß bietet die Überschwemmung vom 7. November 1824 in St. Petersburg, der innere Anlaß besteht in der Auflehnung des Individuums gegen das Zarenregiment, das symbolhaft in dem ehernen Reiter dargestellt wird.

Das Gedicht beginnt mit einer Schilderung von St. Petersburg, der Stadt aus Granit und Gußeisen: sie ist neu und gradlinig, streng und kalt wie der Gedanke eines Geometers. Aus diesem riesenhaften bürokratischen Ameisenhaufen hebt Puschkin eine einzelne Ameise heraus: einen armen, notleidenden, schwächlichen jungen Mann. Er hat nicht einmal ein Gesicht, nicht einmal einen Namen. Ein Vorname, das ist alles. Er heißt Eugen. Dieser Eugen geht nach Hause, legt sich schlafen und hört die Geräusche der Stadt. Der Wind heult, die Newa gurgelt. Wenn die Brücken weggerissen werden, so kann Eugen, einen oder zwei Tage lang, seine Braut Parascha nicht besuchen. Er hat nämlich eine Braut, dieser winzige Knirps, er hofft auf häusliche Bequemlichkeit und zärtliche Liebe, auf berufliches Fortkommen und Nachkommenschaft. Als er am Morgen erwacht, findet er seine Befürchtungen noch übertroffen. Der Fluß ist über die Ufer getreten, hat die Straßen überschwemmt und die öffentlichen Plätze mit seinen graugrünen tosenden Wellen überflutet. Aus diesem gischtenden, strudelnden Meer erhebt sich wie eine steinerne Insel der Zarenpalast. Allmählich legt sich jedoch der Sturm, die Wasser fluten zurück, und Eugen fleht einen Fährmann an, ihn ans andere Ufer überzusetzen, wo die liebevolle Parascha wohnt. Dort stehen die eingedrückten und abgedeckten Häuser leer, aus den klaffenden Fenstern gähnt ihm feindliches Schweigen entgegen. Von einer furchtbaren Ahnung ergriffen, hastet Eugen durch die Trümmer zur Wohnung seiner Braut. Als er an die Stelle kommt, ist die Hütte verschwunden. Der Fluß hat alles mit sich gerissen, alles auf seinem Weg getötet. Es gibt keine Parascha mehr. Parascha ist tot. In panischem Schrecken irrt Eugen durch diese Wüstenei aus aufgeweichter Erde und zertrümmerten Balken, die alles ist, was von seiner Liebe blieb. Die Gedanken in seinem Gehirn drehen sich immer im Kreise. Er läuft taumelnd im Nebel umher. Er bricht in Gelächter aus. Er ist wahnsinnig geworden.

Tagelang, wochenlang durchstreift er die Stadt, schläft auf den

Uferkais, nährt sich von Almosen und lebt im Geist immer noch in einem nimmer ruhenden Sturmwind, ist umgeben von eisigem Wasser und gefahrdrohenden Wolken. Eines Abends schläft er am Ufer der Newa ein. Als er erwacht, ist dunkle Nacht, und der Regen fällt dicht und gleichmäßig. Wachsoldaten rufen in der Ferne. Eugen steht auf und wandert ohne Ziel umher. Plötzlich befindet er sich auf dem großen Senatsplatz. Er sieht den Palast und die Löwen mit der erhobenen Pranke. Mitten auf dem Platz ragt über einer nebelumwogten Felsklippe die Statue Peters des Großen empor, auf ehernem Pferd, das schwer und unbeweglich verharrt, als wolle es davongaloppieren.

Magisch angezogen von der dunklen Masse des ehernen Reiters geht Eugen näher. Ein dumpfer Zorn beherrscht ihn. Dieser Held aus Erz hat es gewagt, eine Stadt auf Wassergrund zu bauen, er warf den Elementen den Fehdehandschuh hin und zog den Ruhm der Klugheit vor. Ihn, der aus Überheblichkeit das Leben so vieler Menschen gefährdete, macht er nun verantwortlich für sein Unglück. Plötzlich scheint es ihm, als wende der schreckliche Zar sein zornglühendes Gesicht nach ihm. Er flieht über die verlassenen Plätze, durch die leeren Gassen und Straßen der Stadt und hört hinter sich den dröhnenden Hufschlag des ehernen Reiters. Die ganze Nacht irrt er umher und sucht vergeblich eine Zuflucht vor dem fürchterlichen Verfolger.

Aber nicht Eugen ist es, den der Reiter auf seinem ehernen Pferd durch die Straßen vor sich her jagt. Es sind alle Eugens, es ist die Masse der zornigen Ameisen, der aufgebrachten Zittertierchen, der gegenwärtigen und zukünftigen Empörer. Er wird sie unterjochen, bis sie, völlig erschöpft, schließlich dem Wahnsinn verfallen. Er wird über sie triumphieren auf diesem Senatsplatz, wie er über die Dezembristen triumphierte, die sich um das Denkmal formiert hatten, wie er über die Sintflut triumphierte, deren Wellen sich an seiner Felsenhärte brachen. Weder der Aufruhr der Menschen noch der Aufruhr der Elemente können ihn erreichen. Und so wie Eugen die Verkörperung von Millionen menschlicher Wesen darstellt, die grausam um ihr Glück betrogen wurden, so ist die Gestalt Peters des Großen die Verkörperung aller vergangenen und zukünftigen Zaren, aller Fürsten, aller Despoten, aller Regierenden der Welt.

Wie der *Pugatschew-Aufstand* wird auch »Eugens Aufstand« dem Zensor Nikolaus I. vorgelegt. *Der eherne Reiter* zog den Zorn des überängstlichen Zaren auf sich. Nikolaus I. unterstrich überall die Worte »Idol«, »stolzes Idol«, die sich auf Peter den Großen bezogen. Er lehnte den Ausdruck »Heil dir, Wunderbaumeister«, ab.

»Am 11. (Dezember 1833)«, notierte Puschkin in seinem Tagebuch, »erhielt ich eine Einladung von Benkendorf, mich am nächsten Morgen bei ihm einzufinden. Ich suchte ihn auf. Man gab mir den *Ehernen Reiter* zurück, versehen mit den Anmerkungen des Zaren. Überall Fragezeichen. Das verpflichtete mich zu zahllosen Berichtigungen. Ich sah mich gezwungen, meine Abmachung mit Smirdin abzuändern.«

Nikolaus I. hatte erraten, daß hinter der Geschichte des kleinen Beamten, der ein Opfer der Überschwemmung wurde, eine mächtigere und gefährlichere Idee steckte. Er war aufgesprungen, als er las, was Eugen zu dem ehernen Reiter hinaufrief, als seien diese Vorwürfe an ihn persönlich gerichtet. Puschkin hatte keinen Mut die Abänderungen vorzunehmen, die man von ihm verlangte, und verzichtete daher darauf, sein Werk zu veröffentlichen. *Der eherne Reiter* erschien erst nach dem Tod des Dichters in verniedlichter Form, um die sich Jukowskij bemüht hatte.

Puschkin hatte Eugens Schicksal erlitten. Er hatte sich der höheren Gewalt des Herrschers beugen müssen, und bis zu seinem Tod, das wußte er jetzt, würde er den stampfenden Galopp seines Herrn hören. Er fand keine Zuflucht vor diesem Idol, das ihm auf den Fersen war. Er würde stets da sein, wo er sich aufhielt. Und eines Tages würde er ihm unterliegen. Vergeblich hatte er so laut geschrien und so heiß gekämpft, vergeblich war er so weit gelaufen.

Zu der Zeit, da Puschkin den *Ehernen Reiter* schrieb, war er besessen von der Idee des Übernatürlichen, des Kabbalistischen und vom Gedanken an den Wahnsinn. Eugen war ein Empörer, ein Verrückter, und auch Hermann, der Held in *Pique-Dame,* ist ein Empörer, ein Verrückter. Der eine wandte sich gegen den Zaren, der andere gegen das Schicksal. Ihre parallellaufenden Erlebnisse spielten sich in demselben geheimnisvollen, nebeligen, kalten Petersburg ab. Beide Werke sind nach demselben Verfahren angelegt, da alle beide das okkulte Element in eine realistische und psychologische Erzählung einflechten.

Die ganze Erzählung *Pique-Dame* ist von Geheimnis umwittert. Die drei schicksalsschwangeren Karten bilden den weiß-schwarz-roten Rahmen, in dem sich das Drama des Spielers abwikkelt. Zweifellos wollte Puschkin in dieser Novelle nicht das ziemlich alltägliche Erlebnis eines Spielers erzählen, der eine Karte verwechselt, ebensowenig das Abenteuer eines Spielers, der gewaltsam das Rätsel der Kabbala lösen will. In *Pique-Dame* nimmt er das Thema wieder auf, das er bei seinem ersten Aufenthalt in Boldino in *Mozart und Salieri,* im *Geizigen Ritter,* in *Don Juan* und einigen anderen Werken gestaltet hat. Hermann ist ein Salieri, ein Geizkragen, ein berechnender Mensch in dürftigen Verhältnissen. Er vermißt sich, den Zufall meistern zu wollen, anstatt sich ihm zu unterwerfen. Am grünen Tisch fühlt er sich stärker als das Schicksal. Aber wieder wirft es die zu Boden, die sich unterfangen, es überwinden zu wollen. Nur die Menschen bleiben Sieger, die sich ihm unterwerfen. Hermann wollte stärker sein als Gott, und Gott strafte ihn, indem er ihn ins Nichts, in den Wahnsinn stürzt.

Die Novelle fand beim Publikum und bei der Kritik eine so gute Aufnahme, wie sie Puschkin seit einigen Jahren nicht mehr erfahren hatte.

Als Puschkin seine Arbeiten beendet hat, fühlt er sich täglich unruhiger, eifersüchtiger und ungeduldiger werden und denkt ernsthaft an seine Rückkehr. Er verläßt Boldino am 9. November, um sich zuerst nach Moskau zu begeben. Der Polizeibericht vom 11. November meldet, daß »er sich während seines ganzen Aufenthaltes nur mit literarischen Angelegenheiten beschäftigt hat, keinem der Herren in der Nachbarschaft Besuche machte und niemand bei sich empfing«.

In Moskau sucht er Naschokin auf, der sich seines lästigen Zigeunerliebchens entledigt hat und beabsichtigt, ein junges Mädchen zu heiraten, das ganz »comme il faut« ist. Das junge Mädchen wird dem Dichter vorgestellt, der es in jeder Hinsicht reizend findet. Es macht ihm Spaß festzustellen, daß seine Freunde, einer nach dem anderen, sich seinem Beispiel anschließen. Trotz der Einladungen, mit denen man ihn überhäuft, geht er wenig aus und gibt vor, daß er nur noch die warme Ofenecke, die Pfeife und Gespräche mit Freunden liebe.

In Wahrheit meidet er die Öffentlichkeit, weil er sich einen großen, gekräuselten, schwarzglänzenden, furchterregenden Bart hat wachsen lassen, den er nicht abrasieren will, ehe er ihn seiner Frau gezeigt hat.

Am 20. November 1833 traf Puschkin in St. Petersburg ein, ohne Nathalie von seiner Ankunft verständigt zu haben. Nathalie war auf einem Ball bei den Karamzin. Aufgebracht über diesen widrigen Zufall, begab sich der Dichter zur Wohnung der Karamzin, setzte sich in die Kutsche seiner Frau und trug einem Laufburschen auf, Frau Puschkin zu sagen, daß sie wegen einer dringenden Angelegenheit zu Hause verlangt werde; er verbot dem Diener ausdrücklich, Nathalie zu verraten, daß er sie im Wagen erwarte. Nathalie, die gerade mit Fürst Wiasemskij Mazurka tanzte, war nicht sofort bereit, den Ball zu verlassen. In dem dunklen Gehäuse aber wurde Puschkin ungeduldig, schaute auf die Uhr und hob den Kopf zu den erleuchteten Fenstern, an denen die Silhouetten der Tänzer vorüberglitten. Endlich erschien Nathalie. Ein Abendcape bedeckte halb ihr duftiges rosafarbenes Kleid. Sie ging rasch auf die Kutsche zu und sah einen kleinen Mann mit einem großen, dunklen Bart in den Kissen lehnen, der übers ganze Gesicht lachte, als er sie anschaute.

»Zu Hause habe ich alles in Ordnung gefunden«, schrieb Puschkin vier Tage später an Naschokin. »Meine Frau war auf dem Ball, ich suchte sie dort auf und entführte sie, wie ein Ulan eine junge Provinzschöne entführt. In meiner Abwesenheit sind meine Finanzen in Unordnung geraten, aber ich hoffe, sie wieder in Ordnung bringen zu können.«

Und wirklich, kaum war er wieder zu Hause, versuchte Puschkin, seine finanziellen Verhältnisse »in Ordnung zu bringen« und die dichterischen Arbeiten des Herbstes so teuer wie möglich zu verkaufen. Der Verleger Smirdin wehklagte: »Für drei Gedichte, die kaum drei Druckseiten ergeben, verlangt Alexander Sergejewitsch fünfzehntausend Rubel!«

Der gleiche Smirdin erzählte, daß er mit Puschkin vereinbart habe, ihm das Gedicht *Der Husar* zum Preis von fünfzig Goldrubel abzukaufen. Als Puschkin jedoch das Manuskript abliefern sollte, verwies er Smirdin an Nathalie, die nicht fünfzig, sondern hundert Goldrubel forderte. Smirdin gab sich einen Stoß und ging auf diesen Handel ein. Danach rief ihn Puschkin in sein Arbeitszimmer und meinte:

»Sehen Sie, es ist schwieriger, mit der Frau des Verfassers ein Abkommen zu treffen als mit dem Verfasser selbst. Es bleibt Ihnen nichts anderes übrig, als die Laune meiner Gattin zu befriedigen; sie brauchte ein neues Ballkleid, und man muß zusehen, wie man zu Geld kommt ...«

So arbeitete Puschkin, um seiner Frau Ballkleider zu bezahlen. Diese Ballkleider setzten die gefährliche Schönheit Nathalies erst ins rechte Licht, und die Erfolge, die diese gefährliche Schönheit erzielte, quälten Puschkin. Der Ring schloß sich, Puschkin war der Schmied seiner eigenen Eifersucht.

»Eines Abends, im November 1833, begab ich mich zu Odojewskij«, schrieb ein Zeitgenosse. »Plötzlich, ich werde es niemals vergessen, tritt eine junge Frau ein, schlank wie eine Palme, in einem hochgeschlossenen schwarzen Satinkleid: Puschkins Frau, die erste Schönheit jener Epoche. Noch nie hatte ich solch einen Wuchs gesehen oder eine ähnliche Haltung. Ihre Gesichtszüge, von antiker Vornehmheit, erinnerten mich an die Euterpe im Louvre. Fürst Gregor Wolkonskij kam auf mich zu und flüsterte mir ins Ohr: ›Es ist nicht gut, sie zu eindringlich zu betrachten.‹«

Einem gewissen Kikin, der »die anbetungswürdige Nathalie zu einem *Lancier* aufgefordert hatte, bereitete es großen Spaß, den Dichter in Wut zu versetzen, der, ein paar Schritte von dem Paar entfernt, dem Kavalier haßerfüllte Blicke zuwarf«.

Aber was bedeuteten schon diese Kikin, Lenz und andere Zufallsverehrer gegenüber dem einzigen wirklichen Rivalen: Nikolaus I.?

Nikolaus I., den die Schönheit Nathalies seit langem reizte, verwunderte sich, sie so selten bei den Hofbällen erscheinen zu sehen. Als er nach dem Grund ihres Ausbleibens fragte, erfuhr er, daß Puschkin, der nach der Etikette seine Frau zu Hofempfängen nicht begleiten durfte, Nathalie verboten hatte, ohne ihn dahin zu gehen. Nikolaus I. war betroffen über die Richtigkeit der Beweisführung: Puschkin hatte keinen amtlichen Titel, der ihm Zutritt beim Hof verschafft hätte. Man mußte ihm also einen verleihen. Nathalies Schönheit war dieses kleine Opfer wert. Am 31. Dezember 1833 gelangte ein Erlaß Seiner Kaiserlichen Majestät in die Hofkanzlei, der folgenden Wortlaut hatte:

»Wir haben dem Beamten im Auswärtigen Amt, dem Titularrat Alexander Puschkin, den Titel eines Kammerjunkers an unserem Hof zu verleihen geruht.«

Am folgenden Tag, dem 1. Januar 1834, notierte Puschkin in seinem Tagebuch: »Ich bin zum Kammerjunker ernannt worden (was meinem Alter kaum gemäß ist). Aber der Hof wünscht, daß

Nathalie Nikolajewna auf den Bällen im Palast Anitschkov tanzen kann. Ich werde also zum Dangeau* Rußlands werden.«

Schon behaupteten Puschkins Feinde, daß der Dichter sich diesen Titel durch geschicktes Ränkespiel erschlichen habe. Eine Zeichnung machte die Runde in den Salons, auf der Puschkin dargestellt war, wie er eben einen Schlüssel küßte, das Wahrzeichen der Kammerherren. Des neuen Kammerjunkers Zorn auf den Zaren steigerte sich zum Wahnsinn. Diese Entrüstung war einesteils gerechtfertigt: die Kammerjunker waren adelige Jünglinge von höchstens achtzehn Jahren. Puschkin in ihre bartlose, schmächtige, plappernde Garde einzureihen, kam einer schweren, wenn auch vielleicht unbeabsichtigten Beleidigung gleich. Den größten Dichter Rußlands zu zwingen, die Uniform eines Pagen anzulegen, war eine allzu dick aufgetragene Verhöhnung. Orlov hatte den Grafentitel bekommen, weil er am 14. Dezember einen verderbenbringenden Kavallerievorstoß gegen die Empörer geführt hatte. Bedeuteten die Verdienste eines Puschkin weniger als die jenes ungeschickten Offiziers? Warum wurde Orlov zum Grafen gemacht und er zum Kammerjunker? Was würde man von ihm sagen, wenn man ihn als Höfling verkleidet sähe, in einer kurzen kleinen Tunika, in Lackstiefeln und einem federgeschmückten Dreispitz, unter dem sein faltiges Gesicht hervorschaute? Wieviel Gelächter und Getuschel würde es erregen, wenn er vorüberging! Wie er diese Ernennung erfuhr, sah er schon das Bild seiner Erniedrigung vor sich, und Scham, Haß und Verzweiflung waren so groß, daß er vor Jukowskij und seinen nächsten Freunden Verwünschungen gegen den Zaren ausstieß und sich in den Palast begeben wollte, um ihm die ihm erwiesene »Gnade« vor die Füße zu werfen. Seine Wangen brannten, und Schaum trat ihm auf die Lippen. Man mußte ihn in einen anstoßenden Raum führen und ihn mit eiskaltem Wasser besprengen, damit er wieder zu sich kam.

Den inständigen Bitten seiner Freunde gelang es schließlich, daß Puschkin sich mit dem Gedanken seiner grotesken Ernennung aussöhnte. Aber er weigerte sich, eine Uniform zu bestellen, und N. M. Smirnov kaufte ihm eine gebrauchte.

Die befremdende Gunst des Zaren, die ihm widerfahren war, ließ Puschkin nicht in Ruhe. Einst liebte er Nikolaus I. und verab-

* Anmerkung des Übersetzers: Dangeau (1684–1720) gab eine Zeitung heraus, in der er über alle kleinen und großen Ereignisse berichtete, und die von St. Simon für seine Memoiren verwendet wurde

scheute die Autokratie. Jetzt verabscheute er den Menschen wie den Herrscher in Nikolaus I. Da er seiner Abneigung nicht offen Ausdruck verleihen konnte, vergnügte er sich damit, in seinem geheimen Tagebuch alle Mißgriffe des Zaren und der Regierung aufzuzeichnen:

»Drei Dinge mißbilligt man mit Recht: 1. die Wahl von Sukhosanet, eines übel beleumundeten Mannes, eines Päderasten und leidenschaftlichein Spielers ... Der Zar hat nur einen Kriegsversehrten in ihm gesehen und hat ihm einen der wichtigsten Posten des Reiches übertragen als eine Art Pfründe im Hotel des Invalides; 2. die weibischen Uniformen; 3. die Auslieferung des Gardeoffiziers Brinken an den kurländischen Adel. Brinken wurde beim Diebstahl ertappt: der Zar hat nicht angeordnet, ihn nach dem Gesetz zu verurteilen, sondern hat verfügt, ihn auszuweisen, um ihn dem Richterspruch des kurländischen Adels zu unterstellen. Warum das? Warum diese Unterscheidung zwischen einem deutschen Offizier und einem anderen Beamten? Steht es einem Herrscher an, sich in das übliche Rechtsverfahren des Gerichtshofes einzumischen? Haben wir keine Gesetze gegen Diebstahl mehr?«

An anderer Stelle schrieb er über die in Rußland herrschende Hungersnot: »Die Festlichkeiten werden eine halbe Million kosten. Was wird das Volk sagen, das Hungers stirbt?«

Und nach dem Tod von Kotschubeij: *»Rußlands Mangel an Staatsmännern ist so groß, daß man nicht weiß, wen man an die Stelle eines Kotschubeij setzen soll.«*

Er notierte auch mit Befriedigung die abfälligen Äußerungen über den Zaren, die ihm zu Ohren kamen: »Er hat viel von einem Leutnant an sich und nur wenig von Peter dem Großen.«

Puschkin befand sich dem Zaren gegenüber in einer um so peinlicheren Lage, als er Nikolaus I. zwar haßte, auf seine Hilfe aber nicht verzichten konnte. So hatten die Behörden die Veröffentlichung des *Ehernen Reiters* untersagt. Puschkin mußte von seinem Vertrag mit Smirdin zurücktreten und bei Benkendorf um einen Vorschuß von zwanzigtausend Rubel einkommen, die innerhalb zweier Jahre zurückgezahlt werden sollten, um die Herausgabe seines *Pugatschew* bezahlen zu können. Nikolaus I. gewährte die zwanzigtausend Rubel, doch diese neue Gunst stellte den Dichter noch stärker unter die Bevormundung der Regierung. Da er zu gutmütig war, um seiner Frau etwas abzuschlagen und zu stolz für die Rolle eine Hanswursts, schleppte er sich von

Ball zu Ball, fraß seine Bitterkeit in sich hinein, knirschte mit den Zähnen und schuf sich hundertfältig Feinde. Die Leute von Welt verfolgten ihn, weil sie seine feindselige Einstellung gegen ihre Clique kannten, und die große Masse der Liberalen zog sich langsam von ihm zurück, weil sie glaubte, er sei ins Zarenlager übergewechselt. Abgelehnt von den einen und zurückgewiesen von den anderen, sah Puschkin eine eisige Vereinzelung über sich hereinbrechen. Aber durch eine seltsame Wechselwirkung fühlte sich Nathalie desto begehrter und siegestrunkener, je einsamer und verlorener er sich vorkam. Erriet sie die seelischen Leiden ihres Mannes nicht, oder hielt sie diese für Dichterlaunen? Jedenfalls erließ sie ihm nicht ein Fest. Im Januar, beim Ball der Bobrinskij, widerfuhr ihr die ehrenvolle Auszeichnung, mit Nikolaus I. eine Quadrille zu tanzen, während ihr Mann in einer Ecke des Saales sein Eis löffelte. Beim Souper saß sie neben dem Zaren, der ihr zwischen zwei Gabelbissen galante Bemerkungen zuflüsterte. Von jedem Fest kam sie morgens um vier oder fünf Uhr nach Hause, nahm um acht Uhr abends ihre Mahlzeit ein, um sich, kaum vom Tisch aufgestanden, wieder umzukleiden und mit Puschkin zu neuen höfischen Freuden aufzubrechen.

Als die Fastenzeit herankam, bemächtigte sich eine wahre Tollheit des Hofes und der hohen russischen Gesellschaft. Bälle, Maskeraden und Soupers folgten in raschem Wechsel aufeinander. Man tanzte oft zweimal täglich. Bulgakov schrieb über die Saison von 1834: »Das ist ein Karneval! Jeden Tag Bälle! Heute bei den Schuwalov, morgen bei den Lazarew, und dann veranstalten die französischen Schauspielerinnen eine Maskerade zugunsten irgendeiner Witwe, zu der sich alles einfinden wird; am Mittwoch kommt man bei dem österreichischen Gesandten zusammen, am Freitag bei Fürst Wolkonskij, am Samstag findet im Palast ein Kostümball für Kinder statt, und am Sonntag, wie man hört, ein kleiner Ball in engerem Kreise im Palast Anitschkov.«

Nathalie, die zum drittenmal schwanger war, weigerte sich, auf Puschkin zu hören, der sie anflehte, auf so viel unnötige Strapazen zu verzichten. Wenn es sich um ihren Erfolg in der Gesellschaft handelte, schonte sie weder ihre Gesundheit noch den Geldbeutel ihres Mannes.

Am letzten Sonntag vor der Fastenzeit begaben sie sich zu einem großen Ball im Palast. Nathalie sah bleicher und matter aus als gewöhnlich. Nach zwei Mazurkarunden fühlte sie einen Schmerz im Leib und legte sich eiligst in den Gemächern der Zarin nieder, während Puschkin, ganz bestürzt, seinen Wagen vorfahren ließ. Zu Hause angekommen, hatte Nathalie eine Fehlgeburt. Puschkins Feinde beschuldigten ihn sogleich, diesen Unfall durch die schlechte Behandlung, die er seiner Frau angedeihen ließ, verursacht zu haben. »Weißt Du«, schrieb Serge Lwowitsch am 29. Oktober 1834 an Olga, »daß man bei Nathalies Fehlgeburt sagte, das sei von den Schlägen gekommen, die er ihr gegeben habe.« Puschkin wußte jedoch wohl, daß die Gesellschaft und der Zar die eigentliche Verantwortung für dieses neue Unglück trugen!

»Stell Dir vor«, schrieb er an Naschokin Anfang März 1834, »daß meine Frau vor ein paar Tagen fast gestorben wäre. Dieser Winter war überreich an Bällen, und in der Karnevalszeit hat man oft zweimal täglich getanzt. Endlich kam der letzte Sonntag vor der Fastenzeit heran, und ich sagte zu mir: ›Gott sei Dank, Schluß mit den Bällen!‹ Meine Frau ist im Palast. Plötzlich sehe ich, daß sie erbleicht. Ich bringe sie weg, und kaum zu Hause, hat sie eine Fehlgeburt. Jetzt geht es ihr wieder gut (laß uns auf Holz klopfen!), sie wird binnen kurzem zu ihren Schwestern in ein Dorf Kaluga fahren, um eine Weile dort zu bleiben. Inzwischen sind weitere Umstände eingetreten, die meine Lage noch verschärft haben: vor ein paar Tagen ließ mich mein Vater bitten, bei ihm vorbeizukommen. Ich gehe hin und finde meinen Vater in Tränen, meine Mutter im Bett und das Hauswesen in schrecklicher Unordnung. – Was ist los? – Man wird das Gut wegnehmen. – Nun, dann muß man schnellstens Ihre Schulden bezahlen. – Meine Schulden sind schon bezahlt. Hier ist der Brief des Verwalters. – Warum dann diese Verzweiflung? – Wir haben nichts mehr, um bis zum Oktober unser Leben zu fristen. – Dann leben Sie doch auf dem Land. – Ich habe nicht die Mittel dazu.

Was ist zu tun? Ich werde mich um das Gut kümmern müssen und meinem Vater eine Pension aussetzen. Neue Schulden, neue Sorgen! Aber da ist nichts zu ändern. Ich hätte gerne das Alter meines Vaters gesichert und die geschäftlichen Angelegenheiten meines Bruders Leo in Ordnung gebracht. Eine andere Neuigkeit: ich bin seit Januar Kammerjunker. Der Zar dachte bei dieser Ernennung zweifellos an meinen Titel, nicht an mein Alter . . .«

Um seinem weinerlichen, kindischen Vater, dem ewigen Pechvogel, ein friedliches Alter zu sichern und seinen eigenen Kindern eine anständige Zukunft zu gewährleisten, belastete sich Puschkin, trotz des Abratens seiner Frau, mit der Aufsicht über Boldino, das durch heillose Ausnutzung heruntergekommen war. Da er nun auf dem Gut das Familienoberhaupt geworden war, plante er, seinem Vater, seinem Bruder und seiner Schwester Olga eine Rente zu bezahlen. Die Verwaltung von Boldino brachte dem Dichter jedoch nur Ärger und Streitereien ein. Wenn seine Eltern für sein Eingreifen in ihre Geschäfte dankbar waren, so überhäufte ihn Olgas Mann, der peinlich genaue und zänkische Pawlischew, mit zahllosen Geldforderungen: »Ich habe mich gefreut bei der Nachricht, daß Sie die Geschäftsführung des Gutes von Serge Lwowitsch übernehmen werden und uns eine kleine Summe, und seien es nur fünfzehnhundert Rubel, aussetzen wollen«, schrieb Pawlischew. »Aber sagen Sie mir, wann gedenken Sie die erste Jahreszahlung zu leisten?«

Puschkin antwortete:

»Ehe ich diese verwickelten Geschäfte geordnet habe, kann ich Olga nichts versprechen, und ich verspreche auch nichts. Meine Lage erlaubt mir nicht, von den Einkünften aus dem Gut meines Vaters im voraus irgend etwas abzuziehen, und ich habe nicht genügend persönliches Vermögen, um Ihnen mit meinen eigenen Groschen auszuhelfen.«

In der Folgezeit wurden die Klagen Pawlischews dringlicher:

»Sie sind nicht verpflichtet, meine Schulden zu bezahlen, aber ... ist meine Frau die Tochter von Serge Lwowitsch oder nicht? Und sind meine Kinder nicht seine Enkel?«

Die Sorgen, die seine Familienangelegenheiten und die in dieser Ballsaison entstandenen Schulden ihm bereiteten, sowie der Kummer wegen Nathalies Fehlgeburt und der Ärger über die Hofintrigen und die scharfen Zeitungskritiken führten dazu, daß Puschkin krank wurde. Er bekam eine Leberkolik. Anfang April schrieb er an Pogodin:

»Ich schreibe viel für mich und werde wider meinen Willen und nur, um Geld zu verdienen, etwas drucken lassen: was kann einem schon daran liegen, sich einem Publikum vorzustellen, das einen nicht versteht, damit nachher vier Dummköpfe sechs Monate lang in ihren Zeitungen über einen herziehen können? ... Es gab eine Zeit, wo die Literatur ein ehrenvolles, aristokratisches Geschäft war. Heute ist es ein Trödelmarkt.«

Am 15. April schickte Puschkin seine erholungsbedürftige Frau nach Kaluga, auf das Gut der Schwiegereltern, und blieb allein in St. Petersburg, um sich mit der Leitung des Gutes zu beschäftigen, die Veröffentlichung von *Pugatschew* zu beschleunigen und in den Archiven für seine *Geschichte Peters des Großen* nach einigen neuen Schriftstücken zu forschen. Aber diese Arbeit erforderte ein gewisses inneres Gleichgewicht. Und Nikolaus I. war kein verständnisvoller, taktvoller Mäzen. Für ihn war Puschkin in erster Linie Kammerjunker und dann erst Dichter. Und keine literarischen Hirngespinste konnten sein Fernbleiben von den offiziellen Hoffestlichkeiten entschuldigen. Zwei Tage nach Nathalies Abreise erster Alarm:

»Als ich um fünf Uhr nachmittags von Zarskoje-Selo zurückkehrte«, schrieb Puschkin, »fand ich zwei Einladungen auf meinem Tisch zu einem Ball am 29. April und eine Aufforderung, mich am nächsten Tag bei Litta (dem Oberkämmerer) einzufinden; es war mir klar, daß er mir den Kopf waschen würde, weil ich die offizielle Messe im Palast versäumt hatte. Und tatsächlich erfahre ich am selben Abend durch Jukowskij, der mir einen kurzen Besuch machte, daß der Zar erzürnt gewesen sei über die Abwesenheit vieler Kammerherren und Kammerjunker, und daß er befohlen habe, uns das mitzuteilen. Im Palast erklärte Litta hitzig: *Es gibt jedoch für die Herrn am Hof feststehende Regeln, feststehende Regeln!* Naryschkin erwiderte ihm: *Sie irren, das gilt für die Hofdamen.* Ich habe mich schriftlich entschuldigt. Man sagt, daß man uns paarweise antreten lassen wird wie junge Mädchen eines Pensionates. Stell dir vor, daß ich, mit meinem ergrauenden Bart, in Gesellschaft von Bezobrazov oder Reimars daherspazieren soll! Um keinen Preis! *Lieber will ich vor aller Augen die Peitsche bekommen,* wie Monsieur Jourdain sagt.«

Am 22. April neuer Brief an Nathalie: »Ich habe mich krank melden lassen, und ich habe Angst, dem Zaren zu begegnen. Ich werde während all dieser Festlichkeiten zu Hause bleiben. Ich beabsichtige nicht, vor den Thronfolger zu treten mit Glückwünschen und Komplimenten. Seine Herrschaft liegt in der Zukunft ... Ich habe drei Zaren erlebt: der erste befahl, mir die Mütze abzunehmen, und da er mich nicht schelten konnte, schalt er meine Amme. Der zweite schätzte mich kaum. Und obwohl der dritte mich unerwartet auf meine alten Tage zum Kammerjunker gemacht hat, lege ich keinen Wert darauf, ihn gegen einen vierten auszutauschen: es kommt selten etwas Besseres nach. Warten wir ab, wie unser Sascha (Puschkins Sohn) mit seinem königlichen Namensvetter zurechtkommen wird; ich bin mit dem meinen nicht gut ausgekommen. Gott bewahre ihn davor, Verse zu schreiben und sich mit Herrschern herumzuschlagen! Als

Dichter wird er seinen Vater niemals übertreffen, und eine Axt wird er nicht mit Peitschenhieben zerbrechen können ... Doch genug gescherzt jetzt. Laß uns von ernsthaften Dingen reden ... Geh spazieren, aber mit Maßen, und lege Dich früh schlafen. Lasse Deinen Vater nicht in die Nähe der Kinder, er könnte sie erschrecken ...* Lies auf dem Land nicht die schlechten Bücher aus der Bibliothek Deines Vaters und beschmutze nicht Deine Fantasie, kleine Frau ...«

Da Puschkin wußte, daß Nathalie ausschließlich für Empfänge und Toiletten lebte, zerbrach er sich den Kopf, wie er ihr über die Festlichkeiten berichten könne, an denen teilzunehmen er selbst ablehnte.

»Morgen wird ein Ball stattfinden, an dem ich auch nicht teilnehmen werde«, schrieb er ihr am 28. April. »Dieser Ball verdreht allen die Köpfe und gibt der ganzen Stadt Gesprächsstoff. Man rechnet mit achtzehnhundert Gästen. Die Anfahrt der Eingeladenen wird zehn Stunden dauern, wenn man pro Wagen eine Minute festsetzt. Es sollen sich aber immer drei Wagen zugleich einfinden, was die Zeit für die Vorfahrt um ein Drittel verringern wird.«

Die Tage vergehen, und in der Einsamkeit wird Puschkins Melancholie immer größer:

»Mein Leben ist eintönig. Ich nehme meine Mahlzeiten bei Dumé um zwei Uhr ein, um der Junggesellenbande nicht zu begegnen, und am Abend gehe ich in den Klub ...«

»Der einzige Vorteil, den ich von Deiner Abwesenheit habe, besteht darin, daß ich nicht mehr auf den Bällen schläfrig herumsitzen und mich mit Eis vollfressen muß.«

Auf diese leidenschaftlichen und traurigen Botschaften antwortete Nathalie mit kurzen Briefchen, von denen man nur ein verbürgtes Exemplar aufgefunden hat. Dabei handelt es sich nur um ein *Postskriptum* aus einem Brief ihrer Mutter. Frau Gontscharov schrieb ihrem Schwiegersohn in holperigem Französisch:

»Obwohl es Nathalie bei mir zu gefallen scheint, ist ihr doch anzumerken, daß sie Ihre Abwesenheit als Lücke empfindet.«

Diesen liebenswürdigen Zeilen fügte Nathalie einige Worte hinzu, die wir textgetreu wiedergeben:

»Es hat mich einige Mühe gekostet, mich zum Schreiben aufzuraffen, denn ich habe Dir nichts zu sagen, da ich erst dieser Tage

* Nathalies Vater war geistesgestört

eine Gelegenheit benützt habe, Dir Nachricht zu geben. Mama selbst war drauf und dran, ihren Brief bis zur nächsten Post zurückzustellen, doch fürchtete sie, daß Du in Unruhe gerätst, wenn Du einige Zeit ohne Nachricht von uns bleibst. Das hat sie bestimmt, Schlafbedürfnis und Müdigkeit zu überwinden, die sie genau wie mich überfallen, weil wir den ganzen Tag im Freien gewesen sind. Du wirst aus Mamas Brief ersehen, daß es uns allen sehr gut geht; so sage ich nichts weiter zu diesem Thema und schließe meinen Brief mit zärtlichen Küssen. Ich werde Dir bei der ersten Gelegenheit ausführlicher schreiben. Also, adieu, laß es Dir gut gehen und vergiß uns nicht.

Montag, den 14. Mai 1834. Iaropoletz.«

Die schräge Schrift ist flüssig und abgerundet, die Worte reihen sich gefällig aneinander. Aber das Ganze ist schwindelerregend nichtssagend. Nicht ein origineller Gedanke, nicht ein warmherziger Ausruf, nicht eine persönliche Einzelheit in diesen Zeilen, die Nathalie an ihren Mann richtet. Der Blick sucht vergeblich nach Wissenswertem oder Erfreulichem. Gewiß, Nathalie hatte unter den Augen der Mutter geschrieben, und die junge Frau scheute sich, ihrer Zuneigung im Beisein anderer Ausdruck zu verleihen. Sicher war sie ermüdet durch einen im Freien verbrachten Tag. Und sicher ist es ungerecht, auf ein einfaches Briefchen hin ein Urteil zu fällen. Aber man schaudert bei dem Gedanken, daß Nathalies andere Briefe dem, der uns erhalten ist, gleichen könnten. Als Widerhall auf all seine leidenschaftliche Glut mußte er sich mit diesem lauen Schulmädchengeschwätz begnügen.

Einer der früher angeführten Briefe, der vom 22. April 1834, in dem der Dichter sich über die Kammerjunker lustig machte und von der Vereidigung des Thronfolgers erzählte, wurde von Moskaus Postdirektor, Bulgakov, geöffnet. Puschkin mochte noch so oft bei Hof empfangen werden, der Verdacht der Polizei wurde darum nicht die Spur abgelenkt. Bulgakov gab den Brief an Benkendorf weiter, und Benkendorf legt ihn dem Zaren vor. Nikolaus I. geriet in heftigen Zorn, als er die spöttischen Bemerkungen las, mit denen Puschkin das würdevolle Amt der Kammerjunker bedachte. Puschkin war ein unverbesserlicher Revolutionär und ein undankbarer Mensch. Und er, Nikolaus I., Zar aller Reußen, hatte die Güte besessen, die liberalen Torheiten dieses Tintenklecksers zu vergessen, persönlich seine Gedichte zu zensieren, ihn in einen beneidenswerten amtlichen Rang zu erheben, und anstatt ihm dafür zu danken, wagte es Puschkin, sich auf seine Kosten lustig zu machen in den Briefen an seine Frau! Jukowskij, der Wind von der Sache bekommen hatte, beeilte sich, bei Nikolaus I. zu vermitteln und ihm zu erklären, daß diese spöttischen Reden nichts weiter auf sich hätten und daß Puschkins Dankbarkeit gegen den Zaren tief und aufrichtig sei. Nikolaus I. ließ sich zwar durch diese Argumente überzeugen, doch war Puschkin nun sein heimlicher Feind geworden.

Als Puschkin erfuhr, daß die Polizei das Briefgeheimnis verletzt hatte, glaubte er, vor Wut ersticken zu müssen. Dieser letzte Eingriff in die persönliche Freiheit war noch unerträglicher als die anderen. Die Agenten des Zaren beschäftigten sich also nicht nur mit seinen Versen, mit seinem Ortswechsel und seiner Kleidung, sie steckten auch ihre schmutzigen Pfoten in sein größtes Heiligtum, sein Familienleben! Sie drangen in sein Liebesleben ein! Sie nahmen seine Herzensgeheimnisse zur Kenntnis! Haus, Zimmer, Bett, alles gehörte ihnen! Es gab keine Zurückgezogenheit mehr in Rußland! Welche Schmach!

Er vertraute seinem Tagebuch am 10. Mai 1834 an:

»Die Post von Moskau hat einen an Nathalie gerichteten Brief geöffnet. Als sie in diesem Brief einen Bericht über die Vereidigung des Großfürsten las, der nicht gerade in amtlichem Stil abgefaßt war, übergab sie das Schriftstück der Polizei. Diese legte es dem Zaren vor, ohne den Sinn meiner Botschaft näher zu untersuchen. Auch der Zar begriff in seinem Zorn nicht, was ich sagen wollte. Glücklicherweise wurde der Brief Jukowskij gezeigt, der die nötigen Erklärungen abgab. Es trat wieder Ruhe ein. Der Zar wünscht, daß ich von meinem Kammerjunkeramt nur mit unterwürfiger Dankbarkeit spreche. Ich kann sein Untertan sein, selbst sein Sklave, aber niemals werde ich den Kammerdiener spielen oder den Hofnarren, selbst nicht beim Himmelskönig! Wie ewig unveränderlich sind doch die Gebräuche unserer Regierung! Die Polizei öffnet die Briefe eines Mannes an seine Frau und gibt sie dem Zaren (der ein gut erzogener und ehrenhafter Mann ist) zu lesen, und der Zar schämt sich nicht, diese Einmischung zuzugeben und ein Ränkespiel anzuzetteln, das eines Vidocq und Bulgarin würdig wäre! Was man auch sagen möge, es ist schwer, ein Autokrat zu sein.«

Puschkin brauchte lange, bis er seines Ärgers Herr wurde. Da er wußte, daß man seinen Briefwechsel überwachte, schrieb er an Nathalie und bat sie, vorsichtig zu sein, denn in Moskau sitze ein gewisser Postdirektor, der Gauner Bulgakov, der die Briefe anderer Leute läse und seine Tochter auf die Straße schicke. Dieser Brief gelangte nie an seinen Bestimmungsort. Am 18. Mai entschuldigte sich Puschkin bei seiner Frau, daß er sie ein paar Tage ohne Nachricht gelassen habe: »Aber ich war ärgerlich, nicht über Dich, über andere. Einer meiner Briefe ist der Polizei in die Hände gefallen usw. Niemand braucht zu wissen, was zwischen uns vorgeht, niemand darf Zutritt zu unserem Schlafzimmer haben. Ohne Geheimnis gibt es kein Familienleben.«

Von Gläubigern und Polizisten bedrängt, empfand Puschkin dieses Petersburg immer öder und feindseliger und dachte ernsthaft daran, seine Entlassung als Kammerjunker zu erbitten und sich so schnell wie möglich auf dem Land zu vergraben.

»Wenn Du es mir erlaubst«, schrieb er an Nathalie, »werde ich meine Entlassung einreichen und seufzend meine Kammerjunkeruniform zusammenfalten, die meiner Eitelkeit so angenehm schmeichelte und in der einherzustolzieren ich leider nicht allzulange Gelegenheit hatte. Du bist jung, aber schon Mutter, und ich bin sicher, daß es Dir nicht schwerfallen wird, die Pflichten einer guten Mutter zu erfüllen, so wie Du bisher diejenigen einer anständigen, reizenden Ehefrau erfüllt hast. Abhängigkeit und zerrüttete Verhältnisse sind schrecklich für den Haushalt, und kein Erfolg, welcher der Eitelkeit schmeichelt, kann den inneren Frieden und das Wohlbehagen aufwiegen.«

Aber Nathalie verstand die Gründe dieser Mißstimmung nicht oder wollte sie nicht verstehen. Sie bestand darauf, mit diesem Mann zu kokettieren, der, erschöpft von Sorgen, angstvoll in die Zukunft blickte. Sie warf ihm vor, daß er zu gut auf dem laufenden sei über die neuesten Nachrichten aus der Gesellschaft. Wenn er soviel wußte, so darum, weil er zuviel ausging. Und wenn er viel ausging, so traf er Frauen und war untreu. Sprach Puschkin den Wunsch aus, allzu große Geldausgaben zu vermeiden, so legte sie dies als unfreundliche Geste ihr gegenüber aus. Und Puschkin mußte erklären und um Verzeihung bitten:

»Ich bin wirklich meines Lebens überdrüssig. Es ist traurig, ohne Dich zu leben und Dir nicht einmal sagen zu können, was ich auf dem Herzen habe. Sei nicht böse, liebe, kleine Frau, und nimm mir meine Klagen nicht übel. Ich habe niemals daran gedacht, Dir meine Abhängigkeit vorzuwerfen. Ich mußte Dich heiraten, denn ohne Dich wäre ich mein Leben lang unglücklich gewesen: aber ich hätte niemals in den Dienst eintreten und noch weniger mir Schulden aufladen sollen. Die Verpflichtungen, die aus dem Familienleben erwachsen, machen den Menschen tugendhafter. Die Verpflichtungen, die wir aus Eitelkeit oder Zwang eingehen, erniedrigen uns. Jetzt halten sie mich für einen Lakaien, den sie nach Gutdünken behandeln können. Ungnade ist besser als Verachtung. Wie Lomonossov will ich die Rolle des Hanswursts nicht einmal beim lieben Gott spielen. Aber Du kannst nichts dafür, ich bin allein der Schuldige, dank meiner Gutgläubigkeit, die trotz meiner Lebenserfahrung so groß ist, daß sie an Dummheit grenzt. Heute schicke ich Dir noch kein Geld. Ich muß meine alten Eltern ausrüsten für ihre Reise; sie rupfen mich mitleidlos. Ich glaube, ich werde Deinem Rat folgen und bald darauf verzichten, mich um ihr Gut zu kümmern. Sollen sie es nach eigenem Gutdünken zugrunde richten: es wird ihnen reichen für den Rest ihrer Tage; wir aber wollen versuchen, Saschka und Maschka ein Stückchen Brot übrig zu lassen . . . St. Petersburg ist verödet, alles ist auf dem Land; ich bleibe bis vier Uhr zu Hause und schreibe. Ich speise bei Dumé, am Abend bin ich im Klub. Das ist mein Tageslauf. Um mich zu zerstreuen, habe ich versucht, im Klub zu spielen, aber ich mußte es bald wieder aufgeben. Das Spiel erregt mich, und meine Galle läuft über.«

Nachdem Puschkin seine Eltern »ausgerüstet« hatte, beschäftigte er sich trotz seiner Drohungen weiter mit dem Gut, um die Bedürfnisse seiner Schwester und seines Bruders zu befriedigen, die ihn mit Geldforderungen belästigten. In der Hoffnung, aus dem Schlamassel herauszukommen, verbrachte er ganze Nächte beim Kartenspiel, regte sich auf und verlor wie gewöhnlich, mußte neue Schulden machen, neue Wechsel unterschreiben.

»Wir müssen an die Zukunft unserer Kinder denken«, schrieb er in der zweiten Junihälfte an Nathalie. »Ich weiß jetzt, daß das Gut meines Vaters sich in der allerschlimmsten Verfassung befindet und daß es nur wieder instand gesetzt werden könnte, wenn wir uns äußerster Sparsamkeit befleißigen. Ich bin Manns genug, große Summen zu verdienen, aber wir geben viel aus. Wenn ich heute stürbe, was würde aus dir?

Petersburg ist fürchterlich langweilig. Nur eines hält mich hier fest: der Buchdruck. Verzeihung, noch etwas anderes: die Hypothek auf das Gut. Wird es aber möglich sein, es mit einer Hypothek zu belasten? Wie recht Du hattest mit Deiner Ansicht, ich solle mir nicht all diese Geschäfte aufladen, für die mir niemand Dank wissen wird, die mein Blut aber so sehr in Wallung brachten, daß alle Blutsauger des Hauses nicht ausreichten, es aufzuschlürfen! Ich habe großes Unrecht an Dir begangen hinsichtlich unserer Geldangelegenheiten. Ich hatte Geld – und ich habe es beim Kartenspiel verloren. Was kann man machen? Ich fühlte mich so gallebitter, daß ich etwas zur Ablenkung brauchte. Das ist immer noch die Schuld des *anderen**. Möge Gott ihm verzeihen, aber mich sollte er endlich zu meinen Penaten zurückkehren lassen.«

Puschkin ließ in Gedanken noch einmal all den Verdruß an sich vorüberziehen, den ihm sein nur zum Schein bestehender Dienst beim Auswärtigen Amt bereitet hatte, und den Ärger über seinen Posten als Kammerjunker, dann nahm er all seinen Mut zusammen, holte eine Feder und ein Blatt weißes Papier und verfaßte am 25. Juni 1834 folgenden Brief an General Graf Benkendorf:

»Herr Graf, da Familienangelegenheiten meine Anwesenheit bald in Moskau, bald im häuslichen Kreis auf dem Lande erfordern, sehe ich mich genötigt, mich vom Dienst zurückzuziehen, und ich ersuche Euer Exzellenz, mir die Erlaubnis hierzu zu erteilen.

Ich erbitte als letzte Gunst, daß mir die Genehmigung zum Besuch der Archive, die Seine Majestät mir zu erteilen geruhte, nicht entzogen werde ...«

Was hatte er getan, der Unglückselige? Zweifellos glaubte er in seiner verblüffenden Naivität, daß Nikolaus I. seinen Brief gut aufnehmen würde, in der Erkenntnis, daß die Freiheit für einen Dichter unerläßlich ist. Er ahnte nicht, daß er mit seinem Entlassungsgesuch seinen »Wohltäter« beleidigte und ein Abtrünniger wurde, der eine öffentliche Anprangerung verdiente. Als Jukowskij diesen Beschluß Puschkins erfuhr, jammerte er laut über diese gottvergessene Tat und verpflichtete sich eidlich, die Situation zu retten. Er hielt es für seine Aufgabe, den Zaren und den Dichter um jeden Preis und so schnell wie möglich zu versöhnen. Im Interesse Puschkins und der Literatur und der ganzen zivilisierten Welt mußten dieser große Staatsmann und dieser große Schriftsteller wieder ein Freundespaar werden.

»Der Zar hat mit mir über Dich gesprochen«, schrieb er am 2. Juli an Puschkin. »Wenn ich die Gründe gekannt hätte, die Dich zu Deinem Entlassungsgesuch bestimmt haben, so wäre ich in der Lage gewesen, ihm Deine Haltung klarzumachen. Da ich aber nicht wußte, was Dich zu dieser Dummheit getrieben hat,

* Nikolaus I.

konnte ich keine Antwort geben. Ich fragte lediglich: ›Kann man das nicht auf irgendeine Weise wieder einrenken?‹ – ›Warum sollte man es nicht können?‹ erwiderte er. ›Ich habe niemals jemand zurückgehalten, und ich genehmige seinen Abschied. In diesem Fall ist jedoch alles zwischen uns zu Ende. Er kann indessen seinen Brief immer noch zurückziehen.‹ Das hat mich wirklich bewegt. Mach, was Du willst. Ich, an Deiner Stelle, hätte keine Minute gezögert.«

Erschüttert über den Vorwurf der Undankbarkeit und der Dummheit, mit dem Jukowskij nicht sparte, verlor Puschkin den Kopf. Vielleicht konnten sein und seiner Familie Glück nur in einer Atmosphäre herzlichen Einvernehmens mit dem Zaren gedeihen? Am nächsten Tag, dem 3. Juli, schrieb er an Benkendorf:

»Herr Graf! Vor einigen Tagen hatte ich die Ehre, mich an Euer Exzellenz zu wenden und um meine Entlassung aus dem Dienst nachzusuchen. Da dies ein ungehöriger Schritt war, bitte ich Sie inständig, Herr Graf, ihm nicht stattzugeben. Ich möchte lieber für inkonsequent gelten als für undankbar.«

Am selben Tag, an dem er dieses Entschuldigungsschreiben absandte, erhielt er von Jukowskij einen Brief voll aufreizender Vorwürfe:

»Du bist ein Dummkopf, davon bin ich jetzt überzeugt, und nicht nur ein Dummkopf, sondern ein unanständiges Wesen. Wie konntest Du diesen so geschickt eingefädelten Plan ausführen, ohne mir oder Wiasemskij eine Silbe davon zu sagen? Ich verstehe es nicht! Das ist eine jämmerliche, egoistische, unermeßliche Dummheit! Weißt Du, was ich jetzt an Deiner Stelle täte? Ich schriebe dem Zaren persönlich in aller Offenheit einen Brief, in dem ich mich der Dummheit beschuldigte und ihm ohne Umschweife erklärte, was mich dazu bewogen hat, diese Dummheit zu begehen. All das könntest Du ihm sagen mit dem Ausdruck der Dankbarkeit, die unser Herrscher in vollem Umfang verdient. Schreibe unverzüglich einen Brief und übergib ihn Benkendorf. Ich hätte nie gedacht, daß es noch eine Möglichkeit gäbe, wiedergutzumachen, was Du durch solch eine Inkonsequenz zu verderben geruht hast. Wenn Du diese Gelegenheit nicht benützt, so bist du jenes zottige Tier, das sich von Eicheln nährt und mit seinem Gegrunze die Ohren jedes wohlerzogenen Menschen beleidigt. Doch ohne Galimatias: Du wirst Dich schlecht und dumm aufführen, Dein ganzes Leben verpfuschen und die Vorwürfe Deiner Freunde sowie Deine eigenen verdienen.«

Zugleich mit der großen Zuschrift Jukowskijs erhielt er einen kurzen Brief Benkendorfs als Antwort auf das Entlassungsgesuch vom 25. Juni. Der Polizeichef war noch nicht im Besitz des Briefes vom 3. Juli, in dem Puschkin ihn bat, seinen Schritt als nicht geschehen zu betrachten; er schrieb sauersüß:

»Da Seine Majestät niemand gegen seinen Willen festhalten will, hat sie mich beauftragt, dem Vizekanzler mitzuteilen, daß Ihr bei ihm eingehendes Gesuch zu bewilligen sei. Doch hat Seine Majestät nicht geruht, Ihrer Bitte zu entsprechen, die kaiserlichen Archive aufzusuchen und dort nachzuschlagen, obwohl Sie ein verabschiedeter Beamter sind, da dieses Recht nur den Personen zugebilligt werden kann, die das besondere Vertrauen der Regierung genießen.«

Puschkin hatte also durch seine Undankbarkeit »das besondere Vertrauen der Regierung« verloren? Aber wann hatte er je diese Wohltat genossen, da er seit der Thronbesteigung von Nikolaus I. unter Polizeiaufsicht stand? Bestürzt über die Wendung, welche die Dinge nahmen, kritzelte er eiligst zwei Briefe hin, datiert vom 4. Juli, einen für Jukowskij, den anderen für Benkendorf. Jukowskij erklärte er:

»Als ich Deinen ersten Brief bekam (vom 2. Juli 1834), habe ich sofort an Benkendorf geschrieben, um ihn zu bitten, meinem Entlassungsgesuch nicht stattzugeben, ›da mein Schritt unüberlegt gewesen sei‹. Ich sagte, ›ich wolle lieber für inkonsequent gehalten werden als für undankbar‹. Daraufhin habe ich ein offizielles Schreiben erhalten mit der Nachricht, daß meine Entlassung angenommen, der Zutritt zu den Archiven mir jedoch untersagt sei. Das ist in jeder Hinsicht betrübend für mich. In einem Augenblick, wo mich Kummer und Widerwille gegen alle und alles überfallen hatte, habe ich um meine Entlassung gebeten. Meine Familienangelegenheiten sind sehr hinderlich, meine Lage ist nicht heiter, und eine Veränderung meines Lebens ist dringend erforderlich. Ich hatte nicht den Mut, Graf Benkendorf das alles auseinanderzusetzen, und darum mußte mein Brief trocken wirken, während er doch nur dumm war ...«

An Benkendorf richtete der Dichter folgende Worte:

»Ich bin tief betroffen über die Feststellung, daß dieses unüberlegte Entlassungsgesuch, für das meine unangenehme Lage und unbedeutende ärgerliche Verdrießlichkeiten verantwortlich zu machen sind, als Äußerung hochgradiger Undankbarkeit aufgefaßt werden konnte und als Auflehnung gegen den Willen desjenigen, der sich bis zu diesem Tag mehr als mein Wohltäter denn als Herrscher gezeigt hat. Ich warte also, was über mich bestimmt wird, doch wird nichts die Gefühle tiefer Ergebenheit und kindlicher Dankbarkeit verwandeln, die ich gegenüber dem Zaren um seiner früher bewiesenen Güte willen hege.«

Benkendorf legte Jukowskij diesen Brief zur Beurteilung vor, ehe er ihn dem Zaren zeigte. Der Text des Schreibens erschien Jukowskij allzu trocken und hochmütig für einen Menschen, der so viel Schuld auf sich geladen hatte wie sein Freund. Er bat Benkendorf, davon abzusehen, ihn dem Zaren vorzulegen und schrieb am 6. Juli an Puschkin:

»Ich verstehe wirklich nicht, was Dir einfällt. Man könnte meinen, daß Du nicht mehr richtig bei Trost bist. Man müßte Dich in die Zwangsjacke stecken oder Dir eine tüchtige Tracht Prügel verabreichen, um Dein Blut in Wallung zu bringen ... Dein letzter Brief, in dem Du bittest, daß alles beim alten bleiben möge, ist so schroff, daß der Zar ihn als Beleidigung auffassen könnte. Kannst Du nicht mehr schreiben? Hältst Du es für unter Deiner Würde, ein beliebiges Gefühl dem Zaren gegenüber zum Ausdruck zu bringen? Warum spielst Du den Durchtriebenen? Handle aufrichtig. Der Zar ist erzürnt über Dein Benehmen: er empfindet es als Undank. Bis auf diesen Tag schätzte er Dich und wollte Dir nur wohl. Alles beweist mir, daß ihm der Gedanke schmerzlich ist, Dich zurückzustoßen. Was gibt es noch lange zu überlegen? Schreibe ihm, was Dir Dein Herz eingibt ...«

Auf einen Schlag verlor Puschkin alle Geduld. Er hatte gemeint, daß es natürlich sei, seine Entlassung anzubieten, weil er mit Schulden überhäuft war und die Einsamkeit für seine Arbeit brauchte. Und jetzt stempelte man ihn zum Undankbaren, zum Feind der Monarchie, zum Banditen ohne Herz und Geist.

»Ich verstehe selbst nicht, was in mir vorgeht«, schrieb er am 6. Juli an Jukowskij. »Ich reiche meine Entlassung ein, da die Umstände es erfordern und weil dieser Beschluß für die Zukunft meiner Familie und für meine eigene Ruhe notwendig ist. Was für ein Verbrechen habe ich denn begangen, und warum muß man mich für undankbar halten? Weil dem so ist, wünsche ich die Entlassung nicht mehr und bitte, daß man mich im Amt beläßt. Warum findest Du meinen Brief trocken und schroff? Und warum sollte er rührselig sein? Im Ernst, ich fühle mich schuldlos dem Herrscher gegenüber; sein Zorn macht mir Kummer, aber je mehr meine Lage sich verschärft, desto verlegener und kälter wird mein Stil. Was soll ich tun? Um Verzeihung bitten? Gerne, aber wofür? Ich werde versuchen, einen dritten Brief zu schreiben.«

Voll Scham und kummervollem Abscheu schrieb Puschkin am 6. Juli 1834 den dritten Brief an Benkendorf:

»Herr Graf, erlauben Sie mir, offen zu sein. Als ich um meinen Abschied einkam, dachte ich nur an meine mißlichen, unerfreulichen Familienangelegenheiten. Ich hatte nur die Unannehmlichkeit vor Augen, die mir die Notwendigkeit mehrerer Reisen bereiten würde, wenn ich in einem Dienstverhältnis stand. Bei Gott und meinem Seelenheil, das war mein einziger Gedanke, den ich mit tiefem Schmerz so unmenschlich mißverstanden sehe. Der Zar hat mich vom ersten Augenblick an, da sein Herrschergedanke auf mich gefallen ist, mit Gunstbeweisen überhäuft, die zum Teil so viel Großmut und gute Gesinnung enthalten, daß ich nur mit tiefer Bewegung daran denken kann. Er hat immer Vorsehung für mich gespielt, und wenn es im Lauf dieser acht Jahre vorgekommen ist, daß ich murrte, so hat sich nie, ich schwöre es, ein Gefühl der Bitterkeit in die Empfindungen gemischt, die ich für ihn hege. Es ist auch jetzt nicht der Gedanke, einen allmächtigen Beschützer zu verlieren, der mich mit Schmerz erfüllt, sondern daß ich in seiner Erinnerung einen Eindruck hinterlassen könnte, den ich zum Glück nicht verdient habe.

Ich erneuere, Herr Graf, meine untertänige Bitte, dem Gesuch, das ich so kopflos eingereicht habe, nicht stattzugeben.«

Als Benkendorf dieses letzte »Pensum« zur Kenntnis genommen hatte, fand er es »rührselig« genug, um es dem Zaren vorzulegen.

»Alles beweist mir, daß es ihm nur schmerzlich wäre, Dich zurückzustoßen«, schrieb Jukowskij an Puschkin. In Wirklichkeit dachten weder der Zar noch Benkendorf daran, »schmerzlich« berührt zu sein, es erschien ihnen einfach zuträglicher, einen so gefährlichen Brausekopf wie Puschkin an die Kandare zu nehmen. Benkendorf berichtete dem Zaren:

»Beigeschlossen zwei Briefe Puschkins, der eine an mich, der andere an Jukowskij. In Anbetracht dessen, daß er zugibt, einfach eine Dummheit begangen zu haben und lieber für unlogisch als für undankbar gelten will . . . nehme ich an, daß Euer Majestät belieben, seinen ersten Brief als null und nichtig zu betrachten. Wir sind im Bild über den Mann: es ist besser, wenn er im Amt als sich selbst überlassen bleibt.«

Nikolaus I. schrieb seine Entscheidung auf den Bericht:

»Ich verzeihe ihm, aber lassen Sie ihn kommen und setzen Sie ihm auseinander, wie inkonsequent sein ganzes Verhalten war und was es ihn hätte kosten können. Was bei einem jungen Wirrkopf von zwanzig Jahren verzeihlich ist, kann bei einem verheirateten Mann und Familienvater von fünfunddreißig Jahren nicht entschuldigt werden.«

Die Angelegenheit dieser Entlastung hatte zwei Wochen gedauert (vom 25. Juni bis zum 8. Juli), und Puschkin fühlte sich in dieser ganzen Zeit so widerborstig und angeekelt, daß er seiner Frau fast nichts geschrieben hatte. Er wußte zu genau, daß sie Nikolaus' I. Partei ergriffen hätte.

Endlich, am 11. Juli, als der Sturm sich gelegt hatte, schrieb er an Nathalie: »Dieser Tage hätte ich beinahe ein Unglück angerichtet. Ich bin fast mit *Ihm* in Streit geraten. Aber Traurigkeit und Angst haben mich ergriffen. Wenn ich mich mit diesem zerstreite, so werde ich keinen wie ihn mehr finden.«

Und am 13. Juli:

»Ich muß Dir von meinem Kummer erzählen. Vor kurzem habe ich, von Verzweiflung gepackt, meine Entlassung eingereicht, aber Jukowskij hat mir derartig den Kopf gewaschen und Benkendorf hat mir solche Vorhaltungen gemacht, daß ich Angst bekam und gebeten habe, man möge um Gottes willen nicht auf meine Bitte eingehen. Du wirst heilfroh darüber sein, nicht wahr? Das ist in Ordnung, wenn ich noch fünfundzwanzig Jahre lebe, aber wenn ich in den nächsten zehn Jahren diese Welt verlasse, so sehe ich nicht klar, was Du machen sollst und was Maschka und vor allem Saschka sagen würden. Es wäre ein armseliger Trost für sie, zu wissen, daß ihr Papa wie ein Hanswurst eingescharrt wurde, und daß man ihre Mama bei den Bällen im Anitschkov wahnsinnig anbetete. Schließlich kann man nichts daran ändern. Gott ist groß. Das Wesentliche ist, daß ich nicht in den Verdacht der Undankbarkeit geraten will, das ist schlimmer als der Liberalismus.«

So hatte Puschkin sein Entlassungsgesuch zurückgezogen, um nicht vom Zaren als *Undankbarer* behandelt zu werden und seiner Frau keinen Kummer zu bereiten, für die Bälle der einzige Daseinszweck waren. »Du mußt heilfroh darüber sein, oder nicht?« O Gott, ja, sie war heilfroh darüber. Als sie sich von ihrer Fehlgeburt wieder erholt hatte, nahm sie in Kaluga ihr kokettes Treiben, das nicht Maß noch Ziel kannte, wieder auf. Während

Puschkin ihr von seinen finanziellen Schwierigkeiten sprach, schickte sie ihm als Geschenk eine Waage, die ein Symbol für den angeblichen Geiz des Dichters darstellen sollte. Während Puschkin, angeekelt von dem »Pfuhl von St. Petersburg«, versuchte, seine Ämter niederzulegen, sich dann beim Zaren entschuldigte und von neuem in die Falle ging, schilderte sie ihm bis ins kleinste ihre gesellschaftlichen Erfolge in Kaluga und die Annäherungsversuche eines dummen Laffen, der ihr den Hof machte. Während sich Puschkin voll Bangigkeit fragte, wie er in Zukunft für die Bedürfnisse seiner Frau und seiner Kinder aufkommen sollte, teilte sie ihm ihre Absicht mit, ihre beiden Schwestern, Katharina und Alexandrine, in Petersburg bei sich aufzunehmen und sie zu Hofdamen ernennen zu lassen. Gewiß, Katharina und Alexandrine kamen um vor Langeweile bei ihrer zänkischen, bigotten Mutter, und Nathalie hing sicher sehr an ihren älteren Schwestern und betrübte sich über ihre Vereinsamung. Aber erriet sie denn nicht, daß Puschkins Mittel zu bemessen waren, als daß er sich erlauben könnte, sich diese beiden erwachsenen Mädchen mit ihren Forderungen aufzuhalsen?

»Was für ein Einfall, Deinen Schwestern einen Platz im Palast zu verschaffen!« schrieb er ihr am 11. Juli 1834. »Erstens wird man Dir diese Gunst wahrscheinlich abschlagen; und dann, auch wenn man sie annimmt, denk ein wenig an das schmutzige Gerede, das in diesem Petersburg umgehen wird. Du bist zu schön, mein Engel, um die Bittstellerin zu machen. Warte noch; wenn Du Witwe bist, wenn Du alt bist, dann kannst Du Anstandsdame und bestallte Ratgeberin sein. Mein Rat für Dich und Deine Schwestern lautet, euch vom Hof entfernt zu halten: er taugt nichts. Außerdem seid ihr nicht reich und könnt euch nicht alle an Tante Zagriajskaja anklammern ... Mein Gott, wenn Zawodijs (Gut von Frau Gontscharov) mir gehörte, so wäre es unmöglich gewesen, mich an den Hof zu ziehen. Ich hätte wie ein großer Herr gelebt. Aber ihr Frauen begreift nicht die Freude der Unabhängigkeit und seid zu jedem Opfer bereit, damit man von euch sage: ›Gestern war Frau Soundso die schönste und bestangezogenste auf dem Ball.‹ Auf Wiedersehen, Frau Soundso.«

Einen Monat später, am 14. Juli 1834, schrieb er:

»Du mußt koketter geworden sein als je ... Ich bin Dir übrigens nicht böse darum, kleine Frau. Es ist ganz in Ordnung so; nütze Deine Jugend, da Du jung bist, und herrsche über die Herzen, da Du schön bist ... Wenn Du wirklich beschlossen hast, Deine

Schwestern hierher mitzunehmen, so können wir nicht länger bei Oliver wohnen, denn wir hätten nicht genug Platz. Aber willst Du Dir wirklich Deine *beiden* Schwestern aufbürden? Sei vorsichtig, kleine Frau. Ich denke so darüber: unter einem Dach sollen als Familie vereint sein: Mann, Frau und Kinder, solange diese noch klein sind; die Eltern für sich, wenn sie schon alt sind, sonst gibt es unaufhörlich Reibereien, und jede Möglichkeit häuslichen Friedens ist dahin.«

Auch diesesmal mußte Puschkin den hartnäckigen Bitten Nathalies nachgeben und eine geräumigere und teurere Wohnung mieten, und zwar die der Wiasemskij, die ins Ausland fuhren.

»Wie könnt ihr behaupten, eine Hilfe bei der Arbeit zu sein?« schrieb er Ende Juli an Nathalie. »Ihr arbeitet nur auf den Bällen, mit euren kleinen Füßen, und ihr helft euren Männern, das Geld auszugeben. Aber selbst dafür danke ich Dir. Sei mir nicht böse, wenn sich mein Kommen verzögert. Ich möchte es von ganzem Herzen, aber mein Geldbeutel erlaubt es nicht. Ich arbeite bis zur Erschöpfung. Ich lese die Druckbogen von zwei Bänden *(Geschichte des Pugatschew-Aufstandes),* ich mache Notizen, ich nehme eine Hypothek auf das Gut auf.«

Am 25. August 1834 hatte Puschkin die Korrektur seiner Druckbogen beendet und reiste von Petersburg weg, um seine Frau auf dem Gut der Gontscharov zu treffen. »Ich bin aus Petersburg geflohen, fünf Tage vor der feierlichen Enthüllung der Grabsäule von Alexander«, notierte er in seinem Tagebuch, »um nicht in Gesellschaft meiner Kameraden, der Kammerjunker, an dem Festakt teilnehmen zu müssen.« Das Wiedersehen mit Nathalie belohnte ihn für sein langes Warten. Sobald er sie sah, vergaß er alle Beschwerden, die er in seinen Briefen erwähnt hatte. Er verbrachte vierzehn Tage auf dem Gut der Gontscharov, während sich Nathalie und ihre Schwestern bereit machten, das Land zu verlassen und sich nach St. Petersburg zu begeben, dann machte er sich nach Boldino auf, wohin ihn die verwickelten Verwaltungsgeschäfte riefen.

Diesen dritten Aufenthalt in Boldino widmete Puschkin der Regelung der Fragen, die das Gut betrafen. Er war nervös, und die dichterische Fantasie blieb aus.

Am 18. Oktober traf er wieder in St. Petersburg ein. Dort fand er Nathalie schwanger, zum viertenmal, und mehr als je gefall- und vergnügungssüchtig. Die beiden Schwestern waren auch da.

»Warum hast du nur diese beiden jungen Mädchen in dein Haus genommen?« fragte Sobolewskij den Dichter.

»Ihre Mutter hat angefangen, sich von morgens bis abends zu betrinken und mit ihren Lakaien ins Bett zu gehen.«

Die Mutter Puschkins schrieb ihrer Tochter am 7. November 1834:

»Nathalie ist abermals schwanger, ihre Schwestern sind bei ihr und teilen sich mit ihnen in die Miete eines sehr schönen Hauses. Er sagt, daß ihm das der Ausgaben wegen gelegen kommt, aber ihn ein wenig stört, denn er hat es nicht gern, in seinen Hausherrngewohnheiten beeinträchtigt zu werden.«

Die drei Schwestern

Nicht mehr eine Frau, sondern drei Frauen, drei Schwestern, mußte Puschkin jetzt zum Ball begleiten. Die Älteste, Katharina, im Freundeskreis Koko genannt, »sah«, wie ein Zeitgenosse sagte, »einem großen Saumpferd ähnlich«. Ihr Porträt, das in Soultz aufbewahrt wird, straft diese derbe Behauptung Lügen. Dieses Bild Katharinas zeigt uns ein hochgewachsenes Mädchen mit runden Schultern, üppiger Brust und schmalem Leib. Glatt gescheitelte schwarze Haare rahmen ihr längliches, bleiches Gesicht ein, aus dem große, dunkle, ein wenig kurzsichtige Augen melancholisch in die Welt schauen. Katharina war nicht schön, aber durchaus nicht reizlos.

Ihre Schwester Alexandrine dagegen wirkte wie eine lebende Karikatur von Nathalie. Groß und gut gewachsen wie Nathalie, aber schwerer und voller, war ihre Haut zwar ebenso glatt und zart wie die ihrer Schwester, aber von häßlicher gelblicher Tönung. Nathalie schielte ein wenig, was ihrem Blick einen eigentümlichen Reiz verlieh, Alexandrine schielte sehr, und das ließ ihr Gesicht grotesk aussehen. »Puschkins Frau«, schrieb Sissi Wulf, jetzt Baronin Wrewskij, »ist bezaubernd im vollen Sinn des Wortes, doch ihre Schwester Alexandrine kommt mir dagegen so häßlich vor, daß ich in Gelächter ausbrach, als ich mit meiner Schwester allein in der Kutsche war.« Dieses Trio, dessen unbestreitbare Königin Nathalie war, lebte in ständiger Aufregung wegen Kleidern, Parfüms, falschen Zöpfen und »Apolloknoten« und hatte sich dauernd irgendwelche Liebeserlebnisse zu erzählen. Jedes Ausgehen wurde zum denkwürdigen Ereignis, während es für Puschkin einen unerträglichen Frondienst bedeutete.

»Trotzdem bin ich am 6. Dezember nicht in den Palast gegangen«, schrieb er in sein Tagebuch. »Ich habe mich krank melden lassen. Der Zar wollte einen Eilboten schicken, um mich zu suchen, oder Doktor Arendt, den Hofarzt.«

Er konnte sich jedoch nicht bei jedem Ball und jeder Festlichkeit krank melden. Nikolaus I. wäre über ein solches Ausweichmanöver sehr zornig geworden, und Nathalie zweifellos ebenso sehr. So mußte er am 16. Dezember 1834 einer kaiserlichen Einladung nachkommen, nach der er sich um 1.29 Uhr im Palast Anitschkov einzufinden hatte, im Uniformfrack, Nathalie Nikolajewna in üblicher Balltoilette.

»Wir kamen um 9 Uhr hin«, schrieb Puschkin in sein Tagebuch. »Auf der Treppe begegnete ich der alten Gräfin Bobrinskij, die nicht müde wird zu schwindeln, um mich aus der Verlegenheit zu ziehen. Sie bemerkte, daß ich einen federgeschmückten Dreispitz trug. (Nach der Etikette geht man nur in rundem Hut in den Anitschkovpalast; das ist eine Neuerung.) Es waren schon viele Leute da, und der Ball wurde mit einem Kontertanz eröffnet. Die Zarin, ganz in Weiß, trug ein Diadem aus Türkisen, der Zar hatte die Uniform der Gardereiter angelegt. Die Zarin ist bedeutend schöner geworden. Graf Bobrinskij sah meinen Dreispitz und befahl, mir einen runden Hut zu bringen. Aber der, den ich bekam, war so fettig von Pomade, daß meine Handschuhe ganz davon durchtränkt wurden und gelb aussahen.«

An diesen Bällen nahm Puschkin kaum mehr Anteil. Zerstreut, schweigsam und griesgrämig lehnte er mit aufgeworfenen Lippen und erloschenen Augen in einer Fensterecke, ohne auf das Vorübergleiten der duftigen Kleider und Epauletten zu achten. Aber nicht melodische Verse drängten sich in seinem Geist, sondern nüchterne Zahlen. Seine Frau kam ihn teuer zu stehen, obwohl Tante Zagriajskaja in reichem Maß dazu beitrug, ihre Nichte auszustaffieren. Die Eltern waren von Mikhailowskoje nach St. Petersburg zurückgekommen und standen vor dem Ruin. Nadedja Ossipowna war krank, und der Arzt forderte die Zuziehung einiger Kapazitäten, doch mußte man diese Beratung aufschieben, weil das Geld fehlte. Leo machte Schulden. Olgas Mann beklagte sich, daß er die versprochene Rente nicht bekomme. Und der Dichter mußte sich ganz allein mit diesen alltäglichen Sorgen herumschlagen, die wie eine Lawine über ihn hereinbrachen. Nathalie und seine Schwägerinnen tanzten. Maschka, Nathalies Töchterchen, war so daran gewöhnt, nichts anderes zu sehen als Pariser Toiletten und mit Diademen geschmückte Frisuren, daß sie beim Anblick ihrer Großmutter in Tränen ausbrach und sich weigerte, sie zu küssen, weil Nadedja Ossipowna »eine häßliche Haube und ein häßliches Kleid« trug. Um seine Frau, seine Kinder, seine Schwägerinnen und seine Eltern zu ernähren und zu kleiden, arbeitete Puschkin angestrengt an seiner nicht endenwollenden *Geschichte Peters des Großen.*

Puschkins Lage erfüllte seine Gegner mit Schadenfreude. Am 1. April lieh er dreitausendfünfhundert Rubel bei einem Wucherer und gab ihm einige Familienpapiere als Pfand. Am 15. April verurteilte ihn der Gerichtshof des 4. Bezirkes zur Zahlung von tausenddreiundsechzig Rubel für rückständige Miete an den Besitzer einer Wohnung, die er früher innegehabt hatte, sowie zu einer Geldbuße von hundertsechs Rubel. Um diese Schulden zu tilgen, gab Puschkin einen Teil seiner Leibeigenen aus Boldino preis. Seinem Bruder Leo, der in Tiflis in Garnison stand, schrieb er Ende April 1835:

»Seitdem ich in meiner Nachgiebigkeit die Angelegenheiten meines Vaters in die Hände genommen habe, konnte ich noch keine fünfhundert Rubel Ertrag erzielen. Die damalige Anleihe von dreizehntausend ist längst überschritten . . . Ihr Wechsel von zehntausend wurde zurückgekauft . . . Außer Kost, Wohnung und Kleidung, für die nichts berechnet wird, haben Sie also zwölftausenddreißig Rubel erhalten. Da meine Mutter sehr krank gewesen ist, führe ich trotz größten Widerwillens die Geschäfte weiter. Doch gedenke ich, sie bei der nächsten Gelegenheit zurückzugeben. Ich werde dann versuchen, Ihnen einen Anteil an den Ländereien und den Bauern zu geben. Wenn Sie sich um Ihre Angelegenheiten kümmern müssen, werden Sie vielleicht Ihre gedankenlose Leichtfertigkeit verlieren, mit der Sie in den Tag hinein leben. Ihre kleinen Spielschulden habe ich nicht bezahlt, da ich Ihre Gefährten nicht aufgesucht habe, es ist deren Sache, sich an mich zu wenden.«

Am 2. Mai erwiderte er auf die Mahnungen seines Schwagers Pawlischew:

»Meinem Vater habe ich dieser Tage folgende Verfügungen vorgeschlagen, und er hat ihnen Gott sei Dank zugestimmt: er gibt Leo die Hälfte von Kistenewo (einen zu Boldino gehörenden Weiler), und ich trete den Ertrag meines Anteils an meine Schwester ab, unter der Bedingung, daß sie die Einkünfte abhebt und die Zinsen der Hypothek bezahlt. Den Verwalter habe ich davon verständigt. Boldino bleibt Papa . . . Ich gedenke, St. Petersburg zu verlassen und aufs Land zu gehen, wenn das keinen Verdruß bereitet.«

Nathalie ertrug ihre Schwangerschaft tapfer. Der Zeitpunkt der Niederkunft rückte näher, aber Puschkin konnte seinem Bedürfnis nach frischer Luft und Alleinsein nicht länger widerstehen. Am 8. Mai suchte er schon Mikhailowskoje, Trigorskoje und Golubowo auf, wo die junge Baronin Wrewskj, vormals Sissi Wulf, wohnte. »Mein Gott«, sagte er begeistert zu Madame Ossipov, »wie schön ist es bei Ihnen! Was für eine Bangigkeit schnürt mir dort in St. Petersburg so oft das Herz zusammen!«

Nachdem er diese paar Atemzüge frischer Luft genossen hatte, kehrte er eiligst nach Petersburg zurück, um sein drittes Kind willkommen zu heißen. Er traf am 15. Mai ein, und am 14. Mai hatte Nathalie einen kleinen Knaben, Gregor, zur Welt gebracht. Schuldbewußt, beschämt und glücklich zugleich, stürzte er in das Zimmer, wo die junge Frau lag. Sie weinten alle beide, als sie sich wiedersahen, und Nathalie war vor Aufregung einen ganzen Tag lang krank.

Die Geburt dieses dritten Kindes bewog Puschkin, seinen Abschied noch nachdrücklicher zu erbitten. Aber die Folgen seines im vergangenen Jahr unternommenen Schrittes machten ihn vorsichtig. Er beschloß, nicht mehr auf die unumgängliche Entlassung anzuspielen, sondern um die Genehmigung nachzusuchen, den Hof für die Dauer von drei oder vier Jahren aus rein materiellen Beweggründen verlassen zu dürfen. Der französisch geschriebene Brief vom 1. Juni 1835 widerstand jedem Versuch übelwollender Auslegung und setzte den Zaren und Benkendorf in Verlegenheit. Sein Stil war so unterwürfig, daß man schwerlich auf seinen Verfasser zornig sein konnte. Und doch war es gefährlich, Puschkin seine Freiheit zurückzugeben. Nikolaus I. fügte dem Schriftstück folgende Entscheidung an: »Keine Behinderung für ihn, hinzugehen, wohin ihm beliebt; ich sehe nur nicht, wie er das mit seinem Amt vereinbaren will. Fragen Sie ihn, ob er seine Entlassung wünscht, denn anders kann ihm unmöglich für einen so langen Zeitraum Urlaub gewährt werden.«

Als Puschkin von diesem Bescheid des Zaren in Kenntnis gesetzt wurde, wollte er ihn überlisten. Er, Puschkin, hatte nicht von seiner Entlassung gesprochen in seinem Brief, der Zar spielte als erster auf diesen rettenden Ausweg an. Man brauchte ihn nur beim Wort zu nehmen!

Der Dichter schien das Spiel gewonnen zu haben. Nikolaus I.

konnte ihm diese Entlassung nicht mehr verweigern, nachdem er sie ihm gewissermaßen vorgeschlagen hatte. Nun, zum anderenmal hatte sich Puschkin zu früh gefreut.

Nikolaus I. und Benkendorf waren fest entschlossen, Puschkin um jeden Preis in der Nähe zu behalten, und der Zar fällte einen neuen Urteilsspruch: »Wenn er Geld braucht, so ist der Zar bereit, ihm auszuhelfen, er braucht es nur zu sagen. Wenn er einige Zeit auf seinem Landgut verbringen will, so kann er einen Urlaub von vier Monaten nehmen.«

Puschkin begriff, daß der Zar ihn nicht mehr freilassen würde, soviel er auch bat und drohte. Der Monarch wollte ihn in Reichweite haben, ihn nicht aus den Augen lassen. Ihn oder Nathalie? Beide. Ihn, damit er ihn besser überwachen, und sie, damit er ihr besser den Hof machen konnte. Man mußte sich beugen und auch noch danken.

So enttäuscht und verärgert Puschkin auch war, so beschloß er doch, auf das Angebot, das man ihm machte, einzugehen. Er wandte sich an Benkendorf und teilte ihm mit, daß er sechzigtausend Rubel Schulden habe und daß er unmöglich eine so bedeutende Summe bei einem Geldverleiher entlehnen könne. Er fügte hinzu, indem er endlich seine Eifersucht zu Wort kommen ließ:

»Dankbarkeit ist für mich kein peinliches Gefühl . . . Aber ich kann mir nicht verhehlen, daß ich keinerlei Anspruch auf die Wohltaten Seiner Majestät habe, und ich kann darum um nichts bitten. Ich lege zum anderenmal mein Schicksal in Ihre Hände, Herr Graf.« (Brief vom 22. Juli 1835)

Wenn der Zar verstanden hätte, zwischen den Zeilen zu lesen, so hätte er erraten, daß es Puschkin weniger um das Geld zu tun war, als um die Freiheit, und daß ihn weniger seine finanzielle Lage veranlaßte, St. Petersburg zu fliehen, als die Schönheit Nathalies. Aber der Zar begriff nichts oder lehnte es ab zu begreifen und schlug vor, dem Dichter zehntausend Rubel zu geben und sechs Monate Urlaub zu genehmigen.

Da Puschkin seine Bitte mit finanziellen Beweggründen gerechtfertigt hatte, konnte er logischerweise die angebotene Gunst nicht ausschlagen. Aber diese Summe war lächerlich gering. Er benötigte mindestens dreißigtausend Rubel, die er innerhalb von sechs Jahren von seinem Gehalt zurückzahlen wollte.

Der Zar ging auf diesen Plan ein. Doch mußte sich Puschkin mit dem Finanzministerium herumschlagen, das die Hälfte des

Vorschusses einbehalten wollte, den Puschkin für seinen *Pugatschew* bekommen hatte, nämlich zehntausend Rubel. Die Verhandlungen zogen sich bis in den Herbst hinein hin.

In der Zwischenzeit war das Geld, kaum hatte er es erhalten, schon wieder ausgegeben, um alte Rechnungen und neue Toiletten zu bezahlen. Nathalie hatte sich wieder erholt und genoß das Leben in vollen Zügen. Sie ritt aus in einem eng anliegenden Reitkleid, das ihre Formen betonte und die Taille einschnürte. Sie erschien bei den Bällen, von einem Schwarm junger Verehrer umgeben. Sie ging wie gewöhnlich spät zu Bett und stand spät auf. Als Puschkin sie bat, mit nach Mikhailowskoje zu kommen, um den Herbst mit ihm in ruhiger Abgeschiedenheit zu verbringen, begann sie zu schreien, stampfte mit den Füßen und vergoß ein paar Verzweiflungstränen. Man mußte nachgeben. Schweren Herzens und todtraurig, reiste Puschkin allein.

Aber noch einmal vollbrachte die Landschaft um Mikhailowskoje das Wunder, ihn zu neuem Leben zu erwecken. In dieser Umgebung, wo ihn alles an seine früheren Liebschaften erinnerte, dachte er daran, sich wieder einmal zu verlieben. Da er nichts zu tun hatte, machte er Frau Ossipovs jüngster Tocher, der kleinen sechzehnjährigen Marie, den Hof. Dann erfuhr er, daß vielleicht eine Schwiegertochter von Frau Ossipov, Alexandrine, herkäme; er hatte sich einst mit Alexis Wulf in ihre Gunst geteilt, nun war sie, seit 1833, ziemlich unglücklich verheiratet, und er freute sich bei dem Gedanken, sie wiederzusehen und ihr seine Liebe zu beweisen:

»Mein Engel«, schrieb er ihr im September, »wie sehr bedauere ich, Sie hier nicht angetroffen zu haben, und welch große Freude machte mir die Mitteilung von Euphrasie Nikolajewna, daß Sie daran denken, wieder in unsere Gegend zu kommen. Kommen Sie, um Christi Barmherzigkeit willen! Und wäre es auch erst bis zum 23. Ich habe drei Körbe voll Geständnisse, Erklärungen und noch andere Dinge für Sie. Man wird die Mußestunden nützen können, um sich zu verlieben ...«

Aber Alexandrine kam nicht. Und Puschkin fiel wieder in seine melancholische Stimmung zurück. Euphrasie, Sissi genannt, schrieb ihrem Bruder Alexis Wulf:

»Als er hier ankam, war der Dichter sehr heiter, er lachte und sprang umher wie ehemals, aber jetzt scheint ihn die Melancholie von neuem in den Fängen zu haben. Er wartete ungeduldig auf Saschenka und hoffte wohl, seine eigenen müde gewordenen seelischen und körperlichen Kräfte an der Flamme dieses Temperamentes wieder aufzuwärmen.«

Da ihm kein Liebesgeplänkel Ablenkung bot, verausgabte Puschkin seinen Kräfteüberschuß, indem er ausritt und baden ging, über die Tische sprang oder die Beete im Garten von Sissi Wrewskij umgrub. In Trigorskoje lag Frau Ossipov krank, und ihre älteste Tochter, Annette, beweinte den Tod ihrer Kusine Nettij, die im Kindbett starb. In Golubowo war Sissi von einer Schar schreiender und sich zankender Kinder umringt, und ihr Mann spielte Schach. Puschkin langweilte sich. Die Inspiration stellte sich nicht ein. Er schrieb am 14. September 1835 an Nathalie:

»Jetzt ist eine Woche vergangen, seit ich Dich verlassen habe, und ich frage mich, warum ich es tat. Ich habe nicht zu schreiben begonnen und weiß auch nicht, wann ich es kann. Dagegen denke ich die ganze Zeit an Dich, und diese Gedanken führen zu keinem guten Ende. Was für ein Wetter! Schon drei Tage lang tue ich nichts anderes als spazierengehen und ausreiten, und so werde ich noch den ganzen Herbst über umherspazieren, und wenn Gott uns keinen heilsamen Frost schickt, werde ich zu Dir zurückkehren, ohne etwas geschrieben zu haben. Heute stand der Mond links von mir, und Unruhe befiel mich Deinetwegen ... Schreibe mir so oft wie möglich und sage mir, was Du tust, damit ich weiß, mit wem Du kokettierst, wo Du hingehst, wie Du Dich verhältst und über was Du plauderst ...«

Als er am 25. September noch keine Nachricht von Nathalie hatte, schrieb er:

»Was ist los, kleine Frau? Wir haben schon den 25., und ich habe keine Zeile von Dir erhalten. Das ärgert mich und macht mich unruhig ... Bist Du bei guter Gesundheit? Und wirst Du mit dem Haushalt fertig? Und was machen meine kleinen Buben? Stell Dir vor, ich habe noch keine Zeile geschrieben, und das nur, weil ich nicht ruhig bin. In Mikhailowskoje habe ich alles wie früher vorgefunden, außer daß meine alte Nounou nicht mehr da ist und daß um die ehrwürdigen Tannen, die ich so gut kannte, während meiner Abwesenheit ein ganzes Volk junger Bäume emporgeschossen ist; ich schaue voll Widerwillen auf sie, so wie ich auf den Bällen mißvergnügt die jungen Gardereiter glänzen sehe, während ich selbst nicht mehr tanze. Aber da ist nichts zu machen: alles um mich her sagt mir, daß ich alt werde, und manchmal höre ich es in unverfälschtem Russisch. Gestern bin ich zum Beispiel einer Bäuerin begegnet, und ich konnte mir nicht versagen, ihr zu erklären, daß sie sich verändert habe, worauf sie mir erwiderte:

›Du auch, mein Wohltäter, du bist älter und häßlicher geworden.‹ Ich kann nur mit meiner verstorbenen Nounou wiederholen: Ich war niemals schön, aber ich war jung.«

»Der Zar hat mir eine Zeitung versprochen«, schrieb er gegen Ende September an Nathalie, »und hat mir verboten, sie herauszugeben; er zwingt mich, in St. Petersburg zu leben und gibt mir nicht die Mittel, meinen Unterhalt mit meiner Arbeit zu bestreiten. Ich verplempere meine Zeit und meine geistige Kraft, ich werfe das mit meiner Arbeit verdiente Geld zum Fenster hinaus und erwarte nichts von der Zukunft. Mein Vater verschleudert lustlos und ohne Urteilsvermögen die Erträgnisse aus dem Gut, und Deine Eltern verlieren alles ... Was soll aus uns werden? Gott allein weiß es. Morgens tue ich nichts. Am Abend gehe ich nach Trigorskoje, stöbere in alten Büchern und knacke Nüsse. Aber ich denke nicht einmal ans Schreiben, weder an Verse noch Prosa ...«

Der Herbst 1835 war wirklich ausnehmend unfruchtbar für Puschkins Schaffen. Er bemühte sich vergeblich, die Arbeit an *Eugen Onegin* fortzuführen, versuchte einige Szenen aus dem Mittelalter zu gestalten, ging daran, seine *Ägyptischen Nächte* zu schreiben, hatte aber nicht den Mut, das Buch zu Ende zu führen. Für *Die Ägyptischen Nächte* benützte er ein im Jahre 1825 verfaßtes Gedicht, das sich mit den Grausamkeiten im Liebesleben der Kleopatra befaßte, nach einer Erzählung des höchst mittelmäßigen lateinischen Schriftstellers Aurelius Victor. Nach zahlreichen Versuchen glückte es ihm, aus dem Gedicht eine Prosanovelle zu machen, die in mehr als einer Hinsicht höchst seltsam ist. Der Hauptinhalt der Verwicklung liegt in einer Parallele zwischen antikem und modernem Leben. War es für Menschen des 19. Jahrhunderts möglich, den Reizen einer modernen Kleopatra zu unterliegen? War Kleopatra vorstellbar ohne die ägyptischen Nächte, ohne Sklavenscharen und duftende Räucherpfannen? In Puschkins Erzählung erhält ein russischer Dichter, namens Tscharskij, den Besuch eines italienischen Virtuosen, der vor kurzem nach Petersburg gekommen ist und beabsichtigt, improvisierte Gesellschaftsabende zu veranstalten.

Dieser Tscharskij, ist er nicht Puschkin? Unter dem Deckmantel dieser Figur ließ Puschkin seinen Abscheu gegen die Masse laut werden. Er schrieb über Tscharskij, wobei er wohl an sich selbst dachte:

»Sein Leben hätte glücklich sein können, aber er hatte das Pech, zu schreiben und Verse zu veröffentlichen.«

Und an anderer Stelle:

»Tscharskij führte ein unordentliches Leben; er war auf allen Bällen zu finden, stopfte sich bei allen Diners der Diplomaten voll und gehörte so unerläßlich zu allen Abendgesellschaften wie das Speiseeis. Er war jedoch Dichter, und diese Leidenschaft herrschte über all seine Empfindungen. Wenn diese unflätige Besessenheit (so nannte er die Inspiration) über ihn kam, schloß er sich in sein Arbeitszimmer ein und schrieb vom Morgen bis zum Abend.«

In Mikhailowskoje wurde Puschkin nicht von dieser »unflätigen Besessenheit« heimgesucht und schloß sich nicht vom Morgen bis zum Abend in seinem Arbeitszimmer ein. Er raffte seine unvollendeten Gedichte, seine nicht ausgeführten Entwürfe und seine nutzlosen Notizen zusammen und beschloß, nicht länger darauf zu beharren und nach St. Petersburg zurückzukehren, da das Land nichts mehr von ihm wissen wollte.

Es wurde eine düstere Rückkehr in die Hauptstadt, denn er war unzufrieden, seine Zeit verloren zu haben, und ungeduldig, zu erfahren, ob Nathalie nicht eine Dummheit gemacht hatte, ob Sascha und Mascha nicht krank geworden waren. Er bekam jedoch eine andere schlimme Nachricht: mit seiner Mutter stand es sehr schlecht, und seine Feinde beschuldigten Nathalie, ihr die Gastfreundschaft verweigert zu haben. Obwohl Nathalie mit ihren Schwestern in einem geräumigen Haus saß, obwohl sie über großartige Balltoiletten verfügte, haben sie es nicht für nötig gehalten, sagte man, ihre Schwiegermutter, die arm und krank und pflegebedürftig war, bei sich aufzunehmen, und habe es zugelassen, daß sie bei einer Fremden Wohnung nahm!

Puschkin gab jedoch seiner Frau recht gegenüber den Verleumdern:

»Ich habe meine arme Mutter in den letzten Zügen liegend aufgefunden«, schrieb er im Oktober 1835 an Frau Ossipov, »sie war von Pawlowsk gekommen, um eine Unterkunft zu suchen, und hat plötzlich bei Frau Kniajnin, wo sie abgestiegen war, einen Schwächeanfall erlitten. Kausch und Spasskij haben keinerlei Hoffnung. In dieser traurigen Lage erlebe ich auch noch den Kummer, daß meine arme Nathalie den Haß der Welt auf sich zieht. Man redet überall, daß es abscheulich sei, sie so elegant zu sehen, während ihr Schwiegervater und ihre Schwiegermutter nichts zu nagen und zu beißen hätten, und daß die Schwiegermutter bei Fremden im Sterben liege. Sie wissen, wie es sich verhält. Man kann, streng genommen, nicht sagen, daß ein Mann, der zwölfhundert Bauern besitzt, in Armut lebe. Mein Vater hat etwas, und ich habe nichts. Jedenfalls hat Nathalie nichts mit all dem zu schaffen, ich bin es, der darauf erwidern müßte. Wenn meine Mutter zu mir gekommen wäre, Nathalie hätte sie aufgenommen, wie es sich gehört, aber ein kaltes Haus voll kleiner Kinder und aller möglichen Leute ist kaum zuträglich für eine Kranke. Glauben Sie mir, liebe Frau Ossipov, das Leben ist zwar ganz *süße Gewohnheit,* trägt jedoch eine Bitterkeit in sich, die es schließlich widerlich macht und die Welt in eine häßliche Schmutzlache verwandelt.«

Zur selben Zeit schrieb Puschkin an Naschokin:

»Meine Familie vermehrt sich, wächst und macht Lärm um mich herum. Mir scheint jetzt, daß man keinen Grund mehr hat, über das Leben zu klagen, und daß man das Alter nicht zu fürchten braucht. Der Junggeselle langweilt sich hier auf Erden: er ist ärgerlich, die jungen Generationen kommen zu sehen. Allein der Familienvater schaut ohne Eifersucht auf die ihn umringende Jugend. Wir haben also gut daran getan, uns zu verheiraten.«

Puschkin liebte seine Kinder und ganz besonders seinen Sohn Sascha, auf den er stolz war. Er bedauerte, daß seine Frau, zu kokett und noch zu jung, das Heim vernachlässigte. In Nathalies Abwesenheit wachte Alexandrine über die kleine Brut und kümmerte sich um sie. Nathalie und Katharina kamen nur nach Hause, um zu schlafen, zu essen und andere Kleider anzuziehen. Alexandrine blieb daheim, schaute die Wäsche nach, prüfte die Rechnungen, gab den Dienern Anweisungen und schalt mit den Kindern. Dieses große Mädchen mit dem elfenbeinfarbenen Gesicht und den schielenden Augen war herrisch und leidenschaftlich veranlagt. Sie bewunderte Puschkin, lernte seine Verse auswendig, zitterte, wenn sie den Widerhall seiner Schritte im Arbeitszimmer hörte, und entschuldigte alle seine Grillen. Da sie in der Einsamkeit aufgewachsen war, hegte sie schmerzliche Gedanken. Diese verblühte Jungfrau beneidete ihre Schwester, die, ungerechterweise, das Lager des Dichters teilte. Sie erregte sich und litt Qualen in Anwesenheit ihres Schwagers. All ihre aufgestaute Zärtlichkeit, all ihre unbefriedigten Wünsche und schal gewordenen Vestalinnenträume rankten sich um Puschkin, der für diese spät aufgeblühte Anbetung durchaus empfänglich war. Bei Alexandrine wurde ihm die weibliche Fürsorge zuteil, die Nathalie ihm nicht geben konnte, und allmählich brachte es Alexandrine so weit, daß sie Nathalie in seinem Geist und seinem Herzen »vervollständigte«. Nathalies Körper und Alexandrines Seele bildeten ein untrennbares Ganzes, und ohne es zu wissen, liebte der Dichter beide Frauen zugleich. »Er macht seiner Schwägerin heftig den Hof«, schrieb Annette Wulf im Februar 1836, »und seine Frau ist sehr kokett geworden.« Fürstin Wiasemskij erzählte, daß Puschkin ihr vor seinem Tod ein Kettchen überreicht habe, mit der Bitte, es Alexandrine zurückzugeben. Das Kindermädchen behauptete, daß dieses Kettchen Alexandrine gehöre und daß der Kammerdiener es eines Tages in des Dichters Bett gefunden habe. »Erklärt es, wie ihr wollt«, sagte die Dienerin zu den Kindern, »aber nach meiner Ansicht hat sich eure Tante gegen eure Mutter vergangen.« Zur Bekräftigung dieser Angaben seien noch folgende Sätze angeführt, die Jukowskijs Notizen über den Todeskampf Puschkins entnommen sind:

Die Enthüllungen Alexandrines ... Die Bettgeschichte ... Sie haben mir Glück gebracht.

Nathalie, zum fünftenmal schwanger, war eifersüchtig auf Alexandrine. Und Alexandrine auf Nathalie. Des Dichters Mutter lag krank darnieder. Und Puschkin hatte im letzten Herbst nichts geschrieben. Das Geld fehlte.

So mußte er am 1. Februar 1836 bei einem Pfandleiher für zwölfhundert Rubel Umschlagtücher, Perlen und Silberwaren versetzen und noch einmal am 13. März für sechshundertfünfzig Rubel. Am 24. März 1836 forderte der Buchhändler Belisar die Zahlung von zweitausendeinhundertzweiundsiebzig Rubel für 1834 und 1835 gelieferte Bücher. Puschkin war jedermanns Schuldner. Er hatte Schulden bei Kaufleuten und Offizieren, beim Hausbesitzer, Schneider, Kutscher, Apotheker, Milchhändler, Bäcker, Buchbinder, dem englischen Kaufhaus, in dem sich seine Frau bediente, und bei seinem gesamten Personal.

Ein Zeitgenosse erinnerte sich, gesehen zu haben, daß Puschkin wie ein Wirbelwind in die Buchhandlung Smirdin hineinfegte und: »Geld! Geld! Geld!« schrie. Als sein Schwager Pawlischew es wagte, ihm einen neuen Brief mit der Bitte um Unterstützung zu senden, begann er zu brüllen, bis er heiser war. »Er hat geschrien«, schrieb Olga Pawlischew ihrem Mann, »daß er lieber alles hergeben wolle, was er besitze (vielleicht seine Frau mit einbegriffen), als wieder mit Boldino zu tun zu haben.« Seine Zornesausbrüche erfolgten immer häufiger. Er wurde reizbar, neurasthenisch, zänkisch. Selten hörte man ihn lachen. Im Januar 1836 geriet er mit seinem Bewunderer, dem jungen Grafen Sologub, in Streit und forderte ihn zum Duell.

»Ich war bei einer Gesellschaft mit Nathalie Nikolajewna Puschkin zusammen«, schrieb Sologub, »der es Spaß machte, mich mit meiner romantischen Schwärmerei und der Person, der sie galt, zu necken. Ich wollte ihr zu bedenken geben, daß sie kein kleines Mädchen mehr sei, und stellte ihr die Frage: ›Wie lange sind Sie verheiratet?‹ Später sprachen wir von Lenskij, einem liebenswürdigen Polen, der bei den Bällen in St. Petersburg wundervoll Mazurka tanzte. All das war recht harmlos und setzte keinerlei Hintergedanken voraus. Aber die anwesenden Damen machten eine Verleumdung daraus: sie behaupteten, sie hätten mich sagen hören, daß Lenskij Nathalie Nikolajewna gefiel (was nicht wahr war) und daß sie vergäße, verheiratet zu sein.«

Einige Freunde berichteten Puschkin, daß Sologub beleidigend von ihm gesprochen habe, und er schickte dem jungen Mann in aller Form eine schriftliche Herausforderung. Er tat es durch Vermittlung eines gewissen Khlustin, eines Freundes von Leo Puschkin und unglücklichen Verehrers von Katharina Gontscharov. Sologub, der Petersburg verlassen hatte, antwortete mit achtungsvollen Rechtfertigungen. Aber Puschkin weigerte sich, es dabei bewenden zu lassen. Er brauchte eine Wiedergutmachung durch die Waffen. Die Angelegenheit schleppte sich bis zum 3. Mai 1836 hin, an welchem Tag die beiden Gegner sich in Moskau versöhnten und die besten Freunde wurden. Khlustin dagegen, der als Unterhändler zwischen Sologub und Puschkin gedient hatte, zog sich selbst im Februar 1836 den Zorn seines Auftraggebers zu. Khlustin hatte das Pech gehabt, aus einem Artikel von Senkowskij einige besonders feindselige, gegen den Dichter gerichtete Sätze wiederzugeben. »Ich habe«, schrieb Khlustin am 4. Februar 1836 an Puschkin, »Bemerkungen von Senkowskij angeführt, die besagen, daß Sie das Publikum betrogen hätten. Anstatt darin lediglich eine Wiedergabe durch mich zu sehen, haben Sie es für gut befunden, mich für das Sprachrohr von Senkowskij zu halten. Sie haben uns gewissermaßen verschmolzen und dies durch folgende Worte befestigt: ›Es ist eine traurige Feststellung für mich, daß diese Leute die Geschmacklosigkeiten eines Rüpels und Schweinehundes, wie Senkowskij es ist, nachreden.‹ Ich war einbezogen in ›diese Leute‹; der heftige Tonfall ließ keinen Zweifel an der Absicht Ihrer Worte zu, wenn auch der logische Verstand die Bedeutung offen gelassen hätte.«

Der Dichter erwiderte am selben Tag, dem 4. Februar:

»Ich kann die Worte eines Senkowskij unbeachtet lassen, sobald aber ein Mann wie Sie sie sich zu eigen macht, kann ich sie nicht länger mit Verachtung strafen. Ich werde daher Monsieur Sobolewskij beauftragen, Sie in meinem Namen zu bitten, Ihre Worte geradezu zu widerrufen oder mir die übliche Genugtuung zu gewähren.«

Khlustin schrieb an diesem 4. Februar einen neuen Brief an Puschkin:

»Ich habe die Ehre, Ihnen mitzuteilen, daß ich unmöglich widerrufen kann, was ich gesagt habe, da ich glaube, in meinem ersten Brief die Gründe meines Handelns genügend dargelegt zu haben. Was jedoch die übliche Genugtuung angeht, von der Sie sprechen, so stehe ich zu Ihrer Verfügung.«

Es kam indessen nicht zu der »üblichen Genugtuung«, und die Gegner versöhnten sich, nachdem sie an einem einzigen Tag, dem 4. Februar, drei Briefe ausgetauscht hatten.

Am *nächsten Tag,* dem 5. Februar 1836, stürzte sich Puschkin, ohne sich eine Atempause zu gönnen, blindlings in einen neuen Ehrenhandel. Hatte man ihm nicht hinterbracht, daß Fürst Repnin sein Gedicht *Über die Heilung des Lukullus* in beleidigender Weise kritisierte? Also schrieb er, stets in französisch, am 5. Februar an Fürst Repnin:

»Euer Durchlaucht, mit Bedauern sehe ich mich gezwungen, Euer Exzellenz zu belästigen, aber als Edelmann und Familienvater muß ich über meine Ehre wachen und über den Namen, den ich meinen Kindern hinterlasse.

Ich habe nicht die Ehre der persönlichen Bekanntschaft mit Eurer Exzellenz. Ich habe Sie nicht nur niemals beleidigt, sondern Ihnen bis jetzt ein aufrichtiges Gefühl der Achtung und Dankbarkeit entgegengebracht. Ein Herr Bogolubov hat jedoch öffentlich Äußerungen wiederholt, die für mich beleidigend sind und die von Ihnen stammen sollen. Ich bitte Euer Exzellenz, mich wissen zu lassen, woran ich bin.

Ich kenne besser als irgend jemand den Abstand, der mich von Ihnen trennt. Da Sie aber nicht nur ein großer Herr sind, sondern auch der Vertreter unseres alten, wahren Adels, zu dem auch ich gehöre, so hoffe ich, daß Sie ohne weiteres die zwingende Notwendigkeit verstehen werden, die mich zu diesem Schritt veranlaßt.«

Fürst Repnin antwortete am 10. Februar 1836:

»Ich treffe mit Herrn Bogolubov nur bei S. S. Uwarov zusammen. Ich habe niemals in Beziehung zu ihm gestanden und habe nie in seiner Gegenwart von Ihnen gesprochen. Nachdem ich übrigens Ihre *Zueignung an Lukullus* gelesen habe, muß ich Ihnen offen sagen, daß Ihr geniales Talent dem Vaterland von großem Nutzen sein und Ihnen persönlich Ruhm eintragen wird, wenn Sie sich darein schicken, Rußlands Glaubenszuversicht und Gediegenheit zu verherrlichen, anstatt sich in persönlichen Angriffen zu gefallen.«

»Ich muß unbedingt mit Ihnen feststellen«, erwiderte Puschkin, »daß die Meinung Euer Exzellenz über Werke, die sich gegen einen persönlichen Feind richten, vollkommen richtig ist.«

Die Angelegenheit hatte keine weiteren Folgen. Aber diese geplanten und wieder rückgängig gemachten Duelle, diese Beleidigungs- und Entschuldigungsbriefe bezeugen, wie groß die Reizbarkeit des Dichters im Jahre 1836 gewesen ist. Auf allen Seiten sprach man schlecht von ihm. Von allen Seiten fühlte er sich gehaßt, bedroht, verachtet.

Zwei Monate nach seinem Streit mit Sologub und einen Monat nach seinen Händeln mit Khlustin und Fürst Repnin hielt das Schicksal einen neuen Kummer für ihn bereit. Seit Anfang März 1836 bereitete seine Mutter den Ärzten ernste Sorgen. Sie wurde häufig ohnmächtig, und ihr Herz setzte aus. Puschkins Vater, Serge Lwowitsch, schluchzte laut in ihrem Zimmer, und seine Tränen, sein Aufschreien und Auf-die-Knie-fallen erschreckten die Sterbende. Beim Betrachten des abgezehrten Gesichtes von Nadedja Ossipowna empfand Puschkin eine Zuneigung für sie, die er ihr bis zu diesem Tag nie entgegengebracht hatte. Er fühlte, daß mit diesem geschwächten, starr und stumm daliegenden Wesen seine ganze Kindheit, seine ganze weit zurückliegende Vergangenheit in den Abgrund des Vergessens sanken. Nahe daran, die Mutter zu verlieren, begriff er plötzlich die umfassende Bedeutung dieses Wortes. Nadedja Ossipowna war zwar eine schlechte Mutter gewesen, herrschsüchtig, nervös, unnahbar ... Aber besser eine schlechte Mutter als gar keine Mutter. Puschkin überhäufte die Kranke mit rührenden Aufmerksamkeiten und gab sein letztes

Geld aus, um Ärzte und Arzneien zu bezahlen. Nadedja Ossipowna sah gerne ihre frühere Ungerechtigkeit ein und bat ihren Sohn um Verzeihung.

Sie starb am 29. März 1836.

Als Puschkin seine Mutter begraben hatte, mußte er an die nahe bevorstehende Geburt seines vierten Kindes denken. Neue Kosten. Neue Verdrießlichkeiten. Und kein Heller, um das Kindbett zu bezahlen, die Ärzte, die Amme ... Der Buchhändler Smirdin hatte dem Dichter fünfzehntausend Rubel angeboten, damit er auf seinen Plan, eine Zeitschrift herauszugeben, verzichte und an seiner Sammlung *Die Lesebibliothek* weiter arbeite. Puschkin lehnte es ab, sich durch dieses Angebot verlocken zu lassen. Nur die Zeitschrift, glaubte er, würde ihm die achtzigtausend Rubel im Jahr einbringen, die er brauchte. Aber die Obrigkeit hatte sich immer feindlich gegen die Gründung dieses Blattes gezeigt. Im Jahr 1836 erneuerte Puschkin den Angriff. Und das Wunder vollzog sich: die Zeitschrift wurde genehmigt. Sie sollte vierteljährlich erscheinen und den Titel *Der Zeitgenosse* tragen.

Die erste Nummer, die anfangs April 1836 veröffentlicht wurde, erschien als hübscher Band, in dessen Inhaltsverzeichnis unter anderem *Die Reise nach Erzerum* und *Der geizige Ritter* zu finden waren. Puschkin war begeistert, und Nathalie, die schon die großen Gewinne aus dem *Zeitgenossen* vor sich sah, mietete ein Landhaus, das doppelt so teuer war als das im letzten Jahr. Nur die Leser hatten an dem neuen Blatt mancherlei auszusetzen; sie fanden es langweilig und anspruchsvoll. Nicht eine Nachricht aus dem Gesellschaftsleben, kein Hinweis auf die weibliche Mode, nicht die kleinste Zeile witziger Aktualität. Nichts als schöne, gediegene Prosa und schöne, ernsthafte Verse. Das mochte für Professoren recht sein! Die Zeitschrift hatte jedoch auserwählte Mitarbeiter gewinnen können: Jukowskij, Gogol, Iasykov, Wiasemskij. Um die Herausgabe des *Zeitgenossen* zu ermöglichen, hatte Puschkin auf seine Autorenrechte verzichtet. Er arbeitete umsonst, sammelte Texte, korrigierte die Druckbogen, überwachte den Verkauf. Im übrigen schienen ihm Umbruch, Druck, Verteilung und Buchführung Fragen von zweitrangiger Bedeutung zu sein. Aber die Zensur sorgte unnachgiebig dafür, daß der Zeitschrift des unleidlichen Puschkin keine materielle Schwierigkeit erspart blieb. Der Ruf des Dichters bewirkte, daß die Zensoren der zweiten Zone mit böswilliger Genauigkeit die unwichtigsten Paragraphen ausfindig machten und die Druckbogen bedenkenlos wochenlang zurückhielten, so daß sich die Veröffentlichung jeder Nummer verzögerte.

Die dauernden Kritiken und Vorhaltungen ekelten Puschkin so an, daß er schon bedauerte, sich dem Journalismus zugewandt zu haben.

»Die russische Literatur gesünder zu machen«, schrieb er seiner Frau, »ist dieselbe Sache wie die Säuberung der Kabinette: alles hängt von der Polizei ab . . . Der Teufel soll sie holen! Mein Blut verwandelt sich in Galle.«

Und am 18. Mai 1836:

»Ich habe eine Heidenangst, wenn ich daran denke, daß ich Journalist bin. Damals, als ich noch ein ehrenhafter Mann war, bekam ich schon polizeiliche Ermahnungen, und man sagte zu mir: ›Sie haben betrogen . . .‹ und derartige Dinge. Was soll jetzt aus mir werden? Mordwinov (Mitarbeiter von Benkendorf) wird mich für einen Thaddäus Bulgarin oder einen Nikolaus Polewoj halten, für einen Spion! Der Teufel hat es gewollt, daß ich mit Seele und Talent in Rußland auf die Welt gekommen bin. Es ist erheiternd, es gibt nichts weiter zu sagen!«

Als Puschkin Ende April seine Frau auf dem Land untergebracht hatte, verließ er Petersburg und begab sich nach Moskau. Er hoffte dort ein wenig zu arbeiten, neue Mitarbeiter für seine Zeitschrift zu finden und den Klatsch der Hauptstadt zu vergessen.

Wie gewöhnlich stieg er bei Naschokin ab, der seit seiner Heirat seinen Lebensstil erfreulicherweise geändert hatte. Es gab keine häuslichen Orgien mehr, keine Zigeunerschwelgereien und keine schwarzäugigen Sängerinnen: seine einzige Abwechslung blieb der englische Klub, in dem er an einem Abend beträchtliche Summen setzte und verlor. In Naschokins Haus fühlte sich Puschkin ganz daheim. Naschokins Frau war ein sanftes, hübsches, ziemlich gebildetes Geschöpf; er war in der Ehe etwas stärker geworden, hatte aber nichts von seiner Gutmütigkeit aufgegeben. Um bei seinen Freunden zu bleiben, lehnte Puschkin alle Einladungen ab. Er lernte Whist spielen, richtete Naschokins Puppenhaus ein und bat Wera Naschokin, ihm auf dem winzigen Klavier, das nur siebeneinhalb Oktaven umfaßte, einen Walzer zu spielen. Er dachte nicht mehr daran, in den Archiven zu arbeiten oder Verse zu schreiben.

»Wie glücklich bin ich bei euch! Ich komme mir vor, als befände ich mich in meiner richtigen Familie«, sagte er manchmal, wenn er mit Naschokin und Wera auf dem türkischen Sofa des Schlafzimmers Platz nahm. Er trug einen weiten roten Mantel mit kleinen grünen Karos. In seinen Augen standen Tränen der Dankbarkeit. Er war heiter und ruhte wirklich aus. Aber sobald ein Brief seiner Frau nicht rechtzeitig eintraf, bedrohte ihn die alte Unruhe. Wera Naschokin bezeugte, daß seine Liebe zu Nathalie von ungewöhnlicher Beschaffenheit war. Er betete sie an. Er vertraute ihr. Er fürchtete lediglich die Folgen ihres außerordentlich großen Leichtsinns. »Seine Frau ist gut, aber leichtfertig!« notierte Wera Naschokin. »Ein luftiger Flattergeist! Wirklich, sie ist mir immer völlig empfindungslos vorgekommen!«

Nach Moskau gelangten seltsame Neuigkeiten. Man erzählte in den Salons und den Klubs, daß Nikolaus I. den Frauen immer eifriger den Hof mache und sich leidenschaftlich für die Elevinnen der Theaterschule interessiere.

»Gerüchte über Dich machen die Runde, mein Herz«, schrieb Puschkin am 5. Mai 1836 an Nathalie; »mich erreichen sie in abgeschwächter Form, denn die Ehemänner erfahren immer zuletzt, was ihre Frauen tun. Es hat den Anschein, als habe Deine Koketterie und Grausamkeit den Zaren zu solcher Verzweiflung getrieben, daß er zu seinem Trost einen ganzen Harem von Theaterschülerinnen gründen mußte. Das ist nicht gut, mein Engel, Bescheidenheit ist der schönste Schmuck eures Geschlechtes ...«

Puschkin verbrachte nicht ganz drei Wochen in Moskau. Am Abend seiner Abreise nach St. Petersburg gab ihm Naschokin ein Abendessen. Während der Mahlzeit goß der Dichter durch eine ungeschickte Bewegung Öl auf das Tischtuch, was ein schlimmes Vorzeichen war.

»Was für ein Tolpatsch!« rief Naschokin aus. »Alles, was du anfaßt, läßt du fallen.«

»Ich nehme die Vorbedeutung auf mich«, sagte Puschkin. »Es ist nichts.«

Er war jedoch sichtlich beunruhigt und lehnte es ab, das Haus vor dem zwölften Mitternachtsschlag zu verlassen, weil er dachte, daß der Unstern erst mit dem Ende des Tages abgewendet sei. Er sollte Naschokin nie mehr wiedersehen.

Inzwischen erwartete ihn ein neues Gesicht in dem Landhaus, wohin sich Nathalie zurückgezogen hatte. Während Puschkin mitten in der Nacht in größter Hast dem Haus in Kamennij-Ostrov zustrebte, brachte Nathalie ihr viertes Kind zur Welt, ein

Mädchen. Puschkin erfuhr die Neuigkeit, als er über die Schwelle trat.

»Auf der Türschwelle«, schrieb er an Naschokin am 27. Mai 1836, »hörte ich, daß Nathalie Nikolajewna ein paar Stunden vor meiner Ankunft ein Mädchen, Nathalie, in die Welt gesetzt hat. Sie schlief. Am anderen Tag habe ich sie beglückwünscht und ihr, an Stelle eines Goldstückes, deine Halskette gegeben, über die sie ganz begeistert ist. Geld! Geld! Ich brauche es so dringend, daß ich es noch rufen würde, wenn mir das Messer an der Kehle säße!«

Puschkin hoffte immer noch, dieses Geld mit Hilfe des *Zeitgenossen* zu verdienen und lieh in dieser Voraussicht weitere siebentausendsechzig Rubel bei einem Wucherer, dem er Linnen, Silberwaren und Familienschmuck als Pfand gab.

Die zweite Nummer der Zeitschrift erschien im Juli, die dritte im Oktober. Aber der geldliche Ertrag blieb unbedeutend. Ohne sich eine Ruhepause zu gönnen, arbeitete Puschkin an einem Roman, den er am 19. Oktober beendete und von dem er eine Belebung für den *Zeitgenossen* erhoffte: *Die Hauptmannstochter*.

»Im Vergleich mit der *Hauptmannstochter*«, schrieb Gogol, »wirken alle unsere Romane und Novellen wie ein süßlicher Brei. Reinheit und Maßhalten erreichen darin einen solch hohen Stand, daß selbst die Wirklichkeit künstlich und verzeichnet erscheint. Zum erstenmal tauchen urwüchsige russische Charaktere auf: der schlichte Kommandant einer Festung, seine Gattin, der Fähnrich, die Festung selbst mit ihrer einzigen Kanone, die ganze Wirrnis jener Zeit und die bescheidene Größe gewöhnlicher Menschen. Das alles ist nicht nur Wirklichkeit, sondern etwas noch Besseres.«

Die Zeitgenossen nahmen diesen Roman, den künftige Generationen als Meisterwerk Puschkins anerkannten, mit Zurückhaltung auf. Puschkin war zu groß geworden für sein Publikum.

Der Widerwille gegen die Gesellschaft, gegen Rangordnungen, Livreen und Staatsintrigen läßt den Dichter auch auf den Friedhöfen der Hauptstadt nicht los. Sein Haß richtet sich gegen Beamte und Höflinge noch über den Tod hinaus, und er verhöhnt ihre wurmzerfressenen, klebrigen, verwesten Überreste:

> Oben sind Gitter und Säulen und reizendes Grabmal,
> doch drunter, da liegen sie Seite an Seite,
> ein fauliger Haufe, versunken im Moor.

In dieser schweigenden Totenstadt aus klebrigem Gestein denkt Puschkin an sein eigenes Ende. Er schreckt davor zurück, hier, inmitten seiner Feinde, in die Erde gesenkt zu werden. Er weiß, daß er keines Marmordenkmals bedürfen wird, um dem Volk ins Gedächtnis zu rufen, daß er gelebt und geschrieben hat, und daß er gestorben ist, weil er vor tauben Ohren gesungen hat.

Er ist sechsunddreißig Jahre alt und glaubt sich am Ende seiner Erdenwanderung. Er ist so unglücklich, so trauervoll und unruhig, als habe er nichts mehr vom Leben zu erhoffen. Am 19. Oktober 1836 liest er beim Jahresfest des Gymnasiums ein Gedicht, das seine Mutlosigkeit bezeugt:

Wie feierten einst wir so strahlende Feste,
wie hell da unsere Gläser erklangen,
wie schwirrten die Reden der vielen Gäste;
wir sangen, bis rosig erglühten die Wangen . . .
Wie anders ist's heute. Das fröhliche Mahl
ist stiller geworden, wie wir, und kleiner die Zahl . . .
Das Lachen ward selten, und Seufzer steigen,
und jedem Lied folgt trauriges Schweigen . . .

Das Protokoll über das Fest des Gymnasiums am 19. Oktober 1836 endigt mit folgendem Absatz:

»Puschkin hatte begonnen, ein Gedicht zum 25. Jahrestag des Gymnasiums vorzutragen, er konnte sich jedoch nicht mehr auf alle Verse besinnen und hat außerdem eingestanden, daß er es nicht beendet habe. Er versprach, es vollends zu Ende zu führen, es abzuschreiben und dem vorliegenden Protokoll anzufügen.«

Aber der »Doyen«, Iakowlew, erzählte, daß Puschkin nicht weiterlesen konnte, weil ihm Tränen die Augen verdunkelten.

Achter Teil

D'ANTHÈS

Als Nathalie wieder aufstehen und ausgehen konnte, feierte sie neue Erfolge in der Gesellschaft. Mehr als je brannte der Zar darauf, mit ihr zu tanzen und zu scherzen. Oft ritt er unter den Fenstern der jungen Frau vorüber, gab seinem Pferd die Sporen, bis es stieg und tänzelte, warf sich in die Brust, runzelte die Brauen und fragte Nathalie am Abend: »Wie kommt es, daß Ihre Vorhänge immer zugezogen sind?« Man flüsterte, daß Nathalies Schönheit ihm keine Ruhe lasse.

Ein übelwollender Franzose, M. Gallet de Kulture, schrieb in seinem Buch *Nikolaus I. und das Heilige Rußland:* »Der Zar beträgt sich bei seinen Liebesabenteuern genauso selbstherrlich wie in seinem übrigen Leben. Fällt ihm eine Frau auf der Promenade, im Theater oder in der Gesellschaft auf, so läßt er sie beobachten und ihr nachspüren. Ist sie verheiratet, so unterrichtet man den Gatten, ist sie noch ein Mädchen, die Eltern von der Ehre, die ihnen zuteil geworden.

›Und stieß der Zar niemals auf Widerstand bei dem Gegenstand seiner Laune?‹ fragte ich die hübsche, geistvolle und tugendsame Dame, die mir diese Einzelheiten erzählte.

›Niemals‹, antwortete sie mir mit dem Ausdruck höchster Überraschung. ›Wie wäre das möglich?‹«

In Wirklichkeit war Nikolaus I. gar nicht dieser nach jugendlichem Fleisch lüsterne Oger. Er hatte nicht viele verbürgte Liebschaften, aber er sah es gern, wenn er den Frauen gefiel. Und Nathalie entsprach seinem Geschmack. Zweifellos sagte er ihr das, und sie war stolz darauf. Aber weiter ging das Abenteuer nicht.

Das Jahr 1836 brachte indessen der Frau des Dichters einen anderen hervorragenden Verehrer. Der um ein paar Monate jüngere Baron Georges-Charles d'Anthès hatte ebensoviel Erfolge bei den Damen wie Nathalie bei den Herren. Er wurde am 5. Februar 1812 in Soultz im Elsaß geboren, wo seine Familie seit mehreren Generationen ansässig war. Er hatte das Collège in Fontaine am Oberrhein und das Bourbongymnasium in Paris besucht und bewarb sich nach beendeter Schulzeit an der Militärschule Saint-Cyr; 1829 wurde er als vierter von hundertachtzig Bewerbern aufgenommen. Die Revolution von 1830 unterbrach jedoch seine Laufbahn, und er beschloß, sein Glück im Ausland zu suchen.

Georges d'Anthès wandte sich zunächst nach Preußen, dann nach Rußland, wo die Legitimisten immer sicher sein konnten, eine gute Stellung in der Armee zu erhalten. Der Prinz von Preußen versah ihn mit einem maßgebend wohlwollenden Empfehlungsschreiben für Graf Adlerberg, einen Verwandten des Zaren und Direktor der Kanzlei im Kriegsministerium. Georges d'Anthès zweifelte nicht mehr, daß er mit dieser Unterstützung seinen Weg im Heer und in der Gesellschaft machen werde. Aber auf seiner Reise durch Deutschland traf er einen anderen Beschützer von Rang in der Person des holländischen Gesandten am russischen Zarenhof. Die Begegnung fand im Herbst 1833 statt. Der Gesandte, Baron van Heeckeren, reiste nach St. Petersburg zurück, um dort, nach einem Urlaub, seinen Posten wieder anzutreten. Sein Weg führte ihn durch eine kleine deutsche Stadt, wo er erfuhr, daß ein junger Franzose, ein hübscher Bursche, krank und von allen verlassen, im einzigen Hotel des Dorfes ein kümmerliches Dasein fristete. Heeckeren ging hin, fand d'Anthès im Bett und plauderte lange mit ihm. Der bemitleidenswerte Zustand des jungen Mannes entsprach seinen Wünschen, und er bot ihm einen Platz in seinem Wagen an. D'Anthès nahm dankbar an.

Der Mann, dem Georges d'Anthès soeben sein Schicksal anvertraut hatte, war eine merkwürdige Persönlichkeit. Baron van Heeckeren gehörte einer der ältesten Familien Hollands an. In seiner Jugend hatte er unter Napoleon als Freiwilliger in der französischen Flotte gedient. 1815, nach der Anerkennung des Königreiches der Niederlande, hatte er seinen Beruf gewechselt: aus einem Seemann wurde ein Diplomat. Zuerst Geschäftsträger, dann bevollmächtigter Gesandter Hollands in St. Petersburg, verstand er es, sich unter den anderen bevollmächtigten Gesandten, die am Zarenhof beglaubigt waren, in die vorderste Reihe zu spielen.

Eine Lithographie aus dem Jahr 1843 zeigt ihn uns, in aufrechter Haltung in einem Sessel sitzend, die Brust mit Orden behängt. Er hat ein langes, schmales Gesicht mit einer knöchernen Nase und sinnlichen Lippen. Sein Kinn ist von einem Bartkranz umrahmt, die Augen sind hell, die Hände schön. Die dargestellte

Persönlichkeit macht den Eindruck eines gewitzten und beherrscht vornehmen Menschen. Die Zeitgenossen schätzten den spöttisch-scharfen Geist des Gesandten, waren jedoch immer bereit, ihn als Wüstling und Intriganten hinzustellen.

Heeckeren brachte es rasch zu großem Ansehen und verfügte über beneidenswerte Beziehungen. Obwohl er kein Hehl aus seiner Lebensführung machte, wußten seine nächste Freunde nichts von seinen persönlichen Neigungen. Er war nicht verheiratet. In seinem Leben hatte es anscheinend keine Geliebte gegeben, und es sah wirklich so aus, als kümmere er sich einzig um seine Laufbahn und bringe es deshalb fertig, jeder gefährlichen Leidenschaft aus dem Weg zu gehen; vielleicht hielt ihn auch ein geheimnisvolles Leid von den Frauen fern. Aus Skeptizismus oder angeborener Zurückhaltung ließ er sich zu keiner Leidenschaft hinreißen. All das änderte sich mit dem Tag, da er Georges-Charles d'Anthès begegnete. Zum erstenmal seit vielen Jahren erlag er wehrlos dem Reiz eines Menschen. Er stand allein auf der Welt. Er hatte keine Kinder, keine aufrichtigen Freunde. Plötzlich kam ihm zum Bewußtsein, welcher warmen Empfindungen, welchen Lebensinhaltes er sich freiwillig beraubt hatte. Und der, welcher diesen Gefühlsumschwung verursacht hatte, sollte allein den Nutzen davon haben. Der holländische Gesandte beschloß, seine Laufbahn zu begünstigen. Er tat es so selbstvergessen und mit so viel Eifer, daß die erstaunten Zeitgenossen nach geheimen Gründen für seine Handlungsweise suchten. Manche behaupteten, d'Anthès sei der natürliche Sohn des Gesandten oder sein Neffe oder sogar ein Bastard von Karl X.! Andere beschuldigten Heeckeren und d'Anthès eines widernatürlichen Verhältnisses. Fürst Trubetzkoj, der seinem Waffengefährten d'Anthès im übrigen sehr gut gesinnt war, versagte sich nicht zu erklären:

»D'Anthès hatte sich einige harmlose Dummheiten zuschulden kommen lassen, wie sie die Jugend eben zu begehen pflegt; eine unterschied sich jedoch von den anderen, was wir aber erst sehr viel später erfuhren. Ich weiß nicht recht, wie ich mich ausdrücken soll ... Damals war die Päderastie sehr verbreitet in der vornehmen Gesellschaft. Zieht man in Betracht, daß d'Anthès dauernd den Damen den Hof machte, so muß man annehmen, daß er in seinen Beziehungen zu Heeckeren nur die passive Rolle spielte.«

Louis Metman, der Enkel von Georges-Charles d'Anthès, versucht, die Freundschaft seines Großvaters mit dem holländischen Gesandten durch andere Gründe zu rechtfertigen:

»Französische Erziehung und Bildung und eine mögliche weitläufige Verwandtschaft erklären die Freundschaftsbande zwischen zwei Männern so verschiedener Charaktere und Neigungen.«

In Wirklichkeit scheinen die äußerst heftigen Angriffe von Fürst Trubetzkoj ebenso unbegründet zu sein wie die fadenscheinigen Entschuldigungen von Louis Metman. Wäre Baron van Heeckeren als Päderast bekannt gewesen, so hätte Puschkin sich glücklich geschätzt, zu all den Beleidigungen, mit denen er ihn in seinem Brief vom 26. Januar 1837 ohnehin überhäufte, noch diese Beschuldigung hinzufügen zu können. Puschkin macht aber in seinem Schreiben keinerlei Anspielung auf zweideutige Beziehungen zwischen d'Anthès und Heeckeren. Es sind Briefe von d'Anthès an Heeckeren vorhanden, die wir später anführen werden, in denen der junge Mann seinem Beschützer von der unglücklichen Liebe erzählt, die ihm eine Frau eingeflößt habe. »Sei nachsichtig gegenüber meiner neuen Leidenschaft«, schreibt er, »denn ich liebe auch Dich von ganzem Herzen.« Der Ton dieser Briefe kann uns genügend über die Beziehungen der beiden Partner aufklären. Man gewinnt den Eindruck, daß Baron van Heekkeren sein Gefühlsleben völlig verdrängt hatte und seinen Empfindungen für d'Anthès heroisch einen ehrenhaften, platonischen Ausdruck verlieh. Er sublimierte, was daran verwirrend und hoffnungslos war; er ermunterte sogar seinen Schützling, zu Frauen zu gehen. Und die Erfolge von d'Anthès erfüllten ihn mit bitterer Freude. Den Forderungen seiner Veranlagung ausweichend, zwang er sich, für sein leidenschaftliches Begehren keine andere Gegengabe zu erbitten als die Möglichkeit, dem jungen Burschen, dessen Zuneigung ihm schmeichelte, zu raten, ihn zu verzärteln, seinen Unterhalt zu bestreiten und Anteil an seinem Leben zu haben. Diese väterliche Fürsorglichkeit rettete ihn vor dem Lautwerden böser Gerüchte.

Wie dem auch sei, d'Anthès hatte seinen Entschluß nicht zu bereuen. Er kam im Oktober 1833 in St. Petersburg an, verstand kein Wort Russisch und dachte nicht daran, eine Sprache, die er geringschätzte, zu lernen. Am 14. Februar 1834 wurde er als Kornett in die 7. Reserveschwadron der Gardereiter eingereiht. Die Empfehlung von Wilhelm von Preußen hatte über alle Verwaltungshindernisse gesiegt. Das Examen war auf eine reine

Formsache beschränkt worden. Zarin Alexandra Feodorowna, Chef des Gardereiterregimentes, wies annähernd neunzigtausend Rubel für die Ausrüstung des neuen Offiziers an. Zwei Jahre später sollte Georges d'Anthès zum Gardeleutnant befördert werden und die Erlaubnis erhalten, in der russischen Armee zu dienen, ohne seine französische Staatsangehörigkeit zu verlieren.

Am 26. Januar 1834 schrieb Puschkin, von einem seltsamen Vorgefühl heimgesucht, in sein Tagebuch folgende Worte:

»Baron d'Anthès und Marquis de Pina, zwei Royalisten, werden ohne weiteres in die Garde aufgenommen werden. Die Garde murrt.«

Der neue Gardereiter interessierte sich tatsächlich nur mäßig für die Pflichten, die der Dienst ihm auferlegte, und steckte die Strafverweise gelassen ein. Er trat vor seinen Vorgesetzten aus der Reihe, zündete eine Zigarre an, wenn nach der Parade ›Rührt Euch!‹ kommandiert wurde, fehlte beim Exerzieren und kam zu spät zum Sammeln. Der Regimentsschreiber rechnete aus, daß Baron d'Anthès während seines kurzen Aufenthaltes in der Armee vierundvierzig öffentliche Verweise bekommen hatte.

Diese leichten Verstöße bildeten jedoch kein Hindernis für die erfolgreiche Laufbahn von d'Anthès. Er war beliebt, und man sagte, er sei »einer der schönsten Gardereiter und einer der begehrtesten Männer«. Seine Kameraden suchten seine Gesellschaft, weil er sie zum Lachen brachte. Großfürst Michael Pawlowitsch bewunderte seine Kalauer, seinen zarten Schnurrbart und seine Art zu tanzen. Gräfin Moussine-Puschkin, seine Tante, behandelte ihn voll Wohlwollen. Graf Adlerberg begönnerte sein erstes Auftreten. Heeckeren, Nesselrode und die ganze internationale Aristokratie drängten ihn in die Gesellschaft. Und im Lauf der Zeit wurde die zärtliche Zuneigung des Barons für Georges d'Anthès immer tatkräftiger. Der Vater von d'Anthès, den man von dieser ungewöhnlichen Freundschaft unterrichtet hatte, schrieb am 21. Dezember 1833 an den Gönner seines Sohnes:

»Ich kann Ihnen nicht genug Dankbarkeit bezeigen für alles Wohlwollen, das Sie meinem Sohn entgegenbringen; ich hoffe, er wird sich dessen würdig erweisen. Der Brief Eurer Exzellenz hat mich völlig beruhigt, denn ich verhehle Ihnen nicht, daß ich große Sorgen um ihn hatte. Bei seinem freimütigen Charakter und seiner Unbekümmertheit fürchtete ich, daß er Bekanntschaften schlösse, die ihm schaden könnten. Aber dank Ihrer Güte, mit der Sie ihn unter Ihren Schutz nehmen und ihn als Freund behandeln, kann ich ruhig sein ... Ich nehme dankbar den Vorschlag Eurer Exzellenz an, für die Kosten seiner ersten Ausrüstung aufkommen zu wollen, und bitte Sie, mir gütigst den Betrag für Ihre Auslagen zu nennen, damit ich sie Ihnen wieder zurückerstatten kann.«

Noch im Laufe des Jahres 1834 unternahm Baron Heeckeren eine Reise ins Elsaß, um mit der Familie des jungen Mannes zusammenzutreffen, und schon in den ersten Tagen des Jahres 1836 beschloß er, Georges d'Anthès als Sohn und Erben anzunehmen.

Diese Adoption eines Burschen von vierundzwanzig Jahren durch einen Mann von fünfundvierzig verblüffte die Zeitgenossen. Als jedoch der Vater von d'Anthès über die Pläne des Gesandten unterrichtet wurde, fand er den Vorschlag annehmbar und schrieb am 15. Februar 1836 an Baron van Heeckeren:

»Nicht ohne das lebhafte Gefühl der Dankbarkeit sehe ich mich veranlaßt, mich mit Ihnen über den Vorschlag zu unterhalten, den Sie so gütig waren, mir schon mehrmals zu machen, nämlich Georges d'Anthès als Ihren Sohn anzuerkennen und ihn zum Erben Ihres Namens und Vermögens zu machen. Dieses großmütige Vorhaben, das meinem Sohn ein Los bereitet, das ich ihm niemals hätte bieten können, macht mich glücklich hinsichtlich dessen, was mir das Teuerste auf der Welt ist. Schreiben Sie also die Verzögerung meiner endgültigen Zustimmung, die in meinem Herzen schon lange beschlossen war, allein den Bindungen eines Vaters an seinen Sohn zu. In der Tat, wenn ich wie bisher aufmerksam die wachsende Zuneigung verfolge, die dieses mein Kind Ihnen eingeflößt hat ... und wenn ich sehe, mit welcher Sorglichkeit Sie über ihn wachen, für seine Bedürfnisse aufkommen und nicht müde werden, sich um ihn zu kümmern, ja, daß Ihre Fürsprache ihm jetzt eine Laufbahn eröffnet hat, in der sich auszuzeichnen er nicht verfehlen kann, da habe ich mir gesagt, daß diese Belohnung Ihnen wohl zusteht und daß die väterliche Zärtlichkeit für ein Kind vor so viel großmütiger Ergebenheit zurückweichen muß. Ich beeile mich also, Herr Baron, Sie in Kenntnis zu setzen, daß ich vom heutigen Tag an auf alle meine Vaterrechte gegenüber Georges-Charles d'Anthès verzichte und Sie gleichzeitig ermächtige, ihn an Sohnes Statt anzunehmen. Ich gebe im voraus und ohne Einschränkung meine Einwilligung zu allen Schritten, die Sie unternehmen werden, damit diese Adoption vor dem Gesetz rechtsgültig werde.«

So wechselte Georges-Charles d'Anthès von einer Familie zur

anderen über zur größten Freude seines leiblichen wie seines Adoptivvaters. Dieser Wechsel kam den Wunschträumen des jungen Mannes entgegen. Mit einem Schlag waren Zukunft und Laufbahn gesichert, und es gab keinen Solon mehr, der die Türen nicht sperrangelweit vor ihm öffnete. Die Damen waren dem ehemaligen französischen »Royalisten«, aus dem ein russischer Gardereiter geworden war, sehr geneigt. Sie hatten allen Grund dazu! Denn d'Anthès war schön. Eine große Gestalt mit mächtigem Brustkasten, vorquellenden Augen und genießerischem Mund in dem vollen, rosigen Gesicht, über dem sich blonde Haare wellten. Sein Lachen war übermütig, und sein leicht elsässischer Tonfall klang angenehm. Seine Bewegungen zeigten eine männliche Anmut, die allen gefiel. Fürst Trubetzkoj sagte von ihm: »Er ist sehr schön, und seine gleichbleibenden Erfolge bei den Damen haben ihn verdorben; als Ausländer behandelt er die Frauen mit mehr Kühnheit und Zwanglosigkeit als wir Russen; sie haben ihn verwöhnt, und so ist er anspruchsvoller und anmaßender, als es in unserer Gesellschaft gestattet ist.«

Zu diesen Frauen, die erbleichten, wenn der forsche Gardereiter sich näherte, gehörten Nathalie Puschkin und ihre Schwester, Katharina Gontscharov. Die am meisten begehrte Frau und der am meisten bewunderte Offizier hatten ihre außerordentliche Stellung in der Welt gemeinsam. Es schmeichelte d'Anthès, die Ballkönigin zu umgarnen. Und es schmeichelte Nathalie, von dem Herzensbrecher bemerkt zu werden. Außerdem entsprach d'Anthès genau dem männlichen Schönheitsideal Nathalies. Puschkin war klein und schmächtig und kleidete sich wie ein Alltagsmensch. Er hatte nichts übrig für die Salons und tanzte nur aus Höflichkeit; seine Erfolge auf dem Gebiet der Dichtkunst verhinderten nicht, daß er ein ziemlich armseliger Kavalier war. Er trug keine Uniform und keine Epauletten, in seinem Gesicht saß kein kecker Schnurrbart, er kannte kein galantes, leichtes Gespräch, fand keinen Geschmack an festlicher Beleuchtung, an Musik und schönen Kleidern; bei ihm gab es kein Hackenzusammenschlagen und Sporenklirren, er hatte keinen großen Namen und kein Geld, das er heiter und mit leichter Hand ausgeben konnte. Und d'Anthès besaß das alles. Er war das Gegenstück zu Nathalie. Gesund, jung, unbedacht und heißblütig wie sie, lebte auch er in Saus und Braus. In seiner Nähe fühlte sie sich zur Frau werden, er hatte schon beim ersten Blick diese Verwirrung in ihr hervorgerufen, die Puschkin nicht zu wecken verstanden hatte.

Bei jeder neuen Begegnung erkannte Nathalie immer klarer, daß dieser Mann alle jene Eigenschaften besaß, um die sie betrogen worden war, als sie den Dichter heiratete. Und doch dachte sie nicht daran, Puschkin zu betrügen. In diesem Punkt war sie grundanständig und wußte, was gut und böse war. Aber zwischen Gut und Böse gab es soviel Spielarten. Eine anständige Frau konnte sich an unbedeutenden kleinen Freuden ergötzen, ohne ihre Pflicht zu verletzen. Eine untadelige Ehefrau hatte die Freiheit, sich bis an die Grenze der Sünde in ein Abenteuer einzulassen, ohne daß jemand das Recht hätte, ihr Betragen zu bemängeln. Puschkin hatte die »Koketterie« zugestanden. Und Nathalie machte in reichlichem Maß davon Gebrauch. Ein wenig beim Zaren. Und viel bei d'Anthès. Was war schon anstößig daran?

Die Memoiren der Zeitgenossen lassen ein Bild des Paares vor uns erstehen – hier ein Blick auf ihr vertrauliches Beisammensein, dort eine Einzelheit ihres Anzugs. Immer wieder tauchen bei den verschiedenen Berichterstattern in geziertenWendungen diese Beschreibungen auf, welche die einzelnen Stationen des Dramas bezeichnen.

Hier handelt es sich um d'Anthès beim Ball im August 1835:

»D'Anthès forderte Frau Puschkin zu einem Tanz auf. Er war in unaufhörlicher Bewegung, tanzte gewandt, plauderte und unterhielt die Gäste und bildete sich ein, der Held des Tages zu sein: dieser stämmige, etwas füllige, mittelgroße Offizier mit dem blonden Haar machte auf mich einen unangenehmen Eindruck; ich fand sein Gehabe affektiert und allzu selbstsicher, und ich glaube, daß ich ihn mit einem Stallburschen verglich.«

Ein anderesmal sehen wir Nathalie, die einen Ball verläßt:

»Der Ball war zu Ende. Nathalie Nikolajewna wartete auf ihre Kutsche; sie lehnte an einer Säule vor dem Eingang, und eine Gruppe junger Offiziere, hauptsächlich Gardereiter, umringte sie und überschüttete sie mit Komplimenten. Ein wenig abseits, an einer anderen Säule in der Nähe, stand Puschkin, er beteiligte sich nicht an der Unterhaltung und schien in Gedanken versunken.«

Zuerst natte Nathalie sich geschmeichelt gefühlt durch die Huldigungen d'Anthès', dann fand sie Spaß daran; seine Hartnäckigkeit setzte sie jedoch in Verwirrung, und schließlich konnte sie seine Gesellschaft nicht mehr entbehren. D'Anthès wußte immer neue Möglichkeiten ausfindig zu machen, sie zu treffen, sei es bei gemeinsamen Freunden, im Theater, beim Ball oder auf der Promenade. All diese Begegnungen fanden immer in Gegenwart von Katharina, der Schwester Nathalies, statt, die sterblich verliebt war in den Gardereiter. Das bescheidene Mädchen ließ allen Stolz beiseite, unterdrückte ihre Eifersucht und begnügte sich mit der Rolle der Anstandsdame, nur um d'Anthès zu sehen und mit ihm sprechen zu können.

Angewidert schaute Puschkin dem Treiben von Nathalie, d'Anthès und Katharina zu, während er selbst Nathalie mit ihrer Schwester Alexandrine betrog. Vielleicht geschah es aus Rache, vielleicht weil er ein untätiges Leben führte. Eine erstickend erotische Atmosphäre herrschte im Haus des Dichters, und immer häufiger kam es zu heftigen häuslichen Szenen. Nathalie war zwar in d'Anthès verliebt, verübelte es aber Puschkin, daß er ihrer Schwester Alexandrine den Hof machte. Und Puschkin warf Nathalie ihr allzu freundliches Betragen gegen d'Anthès vor. Katharina war eifersüchtig auf Nathalie, die d'Anthès, den sie gar nicht verdiente, umgarnt hatte. Der Dichter war außer sich über diesen ganzen Rummel unlauterer Intrigen und Verdächtigungen, über den verstohlenen Beischlaf, die Liebesbriefe, das Schelten und Schwärmen, über die Stelldicheins und die zerknitterten Kleider. Türen fielen krachend ins Schloß. Die Frauen weinten. Dann mußte man sich in Windeseile ankleiden und das Gesicht mit kaltem Wasser kühlen. Was für ein Kleid sollte man anziehen, für welche Frisur sich entscheiden? Würde der Zar heute abend auf dem Ball erscheinen? Und d'Anthès? Vergessen wir nicht, daß dieser Winter 1835/36 jene Zeit war, in der Puschkin sich in Ehrenhändel verwickelte, in Duelle, wie er wieder rückgängig machte, mit Sologub, Khlustin, Repnin. Nathalie war schwanger, aber immer noch schön und begehrenswert. Das Geld wurde immer knapper, und die Inspiration wollte sich nur schwer einstellen.

Je länger der Dichter über seine Lage nachdachte, desto deutlicher wurde ihm, daß er eine Ungeschicklichkeit begangen hatte, als er Nathalie das häufige Zusammentreffen mit d'Anthès untersagte. Liebeserlebnisse, denen man Hindernisse in den Weg legt, gewinnen eine magische Wertschätzung im Herzen der Betroffenen. Nathalie mußte ihres Freundes d'Anthès überdrüssig werden und ihn aus eigenem Antrieb von sich weisen. Sie würde übrigens niemals untreu sein. Das wußte Puschkin. Er konnte also in Ruhe das Ende dieses wahnwitzigen koketten Spieles abwarten, es gab ja Alexandrine, die ihn tröstete.

Aber die Tage verstrichen, und Nathalie schien nicht auf ihre Stelldicheins und ihre Heimlichkeiten verzichten zu wollen.

Fortwährend erhielt sie Bücher und Briefe von d'Anthès und antwortete ihm. Die Dienerin Lisa übernahm diese Besorgungen.

Was für Gefühle verbanden nun Nathalie und d'Anthès in Wirklichkeit? Handelte es sich lediglich um ein Liebesspiel, wie es in der Gesellschaft üblich ist, oder um tiefe Zuneigung? Es ist durchaus anzunehmen, daß nur das eitle Vergnügen der Gefallsucht Nathalie anfänglich bewog, auf die Annäherungsversuche von d'Anthès einzugehen. Und ohne Zweifel dachte er zunächst kaum an mehr, als sich die Gunst einer eleganten Dame zu erringen, deren Aufmerksamkeit ihm schmeichelte. Aber durch die unzähligen Begegnungen, durch die vielen verliebten Blicke und das Verheimlichen der Liebe wurden die beiden Hauptdarsteller schließlich die Gefangenen ihres Spieles. Was als galantes Scharmützel begonnen hatte, wurde eine heftige und aussichtslose gegenseitige Leidenschaft. Schon zu Beginn des Jahres 1836 fand Nathalie die Nähe von d'Anthès nicht mehr vergnüglich. Sie litt; vielleicht zum erstenmal in ihrem Leben. Puschkin hatte ein liebliches, kindisches Geschöpf geheiratet, das keiner warmen Empfindung fähig war. D'Anthès eroberte eine Frau. Ja, die Annäherung von d'Anthès hatte Nathalie außerordentlich reif werden lassen. Nathalies Seele entfaltete sich und bereicherte sich durch diese völlig neue Erfahrung. Und Georges d'Anthès verfolgte nicht etwa verschlagen abwartend das ständige Wachsen dieser Verzauberung, sondern teilte Nathalies Verwirrung mit seinem ganzen Sein. Sie war verheiratet und wollte treu bleiben. Aber sie liebte Puschkin nicht. Sie liebte ihn, ihn allein. Was konnte man tun? In diesem Zwiespalt hätte d'Anthès gerne Rat und Hilfe gehabt, die er nirgends fand. Sein Gönner, Baron van Heeckeren, hatte St. Petersburg vor kurzem verlassen und reiste in Frankreich umher.

Nach langem Zögern entschloß sich d'Anthès, seinem väterlichen Freund zu schreiben, und es wurde uns erlaubt, dieses außerordentlich bedeutsame Schriftstück, das lange unbekannt geblieben ist, zu veröffentlichen; es erbringt den Beweis für unsere Behauptungen:

»Petersburg, den 20. Januar 1836

Mein liebster Freund,

ich stehe in Deiner Schuld, weil ich nicht sofort auf Deine beiden lieben und witzigen Briefe, die Du mir geschrieben hast, antwortete. Aber nachts bin ich beim Tanz, vormittags in der Reitbahn, und nachmittags muß ich schlafen. So lebe ich seit vierzehn Tagen und werde es wohl noch länger tun. Aber schlimmer als all das ist die Tatsache, daß ich toll verliebt bin. Wahrlich, toll ist das richtige Wort, denn ich weiß nicht mehr, wo mir der Kopf steht. Ich werde sie Dir nicht nennen, denn ein Brief kann verlorengehen, aber erinnere Dich an das wonnigste Geschöpf von ganz Petersburg, so weißt Du ihren Namen. Und sie liebt mich auch, was meine Lage noch fürchterlicher macht, denn wir können uns nicht sehen, jedenfalls ist es bis jetzt völlig unmöglich, weil der Ehemann von himmelschreiender Eifersucht geplagt ist. Ich vertraue mich Dir an, mein Teurer, meinem besten Freund, weil ich weiß, daß Du an meinem Kummer Anteil nimmst. Aber, um Gottes willen, kein Wort zu irgend jemand, suche Dich auch nicht zu informieren, wen ich umwerbe, Du würdest sie, ohne es zu wollen, ins Verderben stürzen, und ich wäre untröstlich. Denn, siehst Du, ich täte alles auf der Welt für sie, nur um ihr Freude zu machen, und das Leben, das ich seit einiger Zeit führe, ist eine unaufhörliche Folter. Es ist ein gräßlich Ding, sich zu lieben und es sich nur zwischen dem Gedudel eines Kontertanzes sagen zu können: ich tue vielleicht unrecht, Dir das alles anzuvertrauen, und Du wirst es vielleicht als Dummheit abtun, aber mein Herz ist so übervoll, daß ich es ausschütten muß. Ich bin sicher, daß Du mir diese Torheit verzeihen wirst, denn ich gebe zu, daß es eine ist; aber ich kann unmöglich Vernunft annehmen, obwohl es bitter nötig wäre, denn diese Liebe vergiftet mein Dasein. Aber beruhige Dich, ich bin vorsichtig und war es bis jetzt so sehr, daß das Geheimnis nur ihr und mir gehört. Sie trägt denselben Namen wie die Dame, die Dir meinetwegen schrieb, daß sie untröstlich sei, da Seuche und Hungersnot ihre Dörfer zugrunde gerichtet hätten. Jetzt wirst Du verstehen, wie es möglich ist, um ein solches Geschöpf den Verstand zu verlieren! Ich wiederhole noch einmal: nicht ein Wort zu Broge, denn er steht mit Petersburg in Verbindung, und eine Andeutung von seiner Seite gegenüber seiner Ehefrau würde genügen, uns beide zu verderben! Denn Gott allein weiß, was geschehen könnte, und die vier Monate, die wir noch getrennt sein müssen, liebster Freund, werden mir wie Jahrhunderte vorkommen. In meiner Lage braucht man nämlich unbedingt jemand, dem man sein Herz öffnen und bei dem man sich Mut holen kann. Wäre nicht diese Geschichte, so müßte ich sagen, daß ich mich noch nie im Leben wohler gefühlt habe. So aber ist mir der Kopf so voll, daß ich Tag und Nacht keinen Augenblick Ruhe finde, und das läßt mich krank und traurig aussehen, mit meiner Gesundheit hat das nichts zu tun ... Lebwohl, mein Lieber, sei nachsichtig gegen meine neue Leidenschaft, denn ich liebe auch Dich von ganzem Herzen.«

Dieser Brief wirft ein helles Licht auf die Beziehungen zwischen d'Anthès und Nathalie. Die beiden wachsen durch diese Enthüllung. Denn bis jetzt verurteilten die Historiker streng diese junge Frau, die so gar kein Empfinden für die Leiden ihres Mannes zeigte und nicht darauf verzichten konnte, daß man ihr den Hof machte, sowie diesen Gecken, der sich einen Spaß daraus machte, den Frieden einer Ehe zu stören, nur um sich mit einem neuen Namen auf seiner Jagdliste brüsten zu können. Doch die Leidenschaft entschuldigt die von ihr Betroffenen. Und eine echte Leidenschaft bestand zwischen d'Anthès und Nathalie. Nathalie mochte sich noch so oft sagen, daß es klüger wäre, auf den Anblick ihres Verehrers zu verzichten, ihre Sinne konnten seine belebende Gegenwart nicht mehr entbehren. Und d'Anthès konnte sich immer wieder sagen, daß seine Liebe aussichtslos sei, er blieb bei seiner Tollheit und fand Genuß darin, unglücklich zu sein.

Der Karneval kam mit seinen rauschenden, übermütigen Festen. Nathalie und d'Anthès sahen sich fast täglich bei Bällen, im Theater, bei Empfängen. Aus den Memoiren einer Augenzeugin erfahren wir, daß Fürstin Boutereau am Mittwoch, dem 5. Februar 1836, einen hochfeinen Ball veranstaltete. Eine Doppelreihe von Lakaien stand auf den Stufen der Haupttreppe. Die Salons waren überfüllt mit Blumen und Blattpflanzen von riesigen Ausmaßen. Ein unsichtbares Orchester spielte Walzer. »Der große Saal mit seinen Wänden aus weißem Marmor, den Goldleisten zierten, sah aus, als sei er ein Feuertempel, so flammte es in ihm«, berichtet die Schreiberin.

In der Menge hatte sie bald d'Anthès erkannt, dessen Blick unruhig und sehnsüchtig die Gesichter der Tanzenden streifte. Endlich verließ d'Anthès den Saal, kehrte aber bald an der Seite von Frau Puschkin zurück. Und sie hörte, wie er Nathalie zuflüsterte:

»Weggehen? Denken Sie wirklich daran, gnädige Frau? Ich glaube es nicht. Das konnte nicht Ihre Absicht sein.«

Bei einem dieser Bälle, vielleicht sogar auf dem Ball der Boutereau, verlor d'Anthès plötzlich alle Beherrschung und flehte Nathalie an, seine Geliebte zu werden. Wie oben handelt es sich wieder um einen Brief von Georges d'Anthès an den Gesandten, der bis zu diesem Tag im Archiv der Familie Heeckeren-d'Anthès aufbewahrt wurde und den wir zum erstenmal veröffentlichen, der diese Begebenheit offenbart:

»Petersburg, den 14. Februar 1836

Mein lieber Freund, der Karneval ist zu Ende und mit ihm ein Teil meiner Qualen. Ich glaube wirklich, ein wenig ruhiger zu sein, seit ich sie nicht mehr alle Tage sehe. Jetzt kann nicht mehr jeder ihre Hand fassen, sie um die Hüften nehmen, mit ihr tanzen und plaudern, wie ich es tue. Ja, sie tun es besser als ich, denn sie haben ein reineres Gewissen. Es klingt dumm, und ich hätte es niemals geglaubt, aber diese Eifersucht ist schuld an meinem dauernden Erregtsein und hat mich unglücklich gemacht. Dazu kommt, daß wir das letztemal, als ich sie sah, eine furchtbare Aussprache gehabt haben, die mir aber gut getan hat. Bei dieser Frau vermutet man im allgemeinen wenig Geist, und ich weiß nicht, ob die Liebe ihn verleiht, aber man kann unmöglich mehr Takt, Anmut und Geist in eine solche Unterhaltung legen, als Nathalie es tat. Es handelte sich um nichts weniger, als dem Mann, den sie liebt und der sie vergöttert, abzuschlagen, ihre Pflichten zu verletzen. Sie hat mir ihre Lage mit soviel rückhaltloser Offenheit geschildert und hat mich mit solcher Naivität um Gnade gebeten, daß ich mich wirklich besiegt fühle und kein Wort der Erwiderung fand. Wenn Du wüßtest, wie sie mich tröstete; sie sah nämlich genau, daß ich fast verging und daß meine Lage schauderhaft war. Sie sagte zu mir: Ich liebe Sie, wie ich noch niemals geliebt habe, aber fordern Sie nichts als mein Herz, denn alles übrige gehört nicht mir, und ich kann nur glücklich sein, wenn ich meine Pflicht achte. Beklagen Sie mich und lieben Sie mich, wie Sie es jetzt tun; meine Liebe wird Ihre Belohnung sein. – Ich hätte mich ihr zu Füßen geworfen, wenn ich allein gewesen wäre. Ich versichere Dir, daß meine Liebe zu ihr seit diesem Tag noch größer geworden ist, aber es ist nicht mehr dieselbe Liebe: ich verehrte sie und achte sie hoch wie ein Wesen, mit dem das ganze Dasein verknüpft ist.«

Der Brief trägt das Datum des 14. Februar 1836. Nathalie war den fünften Monat schwanger. Es ist wenig wahrscheinlich, daß sie sich ein paar Wochen später den Liebesfreuden hingegeben hätte, nachdem sie den Bitten von d'Anthès widerstand, als sie noch hübsch und wohlerhalten war. Hatte die Schwangerschaft sie erst einmal entstellt, so lief sie Gefahr, ihren Geliebten zu enttäuschen. Die Niederkunft fand am 23. Mai 1836 statt. Nach der damaligen ärztlichen Praxis mußte eine Wöchnerin mindestens einundzwanzig bis fünfundzwanzig Tage das Bett hüten. Die Genesungszeit dauerte im ganzen sechs bis sieben Wochen. Das bedeutete, daß Nathalie erst Anfang Juli wieder ganz hergestellt war.

Als sie von dieser Last befreit war, fuhr sie fort, den Gardereiter zu treffen, ihn zu lieben und sich lieben zu lassen, aber ihre Pflichtauffassung hielt sie an der sich selbst gezogenen Grenze. Doch schon machten in den Salons unfreundliche Bemerkungen die Runde über diese zu lang anhaltende Verbindung, die beide Partner sichtlich glücklich machte. Schon gelangten anonyme Briefe mit geilen Beschimpfungen an Puschkin. Man übergab ihm einen solchen Brief bei einem Diner, und er überflog ihn auf der Stelle.

»Das ist zweifellos ein hochinteressanter Brief«, meinte die Hausfrau, »da Herr Puschkin jeden Anstand darüber vergißt.«

Puschkin wurde bleich, erhob sich vom Tisch und verließ, ohne ein Wort zu erwidern, das Haus.

Aber im Restaurant unter seinem Mundtuch, im Theater in seinem Mantel erwarteten ihn weitere anonyme Briefe. Seine Freunde versuchten, Nathalie zur Vernunft zu bringen:

»Ich liebe Sie wie meine eigene Tochter«, sagte Fürstin Wiasemskij eines Tages zu ihr. »Überlegen Sie doch: Wie soll das alles enden?«

»Es macht mir Spaß, mit ihm zusammen zu sein«, antwortete Nathalie. »Er gefällt mir ganz einfach. Und es wird nichts anderes zwischen uns geschehen, als was in diesen zwei Jahren geschehen ist.«

Und was hätte sie der Fürstin Wiasemskij auch antworten sollen? Man mußte die Welt um jeden Preis glauben machen, daß es sich lediglich um das Spiel einer gefallsüchtigen Frau handelte.

»Wäre Nathalie nicht von undurchschaubarer Dummheit gewesen und d'Anthès nicht schon durch den Erfolg verdorben, so hätte sich die ganze Sache im Sande verlaufen«, schrieb Trubetzkoj. »Damals gab es nichts zwischen ihnen als Händedrücken, Liebkosungen und Küsse. Nichts weiter. Solches Liebesgetändel war zu unser Zeit gang und gäbe.«

Nun, es handlete sich nicht um ein »übliches Liebesgetändel«. Nathalie sah wohl die Qualen ihres Mannes, konnte ihm aber nicht helfen. Es verhielt sich nicht so, daß es hier den genialen eifersüchtigen Schriftsteller gab und dort die kleine leichtfertige Frau, die sich in sträflicher Weise vergnügte, es lag eine zweifache Tragödie vor. Puschkin litt darunter, nicht geliebt zu werden, und Nathalie, nicht nach ihrem Gefallen lieben zu können. Es kostete sie viel, der Versuchung zu widerstehen. Es war kein leichtes Unterfangen, sich der Tatjana aus *Eugen Onegin* würdig zu erweisen, zumal der Verführer jung war und leidenschaftlich, und der Gatte streitsüchtig und griesgrämig. Wenn man jedoch den Aussagen der Zeitgenossen Glauben schenkt, so blieb Nathalie dem Dichter treu. Treu zwar nur in körperlicher Hinsicht. Aber konnte sie mehr tun?

Bei einem Spaziergang begegnete Paul Wiasemskij auf dem Newskij-Prospekt dem unvermeidlichen Trio: Nathalie, ihre Schwester Katharina und d'Anthès.

»Im selben Augenblick«, schrieb Wiasemskij, »eilte Puschkin, schnell wie der Wind, an uns vorüber, ohne sich umzudrehen, und verschwand sofort in der Menge der Spaziergänger. Sein Gesichtsausdruck war furchterregend, und ich sah darin einen Vorboten des Dramas, das folgen sollte.«

Bei einer Abendgesellschaft bei Fürst Wiasemskij kam es zu einem scharfen Wortwechsel Puschkin und d'Anthès. Als er wegging, rief der Laufdiener:

»Die Kutsche von Puschkin!«

»Von welchem Puschkin?« antwortete die Stimme eines anderen Lakaien.

»Von dem Schriftsteller!«

Puschkin fühlte die ganze Verachtung, die dieser minderwertige Titel hervorrief. Er war nur ein kleiner Schriftsteller, ein winziger Punkt, der sich in der Weite der Welt verlor. Die Welt nahm ihn nur wegen seiner Frau auf, nicht wegen seines Talentes.

»Dieses bezaubernde Geschöpf«, schrieb Korf, »schätzte den Ruhm ihres Mannes nur wegen der Erfolge, die er ihr in der Welt einbrachte; sie zog das Lichterfunkeln der Ballsäle sämtlichen Gedichten des Weltalls vor. Während sie die Vorteile der Berühmtheit Puschkins zu nutzen verstand, schämte sie sich indessen – seltsamer Widerspruch! – heimlich der Tatsache, daß eine Person wie sie, eine Weltdame höchsten Ranges, einen ›Schriftsteller‹ zum Mann hatte.«

In den Salons sagte man von Nathalie, sie habe eine »spitzenbesetzte Seele«.

Puschkin verzieh dieser »spitzenbesetzten Seele« alles und schob das ganze Gewicht der Schuld auf d'Anthès und Baron van Heeckeren. Als dieser endlich von seiner Reise zurückgekehrt war, nahm er nämlich tätigen Anteil an dem Ränkespiel seines Adoptivsohnes. Aus der Ferne hatte er immer kluge Vorsicht empfohlen, an Ort und Stelle beurteilte er die Sachlage weniger streng. Hätte es sich um einen anderen Mann als Puschkin gehandelt und um eine andere Frau als Nathalie, so würde der Gesandte unfehlbar d'Anthès zurückhaltende Standfestigkeit angeraten haben. Aber Puschkin war der geschworene Feind der Familie Nesselrode und damit auch der von van Heeckeren, der mit dem Außenminister sehr befreundet war. Wenn er Puschkin entehrte, so spielte d'Anthès nur dem weltlichen Klüngel in die Hände und verdiente das Lob aller anständigen Leute. Er rückte um eine Rangstufe vor. Es war eine Frage des Fortkommens in seiner Laufbahn. Gegen Mitte Oktober wurde d'Anthès krank und mußte sich zu Bett legen, und Puschkin glaubte, nun ein wenig aufatmen zu können. Aber während der Abwesenheit von d'Anthès vertrat Heeckeren seine Stelle bei Nathalie. Er folgte ihr, sprach mit ihr von der wahnwitzigen Leidenschaft, die sie seinem Adoptivsohn eingeflößt habe, und versicherte ihr, daß Georges fähig sei, sich zu töten, wenn sie ihm ihre Gunst noch länger verweigere. Bei einem Ball der Adelsgesellschaft soll er ihr sogar vorgeschlagen haben, Puschkin zu verlassen und mit d'Anthès ins Ausland zu fliehen. Nathalie wies sein Angebot voll Entrüstung zurück.

Zum erstenmal fühlte sie sich verloren und begriff ihre Unvorsichtigkeit. Sie wollte sich zurückziehen. Als jedoch d'Anthès wieder in der Gesellschaft erschien, brachte Nathalie es nicht übers Herz, mit ihrem Verehrer zu brechen.

Einige Zeit nachher riet Graf Adlerberg dem Großfürsten Michael, dem Höchstkommandierenden der Gardereiter, d'Anthès in den Kaukasus zu schicken, um ihn von Nathalie zu entfernen. Aber Großfürst Michael lehnte es ab, die Damen eines so glänzenden Kavaliers zu berauben. D'Anthès, der Spaßmacher, war dem russischen Zarenhof notwendiger als der Dichter Puschkin.

Die Wiasemskij baten d'Anthès ihrerseits, unter ihrem Dach Nathalie nicht mehr den Hof zu machen. D'Aanthès wollte nichts davon hören und kam ein paar Tage später wieder. Nathalie schien die Kühnheit des Gardereiters gleichzeitig zu erschrecken und zu begeistern. Aber Fürstin Wiasemskij erteilte dem jungen Offizier einen derben Verweis und verbot ihm ihr Haus auf immer.

Als Puschkin diese neuerliche Unverschämtheit von d'Anthès erfuhr, dachte er ernstlich daran, ihn zum Duell zu fordern. Er sah keinen anderen Ausweg aus diesem entehrenden Ränkespiel. Er sank immer tiefer in diesen Morast von Verleumdungen. Der *Zeitgenosse* wurde nicht gekauft. Neue Schulden gesellten sich zu den alten, die sich schon auf hundertzwanzigtausend Rubel in Wechseln beliefen. Eine große Anzahl von Nippsachen und Umschlagtüchern, sogar silberne Geräte seiner Schwägerin Alexandrine und seines Freundes Sobolewskij, hatte er bei einem Pfandleiher verpfändet. Sein Vater, seine Schwester Olga und sein Bruder Leo forderten Geldunterstützung. Er schrieb an Iakowlew:

»Ich stehe so tief in Deiner Schuld, daß ich mich nicht einmal rechtfertigen will. Das Geld traf ein und zerrann mir unter den Fingern. Ich bezahlte die Schulden anderer, ich kaufte die Güter anderer zurück, und meine eigenen Schulden blieben auf mir sitzen. Meine in Unordnung geratenen geschäftlichen Angelegenheiten haben mich zahlungsunfähig gemacht. Und ich muß dich um einen neuen Aufschub bis zum Herbst bitten . . .«

Er hatte inzwischen eine neue Wohnung in der Admiralsstraße gemietet, die ihn jährlich viertausenddreihundert Rubel kostete. Der Maler Brüllov besuchte ihn, als sie gerade eingezogen waren.

»Seine Kinder schliefen«, erzählte Brüllov. »Er weckte sie und führte sie mir einzeln auf seinem Armen vor. Das paßte gar nicht zu ihm und erweckte den peinlichen Eindruck eines künstlich zur Schau getragenen häuslichen Glückes. Ich konnte mir nicht versagen, ihn zu fragen: ›Welcher Teufel hat dich dazu getrieben, dich zu verheiraten?‹ Er erwiderte: ›Ich wollte mich ins Ausland begeben, aber man hat mich daran gehindert. Ich befand mich in einer Lage, in der ich nicht wußte, was tun, und so habe ich eben geheiratet.‹«

Die anonymen Briefe

Am 4. November 1836 erhielt Puschkin durch die Post, die gerade erst in der Hauptstadt eingerichtet worden war, ein Bündel französisch abgefaßter anonymer Briefe:

»Die Groß-Kreuzler, Befehlshaber und Ritter des durchlauchtigsten Ordens der Hahnreie, unter dem Vorsitz des verehrungswürdigen Großmeisters des Ordens, S. E. D. L. Naryschkin, im großen Kapitelsaal zusammengetreten, haben einmütig Herrn Alexander Puschkin zum Amtsgehilfen des Großmeisters des Ordens der Hahnreie und zum Geschichtsschreiber des Ordens ernannt.

Ständiger Sekretär:
Cte J. Borsch.«

Am gleichen Tag übergab Frau Khitrowo dem Dichter einen versiegelten Briefumschlag, den sie ebenfalls mit der Post erhalten hatte und der für »Herrn Puschkin« bestimmt war. Dieser Umschlag enthielt dieselbe »Bescheinigung«, von derselben Hand geschrieben. Schließlich kam Graf Sologub zu Puschkin und legte ein Schreiben auf seinen Tisch, dessen Wortlaut Punkt für Punkt dem der anderen Diplome glich.

»Puschkin saß an seinem Schreibtisch«, schrieb Sologub. »Er erbrach den Brief und sagte gleich zu mir:

›Ich weiß, was es ist . . . Eine gegen meine Frau gerichtete Beleidigung. Sie werden wohl begreifen, daß ich einen anonymen Brief nicht übelnehmen kann. Wenn jemand auf meine Kleidung spuckt, so ist es an meinem Kammerdiener, nicht an mir, sie zu reinigen. Meine Frau ist ein Engel. Kein Verdacht kann sie treffen.‹«

Obwohl Puschkin eine überlegene Verachtung gegenüber diesem Packen gemeiner Beschimpfungen zur Schau trug, konnte er in Wirklichkeit seinen Zorn kaum mehr meistern. Die ohnmächtige Entrüstung drohte ihn zu ersticken. Es wurde ihm schwarz vor den Augen, er zitterte, als sei er in aller Öffentlichkeit ausgepeitscht worden. Die ganze Stadt hatte Abschriften des großartigen Diploms bekommen. Seine Frau war verunglimpft, sein Name in den Schmutz gezogen. Was sollte er für eine Miene aufsetzen, wenn er sich wieder unter den Leuten zeigte? Man mußte auf eine exemplarische Rache sinnen. Den Verleumder züchtigen. Ihn anprangern, mit glühendem Eisen brennen. Vielleicht ihn töten? Aber wer war der Urheber?

Als Sologub weggegangen war, nahm Puschkin die Briefe vor und untersuchte sie sorgfältig: Luxuspapier, verschnörkelte Schrift, Stil eines vornehmen Diplomaten. Er rief seine Frau und zeigte ihr die Briefe. Nathalie erblaßte und stammelte und hatte nicht den Mut, ihre Liebe zu d'Anthès einzugestehen; sie sprach von leichtsinnigen Unbesonnenheiten und versuchte, sich reinzuwaschen, indem sie Heeckeren anklagte, sie mit seinen schlechten Ratschlägen in Verwirrung gebracht zu haben. Sie schwamm in Tränen, sie bat um Verzeihung, ihre ganze Schuld läge nur in ihrer übergroßen Leichtfertigkeit. Besänftigt, schickte Puschkin sie weg. Er war ihrer sicher. Aber solange er *den anderen* nicht zermalmt hatte, konnt es kein eheliches Glück mehr für ihn geben. Noch am selben Abend eilte er zu Iakowlew, der mit einigen Freunden seinen Geburtstag feierte. Als das Diner sich dem Ende näherte und man den Champagner auftrug, zog Puschkin das »Diplom« aus der Tasche und rief:

»Schaut her, was für einen Dreck ich da bekommen habe!«

Als Direktor der staatlichen Typographie in der zweiten Sektion prüfte Iakowlew die anonymen Briefe und stellte fest, daß das Papier des Diploms aus dem Ausland kam und nur aus einer Gesandtschaft stammen konnte, wenn man die sehr hohen Zollgebühren in Betracht zog, die auf derartige Artikel erhoben wurden.

Mehr brauchte Puschkin nicht zu wissen. Sein Verdacht fand sich bestätigt. Für ihn stand fest, daß Heeckeren der Schreiber war. Diese nachdrückliche, übereilte Schlußfolgerung bedarf jedoch einer Überprüfung. Er hat die Richtung erraten, aus welcher der Schlag kam, aber in der Person des Verfassers hat er sich geirrt. Dieses Luxuspapier war tatsächlich nur in den Gesandtschaften zu sehen, aber Heeckeren hätte nicht gewagt, die anonymen Schreiben selbst abzufassen. Doch der Einfall dieser Verleumdung kam aus dem Kreis der Nesselrode, und Heeckeren, der dem Dichter höchst feindselig gesinnt war, gehörte zu diesem Kreis. Das Diplom war abgegangen, um Heeckeren und d'Anthès einen Dienst zu erweisen. Und Heeckeren und d'Anthès mußten nun den Lohn für ihre Tat ernten. Welches Interesse konnten Heeckerens Parteigänger an dieser Sache nehmen? Durch ihren Angriff auf Puschkin reizten sie ihn, d'Anthès zum Duell zu fordern. Aber d'Anthès war ihr Günstling, ihr Schützling, ihr Star. Manche Puschkinanhänger behaupteten, daß Heeckeren aus reiner Eifersucht gehandelt habe und in der Hoffnung, die Beziehungen zwischen Nathalie und seinem Adoptivsohn für immer in Gefahr zu bringen. Das aufmerksame Durchlesen des Diploms genügte, diese Gedankengänge zu widerlegen. Puschkin war darin zum »Amtsgehilfen des Großmeisters des Ordens der Hahnreie« ernannt worden, und dieser Großmeister des Ordens war D. L. Naryschkin. Der Name Naryschkin war nicht ohne überlegte Absicht in den Brief hereingebracht worden. Naryschkin war der Ehemann der schönen Marie Antonowna, die vierzehn Jahre lang die offizielle Geliebte des Zaren Alexander I. gewesen war. Und wie Nathalie galt Frau Naryschkin als »übernatürliche, unvorstellbare Schönheit«. Als Entschädigung hatte Naryschkin vom Zaren eine jährliche Unterstützung von vierzigtausend Rubel in Assignaten bekommen, während Puschkin ein staatliches Gehalt von fünftausend Rubel bezog. Indem der Schreiber der anonymen Briefe Puschkin zu Naryschkins Amtsgehilfen ernannte, deutete er an, daß Puschkins Frau bei Nikolaus I. eine ähnliche Rolle spiele wie Naryschkins Frau bei dem verstorbenen Zaren und daß Puschkin, genau wie Naryschkin, aus Staatsgeldern für seine treuen Dienste bezahlt wurde*.

Der anonyme Brief sollte also Puschkins Verdacht auf den Zaren lenken, der vor aller Augen Nathalie so nachdrücklich den Hof machte. Die Kreise der Nesselrode und Heeckeren meinten, daß d'Anthès das gebotene Maß überschritten habe und Gefahr laufe, einen Skandal heraufzubeschwören, und hielten es für einen geschickten Schachzug, den jungen Mann hinter der unangreifbaren Person des Monarchen zu verbergen. Aller Wahrscheinlichkeit nach hatten Heeckeren und seine Freunde d'Anthès von den Einzelheiten dieses Ränkespiels nicht unterrichtet, denn das ungestüme Temperament von Georges d'Anthès hätte es nicht zugelassen, daß er sich zu solch unsauberem Spiel hergab. Man mußte ihn retten, wider seinen Willen. Und jedes Mittel war recht, Puschkins Eifersucht auf eine falsche Spur zu lenken. Aber wessen Hand hatte die Buchstaben auf das Diplom gestrichelt? Puschkin hatte unzählige Feinde: Gräfin Nesselrode, Graf Uwarov, Fürstin Bielosselskaja, Idalie Poletika, Fürst Gagarin, Fürst Dolgorukov, Fürst Urussov. Man kann sich vorstellen, daß in den Salons der Nesselrode folgender Gedanke geäußert wurde: »Puschkin zeigt sich zu Unrecht so empfindlich wegen d'Anthès, da Nikolaus I. Nathalie ebenso hartnäckig verfolgt wie der Gardereiter.« Diese Bemerkung, die irgendein Tischgenosse, der seinen Gastgebern gefällig sein wollte, aufschnappte, wurde sogleich für die anonymen Briefe ausgewertet. Es gab genug verdorbene junge Leute, die sich in den Salons der Gesandtschaften und der Ministerien herumtrieben! Zweifellos war es einer von denen, der nach genauen Angaben oder nach eigenen Einfällen die Diplome auf den Weg gebracht hat. Dieser Unbekannte wußte, daß hohe Beschützer sein Handeln billigen und ihn decken würden. Er erwies Heeckeren einen Dienst und damit Nesselrode. Man würde sich daran erinnern. Obwohl Baron van Heeckeren also an der eigenmächtigen Ausarbeitung der Briefe nicht beteiligt war, trug er indirekt doch die Verantwortung. Puschkin

* Graf Borsch, dessen Name am Ende des Schriftstücks auftauchte, war bekannt für sein eheliches Mißgeschick. »Seine Frau lebt mit seinem Kutscher und er mit seinem Reitknecht», sagte Puschkin. Schließlich machte der Verleumder Puschkin zum Geschichtsschreiber des Ordens und spielte damit auf seine Arbeiten in den Archiven an

ließ sich indessen nicht an der Nase herumführen. Er gab zu, daß Nathalie mit dem Zaren kokettiert hatte, aber ohne die Grenzen der Schicklichkeit zu überschreiten. Er verstand besser, als seine ersten Biographen es begriffen, daß einzig und allein Heeckeren ein Interesse daran hatte, daß er Nikolaus I. als tatsächlichen Geliebten Nathalies ansah.

»Ich vergewisserte mich, daß der anonyme Brief von Heeckeren stammte«, schrieb Puschkin an Benkendorf.

Fürst Wiasemskij sagte wörtlich: »Schon gleich bei Erhalt der anonymen Briefe verdächtigte Puschkin den alten Heeckeren, ihr Urheber zu sein, und er starb mit dieser Überzeugung. Wir konnten niemals erfahren, worauf sich diese Annahme gründete, und bis zu Puschkins Tod hielten wir sie für unannehmbar, später aber schien sie uns möglich.«

Puschkin war seiner Sache sicher und beschloß, rasch zu handeln. Nach rechts und links mußte man Stöße austeilen: mit dem Hof brechen, weil sein lächerlicher Kammerjunkertitel und Nathalies dauernde Anwesenheit bei den Hofbällen die Verleumdung hervorgerufen hatte, und Heeckeren treffen in der Person seines Adoptivsohnes, weil beide für seine Schande verantwortlich zu machen waren.

Am 6. November, zwei Tage nach dem Eintreffen der anonymen Briefe, schrieb Puschkin an Graf Kankrin, den Finanzminister:

»Aufgrund einer ministeriellen Verfügung, die Euer Exzellenz wohl bekannt ist, schulde ich (ohne Deckung) fünfundvierzigtausend Rubel, von denen fünfundzwanzigtausend in fünf Jahren von mir zurückbezahlt werden müssen.

Meinem heutigen Wunsch, diese Schuld ganz und ohne Aufschub zu begleichen, stellt sich nur ein Hindernis in den Weg, das leicht durch Ihre Bemühungen beseitigt werden kann.

Ich besitze zweihundertzwanzig Seelen im Gouvernement Nischni-Nowgorod, von denen zweihundert mit einer Hypothek von vierzigtausend Rubel belastet sind. Nach einer Bestimmung meines Vaters, der mir dieses Gut überschrieb, habe ich nicht das Recht, dieses Gut zu seinen Lebzeiten zu verkaufen, aber ich habe das Recht, eine Hypothek aufzunehmen, entweder beim Staat oder bei Privatpersonen.

Der Staat darf seine Forderungen eintreiben, ohne auf private Abmachungen Rücksicht zu nehmen, soweit solche nicht durch den Herrscher getroffen wurden.

Ich erlaube mir den Vorschlag, daß ich dieses Gut, das gewiß fünfundvierzigtausend Rubel wert ist, für diese Summe in Zahlung gebe.

Ich erlaube mir ferner, Euer Exzellenz mit einer Bitte zu belästigen, der ich große Wichtigkeit beimesse: in Anbetracht dessen, daß diese Sache kaum Weiterungen nach sich ziehen wird und in den Bereich normaler Abwicklungsgeschäfte verwiesen werden kann, bitte ich Sie inständig, sie nicht Seiner Majestät, dem Zaren, bekanntzugeben. Er könnte in seiner Großmut diese Rückzahlung nicht annehmen wollen (obwohl mir das an sich durchaus nicht peinlich wäre) und vielleicht anordnen, daß meine Schuld gestrichen werde, was mich in eine höchst heikle und mißliche Lage brächte: *In diesem Fall sähe ich mich tatsächlich gezwungen, die kaiserliche Gnade zurückzuweisen, was mir als Unziemlichkeit, als wahre Großmannssucht oder gar als Undankbarkeit ausgelegt werden könnte.«*

Dieser wahnwitzige Brief bezeugt hinlänglich, in welch zerrütteter seelischer Verfassung der Dichter sich befand. Zunächst einmal konnte er gar nicht über Boldino verfügen, da ihm der Vater nur eine einfache Vollmacht zur Verwaltung desselben ausgestellt hatte. Und zum anderen hatte der Staat nicht das Recht, ein vom Zaren gewährtes Darlehen, das durch jährliches Einbehalten des Gehaltes des Dichters zurückzuzahlen war, von sich aus wieder zurückzuverlangen. Aber Puschkin setzte alles aufs Spiel, weil er hoffte, dadurch endlich von St. Petersburg und vom Zarenhof loszukommen und die gesellschaftlichen Koketterien und anonymen Briefe hinter sich zu lassen.

Am Vorabend des Tages, an dem er dieses Schreiben absandte, forderte er d'Anthès zum Duell. Da d'Anthès Wachdienst beim Regiment hatte, war es Heeckeren, der die Aufforderung entgegennahm. Voll Bestürzung sah er ein, daß die anonymen Briefe Puschkin nicht dazu gebracht hatten, sich gegen den Zaren zu wenden, sondern seinen Zorn gegen die wahren Schuldigen zu entladen. Er, der seinen Sohn zu retten glaubte, hatte ihn zu guter Letzt ins Verderben gestürzt. Was sollte er tun?

Noch am gleichen Tag sprach der Gesandte bei Puschkin vor und erklärte mit gebrochener Stimme, daß er die Herausforderung annehme, jedoch um den Aufschub von vierundzwanzig Stunden nachsuche, um Puschkin Zeit zur Überlegung zu lassen. Puschkin gestand den erbetenen Aufschub zu. Er fühlte sich seltsam erleichtert, seit er den verzweifelten Entschluß gefaßt hatte.

Es machte ihm Freude, mit seiner Frau zu scherzen, die nichts von seinen Plänen wußte. Wenn er Sieger blieb, so wäre seine Ehre ein für allemal gerächt, und würde er im Verlauf des Zweikampfes getötet, so verschwänden seine ganze Plackerei, alle Schmach und alle Verdrießlichkeiten mit ihm. Was konnte er sich Besseres wünschen?

Der Aufschub von vierundzwanzig Stunden war verstrichen. Heeckeren begab sich am 6. November zu Puschkin und fand den Dichter unerschüttert in seinem Beschluß.

Da verlor der Baron mit einemmal alle Beherrschung und begann zu weinen. Der Gedanke, daß sein Adoptivsohn im Duell getötet werden könnte, raubte ihm alle Fassung. Puschkin war ein zu fürchtender Gegner. Und d'Anthès war noch jung. Um den Dichter mürbe zu machen, sprach Heeckeren von seinem Alter, von seiner väterlichen Zuneigung und von den ärgerlichen Folgen, die dieses Duell für seine diplomatische Laufbahn haben würde. Er gestand, daß d'Anthès noch keine Ahnung hatte von der Herausforderung Puschkins. Er rief sogar voll Pathos aus:

»Ich sehe das ganze Gebäude meiner Hoffnungen einstürzen, und das in dem Augenblick, da ich glaubte, meine Pflicht erfüllt zu haben.«

Puschkin rührte die Verzweiflung dieses Mannes, dessen Gesicht die Spuren seines Leidens trug und dessen Augen die Schlaflosigkeit gerötet hatte.

»Wenn es sich so verhält«, sagte er, »so gewähre ich Ihnen nicht eine, sondern zwei Wochen Aufschub, und ich verpflichte mich auf Ehre, der Sache nicht weiter nachzugehen, bis der Tag der Gegenüberstellung festgesetzt ist.«

Jukowskij, den Heeckeren gebeten hatte, der Unterhaltung beizuwohnen, war zu Tränen gerührt. Heeckeren selbst war kaum auf eine solche Großmut gefaßt gewesen. Der Dichter war doch von einzigartiger Einfalt. So war noch nicht jede Möglichkeit verloren, den Skandal im Keim zu ersticken.

Der Baron dankte Puschkin und machte sich an die Arbeit. Er entfaltete eine wirkliche erstaunliche Tatkraft. Die beiden »neutralen Mächte«, auf die er zählen konnte, waren Tante Zagriajskaja und Jukowskij. Am nächsten Tag, dem 7. November, begab sich Jukowskij zu der Zagriajskaja, um einen letzten Rat einzuholen, und von da zu Heeckeren. Jukowskij, der harmlose, anhängliche, betriebsame Wirrkopf, redete sich die Schleimhäute trocken, um einander so widersprechende Angelegenheiten zu verfechten. Er wollte um jeden Preis ein Treffen zwischen Puschkin und d'Anthès verhindern. Nun, Heeckeren zeigte ihm an diesem 7. November einen Ausweg aus diesem Zwiespalt. Jukowskij schrieb in seinem Notizen:

»7. November. Die Enthüllungen von Heeckeren. Über die Liebe seines Sohnes zu Katharina (mein Irrtum wegen des Namens). Aussicht auf Verwandtschaft. Gegebenfalls Heirat. Mein Wort gegeben. Möglichkeit, alles anzuhalten.«

So hatte Heeckeren die einzig mögliche Lösung gefunden, sich mit Ehren aus der Sache zu ziehen. Er schwor dem weichherzigen Jukowskij, daß d'Anthès keineswegs in Nathalie verliebt sei, sondern in ihre älteste Schwester Katharina. Die Eifersucht hatte den Dichter verblendet. Er stand im Begriff, seinen mutmaßlichen Schwager zum Duell zu fordern und eine seit langem erwogene Verbindung zu zerbrechen, die unter den günstigsten Vorzeichen begonnen hatte. Dieses Geständnis erschütterte Jukowskij, und er eilte bewegt und glückstrahlend zu Puschkin, um ihm die gute Nachricht zu erzählen. Aber Puschkin war weniger leichtgläubig als Jukowskij. Die Begegnung der beiden Dichter verlief stürmisch. Es fand ein unrühmlicher Austausch von Beleidigungen statt, und Jukowskij notierte:

»Die Enthüllungen. Sein rasender Zorn.«

Für Puschkin stellten die Enthüllungen von Heeckeren nur einen gemeinen Versuch dar, dem Kampf aus dem Weg zu gehen. Er wollte nicht an die Heirat glauben und bedauerte, dem Gesandten einen Aufschub von vierzehn Tagen zugestanden zu haben.

Am nächsten Tag, dem 8. November, ging Heeckeren zu Tante Zagriajskaja, um ihr vorzujammern, während Jukowskij Puschkin aufsuchte. »Seine Tränen«, vermerkte Jukowskij. Puschkin weinte, lehnte es aber ab, sich überzeugen zu lassen.

Endlich am 9. November hatte d'Anthès dienstfrei und kehrte zu seinem Adoptivvater zurück, von dem er die ganze Geschichte erfuhr. Puschkin forderte ihn zum Duell, und um das zu vermeiden, mußte er diese Katharina heiraten, die er gar nicht liebte. Zweifellos war die erste Reaktion des Gardeoffiziers, sich über das schändliche Ränkespiel von Heeckeren zu entrüsten. D'Anthès war beherzt, und er begehrte Nathalie bis zum Wahnsinn. Er fürchtete sich nicht, Puschkin im Duell gegenüberzutreten. Und er wußte, wenn er das Duell verweigerte und um die Hand Katharinas bat, so galt er als Feigling. Aber Heeckeren hörte nicht. Ein

Duell zwischen Puschkin und d'Anthès, das bedeutete den Zusammenbruch seiner diplomatischen Laufbahn. Nach allem, was Heeckeren für d'Anthès getan hatte, durfte auch er ein kleines Opfer der Eigenliebe fordern. »D'Anthès fand sich wahrscheinlich selbst in die dunklen Machenschaften seines Vaters verstrickt: er brachte ihm ein Opfer«, schrieb Wiasemskij an Großfürst Michael. Außerdem: kam d'Anthès nicht Nathalie näher, wenn er Katharina heiratete? Er wäre dann Nathalies Schwager und könnte sie so oft treffen, als er nur wollte, ohne daß Puschkin etwas dagegen einwenden konnte. Schließlich besaß Katharina ein sehr angenehmes Äußere. Sie war zwar weniger hübsch als ihre Schwester, aber groß und schlank, und sie hatte schöne Schultern und träumerische schwarze Augen. Sie besaß Liebreiz und ein goldenes Herz. Sie würde eine gute Hausfrau, eine aufmerksame Gefährtin und eine gute Mutter sein.

Die Argumente, Drohungen und flehentlichen Bitten von Heeckeren verfehlten ihre Wirkung nicht; verzweifelt und ratlos, willigte d'Anthès zu guter Letzt ein, sich als Verehrer von Katharina auszugeben.

Heeckeren machte sich gleich ans Werk, diese Neuigkeit in der Stadt zu verbreiten. Die offizielle Lesart lautete: d'Anthès liebte Katharina und hätte sie schon lange gerne geheiratet, aber sein Adoptivvater hatte sich bisher dieser Verbindung widersetzt, da sie ihm nicht vorteilhaft genug erschien für den glänzenden Offizier. Da man jedoch jetzt seinen Sohn beschuldigte, eine verheiratete Frau in Gefahr zu bringen, so gab Heeckeren seine Einwilligung zu diesem Verlöbnis, das die jungen Leute ans Ziel ihrer Wünsche brachte.

Während der holländische Gesandte diesen Hochzeitsmarsch für alle Instrumente konzipierte, riet er Nathalie, an d'Anthès zu schreiben und ihn zu bitten, auf das Duell zu verzichten. Aber Nathalie, die endlich über die Lage im Bild war, weigerte sich, bei diesem hinterlistigen Spiel mitzuspielen. In stumpfer Verwunderung erlebte sie, was ihr heilloser Leichtsinn angerichtet hatte, sah ihres Mannes Ehre, ja sogar sein Leben bedroht durch ihr Verschulden. Sie stellte sich das Schlimmste vor, konnte aber immer noch nicht einsehen, warum man wegen ein paar Liebesbriefen und einigen flüchtigen Küssen, die sie mit dem schönen d'Anthès getauscht hatte, soviel Aufhebens machte. Zweifellos geschah es zu diesem Zeitpunkt, daß Nathalie, um jedem zukünftigen Verdacht zuvorzukommen, von Baron van Heeckeren eine von d'Anthès unterzeichnete Bestätigung ihrer ehelichen Treue forderte. Der Gesandte machte keine Schwierigkeiten, diese Bestätigung zu verschaffen, da sie den Interessen seines Adoptivsohnes genauso dienlich war wie den seinigen und denen von Nathalie. Als er später beschuldigt wurde, die Rolle des Vermittlers zwischen den beiden jungen Leuten übernommen zu haben, konnte er, ohne Widerspruch befürchten zu müssen, am 1. März 1837 an Nesselrode schreiben: »Wird man endlich zugeben, daß ich meine Autorität gegenüber meinem Sohn geltend gemacht habe? Frau Puschkin könnte dazu noch eine überzeugende Antwort beisteuern durch einen an sie gerichteten Brief, den ich meinem Sohn abverlangte und in dem er erklärte, alle Forderungen aufzugeben. Der Überbringer des Briefes, der ihr persönlich ausgehändigt wurde, war ich selbst. Frau Puschkin hat damit ihrem Mann und ihrer Familie bewiesen, daß sie ihre Pflichten niemals völlig vergessen hatte.«

In der Tat, die Ereignisse schrieben Heeckeren vor, wie er sich gegenüber der unglückseligen Leidenschaft, die d'Anthès und Nathalie verband, verhalten solle. Während seiner Abwesenheit von St. Petersburg hatte er dem jungen Mann empfohlen, kluge Zurückhaltung zu üben. Als er nach seiner Rückkehr von der Reise erfuhr, daß die ganze Nesselrodesche Clique d'Anthès ermutigte, da hatte er seine Stimme dem Chor von Puschkins Feinden beigesellt. Und weil er seinen Adoptivsohn an seiner Liebe kranken sah, hatte er Nathalie gebeten, seine Annäherung nicht länger zurückzustoßen. Aber Nathalie war ungeschickt gewesen. Um ihr Gewissen zu beruhigen, hatte sie sich Puschkin anvertraut und damit seine Eifersucht geweckt. Und Puschkin war für seine furchtbaren Zornausbrüche bekannt. Von einer Vorahnung ergriffen, hatte Baron van Heeckeren in diesem Augenblick den Gedanken mit den anonymen Briefen angeregt oder ihm zugestimmt. Ach, dieser letzte Schachzug war kläglich mißlungen. Es blieb nur noch eine Möglichkeit der Rettung: Puschkins Verdacht einschläfern, d'Anthès und Nathalie zur Vernunft bringen, ihnen ihre Vernarrtheit ausreden. In jedem Fall würde dieser Besänftigungsversuch für ihn eine Entlastung bedeuten, wenn sich die Intrige zur Katastrophe auswachsen sollte. Das ausgeklügelte Spiel war nicht zwecklos, da es Heeckeren ein neues Beweisstück lieferte, das er im gleichen Brief vom 1. März 1837 Nesselrode vorlegte: »Von Nathalie wird man erfahren, was ich ihr so oft gesagt habe, um ihr die ganze Gefährlichkeit dieser Liebschaft begreiflich zu machen, um sie den Abgrund erkennen zu lassen, an dessen Rand sie entlangging. Wenn nicht die Rücksichtnahme auf ihre Eigenliebe sie abhält, so wird sie zugeben, daß ich in meinen Unterhaltungen mit ihr die Offenheit so weit trieb, daß ich mich zu verletzenden Äußerungen hinreißen ließ, die ihr aber die Augen öffnen mußten.« Dies war wahr. Heeckeren hatte Nathalie deutlich darauf hingewiesen, welche Gefahr ihr drohte, wenn sie weiter darauf bestand, d'Anthès zu treffen. Er unterließ jedoch zu sagen, daß diese Ratschläge erst in letzter Minute gegeben wurden und daß er ein ganz anderes Verhalten gepredigt hatte, als der Skandal noch nicht zu befürchten stand. Im übrigen war Nathalie derart vor den Kopf gestoßen durch diese endlosen und einander widersprechenden Unterredungen, denen sie ihre Ruhe opferte, daß sie niemand mehr anhören wollte. Besonders Heekkeren war ihr zuwider und flößte ihr Angst ein.

Da Heeckeren in Nathalie nicht die erhoffte, zuverlässige Bundesgenossin fand, wandte er sich wieder an Tante Zagriajskaja und an Jukowskij. Jukowskij ging von neuem zu Puschkin und erklärte, daß d'Anthès richtiggehend in Katharina verliebt sei und sich mit aufrichtigen Heiratsabsichten trage. Aber Puschkin wußte genau, wie es sich mit den Gefühlen von d'Anthès gegenüber Nathalie verhielt und fand den Scherz ein wenig plump; er behauptete, d'Anthès werde, ganz zufällig, sein Heiratsversprechen vergessen, wenn erst das Duell rückgängig gemacht sei. Jukowskij drang in Puschkin, in eine Unterredung mit d'Anthès einzuwilligen. Puschkin aber weigerte sich hartnäckig, ihn zu sehen.

»Ich kann mich nicht damit abfinden, unsere Angelegenheit als beendet anzusehen«, schrieb Jukowskij am 9. November an Puschkin. »Ich habe dem alten Heeckeren noch keine Antwort gegeben; ich habe ihm mitgeteilt, daß ich Dich nicht zu Hause angetroffen habe und daher nicht antworten kann. So besteht immer noch eine Möglichkeit, alles aufzuhalten. Deine Antwort wird unwiderruflich alles beenden. Aber, in Gottes Namen, lenke ein. Mache mich glücklich und vermeide es, ein solches unsinniges Verbrechen zu begehen und Deine Frau der Schande auszusetzen ...«

Am nächsten Morgen, 10. November, ein neuer Brief Jukowskijs:

»Heute morgen werde ich zu dem alten Heeckeren gehen und ihm sagen, daß ich die Rolle des Schiedsrichters nicht übernehmen will, denn meine gestrige Unterredung mit Dir hat mir gezeigt, daß alles Schlichten nichts nützt ... Ich betrachte es als heilige Pflicht, zu bestätigen, daß der junge Heeckeren (d'Anthès) genauso bereit ist, sich mit Dir zu schlagen wie Du mit ihm, und daß er genauso befürchtet, daß das Geheimnis offenbar wird. Man muß auch dem Vater Gerechtigkeit widerfahren lassen. Er ist völlig verzweifelt und hat zu mir gesagt: ›Ich bin zur Guillotine verurteilt; ich reiche ein Begnadigungsgesuch ein; wenn es mißlingt, muß ich hinaufsteigen; und ich werde das Schafott besteigen, denn die Ehre meines Sohnes ist mir so lieb wie sein Leben.‹

Nach dieser Aussage gebe ich die Rolle ab, die ich so kläglich und völlig nutzlos gespielt habe.«

Da Jukowskij das Spiel verlorengegeben hatte, wandte sich Heeckeren an Tante Zagriajskaja, welche die Unterhandlungen wieder aufnahm. Es handelte sich, kurz gesagt, darum, einen offiziellen Heiratsantrag von d'Anthès zu erhalten sowie ein offizielles Zurückziehen der Herausforderung, die Puschkin seinem zukünftigen Schwager übermittelt hatte. Aber die beiden Parteien waren sich nicht einig, in welcher Reihenfolge man vorgehen sollte. Heeckeren, der die Eigenliebe seines Adoptivsohnes schonen wollte, verlangte, daß Puschkin zuerst auf das Duell verzichte und daß in seinem Brief die Heirat nicht erwähnt werden dürfe. Darauf würde d'Anthès seine Absicht bekanntgeben, Katharina zu heiraten. Puschkin willigte wohl ein, einen Brief zu schreiben, der die Forderung zurücknahm, aber unter der Bedingung, daß er seine Haltung mit der bevorstehenden Verlobung von d'Anthès und Katharina begründe. Schließlich kam es zu einem Kompromiß: Puschkin traf Heeckeren bei Tante Zagriajskaja, die ihm die höchsten Eide schwor, daß sie allein die Ehestifterin zwischen d'Anthès und Katharina sei. Puschkin hörte ihr spöttisch zu. Darauf fiel er nicht herein, aber er dachte voll Wonne daran, wie lächerlich sich d'Anthès machen würde, wenn er Katharina heiratete, nur um einem Duell mit einem »Schriftsteller« aus dem Weg zu gehen. Er dachte auch an die Verachtung, die Nathalie für den Gardereiter empfinden mußte, der so selbstsicher in den Salons auftrat und sich nun weigerte, auf dem Kampfplatz zu erscheinen. »In acht Tagen«, hatte er Fürstin Wiasemskij anvertraut, »werden Sie von einer einzigartigen Rache hören; sie wird ganz und gar vollkommen sein und wird den Mann in den Dreck ziehen. Rajewskijs Großtaten sind ein Kinderspiel gegenüber dem, was ich vorhabe.«

Jetzt hatte er sie, seine schöne Rache. In Gegenwart von Heekkeren und Zagriajskaja willigte Puschkin endlich ein, seine Duellforderung zurückzuziehen. Alles war mündlich abgesprochen worden, das Heiratsversprechen und der Verzicht auf das Duell. Die Angelegenheit schien zur Zufriedenheit aller aufs beste geregelt.

Aber d'Anthès, der sich zunächst von Heeckeren hatte überzeugen lassen, sträubte sich plötzlich. Immer deutlicher kam ihm das Groteske seiner Lage zum Bewußtsein. Er wollte sich wohl für die Laufbahn seines Adoptivvaters und für die Ehre und Ruhe Nathalies opfern, daß er aber die Rolle eines Drückebergers übernehmen sollte, das ging zu weit. Was würden seine Kameraden von der Garde, was würden die Damen sagen? Die mündliche Zusage Puschkins, von dem Duell Abstand zu nehmen, war unannehmbar. Es mußte ein beschriebenes, unterzeichnetes Papier her, eine Art Entschuldigungsschreiben, in dem von Katharina keine Rede war: »Ich habe einen Fehler begangen, als ich Sie zum Duell forderte ... Ein Augenblick der Verirrung ... Lassen Sie uns Freunde werden ...« Nur müßte sich d'Anthès hernach damit abfinden, diese Katharina zu heiraten, deren beste Eigenschaft darin bestand, daß sie Nathalies Schwester war. Ohne Heeckeren etwas davon zu sagen, kritzelte d'Anthès Notizen auf ein Stück Papier: »Heiraten oder sich schlagen. Da meine Ehre mir verbietet, Bedingungen entgegenzunehmen, sähe ich mich in die traurige Notwendigkeit versetzt, das letztere zu tun. Ich werde beharrlich darlegen, daß diese Heirat sich nicht als Begründung in dem Brief finden darf, denn ich habe mir immer vorbehalten, diesen Antrag nach dem Duell zu machen, wenn das Glück mir hold sein sollte. Es muß also festgestellt werden, daß ich nicht um Fräulein Katharina anhalte, um Genugtuung zu geben oder weil es so vereinbart wurde, sondern weil sie mir gefällt, weil ich es wünsche, und weil es allein durch meinen Willen so entschieden worden ist.«

Nachdem d'Anthès auf diese Weise Ordnung in seine Gedanken gebracht hatte, richtete er folgenden Brief an Puschkin:

»Herr Baron van Heeckeren sagte mir eben, daß er von M ... ermächtigt wurde, mich wissen zu lassen, daß alle Gründe, die Sie zu Ihrer Duellforderung an mich bewogen haben, hinfällig wurden, und daß ich daher diese Ihre Handlung als nicht geschehen betrachten könne.

Als Sie mich forderten, ohne mir den Grund zu sagen, habe ich ohne Zögern angenommen, denn die Ehre machte es mir zur Pflicht. Da Sie heute versichern, keine Gründe mehr zu haben, möchte ich wissen, warum Sie Ihre Absicht geändert haben, ehe ich Ihnen Ihr Wort zurückgeben kann, da ich niemand beauftragt habe, Ihnen Erklärungen zu geben, die Ihnen zu geben ich selbst vorhatte. Sie werden als erster zustimmen, daß beiderseitige Erklärungen nötig sind, ehe wir uns zurückziehen, damit wir uns in der Folge gegenseitig mit Achtung begegnen können.«

Dieser Brief versetzte Puschkin in Raserei. »Brief von d'Anthès an Puschkin«, bemerkte Jukowskij. »Seine Wut.«D'Anthès wollte also den Durchtriebenen spielen! Schön! Die Komödie hatte lange genug gedauert. Das Duell. So schnell wie möglich. Sologub hatte sich Puschkin als Zeuge angeboten, das mußte man sich zunutze machen. Man schrieb den 16. November. Noch heute Abend fände ein Geburtstagsdiner bei den Karamzin statt, und Sologub wäre unter den Gästen. »Bei einem Diner bei den Karamzin«, schrieb Sologub, »saß ich neben Puschkin. Während einer fröhlichen, allgemeinen Unterhaltung beugte er sich plötzlich zu mir und sagte schnell: ›Gehen Sie morgen zu Archiac (der Zeuge von d'Anthès). Bereden Sie alle äußerlichen Fragen des Duells mit ihm. Je mörderischer desto besser. Willigen Sie in keine Verständigung.‹ Nach diesen Worten fuhr er fort zu scherzen und zu plaudern, als ob nichts wäre. Ich war sprachlos, wagte aber keinen Einwand. In Puschkins Ton lag eine Entschiedenheit, die keinen Widerspruch zuließ.«

Am gleichen Abend begab sich Sologub zu einem »raout« bei den Ficquelmont. Die meisten Damen trugen Trauerkleidung wegen des Ablebens von Karl X. Nathalie befand sich nicht auf dem Ball. Aber Katharina, im weißen Kleid, saß mit d'Anthès in einer Ecke und wußte sich vor Freude nicht zu lassen, als sie seine galanten Bemerkungen anhörte. Sie sahen wie richtige Brautleute aus. Plötzlich tauchte Puschkin auf. »Er schien sehr erregt«, schrieb Sologub. »Er verbot Katharina Nikolajewna, mit d'Anthès zu plaudern und sagte zu d'Anthès selbst, wie ich später hörte, einige mehr als schroffe Worte. Ich warf d'Archiac, dem eleganten jungen Sekretär der französischen Botschaft, einen Blick des Einverständnisses zu, und wir trennten uns daraufhin ...«

Da Sologub einen öffentlichen Skandal befürchtete, zog er d'Anthès aus der Nähe Puschkins weg und fragte ihn geradeheraus:

»Was für eine Art Mann sind Sie?«

»Welche Frage!« rief der andere. »Ich bin ein ehrenhafter Mann, mein Lieber, und ich hoffe es bald zu beweisen.«

Er fügte hinzu:

»Ich habe d'Archiac alles übertragen, ich werde Ihnen also d'Archiac schicken oder meinen Vater . . .«

Als d'Anthès sich anschickte, den Ball zu verlassen, holte ihn Puschkin auf der Haustreppe ein und schrie ihm mitten ins Gesicht:

»Ihr Franzosen seid sehr liebenswürdig! Ihr könnt alle Lateinisch sprechen, aber sobald es sich darum handelt, sich im Duell zu schlagen, so stellt ihr euch in dreißig Schritt Abstand auf, um zu schießen. Für uns Russen ist ein Duell um so mehr wert, je barbarischer es zugeht!«

Der unglückliche Sologub schlief nicht in der Nacht. »Ich erfaßte die Rolle, die ich im Angesicht ganz Rußlands auf mich nahm«, schrieb er. »Kein Russe hätte es über sich gebracht, die Hand gegen Puschkin zu erheben. Aber ein Franzose hatte keinen Grund, den russischen Ruhm zu schonen.«

Am nächsten Tag, dem 17. November, ging Sologub zu d'Anthès, der bei seinem Anblick ausrief:

»Sie weigern sich, zu begreifen, daß ich Katharina heirate. Puschkin zieht seine Herausforderung zurück, aber ich will nicht den Eindruck erwecken, als heiratete ich, um das Duell zu vermeiden. Außerdem will ich nicht, daß Namen von Frauen in diese Geschichte hineingezogen werden. Schon ein ganzes Jahr lang widersetzt sich der Alte meiner Heirat.«

Von d'Anthès eilte Sologub, trotz eines heftigen Schneesturmes, zu Puschkin. Der war außer sich:

»D'Anthès ist ein Schuft«, brüllte er. »Gestern habe ich ihm gesagt, daß ich ihn anspucke. Gehen Sie also zu d'Archiac und machen Sie mit ihm die äußerlichen Bedingungen des Duells ab. Da Sie mein Zeuge sind, muß ich Ihnen die Ursache des Duells mitteilen. In der Gesellschaft sagt man immer wieder, daß d'Anthès meine Frau hofiert. Die einen behaupten, daß er ihr gefällt, die anderen leugnen das. Das ist mir gleichgültig, aber ich will nicht, daß die beiden Namen zusammen genannt werden. Als ich den anonymen Brief erhielt, habe ich ihn gefordert. Heeckeren hat einen Aufschub von vierzehn Tagen erbeten. Diese Zeit ist beinahe verstrichen. D'Archiac ist bei mir gewesen. Gehen Sie zu ihm.«

Und der gute Sologub machte sich schleunigst zu d'Archiac auf. Auch dieser hatte in der Nacht nicht geschlafen. Obwohl er kein Russe war, begriff er vollkommen, welchen Platz Puschkin in der russischen Literatur einnahm. Er wünschte sehnlichst, die auf das Duell bezüglichen Schriftstücke aufmerksam und in versöhnlicher Absicht durchzusehen. Die beiden Zeugen beugten sich also über ein Aktenstück, das ein Exemplar des anonymen Briefes enthielt, außerdem die Duellforderung Puschkins und andere Briefe von Heeckeren und dem Dichter.

Die Zusammenkunft fand ohne d'Anthès statt. Aber d'Archiac wußte, daß dem Gardereiter weniger daran lag, sich zu schlagen als den äußeren Schein zu wahren. Man beschloß also, einen letzten Schritt zu versuchen und die Interessen von d'Anthès preiszugeben. Vielleicht würde Puschkin einwilligen, mündlich, wenn nicht gar schriftlich, zu erklären, daß man die Heiratsabsichten von d'Anthès nicht Erwägungen zuschreiben müsse, die eines ehrenhaften Mannes unwürdig seien. Und vielleicht würde sich d'Anthès diesmal mit einer mündlichen kurzen Äußerung zufriedengeben. Auf Anraten von d'Archiac sandte Sologub folgenden Brief an Puschkin:

»Ihrem Wunsch entsprechend, war ich bei Herrn d'Archiac, um Zeit und Ort zu verabreden. Wir haben Samstag, den 21. November, festgelegt, auf der Seite von Pargolowa, in aller Frühe, zehn Schritte Abstand. Herr d'Archiac hat mir vertraulich mitgeteilt, daß Baron van Heeckeren-d'Anthès völlig entschlossen sei, sein Heiratsvorhaben bekanntzugeben, daß ihn jedoch das Bedenken zurückhalte, er könne dadurch den Anschein erwecken, als wolle er dem Duell ausweichen. Er kann es nur mit gutem Gewissen tun, wenn alles zwischen Ihnen beigelegt ist, und wenn Sie *mündlich bezeugt haben,* vor mir oder d'Archiac, daß Sie seine Heirat nicht Überlegungen zuschreiben, die eines beherzten Mannes unwürdig sind.

Da ich keine Vollmacht habe, für Sie etwas zu versprechen, dem ich von ganzem Herzen zustimmen würde, bitte ich Sie, im Namen Ihrer Familie, dieser Vereinbarung, die alle Parteien versöhnen wird, beizupflichten. Es versteht sich von selbst, daß d'Archiac und ich für Heeckeren-d'Anthès bürgen.«

Puschkin erwog, daß alle seine Bedingungen von d'Anthès angenommen worden waren, und antwortete Sologub umgehend:

»Ich habe kein Bedenken, zu schreiben, was ich mündlich erklären kann. Ich hatte Herrn Georges Heeckeren zum Duell gefordert, was er ohne weitere Unterhandlungen angenommen hat. Und ich bitte nun die Herren Zeugen in dieser Sache, die Forderung als null und nichtig zu betrachten, *da ich gerüchtweise erfahren habe, daß Herr Georges Heeckeren entschlossen ist, seine Heiratsabsichten gegenüber Fräulein Gontscharov nach dem Duell bekanntzugeben.* Ich habe keinen Grund, diesen Beschluß Erwägungen zuzuschreiben, die eines beherzten Mannes unwürdig sind. Ich bitte Sie, Herr Graf, von diesem Brief den Gebrauch zu machen, den Sie für notwendig erachten.«

Dieser Brief entsprach keineswegs dem Text, den d'Anthès zuerst gefordert hatte. Entgegen seinem Wunsch war darin die Rede von »Heiratsabsichten«, die man »gerüchtweise« erfahren habe, wobei allein diese »Heiratsabsichten« das Zurückziehen der Forderung verursachten. Puschkin gewährte seinem Gegner ein verschwindend kleines Zugeständnis: den kleinen Satz über die »Erwägungen, die eines beherzten Mannes unwürdig seien«. Das war wenig. Aber es genügte. Zumindest für d'Archiac. »Das reicht«, sagte er, nachdem Sologub ihm Puschkins Schreiben überbracht hatte. Trotzdem wollte er es d'Anthès nicht zeigen, da er einen neuen Zornesausbruch befürchtete. Er versicherte ihm lediglich, daß die Sache in Ordnung sei und beglückwünschte ihn zu seiner Verlobung. D'Anthès wandte sich an Sologub:

»Gehen Sie zu Herrn Puschkin«, sagte er, »und danken Sie ihm, daß er bereit ist, unseren Streit beizulegen. Ich hoffe, daß wir uns in Zukunft wie Brüder begegnen können.«

D'Archiac erbot sich, Sologub zu Puschkin zu begleiten, um die löblichen Absichten seines Auftraggebers zu bestätigen. Vor ihrem Besuch traf bei Puschkin ein Brief von d'Anthès ein, in dem dieser in aller Form um die Hand Katharinas bat. Puschkin saß bei Tisch. Er entfaltete das Schreiben, überflog es und sagte in ironischem Ton zu Katharina:

»Ich beglückwünsche Sie. Sie sind verlobt. D'Anthès hält um Ihre Hand an.«

Katharina, die von den Verhandlungen um ihre Person unterrichtet war, warf ihr Mundtuch hin und lief davon, um sich in ihr Zimmer zurückzuziehen. Nathalie folgte ihr. Puschkin wandte sich zu seinem Gast, Rossetti, der die Szene mit angesehen hatte:

»Was denken Sie von dem Kerl?« meinte er.

Plötzlich klingelte es an der Eingangstüre. Das waren Sologub und d'Archiac. Puschkin kam ihnen entgegen, aschfahl, mit zitterndem Kiefer. Ohne ein Wort zu sagen, hörte er sich den von d'Archiac überbrachten Dank an. Sologub hielt es für angebracht, hinzuzufügen:

»Ich habe mir erlaubt, von mir aus zu versprechen, daß Sie Ihren Schwager wie einen guten Bekannten behandeln werden.«

»Das ist verkehrt«, zeterte Puschkin. »Das wird niemals geschehen. Nie wird es eine Gemeinschaft geben zwischen dem Haus Puschkin und dem Haus d'Anthès.«

Sologub und d'Archiac wechselten einen betrübten Blick. Der Dichter atmete mühsam. Endlich beruhigte er sich und sagte mit gedämpfter Stimme:

»Im übrigen habe ich anerkannt und bin bereit, es anzuerkennen, daß d'Anthès wie ein ehrenhafter Mann gehandelt hat.«

»Mehr verlange ich nicht«, erwiderte d'Archiac eifrig und verließ unverzüglich das Zimmer.

Inzwischen verhandelten Katharina und Nathalie hinter verschlossenen Türen; sie waren schon ganz außer Atem, ihre Haare hatten sich gelöst, und ihre Augen standen voll Tränen. Katharina verzehrte sich in geheimer Leidenschaft für d'Anthès, sie hatte nie ein anderes Glück vor sich gesehen, als ihn beim Spazierengehen, auf einem Ball oder im Theater zu treffen. Sie hatte nie eine andere Rolle erhofft als die der Begleiterin, die man rief, damit sie die Begegnungen von Nathalie und d'Anthès überwache. Sie hätte gewünscht, daß ihr ganzes Leben im Dienst für den Geliebten dahingehe, und plötzlich bat der Geliebte um ihre Hand. Schon einige Zeit hörte sie von der Möglichkeit dieser Verlobung sprechen, vermochte aber nicht daran zu glauben. Heute bei Tisch nun hatte Puschkin einen Brief geöffnet und böse lächelnd gesagt: »Ich wünsche Ihnen Glück.« Sie wußte wohl, daß nur die Umstände d'Anthès zu dieser Heirat zwangen, die ihm widerstrebte. Aber er heiratete sie. Sie würde seine Frau sein. Das war die Hauptsache. Wahrlich, sie meinte, einen Traum zu erleben. Und wie im Traum hörte sie Nathalie zu, die leise auf sie einsprach. Nathalie sagte ihr, daß d'Anthès sie nicht liebe, daß diese Heirat eine abscheuliche, abgekartete Sache sei, die sie mit einem von Scham und Argwohn heimgesuchten Familienleben bezahlen werde . . .

»Mein Gefühl ist so stark«, hauchte Katharina, »daß ich früher oder später sein Herz besiegen werde, und bei der Aussicht auf solche Wonnen kann kein Leiden mich bange machen.«

Da Nathalie in sie drang, es sich noch einmal zu überlegen, schrie sie ihr wie eine Verrückte ins Gesicht:

»Die Wahrheit heißt, daß du ihn mir nicht abtreten willst, daß du Angst hast, ihn zu verlieren.«

Noch am Abend dieses ereignisreichen 17. November, während eines Balles bei S. V. Saltykov, wurde die Verlobung öffentlich bekanntgegeben. Puschkin, der an dem Ball teilnahm, weigerte sich jedoch, d'Anthès zu begrüßen. Er glaubte immer noch nicht an die Heirat.

»Ich denke mir, daß er es auf der Brust hat«, sagte er zu Sologub. »Sie werden sehen, daß er ins Ausland reisen muß. Wollen Sie wetten, daß es zu keiner Hochzeit kommen wird?«

Am 19. November sprachen Heeckeren und d'Anthès bei Tante Zagriajskaja vor, um sie formell um die Hand ihrer Nichte zu bitten. »Gott sei Dank, es scheint alles erledigt zu sein«, schrieb sie an Jukowkij. »Der Bräutigam und sein geschätzter Papa sind mit ihrem Heiratsanliegen zu mir gekommen. Glücklicherweise traf vor ihnen der älteste Sohn der Gontscharov aus Moskau ein und übermittelte ihnen die elterliche Einwilligung. So ist die Angelegenheit begraben. Heute macht der Verlobte eine amtliche Eingabe, um die Heiratserlaubnis zu bekommen, und morgen wird die Eingabe der Braut der Zarin vorgelegt werden.«

Auf die Öffentlichkeit wirkte die Ankündigung dieser unerwarteten Verlobung wie ein Stein, der in einen Tümpel voll Frösche fällt. Die Sache »d'Anthès-Katharina« bildete den allgemeinen Gesprächsstoff. Man redete in den Salons darüber, in den Vorzimmern, im Theater, im Palast. Die Briefe und Tagebücher sind voll davon. Man war dafür, man war dagegen. Man lachte, man empörte sich, man machte sich Gedanken. Die einen meinten, durch die Heirat mit Katharina habe sich d'Anthès als wahrer Ritter der Garde erwiesen, da er so die Ehre seiner Dame, Nathalie, rettete. Andere fanden, d'Anthès habe sich wie eine Memme betragen und diese Heirat vorgeschützt, um einer ernstlichen Auseinandersetzung mit Waffen aus dem Weg zu gehen. Selbst die Zarin, der dieser lächerliche Ausgang sonderbar vorkam, schrieb an die Baronin von Tiesenhausen: »Ich würde gerne durch Sie Einzelheiten über diese unwahrscheinliche Heirat von d'Anthès erfahren. Ist es möglich, daß diese anonymen Briefe diese Verbindung zustande gebracht haben? Ist es Seelengröße, Opfer? Nach meiner Meinung ist diese Entscheidung nutzlos, denn sie kommt zu spät.«

Im großen ganzen war Puschkin nach dem ersten Schachzug

Sieger geblieben. Er hatte etwas Schlimmeres getan als d'Anthès getötet: er hatte ihn lächerlich gemacht.

Das Duell war auf den 21. November festgesetzt gewesen. Anstatt gegen d'Anthès anzutreten, saß Puschkin an diesem Tag friedlich an seinem Arbeitstisch und schrieb zwei Briefe, die noch einmal einen Überblick über die Ereignisse gaben und Heeckeren beschuldigten, der Urheber der anonymen Schreiben zu sein. Der erste Brief ging an Heeckeren, der zweite an Benkendorf. An Heeckeren zu schreiben, schien ihm unerläßlich. Gewiß, mit dem »Strohmann« d'Anthès hatte alles ein Ende gefunden, doch da der junge Mann nur ein willenloses Werkzeug von Heeckeren gewesen war, verdiente der eine gesonderte Strafe. Es durfte wirklich nicht sein, daß dieses aufgehobene Duell und diese *in extremis* beschlossene Heirat den Anschein erweckten, als habe Puschkin irrtümlich den holländischen Gesandten als den allein Verantwortlichen für die ganze Angelegenheit bezeichnet. Hinter Heeckeren standen die Nesselrode, die Uwarov, die Gagarin, die Dolgorukov, die ganze vornehme Gesellschaft der Hauptstadt, mit der Puschkin anbinden wollte. Das Schreiben an Heckeren machte mehrere Konzeptentwürfe nötig, von denen man einige unausgeführte Stücke auffinden und danach den anfänglichen Text annähernd wieder zusammenstellen konnte:

»Am 2. November«, schrieb Puschkin, »bekamen Sie von Ihrem Sohn eine Nachricht. Er sagte Ihnen, daß ich die Wahrheit vermutete, daß meine Frau einen Skandal fürchte und daß sie darüber den Kopf verlor. Da beschlossen Sie, einen entscheidenden Schlag zu führen. Ich erhielt drei Exemplare des anonymen Briefes von den zehn, die man verteilt hatte. Dieser anonyme Brief war mit so wenig Vorsicht hergestellt worden, daß ich auf den ersten Blick dem Urheber auf der Spur war ... Ich war sicher, den Kerl zu finden, und tatsächlich, ehe drei Tage verstrichen waren, wußte ich, woran ich war. Wenn Diplomatie die Kunst ist, zu wissen, was bei anderen vorgeht, so werden Sie mir die Gerechtigkeit widerfahren lassen zuzugeben, daß Sie in allen Punkten geschlagen wurden. Jetzt komme ich zum Zweck meines Briefes. Vielleicht wünschen Sie zu erfahren, was mich bis jetzt daran gehindert hat, Sie im Angesicht unseres und Ihres Hofes zu entehren? Ich bin gutmütig und arglos ... Aber mein Herz ist empfindlich ... Ein Duell genügt mir nicht mehr ... nein, und wie auch sein Ausgang gewesen wäre, ich fühlte mich nicht genug gerächt, auch nicht durch die ... Ihres Herrn Sohnes, auch nicht durch den

Brief, den Ihnen zu schreiben ich die Ehre habe und von dem ich mir eine Abschrift zu persönlichem Gebrauch bewahre. Ich will, daß Sie sich die Mühe machen, selbst ausreichende Gründe zu finden, die mich daran hindern, Ihnen ins Gesicht zu spucken, die genügten, jede Spur dieser erbärmlichen Angelegenheit zu verwischen, aus der ich leicht ein großartiges Kapitel in meiner Geschichte des Hahnreitums machen kann.«

Als Sologub am gleichen Tag Puschkin aufsuchte, sagte dieser, während er die Türe seines Arbeitszimmers abschloß:

»Ich werde Ihnen meinen Brief an den alten Heeckeren vorlesen. Mit dem Sohn bin ich fertig. Jetzt möge man mir den kleinen Alten vorführen.«

»Darauf«, fuhr Sologub fort, »las er mir seinen Brief an den holländischen Gesandten vor. Seine Lippen zitterten, seine Augen waren blutunterlaufen. Er war fürchterlich anzusehen, und seine afrikanische Herkunft wurde mir damals deutlich offenbar. Was konnte ich einer so leidenschaftlichen Wut entgegenhalten? Ich schwieg wider meinen Willen, und da sich dies an einem Samstag zutrug, dem Empfangstag des Fürsten Odojewskij, begab ich mich zu diesem. Dort traf ich Jukowskij und teilte ihm mit, was ich gehört hatte. Jukowskij bekam Angst und versprach, den Brief aufzuhalten. Das gelang ihm tatsächlich. Einige Tage später sagte er mir bei den Karamzin, daß die Sache in Ordnung sei, der Brief werde nicht abgehen.«

Puschkin erklärte sich einverstanden, den Brief in seinem Besitz zu behalten, beabsichtigte jedoch, sich seiner später zu bedienen, wenn die Gelegenheit sich ergäbe.

Der zweite Brief, den Puschkin an diesem 21. November schrieb, sollte Benkendorf von allem unterrichten, was sich zwischen Heeckeren, d'Anthès und ihm zugetragen hatte.

»Am Morgen des 4. November«, schrieb Puschkin, »erhielt ich drei Exemplare eines anonymen Briefes, der höchst beleidigend für mich und meine Frau gewesen ist. An der Art des Papiers, am Stil des Briefes, an der ganzen Schreibweise erkannte ich schon im ersten Augenblick, daß er von einem Ausländer stammte, einem Mann aus der vornehmen Gesellschaft, einem Diplomaten. Ich begann nachzuforschen. Ich erfuhr, daß sieben oder acht Leute am selben Tag ein Exemplar des nämlichen Briefes bekommen hatten; die Briefe waren versiegelt und, im doppelten Umschlag, mit meiner Adresse versehen. Die meisten Briefempfänger vermuteten eine Gemeinheit und schickten sie mir nicht zu.

Im allgemeinen war man entrüstet über eine so feige und nicht nachweisbare Beschimpfung, aber während man wiederholt das einwandfreie Benehmen meiner Frau hervorhob, meinte man, daß Herrn d'Anthès hartnäckiges Hofieren meiner Frau den Anlaß zu dieser Gemeinheit geboten habe.

Es paßte mir nicht, daß der Name meiner Frau in einem Atem genannt wurde mit einem anderen. Ich ließ es Herrn d'Anthès sagen. Baron van Heeckeren kam zu mir und nahm eine Duellforderung für d'Anthès an, wobei er einen Aufschub von vierzehn Tagen erbat.

Es fügte sich, daß Herr d'Anthès sich in diesem Zeitraum in meine Schwägerin, Fräulein Gontscharov, verliebte und um sie anhielt. Nachdem ich gerüchtweise davon gehört hatte, ließ ich Herrn d'Archiac, den Sekundanten von Herrn d'Anthès, bitten, er möge meine Duellforderung als null und nichtig betrachten. Unterdessen vergewisserte ich mich, daß der anonyme Brief von Herrn Heeckeren stammte, und ich halte es für meine Pflicht, Regierung und Gesellschaft davon in Kenntnis zu setzen.

Da ich allein über meine und meiner Frau Ehre zu befinden und zu wachen habe und daher weder Gerechtigkeit noch Rache fordere, kann und will ich niemand, wer es auch sei, Beweise liefern für das, was ich vorbringe.«

Dennoch zauderte Puschkin, diesen Brief abzuschicken. Es schien ihm besser, seinen Standpunkt dem Zaren und dem Polizeichef mündlich vorzutragen. Man mußte also um eine Audienz nachsuchen. Die Rache war es wert. Am übernächsten Tag, dem 23. November 1836, um drei Uhr nachmittags suchte Puschkin in Begleitung Benkendorfs den Zaren auf. Zweifellos ließ Puschkin bei dieser Zusammenkunft seiner Zunge freien Lauf. Es steht auch außer Zweifel, daß Benkendorf und Nikolaus I. zwar seine Äußerungen für wohl begründet hielten, ihm jedoch eine weise Mäßigung empfahlen. Nachdem er mit d'Anthès fertig geworden war, sann er immer noch auf eine exemplarische Rache gegen Heeckeren. Seine Freunde stellten betrübt fest, daß er immer reizbarer und mürrischer wurde.

»Ich wunderte mich«, schrieb Prinzessin Mescherskij, geborene Karamzin, »über den fiebrig unruhigen Zustand Puschkins. Nervöse Zuckungen liefen über sein Gesicht und seinen Leib, sobald er den erblickte, der sein Mörder werden sollte.«

Und Puschkin sagte selbst:

»Ich habe immerzu den Eindruck, als schüttle mich das Fieber . . . Es friert mich, wo ich auch bin, und ich weiß nicht, wie ich warm werden soll. Und plötzlich wird mir erstickend heiß.«

Man mußte jedoch weiterleben. Das hieß arbeiten und Geld borgen. Puschkin wandte sich erneut an einen Wucherer um ein Darlehen von zwölfhundertfünfzig Rubel und sammelte Notizen für eine kritische Ausgabe der *Hymne auf das Igorsche Regiment.*

Katharina litt unter dem Leben in einem Haus, in dem jeder ihrem Verlobten feindlich gesinnt war. Sie war Puschkin gram, weil er sich nicht mit d'Anthès versöhnen wollte, und neidisch auf Nathalie, die von d'Anthès geliebt wurde. Sie brannte darauf, diese verhaßten Wände, diese feindseligen Menschen so schnell wie möglich hinter sich zu lassen, um sich in die strahlende Nähe des schönen Gardereiters zu stürzen.

D'Anthès tat sein möglichstes, die Befürchtungen seiner Braut zu zerstreuen. Da er diese erzwungene Heirat in Aussicht genommen hatte, verstand er es, sich bis zuletzt als ritterlicher Mann zu betragen. Was für einen Groll er auch gegen dieses junge Mädchen fühlen mochte, das sich zwischen ihn und den Gegenstand seiner Leidenschaft drängte, er gestattete sich nicht, sie für sein Unglück verantwortlich zu machen. Die blinde Zuneigung und traurige Schwäche Katharinas entwaffneten ihn, und er bestrebte sich, sie zu beklagen, und schrieb ihr sogar nette, zärtliche Briefchen.

Dennoch reichten die blumigen Worte, die Schwüre und häufigen Beweise des Verzichts nicht hin, die beunruhigte Katharina zu überzeugen. Sie kannte den impulsiven Charakter ihres Verlobten; sie wußte, wie sehr er Nathalie bewunderte und begehrte; er mochte sie noch so oft seiner Treue versichern, sie glaubte ihm nicht. Ist dieser Abschnitt nicht bezeichnend, der einem Brief von Georges d'Anthès entnommen ist, den er Katharina während der Verlobungszeit schrieb?

»Keine Wolken für unsere Zukunft, lassen Sie alle Furcht fahren, und vor allem: mißtrauen Sie mir niemals. *Es ist unwichtig, wer um uns herum ist, ich sehe niemand außer Ihnen und werde nie jemand anderen sehen: keine Aufregung, ich gehöre Ihnen, Katharina, Sie können darauf bauen; mein Verhalten wird es Ihnen beweisen, da Sie an meinem Wort zweifeln.*«

»Mein Verhalten wird es Ihnen beweisen . . .« Wie konnte Georges d'Anthès seiner so sicher sein? Bei den kurzen Zusammenkünften bei Tante Zagriajskaja suchte Katharina in dem beherrschten Gesicht, in den ruhigen Augen ihres Verlobten nach den Anzeichen seiner wahren Gedanken. Eine einzige Sache tröstete sie: Nathalie liebte d'Anthès nicht mehr. Darüber gab es keinen Zweifel. Sie hatte es gesagt und wiederholte es bei jeder Gelegenheit. Sie ging sogar zu weit darin, denn sie kränkte Katharina, indem sie ihrer Verachtung für d'Anthès Ausdruck verlieh. Alles schien so verwickelt in diesem Haus. Die Nerven waren zum Zerreißen gespannt, und die Gefühle kamen aus dem Gleichgewicht. Ein beklemmender, bedrohlicher, künstlich erzeugter Friede herrschte zwischen diesen von Leidenschaft verzehrten Menschen. Ein Blick, ein ungehöriges Wort, und die Katastrophe wäre nicht aufzuhalten. Und Nathalie betrug sich so ungeschickt! Endlich hatte sie ihre Verfehlungen eingesehen und kehrte mit unterwürfiger Zärtlichkeit zu ihrem Mann zurück. Schön und gut. Um aber Puschkin ihre ganze Erkenntlichkeit zu beweisen, berichtete sie ihm gewissenhaft die Verleumdungen aus den Salons. Und der Widerhall all dieser Klatschgeschichten brachte Puschkin auf. Das geringste Geschwätz schien ihm eine förmliche Verunglimpfung seines Namens und der Ehre seiner Frau, ein Schlag gegen die Unverletzlichkeit seines häuslichen Glückes. Er fand jetzt, daß seine »Rache« gegen d'Anthès eine vergebliche Maßnahme war. Bei einem Gesandtschaftsball zur Weihnachtszeit rief der Dichter, als er ein Zimmer betrat, das mit Geweihen geschmückt war: »Das ist ein Raum für verheiratete Männer, für Leute wie mich!« Am Silvesterabend begegneten Puschkin und Nathalie auf einem großen Empfang bei Wiasemskij d'Anthès und Katharina. D'Anthès ging kurzerhand auf Nathalie zu und verließ sie den ganzen Abend nicht mehr.

Puschkin zitterte vor Wut. »Er sah so schrecklich aus, daß ich, wäre ich seine Frau gewesen, mich gefürchtet hätte, allein mit ihm nach Hause zu gehen«, sagte Gräfin Stroganov.

Am 10. Januar 1837 fand die Hochzeit von d'Anthès und Katharina statt, nach orthodoxem und katholischem Ritus. Puschkin nahm an der Feierlichkeit nicht teil und hatte seine Frau geschickt, ihn zu vertreten. Nathalie kehrte nach der kirchlichen Trauung sofort nach Hause zurück.

Die jungen Gatten richteten sich im Haus des Barons van Heeckeren ein, das am Mewskij-Prospekt lag.

Ein Brief von Katharina an ihren Schwiegervater, Baron Konrad d'Anthès, gibt uns einen kleinen Einblick in die ersten Tage dieser Verbindung:

»Mein Glück ist vollkommen«, schrieb Katharina nach der

Eheschließung, »ich hoffe, daß mein Mann ebenso glücklich ist wie ich.«

DIE HERAUSFORDERUNG

Nach seiner Heirat versuchte d'Anthès auf Anraten von Heeckeren, sich mit Puschkin zu versöhnen. Er machte ihm einen Höflichkeitsbesuch, aber Puschkin weigerte sich, ihn zu empfangen. Er schrieb ihm ein erstesmal, und Puschkin zerriß den Brief. Er schrieb ihm ein zweitesmal, und aufgebracht beschloß Puschkin, das Schreiben durch Vermittlung von Tante Zagriajskaja an ihn zurückgehen zu lassen. Er begab sich also zu der Hofdame und war höchlich überrascht, Heeckeren dort anzutreffen, Heeckeren mit seiner Glatze, seinem mageren Gesicht und dem aufreizenden Lächeln. Der Gesandte war höchst liebenswürdig und zu jedem Vergleich bereit, aber Puschkin reichte ihm den Brief von d'Anthès und bat ihn in schroffem Ton, ihn dem Schreiber zu übergeben. Er fügte hinzu, daß er weder Briefe von d'Anthès lesen wolle noch seine Besuche wünsche. Heeckeren richtete seine kleine Gestalt steif auf und erklärte, da dieser Brief an Puschkin gerichtet sei und nicht an ihn, so könne er ihn auch nicht entgegennehmen. Puschkin wurde bleich. Seine Augen funkelten.

»Du wirst ihn in Empfang nehmen, Halunke!« schrie er und warf ihm das Papier ins Gesicht. Darauf ging er fort, während der Baron wie erstarrt vor Haß und Furcht sitzen blieb.

Zweifellos konnte Baron van Heeckeren sich nicht enthalten, diesen Zwischenfall seinem Adoptivsohn zu erzählen, der sich mit Recht darüber entrüstete. Es entsprach nicht seinem Temperament, eine Beleidigung einzustecken, ohne sie hundertfältig zurückzuzahlen. Einige Wochen lang hatte der Gardeoffizier sich zu einer schmählichen Besonnenheit gezwungen, um dem Baron, der einen öffentlichen Skandal mehr als alles andere fürchtete, zu Willen zu sein. Diese Haltung ging allmählich über seine Kräfte und führte überdies zu nichts. Was hatte man gewonnen, als man diese Heirat anzettelte, nur um dem Duell vorzubeugen? Georges d'Anthès hatte sich fürs Leben mit einem Geschöpf verbunden, das zwar reizend war, das er aber nicht liebte. Er hatte mit Nathalie gebrochen, die er doch nicht vergessen konnte. Und Puschkin spielte sich unverschämt auf. War es das, was Baron van Heeckeren für sich und seinen Sohn erreichen wollte? In die Enge getrieben, mußte der Gesandte anerkennen, daß seine diplomatischen geheimen Machenschaften kläglich gescheitert waren. Man mußte die Taktik noch einmal ändern, Georges d'Anthès verlangte es: er wollte seine Vergeltung um jeden Preis und so bald als möglich. Und Baron van Heeckeren, den die übergroße Erregung des jungen Mannes zuerst erschreckte, mußte schließlich zugeben, daß in dieser Sache die Tollköpfe Recht behielten, nicht die Verständigen. Eins stand jedenfalls fest für ihn: es gab kein Mittel, Puschkins Wut zu besänftigen. Puschkin war der unbeugsame Feind der Clique Heeckeren. Trotz des vermiedenen Duells, der unvorbereiteten Heirat und der freundschaftlichen Besuche verharrte er in seiner Einstellung. Wenn man ihn handeln ließe, so würde er schließlich in der Öffentlichkeit bekanntgeben, daß Hollands Gesandter am russischen Hof der Anstifter der anonymen Briefe sei, und damit den Namen Heeckeren beschmutzen und seine Laufbahn gefährden. Alles lieber als das. Die beste Lösung bestand darin, dem anderen zuvorzukommen. Man mußte ihn bekämpfen, ihn niederringen, lächerlich machen, ihm die Waffen aus der Hand schlagen, ihn als Dummkopf hinstellen, ihn töten, ehe er seine Anschuldigung vorbringen könnte. So warf Heeckeren, der Puschkin angefleht hatte, auf das Duell zu verzichten, von heute auf morgen seine Taktik um. Er hatte den wutschnaubenden d'Anthès zurückgehalten, jetzt beschloß er, ihn noch anzufeuern. Gewiß, da war Katharina, die leiden würde, wenn man sie sitzenließ; aber Katharina war daran gewöhnt, zu leiden.

Nachdem Georges d'Anthès so übermenschliche Anstrengungen gemacht hatte, seinem Adoptivvater gefällig zu sein und Nathalie aus seinem Herzen zu verbannen, wollte er nun, da er endlich frei nach seinem eigenen Ermessen handeln konnte, nur noch an seine Leidenschaft denken. Er wollte der Welt auf dem schnellsten Wege beweisen, daß er Puschkin nicht fürchtete. Hocherhobenen Hauptes und mit funkelnden Augen erneuerte er den Angriff. Er fand Nathalie bestrickend im fahlen Licht der nahenden Katastrophe. Er liebte sie entschieden zu sehr und konnte ohne sie nicht leben. Um so schlimmer für sie, für Katharina, für den alten Baron, für Puschkin und für ihn selbst. Soll das Himmelsgewölbe einstürzen, diese Frau wird ihm gehören!

Strahlend, selbstsicher und jede Vorsicht außer acht lassend, umschwärmte er Nathalie im Theater, beim Ball, bei Empfängen. Nie war er besser in Form gewesen, nie ausgelassener, nie sich seiner Stimme, seiner Augen, des Eindrucks seines Sporenklirrens und seiner blonden, gewellten Haare mehr bewußt.

»Der junge Mann«, schrieb Wiasemskij, »trug weiterhin, auch in Gegenwart seiner Frau, seine Leidenschaft für Frau Puschkin zur Schau. Die bösen Mäuler in der Stadt standen nicht mehr still, und die tödliche Aufmerksamkeit der Öffentlichkeit heftete sich mit neu erwachtem Interesse auf die Personen des Dramas, das sich vor ihren Augen abspielte.« N. M. Smirnov sagte: »Er hörte nicht auf, seine Schwägerin zu verfolgen. Er ließ sogar jede Zurückhaltung fahren und schien manchmal die Eifersucht des Ehemannes, der sich nicht mit ihm versöhnt hatte, zu verspotten. Baron van Heeckeren ermutigte ihn ganz offen.« Wenn Puschkin sich dem Paar näherte, entfernte sich d'Anthès mit würdiger Langsamkeit. Er würde zurückkommen, sobald Nathalie wieder allein war. Und anstatt d'Anthès zurückzuweisen, ließ sich Nathalie von neuem von ihm bezaubern. Alle ihre Vorsätze schwanden dahin, sobald sie ihn auftauchen sah. Dann belebte sie sich in eigentümlich krampfhafter Weise. Sie lebte schneller. Sie war einen Augenblick lang glücklich. Im übrigen: war er denn nicht ihr Schwager? Was tat sie Schlechtes, wenn sie mit ihm plauderte? Um ihr Gewissen zu entlasten, gestand sie Puschkin, daß d'Anthès ihr immer noch beharrlich folge. So beruhigte sie sich: sie belog ihren Mann nicht und beraubte sich nicht des Vergnügens, hofiert zu werden. Puschkin hielt diese weibliche Feigheit für Naivität. Für ihn war Nathalie ein Geschöpf, das man nicht verantwortlich machen konnte, ein großes, törichtes kleines Mädchen, gefallsüchtig und gutherzig. Er konnte ihr nichts übelnehmen. Nur die anderen waren daran schuld, daß sie sich in solcher Verwirrung befand. Die anderen: das heißt d'Anthès, der ihn verhöhnte, und Heeckeren, der auf klug abgewogene Vergeltungsmaßnahmen sann. »Sie hätte sich aus der Gesellschaft zurückziehen müssen«, schrieb Fürst Wiasemskij, »sie besaß keinen Charakter, und ihre Beziehungen zu dem jungen Heeckeren befanden sich fast auf dem gleichen Punkt wie vor der Heirat. Nichts Schuldhaftes, aber viel Inkonsequenz und zuviel Sorglosigkeit.«

Selbst der Zar, der Nathalie auf einer Abendgesellschaft traf, riet ihr, mehr auf ihren Ruf bedacht zu sein. Nathalie gab ihrem Mann die Worte des Herrschers wieder. Puschkin war bewegt und unterließ nicht, Nikolaus I. für seine Freundlichkeit zu danken.

»Konntest du etwas anderes von mir erwarten?« fragte der Zar.

»Ich konnte nicht nur etwas anderes erwarten«, erwiderte

Puschkin, »sondern, in aller Offenheit, ich verdächtigte Sie selbst, meiner Frau den Hof zu machen.«

»Im Hause herrschen Fröhlichkeit und gutes Einvernehmen«, notierte Jukowskij. Puschkin hatte tatsächlich ein solches Vertrauen zu Nathalie, daß er sie eher bedauerte als verurteilte. Aber es genügte ihm nicht, daß er sich ihrer sicher fühlte, die ganze Welt sollte es tun.

Immer häufiger kam Puschkin auf den Gedanken des Duells zurück. Er sprach sogar zu Baronin Wrewskij, die sich vorübergehend in St. Petersburg aufhielt, davon. Sie beschwor ihn, an seine Kinder zu denken. »Der Zar, der von der ganzen Sache unterrichtet ist, hat mir versprochen, sich ihrer anzunehmen«, sagte Puschkin ungeduldig.

Am 21. Januar nahm Puschkin mit Nathalie an einem Ball bei den Ficquelmont teil. »Der Ball der Ficquelmont war sehr besucht«, vermerkte Durnowo in seinem Tagebuch. »Die Londonderry, die Frau eines englischen Generals, die vorübergehend in Petersburg weilte, hatte all ihre Smaragden und viele Diamanten angelegt. Die Krüdener ist wirklich sehr schön, ein schöner Teint und feine Züge. Frau Puschkin trug ihre Haare glatt gescheitelt und tief im Nacken geflochten, sie sah wie eine schöne Kamee aus.«

D'Anthès war auch auf dem Ball und machte Nathalie ohne Zurückhaltung den Hof. Puschkin beobachtete sie schweigend. Nach Aussagen eines Augenzeugen quälte die Eifersucht ihn so, daß er wie ein »Ungeheuer« aussah. Selbst Nathalie hatte Angst vor ihm und meinte: »Jedesmal, wenn er das Wort an mich richtet, schaudert mich.«

Am 23. Januar Ball bei den Worontzov. D'Anthès richtete es so ein, daß er bei allen Kontertänzen Nathalies Gegenüber war. Als man zum Essen in den Speisesaal ging, sagte er zu Katharina: »*Komm, Legitime.*« Puschkin hörte diese Unverschämtheit, beherrschte aber seinen Zorn, um Aufsehen zu vermeiden.

Am nächsten Tag, dem Sonntag, 24. Januar, lieh Puschkin noch einmal zweitausend Rubel gegen Pfand und begab sich zu einem von Engelhardt veranstalteten Konzert. »Er stand an den Türrahmen gelehnt«, schrieb I. S. Turgenjew, »er hatte die Arme über der breiten Brust gekreuzt und schaute feindselig auf die Anwesenden. Ich sehe sein kleines, nußbraunes Gesicht mit den dicken Lippen, hinter denen seine starken weißen Zähne blitzten, noch vor mir, ich erinnere mich an den herabhängenden Backenbart, an seine dunklen, trübe blickenden Augen, seine hohe Stirn mit den spärlichen Augenbrauen und seine wirren Haare. Er warf mir einen flüchtigen Blick zu: die unverschämte Eindringlichkeit, mit der ich ihn anstarrte, war ihm zweifellos peinlich. Er zuckte die Schultern. Er schien schlechter Laune zu sein. Er entfernte sich.«

Am selben Tag, nach dem Konzert, verbrachten Puschkin und seine Frau einige Stunden bei Prinz Mescherskij. D'Anthès war da. Puschkin zog sich zurück, um mit dem Prinzen Schach zu spielen. Zu dem jungen Offizier Rossetti, der herzutrat, um dem Spiel zuzusehen, sagte er geradeheraus:

»Na? Sie waren im Salon! *Er* muß schon dort sein, mit meiner Frau zusammen, nicht?«

Und er brach in Gelächter aus.

Am Abend des 24. Januar, als Puschkin mit seiner Frau aus dem Theater kam, sprach der alte Heeckeren Nathalie an und flüsterte ihr einige Worte ins Ohr. Was sagte er ihr wohl? Vertrat er die Sache seines Adoptivsohnes oder riet er ihr größere Zurückhaltung? Nathalie machte sich rasch von dem Baron los und holte ihren Mann in der Menge ein. Aber Puschkin hatte bemerkt, wie sie die Köpfe zusammensteckten, und er war verärgert.

Am 25. Januar war Puschkin bei dem Maler Brüllov zu Besuch. Die Aquarelle und Karikaturen Brüllovs gefielen ihm ausgezeichnet. Er vergaß seinen Kummer und lachte Tränen und bat den Künstler inständig, ihm eine besonders gelungene Zeichnung zu geben, »Ankunft beim Ball des Gesandten in Smyrna«. Brüllov ließ sich nicht erweichen, versprach aber, Puschkins Porträt zu malen. Die erste Sitzung wurde auf den 28. Januar festgesetzt.

Während Puschkin lachte und sich mühte, Scham und Ärger abzuschütteln, machte Nathalie sich für ein Stelldichein zurecht. Eine ihrer Freundinnen, die hübsche Idalie Poletika, eine natürliche Tochter des Grafen Stroganov, hatte ihr sagen lassen, daß sie in einer dringenden Angelegenheit bei ihr vorbeikommen möge. Sie hatte eine Wohnung in der Kaserne der Gardereiter, denn ihr Mann war Offizier dieses Regimentes. Sie verabscheute Puschkin, der früher ihre Annäherungsversuche abgewiesen hatte, und betete d'Anthès förmlich an. War sie seine Geliebte gewesen? Vielleicht nicht. Aber sie nahm leidenschaftlichen Anteil an allem, was das Liebesleben des Gardereiters betraf. Das heimliche Spiel zwischen d'Anthès und Nathalie schien ihr aufregend und großartig. Vor allem freute sie sich bei dem Gedanken, daß die

Vereinigung dieser beiden schönen jungen Menschen den garstigen kleinen Dichter mit den langen Nägeln, der zerzausten, struppigen Mähne und dem grotesken Hochmut für immer lächerlich machen könnte. Als Nathalie bei Idalie Poletika ankam, war sie sehr überrascht, d'Anthès dort vorzufinden. Die Gastgeberin stahl sich unter einem fadenscheinigen Vorwand davon. Unter den Fenstern der Wohnung ging ein gewisser Hauptmann Lanskoj auf und ab, der achtgeben mußte, ob die Luft rein sei. Nathalie begriff, daß sie in einen Hinterhalt gefallen war. Doch schon hatte sich d'Anthès ihr zu Füßen geworfen und flehte sie an, endlich nachzugeben, Puschkin zu verlassen und mit ihm ins Ausland zu fliehen. Er schwang sogar eine Pistole und drohte, sich vor ihren Augen zu erschießen, wenn sie darauf beharre, seinen Wunsch zu mißachten. Erschreckt und empört lief Nathalie von einer Ecke des Zimmers zur anderen, schrie, daß sie sich durch Erpressung nicht mürbe machen lasse und daß dieses Zusammensein das letzte sei. Von dem Lärm herbeigelockt, stürmte die Tochter von Idalie Poletika, die von nichts wußte, ins Zimmer, und Nathalie nutzte die Gelegenheit und machte sich davon. Die Zusammenkunft hatte kaum einige Minuten gedauert.

Am gleichen Tag erhielt Puschkin einen anonymen Brief, der ihm mitteilte, daß seine Frau d'Anthès unter vier Augen in einem befreundeten Hause getroffen habe und daß er nun endgültig ein Gehörnter sei. Puschkin befragte sogleich Nathalie. Sie, ganz aufgewühlt und mitgenommen, gestand ihm alles und weinte sich an seiner Schulter aus. Das war zuviel. Puschkin beschloß, einen entscheidenden Schlag gegen seine Gegner zu führen. D'Anthès, das war nicht der Mühe wert, der war ein verliebter und nicht verantwortlicher Bengel. Aber der alte Heeckeren verdiente eine Züchtigung. Ohne eine Minute zu verlieren, ging Puschkin daran, dem Gesandten einen Brief zu schreiben. In seiner Hast irrte er sich im Datum und setzte das des nächsten Tages, des 26. Januar 1837, darauf. Er bedurfte mehrerer Konzeptentwürfe, um seine Wut in geordnete Form zu bringen.

Endlich schrieb er seinen Text noch einmal ab und siegelte das Schreiben mit seinem Siegel. Dann begab er sich mit Nathalie zu einer Abendgesellschaft bei den Wiasemskij. D'Anthès, Nathalie und Katharina trugen eine unruhige Fröhlichkeit zur Schau. Puschkin schaute d'Anthès voll Ironie an. Er sagte zur Fürstin Wiasemskij:

»Es freut mich zu sehen, wie sich dieser Herr bei Ihnen wohlfühlt, ohne zu ahnen, was ihn zu Hause erwartet.«

»Was denn?« fragte die Fürstin. »Haben Sie ihm vielleicht geschrieben?«

Puschkin nickte.

»Seinem Vater«, sagte er.

»Wie, der Brief ist schon abgegangen? Heute?«

Puschkin rieb sich die Hände und schob boshaft vergnügt das Kinn vor.

»Ist es möglich, daß Sie immer noch daran denken?« rief die Fürstin aus. »Wir hofften, es sei alles erledigt!«

Puschkin warf sich in die Brust und sagte lebhaft:

»Halten Sie mich für einen Feigling? Ich habe Ihnen gesagt, daß die Angelegenheit mit dem jungen Mann beendet sei, aber mit dem Vater, das ist eine andere Frage. Wie ich Ihnen voraussagte, meine Rache wird Aufsehen erregen in der Welt!«

Und am Dienstag, dem 26. Januar 1837, fand Baron Heeckeren tatsächlich bei seiner Post ein Schreiben von Puschkin, das ihn in Harnisch brachte:

»Herr Baron, erlauben Sie mir, noch einmal zusammenzufassen, was sich zugetragen hat. Das Verhalten Ihres Herrn Sohnes war mir seit langem bekannt und konnte mir nicht gleichgültig bleiben. Ich begnügte mich mit der Rolle des Beobachters, bereit, einzugreifen, wenn es mir nötig schiene. Ein Ereignis, das mir zu jeder anderen Zeit sehr unangenehm gewesen wäre, kam mir sehr glücklich zu Hilfe: ich erhielt anonyme Briefe. Ich sah, daß der Augenblick gekommen war. Sie wissen das übrige: ich ließ Ihren Herrn Sohn eine so jämmerliche Rolle spielen, daß meine Frau sich über soviel kriecherische Feigheit wunderte und sich des Lachens nicht erwehren konnte. Die Erschütterung, die sie vielleicht um diese große, erhabene Leidenschaft empfunden hat, erlosch, und sie fühlte nur noch gleichmütige Verachtung und Widerwillen.

Ich muß gestehen, Herr Baron, daß *Ihre* Rolle sich nicht in schicklichen Grenzen hielt. Sie, der Vertreter eines gekrönten Hauptes, sind der väterliche Kuppler Ihres Herrn Sohnes gewesen. Sein ganzes Verhalten scheint von Ihnen gelenkt worden zu sein. Wahrscheinlich haben Sie ihm die armseligen Plattheiten eingeredet, die er daherplapperte, sowie das alberne Geschwätz, das er in seinen Briefen vorbrachte. Wie eine alte Vettel haben Sie meiner Frau in allen Winkeln aufgelauert, um ihr von der

Liebe Ihres Bastards zu sprechen. Und wenn er wegen einer venerischen Krankheit zu Hause bleiben mußte, sagten Sie, daß er sich vor Liebe zu ihr verzehre; Sie tuschelten: Geben Sie mir meinen Sohn wieder.

Sie werden wohl begreifen, Herr Baron, daß ich nach all dem nicht die leisesten Beziehungen zwischen meiner Familie und der Ihrigen dulden kann. Unter dieser Bedingung hatte ich eingewilligt, diese schmutzige Angelegenheit nicht weiter zu verfolgen und Sie nicht in den Augen unseres und Ihres Hofes zu entehren, wie ich leicht gekonnt hätte und auch beabsichtigte. Ich habe keine Sorge, daß meine Frau noch auf Ihre väterlichen Ermahnungen hört. Aber ich kann nicht zulassen, daß Ihr Herr Sohn nach seinem niederträchtigen Verhalten das Wort an meine Frau zu richten wagt, noch weniger, daß er ihr Kalauer aus dem Gardekorps wiedergibt und den selbstlosen, unglücklichen Liebhaber spielt, während er doch nur ein Feigling und Taugenichts ist. Ich muß mich daher an Sie wenden mit der Bitte, diesem ganzen Theater ein Ende zu machen, falls Ihnen daran liegt, einen neuen Skandal zu vermeiden, vor dem ich allerdings nicht zurückschrecken werde.

Ich habe die Ehre, Herr Baron, Ihr ergebenster, untertänigster Diener zu sein, Alexander Puschkin.«

Heeckeren holte sich Rat bei Graf Stroganov, der die Streitigkeiten der Aristokratie zu schlichten pflegte, und unterrichtete daraufhin d'Anthès. D'Anthès begehrte nichts anderes als sich zu schlagen, um die Erinnerung an sein kürzliches Kneifen im Andenken der Leute auszulöschen. Die ganze Clique Nesselrode stand hinter ihm. Er fühlte sich stark und frohgemut. Heeckeren schrieb an diesem selben 26. Januar an Puschkin:

»Mein Herr, da mir weder Ihre Schrift noch Ihre Unterschrift bekannt sind, wende ich mich an Herrn Vicomte d'Archiac, der Ihnen dieses Schreiben überbringen und feststellen wird, ob der Brief, den ich beantworte, von Ihnen stammt. Sein Inhalt übersteigt alle Grenzen des Schicklichen, so daß ich es ablehne, auf alle Einzelheiten dieser Epistel einzugehen. Sie scheinen vergessen zu haben, mein Herr, daß Sie es waren, der die Baron Georges van Heeckeren (d'Anthès) zugesandte Forderung widerrief, welche dieser angenommen hatte. Der Beweis für das, was ich hier vorbringe, ist vorhanden, geschrieben von Ihrer Hand, ist er in den Händen der Sekundanten geblieben. Ich habe Ihnen nur noch anzukündigen, daß Herr Vicomte d'Archiac sich zu Ihnen begibt, um mit Ihnen den Ort zu vereinbaren, an dem Sie mit Baron Georges van Heeckeren zusammentreffen werden, und Ihnen mitzuteilen, daß dieses Treffen keinen Aufschub duldet.

Ich behalte mir vor, mein Herr, Ihnen danach die Achtung beizubringen, die dem Amt, das ich bekleide, zukommt, das kein von Ihnen unternommener Schritt antasten kann.

Ich bin, mein Herr, Ihr ergebenster Diener,

Baron van Heeckeren.

Gelesen und gebilligt:

Baron Georges van Heeckeren.«

D'Archiac überbrachte Puschkin den Brief, der die darin enthaltene Forderung annahm, ohne ihn zu lesen. Aber als d'Archiac ihn bat, ihm den Namen seines Zeugen zu benennen, antwortete der Dichter, daß er noch niemand darum gefragt habe. Kurz nachher ließ d'Archiac Puschkin folgendes Schreiben zukommen:

»Der Unterzeichnete teilt Herrn Puschkin mit, daß er bis elf Uhr abends an diesem Tag zu Hause und nach dieser Stunde auf dem Ball der Gräfin Rasumowskij die Person erwarten wird, die mit der Angelegenheit betraut ist.«

Nathalie wußte von nichts. Puschkin trug in Gegenwart seiner Angehörigen und seiner Freunde eine schnodderige Heiterkeit zur Schau, die sie ein wenig beunruhigte. Beim Diner der Gräfin Rostoptschin mußte er sich mehrmals in den Waschraum zurückziehen, um den Kopf in kaltes Wasser zu tauchen. Anschließend begab er sich auf den Ball der Rasumowskij. Aber ohne Nathalie. Auch die beiden Heeckeren hatten es unterlassen zu kommen. Puschkin tanzte, scherzte mit Turgenjew und lud ihn für den nächsten Tag zu sich ein. D'Archiac nutzte eine Gesprächspause, trat auf den Dichter zu und mahnte ihn, daß er den Namen seines Zeugen immer noch nicht genannt habe. Nun, Puschkin hatte Bedenken, einen Landsmann zum Zeugen zu nehmen, da er wußte, daß der Unglückliche Gefahr lief, deshalb nach den gesetzlichen Bestimmungen gerichtlich belangt zu werden. Er ließ den Blick über den Saal schweifen, erblickte den englischen Gesandtschaftsrat Magenis und machte ihm den Vorschlag, ihn auf den Kampfplatz zu begleiten. Aber Magenis wollte die Gründe zu dem Duell wissen, und Puschkin weigerte sich, etwas zu sagen. Der Engländer verzichtete. Der Abend bei Rasumowskijs verstrich, ohne daß Puschkin einen Sekundanten gefunden hätte.

Das Duell mußte aber spätestens am nächsten Tag, dem 27. Januar, stattfinden. Schon waren einige Leute der vornehmen Gesellschaft im geheimen unterrichtet.

Die Obrigkeit war natürlich genau im Bild. Was tat sie, um es zu verhindern? Nikolaus I. hatte Benkendorf gebeten, dem Duell vorzubeugen und Polizisten an den Ort des Kampfes zu entsenden. Aber Benkendorf teilte die Ansicht des Zaren nicht. Am Vorabend des Duells suchten ihn Baron Heeckeren, Graf Uwarov und Fürstin Bielosselskaja auf, und Baron Heeckeren setzte dem Polizeichef auseinander, wie wichtig es wäre, den Ereignissen ihren Lauf zu lassen. Hatte er nicht genug Papier geschwärzt und genug Gewissensnot hervorgerufen, dieser ungestüme Dichterling? Wenn Puschkin getötet würde, so wäre das Kaiserreich von einem Feind der Aristokratie befreit, der auch ein Feind der Monarchie und des Glaubens war. Wenn Puschkin aber heil oder lediglich verwundet aus dem Abenteuer davonkam, so hätte die Obrigkeit das Recht, ihn wegen Teilnahme an einem Duell zu verurteilen, ihn zu verbannen oder ihn in eine Festung einzusperren. Minister Uwarov und Fürstin Bielosselskaja drangen in Benkendorf, daß er sich Heeckerens Ratschlägen anschließe.

»Schicken Sie doch die Polizisten in eine andere Richtung«, sagte Fürstin Bielosselskaja.

Benkendorf beschloß, ihrem Rat zu folgen.

Das Duell

Der Tag kam herauf, dieser 27. Januar, und in der Stadt lag schmutziger Schnee. Es war kalt. Der Wind blies sein eintöniges Lied. Trübselig, frierend und zusammengekrümmt trippelten die ersten Fußgänger hastig die eingeebneten, weißen Straßen entlang. Die Krämer nahmen die hölzernen Läden ab, und die Pförtner fegten ihre Türschwellen.

Es war acht Uhr morgens, als Puschkin die Augen aufschlug. Er sprang aus dem Bett, wusch sich flüchtig, zog sich an und trank eine Tasse heißen Tee. Nathalie, Alexandrine, die Kinder schliefen noch; von der ganzen Familie war er allein auf. Und von der ganzen Familie wußte er allein, daß er vielleicht sterben würde, ehe die Sonne zur Neige ging. Aber dieser Gedanke schreckte ihn nicht. Er fühlte sich sogar seltsam heiter und aufgeräumt. Er hatte zu sehr gelitten unter dem Klatsch, diesen anonymen Briefen, diesen Forderungen und ihren Verzögerungen, unter diesen Versöhnungen und Lügen, als daß er nicht gewünscht hätte, ein für allemal mit seinen Feinden ein Ende zu machen. Lieber den Tod als eine Welt, in der es einen Benkendorf, einen Nikolaus I., einen Uwarov, einen Bulgarin, einen d'Anthès und einen Heeckeren gab. Gewiß, da waren Nathalie, die Kinder, sein Werk. Was würde aus ihnen? Nun, sie würden weiterleben, bei Gott! Wie die übrige Welt ... Überhaupt, er würde nicht getötet werden. Gott war gerecht. Er konnte nicht zulassen, daß ein ungebildeter Lümmel den ersten Dichter Rußlands tötete. Zweifellos würde er schon morgen, schon heute abend über seine Befürchtung lachen. Man mußte diesen Morgen beginnen wie jeden anderen. Die Arbeit, Zeitschriften, die Post warteten.

Puschkin ging in das Zimmer hinüber, das ihm als Arbeitsraum diente. Es war hell und geräumig, und volle Bücherregale reihten sich an den Wänden. Drei Fenster ließen Licht hereinfluten auf den rot überzogenen Diwan, den mit Papier überladenen Tisch und die Bilder. Es roch nach Tabak und Tinte. Puschkin lächelte dieser verläßlichen, vertrauten Umwelt zu. Das war seine Burg, sein Schlupfwinkel. Er setzte sich in seinen Sessel, tauchte eine Feder in das bronzene Tintenfaß, warf ein paar Notizen auf ein Stück Papier. Dann überflog er die *Geschichte in Erzählungen* von Frau Ischinov. Dieses für Kinder bestimmte Büchlein war geschickt gemacht, einfach und vergnüglich zu lesen. Maschka und Saschka würden eines Tages darin buchstabieren. Wäre er noch da, um ihr Gestotter zu vernehmen? Vielleicht lockte es Puschkin auch, in einer Zeitschrift zu blättern. In der letzten Nummer der *Biene des Nordens* konnte er folgende Mitteilungen lesen: in Straßburg hatte ein Duell stattgefunden zwischen zwei Militaristen; die Bibliothek der Herzogin von Berry sollte versteigert werden; der Gesandte Englands kehrte zu seiner Regierung zurück ...

Ein Duell, eine verschleuderte Bibliothek, ein Gesandter ... Das alles führte ihn zu seinen eigenen Sorgen zurück. Und schon stieg ihm das Blut zu Kopf. Wann würde das aufhören? Zwischen neun und zehn Uhr erhielt er ein Schreiben von d'Archiac:

»Mein Herr, ich komme heute morgen noch einmal auf die Bitte zurück, die ich Ihnen gestern abend vorzutragen die Ehre hatte. Es ist unerläßlich, daß ich mich mit dem Zeugen, den Sie gewählt haben, verständige. Bis zwölf Uhr werde ich in meiner Wohnung bleiben; ich hoffe, noch vor Ablauf dieser Zeit die Person zu empfangen, die Sie mir gütigst schicken wollen.«

Immer noch diese Zeugengeschichte! Was für Umstände, um einen Menschen zu töten! Aufgebracht kritzelte Puschkin einen Briefentwurf hin, den er nachher sorgfältig abschrieb:

»Vicomte! Es liegt mir durchaus nichts daran, die Müßiggänger von Petersburg ins Vertrauen zu ziehen über meine Familienangelegenheiten; ich lehne daher alle Verhandlungen unter den Sekundanten ab. Ich werde den meinen erst auf den Kampfplatz mitbringen. Da Herr Heeckeren (d'Anthès) der Herausforderer und der Beleidigte ist, so kann er einen für mich wählen, wenn es ihm paßt; ich nehme ihn im voraus an, auch wenn es nur sein Bursche wäre. Was Zeit und Ort angeht, so füge ich mich völlig seinen Anordnungen. Nach den Bräuchen von uns Russen genügt das. Ich bitte Sie, zu glauben, Vicomte, daß das mein letztes Wort ist, daß ich nichts mehr zu erwidern habe und daß ich kein Glied mehr rühre, ehe ich auf den Kampfplatz gehe.«

Als Puschkin diesen Brief abgesandt hatte, versuchte er, sich wieder an die Arbeit zu machen. Es handelte sich darum, die fünfte Nummer des *Zeitgenossen* zusammenzustellen, und Puschkin wünschte, einige dramatische Szenen des englischen Schriftstellers Barry Cornwall darin aufzunehmen. Eine Mitarbeiterin der Zeitschrift, Frau Ischimov, wollte sich gerne mit der Übersetzung befassen. Man mußte noch die Textstellen auswählen, die Frau Ischimov ins Russische zu übertragen hätte. Puschkin stand auf, nahm ein Buch aus einem Fach und überflog noch einmal die *Dramatischen Szenen* von Cornwall. Zwei Stücke fesselten seine Aufmerksamkeit: *Amelia Wentworth* und *Ludovico Sforza.* Das erste war eine Studie über die Eifersucht. Gottfried Wentworth empörte sich über die allzu große Zärtlichkeit seiner Frau gegenüber einem schönen jungen Mann und dachte daran, den Schuldigen außer Landes zu verweisen oder ihn einzukerkern. Gottfried verdächtigte jedoch seine Frau nicht. Er wußte, daß sie treu war. Er fürchtete lediglich die Beschuldigungen und den Spott seiner Umgebung. Diese Übereinstimmung der Umstände belustigte Puschkin. Auch er zweifelte nicht an Nathalie. Das zweite Stück, *Ludovico Sforza,* behandelte das heilige Recht jedes Menschen auf Rache. Und Puschkin fühlte sich nicht als Fremder unter diesen gewalttätigen, stolzen und rachsüchtigen Persönlichkeiten. Er nahm einen Bleistift und strich die Titel der beiden Dramen an.

In diesem Augenblick klopfte der Kammerdiener zaghaft an die Türe des Arbeitszimmers und reichte dem Dichter einen Brief des französischen Gesandten. Die Antwort von d'Archiac. Gott, was hatten sie es eilig!

»Mein Herr, da Sie die Ehre des Barons Georges van Heeckeren angegriffen haben, schulden Sie ihm Genugtuung. Es ist an Ihnen, einen Zeugen zu stellen. Es kommt nicht in Frage, Ihnen einen zu beschaffen. Seinerseits bereit, sich auf den Kampfplatz zu begeben, ersucht Sie Baron Georges van Heeckeren angelegentlichst, die Förmlichkeiten zu erfüllen. *Jede Verzögerung würde von ihm als Verweigerung der ihm geschuldeten Genugtuung betrachtet,* sie brächte die Sache unter die Leute und verhinderte, daß sie zu Ende geführt werden könnte.

Wenn Sie weiterhin die vor *dem Kampf unumgängliche* Zusammenkunft der Zeugen ablehnten, so müßte Baron Georges van Heeckeren als einer seiner Bedingungen darauf bestehen; Sie haben mir gestern gesagt und heute geschrieben, daß Sie alle Bedingungen annehmen.«

Puschkin warf den Brief hin. Ein Zeuge, das bedeutete einen Fremden mehr in seinem privaten Leben. Er würde von neuem von allem sprechen müssen, was ihm so sehr widerstand: von seinem Argwohn, seiner Schmach, seinen Zornesausbrüchen. Und doch, die Bedingung von d'Anthès entsprach den Regeln. Also einen Zeugen. Aber wen? Das würde er später sehen! Alles zu seiner Zeit, nicht wahr? Zuerst den Brief an Frau Ischimov. Worum handelte es sich eigentlich? Ach ja, die *Dramatischen Szenen* von Barry Cornwall. Puschkin bezeichnete noch einmal einige Titel und schlug das Buch in starkes graues Papier ein. Dann nahm er seine Feder, tauchte sie ins Tintenfaß und schrieb an Frau Ischimov:

»Ich bedaure lebhaft, daß es mir nicht möglich ist, heute Ihrer Einladung Folge zu leisten. Inzwischen beehre ich mich, Ihnen Barry Cornwall zu senden. Sie werden am Schluß des Buches mit Bleistift angestrichene Stücke finden; übersetzen Sie diese, so gut Sie können, ich bin sicher, Sie werden es aufs beste machen. Heute habe ich zufällig Ihre *Geschichte in Erzählungen* aufgeschlagen, und unwillkürlich habe ich mich beim Lesen vergessen. So muß man schreiben!

Mit der Versicherung meiner Hochachtung und meiner Ergebenheit bin ich Ihr gehorsamer Diener A. Puschkin.«

Als er den Brief unterzeichnet hatte, las er ihn noch einmal. War es nicht seltsam? Er hatte vor, sich im Duell zu schlagen, und sein letzter Gedanke galt dieser Dame, die von mühevollen Übersetzungen lebte. Das war gut so. Ordnung mußte sein, Reinlichkeit, Härte gegen sich. Selbst am Vorabend des Todes.

Zwölf Uhr vorüber. Es war Zeit, einen Zeugen zu suchen. Puschkin streifte einen Pelzrock über und ging auf die Straße hinaus. Zuerst fuhr er im Schlitten zu dem jungen Offizier Rossetti. Aber Rossetti war nicht zu Hause. Dann dachte Puschkin an seinen früheren Schulkameraden Danzas. Danzas war ein beherzter Offizier, ein wenig träge, er liebte schlechte Witze, Frauen und gutes Essen. Aber man konnte auf seine Freundschaft und seine Verschwiegenheit zählen.

»Zu Danzas!«

Der Schlitten fuhr an, die Pferde dampften, und die Glöckchen bimmelten. Als das Gespann auf die Tsepnoj-Brücke einbog, erblickte Puschkin Danzas in der Menge der Spaziergänger. Die Pferde blieben stehen.

»Danzas! Ich wollte gerade zu dir!« rief Puschkin. »Steige zu mir in den Schlitten und begleite mich zur französischen Gesandtschaft, wo du eine Erklärung beglaubigen wirst.«

Danzas schwang sich auf den Schlitten, und das Gefährt fuhr weiter in der Richtung der Großen Millionaja. Unterwegs schwatzte Puschkin drauflos, aber ohne das Duell zu erwähnen. In der französischen Botschaft wurden die beiden Freunde von d'Archiac empfangen. Da wandte sich Puschkin zu Danzas und sagte mit lauter Stimme:

»Ich will Sie von allem unterrichten.«

Und gelassen erzählte er, was sich zwischen ihm, d'Anthès und Heeckeren zugetragen hatte. Er schloß seinen Bericht mit den Worten:

»Jetzt habe ich Ihnen nur noch eines zu sagen: wenn die Angelegenheit nicht noch heute ihr Ende findet, so werde ich bei der ersten Begegnung mit den Heeckeren, Vater oder Sohn, ihnen ins Gesicht spucken.«

Danzas und d'Archiac standen unbeweglich und stumm.

»Hier ist mein Sekundant«, sagte Puschkin weiter und deutete auf Danzas. »Willigen Sie ein, Danzas?«

Danzas nickte zum Zeichen der Zustimmung. Er war niedergeschmettert durch die Verantwortung, die man ihm plötzlich auf die Schultern gelegt hatte. Puschkin ging hinaus und ließ die Zeugen die Bedingungen des Duells ausarbeiten.

Einhalb drei Uhr nachmittags hatten d'Archiac und Danzas folgende Verfügung festgesetzt:

»*Bedingungen des Duells zwischen Herrn Baron Georges van Heeckeren und Herrn Alexander Puschkin:*

1. Die beiden Gegner stellen sich in zwanzig Schritt Abstand auf, jeder fünf Schritte hinter den beiden Schranken, die zehn Schritte voneinander entfernt sind;

2. Jeder ist mit einer Pistole bewaffnet; auf ein Startzeichen können sie vorwärtsgehen, doch nicht über die Schranke hinaus, und gegenseitig von ihren Waffen Gebrauch machen;

3. Ist ein Schuß abgefeuert, so darf keiner der Gegner mehr seinen Standort verändern, damit derjenige, der von den beiden zuerst geschossen hat, in jedem Fall dem gegnerischen Feuer im gleichen Abstand ausgesetzt ist;

4. Haben beide Parteien ohne Ergebnis geschossen, so fängt das Ganze von vorn an: die Gegner gehen auf dieselbe Entfernung von zwanzig Schritt zurück und beachten dieselben Schranken und dieselben Bedingungen.

5. Die Zeugen sind als Vermittler dazu verpflichtet, jede Erklärung zwischen den Gegnern auf dem Kampfplatz entgegenzunehmen.

6. Die Unterzeichneten sind mit Vollmacht ausgestattete Zeugen dieses Ehrenhandels und bürgen mit ihrer Ehre für die genaue Einhaltung der oben erwähnten Bedingungen, jeder für seine Partei.

27. Januar 1837, 2.30 Uhr nachmittags.

Gezeichnet: VICOMTE D'ARCHIAC
Französischer Botschaftsattachè
KONSTANTIN DANZAS
Oberstleutnant des Ingenieurskorps.«

Mit diesem Papier ging Danzas zu Puschkin. Der Dichter bemerkte ihn vom Fenster aus, lief ihm entgegen, stieß ihn in sein Arbeitszimmer und verschloß die Türe. Puschkin schien sehr heiter. Er hatte seinen roten Hausrock mit den grünen Karos angezogen. Seine Augen glänzten fiebrig. Papiere und Bücher auf seinem Tisch bezeugten, daß er noch eben gearbeitet hatte. Danzas wiederholte getreulich die mit d'Archiac geführte Unterhaltung. Er fügte sogar hinzu, daß Puschkin die Beleidigungen Heeckeren zugefügt habe und sich eigentlich gegen diesen schlagen müsse und nicht gegen d'Anthès. Aber Puschkin gab keine Antwort. Er hatte Eile, zu einem Ende zu kommen. Dann bot Danzas Puschkin an, ihn kurz vor vier Uhr in der Konditorei Wulf zu treffen. Von dort aus würden sie nach Tschernaja-Retschka fahren, wo in der Nähe des Hauses des Kommandanten gegen fünf Uhr nachmittags das Duell stattfände. In der Zwischenzeit mußte Danzas weggehen, um die Pistolen zu kaufen, die Puschkin schon im voraus bei dem Waffenhändler Kurakin ausgesucht hatte, und einen von zwei Pferden gezogenen Schlitten zu mieten und einige persönliche Angelegenheiten zu ordnen.

Nach dem Weggang seines Freundes wusch sich Puschkin von Kopf bis Fuß, parfümierte sich, wechselte die Wäsche und zog seinen besten Überrock an. Er summte ein Lied vor sich hin, als er sich ankleidete. Für Augenblicke schien ihm, als seien aller Kummer und alle Demütigungen verschwunden, als stehe er, rein und hell, an der Schwelle eines neuen Lebens. Er dachte nicht einmal mehr an Nathalie, an die Kinder. Er war nie verheiratet gewesen. Seine silberne Uhr tickte regelmäßig in seiner Tasche. Ein sanftes Licht übergoß die Einbände der Bücher. Die Zeit verstrich. Puschkin zuckte die Achseln. Vorwärts! Er rief seinen Kammerdiener und verlangte einen Überzieher. Dann öffnete er die Türe, schauderte, kehrte noch einmal um und vertauschte den Überzieher mit einem pelzgefütterten Mantel. Er wohnte im Erdgeschoß. Als er das Haus verließ, traf er auf den Mieter des zweiten Stockwerkes, Lubianowskij, und grüßte ihn freundlich. Der andere erwiderte den Gruß. War es nicht widersinnig, zu sterben, nachdem man Toilette gemacht, seine Uhr aufgezogen, einen Hausbewohner gegrüßt hatte? Puschkin beeilte sich, bog um die Ecke des Newskij-Prospektes und betrat die Konditorei Wulf, wo Danzas ihn schon erwartete. Es war beinahe vier Uhr nachmittags. Die beiden Freunde bestellten Limonade. Puschkin leerte sein Glas, wechselte einen Blick des Einverständnisses mit Danzas, dann gingen sie zu dem Wagen hinaus. Der Kutscher peitschte die Pferde, und der Schlitten glitt über den knirschenden Schnee zur Trinitätsbrücke.

Die Luft war kristallklar, es herrschte eine schneidende Kälte. Auf den Straßen gingen viele Leute. Auf dem Palastkai erblickte Danzas plötzlich Nathalie, die im Schlitten vorüberfuhr. Die beiden Gefährte kreuzten sich, und Mann und Frau waren einander so nahe! Eine Bewegung, ein Lächeln, ein Zuruf, und die Katastrophe konnte vermieden werden. Aber Nathalie war kurzsichtig, und Puschkin schaute anderswohin. Die Pferde trugen jeden in anderer Richtung davon. Der Wind wehte vom Meer her. Über der Newa drüben reckte sich düster der gedrungene Bau der Festung Petropawlowsk empor.

»Führst du mich auch nicht zu der Festung?« fragte Puschkin lachend.

»Nein«, sagte Danzas. »Aber der kürzeste Weg nach Tschernaja-Retschka führt an der Festung vorüber.«

Danzas hoffte immer noch, daß Polizisten sie unterwegs anhalten würden, daß Kameraden sie einholten, daß irgend jemand Puschkin daran hinderte, sein Leben aufs Spiel zu setzen. Er selbst hatte keinerlei Macht über den Dichter, er konnte ihm nur gehorchen. Ach! Wenn nur dieses Duell nicht stattfände!

Danzas und Puschkin gelangten gleichzeitig mit d'Anthès und d'Archiac bei dem Haus des Kommandanten an. Die beiden Zeugen grüßten sich höflich und begannen, das Gelände zu untersuchen. Der Schnee lag hoch und war weich. Ein eisiger Nordwind zerrte an den Büschen. Raben flogen mit schwerem Flügelschlag dahin. Die beiden wählten eine Stelle, die dreihundert Meter von der Straße entfernt war. Buschiges Strauchwerk begrenzte eine Lichtung, die vor Blicken geschützt war und dem Wind keinen Zutritt bot. Aber man sank bis zu den Knien in den Schnee ein. Danzas und d'Archiac machten sich daran, ihn ordentlich festzutreten. Sie glichen zwei großen Jungen, die eine Eisbahn herrichten. Sie mühten sich ab, ihre Gesichter waren ganz rot. Puschkin hatte sich auf den Boden gesetzt, er krümmte den Rücken und zog den Hals tief in seinen Mantel aus Bärenfell. Sein kleines, dreieckiges Gesicht leuchtete seltsam aus dem struppigen Pelzwerk. Er verfolgte aufmerksam die Vorbereitungen. Nicht weit von ihm stand d'Anthès. Ein Biberpelzkragen umrahmte sein hübsches, unverschämtes Gesicht. Der halboffene Mantel ließ die weiße Uniform der Gardereiter sehen. Dachte Puschkin an die Vorhersage der alten Deutschen? Sie hatte ihm geraten, einen »weißen Menschen« zu fürchten. Er war da, der weiße Mensch. Und Puschkin war im Begriff, sich gegen ihn zu schlagen. Vielleicht dachte er auch an das Duell des Stutzers Eugen Onegin und des Dichters Lenskij, das in derselben Schneelandschaft stattfand und wegen derselben Weibergeschichten ausgetragen wurde? Der Stutzer tötete den Dichter.

Wie viele Vorzeichen! Unmerklich senkte sich die Dämmerung herab. Man mußte sich beeilen. Und da waren immer noch die Zeugen, die den Todespfad mit großen Schritten abmaßen und festtraten! Danzas fragte Puschkin, ob ihm das Gelände so recht sei.

»Das ist mir höchst gleichgültig«, rief Puschkin. »Sehen Sie bloß zu, daß es so schnell wie möglich geht.«

Die Sekundanten markierten die beiden Schranken in zehn Schritten Abstand mit ihren Mänteln. Dann gingen sie daran, mit frostklammen, zitternden Händen die Pistolen zu laden.

»Na, ist es jetzt soweit?« fragte Puschkin noch. Alles war bereit. Danzas und d'Archiac wiesen den Gegnern ihren Standort an, fünf Schritte von den Schranken entfernt, und reichten ihnen die Pistolen. Schrecklich dehnte sich das Schweigen zwischen den beiden Gegnern, die sich gegenüberstanden und einander den Tod wünschten. Danzas gab hutschwenkend das Zeichen zum Beginn.

Puschkin ging rasch auf die Schranke zu, hob den Arm und begann zu zielen. Aber d'Anthès sah seine Bewegung und schwang seine Pistole hoch, noch ehe er die festgesetzte Grenze erreicht hatte. Ein kurzer, bösartiger Knall ertönte. Als der Rauch sich verzog, lag Puschkin zusammengesunken auf dem Mantel, der die Schranke bildete, mit dem Gesicht im Schnee und rührte sich nicht mehr. Die Zeugen stürzten zu ihm hin. Da hob er den lockigen Kopf, und sein Gesicht kam zum Vorschein, grau und feucht wie ein Klumpen Lehm.

»Ich glaube, mein Oberschenkel ist zerschmettert«, murmelte er.

Als d'Anthès jedoch Anstalten machte, seinen Platz zu verlassen, schrie er ihm mit heiserer Stimme zu:

»Warten Sie! Ich fühle mich stark genug, meinen Schuß abzugeben!«

D'Anthès kehrte an seinen Standort zurück, drehte seinen Oberkörper zur Seite und winkelt seinen rechten Arm über die Brust, um die Herzgegend zu schützen. Puschkin schaute voll Haß auf ihn. Dieser Mann mußte von seiner Hand sterben. Und das gleich.

Als Puschkin zu Boden stürzte, war ihm seine Pistole entfallen und hatte sich mit Schnee verstopft. Danzas reichte ihm eine andere. Der Dichter ergriff die Waffe mit fester Hand. Halb liegend, das Körpergewicht auf den linken Arm verlagert, zielte er. Er zielte lange. Zwei Minuten lang, sagt man. Und dann gab er Feuer.

Die Kugel traf d'Anthès in den rechten Arm, durchschlug die Muskeln, wurde durch einen kupfernen Knopf gebremst und drückte zwei Rippen ein. Die Verwundung war leicht. Aber die Heftigkeit des Aufpralls hatte den Gardereiter umgerissen. Puschkin sah ihn taumeln, warf seine Pistole in die Luft und rief:

»Bravo!«

Indessen verwandelte sich der Schnee dort, wo sein Leib lag, in roten Matsch. Er wurde zweimal ohnmächtig. Als er wieder zu sich kam, fragte er mit schwacher Stimme:

»Habe ich ihn getötet?«

»Nein«, antwortete d'Archiac, »aber Sie haben ihn verwundet.«

»Sonderbar«, meinte Puschkin, »ich hatte gedacht, es würde mir Freude machen, ihn zu töten, aber ich fühle, daß es nicht so ist. Im übrigen, es spielt keine Rolle. Wenn wir erst beide wiederhergestellt sind, dann wird das wiederholt werden müssen.«

Puschkin verlor eine Menge Blut, und seine ganz durchtränkten Kleider lagen schwer auf seinem Leib. Es wäre gefährlich gewesen, ihn bis zum Wagen zu tragen. Danzas und d'Archiac riefen die Kutscher herbei und rissen mit ihnen die Hecke auseinander, die den Wagen hinderte, auf die Lichtung zu gelangen. Dann hoben sie den Dichter gemeinsam auf und legten ihn in den Schlitten. Die Pferde gingen im Schritt, und Danzas lief neben dem Gespann her. Der Weg war uneben, und das unsanfte Gerüttel warf den Verwundeten umher, daß sein Gesicht sich in stummem Schmerz verzog. Hinterdrein kamen d'Anthès und d'Archiac. Es war schon dunkel. Der kalte Wind ließ wolkig den Schnee aufstieben. Nahe beim Hause des Kommandanten stand ein geschlossener Wagen, den Baron van Heeckeren für alle Fälle an den Kampfplatz geschickt hatte. D'Anthès und d'Archiac boten ihn Danzas an, damit er Puschkin zurückführen könne. Danzas hütete sich wohl, Puschkin zu offenbaren, daß dieser Wagen dem holländischen Gesandten gehörte. Er bettete den Dichter in das Kutscheninnere und setzte sich neben ihn, er stützte seinen Kopf und lehnte seinen Leib gegen sich. Der Wagen setzte sich sachte in Bewegung.

Mit Puschkin in diesem dunklen Kasten eingeschlossen, schaute Danzas voll zärtlicher Besorgnis auf den Verwundeten, dem der Schweiß über das blasse Gesicht lief. Der Wille, den gräßlichen Schmerz zu verbeißen, verzerrte seine Züge. Dann und wann versuchte er noch zu lächeln, zu scherzen, aber plötzlich packte ihn der hämische Schmerz mitten im Leib. Brechreiz würgte ihn, und er ließ einen schwachen Laut der Klage hören. Er erinnerte sich an einen gewissen Scherbatov, der bei einem Duell mit Dorokhov tödlich in den Unterleib getroffen wurde.

»Ich habe Angst! Bin ich nicht so verwundet wie Scherbatov?« fragte er. Dann fiel ihm sein Duell mit Zubov ein, in Kischinew. Dann sprach er davon, wie man vorgehen müsse, um Nathalie, die von nichts wußte, nicht zu erschrecken. Darauf wollte er ein paar zusammenfassende häusliche Verfügungen diktieren. Seine Stimme brach, sein Atem wurde kurz, er fühlte das Bedürfnis, sich zu übergeben, und verlor das Bewußtsein. Als er wieder zu sich kam, wollte er weitersprechen. Das Stoßen und Schütteln des Wagens schwächte ihn gefährlich. Blut rann aus seinen Kleidern. Man mußte mehrmals unterwegs anhalten. Endlich glitten die Lichter der Stadt hinter den reifbeschlagenen Fensterscheiben vorüber. Auf allen Seiten ertönte fröhliches Schellengeläute, und man hörte das Lachen und Schwatzen von Vorübergehenden. Es war fast sechs Uhr, als der Wagen vor dem Haus hielt, in dem Puschkin wohnte. Der Dichter bat Danzas, als erster hineinzugehen, seine Frau zu beruhigen und seine Leute herauszuschicken, um ihn hineinzutragen. Danzas führte alle Anweisungen getreulich aus. Während die aufgescheuchten Diener zum Wagen herausstürzten, betrat er das Eßzimmer, wo der Tisch schon gedeckt war. Tief bekümmert schaute er auf diese friedliche Szenerie, auf die Gedecke, die wie jeden Tag bereit lagen. Er ging durch den Salon und stand, ohne angemeldet zu sein, vor Nathalie und Alexandrine. Sein Anblick ließ beide begreifen, daß ein Unglück geschehen war. Ehe Danzas etwas berichten konnte, stieß Nathalie einen Schrei aus und rannte in die Diele.

Inzwischen zerrten Puschkins Diener ihren Herrn ungeschickt aus dem Wagen. Der Kammerdiener nahm ihn auf seine Arme und ging mit ihm auf das Haus zu. Puschkin sah noch einmal diese prunkvolle Eingangshalle, die Bogen und Säulen und die acht steinernen Stufen, die zur Wohnung führten. Wie anders war alles geworden in weniger als zwei Stunden. Er flüsterte seinem Kammerdiener zu:

»Du bist traurig, daß du mich tragen mußt, nicht wahr?«

Dem anderen standen die Augen voll Tränen. In der Diele stürzte Nathalie ihrem Mann entgegen. Die Haare hingen ihr zerzaust um das totenblasse, ganz verstörte Gesicht; sie schrie laut auf und rief seinen Namen. Mit fester Stimme gebot er ihr, sich zurückzuziehen. Doch sie antwortete nicht. Sie war ohnmächtig geworden.

Der Kammerdiener und Danzas trugen Puschkin in sein Arbeitszimmer und zündeten die Lampe an. Dann legten sie ihn auf das Sofa nieder und begannen, ihn zu entkleiden. Pelz, Überrock, Hosen und Wäsche, alles war besudelt, und man mußte die Nähte der Kleidungsstücke aufschneiden. Auf dem nackten, muskulösen Bauch zeigte sich ein kleines, dunkles Loch, das von geronnenem Blut umgeben war und in dem eine rote Flüssigkeit blasig aufstieg. Die Kugel war drei Finger breit oberhalb des Beckens eingedrungen. Der Knochen mußte durchschlagen, die Eingeweide durchlöchert sein. Puschkin zitterte an allen Gliedern. Doch jetzt konnte er sich waschen, reine Wäsche anziehen und sich ausstrecken, wie es ihm behagte. Als seine Frau an die Tür klopfte, sagte er:

»Nicht hereinkommen!«

Er wollte nicht, daß sie seine Verwundung sah. Er ließ sie erst zu sich, nachdem er seine Toilette beendet hatte.

In der Zwischenzeit war Danzas auf die Suche nach einem Arzt gegangen. Er traf weder den Hausarzt Spasskij an noch Arendt, Solomon oder Parson, die berühmtesten Ärzte der Hauptstadt. Danzas wußte nicht, an wen er sich noch wenden könnte, und begab sich schließlich, auf Anraten von Frau Parson, zum Hospiz der Findelkinder. Dort fand er Doktor Scholtz, der als Spezialist für Geburtshilfe Puschkins Pflege nicht übernehmen zu können meinte. Er versprach aber, daß er so rasch wie möglich einen anderen Arzt hinführen werde. Danzas kehrte zu Puschkin zurück. Der Kranke lag immer noch auf seinem Sofa, und Nathalie, weiß vor Entsetzen, hielt sanft seine Hand. Auch Pletnew war da. Um sieben Uhr kam Doktor Scholtz ins Zimmer, in Begleitung von Doktor Zadler, der eben d'Anthès verbunden hatte. Als Puschkin sie bemerkte, bat er seine Frau und seine Freunde, ihn mit den Ärzten allein zu lassen. Er wünschte nicht, daß Nathalie bei der Sondierung der Verwundung zugegen sei.

Als Zadler die Wunde untersucht hatte, ging er hinaus, um die nötigen Instrumente zu holen.

Mit Scholtz allein geblieben, fragte ihn Puschkin mit rauher Stimme:

»Was halten Sie von meiner Verwundung? Ich fühlte während der Detonation einen heftigen Stoß in der Seite und ein Brennen in der Leistengegend. Unterwegs habe ich viel Blut verloren. Sagen Sie mir aufrichtig, wie haben Sie meine Verwundung gefunden?«

»Ich kann Ihnen nicht verheimlichen, daß Ihre Verwundung gefährlich ist.«

»Antworten Sie: ist sie tödlich?«

»Die Pflicht gebietet mir, es Ihnen nicht zu verhehlen. Warten wir jedoch die Ansicht von Arendt und Solomon ab, die man benachrichtigt hat.«

Während Scholtz den Umschlag erneuerte, biß Puschkin die Zähne zusammen und flüsterte, während er sich mit der flachen Hand die Stirn rieb:

»Ich danke Ihnen, daß Sie wie ein ehrlicher Mann gehandelt haben. Ich muß meine Angelegenheiten in Ordnung bringen. Es scheint, daß ich viel Blut verliere?«

»Möchten Sie nicht Ihre Freunde sehen?« fragte Scholtz.

»Lebt wohl, meine Freunde«, sagte Puschkin und schaute auf seine Bücher. »Glauben Sie denn, daß ich nicht einmal mehr eine Stunde zu leben habe?«

»O nein, so ist es nicht, aber ich hatte gedacht, daß es Ihnen recht wäre, jemand von Ihren Freunden zu sehen . . . Herr Pletnew ist hier.«

»Ja, aber ich hätte gerne Jukowskij gesehen«, ächzte Puschkin. »Geben Sie mir Wasser. Mir ist schlecht.«

Scholtz fühlte den Puls des Kranken, der schwach und stoßend ging, und verließ den Raum, um ein kühlendes Getränk zu holen. Bald kamen die Doktoren Arendt, Zadler und Solomon. Später erschien auch Spasskij, der Hausarzt der Familie.

»Nun gut, es geht schlecht«, sagte Puschkin und reichte ihm die Hand. Dann fuhr er ganz sanftmütig fort:

»Ich bitte Sie, meiner Frau keine große Hoffnung zu machen; verhehlen Sie ihr die Lage nicht; sie ist keine Komödiantin; Sie kennen sie zur Genüge; sie muß alles wissen. Im übrigen, machen Sie mit mir, was Ihnen gut dünkt, ich stimme allem zu und bin zu allem bereit.«

Da sprach Spasskij, den Wünschen der Familie und Puschkins Freunden entsprechend, von seinen Pflichten als Christ.

»Rufen Sie den nächstbesten Priester, der am leichtesten zu erreichen ist«, sagte Puschkin.

Und plötzlich fiel ihm ein, daß N. I. Gretsch vor ein paar Tagen seinen Sohn verloren hatte, und er, der selbst an der Schwelle des Todes stand, fügte traurig hinzu:

»Wenn Sie Gretsch sehen, grüßen Sie ihn und sagen Sie ihm, daß ich aufrichtig teilnehme an seinem Schmerz.«

Um acht Uhr abends kam Doktor Arendt, um den Kranken noch einmal zu untersuchen. Gleich danach stellte sich der Priester ein. Schon lange hatte Puschkin nichts mehr gemein mit dem Verfasser der *Gabrieliade.* Schon 1830 schrieb er: »Unselig das Land, das sich vom Christentum entfernt!« Und kurz vor dem Duell hatte er Pletnew von seiner neuen mystischen Glaubenszuversicht gesprochen. Eine recht unbestimmte Vorstellung, gewiß, die von Dogmen, Religionen und Kirchen unabhängig ist. Er glaubte an Gott und erkannte an, daß ein Gott für das Dasein des Menschen notwendig ist. Vielleicht nicht für den namenlosen Priester, der seine Unterwerfung entgegennahm. Puschkin beichtete, kommunzierte und empfing die Segenswünsche seiner Angehörigen.

Als der Priester gegangen war, fragte Puschkin Doktor Spasskij: »Was macht meine Frau?«

»Sie hat sich ein wenig beruhigt.«

»Die Arme. Obwohl sie unschuldig ist, wird sie dem öffentlichen Unwillen als Zielscheibe dienen.«

In diesem Augenblick trat Doktor Arendt herzu und teilte ihm mit, daß er dem Zaren die Einzelheiten der ganzen Sache berichten müsse. Puschkin bat ihn inständig, bei Nikolaus I. für Danzas zu sprechen, damit man davon absehe, ihn zu belangen:

»Legen Sie ein Wort für Danzas ein, für Danzas, der mir wie ein Bruder ist!«

Arendt verließ den Kranken und versprach ihm, um elf Uhr zurückzukommen. Beim Weggehen sagte er zu Danzas, der ihn begleitete:

»Schlimme Sache: er wird sterben.«

Puschkins Freunde fanden sich nacheinander ein: Jukowskij, Wiasemskij, Mescherskij, Turgenjew, Walujew. Puschkin hörte sie im anstoßenden Zimmer umhergehen und sprechen. Sie waren alle auf dem anderen Ufer. Mit jedem Herzschlag entfernte er sich weiter von ihnen. Es war nicht schrecklich zu sterben. Aber dieser Schmerz im Leib machte ihn wahnsinnig. Konnte man dieses Feuer nicht mit Drogen dämpfen? Wie die Ärzte um sein Lager herumtanzten! Es wirkte fast wie ein komisches Ballett. Der eine geht, der andere kommt zurück. Und immer diese Brillen, diese nach Apotheke riechenden Finger, diese unzfriedenen, enttäuschten Münder.

Um Mitternacht neuer Besuch von Doktor Arendt. Er brachte Puschkin einen mit Bleistift hingekritzelten Brief von Nikolaus I.

Puschkin überlas das Schreiben, dann gab er des dem Doktor zurück, denn der Zar hatte angeordnet, ihm das Papier nach dem Lesen wieder zuzustellen*. Arendt horchte den Kranken ab, prüfte den Verband und gab den Rat, nichts an der von ihm vorgeschriebenen Behandlung zu ändern. Schließlich ging er wieder und ließ Puschkin in der Pflege seiner Kollegen.

Puschkins Schmerzen steigerten sich, von Zeit zu Zeit wurde er bewußtlos. Kaum war er aber aus der Ohnmacht erwacht, so hob er lauschend den Kopf und schaute begierig um sich. Nathalie, die Kummer und Schlaflosigkeit ganz erschöpft hatten, versuchte manchmal, sich an sein Bett zu schleichen. Aber er wollte nicht, daß sie sein vom Todeskampf verheertes Gesicht sah. Er schrie:

»Meine Frau ist da! Sie soll fortgehen . . . !«

Wenn der Anfall jedoch vorüber war, nützte er eine kurze Atempause, ehe die Schmerzen wiederkehrten, um die Unglückliche zu rufen. Sie neigte ihr schönes, abgespanntes Gesicht über ihn. Er schaute sie an, diese Königin der Bälle, wie sie dastand, ohne Puder, ohne Schminke und unfrisiert. Er bemitleidete sie sogar ein wenig und murmelte:

»Sei ruhig . . . Du hast keine Schuld an meinem Tod . . . Das ist eine Sache, die mich allein angeht . . .«

Und mit einer müden Bewegung hieß er sie wieder gehen.

Da Spasskij ihn gefragt hatte, ober er nicht »gewisse Verfügungen« treffen wolle, bat er den Doktor, in der Schublade ein von ihm beschriebenes Papier zu suchen und es unverzüglich vor seinen Augen zu verbrennen. Von seinem Testament wollte er nichts hören:

»Alles für meine Frau und meine Kinder«, sagte er.

Später diktierte er Danzas eine Aufstellung aller seiner Schulden, die nicht in Wechselpapieren bestanden oder nicht gegen Quittung ausgestellt waren: dann zog er einen Ring vom Finger und schenkte ihn ihm als Andenken. Tief bewegt, versicherte Danzas, daß er ihn zu rächen gedenke und d'Anthès zum Duell fordern wolle.

»Nein! Nein! Frieden! Frieden!« hauchte Puschkin.

* Ein gewisser Andrejew notierte in seinem Tagebuch, daß das Schreiben des Zaren folgendermaßen lautete: »Als Christ verzeihe ich Ihnen. Als Monarch stehe ich Ihnen bei. Als Mensch beklage ich Sie.« Es ist jedoch durchaus nicht bewiesen, und man kennt den Text der Botschaft noch heute nicht, da sie nicht aufgefunden werden konnte.

Was kam man daher und sprach ihm noch immer von Rache, von d'Anthès und Heeckeren? Sie waren so klein, diese Menschen, vor der Dunkelheit, die jetzt wie eine mächtige Woge mit seinem Körper spielte. Wie Ebbe und Flut kam der Tod auf ihn zu und ließ ihn schwindlig werden. Er wurde gepackt und wieder losgelassen, hingenommen und zurückgestoßen, angezogen und wieder hingeworfen von diesen dunklen Fluten.

Gegen drei Uhr morgens am 28. Januar entstellte eine schmerzhafte Schwellung schon die rechte Seite des Leibes. Die Ärzte beschlossen, einen Einlauf zu verabreichen, doch der Eingriff erwies sich als höchst gefährlich. Puschkin konnte nicht auf der Seite liegen bleiben. Das Kreuzbein war zerschmettert, und der aufgeschwollene Mastdarm von solcher Empfindlichkeit, daß die leiseste Berührung den Kranken aufschreien ließ. Der Einlauf blieb ohne jede Wirkung. Spasskij schickte nach Doktor Arendt, der unverzüglich kam, Puschkins Marter aber auch nicht erleichtern konnte.

Um vier Uhr morgens wurden die Schmerzen unerträglich.

»Es war eine wahrhafte Folterqual«, schrieb Spasskij. »Puschkin war völlig unkenntlich geworden. Der Blick stier, die Augen schienen aus ihren Höhlen springen zu wollen, die Stirn bedeckte sich mit kaltem Schweiß, die Hände waren eiskalt, der Puls kaum mehr zu fühlen. Der Kranke litt grauenhaft ... Aber selbst da bewies er Selbstzucht. Er erstickte die Schreie und stöhnte kaum, damit seine Frau ihn nicht höre.«

»Warum diese Qualen?« sagte er. »Ohne sie wäre ich in Frieden gestorben.«

Auf die Dauer konnte er es jedoch nicht länger aushalten, seinen Schmerz zu verbeißen. Unvermittelt begann er zu schreien wie ein geschundenes Tier. Furchtbare Zuckungen warfen seinen Leib in die Höhe, und er wälzte sich auf seinem Lager hin und her. Er glitt auf den Boden, man mußte ihn aufheben, ihn wieder zurechtlegen und das Bettuch feststopfen, ihm den Schaum von den Lippen wischen und Schweiß von seinen Wangen. Erschöpft von Kummer, war seine Frau, von Schlaf übermannt, im Salon hingesunken, den Kopf an die Wand gelehnt. Sie erwachte aus ihrem Dämmerzustand, als sie Puschkins Schreie vernahm. Alexandrine und Fürstin Wiasemskij beruhigten sie und versicherten ihr, daß dieses Geräusch von der Straße komme.

Puschkin war jedoch am Ende seiner Kräfte angelangt und sah keine Hoffnung mehr; er läutete dem Diener und befahl ihm, eine der Schubladen seines Schreibtisches zu bringen. Der Lakai tat, wie ihm geheißen, da er aber wußte, daß diese Schublade die Pistolen des Dichters enthielt, lief er, um Danzas zu verständigen. Danzas stürmte ins Zimmer. Puschkin hatte die Pistolen schon unter seinen Decken verborgen. Er lieferte sie nur widerstrebend aus. Er wünschte den Tod so sehnlichst herbei! Warum versteiften sich die Ärzte, die Freunde darauf, ihn zu quälen, anstatt ihn gehen zu lassen? Sahen sie denn nicht, daß der leiseste Hoffnungsschimmer auf ein Weiterleben verschwunden war? Sahen sie nicht, daß Puschkin schon nicht mehr da war, daß nur noch ein wenig Fleisch, ein wenig Blut, ein wenig Bewußtsein vorhanden war, gerade genug, um Schmerzen zu fühlen?

Die Nacht ging zu Ende. Die Stadt erwachte nach und nach. Glocken läuteten in der Ferne. Und in dem überheizten Zimmer, das nach Schweiß roch, nach Arzneien und menschlicher Not, flehte Puschkin, man möge ihm erlauben, von dieser Welt fortzugehen.

Als der Morgen graute, ließen die Schmerzen ein wenig nach.

»Meine Frau, rufen Sie meine Frau«, sagte Puschkin.

Nathalie stürzte eilig ins Zimmer. Sie fiel über den blutleeren Körper Puschkins her, streichelte seine mageren Glieder und bedeckte seine kalten Hände mit Küssen. Man mußte sie vom Bett ihres Mannes wegreißen.

»Wollen Sie Ihre Freunde sehen?« fragte Spasskij.

»Rufen Sie sie her.«

Jukowskij, Wielgorskij, Wiasemskij, Turgenjew, Danzas, Frau Karamzin traten nacheinander bei dem Sterbenden ein. Puschkin sah ihre abgespannten Gesichter sich über sein Bett neigen, sah ihr trauriges Lächeln, ihre feuchten Augen. Er sagte sich, daß ihn diese da noch immer liebten. Er sagte sich, daß er in ihren Herzen weiterleben würde. Er reichte ihnen die Hand.

»Lebt wohl! Seid glücklich!« flüsterte er.

Dann bedeutete er ihnen, wieder zu gehen. Und sie entfernten sich weinend.

Nach seinen Freunden wollte Puschkin seine Kinder begrüßen. Alexandrine führte sie her, eines nach dem anderen. Sie waren noch schlaftrunken, rosig und frisch, mit zerwühlten Haaren und weichen Lippen. Sie begriffen nicht. Später, später . . . Dreimal sprach Puschkin den Segen, legte seinen Handrücken auf ihre kleinen, ungeschickten Münder und befahl, sie sofort wieder ins Bett zu bringen. Er würde sie nicht heranwachsen sehen, sie nicht unterrichten, würde nicht stolz auf ihre Erfolge und bekümmert über ihre Dummheiten sein, er würde nicht mit ihnen froh sein, nicht mit ihnen weinen ... Von heute an wäre er nur noch ein Bild für sie, eine Name auf einem Buchrücken, eine Jahreszahl, eine Statue ...

Ein klarer Himmel stand hinter der Fensterscheibe. Nathalie schrie hinten im Zimmer:

»Er wird nicht sterben, ich fühle es, daß er nicht sterben wird! Etwas sagt mir, er wird leben bleiben!«

Spasskij nahm Puschkins Hand und zählte die Pulsschläge. Danach umfaßte Puschkin selbst sein rechtes Handgelenk mit der linken Hand, schloß die Augen und sagte gelassen:

»Der Tod kommt.«

Um die Mittagszeit untersuchte Doktor Arendt den Verwundeten aufs neue und ließ ihm einige Tropfen Opium verabreichen. »Mein Gott! Mein Gott! Was ist das?« ächzte Puschkin und ballte die Fäuste.

Dann beruhigte er sich. Er fühlte sich besser. Das Opium tat seine Wirkung. Jukowskij hatte ihm mitgeteilt, daß der Zar sich Nathalies und der Kinder annehmen würde. Das war gut so. Die Zukunft, an der er nicht mehr teilhaben würde, begann schon Form anzunehmen. In Puschkins Brieftasche befanden sich nur noch fünfundsiebzig Rubel, das war alles.

Gegen ein Uhr mittags besuchte ihn auch Doktor Dahl, ein Freund.

»Es ist mir angenehm, in Ihnen nicht nur den Arzt zu sehen, sondern auch einen Amtsbruder auf dem Gebiet der Schriftstellerei«, sagte Puschkin und fügte hinzu:

»Es steht schlecht, mein Lieber.«

Dahl setzte sich an sein Bett.

In der Zwischenzeit ging Fürstin Dolgorukov auf Puschkins Wunsch zu den Heeckeren, um ihnen des Dichters Vergebung zu überbringen. Katharina eilte ihr entgegen und rief:

»Georges ist außer Gefahr!«

Die Prinzessin erzählte ihr von Puschkins Todeskampf und daß er ihnen seine Leiden und seinen Tod vergebe. Katharina begann zu weinen. D'Anthès aber sagte, unbekümmert lachend:

»Auch ich verzeihe ihm.«

Der Nachmittag verlief ruhig. Aber gegen sechs Uhr abends beschleunigte sich der Puls bis zu hundertzwanzig Schlägen. Das Fieber stieg. Der Kranke wurde unruhig und bekam keine Luft mehr. Man setzte ihm fünfundzwanzig Blutegel auf den Leib. Er packte sie selbst mit fester Hand und drückte sie auf seiner Haut fest.

»Das ist gut! Ausgezeichnet!« murmelte er.

Die Temperatur sank, die Schwellung ging zurück, der Puls schien regelmäßiger geworden. Im ganzen Haus lebte die Hoffnung wieder auf. Verwundert ergriff Puschkin Dahls Hand und fragte ihn:

»Dahl! Sag mir die Wahrheit? Werde ich bald sterben?«

»Wir geben die Hoffnung nicht auf, Puschkin«, sagte Dahl.

»Danke«, seufzte Puschkin mit kindlichem Lächeln. Aber bald darauf schüttelte er den Kopf und murmelte ergeben:

»Wie schade, daß weder Puschin noch Malinowskij da sind! Es wäre mir leichter zu sterben.«

Und wieder senkte sich der Abend auf die Stadt. In dem Gehege des Zimmers lebte Puschkin immer noch. Er trank kaltes Wasser, das man ihm auf einem Teelöffel reichte. Traurig sah er es Nacht werden und die Fenster sich erleuchten. Man zündete die Lampen an in seinem Arbeitszimmer. Große Schatten legten sich auf die Wände. Die Bücher und Papiere hielten Wache an seinem Totenbett.

Alles schlief im Haus. Weit hinten mußten die Wolken sich am Himmel eine stumme, erbitterte Schlacht liefern. Die Ufer der Newa lagen verlassen. Der eherne Reiter auf dem Senatsplatz trug eine Mütze aus Schnee. Irgendwo standen frierende Wachsoldaten stramm, tanzten Menschen. Seine ganze Umwelt bestand aus diesem Zimmer und seine einzige Freude in dem bißchen Wasser, das er trank. Manchmal verlangte er auch ein Stückchen Eis und rieb sich sachte damit die Schläfen oder lutschte mit vorsichtigen Lippen daran. Er nahm die Umschläge von seinem Leib und erneuerte sie wieder. Er sagte:

»Tadellos ... Das ist ausgezeichnet ...«

Tatsächlich litt er seit einigen Stunden weniger. Aber eine große Bangigkeit stieg würgend in ihm auf. Er fühlte, wie ein dunkler luftleerer Raum in ansaugte. Er strauchelte. Er fiel. Und sein Sturz geschah so langsam, war so traurig ...

Er war sehr schwach und sanft und fügsam! Wie ein Kind. Dahl hütete seinen Kinderschlaf. Eine seltsame Amme mit stählerner Brille und unrasierten Lippen.

»Wer ist bei meiner Frau?« fragte Puschkin.

»Viele wackere Leute nehmen Anteil an deinem Leiden«, erwiderte der andere. »Saal und Diele sind voll vom Morgen bis zum Abend.«

»Schön. Danke ... Geh jedoch und sage meiner Frau, daß es mir besser geht; sonst würde man ihr noch was vorreden ... Nein ... Nicht stöhnen ... Meine Frau wird es hören ... Es wäre doch lächerlich, wenn diese dumme Geschichte mit mir fertig würde ... Ich will nicht ...«

Die Minuten glitten langsam vorüber. Da war schon hinter den herabgelassenen Vorhängen die herbe Fahlheit der Morgenfrühe. Noch ein Tag. Der 29. Januar.

Puschkin rief nach seiner Frau.

»Sieh zu, daß man dich vergißt«, sagte er ernst. »Zieh weg aufs Land. Trage zwei Jahre lang Trauer, dann verheirate dich wieder, aber mit einem geeigneten Mann.«

Er war schon so weit der Erde entrückt, daß er sich ohne Schrecken seine Frau wieder verheiratet vorstellen konnte. Der Fürstin Wiasemskij gab er ein kleines Kreuz an einem Goldkettchen und bat sie, es Alexandrine zu übergeben. Als Alexandrine das Geschenk bekam, errötete sie unvermittelt und floh in ihr Zimmer. Vielleicht war es ein Andenken an ihre schuldhafte Verbindung mit dem Dichter? Vielleicht wollte ihr Puschkin mit diesem Kreuz und diesem Kettchen sagen, daß er sie aufrichtig geliebt hatte? Liebe und Tod und die Ärzte.

Immer noch waren sie da, scharten sich um ihn, sorgenvoll und schwarz wie Raben. Sie schüttelten den Kopf. Als Arendt sich vom Bett wegbegeben hatte, erklärte er, daß der Kranke nur noch zwei Stunden zu leben habe.

Unterdessen hatte sich die Nachricht von diesem tragischen Ende schon in der Stadt verbreitet. Verehrer, Freunde, Neugierige drängten sich in großer Zahl im Vorzimmer, auf der Treppe, auf der Straße. Ein kleiner Alter sagte zu den Umstehenden:

»Mein Gott! Ich erinnere mich an den Tod des Feldmarschalls Kutuzov! Aber um den machte man nicht soviel Geschichten!«

Da das Zimmer des Kranken neben der Diele lag, versperrte man den Haupteingang: die Besucher kamen durch eine niedrige Seitentüre herein und versammelten sich in der Gesindestube, nur die nächsten Freunde hatten Zutritt zur Wohnung. Bald mußte man beim Regiment Preobrajenskij Wachen anfordern, um die Ordnung aufrechtzuerhalten. Puschkin hörte das Stimmengewirr an die Wände seines abgelegenen Zimmer branden:

»Wie steht's mit ihm?«

»Was sagt er?«

»Und seine Frau?«

»Hat er ihr verziehen?«

»Bleibt noch Hoffnung?«

Um die Mittagszeit verlangte Puschkin einen Spiegel und beschaute lange sein Ebenbild mit dem spitzigen Gesicht, den eingesunkenen Nasenlöchern und den blauen Lippen. Dann machte er eine mutlose Bewegung mit der Hand. Plötzlich überfiel ihn eine seltsame Begierde. Der Wunsch eines naschhaften, launischen kleinen Jungen. Er wollte eingemachte Maulbeeren essen.

»Ruft meine Frau, sie soll mich füttern.«

Nathalie kniete vor dem Bett und flößte ihm einige Löffel voll Maulbeeren ein. Er kaute sie gemächlich und gründlich. Das war gut. Das gemahnte ihn an seine Kindheit, an Arina Rodionowna, an Zakharowo, wo unter großen Bäumen Marmelade in großen Kupferwannen im Freien kochte. Nathalie hatte ihre Wange an seine Stirn gelehnt, und Puschkin streichelte mit schwerfälliger Hand ihre Haare:

»Schon gut . . . schon gut! . . . Es ist nichts, alles geht gut . . .«

Nathalie verließ ganz verklärt das Zimmer. Sie rief laut:

»Ihr werdet sehen, er bleibt am Leben!«

Für Puschkin gab es nichts mehr auf der Welt als diesen Geschmack eingemachter Maulbeeren und diesen Geruch nach Arzneien. Wenn dieser Geschmack und dieser Geruch nicht mehr da wären, so bedeutete das den Tod. Schon wiegte er sich in nebligem Gewölk, schon schwebte er über der Stadt empor, ließ ihren Lärm und ihre Lichter unter sich. Er packte Dahls Hand und röchelte:

»Los! Richte mich auf! Schnell! Höher! Höher! Vorwärts!«

Dann lächelte er:

»Ich träumte, daß ich mit dir diese Bücher erklomm, diese Fächer entlangkletterte, ganz hoch hinauf, und es schwindelte mir.«

Dann versank er von neuem in einen Dämmerzustand. Als er wieder zu sich kam:

»Bist du das?«

»Ja, mein Freund.«

»Wie komisch, ich konnte dich nicht mehr erkennen . . . Also gehen wir nun, ich bitte dich, aber zusammen . . .«

Und er flog an den Büchern vorüber, an den Druckbuchstaben, an den Reimen. An allem, was er geschrieben hatte und was er den Menschen nun als Futter zurückließ: *Eugen Onegin, Der eherne Reiter, Pique-Dame, Poltawa, Der Gefangene im Kaukasus* ... Wundervolle Verse klangen in seinen Ohren. War er das, der sie einst verfaßt hatte, in einem anderen Leben?

Blut stieg ihm bis zum Mund und erstickte ihn.

»Ich ersticke ...«

Ein bitteres Aufstoßen zwang ihm die Lippen auseinander:

»Laßt die Vorhänge herunter ... Ich will schlafen ...«

Die alte Turmuhr schlug zwei Uhr. Er öffnete wieder die Augen. Dahl und Spasskij drehten den Kranken auf die rechte Seite und schoben ihm ein Kissen in den Rücken.

»So ist es gut«, sagte er.

Er seufzte tief und sagte weiter:

»Das Leben ist zu Ende.«

»Ja, es ist fertig, wir haben dich auf die Seite gedreht«, meinte Dahl, der seine Worte nicht verstanden hatte.

»Das Leben ist fertig«, antwortete Puschkin langsam. »Das Atmen fällt mir schwer ... Etwas erdrückt mich ...«

Seine Freunde beugten sich über ihn. Jukowskij, Danzas, Dahl, Spasskij, Wielgorskij, Fürstin Wiasemskij und andere. Puschkin entspannte sich, er atmete gleichmäßig. Er war bleich und kalt. Er suchte das Weite. Plötzlich richtete Dahl den Oberkörper auf und flüsterte:

»Amen.«

Es war zwei Uhr fünfundvierzig am Nachmittag.

Puschkin war so sanft gestorben, daß niemand, außer Dahl, seinen letzten Atemzug wahrgenommen hatte.

Eine leichte Hand schloß dem Dichter die Lider. Das Gesicht war nur noch wie weißes Wachs. Ein trauriges Lächeln kräuselte die Lippen. Die Frauen weinten, die Männer standen mit gesenktem Kopf.

Fürstin Wiasemskij ging zu Nathalie, die bei ihrem Nahen ausrief:

»Puschkin ist tot? Sagen Sie, sagen Sie die Wahrheit! Ist er tot? Ist alles aus?«

Die Fürstin nickte bestätigend.

Da weinte Nathalie laut auf.

»Armer Puschkin! Armer Puschkin! Wie gräßlich! Nein! Nein: Es ist nicht wahr! Ich will ihn sehen!«

Sie stürzte in das Sterbezimmer, stieß die Ärzte, die Freunde zur Seite, sank, mit zerrauften Haaren, über den Leichnam, liebkoste und küßte ihn und rief seinen Namen, indem sie ihn rüttelte.

Ihre Augen waren trocken, aber Schluchzen zerriß ihr die Brust, und heftige Zuckungen überfielen ihren Körper.

»Puschkin, du lebst, du lebst! Verzeih mir, verzeih mir«, sagte sie immer wieder.

Man mußte sie wegführen in ihr Zimmer. Später ließ sie Danzas rufen, warf sich vor ihm auf die Knie und dankte ihm, bat um Verzeihung und küßte ihm die Hände. Als Doktor Dahl sie nach Danzas aufsuchte, umklammerte sie seinen Arm und stieß hervor:

»Ich habe meinen Mann getötet. Ich bin schuld an seinem Tod. Aber ich schwöre vor Gott, daß mein Herz und meine Seele rein sind.«

Lange lag sie in wilden Fieberfantasien, furchtbare Krämpfe krümmten ihren Leib. Die Ärzte fürchteten für ihren Verstand. Jetzt war die Reihe zu leiden an ihr.

Und dort in dem kleinen Zimmer mit den herabgelassenen Vorhängen ruhte zwischen Bücherwänden Puschkin, winzig und abgemagert. Jukowskij kam und setzte sich an sein Bett. Er konnte die Blicke nicht abwenden von diesem zur Ruhe gekommenen Leib, der sieghaft alles hinter sich gelassen hatte, von diesen Händen, die nach soviel Arbeit still lagen, von diesen Lippen, die für immer verstummt waren, von dieser harten Stirn, die keine Gedanken mehr barg. »Sein Kopf hatte sich leicht geneigt«, schrieb er, »seine Hände, die sich noch vor wenigen Augenblikken nervös verkrampft hatten, lagen friedlich entspannt, als ruhten sie nach schwerer Arbeit aus. Aber Worte vermöchten nicht auszudrücken, was ich beim Betrachten seines Gesichtes fühlte, das mir so anders und doch zugleich so vertraut erschien. Es drückte weder Schlaf noch Seelenruhe aus, nicht Intelligenz prägte es wie früher, nicht einmal dichterische Erhabenheit. Nein, ein tiefes, fremdartiges Erleben hatte sich über diese Züge gebreitet, als habe eine Vision, ein geheimnisvolles, befriedigtes Wissen ihm den Stempel aufgedrückt.«

Die Freunde wuschen seinen Leib, kämmten seine Haare und kleideten ihn für die letzte Ruhe. Sie zogen ihm jenen »glückbringenden Frack« über, den Naschokin ihm sieben Jahre vorher an einem hellen Ostertag geliehen hatte, damit er um Nathalies Hand anhalten könne.

Die Angehörigen verteilten die fünfundsiebzig Rubel, die Puschkins Brieftasche enthielt, als Andenken unter sich. Dann hoben sie diesen kleinen puppenhaften Körper auf – er war so leicht geworden – und trugen ihn auf einen in der Eingangshalle aufgestellten Tisch. Nach den Weisungen des Zaren versiegelte Jukowskij mit schwarzem Siegelwachs die Türen des Arbeitszimmers. Um fünf Uhr konnte der Bildhauer Halberg Puschkins Totenmaske abnehmen. Um acht Uhr wurde ein erster Trauergottesdienst abgehalten. Priester kamen, und Kerzen warfen ihren flackernden Schein auf das unsterbliche Profil. Weihrauchwolken hüllten ihn ein, und würdevolle Stimmen empfahlen Gott seine Seele.

Im anstoßenden Raum hörte man Nathalie schluchzen.

In der ersten Nacht hielt Danzas die Totenwache. Nach dem Duell war er festgenommen worden, man hatte ihm aber die Gnade gewährt, bis zur Beisetzung bei Puschkin bleiben zu dürfen.

Am nächsten Morgen, am 30. Januar, fand die Aufbahrung statt. »Ich hielt seine Waden«, erzählte Rossetti, »und ich dachte an seine kräftige, muskelstarke Konstitution, an die Fußmärsche, die er unternahm, um seine Kräfte zu stählen.«

Der mit violettem Samt ausgeschlagene Sarg wurde in der Mitte der Vorhalle aufgestellt, auf einem Podium, zu dem zwei Stufen hinaufführten, und das mit schwarzem, silberverziertem Stoff bespannt war. Eine niedrige Decke lastete auf dem Raum, dessen Wände einen ockergelben Anstrich trugen, während der Fußboden mit kastanienbrauner Farbe überpinselt war. Die Vorhänge an den Fenstern waren zugezogen. Bettücher verhängten einen Spiegel und ein Bild. Auffällig und protzig machte sich ein einfach bürgerlicher Geschirrschrank in einer Ecke breit.

Der Verstorbene ruhte in diesem engen Nachen, den Körper halb verdeckt von einem goldverzierten, grünlichen, abgenutzten Altartuch. Seine Hände umklammerten eine rissige, kleine Ikone.

Neben dem Katafalk stand ein Lakai in blauem Rock mit Kupferknöpfen. Von Zeit zu Zeit besprengte er den Kopf des Toten mit Kölnisch Wasser. Es war warm. Diener packten Silbergeschirr in eine Truhe. Ein Maler kauerte auf einem Koffer und zeichnete das Profil des Dichters. Und eine stumme, immer mehr anwachsende Volksmenge belagerte das Haus.

Seltsames Volk! Seltsames Publikum! Puschkin hatte es nicht gekannt, als er noch lebte. Er wußte nicht, was für Gesichter sich überall in dem ungeheuer großen Rußland über seine Bücher beugten. Er sagte: »Meine Leser ...« Er sah sie nicht. Und plötzlich waren sie aus ihren Termitenlöchern hervorgekrochen. Sobald die schöne Stimme verstummt war, die ihre Einsamkeit und ihre Not froh machte. Sie waren aus ihrem Bau herausgekommen und waren auf dieses Schweigen, diese Leere zugegangen, die allein noch Puschkins Platz anzeigten. Sie waren bis zu diesem Vorraum gekommen. Sie schauten voll Entsetzen auf das, was sie verloren hatten: einen kleinen Mann in braunem Überrock und struppigem Backenbart. Ach, wie hätte er diese Menschen geliebt, wenn er sie hätte sehen können! Keine grauköpfigen Minister, keine verweichlichten Aristokraten, keine Weltdamen in duftigen Kleidern, keine Diplomaten mit knarrenden Schuhen. Nein, das Volk. Frauen in Kopftüchern, Greise mit Medaillen auf der Brust, bedrückte Kinder, hungrige Studenten, Bürger in Lamfelljacken, bärtige Kutscher, dickbäuchige Händler, traurige junge Mädchen ... Einige tausend Leute. Das strömte aus den Steinhaufen der Stadt hervor und wälzte sich wie eine tosende Flut gegen das Haus. Unbekannte weinten. Andere sprachen davon, »den Mörder« d'Anthès zu töten und »die schlechten Ärzte« hinzurichten. Vor dem Haus standen zwei Polizisten aus dem Stadtviertel, den Dreispitz auf dem Kopf.

Der Herrschaftseingang der Wohnung blieb immer versperrt; die Menge kam und ging durch die enge und niedrige Dienstbotentüre, auf deren Flügel man einfach mit Kohle *Puschkin* geschrieben hatte.

Die vornehme Gesellschaft der Hauptstadt kehrte sich jedoch deutlich sichtbar von dem Dichter ab und nahm lebhaften Anteil am Ergehen des Gardereiters. Die holländische Gesandtschaft wurde überlaufen von Besuchern von Rang und Stand. Eine lange Wagenreihe stand wartend vor dem Eingang des Hauses. Graf und Gräfin Nesselrode, Graf und Gräfin Stroganov verließen Heeckerens Empfangsräume nicht mehr. Man bemitleidete die arme Katharina, die schon in den ersten Tagen ihrer Ehe so grausam geprüft wurde. Man beglückwünschte den stolzen d'Anthès, der Rußland von einem allgemein bekannten Liberalen befreit hatte.

»Wenn etwas meinen Kummer erleichtern kann«, schrieb Baron van Heeckeren, »so sind es die Zeichen der Anteilnahme, die ich von der ganzen Gesellschaft von St. Petersburg empfange.«

Und weiter:

»Die Ehre gebietet mir, nicht zu verhehlen, daß die öffentliche Meinung bei Herrn Puschkins Tod in viel aufsehenerregender Weise offenbar wurde, als man vermutet hätte. Es ist jedoch wichtig festzuhalten, daß die Oberschicht diese Meinung nicht teilt; diese erkennt an, daß kein Vorwurf wegen des tödlichen Ausgangs der Sache meinen Sohn treffen kann, daß sein Verhalten in jeder Hinsicht das eines Ehrenmannes war, der sich besonnener zeigte, als man es gewöhnlich in seinem Alter ist und als er wohl auch in jeder anderen Lage gewesen wäre.«

Benkendorf war schwerlich auf den Entrüstungssturm gefaßt, den Puschkins Tod hervorrief.

»Eine Last weniger«, hatte Großfürst Michael geäußert, als er des Dichters Ableben erfuhr.

Leider teilte nicht jedermann die Ansicht des Großfürsten. Jukowskij und Graf Orlov erhielten anonyme Briefe, die eine exemplarische Bestrafung der Heeckeren und eine öffentliche Ehrung für das Opfer forderten.

Graf Stroganov hatte die Beerdigungskosten übernommen. Warum er? Das bleibt ein Geheimnis. Hatte nicht Stroganov Heeckeren geraten, Puschkin zum Duell zu fordern? Hielt er sich nicht für indirekt schuldig an diesem Tod? Mag sein. Jedenfalls hatte er Vermögen, und Puschkin hinterließ fünfundsiebzig Rubel. Mochte Stroganov bezahlen! Man versandte Traueranzeigen in französisch und russisch. An die Freunde und an die Feinde, an Minister, Militärpersonen, an das Diplomatische Korps:

»Schmerzerfüllt gibt Ihnen Frau N. Puschkin den Tod ihres Mannes, Alexander Puschkin, Kammerjunker von S. M. I., bekannt, heimgegangen am 29. dieses Monats, und bittet Sie, ihr die Ehre zu erweisen, an dem in der St.-Isaak-Kathedrale beim Admiralitätspalast morgens um elf Uhr am 1. Februar stattfindenen Trauergottesdienst teilzunehmen.«

Stroganov hatte den Erzbischof aufgefordert, die Totenmesse persönlich abzuhalten. Der Erzbischof lehnte ab. Man mußte sich mit drei Archimandriten begnügen. Die Überführung des Leichnams in die St.-Isaaks-Kathedrale war für den Nachmittag des 31. Januar vorgesehen worden. Aber der Menschenauflauf beunruhigte die Polizei, und die Obrigkeit ordnete an, die sterbliche Hülle Schlag Mitternacht in die Kirche an der Stallstraße zu bringen, nicht in die St.-Isaaks-Kathedrale. So hoffte Benkendorf, das Volk von seinem Abgott fernzuhalten. Am Abend des 31. Januar hielten einige vertraute Freunde des Dichters die Totenwache während seines letzten Verbleibens im Hause. Erschöpft und krank lag Nathalie schlummernd in ihrem Zimmer. Jukowskij,

Turgenjew, Rossetti, Wiasemskij sprachen leise miteinander. Plötzlich das Geräusch von schweren Tritten und gedämpfte Befehle. Man stellte Wachen in der Straße auf. Polizisten kamen die Treppe herauf. General Dubelt erschien mit zwanzig Offizieren, um das Wegschaffen des Toten zu übernehmen. Völlig verdutzt und empört standen die Gefährten des Dichters vor diesem Eindringen blauer Uniformen in das Zimmer des Verstorbenen. Wieder befand sich Puschkin den goldverbrämten Staatsdienern gegenüber. Und wieder mußte man nachgeben.

Ohne Fackeln, schweigsam wie Übeltäter, begleiteten die »Adepten« des Dichters seine sterblichen Überreste zur Kirche. Polizisten umgaben und überwachten sie. Die Getreuen senkten den Kopf und schämten sich, nicht für sich selbst, aber für Benkendorf, für den Zaren, für Rußland.

Am 1. Februar 1837 begaben sich unzählige Trauergäste zu der St.-Isaaks-Kathedrale und fanden verschlossene Türen. Unterdessen fand in der Kirche an der Stallstraße ein Trauergottesdienst statt, an dem nur Personen in Uniform teilnahmen und solche, die eine besondere Eintrittskarte besaßen. Die kleine Kirche war zum Bersten voll. Eine gleichgültige Menge zeigte Epauletten und Orden, klirrte mit Sporen und Säbeln, es wimmelte von hohen Kopfbedeckungen, weißen Handschuhen und Lorgnetten. Höflinge, Generale, Gesandte, Fürstinnen. Graf Ficquelmont und de Barante, der französische Gesandte, der allein es für richtig gehalten hatte, Puschkin auf dem Totenbett zu besuchen, der fürchterliche Uwarov, der totenblaß war, entweder weil ihn sein Gewissen quälte oder weil sein Magen nicht in Ordnung war, Graf Orlov, Fürst Trubetzkoj, Graf Stroganov, Suhozanet, Adlerberg, Schypov ... Die Gesandten von England und Griechenland waren aus Gesundheitsrücksichten nicht gekommen, Baron van Heeckeren war nicht eingeladen, und Liebermann, der preußische Gesandte, hätte es für entehrend gehalten, der Beisetzung eines »Liberalen« beizuwohnen.

So lag Puschkin mitten unter dieser feindlichen Gesellschaft, deren Teilnehmer sich dicht an ihn herandrängten. Alle freuten sich über seinen Untergang. Aber höflich bekreuzigten sie sich, fielen auf die Knie und richteten sich, Trauer heuchelnd, wieder auf.

Der Tote hatte sich verändert. Eine schwärzliche Flüssigkeit gerann in seinen Mundwinkeln. Seine Stirn schien ungeheuer groß, als spanne sie sich bis zum Bersten über einem neuen Gedanken. Der flackernde Schein der Kerzen tanzte auf seinen lockigen Haaren. Die Messe dauerte lang, bis alle Feierlichkeiten vorüber waren. Endlich sang der Chor: »Kommt und gebt dem Heimgegangenen eueren letzten Kuß, ihr Brüder.« Sich den letzten Abschied zunutze machend, fielen die Neugierigen über den Leichnam her. Andenkenanhäger schnitten verstohlen eine Haarsträhne weg, drehten einen Knopf ab oder rissen ein Stück aus dem Überrock.

Doch Puschkins wahrhafte Freunde, das Volk, der »dritte Stand«, wartete auf dem Platz vor dem Ausgang der Kirche. Man hatte sie betrogen über Ort und Stunde der Messe, man hatte ihnen den Zugang zum Gotteshaus verweigert. So hatten sie sich, völlig gesittet, draußen zusammengerottet. Sie blieben da und hofften, einen letzten Blick auf sein totenblasses Gesicht, auf seine Hand werfen zu können. Dann würden sie weggehen und diese Erinnerung wie ein unveräußerliches Heiligtum bis ans Ende ihrer Tage bei sich tragen.

Die Minuten verstrichen. Stumm und andächtig betete die Menge auf ihre Weise. Endlich bewegten sich Uniformen in der Vorhalle. Einige Lakaien in schwarzem Rock erschienen. Ihnen folgte der Sarg. Freunde, Schriftsteller trugen den Körper Puschkins in einen angrenzenden Hof. Dann brachte man ihn in die Totengruft, wo er bis zu seiner Überführung in das Gouvernement Pskov verbleiben sollte. In dieser Gruft hielten einige Damen die ganze Nacht die Totenwache, tauschten die Erinnerungen an ihre Liebeserlebnisse und schnaubten sich weinend die Nase.

Nathalie war zu schwach, um die Strapazen einer Reise auf sich nehmen zu können, und hatte daher den Zaren gebeten, daß Danzas den Toten bis zum Ort seines Begräbnisses begleiten dürfe. Nikolaus I. erwiderte, daß er außerordentliche Großmut bewiesen habe, als er den Angeklagten Danzas in vorübergehender Freiheit beließ, daß er aber die Nachsicht nicht weiter treiben könne, ohne das Gesetz zu übertreten. Und er übertrug Puschkins altem Freund Turgenjew die Aufgabe, die sterbliche Hülle zu begleiten. Derselbe Turgenjew hatte, fünfundzwanzig Jahre früher, den kleinen Puschkin ins Gymnasium von Zarskoje-Selo geführt.

»Am 2. Februar«, berichtete Turgenjew in seinem Tagebuch, »beschließe ich anzunehmen. Ich begebe mich zur Messe. Dort teilt mir Graf Stroganov einen Polizisten zu ... Ich kenne das Ziel der Reise nicht. Man hat Puschkin in eine zugenagelte Kiste eingeschlossen. Wiasemskij und Jukowskij legen ihre Handschuhe in den Sarg.«

Diese befremdliche Geste erregte den Argwohn der Polizei. Warum hatten diese beiden Männer ihre Handschuhe in den Sarg gelegt? War das nicht ein Zeichen republikanischen Einvernehmens, eine regierungsfeindliche Kundgebung? Wahrlich, man konnte erst ruhig sein, wenn Puschkin einige Fuß unter der Erde lag. Benkendorf hatte die feierliche Handlung mit teuflischer Genauigkeit und Vorsicht angeordnet. Alles mußte bei Nacht vor sich gehen. Und völlig geheim. Und unter Polizeibedeckung. Eine Revolution konnte rasch aufflammen!

Am 3. Februar hielten um Mitternacht drei geheimnisvolle Troikas vor der Kirche. In die erste stieg ein Gendarmerieoffizier. Die zweite nahm den Sarg auf, der mit Stricken und Riemen fest verschnürt und mit einer Plane bedeckt war. Nikita Kozlov, Puschkins alter Diener, der ihm ins Exil gefolgt war, setzte sich zusammengekauert neben die Totenlade. Trotz Schnee, Wind und Kälte rührte er sich bis zum Ende der Fahrt nicht mehr von seinem Platz. Warum, zum Teufel, hatte dieser Franzose seinen Herrn getötet?

In den dritten Wagen endlich schwang sich der beleibte Turgenjew, der Vertreter der Familie und Freunde Puschkins.

Dann setzte sich der Wagenzug in Bewegung, die drei Gefährte im Gänsemarsch hintereinander. Voraus der »Polizeibeamte«. Als letzter Turgenjew. In der Mitte Puschkin. Die Nacht war neblig und kalt. Der Mond schwamm über den bläulich fahlen Wolkenfetzen. Der Schnee glitzerte. Die Pferde galoppierten schnell drauflos und zogen ihre edle Last über die Ebenen Rußlands. Achtzig Werst in einer Nacht. An den Haltestationen warteten Gendarmen und standen Wache an dem Sarg, bis die Pferdegespanne gewechselt waren. Fackeln. Froststarre Hände. Geschäftige Gesichter. Steifgefrorene Schnurrbärte. Papiere. Siegel. Militärische Grüße. Kurz, eine Staatsaktion!

Die Fahrt ging weiter. Von einer Haltestation zur anderen. Von einem Gendarmen zum anderen.

Am 4. Februar, um neun Uhr abends, wurde der Leichnam in Pskov abgeliefert. Zur gleichen Zeit traf dort der Kammerherr Yakhontov ein, der einen Eilbrief für den Gouverneur überbrachte: »Nach dem Willen Seiner Majestät des Zaren haben Sie jede ungewöhnliche Kundgebung zu untersagen, jeden Empfang, kurz jede feierliche Handlung, mit Ausnahme derjenigen, die nach den Gebräuchen und Riten unserer Religion bei dem Leichenbegräbnis eines Edelmannes ausgeführt werden dürfen. Ich halte es für zweckmäßig zu sagen, daß der Trauergottesdienst hier schon stattgefunden hat.

Mordwinov. Sankt Petersburg, den 2. Februar 1837.«

Diesen Brief zeigte der Gouverneur heimlich Turgenjew. Um ein Uhr in der Frühe machte sich Turgenjew wieder auf, um über Ostrov nach Trigorskoje zu gelangen, wo er gegen drei Uhr nachmittags ankam. Der Schlitten mit dem Sarg nahm, begleitet von Nikita Kozlov und einem berittenen Polizisten, nach Anweisung seinen Weg zum Kloster vom Heiligen Berg. Frau Wulf-Ossipov schickte ihre Bauern, um die Grube auszuheben. Dann kehrten Turgenjew und der Polizist nach Trigorskoje zurück.

Am nächsten Tag, dem 6. Februar, begaben sich Turgenjew und der Gendarm um sechs Uhr morgens wieder zum Kloster. Auf der Treppe hatte sich Glatteis gebildet. In der Kapelle flakkerten hinter den vergitterten Fenstern die Flammen einiger Kerzen. Inmitten des Gartens schwelte ein klägliches Holzfeuer. Die Bauern beendeten das Ausheben der Grube. Ein enges Loch, von harten Erdschollen umgeben und von Wurzeln durchzogen. Der Priester zelebrierte die Messe. Dann trugen Nikita Kozlov und die Bauern von Mikhailowskoje den Sarg in die Grube. Sie weinten. Der Sonnenball stieg rot an einem milchweißen Himmel auf. Die Kreuze auf dem Kloster funkelten rosig schimmernd. Der Schnee wurde weich und glitzerte wie Kristallzucker. Die Glokken ließen ihr dünnes Geläute ertönen.

»Ich warf eine Handvoll Erde in die Grube«, notierte Turgenjew, »ich vergoß ein paar Tränen und kehrte nach Trigorskoje zurück.«

Puschkin ruhte neben seiner Mutter und seinen Großeltern Hannibal.

Post Mortem

Nach Puschkins Tod begab sich Jukowskij zum Zaren und bat ihn, der Familie des Dichters, die sich in bitterer Not befand, zu helfen.

»Für mich, Majestät«, sagte Jukowskij, »erbitte ich dieselbe Gunst, die mir beim Ableben von Karazim zuteil wurde. Erlauben Sie mir, wie damals eine öffentliche Erklärung abzufassen über die Anordnungen, die Sie für Puschkin zu treffen geruhen.«

Der Zar meinte achselzuckend:

»Du siehst, daß ich das Menschenmögliche für Puschkin und seine Familie tue und allem zustimme, aber in einer Sache bin ich nicht einig mit dir: nämlich daß du ein Manifest herausgibst wie für Karamzin. Da besteht ein Unterschied. Du weißt, daß wir ihn nur mit großer Mühe zu einem christlichen Tod überredet haben, während Karamzin wie ein Engel gestorben ist.«

Nachdem Nikolaus I. es abgelehnt hatte, den Tod Puschkins öffentlich zu beklagen, schrieb er indessen eigenhändig die Liste seiner dem Dichter bewilligten Zusicherungen, nach denen die Schulden bezahlt, die Hypothek auf dem Gut des Vaters abgelöst und eine Rente für die Witwe und die Töchter bis zu deren Verheiratung ausgeworfen wurden. Die Söhne sollten ins Pagenkorps kommen und jeder sollte fünfzehnhundert Rubel zur Ausstattung bei Dienstantritt erhalten. Die Werke sollten auf Staatskosten herausgegeben werden, die Nutznießung war für die Witwe und die Kinder vorgesehen. Ferner wurde eine sofortige Bewilligung von zehntausend Rubel gewährt.

Sobald diese großzügigen Maßnahmen in der Öffentlichkeit bekannt wurden, fühlte sich die vornehme russische Gesellschaft bewogen, das Feingefühl und das literarische Urteilsvermögen von Nikolaus I. zu rühmen. In Wirklichkeit unterstützte Nikolaus I. Puschkins Familie, unterließ es aber, in ihm den großen nationalen Dichter zu grüßen, dessen Verlust Rußland mit Trauer erfüllte. Er erwies dem Genie keine Huldigung, er gab einer armen Frau und ihren Kindern ein Almosen.

Was wurde nach Puschkins Tod aus den Hauptpersonen des Dramas? Aus d'Anthès, Nathalie, Katharina, Danzas? Da die öffentliche Meinung ihn dazu drängte, beschloß Nikolaus I., in die Augen fallende Maßnahmen gegen die »Mörder« und für die »Opfer« zu ergreifen. Im übrigen teilte er durchaus nicht die wohlwollende Gesinnung Benkendorfs für d'Anthès und Heekkeren. Zweifellos mißtraute der Zar Puschkin und war nicht böse, daß er so wohlfeil von dieser Sorge befreit wurde. Aber die Heekkeren hatten einen Hofskandal heraufbeschworen. Und die anonymen Briefe spielten auf eine angebliche Liebschaft zwischen Nikolaus I. und Nathalie Puschkin an. Einer von diesen beiden Ausländern war bei der russischen Regierung beglaubigt, und der andere hatte das Sonderrecht erhalten, als Offizier in der russischen Armee zu dienen. Alle beide hatten in höchst unerträglicher Weise damit geprotzt.

Der Gesandtschaftsattaché d'Archiac verließ Rußland schon am 2. Februar 1837. D'Anthès und Puschkins Zeuge, Danzas, wurden dem Militärgericht übergeben. Im Verlauf des Ermittlungsverfahrens versicherte d'Anthès, daß sein Verhalten gegenüber Nathalie immer im Rahmen des Schicklichen geblieben sei und daß er sich der ihm von Puschkin vorgeworfenen Vergehen nicht schuldig gemacht habe. Er forderte eine Gegenüberstellung mit Nathalie. Sie wurde ihm verweigert. Er rief den Beistand der unzähligen Freunde seines Adoptivvaters an. Vergebens.

Der endgültige Urteilsspruch befand Danzas für schuldig, nichts zur Verhinderung des Duells getan zu haben, und verurteilte ihn zu zwei Monaten Haft im Gardekorps, was eine rein formelle Strafe bedeutete. D'Anthès dagegen sollte degradiert und aus Rußland ausgewiesen werden. »Die Handlungsweise des Kammerjunkers Puschkin dagegen wird für ebenso strafbar angesehen wie die von Heeckeren und verdient dieselbe Sühne; durch sein Ableben bleibt sein Vergehen jedoch ungeahndet.«

Der größte Dichter Rußlands war also als Angeklagter gestorben. So hatte es sein Freund und Gönner Nikolaus I. gewollt.

Die nächsten Freunde und Anhänger von d'Anthès ließen keine Gelegenheit ungenützt, ihn wissen zu lassen, wie sehr sie seine Haltung billigten. Seine Regimentskameraden sandten ihm begeisterte Briefe.

Im Gegensatz zu Georges d'Anthès und trotz allen Zuredens der Freundinnen verharrte Katharina in ihrer niedergeschlagenen Stimmung. Es bedeutete ihr wenig, daß Puschkin tot war.

Aber Georges war verwundet. Georges litt. Georges sollte aus Rußland ausgewiesen werden. Eifersucht quälte sie, ohne daß sie sich ihre Erregung anmerken ließ. In diesem Liebesdrama spielte sie die herzbewegende Rolle der ewig Geopferten. Mit traurigen Augen und offenen Händen war sie da, um zu verstehen und zu verzeihen.

Endlich am 19. März durfte Georges d'Anthès, von einem Polizisten begleitet, seine Frau und seinen Adoptivvater ein letztesmal in den Räumen der Gesandtschaft sehen. Nach dem amtlichen Bericht dauerte das Zusammensein genau eine Stunde und verlief bewegt, jedoch in vorgeschriebenen Formen. Gräfin Stroganov wohnte dem Abschied der jungen Leute bei. Am gleichen Tag wurde der *Soldat* Heeckeren im Schlitten zur Grenze gebracht. Ein Polizist geleitete ihn.

»Ich bin Heeckeren begegnet, der in Begleitung eines Gendarmen im Schlitten saß«, schrieb Turgenjew am 19. März. »Ein anderer Schlitten mit einem Polizeioffizier folgte. Der junge Mann trug eine Mütze auf dem Kopf und machte einen recht unternehmungslustigen Eindruck.«

D'Anthès blieb in Berlin, um die Ankunft seiner Frau und seines Adoptivvaters abzuwarten.

Katharina und Baron van Heeckeren machten sich unterdessen Sorgen um ihn, da die Verwundung an seinem Arm gefährlich war.

Trotz der Sympathiekundgebungen, die Heeckeren von Stroganov, Nesselrode und anderen hochgestellten Persönlichkeiten zuteil wurden, machte er sich auf einen aufsehenerregenden Beweis von Ungnade gefaßt. Schon am Tag nach dem Duell hatte er es unternommen, sich vor der russischen Obrigkeit und vor dem Außenminister der Niederlande, Baron Verstolk van Soelen, zu rechtfertigen.

Die Rückberufung war jedoch nicht zu vermeiden. Und der Groll Nikolaus I. gegen Heeckeren wurde von Tag zu Tag offenkundiger.

Die Höflinge, die von der Gesinnung des Zaren unterrichtet waren, wandten sich von dem Gesandten ab. Er, der einst zahllose Verbündete besessen hatte, fand sich plötzlich vereinsamt, mißachtet und beschimpft. Seine Regierung drängte ihn, St. Petersburg zu verlassen, und ließ nichts von einem Diplomatenposten als Entschädigung verlauten. Er mußte das Haus aufgeben und die Abreise in die Wege leiten. Er suchte um eine Audienz beim Zaren nach, doch dieser weigerte sich, ihn zu empfangen und ließ ihm eine Tabaksdose überbringen, was in der Diplomatensprache die unwiderrufliche Trennung bedeutete.

Katharina war empört über die Haltung der russischen Regierung und Aristokratie und wünschte nichts sehnlicher, als diesem barbarischen Land zu entfliehen. Sie war schwanger, und ihr Zustand machte sie nervös und reizbar.

Ihre Tante Zagriajskaja hatte sich von ihr abgewandt, und die Stroganovs waren vorsichtig und kamen immer seltener zu Besuch.

Und Nathalie selbst lehnte es ab, mit ihrer Schwester zusammenzukommen. Schon am 16. Februar 1837 hatte Puschkins Witwe St. Petersburg verlassen, um sich mit ihren Kindern und Alexandrine auf das Gut der Gontscharov, Polotnianij-Zawodij, zu begeben. Sie war erschöpft, mutlos und krank. Sie wollte niemand sehen. Sie wünschte, daß man ihren Namen vergesse.

Während Nathalie gefühllos und wie erstarrt in der Einsamkeit dahinlebte, beendeten Katharina und Baron van Heeckeren ihre Reisevorbereitungen und verließen Rußland, um niemals zurückzukommen. Sie trafen Georges d'Anthès in Deutschland. In Baden-Baden führte der ehemalige Gardereiter ein hohles Weltleben. Sein tragisches Duell hatte ihm eine Art Berühmtheit eingetragen, und man drängte sich um ihn wie um einen internationalen Star. Die Damen waren stolz darauf, mit ihm zu tanzen, und d'Anthès amüsierte sich. Katharina, durch die Schwangerschaft unförmig geworden, ging kaum aus. Bald verließen jedoch Katharina und d'Anthès Baden-Baden und ließen sich in Sultz im Elsaß bei den Eltern von Georges nieder. Am 19. Oktober 1837 kam Katharina mit einer kleinen Tochter nieder. Und am 16. November schrieb Frau Gontscharov an Georges d'Anthès:

»Mein Herr! Voll Freude habe ich erfahren, daß Katharina ihrer Bürde ledig ist; ich beglückwünsche Sie dazu aufs herzlichste, zumal Ihr Glück so aufrichtig zu sein scheint, daß es mich ganz gerührt hat. Möchten Sie Ihrer Frau immer diese Zuneigung bewahren.«

Der Brief von Georges d'Anthès, auf den Frau Gontscharov antwortete, war aufrichtig. Die Vernarrtheit des jungen Mannes in Nathalie, das Duell und die Ausweisung hatten sein Selbstbewußtsein auf eine harte Probe gestellt. Er suchte Ruhe und Vergessen. Und niemand konnte besser als Katharina helfen, diese Torheit zu überwinden. Nach und nach entdeckte er die seelischen Qualitäten seiner Frau und gewann sie aus Dankbarkeit lieb. Im übrigen glich sie Nathalie ein wenig, und diese Verwandtschaft erleichterte es d'Anthès, eine Liebe mit der anderen zu vertauschen. In seinem Geist und seinem Herzen vollzog sich allmählich eine Art Verschmelzung der Gefühle. Nathalie trat hinter eine blutrote, flammende Nebelwand zurück, und Katharina nahm die erste Stelle ein. Er war glücklich mit ihr. Aber war auch Katharina glücklich mit ihm? Gewiß, sie verdächtigte ihn, immer noch an die Vergangenheit zu denken, sie war immer noch eifersüchtig auf Nathalie, über alle Grenzen hinweg. Aber sie war sich sicher, daß Zeit und Mühsal des Lebens die letzten Zuckungen dieser Leidenschaft dämpfen würden. Mehrmals versuchte sie, mit Nathalie in Briefwechsel zu treten. Vergebens.

Nach der Geburt ihres ersten Kindes beruhigte sich Katharina ein wenig. Sie dachte, durch ihre Leiden neue Rechte über ihren zu jungen und allzu schönen Ehemann gewonnen zu haben. Dennoch war sie noch nicht mit sich zufrieden. Um jeden Preis wollte sie Georges d'Anthès einen Stammhalter schenken. Sie bekam ein zweites Mädchen am 5. April 1839 und ein drittes am 3. April 1840. Sie war ganz verzweifelt und pilgerte barfuß zu der wundertätigen Kapelle von Thiernbach, die in der Nähe des Gutes lag, und dachte sogar daran, der katholischen Kirche beizutreten. Am 26. Dezember 1842 schrieb ihr d'Anthès von einer Reise aus München: »Ich bin wahrhaft ganz traurig, daß ich Dich verlassen habe, Dich, die ich so sehr liebe und die ich nun so lange nicht auf ihren hübschen Mund küssen kann ... Diesen Brief wirst Du zu Neujahr bekommen ... An diesem Tag werde ich den Wunsch aussprechen, daß unser zukünftiges Liebesglück dem vergangenen gleichen möge.« Endlich am 22. September 1842 gebar Katharina einen Knaben. Da ihr sehnlichster Wunsch erhört worden war, zweifelte sie nicht mehr, daß der Familie eine glückliche Zukunft beschieden sei. Alle Leute waren nett zu ihr, ihre Kinder waren schön, und ihr Mann liebte sie mehr als je. Baron van Heeckeren überhäufte sie mit rührenden Beweisen seiner Aufmerksamkeit. Doch bald nach der Geburt bekam sie Kindbettfieber; die Ärzte gaben die Kranke auf. Katharina starb am 15. Oktober 1843.

Auch Nathalie begann nach Puschkins Tod wieder ein neues Leben.

Nachdem sie sich zunächst nach Zawody zurückgezogen hatte,

fühlte sie bald darauf, daß sie nicht für die Trauer geschaffen war. Schon am 8. April 1837, *zwei Monate nach dem Duell,* schrieb der Sohn von Karamzin seiner Mutter:

»Es ist merkwürdig, ich wünschte von ganzem Herzen, sie möge sich trösten, aber ich dachte nicht, daß meine Wünsche so rasch in Erfüllung gehen würden.«

Als Puschkins Vater im August 1837 seine Schwiegertochter besuchte, fand er Alexandrine trauriger als Nathalie. Alexandrine hatte Puschkin als Mann und als Dichter geliebt. Nathalie hatte den Mann nicht geliebt und den Dichter nicht begriffen. Das Bewußtsein ihrer Verantwortlichkeit quälte sie mehr als der Gedanke an ihre Witwenschaft. Sie litt weniger darunter, daß sie nun allein war, als daß sie schuldig erschien. Aber die Zeit verging. Die frische Luft, die Spaziergänge und die gesunde Ernährung gaben Nathalie den Frieden des Herzen und die Anmut des Körpers zurück.

Nathalie verbrachte ein Jahr in Zawodij, dann kehrte sie mit Alexandrine und den Kindern nach St. Petersburg zurück und nahm, weit von der Stadtmitte entfernt, eine Wohnung auf der Insel der Apotheker. Am 30. Januar 1838 berichtete Gräfin de Circourt Katharina: »Durch Gräfin de M . . . habe ich gehört, daß Ihre Schwester in die Hauptstadt zurückgekehrt ist. Sie wird sich sicher wieder verheiraten; da das Geschick ihrer Kinder durch die Verfügungen des Zaren gesichert ist, hat sie die Unannehmlichkeiten des Witwenstandes nicht zu tragen.«

Am 24. Dezember 1841 befand sich Nathalie im Englischen Kaufhaus und suchte Christbaumschmuck aus. Der Zar betrat das Geschäft, um Spielzeug für seine Kinder zu kaufen. Als Nikolaus I. Nathalie erblickte, kam er auf sie zu und richtete einige freundliche Worte an sie. Bald darauf erklärte der Zar Tante Zagriajskaja, daß er Nathalie wieder bei den Hofbällen zu sehen wünsche. Nathalie fügte sich dem Wunsch des Monarchen und erschien wieder in der Gesellschaft, die sie begeistert aufnahm. Von neuem eilte sie von einem Ball zum anderen, besuchte Theateraufführungen, wechselte die Kleider, aß hastig ein paar Bissen und regte sich wegen einer Kleinigkeit an der Frisur oder wegen der Beschaffenheit eines Parfüms auf. Puschkin war vergessen! Verweht die Seufzer des Dichters! Der beißende Rauch des Schusses hatte sich verzogen! Immer noch spielte die Musik. Und die Männer waren immer noch galant und kraftvoll, die Toiletten elegant und kostspielig. Und Nathalies Spiegel zeigte ihr ein Gesicht, das zwar ein wenig magerer und bleicher geworden war, doch den Reiz einer geheimnisvollen traurigen Schönheit trug. Für einen Maskenball im Anitschkov-Palast schenkte Tante Zagriajskaja Nathalie ein Kleid in hebräischer Machart, das nach einem Gemälde der Jüdin Rebekka angefertigt war. Nathalie erschien in dem großen Saal, angetan mit einer langen, eng anliegenden violetten Tunika und einem weißen Schleier um den Kopf. Der Zar frohlockte.

»Schauen Sie und bewundern Sie!« sagte er zur Zarin.

Die Zarin hob ihre Lorgnette und bestätigte es gutherzig:

»Sie ist wundervoll, wirklich wundervoll! Ihr Bild in diesem Kleid sollte für künftige Geschlechter festgehalten werden.«

Nikolaus I. rieb sich die Hände. Gleich nach dem Ball ließ er einen Hofmaler kommen, der in Aquarellmalerei ein Porträt der neuen Rebekka schuf.

Die Gunst des Zaren gegenüber Nathalie trat so offen zutage, daß Freier sich wieder einstellten und sie belästigten. Eine Frau zu heiraten, die der Herrscher auszeichnete, das bedeutete, sich gleichzeitig selbst eine glänzende Laufbahn zu sichern. Ohne ein gefälliger Mann zu sein, konnte man doch ein taktvoller Ehemann sein. Es galt nicht als Schande, wenn eine Dame der vornehmen Gesellschaft sich mit ihrem Monarchen amüsierte. Der Zar aller Reußen war zwar kein Lüstling, aber ein Schürzenjäger. Er hatte nicht viele ernsthafte Liebschaften, aber belanglose Liebeleien: tanzen, schwatzen, äugeln, erröten, auf dieses Kleingeld war er versessen. Und zum Ausgleich gab er einen höheren Rang, schöne Orden, beträchtliche Gehälter. Das waren wohl die Überlegungen des Generalmajors Lanskoj.

Im Jahre 1837 war er es, der am Vorabend des Duells vor dem Haus von Idalie Poletika den Aufpasser gespielt hatte, während sich d'Anthès mit Nathalie in der Wohnung aussprach. Im Jahr 1844 beschloß er, eine aktive Rolle im Leben dieser interessanten jungen Frau zu übernehmen. Er war fünfundvierzig Jahre alt, und die Uniform stand ihm gut. Er machte Nathalie ernsthaft den Hof. Er hielt um sie an. Leider war er nur ein Offizier wie viele andere, unbekannt, pflichtgetreu, für eine Provinzgarnison vorgesehen. Wenn Nathalie ihn heiratete, müßte sie St. Petersburg verlassen, den Anitschkov-Palast und den Zaren aufgeben, um in irgendeiner kleinen Stadt des weiten Rußlands zu versauern. Aber Nikolaus I. stand wachsam im Hintergrund. Und plötzlich erfuhren Lanskojs Verdienste eine verblüffende Würdigung. Er, den nichts zu außerordentlichen Stellungen befähigte, sah sich, mir nichts dir nichts, zum Kommandanten des Gardekavallerieregimentes ernannt, dessen oberster Heerführer Nikolaus I. selbst war. Man bewilligte ihm eine prunkvoll eingerichtete Wohnung auf Staatskosten. Der Zar begehrte, seine Heirat mit Nathalie »unter seinen Schutz zu stellen«. Aber Nathalie verlangte, daß die kirchliche Feier geheim gehalten werde, um keine üble Nachrede heraufzubeschwören. Daraufhin tröstete sich der Zar damit, der jungen Witwe eine diamantenbesetzte Spange zu schenken.

Wenige Stunden vor seinem Tod hatte Puschkin zu Nathalie gesagt:

– »Sieh zu, daß man dich vergißt. Zieh dich aufs Land zurück, trage zwei Jahre lang Trauer, dann verheirate dich wieder, aber mit einem geeigneten Mann.«

Nathalie hatte ihm im großen ganzen gefolgt.

Als das erste Kind der Lanskoj geboren wurde, kam Nikolaus I., der Pate stand, angereist, um an der Taufe teilzunehmen.

Und als Nathalie eines Tages vorhatte, eine Gesellschaft in kleinem Kreis für die Offiziere des Regimentes zu veranstalten, ließ Nikolaus I. nach Lanskoj schicken:

– »Ich habe sagen hören, daß man bei dir zum Tanzen zusammenkommt. Ich hoffe, du wirst nicht versäumen, deinen Vorgesetzten einzuladen?«

Er begab sich zu dem Ball, ließ sich ins Kinderzimmer führen, liebkoste und küßte sein Patenkind zärtlich, wobei das Ehepaar liebevoll zusah. Später bot Lanskoj, gelegentlich der Fünfundzwanzigjahrfeier des Regimentes, dem Zaren ein Album an, das die Bilder aller in dieser Einheit dienenden Offiziere enthielt. Aber der Zar wünschte, daß die vorderste Seite dieses Albums, das voll war mit bärtigen Soldatengesichtern, mit Epauletten und Orden, das anmutige Bildnis Nathalies tragen sollte. Nikolaus I. bestellte noch ein anderes Porträt von Nathalie, eine Miniatur, die er in das goldene Gehäuse seiner Taschenuhr einsetzen ließ.

Nathalie war glücklich mit Lanskoj, zweifellos glücklicher als mit Puschkin. Sie alterte in vornehmer Gemütsruhe und wurde eine hochachtbare Dame mit strengen, verblühten Gesichtszügen und traurigen Augen. Das Paar hielt sich häufig in Frankreich auf, in Paris, in Nizza. Nathalie Nikolajewna starb am 26. November 1863, im Alter von einundfünfzig Jahren. Sie pflegte oft zu ihren Kindern zu sagen: »Das Andenken an die Toten ist geheiligt, aber ich fühle, daß man mich auch im Grabe nicht in Ruhe lassen wird.«

Puschkins Kinder hatten ein geachtetes Dasein ohne Bedeutung. Von seinen beiden Söhnen, die im Pagenkorps erzogen wurden, brachte es der eine zum General, der andere zum hohen Staatsbeamten. Sie sind beide vor Ausbruch des letzten Weltkrieges gestorben. Puschkins älteste Tochter, Marie, war noch am Leben, als der Weltkrieg ausbrach. Die jüngere, Nathalie, verheiratete sich in erster Ehe mit dem Sohn des Gendameriegenerals Dubelt, der in Benkendorfs Dienst stand und die Durchsicht von Puschkins Nachlaß leitete, und in zweiter Ehe, in Paris, mit dem Herzog von Nassau. Der König von Bayern verlieh ihr den Titel einer Gräfin von Merenberg. Ihre Tochter, Puschkins Enkelin, heiratete den Enkel Nikolaus I., den Großfürsten Michael Michailowitsch. Auf diese Weise gingen die Familien Puschkin und Romanov eine neue Verbindung ein. Abkömmlinge des Dichters leben noch in England, Frankreich, Belgien und Rußland.

Die Datumsangaben dieses Buches entsprechen dem Julianischen Kalender, der zur Zeit Puschkins gültig war.

Ein Verzeichnis der Werke, die der Autor der vorliegenden Biographie benützt hat, findet sich in der französischen Originalausgabe *Pouchkine,* Paris 1953, auf die hiermit verwiesen sei.